단원별 기출 문제집

한권으로 끝내기

공무원 · 군무원

국어

SD에듀
(주)시대고시기획

공무원·군무원 채용 필수체크

공무원

응시자격

응시연령	학력 및 경력
8·9급 이상: 18세 이상	제한 없음

공무원 채용과정(지방직 기준)

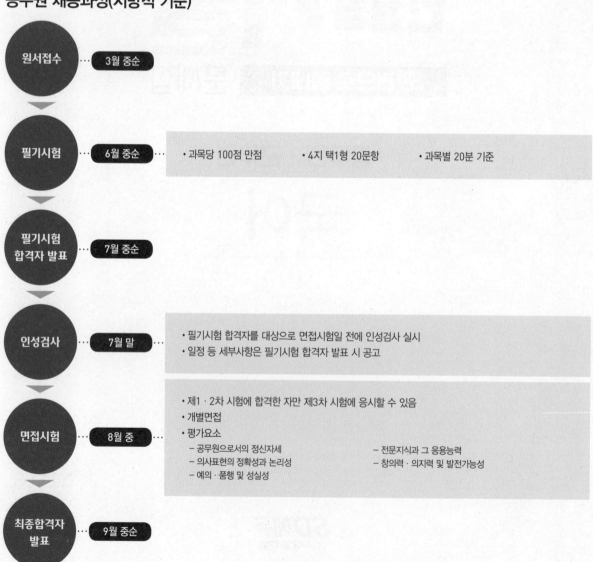

원서접수 ···· 3월 중순

필기시험 ···· 6월 중순
- 과목당 100점 만점
- 4지 택1형 20문항
- 과목별 20분 기준

필기시험 합격자 발표 ···· 7월 중순

인성검사 ···· 7월 말
- 필기시험 합격자를 대상으로 면접시험일 전에 인성검사 실시
- 일정 등 세부사항은 필기시험 합격자 발표 시 공고

면접시험 ···· 8월 중
- 제1·2차 시험에 합격한 자만 제3차 시험에 응시할 수 있음
- 개별면접
- 평가요소
  - 공무원으로서의 정신자세
  - 의사표현의 정확성과 논리성
  - 예의·품행 및 성실성
  - 전문지식과 그 응용능력
  - 창의력·의지력 및 발전가능성

최종합격자 발표 ···· 9월 중순

❖ 위 채용일정은 2023년 제1회 서울시 공무원 시험공고를 기준으로 작성하였습니다. 세부 사항은 반드시 시행처의 최신 공고를 확인하시기 바랍니다.

군무원

응시자격

응시연령	학력 및 경력
7급 이상: 20세 이상, 8급 이하: 18세 이상	제한 없음

군무원 채용과정

원서접수 ···· 5월 초

필기시험 ···· 7월 중순

- 객관식 선택형 문제로 과목당 25문항, 25분으로 진행
- 합격자 선발: 선발예정인원의 1.5배수(150%) 범위 내(단, 선발예정인원이 3명 이하인 경우, 선발예정인원에 2명을 합한 인원의 범위)
※ 합격기준에 해당하는 동점자 발생 시 모두 합격 처리함

필기시험 합격자 발표 ···· 8월 중순

면접시험 ···· 9월 중순/말

- 필기시험 합격자에 한해 응시기회 부여
- 평가요소
  - 군무원으로서의 정신자세
  - 전문지식과 그 응용능력
  - 의사표현의 정확성 · 논리성
  - 창의력 · 의지력 · 발전가능성
  - 예의 · 품행 · 준법성 · 도덕성 및 성실성
※ 7급 응시자는 개인발표 후 개별 면접 순으로 진행

최종합격자 발표 ···· 10월 초

필기시험 합격자 중 면접시험 점수(50%)와 필기시험 점수(50%)를 합산하여 높은 점수를 받는 사람순으로 최종합격자를 결정
※ 신원조사와 공무원 채용 신체검사 모두 '적격' 받은 자에 한함

❖ 위 채용일정은 2023년 군무원 국방부 주관 채용공고를 기준으로 작성하였으므로, 세부 사항은 반드시 시행처의 최신 채용공고를 확인하시기 바랍니다.

이 책의 구성과 특징

공무원 6개년+군무원 3개년 기출문제와 2회분 최종모의고사 〈문제편〉

단원별 기출문제

9급 공무원·군무원 기출문제 중 핵심 문제를 영역별로 분류하여 수록하였습니다.

최종모의고사

기출 동형의 최종모의고사로 마무리 학습을 할 수 있고, QR코드를 활용하여 합격 가능성을 예측할 수 있습니다.

OMR 입력 **채점결과** **성적분석**

풀이 시간 측정, 자동 채점 그리고 결과 분석까지!

모바일 OMR 답안분석 서비스

문제편에 수록된 기출문제에 대한 객관적인 결과(점수, 순위)를 종합적으로 분석

❶ 스마트폰을 활용하여 QR코드 접속
❷ 시험 시간에 맞춰 풀고, 모바일 OMR로 답안 입력 (3회까지 가능)
❸ 종합적 결과 분석으로 현재 나의 합격 가능성 예측

QR코드 찍기 ▸ 로그인 ▸ 시작하기 ▸ 응시하기 ▸ 모바일 OMR 카드에 답안 입력 ▸ 채점결과&성적분석 ▸ 내 실력 확인하기

깔끔하고 빈틈없는 정확한 해설

해설편

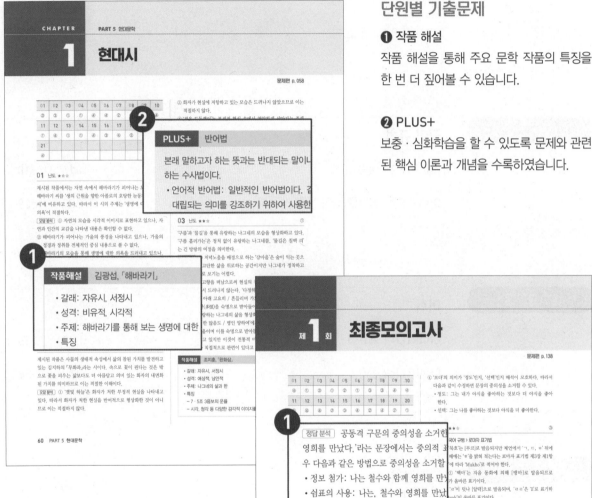

단원별 기출문제

❶ 작품 해설
작품 해설을 통해 주요 문학 작품의 특징을
한 번 더 짚어볼 수 있습니다.

❷ PLUS+
보충·심화학습을 할 수 있도록 문제와 관련
된 핵심 이론과 개념을 수록하였습니다.

최종모의고사

❶ 상세한 해설
문제에 수록된 상세한 정답 분석과 오답 분
석으로 혼자서도 학습이 가능합니다.

❷ 영역 세분화
문항별 세분화된 출제 영역과 난도 분석으로
효율적인 학습이 가능합니다.

이 책의 차례

CONTENTS

SD에듀가 추천하는

단원별 기출 9Week 회독법

1회독 가이드

Point. 문제 유형을 익히고, 정답 선지 암기하기

1회독은 느려도 괜찮다! 문제를 풀어본 후 정답 및 해설편을 활용하여 정·오답의 근거를 꼼꼼하게 살펴보고 'PLUS+'와 '작품해설'을 통해 문제와 관련된 보충·심화이론과 문학 작품의 특징을 파악한다. 정답 선지나 중요 문학 작품은 다음 시험에서 어떤 식으로든 활용해 출제될 가능성이 높으므로 이해하고 넘어가는 것이 좋다. 이해가 완벽하게 된 선지는 번호 옆에 ×표시를 하고 이해가 어려운 선지는 가볍게 읽어보고 넘어간다.

1 Week	2 Week	3 Week	4 Week
PART 1 ~ PART 3	PART 4 ~ PART 5	PART 6(CH.1)	PART 6(CH.2) ~ PART 7

2회독 가이드

Point. 정답의 패턴 파악과 집중 암기하기

1회독 시 ×표시한 선지는 빠르게 복습하며 넘어가고 표시가 되어 있지 않은 선지를 중심으로 학습한다. 기출 회독의 목적은 자주 출제되는 주제들 내에서 정답이 될 수 있는 포인트를 암기하는 것이다. 따라서 정답의 패턴을 파악하고 어휘나 문법 등 암기가 필요한 부분에서는 집중적으로 반복 학습을 해야 한다. 이번에는 1회독과는 다르게 이해와 암기가 어려운 선지는 번호 옆에 O표시를 한다.

5 Week	6 Week	7 Week
PART 1 ~ PART 3	PART 4 ~ PART 5	PART 6 ~ PART 7

3회독 가이드

Point. 마지막 마무리

2주 안에 전체 문제를 풀어야 하므로 알고 있는 문제는 빠르게 복습하고 O표시된 선지에 집중하여 학습한다. 여전히 암기가 부족한 문제가 있다면 좌절하지 말고 부족한 부분을 찾아 냈다는 생각으로 학습에 임해야 한다.

8 Week	9 Week
PART 1 ~ PART 4	PART 5 ~ PART 7

3회독까지 학습했으면 웬만한 기출문제는 다 암기했다고 볼 수 있다. 단원별 기출문제집 3회독이 끝나면 자사의 연도별 기출문제집인 "기출이 답이다"를 풀어보기를 권장한다. "기출이 답이다"는 시험지와 동일하게 구성된 기출문제와 고난도 기출문제가 수록되어 있어 실전 감각을 높일 수 있으며 모르는 문제를 다시 확인하는 복습 효과가 있다.

단원별 기출 문제집

공무원 · 군무원

국어

PART 1

국어 문법

학습 포인트

국어 과목에서 가장 어려운 영역을 꼽으라고 한다면 대부분이 '문법'이라고 할 것입니다. 그 이유는 많은 수험생들이 문법 영역을 학습할 때 선택하는 방법이 '암기'이기 때문입니다. 문법에는 너무나도 많은 규칙과 예외가 존재하기 때문에 모든 것을 암기하려고 한다면 학습량이 매우 많아질 뿐 아니라 처음 보는 단어나 문장이 시험에 출제되었을 때 틀릴 확률이 높아집니다. 따라서 문법은 암기가 아닌 '이해'로 접근해야 합니다.

먼저, 문법 용어의 개념을 정확하게 이해하는 것이 가장 중요합니다. 음운, 어간, 음절, 형태소, 파생어, 홑문장, 겹문장 등의 개념을 제대로 파악하지 못했다면 기본서를 다시 펼쳐 개념을 정확하게 학습해야 합니다.

다음으로, 문법 이론을 학습하고 다양한 경우에 적용해 보는 훈련을 해야 합니다. 음운 변동이나 문장 성분, 단어의 형성, 문장의 구조 등을 이해하고 파악하는 데 많은 수험생들이 어려움을 겪고 있습니다. 이는 기본적인 이론을 체계적으로 정리하고 많은 문제를 풀어보며 다양한 예문에 적용해 보는 연습을 통해 자연스럽게 체득할 수 있습니다.

마지막으로, 기출문제를 반복 학습하면서 자주 출제되는 부분을 확인하는 것입니다. 문법 영역을 반복해서 풀다 보면 단어의 품사, 음운 변동, 단어의 구조, 높임법 등 자주 출제되는 문법 이론이 있다는 것을 알아채실 것입니다. 이를 중심으로 반복 훈련하면 문법 영역을 더욱 효율적으로 학습할 수 있습니다.

CHAPTER 1　문법 체계
CHAPTER 2　고전 문법

챕터별 출제 비중

문법 체계 ──────────────────────────── 90%

고전 문법 ── 10%

※ 2022년 출제기준

회독체크

구분	1회독	2회독	3회독
CHAPTER 1 문법 체계	☐	☐	☐
CHAPTER 2 고전 문법	☐	☐	☐

☐ 칸에 학습진도를 체크하세요.

1 문법 체계

해설편 p. 002

음운론	기출빈도 ★☆☆

01 음운 규칙 중 동화의 예로 옳지 않은 것은? 22 서울시 9급 6월

① 권력(權力) → [궐력]
② 래일(來日) → [내일]
③ 돕는다 → [돔는다]
④ 미닫이 → [미다지]

02 국어의 주요한 음운 변동을 다음과 같이 유형화할 때, '부엌일'에 일어나는 음운 변동 유형으로 옳은 것은?

19 국가직 9급

	변동 전		변동 후
㉠	XaY	→	XbY(교체)
㉡	XY	→	XaY(첨가)
㉢	XabY	→	XcY(축약)
㉣	XaY	→	XY(탈락)

① ㉠, ㉡
② ㉠, ㉣
③ ㉡, ㉢
④ ㉡, ㉣

03 다음에 대한 설명으로 적절한 것은? 19 지방직 9급

㉠ 가을일[가을릴]	㉡ 텃마당[턴마당]
㉢ 입학생[이팍쌩]	㉣ 흙먼지[흥먼지]

① ㉠: 한 가지 유형의 음운 변동이 나타난다.
② ㉡: 인접한 음의 영향을 받아 조음 위치가 같아지는 동화 현상이 나타난다.
③ ㉢: 음운 변동 전의 음운 개수와 음운 변동 후의 음운 개수가 서로 다르다.
④ ㉣: 음절 끝에 'ㄱ, ㄴ, ㄷ, ㄹ, ㅁ, ㅂ, ㅇ' 이외의 자음이 오면 이 7개의 자음 중 하나로 바뀌는 규칙이 적용된다.

04 '깎다'의 활용형에 적용된 음운 변동에 대한 설명으로 옳은 것은? 18 국가직 9급

- 교체: 한 음운이 다른 음운으로 바뀌는 현상
- 탈락: 한 음운이 없어지는 현상
- 첨가: 없던 음운이 생기는 현상
- 축약: 두 음운이 합쳐져서 또 다른 음운 하나로 바뀌는 현상
- 도치: 두 음운의 위치가 서로 바뀌는 현상

① '깎는'은 교체 현상에 의해 '깡는'으로 발음된다.
② '깎아'는 탈락 현상에 의해 '까까'로 발음된다.
③ '깎고'는 도치 현상에 의해 '깍꼬'로 발음된다.
④ '깎지'는 축약 현상과 첨가 현상에 의해 '깍찌'로 발음된다.

05 설명이 옳지 않은 것은? 17 국가직 9급

① 'ㄴ, ㅁ, ㅇ'은 유음이다.
② 'ㅅ, ㅆ, ㅎ'은 마찰음이다.
③ 'ㅡ, ㅓ, ㅏ'는 후설 모음이다.
④ 'ㅟ, ㅚ, ㅗ, ㅜ'는 원순 모음이다.

기출빈도 ★★☆

06 밑줄 친 단어의 품사가 다른 것은?　22 서울시 9급 2월

① 이야기를 들어 <u>보다</u>.
② 일을 하다가 <u>보면</u> 요령이 생겨서 작업 속도가 빨라진다.
③ 이런 일을 당해 <u>보지</u> 않은 사람은 내 심정을 모른다.
④ 식구들이 모두 집에 돌아왔나 <u>보다</u>.

07 밑줄 친 단어의 품사가 다른 것은?　20 군무원 9급

① 집에 들어가 보니 동생이 <u>혼자</u> 밥을 먹고 있었다.
② <u>정녕</u> 가시겠다면 고이 보내 드리리다.
③ 나는 과일 중에 사과를 <u>제일</u> 좋아한다.
④ <u>둘째</u> 며느리 삼아 보아야 맏며느리 착한 줄 안다.

08 밑줄 친 단어의 품사를 같은 것끼리 묶은 것은?　19 국가직 9급

- 쌍둥이도 서로 성격이 ㉠ <u>다른</u> 법이다.
- 날씨가 건조하면 나무가 잘 ㉡ <u>크지</u> 못한다.
- 남부 지방에 홍수가 ㉢ <u>나서</u> 많은 수재민이 생겼다.
- 그 사람이 농담은 하지만 ㉣ <u>허튼</u> 말은 하지 않는다.
- 상대에게 자유를 주는 것이 진정한 사랑이 ㉤ <u>아닐까</u>?

① ㉠, ㉡
② ㉡, ㉢
③ ㉢, ㉣
④ ㉣, ㉤

09 밑줄 친 말의 품사가 같은 것으로만 묶은 것은?　17 지방직 9급

개나리꽃이 ㉠ <u>흐드러지게</u> 핀 교정에서 친구들과 ㉡ <u>찍은</u> 사진은, 그때 느꼈던 ㉢ <u>설레는</u> 행복감은 물론, 대기 중에 ㉣ <u>충만한</u> 봄의 기운, 친구들과의 악의 ㉤ <u>없는</u> 농지거리, 벌들의 잉잉거림까지 현장에 있는 것과 다름없이 느끼게 해 준다.

① ㉠, ㉢, ㉣
② ㉠, ㉣, ㉤
③ ㉡, ㉢, ㉤
④ ㉢, ㉣, ㉤

10 밑줄 친 '당신' 중에서 인칭이 다른 것은?　22 서울시 9급 6월

① 할아버지께서는 생전에 <u>당신</u>의 장서를 소중히 다루셨다.
② <u>당신</u>에게 좋은 남편이 되도록 노력하겠소.
③ <u>당신</u>의 희생을 잊지 않겠습니다.
④ 이 일을 한 사람이 <u>당신</u>입니까?

11 ㉠~㉦에 대한 설명으로 옳은 것은?　17 지방직 9급

㉠ <u>그쪽</u>에서 물건 하나를 맡아 주었으면 해요. 그건 ㉡ <u>우리</u> 할머니의 유품이에요. ㉢ <u>저</u>는 할머니의 유지에 따라 당신에게 그것을 전해야 할 책임을 느껴요. ㉣ <u>할머니</u>께서는 ㉤ <u>본인</u>의 생각을 저에게 누차 말씀하신 바 있기 때문이죠. 부디 ㉥ <u>당신</u>이 할머니가 품었던 호의를 거절하지 않기를 바랍니다. 아시다시피 할머니는 결코 말씀이 많으신 분은 아니었지요. ㉦ <u>당신</u>께서 생전에 표현하지 못했던 심정이 거기에 절실히 아로새겨져 있을 거예요.

① ㉠과 ㉢은 1인칭 대명사이다.
② ㉡은 ㉢과 ㉣을 아우르는 말이다.
③ ㉣과 ㉦은 같은 사람을 가리키는 말이다.
④ ㉤과 ㉥은 같은 사람을 가리키는 말이다.

PART 1 국어 문법

12 밑줄 친 단어의 성격이 다른 것은? 22 서울시 9급 6월

① 새 책
② 갖은 양념
③ 이런 사람
④ 외딴 섬

13 다음 밑줄 친 '-의' 중에서 '기쁨의 열매'와 쓰임이 같은 것은? 20 군무원 9급

① 조선의 독립국임
② 천(天)의 명명(明命)
③ 인도(人道)의 간과(干戈)
④ 대의(大義)의 극명(克明)

14 ㉠, ㉡의 사례로 옳은 것만을 짝 지은 것은? 21 국가직 9급

> 용언의 불규칙 활용은 크게 ㉠ 어간만 불규칙하게 바뀌는 부류, ㉡ 어미만 불규칙하게 바뀌는 부류, 어간과 어미 둘 다 불규칙하게 바뀌는 부류로 나눌 수 있다.

	㉠	㉡
①	걸음이 빠름	꽃이 노람
②	잔치를 치름	공부를 함
③	라면이 불음	합격을 바람
④	우물물을 품	목적지에 이름

15 밑줄 친 말의 기본형이 옳지 않은 것은? 17 국가직 9급

① 무를 강판에 가니 즙이 나온다. (기본형: 갈다)
② 오래되어 불은 국수는 맛이 없다. (기본형: 불다)
③ 아이들에게 위험한 데서 놀지 말라고 일렀다. (기본형: 이르다)
④ 퇴근하는 길에 포장마차에 들렀다가 친구를 만났다. (기본형: 들르다)

16 다음 중 파생법으로 만들어진 단어가 아닌 것은? 22 군무원 9급

① 교육자답다
② 살펴보다
③ 탐스럽다
④ 순수하다

17 단어의 구조가 다른 것은? 20 군무원 9급

① 도시락 　　② 선생님
③ 날고기 　　④ 밤나무

통사론 기출빈도 ★★★

18 밑줄 친 부분의 문장 성분이 나머지 셋과 다른 것은? 22 서울시 9급 2월

① 입은 비뚤어져도 말은 바로 해라.
② 호랑이도 제 말 하면 온다.
③ 아니 땐 굴뚝에 연기 날까?
④ 꿀도 약이라면 쓰다.

19 밑줄 친 부분의 문장 성분이 관형어가 아닌 것은?

21 서울시 9급

① 아기가 새 옷을 입었다.
② 군인인 형이 휴가를 나왔다.
③ 친구가 나에게 선물을 주었다.
④ 소녀는 시골의 풍경을 좋아한다.

20 밑줄 친 부분의 문장 성분이 나머지 셋과 다른 하나는?

20 서울시 9급

① 이 물건은 시장에서 사 왔다.
② 고마운 마음에서 드리는 말씀입니다.
③ 이에서 어찌 더 나쁠 수가 있겠어요?
④ 정부에서 실시한 조사 결과가 발표되었다.

21 〈보기〉에서 밑줄 친 설명과 같은 문법 범주에 속하는 문장은?

22 서울시 9급 2월

― 〈보 기〉 ―

(가) 온난화로 북극 빙하가 다 녹는다.
(나) 온난화가 북극 빙하를 다 녹인다.

'온난화'라는 사태와 '북극 빙하가 녹는 사태' 간에는 의미적으로 인과 관계가 성립하는데, (가)에서는 이 인과 관계를 드러내는 표지로 부사격 조사 '로'가 쓰였다. (나)는 '녹이다'라는 사동사를 사용한 문장이다. 주동문일 때 부사어 위치에 있던 '온난화'가 사동문에서는 주어 자리를 차지함으로써 '온난화'라는 현생이 '북극 빙하'라는 대상이 '녹도록' 힘을 가하는 의미로 읽힌다. 이로써 '북극 빙하가 녹는 사태'에 대하여 '온난화'가 온전히 책임을 져야 할 것처럼 보인다.

① 회사는 이것이 전파 인증을 받은 제품이라고 우긴다.
② 사장이 사장실을 넓히기 위해 직원 회의실을 좁힌다.
③ 온갖 공장에서 폐수를 정화하지도 않고 강에 버린다.
④ 이산화탄소가 적외선을 흡수하여 열이 대기에 모인다.

22 사동사와 피동사를 만드는 형태와 방식이 다른 것은?

20 군무원 9급

• 사동사(使動詞): 『언어』 문장의 주체가 자기 스스로 행하지 않고 남에게 그 행동이나 동작을 하게 함을 나타내는 동사
• 피동사(被動詞): 『언어』 남의 행동을 입어서 행하여지는 동작을 나타내는 동사

① 보다　　　　② 잡다
③ 밀다　　　　④ 안다

23 다음 중 아래 글의 내용을 포괄하여 설명하기에 가장 적절한 것은?

22 군무원 9급

주체 경어법은 용언에 선어말 어미 '-시-'를 넣음으로써 이루어진다. 만약 여러 개의 용언이 함께 나타나는 경우라면 일률적인 규칙을 세우기는 어렵지만 대체로 문장의 마지막 용언에 선어말 어미 '-시-'를 쓴다. 또한 여러 개의 용언 가운데 어휘적으로 높임의 용언이 따로 있는 경우에는 반드시 그 용언을 사용해야 한다.

① 할머니, 어디가 어떻게 편찮으세요?
② 어머님께서 돌아보시고 주인에게 부탁하셨다.
③ 선생님께서 책을 펴며 웃으셨다.
④ 할아버지께서 주무시고 가셨다.

24 다음 글의 괄호 안에 들어갈 문장으로 적절한 것은?

19 국가직 9급

> 국어의 높임법에는 말하는 이가 듣는 이에 대하여 높이거나 낮추어 말하는 상대 높임법, 서술어의 주체를 높이는 주체 높임법, 서술어의 객체를 높이는 객체 높임법 등이 있다. 이러한 높임 표현은 한 문장에서 복합적으로 실현되기도 하는데, (　　　　　　)의 경우 대화의 상대, 서술어의 주체, 서술어의 객체를 모두 높인 표현이다.

① 아버지께서 할머니를 모시고 댁에 들어가셨다.
② 제가 어머니께 그렇게 말씀을 드리면 될까요?
③ 어머니께서 아주머니께 이 김치를 드리라고 하셨습니다.
④ 주민 여러분께서는 잠시만 제 이야기에 귀를 기울여 주시기 바랍니다.

25 "숙희야, 내가 선생님께 꽃다발을 드렸다."의 문장을 다음 규칙에 따라 옳게 표시한 것은?

17 지방직 9급

> 우리말에는 주체 높임, 객체 높임, 상대 높임 등이 있다. 주체 높임과 객체 높임의 경우 높임은 +로, 높임이 아닌 것은 -로 표시하고 상대 높임의 경우 반말체를 -로, 해요체를 +로 표시한다.

① [주체 -], [객체 +], [상대 -]
② [주체 +], [객체 -], [상대 +]
③ [주체 -], [객체 +], [상대 +]
④ [주체 +], [객체 -], [상대 -]

26 밑줄 친 부분의 시제가 나머지 세 문장과 다른 것은?

21 서울시 9급

① 세월이 많이 흐르긴 흘렀네, 너도 많이 <u>늙었다</u>.
② 너는 네 아버지 어릴 때를 꼭 <u>닮았어</u>.
③ 그 사람은 작년에 부쩍 <u>늙었어</u>.
④ 고생해서 그런지 많이 <u>말랐네</u>.

27 〈보기〉의 ㉠을 포함하고 있는 안은문장은? 22 서울시 9급 2월

> ── 〈보 기〉 ──
> 관형사가 문장에 쓰이면 관형어로 기능한다. 그래서 관형사는 항상 관형어로 쓰인다. 즉 관형사는 문장에서 관형어로서 체언을 수식한다. 그런데 관형사만 관형어로 쓰이는 것이 아니라. ㉠ 관형사절이 관형어로 쓰이기도 한다. 즉 관형사절이 체언을 수식한다.

① 그는 갖은 양념으로 맛을 내었다.
② 꽃밭에는 예쁜 꽃이 활짝 피었다.
③ 오랜 가뭄 끝에 비가 내렸다.
④ 사무실 밖에서 여남은 명이 웅성대고 있었다.

28 홑문장에 해당하는 것은? 20 군무원 9급

① 어제 빨간 모자를 샀다.
② 봄이 오니 꽃이 피었다.
③ 남긴 만큼 버려지고, 버린 만큼 오염된다.
④ 우리 집 앞마당에 드디어 장미꽃이 피었다.

29 안긴문장이 없는 것은? 20 국가직 9급

① 나는 동생이 시험에 합격하기를 고대한다.
② 착한 영호는 언제나 친구들을 잘 도와준다.
③ 해진이는 울산에 살고 초희는 광주에 산다.
④ 아버지께서는 나에게 내일 가족 여행을 가자고 말씀하셨다.

30 밑줄 친 서술어의 자릿수가 다른 하나는? 20 지방직 9급

① 그림이 실물과 <u>같다</u>.
② 나는 학생이 <u>아니다</u>.
③ 지호가 종을 <u>울렸다</u>.
④ 길이 매우 <u>넓다</u>.

31 ㉠의 단어와 의미가 같은 것은?   21 국가직 9급

> 친구에게 줄 선물을 예쁜 포장지에 ㉠싼다.

① 사람들이 안채를 겹겹이 싸고 있다.
② 사람들은 봇짐을 싸고 산길로 향한다.
③ 아이는 몇 권의 책을 싼 보퉁이를 들고 있다.
④ 내일 학교에 가려면 책가방을 미리 싸 두어라.

32 밑줄 친 의미가 나머지 셋과 다른 것은?   21 지방직 9급

① 연이 바람을 타고 하늘로 올라간다.
② 부동산 경기를 타고 건축 붐이 일었다.
③ 착한 일을 한 덕분에 방송을 타게 됐다.
④ 그녀는 아버지의 음악적 소질을 타고 태어났다.

33 〈보기〉의 밑줄 친 부분과 문맥적 의미가 가장 가까운 것은?   20 지방직 9급

> ─── 〈보 기〉 ───
> 현재 그녀는 건강이 매우 좋다.

① 그녀의 성격은 더할 수 없이 좋다.
② 서울 간 길에 한 번 뵈올 땐 혈색이 좋으셨는데?
③ 다음 주 토요일은 결혼식을 하기에는 매우 좋은 날이다.
④ 대화를 하는 그의 말투는 기분이 상쾌할 정도로 좋았다.

34 밑줄 친 부분과 같은 의미로 사용된 것은?   18 지방직 9급

> 지도 위에 손가락을 짚어 가며 여행 계획을 설명하였다.

① 이마를 짚어 보니 열이 있었다.
② 그는 두 손으로 땅을 짚어야 했다.
③ 그들은 속을 짚어 낼 수가 없는 사람들이었다.
④ 시험 문제를 짚어 주었는데도 성적이 좋지 않다.

35 밑줄 친 말의 문맥적 의미가 같은 것은?   17 국가직 9급

> 고장 난 시계를 고치다.

① 부엌을 입식으로 고치다.
② 상호를 순 우리말로 고치다.
③ 정비소에서 자동차를 고치다.
④ 국민 생활에 불편을 주는 낡은 법을 고치다.

36 다음에 제시된 단어의 의미에 맞게 쓴 문장으로 적절하지 않은 것은?   19 지방직 9급

단어	의미	문장
살다	경기나 놀이에서, 상대편에게 잡히지 않고 제 기능을 하다.	㉠
	어떤 직분이나 신분의 생활을 하다.	㉡
	마음이나 의식 속에 남아 있거나 생생하게 일어나다.	㉢
	움직이던 물체가 멈추지 않고 제 기능을 하다.	㉣

① ㉠: 장기에서 포는 죽고 차만 살아 있다.
② ㉡: 그는 벼슬을 살기 싫어 속세를 버렸다.
③ ㉢: 옷에 풀기가 아직 살아 있다.
④ ㉣: 그렇게 세게 부딪혔는데도 시계가 살아 있다.

[37~38] 다음은 어떤 사전에 제시된 '고르다'의 내용이다.

■ 고르다1 [고르다]. 골라[골라], 고르니[고르니]
「동사」【…에서 …을】 여럿 중에서 가려내거나 뽑다.

■ 고르다2 [고르다]. 골라[골라], 고르니[고르니]
「동사」【…을】
　「1」 울퉁불퉁한 것을 평평하게 하거나 들쭉날쭉한
　　 것을 가지런하게 하다.
　「2」 붓이나 악기의 줄 따위가 제 기능을 발휘하도록
　　 다듬거나 손질하다.

■ 고르다3 [고르다]. 골라[골라], 고르니[고르니]
「형용사」「1」 여럿이 다 높낮이, 크기, 양 따위의 차이가 없
　　 이 한결같다.
　「2」 상태가 정상적으로 순조롭다.

---

37 위 사전에 대한 설명으로 가장 옳지 않은 것은? 21 군무원 9급

① '고르다1', '고르다2', '고르다3'은 서로 동음이의어이다.
② '고르다1', '고르다2', '고르다3'은 모두 불규칙 활용을
　 한다.
③ '고르다2'와 '고르다3'은 다의어이지만 '고르다1'은 다
　 의어가 아니다.
④ '고르다1', '고르다 ', '고르다3'은 모두 현재진행형으로
　 사용할 수 있다.

38 다음 밑줄 친 '고르다'가 위 사전의 '고르다2'의 「2」에 해당
하는 것은? 21 군무원 9급

① 울퉁불퉁한 곳을 흙으로 메워 판판하게 <u>골라</u> 놓았다.
② 요즘처럼 <u>고른</u> 날씨가 이어지면 여행을 가도 좋겠어.
③ 그는 이제 가쁘게 몰아쉬던 숨을 <u>고르고</u> 있다.
④ 이 문장의 서술어는 저 사전에서 <u>골라</u> 써.

39 〈보기〉에서 중의성이 발생한 원인이 같은 것을 옳게 짝 지
은 것은? 21 서울시 9급

〈보 기〉

㉠ 아버지께 꼭 차를 사드리고 싶습니다.
㉡ 철수는 아름다운 하늘의 구름을 바라보았다.
㉢ 철수는 아내보다 딸을 더 사랑한다.
㉣ 잘생긴 영수의 동생을 만났다.
㉤ 그것이 정말 사과냐?
㉥ 영희는 어제 빨간 모자를 쓰고 학교에 가지 않았다.

---

① ㉠, ㉡　　　　　　② ㉡, ㉣
③ ㉢, ㉤　　　　　　④ ㉣, ㉥

40 다음에 해당하는 사례로 적절하지 않은 것은? 20 지방직 9급

　'역전앞'과 마찬가지로 '피해(被害)를 당하다'에도 의
미의 중복이 나타난다. '피해'의 '피(被)'에 이미 '당하다'
라는 의미가 포함되어 있기 때문이다.

---

① 형부터 <u>먼저</u> 해라.
② 채훈이는 <u>오로지</u> 빵<u>만</u> 좋아한다.
③ 발언자마다 <u>각각</u> 다른 주장을 편다.
④ 그는 예의가 바를 <u>뿐더러</u> <u>무척</u> 부지런하다.

41 밑줄 친 '성김'과 '빽빽함'의 의미 관계와 같지 않은 것은?
20 군무원 9급

　구도의 필요에 따라 좌우와 상하의 거리 조정, 허와
실의 보완, <u>성김과 빽빽함</u>의 변화 표현 등이 자유로워
졌다.

---

① 곱다 : 거칠다
② 무르다 : 야무지다
③ 넉넉하다 : 푼푼하다
④ 느슨하다 : 팽팽하다

42 다음에 해당하는 사례로 적절하지 않은 것은? 19 지방직 9급

> 대립쌍을 이루는 단어들이 일정한 방향성을 이루고 있다.

① 성공(成功) : 실패(失敗)
② 시상(施賞) : 수상(受賞)
③ 판매(販賣) : 구매(購買)
④ 공격(攻擊) : 방어(防禦)

43 반의 관계 어휘에 대한 설명으로 옳지 않은 것은?

18 국가직 9급

① '크다/작다'의 경우, 두 단어를 동시에 긍정하거나 부정하면 모순이 발생한다.
② '출발/도착'의 경우, 한 단어의 부정이 다른 쪽 단어의 부정과 모순되지 않는다.
③ '참/거짓'의 경우, 한 단어의 부정은 다른 쪽 단어의 긍정을 함의한다.
④ '넓다/좁다'의 경우, 한 단어의 의미가 다른 쪽 단어의 부정을 함의한다.

44 다음 대화의 ㉠~㉤에 대한 설명으로 적절하지 않은 것은?

22 국가직 9급

> 이진: 태민아, ㉠이 책 읽어 봤니?
> 태민: 아니, ㉡그 책은 아직 읽어 보지 못했어.
> 이진: 그렇구나. 이 책은 작가의 문체가 독특해서 읽어 볼 만해.
> 태민: 응, 꼭 읽어 볼게. 한 권 더 추천해 줄래?
> 이진: 그럼 ㉢저 책은 어때? 한국 대중문화를 다양한 시각에서 다룬 재미있는 책이야.
> 태민: 그래, ㉣그 책도 함께 읽어 볼게.
> 이진: (두 책을 들고 계산대로 간다.) 읽어 보겠다고 하니, 생일 선물로 ㉤이 책 두 권 사 줄게.
> 태민: 고마워. 잘 읽을게.

① ㉠은 청자보다 화자에게, ㉡은 화자보다 청자에게 가까이 있는 대상을 가리킨다.
② ㉢은 화자보다 청자에게 멀리 있는 대상을 가리킨다.
③ ㉢과 ㉣은 같은 대상을 가리킨다.
④ ㉤은 ㉡과 ㉢ 모두를 가리킨다.

45 화자의 진정한 발화 의도를 파악할 때, 밑줄 친 부분을 고려하지 않아도 되는 것은?

18 지방직 9급

> 일상 대화에서는 직접 발화보다는 간접 발화가 더 많이 사용되지만, 그 의미는 맥락에 의해 파악될 수 있다. 화자는 상대방이 충분히 그 의미를 파악할 수 있다고 판단될 때 간접 발화를 전략적으로 사용함으로써 의사소통을 원활하게 하기도 한다.

① (친한 사이에서 돈을 빌릴 때) 돈 가진 것 좀 있니?
② (창문을 열고 싶을 때) 애야, 방이 너무 더운 것 같구나.
③ (갈림길에서 방향을 물을 때) 김포공항은 어느 쪽으로 가야 합니까?
④ (선생님이 과제를 내주고 독려할 때) 우리 반 학생들은 선생님 말씀을 아주 잘 듣습니다.

2 고전 문법

해설편 p. 014

한글의 창제 원리	기출빈도 ★☆☆

01 한글의 창제 원리에 대한 설명으로 가장 옳지 않은 것은?

21 서울시 9급

① 중성자는 발음 기관의 상형을 통해 만들어졌다.
② 같은 조음 위치에 속하는 자음자들은 형태상 유사성을 지닌다.
③ 중성자는 기본자를 조합하여 초출자와 재출자를 만들었다.
④ 종성자는 따로 만들지 않았다.

02 발음 기관에 따라 '아음(牙音)', '설음(舌音)', '순음(脣音)', '치음(齒音)', '후음(喉音)'으로 구별하고 있는 훈민정음의 자음 체계를 참조할 때, 다음 휴대 전화의 자판에 대한 설명으로 옳지 않은 것은?

18 지방직 9급

ㄱ ㅋ	ㅣ ㅡ	ㅏ ㅑ
ㄷ ㅌ	ㄴ ㄹ	ㅓ ㅕ
ㅁ ㅅ	ㅂ ㅍ	ㅗ ㅛ
ㅈ ㅊ	ㅇ ㅎ	ㅜ ㅠ

① 훈민정음의 자음 체계에 따른다면, 'ㅅ'은 'ㅈㅊ' 칸에 함께 배치할 수 있다.
② 'ㅁㅅ' 칸은 조음 위치와 조음 방식의 양면을 모두 고려하여 같은 성질의 소리끼리 묶은 것이다.
③ 'ㄷㅌ'과 'ㄴㄹ' 칸은 훈민정음 창제 당시 적용된 가획 등의 원리에 따른 제자 순서보다 소리의 유사성을 중시하여 배치한 것이다.
④ 훈민정음의 자음 체계에서 'ㅇ'과 'ㆁ'은 구별되었다. 훈민정음의 자음 체계에 따른다면, 이 중에서 'ㆁ'은 'ㄱㅋ' 칸에 함께 배치할 수 있다.

03 훈민정음의 28 자모(字母) 체계에 들지 않는 것은?

17 국가직 9급

① ㆆ
② ㅿ
③ ㅸ
④ ㅹ

중세국어·어휘의 변화	기출빈도 ★☆☆

04 〈보기〉의 ㉠~㉣ 중 조사를 포함하고 있지 않은 것은?

22 서울시 9급 6월

> ─── 〈보 기〉 ───
> 식미 ㉠ 기픈 ㉡ 므른 ㉢ ᄀᄆᆞ래 아니 그츨씨 ㉣ 내히
> 이러 바ᄅᆞ래 가ᄂᆞ니

① ㉠ - 기픈
② ㉡ - 므른
③ ㉢ - ᄀᆞᄆᆞ래
④ ㉣ - 내히

05 밑줄 친 부분에 대한 설명으로 적절한 것은?

18 국가직 9급

> 말ᄊᆞᆷ을 ㉠ 솔ᄫᅵ리 하ᄃᆡ 天命을 疑心ᄒᆞ실ᄊᆡ ᄭᅮ므로
> ㉡ 뵈아시니
> 놀애ᄅᆞᆯ 브르리 ㉢ 하ᄃᆡ 天命을 모ᄅᆞ실ᄊᆡ ᄭᅮ므로 ㉣
> 알외시니
>
> (말씀을 아뢸 사람이 많지만, 天命을 의심하시므로
> 꿈으로 재촉하시니
> 노래를 부를 사람이 많지만, 天命을 모르므로 꿈으로
> 알리시니)
>
> – 「용비어천가」 13장 –

① ㉠에서 '-이'는 주격을 나타내는 조사로 기능한다.
② ㉡에서 '-아시-'는 높임을 나타내는 선어말 어미로 기능한다.
③ ㉢에서 '-ᄃᆡ'는 이유를 나타내는 연결 어미로 기능한다.
④ ㉣에서 '-외-'는 사동을 나타내는 접미사로 기능한다.

06 단어에 대한 설명으로 적절하지 않은 것은?

22 지방직 9급

① 가난: 한자어 '간난'에서 'ㄴ'이 탈락하면서 된 말이다.
② 어리다: '어리석다'는 뜻에서 '나이가 적다'는 뜻으로 바뀐 말이다.
③ 수탉: 'ㅎ'을 종성으로 갖고 있던 '숳'에 '둙'이 합쳐져 이루어진 말이다.
④ 점잖다: '의젓함'을 나타내는 '점잖이'에 '하다'가 붙어 형성된 말이다.

07 의미 변화에 대한 설명으로 가장 옳지 않은 것은?

21 서울시 9급

① '겨레'는 근대국어에서 '친족'을 뜻하였는데 오늘날에는 '민족'을 뜻하여 의미가 확대되었다.
② '얼굴'은 중세국어에서 '형체'를 뜻하였는데 오늘날에는 '안면'을 뜻하여 의미가 축소되었다.
③ '어리다'는 중세국어에서 '어리석다'를 뜻하였는데 오늘날에는 '나이가 적다'를 뜻하여 의미가 상승하였다.
④ '계집'은 중세국어에서 '여자'를 뜻하였는데 오늘날에는 '여자를 낮잡아 이르는 말'로 의미가 하락하였다.

PART 2
국어 규범

학습 포인트

국어 규범은 암기할 부분과 예외가 많아 수험생들이 매우 힘들어하는 영역입니다. 이를 효율적으로 학습하기 위해서는 암기해야 하는 부분과 이해가 필요한 부분을 명확하게 구분하여 이해가 필요한 부분부터 학습해 나가는 것이 중요합니다. 예를 들어 사이시옷, 두음 법칙 등은 한글 맞춤법이나 표준어 규정에서 제시하고 있는 내용을 바탕으로 '이해'가 필요하지만, 이와 달리 외래어 표기법이나 로마자 표기법, 표준어 등은 반복 학습을 통한 '암기'가 필요합니다.

사이시옷, 두음 법칙 등 국어 규범에서 이해가 필요한 부분은 기본서나 어문 규정을 통해 실현 조건을 먼저 이해한 뒤 기출문제를 풀어보면서 다양한 예문을 통해 체득해 나가는 것이 좋습니다. 공ㆍ군무원 기출에서는 특히 "사이시옷"이 가장 많이 출제되므로 이를 중심으로 학습하는 것을 추천드립니다.

그러면 암기가 필요한 부분은 어떻게 학습하는 것이 좋을까요? 무조건 외우는 것만이 정답은 아닙니다. 다른 영역들과 마찬가지로 기출문제를 바탕으로 학습하는 것이 중요합니다.

로마자 표기법이나 외래어 표기법과 관련된 기출문제를 풀다 보면 반복해서 나오는 단어들이 있음을 확인하실 수 있을 것입니다. 빈출되는 단어들을 선별해서 먼저 학습하고 암기하는 것이 국어 규범 영역을 효율적으로 학습하는 방법입니다. 빈출 단어에 대한 학습이 끝났다면 문제를 많이 풀어보면서 다양한 문장에 어문 규정을 적용해 보고 생소한 단어들을 따로 정리하여 이를 반복적으로 확인하고 암기해야 합니다.

챕터별 출제 비중

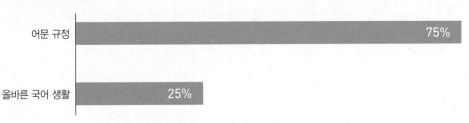

어문 규정   75%

올바른 국어 생활   25%

※ 2022년 출제기준

회독체크

구분	1회독	2회독	3회독
CHAPTER 1 어문 규정	☐	☐	☐
CHAPTER 2 올바른 국어 생활	☐	☐	☐

☐ 칸에 학습진도를 체크하세요.

1 어문 규정

해설편 p. 018

한글 맞춤법
기출빈도 ★★★

01 다음 규정에 근거할 때 옳지 <u>않은</u> 것은? 22 국가직 9급

> **한글 맞춤법 제30항**
> 사이시옷은 다음과 같은 경우에 받치어 적는다.
> (가) 순우리말로 된 합성어로서 앞말이 모음으로 끝나면서 뒷말의 첫소리가 된소리로 나는 것
> (나) 순우리말과 한자어로 된 합성어로서 앞말이 모음으로 끝나면서 뒷말의 첫소리가 된소리로 나는 것

① (가)에 따라 '아래＋집'은 '아랫집'으로 적는다.
② (가)에 따라 '쇠＋조각'은 '쇳조각'으로 적는다.
③ (나)에 따라 '전세＋방'은 '전셋방'으로 적는다.
④ (나)에 따라 '자리＋세'는 '자릿세'로 적는다.

---

02 〈보기〉의 밑줄 친 ㉠과 ㉡의 사례로 옳지 <u>않게</u> 짝 지은 것은? 22 서울시 9급 6월

> ── 〈보 기〉 ──
> 제1항 한글 맞춤법은 표준어를 ㉠ 소리대로 적되, ㉡ 어법에 맞도록 함을 원칙으로 한다.

	㉠	㉡
①	마감	무릎이
②	며칠	없었고
③	빛깔	여덟에
④	꼬락서니	젊은이

---

03 〈보기〉의 밑줄 친 부분의 사례로 옳지 <u>않은</u> 것은? 22 서울시 9급 6월

> ── 〈보 기〉 ──
> 제51항 부사의 끝음절이 분명히 '이'로만 나는 것은 '-이'로 적고, '히'로만 나거나 '이'나 '히'로 나는 것은 '-히'로 적는다.

① 꼼꼼히   ② 당당히
③ 섭섭히   ④ 정확히

---

04 밑줄 친 말의 표기가 잘못된 것은? 22 군무원 9급

① 배가 고파서 공기밥을 두 그릇이나 먹었다.
② 선출된 임원들이 차례로 인사말을 하였다.
③ 사고 뒤처리를 하느라 골머리를 앓았다.
④ 이메일보다는 손수 쓴 편지글이 더 낫다.

---

05 밑줄 친 단어의 표기가 옳은 것은? 21 서울시 9급

① 이 책은 머릿말부터 마음에 들었다.
② 복도에서 윗층에 사는 노부부를 만났다.
③ 햇님이 방긋 웃는 듯하다.
④ 북엇국으로 든든하게 아침을 먹었다.

---

06 맞춤법에 맞는 것만으로 묶은 것은? 21 국가직 9급

① 돌나물, 꼭지점, 페트병, 낚시꾼
② 흡입량, 구름양, 정답란, 칼럼난
③ 오뚝이, 싸라기, 법석, 딱다구리
④ 찻간(車間), 홧병(火病), 셋방(貰房), 곳간(庫間)

07 한글 맞춤법 규정에 맞는 문장으로 옳은 것은? 21 군무원 9급

① 아무래도 나 자리 뺐겼나 봐요.
② 오늘 하룻동안 해야 할 일이 엄청나네.
③ 그런 일에 발목 잡혀 번번히 주저앉았지.
④ 저희 아이의 석차 백분율이 1%만 올라도 좋겠습니다.

08 〈보기〉의 밑줄 친 말 중에서 맞춤법에 맞게 쓰인 것을 옳게 짝 지은 것은? 21 서울시 9급

—— 〈보 기〉 ——

휴일을 ㉠ 보내는 데에는 ㉡ 책만 한 것이 없다. 책을 읽다 보면 삶이 풍요로워짐을 느낀다. 독서의 중요성을 강조한 ㉢ 김박사님의 말씀이 떠오른다. 그런데 ㉣ 솔직이 말하면 이런 즐거움을 느끼게 된 것은 그다지 오래되지 않았다. 여태까지는 시험 문제의 답을 잘 ㉤ 맞추기 위한 목적에서 책을 읽는 것이 대부분이었기 때문이다. 이제부터는 지식과 지혜를 ㉥ 늘리고 삶을 윤택하게 하려는 목적에서 책을 ㉦ 읽으므로써 나 자신을 성장시키도록 ㉧ 해야 겠다.

① ㉠, ㉤
② ㉡, ㉥
③ ㉢, ㉦
④ ㉣, ㉧

09 밑줄 친 부분이 바르게 쓰이지 않은 것은? 21 지방직 9급

① 바쁘다더니 여긴 웬일이야?
② 결혼식이 몇 월 몇 일이야?
③ 굳은살이 박인 오빠 손을 보니 안쓰럽다.
④ 그는 주말이면 으레 친구들과 야구를 한다.

10 한글 맞춤법에 옳게 쓰인 것을 모두 고른 것은? 20 군무원 9급

나는 먼저 미역을 물에 ㉠ 담궈 두고 밥을 ㉡ 안쳤다. 불린 미역을 냄비에 넣고 불을 ㉢ 붙였다. 미역국이 끓는 동안 생선도 ㉣ 졸였다. 마지막으로 두부에 달걀옷을 입혀 ㉤ 부쳤다. 상을 차려놓고 어머니가 오시기를 기다렸다. ㉥ 하느라고 했는데 생일상치고 영 볼품이 없는 것 같다.

① ㉠, ㉡, ㉣
② ㉢, ㉤, ㉥
③ ㉡, ㉣, ㉤
④ ㉡, ㉢, ㉤

11 밑줄 친 부분의 맞춤법이 가장 옳지 않은 것은? 20 서울시 9급

① 남에게 존경 받는 사람이 돼라는 아버지의 유언
② 존경 받는 사람이 되었다.
③ 남에게 존경 받는 사람이 돼라.
④ 존경 받는 사람이 되고 있다.

12 밑줄 친 부분이 어법에 맞는 것은? 19 지방직 9급

① 이 가곡의 노래말은 아름답다.
② 그 집의 순대국은 아주 맛있다.
③ 하교길은 늘 아이들로 북적인다.
④ 선생님은 간단한 인사말을 건넸다.

13 다음 한글 맞춤법 규정의 예로 옳지 않은 것은? 18 지방직 9급

> (가) 제19항 어간에 '-이'나 '-음/ㅁ'이 붙어서 명사로
> 된 것과 '-이'나 '-히'가 붙어서 부사로 된 것은 그
> 어간의 원형을 밝히어 적는다.
> (나) 제19항 [붙임] 어간에 '-이'나 '-음' 이외의 모음으
> 로 시작된 접미사가 붙어서 다른 품사로 바뀐 것은
> 그 어간의 원형을 밝히어 적지 아니한다.
> (다) 제20항 명사 뒤에 '-이'가 붙어서 된 말은 그 명사
> 의 원형을 밝히어 적는다.
> (라) 제20항 [붙임] '-이' 이외의 모음으로 시작된 접미사
> 가 붙어서 된 말은 그 명사의 원형을 밝히어 적지
> 아니한다.

① (가): 미닫이, 졸음, 익히
② (나): 마개, 마감, 지붕
③ (다): 육손이, 집집이, 곰배팔이
④ (라): 끄트머리, 바가지, 이파리

14 띄어쓰기가 가장 옳은 문장은? 22 서울시 9급 6월

① 예전에 가 본데가 어디쯤인지 모르겠다.
② 사람을 돕는데에 애 어른이 어디 있겠습니까?
③ 이 그릇은 귀한 거라 손님을 대접하는데나 쓴다.
④ 저분이 그럴 분이 아니신데 큰 실수를 하셨다.

15 다음 중 띄어쓰기가 가장 옳은 것은? 22 군무원 9급

① 지난 달에 나는 딸도 만날겸 여행도 할겸 미국에 다녀
왔어.
② 이 회사의 경비병들은 물 샐 틈없이 경비를 선다.
③ 저 사과들 중에서 좀더 큰것을 주세요.
④ 그 사람은 감사하기는 커녕 적게 주었다고 원망만 하
더라.

16 밑줄 친 부분의 띄어쓰기가 잘못된 것은? 22 군무원 9급

① 한번 실패했더라도 다시 도전하면 된다.
② 한번은 네거리에서 큰 사고를 낼 뻔했다.
③ 고 녀석, 울음소리 한번 크구나.
④ 심심한데 노래나 한번 불러 볼까?

17 띄어쓰기가 가장 옳지 않은 것은? 22 서울시 9급 2월

① 이∨일도∨이제는∨할∨만하다.
② 나는∨하고∨싶은∨대로∨할∨테야.
③ 다음부터는∨일이∨잘될∨듯∨싶었다.
④ 그녀는∨그∨사실에∨대해∨아는∨체를∨하였다.

18 띄어쓰기 규정에 맞지 않는 것은? 21 군무원 9급

① 모르는 척하고 넘어갈 만도 하다.
② 내가 몇 등일지 걱정이 가득했다.
③ 그 책을 다 읽는 데 삼 일이 걸렸다.
④ 그는 돕기는 커녕 방해할 생각만 한다.

19 띄어쓰기가 옳지 않은 것은? 21 서울시 9급

① 너야 말로 칭찬받을 만하다.
② 그 사실을 말할 수밖에 없었다.
③ 힘깨나 쓴다고 자랑하지 마라.
④ 밥은커녕 빵도 못 먹었다.

20 띄어쓰기가 옳지 않은 것은? 20 군무원 9급

① 그녀는 사업차 외국에 나갔다.
② 들고 갈 수 있을 만큼만 담아라.
③ 그는 세 번만에 시험에 합격했다.
④ 쌀, 보리, 콩, 조, 기장 들을 오곡(五穀)이라 한다.

21 밑줄 친 부분의 띄어쓰기가 옳은 것은? 20 지방직 9급

① 해도해도 너무한다.
② 빠른 시일 내 지원해 줄 것이다.
③ 이 그릇은 귀한 거라 손님 대접하는데나 쓴다.
④ 소비 절약을 호소하는 정공법 밖에 달리 도리는 없다.

22 밑줄 친 부분의 띄어쓰기가 옳은 것은? 19 지방직 9급

① 그 중에 깨끗한 옷만 골라 입으세요.
② 어제는 밤이 늦도록 옛 책을 뒤적였다.
③ 시간 날 때 낚시나 한 번 같이 갑시다.
④ 사람들은 황급히 굴 속으로 모여들었다.

23 밑줄 친 부분의 띄어쓰기가 옳지 않은 것은? 18 국가직 9급

① 이처럼 좋은 걸 어떡해?
② 제 3장의 내용을 요약해 주세요.
③ 공사를 진행한 지 꽤 오래되었다.
④ 결혼 10년 차에 내 집을 장만했다.

24 띄어쓰기가 옳지 않은 것은? 18 지방직 9급

① 졸지에 부도를 맞았다니 참 안됐어.
　그렇게 독선적으로 일을 처리하면 안 돼.
② 그건 사실 아무것도 아니니 걱정하지 말게.
　지금 네가 본 것은 실상의 절반에도 못 미쳐.
③ 저 집은 부부 간에 금실이 좋아.
　집을 살 때 부모님이 얼마간을 보태 주셨어.
④ 저 사람은 아무래도 믿을 만한 인물이 아니야.
　지난번 해일이 밀어닥칠 때 집채만 한 파도가 해변을 덮쳤다.

25 밑줄 친 부분의 띄어쓰기가 옳은 것은? 17 국가직 9급

① 한밤중에 전화가 왔다.
② 그는 일도 잘할 뿐더러 성격도 좋다.
③ 친구가 도착한 지 두 시간만에 떠났다.
④ 요즘 경기가 안 좋아서 장사가 잘 안 된다.

26 대괄호의 사용이 적절하지 않은 것은? 21 군무원 9급

① 말소리[音聲]의 특징을 알아보자.
② 모두가 건물[에, 로, 까지] 달려갔다.
③ 이윽고 겨울이 오면 초록은 실색한다. [이상전집3(1958), 235쪽 참조]
④ 난 그 이야기[합격 소식]를 듣고 미소짓기 시작했다.

27 ㉠~㉣을 사전에 올릴 때 '한글 맞춤법 규정'에 따른 순서로 적절한 것은? 20 국가직 9급

㉠ 곬	㉡ 규탄
㉢ 곳간	㉣ 광명

① ㉠ → ㉢ → ㉡ → ㉣
② ㉠ → ㉢ → ㉣ → ㉡
③ ㉢ → ㉠ → ㉡ → ㉣
④ ㉢ → ㉠ → ㉣ → ㉡

28 다음 중 표준어가 아닌 것은?   22 군무원 9급

① 발가숭이   ② 깡총깡총
③ 뻗정다리   ④ 오뚝이

29 표준어 규정에 맞지 않는 단어로만 짝 지은 것은?

                       22 서울시 9급 6월

① 숫양 – 숫기와
② 숫병아리 – 숫당나귀
③ 수퇘지 – 숫은행나무
④ 수캉아지 – 수탉

30 〈보기〉에 공통적으로 적용되는 표준어 규정으로 가장 옳은 것은?   20 서울시 9급

               ── 〈보 기〉 ──
                 강낭콩, 고삿, 사글세

① 어원에서 멀어진 형태로 굳어져서 널리 쓰이는 것은, 그것을 표준어로 삼는다.
② 어원적으로 원형에 더 가까운 형태가 아직 쓰이고 있는 경우에는, 그것을 표준어로 삼는다.
③ 모음의 발음 변화를 인정하여, 발음이 바뀌어 굳어진 형태를 표준어로 삼는다.
④ 비슷한 발음의 몇 형태가 쓰일 경우, 그 의미에 아무런 차이가 없고, 그중 하나가 더 널리 쓰이면, 그 한 형태만을 표준어로 삼는다.

31 밑줄 친 말이 표준어인 것은?   17 지방직 9급

① 큰 죄를 짓고도 그는 <u>뉘연히</u> 대중 앞에 나섰다.
② 아주머니는 부엌에서 갖가지 양념을 <u>뒤어내고</u> 있었다.
③ 사업에 실패했던 원인을 이제야 <u>깨단하게</u> 되었다.
④ 그 사람은 <u>허구헌</u> 날 팔자 한탄만 한다.

32 표준 발음법에 따라 옳지 않은 것은?   22 서울시 9급 6월

① 금융[금늉/그뮹]
② 샛길[새ː낄/샏ː낄]
③ 나뭇잎[나묻닙/나문닙]
④ 이죽이죽[이중니죽/이주기죽]

33 다음 한자어의 발음 중 표준 발음으로 옳지 않은 것은?

                       21 군무원 9급

① 마천루(摩天樓) – [마천누]
② 공권력(公權力) – [공꿘녁]
③ 생산력(生産力) – [생산녁]
④ 결단력(決斷力) – [결딴녁]

34 〈보기〉에서 (가), (나)에 해당하는 예로 가장 옳은 것은?   21 서울시 9급

               ── 〈보 기〉 ──
(가) 어간 받침 'ㄴ(ㄵ), ㅁ(ㄻ)' 뒤에 결합되는 어미의 첫소리 'ㄱ, ㄷ, ㅅ, ㅈ'은 된소리로 발음한다.
(나) 어간 받침 'ㄼ, ㄾ' 뒤에 결합되는 어미의 첫소리 'ㄱ, ㄷ, ㅅ, ㅈ'은 된소리로 발음한다.

	(가)	(나)
①	(신을) 신기다	여덟도
②	(나이가) 젊지	핥다
③	(신을) 신기다	핥다
④	(나이가) 젊지	여덟도

35 낱말의 발음이 옳지 않은 것은?   20 군무원 9급

① 맑고 → [말꼬]
② 끊기다 → [끈기다]
③ 맏형 → [마텽]
④ 밟고 → [밥ː꼬]

36 표준 발음으로 가장 옳지 않은 것은? 20 서울시 9급

① 풀꽃아[풀꼬다]
② 옷 한 벌[오탄벌]
③ 넓둥글다[넙뚱글다]
④ 늙습니다[늑씀니다]

외래어 표기법   기출빈도 ★☆☆

37 외래어 표기법의 기본 원칙으로 옳지 않은 것은?

22 서울시 9급 6월

① 외래어는 국어의 현용 24자모만으로 적는다.
② 외래어의 1음운은 원칙적으로 1기호로 적는다.
③ 받침에는 'ㄱ, ㄴ, ㄷ, ㄹ, ㅁ, ㅂ, ㅅ, ㅇ'만을 적는다.
④ 파열음 표기에는 된소리를 쓰지 않는 것을 원칙으로 한다.

38 외래어 표기가 올바른 것으로만 묶은 것은?   22 서울시 9급 2월

① 플랭카드, 케익, 스케줄
② 텔레비전, 쵸콜릿, 플래시
③ 커피숍, 리더십, 파마
④ 캐비넷, 로켓, 슈퍼마켓

39 밑줄 친 단어 중 외래어 표기법이 모두 맞는 문장으로 옳은 것은?   21 군무원 9급

① 리모콘에 있는 버턴의 번호를 눌러주세요.
② 벤젠이나 시너, 알코올 등으로 닦지 마세요.
③ 전원 코드를 컨센트에 바르게 연결해 주세요.
④ 썬루프 안쪽은 수돗물을 적신 스폰지로 닦아냅니다.

40 〈보기〉의 외래어 표기가 옳은 것을 모두 고른 것은?

21 서울시 9급

─── 〈보 기〉 ───
ⓐ 아젠다(agenda)
ⓑ 시저(Caesar)
ⓒ 레크레이션(recreation)
ⓓ 싸이트(site)
ⓔ 팸플릿(pamphlet)
ⓕ 규슈(キュウシュウ, 九州)

① ㉠, ㉢, ㉣
② ㉡, ㉤, ㉥
③ ㉠, ㉡, ㉢, ㉥
④ ㉡, ㉢, ㉣, ㉤

41 〈보기〉 중 외래어 표기법에 맞지 않는 단어의 개수는?

20 서울시 9급

─── 〈보 기〉 ───
로봇(robot), 배지(badge), 타깃(target),
텔레비전(television), 플룻(flute)

① 1개
② 2개
③ 3개
④ 4개

42 다음 중 밑줄 친 단어를 로마자 표기법에 맞게 표기한 것은?

22 군무원 9급

> 내 이름은 <u>복연필</u>이다.
> 어제 우리는 <u>청와대</u>를 다녀왔다.
> 작년에 나는 <u>한라산</u>을 등산하였다.
> 다음 주에 나는 <u>북한산</u>을 등산하려고 한다.

① 복연필 – Bok Nyeonphil
② 청와대 – Chungwadae
③ 한라산 – Hanrasan
④ 북한산 – Bukhansan

43 다음 로마자 표기법 중 옳은 것은?

21 군무원 9급

① 순대 sundai
② 광희문 Gwanghimun
③ 왕십리 Wangsibni
④ 정릉 Jeongneung

44 국어 로마자 표기법 규정에 어긋난 것은?

20 군무원 9급

① 종로 2가 Jongno 2(i)-ga
② 신라 Silla
③ 속리산 Songnisan
④ 금강 Keumgang

45 로마자 표기법에 관한 다음 규정이 적용된 것은?

18 국가직 9급

> 발음상 혼동의 우려가 있을 때에는 음절 사이에 붙임표(-)를 쓸 수 있다.

① 독도: Dok-do
② 반구대: Ban-gudae
③ 독립문: Dok-rip-mun
④ 인왕리: Inwang-ri

2 올바른 국어 생활

해설편 p. 029

어법에 맞는 문장 고르기	기출빈도 ★★☆

01 가장 자연스러운 문장은? 22 서울시 9급 2월

① 지금부터 회장님의 말씀이 계시겠습니다.
② 당신이 가리키는 곳은 시청으로 보입니다.
③ 푸른 산과 맑은 물이 흐르는 계곡으로 가자!
④ 이런 곳에서 생활한다는 것이 믿겨지지 않았다.

02 어문 규범에 맞게 표기한 것은? 22 서울시 9급 2월

① 제작년까지만 해도 겨울이 그렇게 춥지 않았지요.
② 범인은 오랫동안 치밀하게 범행을 계획한 것으로 드러났습니다.
③ 욕구가 억눌린 사람들이 공격성을 띠는 경우가 있습니다.
④ 다른 사람의 진심 어린 충고를 겸허히 받아드리는 자세가 필요합니다.

03 어문 규범에 맞는 표기로만 이루어진 것은? 21 서울시 9급

① 아버님께서는 동생의 철없는 행동을 들으시고는 대노(大怒)하셨다.
② 차림새만 봐서는 여자인지 남자인지 갈음이 되지 않는다.
③ 새로 산 목거리가 옷과 잘 어울린다.
④ 욜로 가면 지름길이 나온다.

04 가장 자연스러운 문장은? 21 국가직 9급

① 날씨가 선선해지니 역시 책이 잘 읽힌다.
② 이렇게 어려운 책을 속독으로 읽는 것은 하늘의 별 따기이다.
③ 내가 이 일의 책임자가 되기보다는 직접 찾기로 의견을 모았다.
④ 그는 시화전을 홍보하는 일과 시화전의 진행에 아주 열성적이다.

05 다음 중 가장 적절한 문장은? 20 군무원 9급

① 인생을 살다 보면 남을 도와주기도 하고 도움을 받기도 한다.
② 형은 조문객들과 잠시 환담을 나눈 후 다시 상주 자리로 돌아왔다.
③ 가벼운 물건이라도 높은 위치에서 던지면 인명 사고나 차량 파손을 일으킬 수 있다.
④ 중인이 보는 앞에서 병기에게 친히 불리어서 가까이 가는 것만 해도 여간한 우대였다.

06 우리말 어법에 맞고 가장 자연스러운 문장은? 20 군무원 9급

① 그의 하루 일과를 일어나자마자 아침 신문을 읽는 데서 시작한다.
② 저녁노을이 지는 들판에서 농부 내외가 조용히 기도하는 모습이 멀리 보였다.
③ 졸업한 형도 못 푸는 문제인데, 하물며 네가 풀겠다고 덤볐다.
④ 제가 여러분에게 당부하고 싶은 것은 주변 환경을 탓하지 마시기 바랍니다.

07 문장 성분의 호응이 자연스러운 것은? 20 국가직 9급

① 내가 강조하고 싶은 점은 우리가 고유 언어를 가졌다.
② 좋은 사람과 대화하며 함께한 일은 즐거운 시간이었다.
③ 내 생각은 집을 사서 이사하는 것이 좋겠다고 결정했다.
④ 그는 내 생각이 옳지 않다고 여러 사람 앞에서 말을 하였다.

어법에 맞게 문장 고쳐쓰기 기출빈도 ★☆☆

08 (가)~(라)를 고쳐 쓴 것으로 옳지 않은 것은? 22 국가직 9급

> (가) 오빠는 생김새가 나하고는 많이 틀려.
> (나) 좋은 결실이 맺어졌으면 하는 바람입니다.
> (다) 내가 오직 바라는 것은 네가 잘됐으면 좋겠어.
> (라) 신은 인간을 사랑하기도 하지만 시련을 주기도 한다.

① (가): 오빠는 생김새가 나하고는 많이 달라.
② (나): 좋은 결실을 맺었으면 하는 바램입니다.
③ (다): 내가 오직 바라는 것은 네가 잘됐으면 좋겠다는 거야.
④ (라): 신은 인간을 사랑하기도 하지만 인간에게 시련을 주기도 한다.

---

09 (가)~(라)의 고쳐 쓰기 방안으로 적절하지 않은 것은? 21 지방직 9급

> (가) 현재 우리 구청 조직도에는 기획실, 홍보실, 감사실, 행정국, 복지국, 안전국, 보건소가 있었다.
> (나) 오늘은 우리 시청이 지양하는 '누구나 행복한 ○○시'를 실현하기 위한 추진 방안을 논의합니다.
> (다) 지난달 수해로 인한 준비 기간이 짧았기 때문에 지역 축제는 예년보다 규모가 줄어들었다.
> (라) 공과금을 기한 내에 지정 금융 기관에 납부하지 않으면 연체료를 내야 한다.

① (가): '있었다'는 문맥상 시제 표현이 적절하지 않으므로 '있다'로 고쳐 쓴다.
② (나): '지양'은 어떤 목표로 뜻이 쏠리어 향한다는 의미인 '지향'으로 고쳐 쓴다.
③ (다): '지난달 수해로 인한'은 '준비 기간'을 수식하는 절이 아니므로 '지난달 수해로 인하여'로 고쳐 쓴다.
④ (라): '납부'는 맥락상 금융 기관이 돈이나 물품 따위를 받아 거두어들인다는 '수납'으로 고쳐 쓴다.

---

10 (가)~(라)에 대한 고쳐 쓰기 방안으로 옳지 않은 것은? 18 국가직 9급

> (가) 수학 성적은 참 좋군. 국어 성적도 좋고.
> (나) 친구가 "난 학교에 안 가겠다."고 말했다.
> (다) 동생은 가던 길을 멈추면서 나에게 달려왔다.
> (라) 대통령은 진지한 연설로서 국민을 설득했다.

① (가): '수학 성적은 참 좋군.'은 국어 성적이 좋을 가능성을 배제하는 의미가 포함되어 있다. 따라서 보조사 '은'을 주격 조사 '이'로 바꿔 쓴다.
② (나): 직접 인용문 다음이므로 인용 조사는 '고'가 아닌 '라고'를 쓴다.
③ (다): 어미 '-면서'는 두 동작의 동시성을 나타내지 못하므로 '-고'로 바꿔 쓴다.
④ (라): '로서'는 자격을 나타내는 기능을 하므로 수단을 나타내는 기능을 하는 조사 '로써'로 바꿔 쓴다.

11 ㉠~㉢의 고쳐 쓰기 방안으로 적절하지 않은 것은?

20 국가직 9급

> ㉠ 공사하는 기간 동안 안전사고가 일어나지 않도록 유
> 의해 주십시오.
> ㉡ 오늘 오후에 팀 전체가 모여 회의를 갖겠습니다.
> ㉢ 비상문이 열려져 있어 신속하게 대피할 수 있었다.
> ㉣ 지난밤 검찰은 그를 뇌물 수수 혐의로 구속했다.

① ㉠: '기간'과 '동안'은 의미가 중복되므로 '공사하는 기
간 동안'은 '공사하는 동안'으로 고쳐 쓴다.

② ㉡: '회의를 갖겠습니다'는 번역 투이므로 '회의하겠습
니다'로 고쳐 쓴다.

③ ㉢: '열려져'는 '-리-'와 '-어지다'가 결합한 이중 피동
표현이므로 '열려'로 고쳐 쓴다.

④ ㉣: 동작의 대상에게 행위의 효력이 미친다는 의미를
제시해야 하므로 '구속했다'는 '구속시켰다'로 고쳐
쓴다.

12 어법에 어긋난 문장을 수정하고 설명한 예로 적절하지 않
은 것은?

19 지방직 9급

① 유사한 내용의 제안이 접수되었을 때에는 먼저 접수된
것이 우선한다.
→ '접수되었을 때에는'은 사건이나 행위가 완료된 상
황을 나타내므로 '접수될 때에는'으로 바꾼다.

② 안내서 및 과업 지시서 교부는 참가 신청자에게만 교
부한다.
→ '과업 지시서 교부'와 서술어 '교부하다'는 의미상 중
복되며 호응하지 않으므로 앞의 '교부'를 삭제한다.

③ 해안선에서 200미터 이내의 수역을 제외된 상태에서
논의를 진행하겠습니다.
→ 목적어 '수역을'과 서술어 '제외되다'는 호응하지 않
으므로 '제외된'은 '제외한'으로 바꾼다.

④ 관련 도서는 해당 부서에 비치하고 관계자에게 열람
한다.
→ 서술어 '열람하다'는 부사어 '관계자에게'와 호응하
지 않으므로 '열람하게 한다.'와 같이 바꾼다.

13 어법에 어긋나는 문장을 수정하고 설명한 예로 옳지 않은
것은?

18 지방직 9급

① 전철 내에서 뛰지 말고, 문에 기대거나 강제로 열려고
하지 마십시오.
→ '열다'는 타동사이므로 '강제로'와 '열려고' 사이에
목적어 '문을'을 보충하여야 한다.

② ○○시에서 급증하는 생활용수를 안정적으로 공급하
기 위하여 시행하는 사업임
→ 생활용수에 대한 수요가 급증하는 것이지 생활용수
가 급증하는 것이 아니므로, '급증하는 생활용수의
수요에 대응하여 생활용수를 안정적으로 공급하기
위하여'로 고쳐야 한다.

③ 사고 원인 파악과 재발 방지 대책을 조속히 마련하여
→ '사고 원인 파악을 마련하여'로 해석될 수 있으므로
앞의 명사구를 '사고 원인을 파악하고'로 고쳐 절과
절의 접속으로 바꾸어야 한다.

④ 도량형은 미터법 사용을 원칙으로 하되 각종 증빙 서
류 등을 미터법 이외의 도량형으로 작성할 경우 미터
법으로 환산한 수치를 병기함
→ '하되'는 앞뒤 문장의 내용을 연결하는 어미로 적합
하지 않으므로 '하며'로 고쳐야 한다.

단어의 쓰임   기출빈도 ★☆☆

14 밑줄 친 말의 쓰임이 옳지 않은 것은?

22 국가직 9급

① 그는 아까운 능력을 <u>썩히고</u> 있다.

② 음식물 쓰레기를 <u>썩혀서</u> 거름으로 만들었다.

③ 나는 이제까지 부모님 속을 <u>썩혀</u> 본 적이 없다.

④ 그들은 새로 구입한 기계를 창고에서 <u>썩히고</u> 있다.

15 밑줄 친 말의 쓰임이 올바른 것은?　　22 지방직 9급

① 습관처럼 중요한 말을 <u>되뇌이는</u> 버릇이 있다.
② 나는 친구 집을 찾아 골목을 <u>헤매이고</u> 다녔다.
③ 너무 급하게 밥을 먹으면 목이 <u>메기</u> 마련이다.
④ 그는 어린 시절 기계에 손가락이 <u>끼이는</u> 사고를 당했다.

16 ㉠~㉢에 들어갈 말로 가장 적절한 것은?　　22 국가직 9급

> • 그들의 끈기가 이 경기의 승패를 　㉠　 했다.
> • 올해 영화제 시상식은 11개 　㉡　 으로 나뉜다.
> • 그 형제는 너무 닮아서 누가 동생이고 누가 형인지
> 　㉢　 할 수 없다.

	㉠	㉡	㉢
①	가름	부문	구별
②	가름	부문	구분
③	갈음	부문	구별
④	갈음	부문	구분

17 밑줄 친 단어 중 어법에 맞지 않는 것은?　　21 군무원 9급

① 오늘 이것으로 치사를 <u>갈음</u>하고자 합니다.
② <u>내노라하는</u> 재계의 인사들이 한곳에 모였다.
③ 예산을 대충 <u>걸잡아서</u> 말하지 말고 잘 뽑아 보시오.
④ 그가 무슨 잘못을 저질렀는지 나와 눈길을 <u>부딪치기를</u>
　꺼려했다.

18 밑줄 친 단어의 사용이 옳지 않은 것은?　　21 서울시 9급

① 예산을 대충 <u>걸잡아서</u> 말하지 말고 잘 뽑아 보시오.
② 돌아가신 어머니의 모습이 <u>방불하게</u> 눈앞에 떠오른다.
③ 정작 일을 <u>서둘고</u> 보니 당초의 예상과는 판판으로 돈
　이 잘 걷히지 않았다.
④ 여러분과 여러분 가정에 행운이 가득하기를 기원하는
　것으로 치사를 <u>갈음</u>합니다.

19 밑줄 친 부분이 바르게 쓰이지 않은 것은?　　20 국가직 9급

① 지금쯤 <u>골아떨어졌겠지?</u>
② 그 친구, 생각이 깊던데 <u>책깨나</u> 읽었겠어.
③ 갖은 <u>곤욕</u>과 모멸과 박대는 각오한 바이다.
④ 김 과장은 <u>그러고 나서</u> 서류를 보완해 달라고 했다.

20 밑줄 친 단어의 쓰임이 옳은 것은?　　20 지방직 9급

① <u>하노라고</u> 한 것이 이 모양이다.
② 물품 대금은 나중에 예치금에서 자동으로 <u>결재된다.</u>
③ 예산을 대충 <u>걷잡아서</u> 말하지 말고 잘 뽑아 보세요.
④ 행운이 가득하기를 기원하는 것으로 치사를 <u>가름합니다.</u>

언어 예절　　기출빈도 ★☆☆

21 언어 예절로 가장 적절한 것은?　　22 지방직 9급

① 지금부터 회장님의 말씀이 계시겠습니다.
② (시누이에게) 고모, 오늘 참 예쁘게 차려 입으셨네요?
③ (처음 자신을 소개하면서) 처음 뵙겠습니다. 박혜정입
　니다.
④ (다른 사람에게 자기 아내를 가리키며) 이쪽은 제 부인
　입니다.

22 언어 예절에 가장 알맞게 발화한 것은?　　20 군무원 9급

① (아침에 출근해서 직급이 같은 동료에게) 좋은 아침!
② (집에서 손님을 보낼 때 손위 사람에게) 살펴 가십시오.
③ (윗사람의 생일을 축하하며) 건강하십시오.
④ (관공서에서 손님이 들어올 때) 무엇을 도와 드릴까요?

PART 2
의미

얼마나 많은 사람들이
책 한 권을 읽음으로써
인생에 새로운 전기를 맞이했던가.

헨리 데이비드 소로

PART 3

어휘

어휘 영역에서 출제 비중이 가장 높은 부분은 '한자'입니다. 하루만에 중요 한자어나 한자성어를 모두 암기하기 힘든 만큼 어휘 영역 학습의 포인트는 바로 "꾸준함"이라고 할 수 있습니다. "꾸준함"은 '매일' 학습하는 것을 의미합니다. 기본서나 기출문제에 나오는 어휘를 매일 눈에 익히고 암기해야 합니다.

한자성어의 경우 기출되었던 어휘가 반복 출제되는 경향이 있지만, 한자어나 고유어의 경우 새로운 어휘가 출제되는 비율이 높으므로 먼저 기출 어휘를 학습한 뒤 출제 예상 어휘까지 폭넓게 학습하시는 것이 좋습니다. 따라서 하루에 많은 양을 암기하는 것보다 10개 내외의 한자어나 한자성어, 고유어를 정해서 꾸준히 반복 학습하는 것이 중요합니다.

한 번에 몰아서 암기하는 것이 불가능하고 암기의 범위가 방대하기 때문에 다른 영역에 비해 출제 비중이 적은 어휘 영역을 포기하는 수험생들이 많을 것이라 생각됩니다. 하지만 공·군무원 시험은 한두 문제로 당락이 결정되므로 절대 어휘 영역을 포기해서는 안 됩니다. 포기하지 않고 꾸준히 학습한다면 좋은 결과가 있을 것입니다.

| CHAPTER 1 | 고유어 · 속담 · 관용 표현 |
| CHAPTER 2 | 한자 |

챕터별 출제 비중

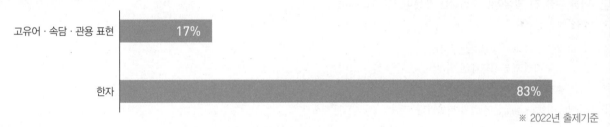

고유어 · 속담 · 관용 표현   17%

한자   83%

※ 2022년 출제기준

회독체크

구분	1회독	2회독	3회독
CHAPTER 1 고유어 · 속담 · 관용 표현	☐	☐	☐
CHAPTER 2 한자	☐	☐	☐

☐ 칸에 학습진도를 체크하세요.

1 고유어·속담·관용 표현

해설편 p. 036

고유어   기출빈도 ★☆☆

01 아래의 글에서 밑줄 친 단어들 중 고유어에 해당하는 것은?

22 군무원 9급

> 절간의 여름 수도(修道)인 하안거(夏安居)가 끝나면 스님들은 바랑을 메고 바리를 들고서 동냥 수도에 나선다. 이 동냥이 경제적인 구걸로 타락된 적도 없지 않지만 원래는 중생으로 하여금 자비를 베풀 기회를 줌으로써 업고(業苦)를 멸각시키려는 수도 행사였다.

① 동냥   ② 구걸

③ 중생   ④ 자비

02 다음 밑줄 친 합성어를 구성하는 성분이 모두 고유어인 것은?

21 군무원 9급

① 비지땀을 흘리며 공부하는구나.

② 이분을 사랑채로 안내해 드려라.

③ 이렇게 큰 쌍동밤을 본 적 있어?

④ 아궁이에는 장작불이 활활 타올랐다.

03 밑줄 친 말의 사전적 의미로 가장 적절한 것은? 17 국가직 9급

> 아이들이야 학교 가는 시간을 빼고는 내내 밖에서만 노는데, 놀아도 여간 시망스럽게 놀지 않았다.
>   – 최일남, 「노새 두 마리」에서 –

① 몹시 짓궂은 데가 있다.

② 생기 있고 힘차며 시원스럽다.

③ 어수선하여 질서나 통일성이 없다.

④ 보기에 태도나 행동이 가벼운 데가 있다.

속담·관용 표현   기출빈도 ★☆☆

04 〈보기〉의 설명에 해당하는 속담으로 가장 적절한 것은?

22 서울시 9급 6월

> ─〈보 기〉─
> 훌륭한 사람 밑에서 지내면 그의 덕이 미치고 도움을 받게 됨을 비유적으로 이르는 말

① 서 발 막대 거칠 것 없다

② 무른 땅에 말뚝박기

③ 금강산 그늘이 관동 팔십 리

④ 우물에 가 숭늉 찾는다

05 다음 예문의 밑줄 친 ㉠에 들어갈 말로 가장 적절한 것은?

21 군무원 9급

> 시집갈 때 혼수를 간소하게 하라는 간절한 요청은   ㉠   부잣집과 사돈을 맺는 데 따르는 부담감을 일시에 벗겨주었다.
>   – 박완서, 「아주 오래된 농담」에서 –

① 불감청이언정 고소원이어서

② 배보다 배꼽이 더 크다고

③ 미운 자식 떡 하나 더 준다고

④ 똥 묻은 개가 겨 묻은 개를 나무라는 격이라

06 ㉠의 처지와 관련된 속담으로 가장 적절한 것은?

20 군무원 9급

> "쥔 어른 계서유?"
> 몸을 돌리어 바느질거리를 다시 들려 할 제 이번에는 짜장 인끼가 난다. 황급하게 "누구유?" 하고 일어서며 문을 열어보았다.
> "왜 그리유?"
> "저어, 하룻밤만 드새고 가게 해주세유."
> 남정네도 아닌데 이 밤중에 웬일인가, 맨발에 짚신 짝으로. 그야 아무렇든,
> "어서 들어와 불 쬐게유."
> ㉠ 나그네는 주춤주춤 방 안으로 들어와서 화로 곁에 도사려 앉는다. 낡은 치맛자락 위로 비어지려는 속살을 아무리자 허리를 지그시 튼다. 그리고는 묵묵하다. 주인은 물끄러미 보고 있다가 밥을 좀 주려느냐고 물어보아도 잠자코 있다.
> 그러나 먹던 대궁을 주워모아 짠지쪽하고 갖다주니 감지덕지 받는다. 그리고 물 한 모금마심 없이 잠깐 동안에 밥그릇의 밑바닥을 긁는다.
> 밥숟가락을 놓기가 무섭게 주인은 이야기를 붙이기 시작하였다. 미주알고주알 물어보니 이야기는 지수가 없다. 자기로도 너무 지쳐 물은 듯싶은 만치 대구 추근거렸다. 나그네는 싫단 기색도 좋단 기색도 별로 없이 시나브로 대꾸하였다. 남편 없고 몸 붙일 곳 없다는 것을 간단히 말하고 난 뒤,
> "이리저리 얻어먹고 단게유" 하고 턱을 가슴에 묻는다.

① 패랭이에 숟가락 꽂고 산다
② 태산 명동에 서일필이라
③ 터진 방앗공이에 보리알 끼듯 하였다
④ 보리누름까지 세배한다

07 밑줄 친 부분과 바꿔 쓸 수 있는 관용 표현으로 적절하지 않은 것은?

21 지방직 9급

① 몹시 가난한 형편에 누구를 돕겠느냐?
  – 가랑이가 찢어질
② 그가 중간에서 연결해 주어 물건을 쉽게 팔았다.
  – 호흡을 맞춰
③ 그는 상대편을 보고는 속으로 깔보며 비웃었다.
  – 코웃음을 쳤다
④ 주인의 말에 넘어가 실제보다 비싸게 이 물건을 샀다.
  – 바가지를 쓰고

08 밑줄 친 말의 의미는?

17 지방직 9급

> 몇 달 만에야 말길이 되어 겨우 상대편을 만나 보았다.

① 남의 말이 끝나자마자 이어 말하다.
② 자신을 소개하는 길이 트이다.
③ 어떤 말이 상정되거나 토론이 되다.
④ 마음에 당겨 재미를 붙이다.

단위를 나타내는 말
기출빈도 ★☆☆

09 밑줄 친 단위성 의존 명사의 수량이 적은 것부터 순서대로 바르게 나열한 것은?

20 서울시 9급

① 고등어 한 손 〈 양말 한 타 〈 바늘 한 쌈 〈 북어 한 쾌
② 고등어 한 손 〈 양말 한 타 〈 북어 한 쾌 〈 바늘 한 쌈
③ 고등어 한 손 〈 북어 한 쾌 〈 양말 한 타 〈 바늘 한 쌈
④ 고등어 한 손 〈 바늘 한 쌈 〈 양말 한 타 〈 북어 한 쾌

10 괄호에 들어갈 숫자의 합은?

17 지방직 9급

> • 쌈: 바늘 (   )개를 묶어 세는 단위
> • 제(劑): 한약의 분량을 나타내는 단위. 한 제는 탕약(湯藥) (   )첩
> • 거리: 한 거리는 오이나 가지 (   )개

① 80　　　　　　　② 82
③ 90　　　　　　　④ 94

2 한자

해설편 p. 038

한자어의 쓰임	기출빈도 ★★☆

01 다음 중 밑줄 친 부분의 한자가 나머지 셋과 다른 것은?

22 군무원 9급

① 오래된 나사여서 마모가 심해 빼기 어렵다.
② 평소 절차탁마에 힘써야 대기만성에 이를 수 있다.
③ 정신을 수양하고 심신을 연마하는 것이 진정한 배움이다.
④ 너무 열중하여 힘을 주다 보니 근육이 마비되었다.

02 밑줄 친 단어 중 사람의 몸을 지시하는 말이 포함되지 않은 것은?

22 지방직 9급

① 선생님께서는 슬하에 세 명의 자녀를 두셨다고 한다.
② 그는 수완이 좋아서 사람들에게 인정을 받는다.
③ 여러 팀이 우승을 위해 긴 시간 동안 각축을 벌였다.
④ 사업단의 발족으로 미뤄 뒀던 일들이 진행되기 시작했다.

03 같은 의미의 '견'자가 사용된 사자성어를 옳게 짝 지은 것은?

22 서울시 9급 2월

① 견마지로 – 견토지쟁
② 견문발검 – 견마지성
③ 견강부회 – 견물생심
④ 견원지간 – 견리사의

04 밑줄 친 한자어를 쉬운 표현으로 바꾼 것으로 적절하지 않은 것은?

21 서울시 9급

① 일부인을 찍은 접수증을 발급한다.
  → 날짜 도장을 찍은 접수증을 발급한다.
② 굴삭기에는 굴삭 시건장치를 갖춰야 한다.
  → 굴삭기에는 굴삭 멈춤장치를 갖춰야 한다.
③ 소작농에게 농지를 불하하였다.
  → 소작농에게 농지를 매각하였다.
④ 공무상 지득한 사실을 누설하였다.
  → 공무상 알게 된 사실을 누설하였다.

05 밑줄 친 말의 의미와 거리가 먼 것은?

20 국가직 9급

> • 넌 얼마나 오지랖이 넓기에 남의 일에 그렇게 미주알 고주알 캐는 거냐?
> • 강쇠네는 입이 재고 무슨 일에나 오지랖이 넓었지만, 무작정 덤벙거리고만 다니는 새줄랑이는 아니었다.

① 謁見
② 干涉
③ 參見
④ 干與

06 밑줄 친 단어와 바꿔 쓸 수 있는 한자어로 가장 적절한 것은? 20 지방직 9급

① 그는 가수가 되려는 꿈을 <u>버리고</u> 직장을 구했다.
　　→ 遺棄하고
② 휴가철인 7~8월에 <u>버려지는</u> 반려견들이 가장 많다.
　　→ 根絶되는
③ 그는 집 앞에 몰래 쓰레기를 <u>버리고</u> 간 사람을 찾고 있다.
　　→ 投棄하고
④ 취직하려면 그녀는 우선 지각하는 습관을 <u>버려야</u> 할 것이다.
　　→ 抛棄해야

07 〈보기〉의 ㉠~㉢에 들어갈 알맞은 낱말끼리 짝 지은 것은? 20 서울시 9급

　　　　　　　　─〈보 기〉─
　　물속에 잠긴 막대기는 굽어 보이지만 실제로 굽은 것은 아니다. 이때 나무가 굽어 보이는 것은 우리의 착각 때문도 아니고 눈에 이상이 있기 때문도 아니다. 나무는 정말 굽어 보이는 것이다. 분명히 굽어 보인다는 점과 사실은 굽지 않았다는 점 사이의 (㉠)은 빛의 굴절 이론을 통해서 해명된다.
　　굽어 보이는 나무도 우리의 직접적 경험을 통해서 주어지는 하나의 현실이고, 실제로는 굽지 않은 나무도 하나의 현실이다. 전자를 우리는 사물이나 사태의 보임새, 즉 (㉡)이라고 부르고, 후자를 사물이나 사태의 참모습, 즉 (㉢)이라고 부른다.

	㉠	㉡	㉢
①	葛藤	現象	本質
②	葛藤	假象	根本
③	矛盾	現象	本質
④	矛盾	假象	根本

08 밑줄 친 한자어의 쓰임이 문맥상 적절한 것은? 18 국가직 9급

① 초고를 <u>校訂</u>하여 책을 완성하였다.
② 내용이 올바른지 서로 <u>交差</u>검토하시오.
③ 전자 문서에 <u>決濟</u>를 받아 합격자를 확정하겠습니다.
④ 지금 제안한 계획은 수용할 수 없으니 <u>提高</u>바랍니다.

09 밑줄 친 접두사가 한자에서 온 말이 아닌 것은? 17 국가직 9급

① <u>강</u>염기　　　　　② <u>강</u>타자
③ <u>강</u>기침　　　　　④ <u>강</u>행군

올바른 한자 표기　　　　기출빈도 ★★★

10 한자 표기가 옳지 않은 것은? 22 국가직 9급

① 오늘 협상에서 만족(滿足)할 만한 성과를 거두었다.
② 김 위원의 주장을 듣고 그 의견에 동의하여 재청(再請)했다.
③ 우리 지자체의 해묵은 문제를 해결(解結)할 방안이 생각났다.
④ 다수가 그 의견에 동의하지 않았기에 재론(再論)이 필요하다.

11 밑줄 친 부분의 한자 표기가 가장 옳지 않은 것은? 22 서울시 9급 2월

① 이 책에는 이론이 <u>체계적(體系的)</u>으로 잘 정립되어 있다.
② 신문에서 사건의 진상에 대해 자세히 <u>보고(報誥)</u>를 했다.
③ 그는 이미지 <u>제고(提高)</u>를 위한 노력을 게을리하지 않았다.
④ 그 분야 전문가이기 때문에 <u>유명세(有名稅)</u>를 치를 수밖에 없었다.

12 밑줄 친 부분의 한자 표기가 옳지 않은 것은? 22 지방직 9급

① 우리 시대 영웅으로 <u>소방관(消防官)</u>이 있다.
② <u>과학자(科學者)</u>는 청소년들이 선망하는 직업이다.
③ 그는 인공지능 연구소의 <u>연구원(研究員)</u>이 되었다.
④ 그는 법원의 명령에 따라 <u>변호사(辯護事)</u>로 선임되었다.

13 한자 표기가 옳은 것은? 21 국가직 9급

① 그분은 냉혹한 현실(現室)을 잘 견뎌 냈다.
② 첫 손님을 야박(野薄)하게 대해서는 안 된다.
③ 그에게서 타고난 승부 근성(謹性)이 느껴진다.
④ 그는 평소 희망했던 기관에 채용(債用)되었다.

14 밑줄 친 ㉠~㉣에 해당하는 한자로 적절하지 않은 것은? 21 군무원 9급

> 목판이 오래되어 ㉠ 훼손되거나 분실된 경우에는 판목을 다시 만들어 보충하는 경우가 있다. 이것을 ㉡ 보판 혹은 보수판이라고 한다. 판목의 일부분에서 수정이 필요한 경우, 그 부분을 깎아 내고 대신 다른 나무판을 박아 글자를 새기는 경우가 있다. 이 나무판을 ㉢ 매목이라고 하고, 매목에 글자를 새로 새긴 것을 ㉣ 상감이라고 한다.

① ㉠: 毀損
② ㉡: 保版
③ ㉢: 埋木
④ ㉣: 象嵌

15 밑줄 친 부분의 한자어로 적절하지 않은 것은? 20 군무원 9급

> 코로나가 갖고 온 변화는 ㉠ 침체된 것처럼 보이는 삶—㉡ 위축된 경제와 단절된 관계와 불투명한 미래까지—에서부터 일상의 작은 규칙들, 마스크를 쓰고 손을 씻고 사회적 거리두기를 하는 것 등 삶의 전반에 크고 작은 영향을 끼쳤다. 그것이 우리 눈앞에 펼쳐진 코로나 이후의 맞닥뜨린 냉혹한 현실이지만 반대급부도 분명 존재한다. 가만히 들여다보면 차가운 현실의 이면에는 분명 또 다른 내용의 속지가 숨겨져 있다. 코로나로 인해 '국가의 감염병 예방 시스템이 새롭게 정비되고 ㉢ 방역 의료체계가 발전하고 환경오염이 줄고'와 같은 거창한 것은 ㉣ 차치하고라도 당장, 홀로 있음의 경험을 통해서 내 자신의 마음 들여다보기가 가능해졌다.

① ㉠ 沈滯
② ㉡ 萎縮
③ ㉢ 紡疫
④ ㉣ 且置

16 ㉠~㉣의 한자 표기로 옳은 것은? 20 국가직 9급

> 과학사를 들춰 보면 기존의 학문 체계에 ㉠ 도전했다가 낭패를 본 인물들의 이야기를 자주 만날 수 있다. 대표적인 인물이 천동설을 부정하고 지동설을 주장한 갈릴레이이다. 천동설을 ㉡ 지지하던 당시의 권력층은 그들의 막강한 힘을 이용하여 갈릴레이를 신의 권위에 도전하는 이단자로 욕하고 목숨까지 위협했다. 갈릴레이가 영원한 ㉢ 침묵을 ㉣ 맹세하지 않고 계속 지동설을 주장했더라면 그는 단두대의 이슬로 사라졌을지도 모른다.

① ㉠ 逃戰
② ㉡ 持地
③ ㉢ 浸黙
④ ㉣ 盟誓

17 밑줄 친 부분의 한자 표기가 잘못된 것은? 19 지방직 9급

① 그는 여러 차례 TV 출연으로 유명세(有名勢)를 치렀다.
② 누가 먼저 할 것인지 복불복(福不福)으로 정하기로 했다.
③ 긴박한 상황이라 대증요법(對症療法)을 쓸 수밖에 없었다.
④ 사건의 경위(經緯)는 알 수 없지만, 결과만 본다면 우리에게 유리하다.

18 ㉠, ㉡에 들어갈 한자를 순서대로 바르게 나열한 것은? 18 지방직 9급

- 근무 여건이 개선(㉠)되자 업무 효율이 크게 올랐다.
- 금융 당국은 새로운 통화(㉡) 정책을 제안하였다.

	㉠	㉡
①	改善	通貨
②	改選	通話
③	改善	通話
④	改選	通貨

19 밑줄 친 부분에 들어갈 한자어로 가장 적절한 것은?

18 국가직 9급

> ____(이)란 이익과 관련된 갈등을 인식한 둘 이상의 주체들이 이를 해결할 의사를 가지고 모여서 합의에 이르기 위해 대안들을 조정하고 구성하는 공동 의사 결정 과정을 말한다.

① 協贊
② 協奏
③ 協助
④ 協商

20 ㉠~㉣의 한자가 모두 바르게 표기된 것은?

17 국가직 9급

> ── 〈보 기〉 ──
> 글의 진술 방식에는 ㉠ 설명, ㉡ 묘사, ㉢ 서사, ㉣ 논증 등 네 가지 방식이 있다.

	㉠	㉡	㉢	㉣
①	說明	描寫	敍事	論證
②	說明	描寫	敍事	論症
③	說明	猫鯊	徐事	論症
④	說明	猫鯊	徐事	論證

21 밑줄 친 말을 한자로 바르게 표기한 것은?

17 지방직 9급

> • 지루한 ㉠ 장광설로 인해 관중들은 하나씩 자리를 뜨기 시작했다.
> • 정보화 사회일수록 ㉡ 유언비어가 떠돌 수 있는 가능성도 높다.
> • 잘못을 저질렀다면 궁색한 ㉢ 변명보다 정직한 시인이 현명한 대응이다.

	㉠	㉡	㉢
①	長廣舌	流言蜚語	辨明
②	長廣舌	流言非語	辯明
③	長廣說	流言蜚語	辯明
④	長廣說	流言非語	辨明

22 밑줄 친 말의 한자 표기가 옳지 않은 것은?

17 지방직 9급

> 지조란 것은 순일한 정신을 지키기 위한 불타는 신념이요, 눈물겨운 정성이며, 냉철한 ㉠ 확집(確執)이요, 고귀한 투쟁이기까지 하다. 지조가 교양인의 ㉡ 위의(威儀)를 위하여 얼마나 값지고 그것이 국민의 교화에 미치는 힘이 얼마나 크며, 따라서 지조를 지키기 위한 괴로움이 얼마나 가혹한가를 헤아리는 사람들은 한 나라의 지도자를 평가하는 기준으로서 먼저 그 지조의 ㉢ 강도(强度)를 살피려 한다. 지조가 없는 지도자는 믿을 수가 없고 믿을 수 없는 지도자는 따를 수가 없기 때문이다. 자기의 명리만을 위하여 그 동지와 지지자와 추종자를 ㉣ 일조(日照)에 함정에 빠뜨리고 달아나는 지조 없는 지도자의 무절제와 배신 앞에 우리는 얼마나 많이 실망하였는가.
>
> — 조지훈, 「지조론」에서 —

① ㉠   ② ㉡
③ ㉢   ④ ㉣

독음   기출빈도 ★☆☆

23 독음이 모두 바른 것은?

17 국가직 9급

① 探險(탐험) – 矛盾(모순) – 貨幣(화폐)
② 詐欺(사기) – 惹起(야기) – 灼熱(치열)
③ 荊棘(형자) – 破綻(파탄) – 洞察(통찰)
④ 箴言(잠언) – 惡寒(악한) – 奢侈(사치)

기출빈도 ★★★

24 밑줄 친 부분에 어울리는 한자성어로 가장 적절한 것은?

22 지방직 9급

추사 김정희의 '세한도'는 글씨를 쓰다 남은 먹을 버리기 아까워 그린 듯이 갈필(渴筆)의 거친 선 몇 개로 이루어져 있다. 정말 큰 기교는 겉으로 보기에는 언제나 서툴러 보이는 법이다. 그러나 대가의 덤덤한 듯, 툭 던지는 한마디는 예리한 비수가 되어 독자의 의식을 헤집는다.

① 巧言令色
② 寸鐵殺人
③ 言行一致
④ 街談巷說

25 〈보기〉의 ㉠~㉣에 들어갈 사자성어로 가장 적절하지 않은 것은?

22 서울시 9급 6월

─〈보 기〉─

투자자들은 제각기 제 살 구멍을 찾아 (㉠)을 서두르는 거대한 개미 떼와도 같이 이리저리 쏠리고 있었다. 어린시절 뛰놀던 동네는 재개발로 인해 (㉡)라 할 만큼 큰 변화가 있었다. 오래 길들인 생활의 터전을 내준 걸 후회했다. 뒤늦게 후회해 봤자 (㉢)이었다. 수사팀은 거기서부터 추리가 막히고 (㉣)에 빠져드는 느낌이었다.

① ㉠ – 자가당착
② ㉡ – 상전벽해
③ ㉢ – 만시지탄
④ ㉣ – 오리무중

26 사자성어의 쓰임이 적절하지 않은 것은?

22 국가직 9급

① 그는 구곡간장(九曲肝腸)이 끊어지는 듯한 슬픔에 빠졌다.
② 학문의 정도를 걷지 않고 곡학아세(曲學阿世)하는 이가 있다.
③ 이유 없이 친절한 사람은 구밀복검(口蜜腹劍)일 수 있으니 조심해야 한다.
④ 신중한 태도로 문제의 본질에 접근하는 당랑거철(螳螂拒轍)의 자세가 필요하다.

27 다음 중 사자성어가 가장 적절하게 쓰이지 않은 것은?

22 군무원 9급

① 견강부회(牽强附會) 하지 말고 타당한 논거로 반박을 하세요.
② 그는 언제나 호시우보(虎視牛步) 하여 훌륭한 리더가 되었다.
③ 함부로 도청도설(道聽塗說)에 현혹되어 주책없이 행동하지 마시오.
④ 이번에 우리 팀이 크게 이긴 것을 전화위복(轉禍爲福)으로 여기자.

28 다음 중 ㉠을 가리키기에 적절하지 않은 것은? 22 군무원 9급

"허, 참, 세상 일두……."
마을 갔던 아버지가 언제 돌아왔는지,
"윤초시댁두 말이 아니어. ㉠ 그 많은 전답을 다 팔아 버리구, 대대루 살아오든 집마저 남의 손에 넘기드니, 또 악상꺼지 당하는 걸 보면……."
남폿불 밑에서 바느질감을 안고 있던 어머니가,
"증손이라곤 기집애 그 애 하나뿐이었지요?"
"그렇지. 사내애 둘 있든 건 어려서 잃구……."
"어쩌믄 그렇게 자식복이 없을까."

– 황순원, 「소나기」에서 –

① 雪上加霜
② 前虎後狼
③ 禍不單行
④ 孤掌難鳴

29 다음 글에서 '황거칠'이 처한 상황에 어울리는 한자성어로 가장 적절한 것은?　21 국가직 9급

> 　　황거칠 씨는 더 참을 수가 없었다. 그는 거의 발작적으로 일어섰다.
> 　　"이 개 같은 놈들아, 어쩌면 남이 먹는 식수까지 끊으려노?"
> 　　그는 미친 듯이 우르르 달려가서 한 인부의 괭이를 억지로 잡아서 저만큼 내동댕이쳤다. …(중략)…
> 　　경찰은 발포를─나행히 공포였지만─해서 겨우 군중을 해산시키고, 황거칠 씨와 청년 다섯 명을 연행해 갔다. 물론 강제집행도 일시 중단되었었다.
> 　　경찰에 끌려간 사람들은 밤에도 풀려나오지 못했다. 공무집행 방해에다, 산주의 권리행사 방해, 그리고 폭행죄까지 뒤집어쓰게 되었던 것이다. 그래서 그 이튿날도 풀려나오질 못했다. 쌍말로 썩어 갔다.
> 　　황거칠 씨는 모든 죄를 자기가 안아맡아서 처리하려고 했다. 그러나 그것이 뜻대로 되지 않았다. 면회를 오는 가족들의 걱정스런 얼굴을 보자, 황거칠 씨는 가슴이 아팠다. 그는 만부득이 담당 경사의 타협안에 도장을 찍기로 했다. 석방의 조건으로서, 다시는 강제집행을 방해하지 않겠다는 각서였다.
> 　　이리하여 황거칠 씨는 애써 만든 산수도를 포기하게 되고 '마삿등'은 한때 도로 물 없는 지대가 되고 말았다.
> 　　　　　　　　　　　　　　　　─ 김정한, 「산거족」에서 ─

① 同病相憐　　　　② 束手無策
③ 自家撞着　　　　④ 輾轉反側

30 고사성어의 쓰임이 가장 옳지 않은 것은?　21 서울시 9급

① 肝膽相照하던 벗이 떠나 마음이 쓸쓸하다.
② 두메 속에 사는 토박이 상놈들이 조 의정 집의 위력을 막을 수는 그야말로 螳螂拒轍이었다.
③ 우리의 거사는 騎虎之勢의 형국이니 목적을 달성할 때까지 버티어야 한다.
④ 부부의 연을 맺어 百年河淸하기 위해서는 끊임없이 노력해야 한다.

31 (가)에 들어갈 한자성어로 적절한 것은?　21 지방직 9급

> 　　"집안 내력을 알고 보믄 동기간이나 진배없고, 성환이도 이자는 대학생이 됐으니께 상의도 오빠겉이 그렇게 알아놔라."하고 장씨 아저씨는 말하는 것이었다. 그러나 상의는 처음 만났을 때도 그랬지만 두 번째도 거부감을 느꼈다. 사람한테 거부감을 느꼈기보다 제복에 거부감을 느꼈는지 모른다. 학교규칙이나 사회의 눈이 두려웠는지 모른다. 어쨌거나 그들은 청춘남녀였으니까. 호야 할매 입에서도 성환의 이름이 나오기론 이번이 처음이 아니었다.
> 　　"　　(가)　　, 손주 때문에 눈물로 세월을 보내더니, 이자는 성환이도 대학생이 되었으니 할매가 원풀이 한풀이를 다 했을 긴데 아프기는 와 아프는고, 옛말 하고 살아야 하는 긴데."
> 　　　　　　　　　　　　　　　　─ 박경리, 「토지」에서 ─

① 오매불망(寤寐不忘)
② 망운지정(望雲之情)
③ 염화미소(拈華微笑)
④ 백아절현(伯牙絕絃)

32 다음 내용과 관계있는 한자성어로 가장 거리가 먼 것은?　20 군무원 9급

> 　　선비는 단순한 지식 습득에 목적을 두지 않고 아는 것을 실천하는 것에 중점을 두고 있다. 또한 선비는 개인의 이익보다 사회 정의를 생각하며 행동하고 살아간다. 자신의 인격을 완성하고 그것을 통해 모든 사람에게 평안한 삶을 살게 하는 것이 그들의 궁극적 목적이다. 선비가 갖추어야 할 덕목은 많지만 상호 연결되어 있다. 자신을 낮추는 자세, 타인을 존중하는 마음, 검소하고 청렴결백한 삶 등이 하나로 연결되어 있는 것이다.

① 見利思義
② 勞謙君子
③ 修己安人
④ 梁上君子

33 유사한 의미로 사용할 수 있는 사자성어가 연결된 것으로 가장 옳은 것은? 20 서울시 9급

① 경국지색(傾國之色) - 경중미인(鏡中美人)
② 지록위마(指鹿爲馬) - 지란지화(芝蘭之化)
③ 목불식정(目不識丁) - 목불인견(目不忍見)
④ 폐의파관(敝衣破冠) - 폐포파립(敝袍破笠)

34 다음에 서술된 A사의 상황을 가장 적절하게 표현한 한자성어는? 20 지방직 9급

> 최근 출시된 A사의 신제품이 뜨거운 호응을 얻고 있다. 이번 신제품의 성공으로 A사는 B사에게 내주었던 업계 1위 자리를 탈환했다.

① 兎死狗烹   ② 捲土重來
③ 手不釋卷   ④ 我田引水

35 화자의 상황을 적절하게 표현한 한자성어는? 19 국가직 9급

> 미인이 잠에서 깨어 새 단장을 하는데
> 향기로운 비단, 보배 띠에 원앙이 수놓였네
> 겹발을 비스듬히 걷으니 비취새가 보이는데
> 게으르게 은 아쟁을 안고 봉황곡을 연주하네
> 금 재갈, 꾸민 안장은 어디로 떠났는가?
> 다정한 앵무새는 창가에서 지저귀네
> 풀섶에 놀던 나비는 뜰 밖으로 사라지고
> 꽃잎에 가리운 거미줄은 난간 너머에서 춤추네
> 뉘 집의 연못가에서 풍악 소리 울리는가?
> 달빛은 금 술잔에 담긴 좋은 술을 비추네
> 시름겨운 이는 외로운 밤에 잠 못 이루는데
> 새벽에 일어나니 비단 수건에 눈물이 흥건하네
> ─ 허난설헌, 「사시사(四時詞)」에서 ─

① 琴瑟之樂   ② 輾轉不寐
③ 錦衣夜行   ④ 麥秀之嘆

36 다음 (   ) 속에 들어갈 말로 가장 적절한 것은? 19 지방직 9급

> 방랑시인 김삿갓의 시는 해학과 풍자로 가득 차 있는데, 무슨 시든 단숨에 써 내리는 一筆揮之인데다 가히 (   )의 상태라서 일부러 꾸미지 않았는데도 자연스럽고 아름답다.

① 花朝月夕   ② 韋編三絕
③ 天衣無縫   ④ 莫無可奈

37 밑줄 친 부분과 관련된 사자성어로 가장 적절한 것은? 17 국가직 9급

> 전국 시대 말, 진나라의 공격을 받은 조나라 혜문왕은 동생인 평원군을 초나라에 보내어 구원군을 청하기로 했다. 이십 명의 수행원이 필요한 평원군은 그의 삼천여 식객 중에서 십구 명은 쉽게 뽑았으나, 나머지 한 명을 뽑지 못한 채 고심했다. 이때에 모수라는 식객이 나섰다. 평원군은 어이없어하며 자신의 집에 언제부터 있었는지 물었다. 모수가 삼 년이 되었다고 대답하자 평원군은 재능이 뛰어난 사람은 숨어 있어도 저절로 사람들에게 알려지게 되는 법인데, 모수의 이름을 들어본 적이 없다고 답했다. 그러자 모수는 "나리께서 이제까지 저를 단 한 번도 주머니 속에 넣어 주시지 않았기 때문입니다. 하지만 이번에 주머니 속에 넣어 주신다면 끝뿐이 아니라 자루까지 드러날 것입니다." 하고 재치 있는 답변을 했다. 만족한 평원군은 모수를 수행원으로 뽑았고, 초나라에 도착한 평원군은 모수가 활약한 덕분에 국빈으로 환대받고, 구원군도 얻을 수 있었다.

① 吳越同舟   ② 囊中之錐
③ 馬耳東風   ④ 近墨者黑

교육은 우리 자신의 무지를
점차 발견해 가는 과정이다.

월 듀란트

PART 4

고전문학

고전문학을 학습하는 데 가장 중요한 것은 고전문학사의 흐름을 파악하는 것입니다. 시기별 문학의 특징을 이해하고 있다면 생소한 작품을 만난다고 하더라도 큰 틀 안에서 어느 정도 작품에 대한 이해가 가능하기 때문입니다. 따라서 개별 작품의 내용이나 특징을 암기하는 것보다 문학사의 흐름을 파악하고 시기별 문학 작품의 특징을 이해하는 것이 더 중요합니다.

다음으로 학습해야 할 것은 고전문학 장르의 특징입니다. 예를 들어, 고전시가는 고대가요, 향가, 고려가요, 시조 등으로 구분할 수 있는데 각 장르는 각기 다른 내용적 · 형식적 특징을 가지고 있습니다. 고려가요의 경우, 내용적으로는 평민들의 소박하고 진솔한 감정이 담겨 있다는 특징이 있고, 형식적으로는 3 · 4조, 3 · 3조의 운율을 지니며 후렴구가 삽입되어 있다는 특징을 지니고 있습니다. 이러한 장르적 특징을 알고 있다면 고전문학을 이해하고 해석하는 데 도움이 됩니다.

위에서 언급한 학습을 모두 마친 후에 하는 것이 바로 개별 작품을 익히는 것입니다. 「구운몽」, 「춘향전」, 「청산별곡」 등과 같이 시험에 자주 출제되는 문학 작품을 먼저 학습하고, 다른 작품들을 하나씩 익혀나간다면 고전문학 영역은 더 이상 수험생분들께 생소하거나 어려운 영역으로 느껴지지 않을 것입니다.

| CHAPTER 1 | 고전시가 |
| CHAPTER 2 | 고전산문 |

챕터별 출제 비중

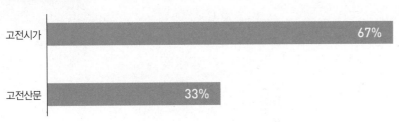

고전시가   67%

고전산문   33%

※ 2022년 출제기준

회독체크

구분	1회독	2회독	3회독
CHAPTER 1 고전시가	☐	☐	☐
CHAPTER 2 고전산문	☐	☐	☐

☐ 칸에 학습진도를 체크하세요.

해설편 p. 046

고대가요	기출빈도 ★☆☆

01 〈보기〉에 대한 설명으로 가장 옳지 않은 것은? 20 서울시 9급

> ─────〈보 기〉─────
>
> 거북아 거북아
> 머리를 내어 놓아라.
> 만약 내어 놓지 않으면
> 굽고 구워 먹겠다.
>
> ─「구지가」─

① 향가 발생 이전의 고대시가이다.

② 환기, 명령, 가정의 어법을 지닌 주술적 노래이다.

③ 음악, 시가, 무용이 모두 어우러진 종합 예술의 성격을 띠고 있다.

④ 고조선 곽리자고의 아내 여옥이 지었다고 전해지는 순수 서정시가이다.

02 다음 시가의 전개 방식으로 옳은 것은? 17 국가직 9급

> 龜何龜何
> 首其現也
> 若不現也
> 燔灼而喫也
>
> ─「구지가」─

① 요구 – 위협 – 환기 – 조건

② 환기 – 요구 – 조건 – 위협

③ 위협 – 조건 – 환기 – 요구

④ 조건 – 요구 – 위협 – 환기

한시	기출빈도 ★☆☆

03 ㉠~㉣에 대한 이해로 적절하지 않은 것은? 22 지방직 9급

> 有此茅亭好　이 멋진 ㉠ 초가 정자 있고
> 綠林細徑通　수풀 사이로 오솔길 나 있네
> 微吟一杯後　술 한 잔 하고 시를 읊조리면서
> 高座百花中　온갖 꽃 속에서 ㉡ 높다랗게 앉아 있네
> 丘壑長看在　산과 계곡은 언제 봐도 그대로건만
> 樓臺盡覺空　㉢ 누대는 하나같이 비어 있구나
> 莫吹紅一點　붉은 꽃잎 하나라도 흔들지 마라
> 老去惜春風　늙어갈수록 ㉣ 봄바람이 안타깝구나
>
> ─ 심환지, 「육각지하화원소정염운(六閣之下花園小亭拈韻)」 ─

① ㉠: 시간적 흐름에 따른 시상 전개를 매개하고 있다.

② ㉡: 시적 화자의 초연한 태도를 드러내고 있다.

③ ㉢: 자연에 대비되는 쇠락한 인간사를 암시하고 있다.

④ ㉣: 꽃잎을 흔드는 부정적 이미지로 기능하고 있다.

04 다음 시의 주된 정조를 가장 잘 나타내는 것은? 21 군무원 9급

> 神策究天文 妙算窮地理
> 戰勝功旣高 知足願云止
>
> ─ 乙支文德, 「與隋將于仲文」 ─

① 悠悠自適

② 戀戀不忘

③ 得意滿面

④ 山紫水明

05 〈보기〉는 다음 한시에 대한 감상이다. ⊙~ⓔ 중 적절하지 않은 것은?

20 국가직 9급

> 白犬前行黃犬隨 흰둥이가 앞서고 누렁이는 따라가는데
> 野田草際塚纍纍 들밭머리 풀섶에는 무덤이 늘어서 있네
> 老翁祭罷田間道 늙은이가 제사를 끝내고 밭 사이 길로
> 　　　　　　　 들어서자
> 日暮醉歸扶小兒 해 저물어 취해 돌아오는 길을 아이가
> 　　　　　　　 부축하네
>
> 　　　　　　　 – 이달, 「제총요(祭塚謠)」 –

〈보 기〉

　이달(李達, 1561~1618)이 살았던 시기를 고려할 때, 시인은 임진왜란을 겪었을 것이라 추정된다. ⊙ 이 시는 해질 무렵 두 사람이 제사를 지낸 뒤 집으로 돌아오는 상황을 노래하고 있다. ⓛ 이 시에서 무덤이 들밭머리에 늘어서 있다는 것은 전란을 겪은 마을에서 많은 이들이 갑작스러운 죽음을 맞이했음을 의미한다고 할 것이다. 여기 등장하는 늙은이와 아이는 할아버지와 손자의 관계로 파악할 수 있다. 아마도 이들은 아이의 부모이자 할아버지의 자식에 해당하는 이의 무덤에 다녀오는 길일 것이다. ⓒ 할아버지가 취한 까닭도 죽은 이에 대한 안타까움과 속상함 때문일 것이다. ⓔ 이 시는 전반부에서는 그림을 그리듯이 장면을 묘사하고 후반부에서는 정서를 표출하는 선경후정의 형식을 취하고 있다.

① ⊙　　　　　　② ⓛ

③ ⓒ　　　　　　④ ⓔ

---

06 밑줄 친 시어에서 '외롭고 쓸쓸한 화자의 심정'을 나타내기 위해 동원된 객관적 상관물로서 화자 자신과 동일시되는 소재는?

17 지방직 9급

> ⊙ 春雨暗西池 / 봄비 내리니 서쪽 못은 어둑한데
> 輕寒襲ⓛ 羅幕 / 찬바람은 비단 장막으로 스며드네.
> 愁依小ⓒ 屛風 / 시름에 겨워 작은 병풍에 기대니
> 墻頭ⓔ 杏花落 / 담장 위에 살구꽃이 떨어지네.

① ⊙　　　　　　② ⓛ

③ ⓒ　　　　　　④ ⓔ

---

07 〈보기〉의 ⊙~ⓔ에 대한 설명으로 가장 옳지 않은 것은?

21 서울시 9급

〈보 기〉

> 생사(生死) 길은
> 예 있으매 머뭇거리고,
> 나는 간다는 말도
> 못다 이르고 어찌 갑니까.
> 어느 가을 ⊙ 이른 바람에
> 이에 저에 떨어질 잎처럼,
> ⓛ 한 가지에 나고
> 가는 곳 모르온저.
> ⓒ 아아, ⓔ 미타찰(彌陀刹)에서 만날 나
> 도(道) 닦아 기다리겠노라.
>
> 　　　　　　　　– 월명사, 「제망매가」 –

① ⊙은 예상보다 빠르게 닥쳐온 불행을 의미한다.

② ⓛ은 친동기 관계라는 것을 의미한다.

③ ⓒ은 다른 향가 작품에서는 찾기 어려운 생생한 표현이다.

④ ⓔ은 불교적 세계관을 보여준다.

---

08 ⊙~ⓔ의 의미로 적절하지 않은 것은?

21 국가직 9급

> 二月ㅅ 보로매 아으 노피 ⊙ 현 燈ㅅ블 다호라
> 萬人 비취실 즈싀샷다 아으 動動다리
> 三月 나며 開흔 아으 滿春 돌욋고지여
> ᄂᆞ미 브롤 ⓛ 즈슬 디녀 나샷다 아으 動動다리
> 四月 아니 ⓒ 니저 아으 오실셔 곳고리새여
> ⓔ 므슴다 錄事니믄 녯 나ᄅᆞᆯ 닛고신뎌 아으 動動다리
>
> 　　　　　　　– 작자 미상, 「動動」에서 –

① ⊙은 '켠'을 의미한다.

② ⓛ은 '모습을'을 의미한다.

③ ⓒ은 '잊어'를 의미한다.

④ ⓔ은 '무심하구나'를 의미한다.

09 다음 중 아래의 작품과 내용 및 주제가 가장 비슷한 것은?

> 동풍(東風)이 건듯 부러 적설(積雪)을 헤텨 내니
> 창 밧긔 심근 매화 두세 가지 픠어셰라
> 굿득 냉담(冷淡)ᄒᆞᆫ딕 암향(暗香)은 므ᄉ 일고
> 황혼의 달이 조차 벼마틱 빗최니
> 늣기난 닷 반기난 닷 님이신가 아니신가
> 뎌 매화 것거 내여 님 겨신 딕 보내오져
> 님이 너를 보고 엇더타 너기실고
>
> 곳 디고 새 닙 나니 녹음이 ᄭᆞᆯ렷ᄂᆞᆫ딕
> 나위(羅幃) 적막ᄒᆞ고 수막(繡幕)이 뷔여 잇다
> 부용(芙蓉)을 거더 노코 공작(孔雀)을 둘러 두니
> 굿득 시름 한딕 날은 엇디 기돗던고
> 원앙금(鴛鴦錦) 버혀 노코 오색선 플텨 내여
> 금자히 견화이셔 님의 옷 지어내니
> 수품(手品)은 ᄏᆞ니와 제도도 ᄀᆞ줄시고
> 산호수 지게 우희 백옥함의 다마 두고
> 님의게 보내오려 님 겨신 딕 ᄇᆞ라보니
> 산인가 구름인가 머흐도 머흘시고
> 천리 만리 길히 뉘라셔 ᄎᆞ자갈고
> 니거든 여러 두고 날인가 반기실가
>
> ─ 정철, 「사미인곡」에서 ─

① 고인도 날 몯 보고 나도 고인 몯 뵈
　 고인을 몯 뵈도 녀던 길 알픠 잇닉
　 녀던 길 알픠 잇거든 아니 녀고 엇멸고
② 삼동에 베옷 입고 암혈(巖穴)에 눈비 맞아
　 구름 낀 볕뉘도 쬔 적이 없건마는
　 서산에 해 지다 하니 눈물 겨워 하노라
③ 묏버들 갈히 것거 보내노라 님의
　 손딕자시는 창 밧긔 심거두고 보쇼셔
　 밤비예 새 닙 곳 나거든 날인가도 너기쇼셔
④ 반중(盤中) 조홍(早紅) 감이 고아도 보이ᄂᆞ다
　 유자 안이라도 품엄즉도 ᄒᆞ다마는
　 품어 가 반기 리 업슬새 글노 설워ᄒᆞᄂᆞ이다

[10~11] 다음 글을 읽고 물음에 답하시오.

> 紅塵에 뭇친 분네 이 내 生涯 엇더ᄒᆞ고
> 녯사ᄅᆞᆷ 風流를 미츨가 못 미츨가
> 天地間 男子 몸이 날만ᄒᆞᆫ 이 하건마ᄂᆞᆫ
> 山林에 뭇쳐 이셔 至樂을 ᄆᆞᄅᆞᆯ 것가
> 數間 茅屋을 碧溪水 앒픠두고
> 松竹 鬱鬱裏예 風月主人 되여셔라
> 엇그제 겨을 지나 새 봄이 도라오니
> 桃花杏花ᄂᆞᆫ 夕陽裏예 퓌여 잇고
> 綠楊芳草ᄂᆞᆫ 細雨 中에 프르도다
> 칼로 ᄆᆞᆯ아 낸가 붓으로 그려낸가
> 造化神功이 物物마다 헌ᄉᆞ롭다
> (가) 수풀에 우는 새는 春氣를 ᄆᆞᆺ내 계위
> 소ᄅᆡ마다 嬌態로다
> 物我一體어니 興이이 다ᄅᆞᆯ소냐
> 柴扉예 거러 보고 亭子애 안자 보니
> 逍遙吟詠ᄒᆞ야 山日이 寂寂ᄒᆞᆫ딕
> 閒中眞味를 알 니 업시 호재로다
> 이바 니웃드라 山水 구경 가쟈스라
>
> ─ 정극인, 「상춘곡」에서 ─

10 이 글에 대한 설명으로 가장 적절한 것은?

① '홍진에 묻힌 분'과 묻고 대답하는 형식이다.
② '나'의 공간이동에 따라 시상을 전개하고 있다.
③ '이웃'을 끌어들임으로써 봄의 아름다움을 객관화하고 있다.
④ 서사 ─ 본사 ─ 결사가 진행되는 가운데 여음을 삽입하여 흥을 돋운다.

11 (가)에 나타난 화자의 정서로 가장 적절한 것은?

① 화자와 산수자연 사이에 가로놓인 방해물에 대한 불만
② 산수자연 속의 모든 존재들과 합일하는 흥겨움의 마음
③ 산수자연의 즐거움을 혼자서만 누리는 것에 대한 안타까움
④ 산수자연에 제대로 몰입하지 못하는 자신의 처지에 대한 회한

12 ⊙과 ⓒ에 대한 설명으로 적절한 것은?　　19 국가직 9급

> 헌 먼덕* 숙여 쓰고 축 없는 짚신에 설피설피 물러오니
> 풍채 적은 형용에 ⊙ 개 짖을 뿐이로다
> 와실(蝸室)에 들어간들 잠이 와서 누었으랴
> 북창(北窓)을 비겨 앉아 새벽을 기다리니
> 무정한 ⓒ 대승(戴勝)*은 이내 한을 돋우도다
> 종조(終朝) 추창(惆悵)*하며 먼 들을 바라보니
> 즐기는 농가(農歌)도 흥 없이 들리나다
> 세정(世情) 모르는 한숨은 그칠 줄을 모르도다
>
> 　　　　　　　　　　－ 박인로, 「누항사(陋巷詞)」에서 －
>
> ※ 먼덕: 짚으로 만든 모자
> ※ 대승(戴勝): 오디새
> ※ 추창(惆悵): 슬퍼하는 모습

① ⊙은 실재하는 존재물이고, ⓒ은 상상적 허구물이다.
② ⊙은 화자의 절망을 나타내고, ⓒ은 화자의 희망을 나타낸다.
③ ⊙은 화자의 내면을 상징하고, ⓒ은 화자의 외양을 상징한다.
④ ⊙은 화자의 초라함을 부각시키고, ⓒ은 화자의 수심을 깊게 한다.

13 (가)와 (나)를 비교한 설명으로 적절한 것은?　　18 지방직 9급

> (가) 문밖에 가랑비 오면 방 안은 큰비 오고 부엌에 불을 때면 천장은 굴뚝이요 흙 떨어진 윗대궁기* 바람은 살쏜 듯이 들이불고 틀만 남은 헌 문짝 명석으로 창과 문을 막고 방에 반듯 드러누워 가만히 바라보면 천장은 하늘별자리를 그려놓은 그림이요, 이십팔수(二十八宿)를 세어본다. 이렇게 곤란이 더욱 심할 제, 철모르는 자식들은 음식 노래로 조르는데, 아이고, 어머니! 나는 용미봉탕에 잣죽 좀 먹었으면 좋겠소.
>
> (나) 한 달에 아홉 끼를 얻거나 못 얻거나
> 　십 년 동안 갓 하나를 쓰거나 못 쓰거나
> 　안표누공(顔瓢屢空)*인들 나같이 비었으며
> 　원헌(原憲)*의 가난인들 나같이 심할까.
> 　봄날이 길고 길어 소쩍새가 재촉커늘
> 　동쪽 집에 따비 얻고 서쪽 집에 호미 얻어
> 　집 안에 들어가 씨앗을 마련하니
> 　올벼 씨 한 말은 반 넘어 쥐 먹었고
> 　기장 피 조 팥은 서너 되 붙었거늘
> 　많고 많은 식구 이리하여 어이 살리.
>
> ※ 윗대궁기: 나뭇가지 등으로 엮어 흙을 바른 벽에 생긴 구멍
> ※ 안표누공(顔瓢屢空): 공자(孔子)의 제자 안회(顔回)의 표주박이 자주 빔
> ※ 원헌(原憲): 공자의 제자

① (가)와 달리 (나)는 읽을 때의 리듬이 규칙적이다.
② (가)와 (나)는 모두 상황을 사실적으로 묘사하고 있다.
③ (가)와 (나)는 현재의 상황을 운명으로 수용하고 있다.
④ (가)는 상황을 긍정적으로, (나)는 부정적으로 인식하고 있다.

시조

기출빈도 ★★★

14 (가)~(라)의 ㉠~㉣에 대한 설명으로 적절하지 않은 것은?

22 국가직 9급

> (가) 간밤의 부던 ᄇᆞ람에 눈서리 치단 말가
> ㉠ 낙락장송(落落長松)이 다 기우러 가노ᄆᆡ라
> ᄒᆞ믈며 못다 퓐 곳이야 닐러 무슴 ᄒᆞ리오.
> (나) 철령 노픈 봉에 쉬여 넘ᄂᆞᆫ 져 구룸아
> 고신원루(孤臣冤淚)ᄅᆞᆯ 비 사마 ᄯᅴ여다가
> ㉡ 님 계신 구중심처(九重深處)에 ᄲᅮ려 본들 엇ᄃᆞ리.
> (다) 이화우(梨花雨) 흣ᄲᅮ릴 제 울며 잡고 이별ᄒᆞᆫ 님
> 추풍낙엽(秋風落葉)에 ㉢ 저도 날 ᄉᆡᆼ각ᄂᆞᆫ가
> 천리(千里)에 외로온 ᄭᅮᆷ만 오락가락 ᄒᆞ노매.
> (라) 삼동(三冬)의 뵈옷 닙고 암혈(巖穴)의 눈비 마자
> 구름 ᄭᅵᆫ 볏뉘도 ᄣᅬᆫ 적이 업건마ᄂᆞᆫ
> 서산의 ㉣ ᄒᆡ 디다 ᄒᆞ니 그ᄅᆞᆯ 셜워 ᄒᆞ노라.

① ㉠은 억울하게 해를 입은 충신을 가리킨다.
② ㉡은 궁궐에 계신 임금을 가리킨다.
③ ㉢은 헤어진 연인을 가리킨다.
④ ㉣은 오랜 세월을 함께한 벗을 가리킨다.

15 〈보기〉의 (가)와 (나)의 공통점에 대한 설명으로 가장 옳지 않은 것은?

22 서울시 9급 6월

〈보 기〉

> (가) 강호(江湖)에 ᄀᆞ을이 드니 고기마다 ᄉᆞᆯ져 잇다
> 소정(小艇)에 그믈 시러 흘니 ᄯᅴ여 더져 두고
> 이 몸이 소일(消日)하옴도 역군은(亦君恩)이샷다
> (나) 추강(秋江)에 밤이 드니 물결이 ᄎᆞ노ᄆᆡ라
> 낙시 드리치니 고기 아니 무노ᄆᆡ라
> 무심(無心)ᄒᆞᆫ 달빗만 싯고 뷘ᄇᆡ 저어 오노라.

① 자연 속에서 한가롭게 지내는 삶을 표현하였다.
② 배를 타고 낚시를 즐기는 내용이 포함되어 있다.
③ 동일한 문학 장르의 정형시 작품들이다.
④ 임금의 은혜를 생각하는 마음이 표현되어 있다.

16 〈보기〉에 대한 설명으로 가장 옳지 않은 것은?

22 서울시 9급 2월

〈보 기〉

> 어이려뇨 어이려뇨 싀어마님아 어이려뇨
> 쇼대남진의 밥을 담다가 놋쥬걱 잘를 부르쳐시니 이를 어이ᄒᆞ려뇨 싀어마님아 져 아기 하 걱정 마스라
> 우리도 져머신 제 만히 것거 보왓노라

① 시어머니와 며느리의 대화로 작품이 전개되고 있다.
② 동일한 시어의 반복을 통해 리듬감을 형성하고 있다.
③ 인간의 범상한 욕구를 조명하여 희극적 묘미를 드러내고 있다.
④ 아랫사람의 잘못으로 인해 인물들의 갈등이 더욱 심화되고 있다.

17 〈보기〉의 밑줄 친 부분과 표현 방식이 가장 유사한 것은?

22 서울시 9급 2월

〈보 기〉

> <u>동짓달 기나긴 밤 한 허리를 베어내어</u>
> 봄바람 이불 아래 서리서리 넣었다가
> 사랑하는 임 오신 날 밤이거든 구비구비 펴리라

① 아아 님은 갔지마는 나는 님을 보내지 아니하였습니다.
② 무사(無事)한세상이병원이고꼭치료를기다리는무병(無病)이곳곳에있다
③ 노란 해바라기는 늘 태양같이 태양같이 하던 화려한 나의 사랑이라고 생각하라.
④ 내 마음 속 우리 님의 고운 눈썹을 / 즈믄 밤의 꿈으로 맑게 씻어서

18 (가)~(라)에 대한 이해로 적절하지 않은 것은? 21 국가직 9급

> (가) 반중(盤中) 조홍(早紅)감이 고아도 보이ᄂ다
> 유자 안이라도 품엄즉도 ᄒ다마ᄂ
> 품어 가 반기리 업슬새 글노 설워ᄒᄂ이다
> (나) 동짓ᄃᆯ 기나긴 밤을 한 허리를 버혀 내여
> 춘풍 니불 아래 서리서리 너헛다가
> 어론 님 오신 날 밤이여든 구뷔구뷔 펴리라
> (다) 말 업슨 청산(靑山)이오 태(態) 업슨 유수(流水)로다
> 갑 업슨 청풍(淸風)이오 님ᄌ 업슨 명월(明月)이로다
> 이 중에 병 업슨 이 몸이 분별 업시 늘그리라
> (라) 농암(籠巖)에 올라보니 노안(老眼)이 유명(猶明)이
> 로다
> 인사(人事)이 변ᄒᆫ들 산천이ᄯᆫ 가샐가
> 암전(巖前)에 모수 모구(某水 某丘)이 어제 본 ᄃᆺᄒ
> 예라

① (가)는 고사의 인용을 통해 돌아가신 부모님에 대한 그
리움을 표현하고 있다.
② (나)는 의태적 심상을 통해 임에 대한 기다림을 표현하
고 있다.
③ (다)는 대구와 반복을 통해 자연에 귀의하려는 의지를
표현하고 있다.
④ (라)는 자연과의 대조를 통해 허약해진 노년의 무력함
을 표현하고 있다.

20 (가)~(라)에 대한 설명으로 적절하지 않은 것은?
19 지방직 9급

> (가) 고인(古人)도 날 몯 보고 나도 고인(古人) 몯 뵈
> 고인(古人)을 몯 뵈도 녀던 길 알픠 잇ᄂ
> 녀던 길 알픠 잇거든 아니 녀고 엇멸고
> (나) 술은 어이ᄒᆞ야 됴ᄒᆞ니 누룩 섯글 타시러라
> 국은 어이ᄒᆞ야 됴ᄒᆞ니 염매(鹽梅) ᄐᆯ 타시러라
> 이 음식 이 ᄯᆮ을 알면 만수무강(萬壽無疆)ᄒ리라
> (다) 우레ᄀᆺ치 소ᄅᆞ나ᄂ 님을 번기ᄀᆺ치 번듯 만나
> 비ᄀᆺ치 오락가락 구름ᄀᆺ치 헤여지니
> 흉중(胸中)에 ᄇᆞ름 ᄀᆺ튼 한숨이 안기 피듯 ᄒᆞ여라
> (라) 하하 허허 흔들 내 우음이 졍 우움가
> 하 어척 업서셔 늣기다가 그리 되게
> 벗님ᄂ 웃디들 말구려 아귀 ᄧᅥ여디리라

① (가): 연쇄법을 활용하여 고인의 길을 따르겠다는 의지
를 드러내고 있다.
② (나): 문답법과 대조법을 활용하여 임의 만수무강을 기
원하고 있다.
③ (다): 'ᄀᆺ치'를 반복적으로 표현하여 운율감을 더하고
있다.
④ (라): 냉소적 어조를 통해 상대에 대한 불편한 심기를
표출하고 있다.

19 〈보기〉의 작품과 형식이 다른 것은? 21 서울시 9급

> ─── 〈보 기〉 ───
> 우ᄂ 거시 벅구기가 프른 거시 버들숩가.
> 이어라 이어라
> 어촌 두어 집이 닛 속의 나락들락.
> 지국총 지국총 어ᄉ와
> 말가흔 기픈 소희 온간 고기 뛰노ᄂ다.

① 「면앙정가」 ② 「오우가」
③ 「훈민가」 ④ 「도산십이곡」

21 다음 글에 대한 이해로 가장 적절한 것은? 18 국가직 9급

> (가) 내 마음 베어 내어 저 달을 만들고져
> 구만 리 장천(長天)의 번듯이 걸려 있어
> 고운 님 계신 곳에 가 비추어나 보리라
> (나) 열다섯 아리따운 아가씨가
> 남부끄러워 이별의 말 못 하고
> 돌아와 겹겹이 문을 닫고는
> 배꽃 비친 달 보며 흐느낀다

① (가)와 (나)에서 '달'은 사랑하는 마음을 임에게 전달하
는 매개체이다.
② (가)의 '고운 님'과, (나)의 '아리따운 아가씨'는 화자가
사랑하는 대상이다.
③ (가)의 '나'는 적극적인 태도로, (나)의 '아가씨'는 소극
적인 태도로 정서를 드러낸다.
④ (가)의 '장천(長天)'은 사랑하는 임이 머무르는 공간이
고, (나)의 '문'은 사랑하는 임에 대한 마음을 숨기는
공간이다.

22 다음 시조의 내용으로 가장 적절한 것은? 18 지방직 9급

> 마을 사람들아 옳은 일 하자스라
> 사람이 되어나서 옳지옷 못하면
> 마소를 갓 고깔 씌워 밥 먹이나 다르랴

① 鄕閭有禮   ② 相扶相助

③ 兄友弟恭   ④ 子弟有學

24 다음 시조의 주제로 적절한 것은? 17 지방직 9급

> 내히 죠타 ᄒ고 ᄂᆞᆷ 슬흔 일 ᄒ지 말며
> ᄂᆞᆷ이 ᄒᆞᆫ다 ᄒ고 義아니면 좃지 말니
> 우리ᄂᆞᆫ 天性을 직희여 삼긴 대로 ᄒᆞ리라

① 率性   ② 善交

③ 遵法   ④ 篤學

23 다음 시조에 대한 설명으로 적절하지 않은 것은?

17 지방직 9급

> 재 너머 셩권농(成勸農) 집의 술 닉닷 말 어제 듯고
> 누은 쇼 발로 박차 언치 노하 지즐투고
> 아희야 네 권농 겨시냐 뎡좌슈(鄭座首) 왓다 ᄒᆞ여라

① 화자는 소박한 풍류를 즐기며 살고 있다.

② '박차'라는 표현에서 역동성과 생동감을 느낄 수 있다.

③ '언치 노하'는 엄격한 격식을 갖추려는 태도를 드러낸다.

④ '아히'는 화자의 의사를 간접적으로 전달하는 존재이면
서도, 대화체로 이끄는 영탄적 어구이다.

2 고전산문

해설편 p. 054

설화·신화   기출빈도 ★☆☆

01 다음 글에 대한 이해로 가장 적절한 것은?   20 국가직 9급

> 용왕의 아들 이목(璃目)은 항상 절 옆의 작은 연못에 있으면서 남몰래 보양(寶壤) 스님의 법화(法化)를 도왔다. 문득 어느 해에 가뭄이 들어 밭의 곡식이 타들어 가자 보양 스님이 이목을 시켜 비를 내리게 하니 고을 사람들이 모두 흡족히 여겼다. 하늘의 옥황상제가 장차 하늘의 뜻을 모르고 비를 내렸다 하여 이목을 죽이려 하였다. 이목이 보양 스님에게 위급함을 아뢰자 보양 스님이 이목을 침상 밑에 숨겨 주었다. 잠시 후에 옥황상제가 보낸 천사(天使)가 뜰에 이르러 이목을 내놓으라고 하였다. 보양 스님이 뜰 앞의 배나무[梨木]를 가리키자 천사가 배나무에 벼락을 내리고 하늘로 올라갔다. 그 바람에 배나무가 꺾여졌는데 용이 쓰다듬자 곧 소생하였다(일설에는 보양 스님이 주문을 외워 살아났다고 한다). 그 나무가 근래에 땅에 쓰러지자 어떤 이가 빗장 막대기로 만들어 선법당(善法堂)과 식당에 두었다. 그 막대기에는 글귀가 새겨져 있다.
>
> – 일연, 『삼국유사』에서–

① 천사의 벼락을 맞은 배나무는 저절로 소생했다.
② 천사는 이목을 죽이려다 실수로 배나무에 벼락을 내렸다.
③ 벼락 맞은 배나무로 만든 막대기가 글쓴이의 당대까지 전해졌다.
④ 제멋대로 비를 내린 보양 스님을 벌하려고 옥황상제가 천사를 보냈다.

02 밑줄 친 부분에서 행위의 주체가 같은 것으로만 묶은 것은?   20 지방직 9급

> 금와왕이 이상히 여겨 유화를 방 안에 가두어 두었더니 햇빛이 방 안을 비추는데 ㉠ 몸을 피하면 다시 쫓아와서 비추었다. 이로 해서 태기가 있어 알[卵] 하나를 낳으니, 크기가 닷 되들이만 했다. 왕이 그것을 버려서 개와 돼지에게 주게 했으나 모두 먹지 않았다. 다시 길에 ㉡ 내다 버리게 했더니 소와 말이 피해서 가고 들에 내다 버리니 새와 짐승들이 덮어 주었다. 왕이 쪼개 보려고 했으나 아무리 해도 쪼개지지 않아 그 어미에게 돌려주었다. 어미가 이 알을 천으로 싸서 따뜻한 곳에 놓아두었더니 한 아이가 ㉢ 껍질을 깨고 나왔는데, 골격과 외모가 영특하고 기이했다. 겨우 일곱 살이 되었을 때, 이미 기골이 뛰어나서 범인(凡人)과 달랐다. 스스로 활과 화살을 만들어 쏘았는데 백발백중이었다. 나라 풍속에 ㉣ 활 잘 쏘는 사람을 주몽이라고 하므로 그 아이를 '주몽'이라 했다.
>
> 금와왕에게는 일곱 아들이 있어 항상 주몽과 함께 놀았는데, 재주가 주몽을 따르지 못했다. 맏아들 대소가 왕에게 말했다. "주몽은 사람의 자식이 아닙니다. 일찍 ㉤ 없애지 않는다면 후환이 있을까 두렵습니다." 왕이 듣지 않고 주몽을 시켜 말을 기르게 하니 주몽은 좋은 말을 알아보고 적게 먹여서 여위게 기르고, 둔한 말을 ㉥ 잘 먹여서 살찌게 했다.

① ㉠, ㉡
② ㉡, ㉣
③ ㉢, ㉥
④ ㉣, ㉤

PART 4 고전문학

03 다음 글에서 의인화하고 있는 사물은? 　20 지방직 9급

> 姓은 楮이요, 이름은 白이요, 字는 無玷이다. 회계 사
> 람이고, 한나라 중상시 상방령 채륜의 후손이다. 태어
> 날 때 난초탕에 목욕하여 흰 구슬을 희롱하고 흰 띠로
> 꾸렸으므로 빛이 새하얗다. …(중략)… 성질이 본시 정
> 결하여 武人은 좋아하지 않고 文士와 더불어 노니는데,
> 毛學士가 그 벗으로 매양 친하게 어울려서 비록 그 얼굴
> 에 점을 찍어 더럽혀도 씻지 않았다.

① 대나무
② 백옥
③ 엽전
④ 종이

04 ㉠~㉣에 대한 설명으로 적절하지 않은 것은? 　18 지방직 9급

> ㉠ 공방(孔方)의 자는 관지(貫之, 꿰미)이다. …(중
> 략)… 처음 황제(黃帝) 때에 뽑혀 쓰였으나, 성질이 굳
> 세어 세상일에 그리 익숙하지 못하였다. 황제가 ㉡ 관
> 상을 보는 사람[相工]을 불러 보이니, 그가 한참 동안
> 들여다보고 말했다. "산야(山野)의 성질이어서 비록 쓸
> 만하지 못하오나, 만일 만물을 조화하는 폐하의 풀무와
> 망치 사이에 놀아 때를 긁고 빛을 갈면 그 자질이 마땅
> 히 점점 드러날 것입니다. ㉢ 왕자(王者)는 사람을 그릇
> [器]으로 만듭니다. 원컨대 ㉣ 폐하께서는 저 완고한 구
> 리[銅]와 함께 내버리지 마옵소서." 이로 말미암아 그가
> 세상에 이름을 드러냈다.

① ㉠은 ㉣의 결정에 의해 세상에 이름이 드러나게 되었다.
② ㉡은 ㉠의 단점보다는 앞으로의 발전 가능성에 주목하였다.
③ ㉢은 ㉡에게 자신의 견해를 펼칠 기회를 제공하였다.
④ ㉣은 ㉢의 이상적인 모습을 본받고 있다.

05 다음 글에 대한 이해로 적절하지 않은 것은? 　22 국가직 9급

> 승상이 말을 마치기도 전에 구름이 걷히더니 노승은
> 간 곳이 없고 좌우를 돌아보니 팔낭자도 간 곳이 없었
> 다. 승상이 놀라 어찌할 바를 모르는 중에 높은 대와 많
> 은 집들이 한순간에 사라지고 자기의 몸은 작은 암자의
> 포단 위에 앉아 있었는데, 향로의 불은 이미 꺼져 있었
> 고 지는 달이 창가에 비치고 있었다.
> 　자신의 몸을 보니 백팔염주가 걸려 있고 머리를 손으
> 로 만져보니 갓 깎은 머리털이 까칠까칠하더라. 완연한
> 소화상의 몸이요, 전혀 대승상의 위의가 아니었으니,
> 이에 제 몸이 인간 세상의 승상 양소유가 아니라 연화도
> 량의 행자 성진임을 비로소 깨달았다.
> 　그리고 생각하기를, '처음에 스승에게 책망을 듣고
> 풍도옥으로 가서 인간 세상에 환도하여 양가의 아들이
> 되었지. 그리고 장원급제를 하여 한림학사가 된 후 출
> 장입상하고 공명신퇴하여 두 공주와 여섯 낭자로 더불
> 어 즐기던 것이 다 하룻밤 꿈이었구나. 이는 필시 사부
> 가 나의 생각이 그릇됨을 알고 나로 하여금 이런 꿈을
> 꾸게 하시어 인간 부귀와 남녀 정욕이 다 허무한 일임을
> 알게 하신 것이로다.'
>
> 　　　　　　　　　　　　　 – 김만중, 「구운몽」에서 –

① '양소유'는 장원급제를 하여 한림학사가 되었다.
② '양소유'는 인간 세상에 환멸을 느껴 스스로 '성진'의 모습으로 되돌아왔다.
③ '성진'이 있는 곳은 인간 세상이 아니다.
④ '성진'은 자신의 외양을 통해 꿈에서 돌아왔음을 인식한다.

잔을 씻어 다시 술을 부으려 하는데 ⊙ 갑자기 석양에 막대기 던지는 소리가 나거늘 괴이하게 여겨 생각하되, '어떤 사람이 올라오는고.' 하였다. 이윽고 한 중이 오는데 눈썹이 길고 눈이 맑고 얼굴이 특이하더라. 엄숙하게 자리에 이르러 승상을 보고 예하여 왈,

"산야(山野) 사람이 대승상께 인사를 드리나이다."

승상이 이인(異人)인 줄 알고 황망히 답례하여 왈,

"사부는 어디에서 오신고?"

중이 웃으며 왈,

"평생의 낯익은 사람을 몰라보시니 귀인이 잘 잊는다는 말이 옳도소이다."

승상이 자세히 보니 과연 낯이 익은 듯하거늘 문득 깨달아 능파 낭자를 돌아보며 왈,

"소유가 전에 토번을 정벌할 때 꿈에 동정 용궁에 가서 잔치하고 돌아오는 길에 남악에 가서 놀았는데 한 화상이 법좌에 앉아서 불경을 강론하더니 노부께서 바로 그 노화상이냐?"

중이 박장대소하고 말하되,

"옳다. 옳다. 비록 옳지만 ⓛ 꿈속에서 잠깐 만나본 일은 생각하고 ⓒ 십 년을 같이 살던 일은 알지 못하니 누가 양 장원을 총명하다 하더뇨?"

승상이 어리둥절하여 말하되,

"소유가 ⓔ 열대여섯 살 전에는 부모 슬하를 떠나지 않았고, 열여섯에 급제하여 줄곧 벼슬을 하였으니 동으로 연국에 사신을 갔고 서로 토번을 정벌한 것 외에는 일찍이 서울을 떠나지 않았으니 언제 사부와 십 년을 함께 살았으리오?"

중이 웃으며 왈,

"상공이 아직 춘몽에서 깨어나지 못하였도소이다."

승상이 왈,

"사부는 어떻게 하면 소유를 춘몽에게 깨게 하리오?"

중이 왈,

"어렵지 않으니이다."

하고 손 가운데 돌 지팡이를 들어 난간을 두어 번 치니 갑자기 사방 산골짜기에서 구름이 일어나 누대 위에 쌓여 지척을 분변하지 못했다. 승상이 정신이 아득하여 마치 꿈에 취한 듯하더니 한참 만에 소리 질러 말하되,

"사부는 어찌 소유를 정도로 인도하지 않고 환술(幻術)로 희롱하나뇨?"

대답을 듣기도 전에 구름이 날아가니 중은 간 곳이 없고 좌우를 돌아보니 여덟 낭자 또한 간 곳이 없는지라.

― 김만중, 「구운몽」에서 ―

06 ⊙~ⓔ을 사건의 시간 순서에 따라 가장 적절하게 배열한 것은? 18 국가직 9급

① ⊙ → ⓒ → ⓔ → ⓛ
② ⊙ → ⓔ → ⓒ → ⓛ
③ ⓒ → ⓔ → ⓛ → ⊙
④ ⓔ → ⓒ → ⓛ → ⊙

07 윗글에 대한 이해로 가장 적절한 것은? 18 국가직 9급

① '승상'은 꿈에 남악에서 '중'을 보았던 기억을 떠올리며 낯이 익은 듯하다고 여기기 시작한다.

② '승상'은 본디 남악에서 '중'의 문하생으로 불도를 닦던 승려였음을 인정한 뒤 꿈에서 깨게 된다.

③ '승상'은 '중'이 여덟 낭자를 사라지게 한 환술을 부렸음을 확인하고서 그의 진의를 의심한다.

④ '승상'은 능파 낭자와 어울려 놀던 죄를 징벌한 이가 '중'임을 깨닫고서 '중'과의 관계를 부정하게 된다.

(가)

　⊙ 계월이 여자 옷을 벗고 갑옷과 투구를 갖춘 후 용봉황월(龍鳳黃鉞)과 수기를 잡아 행군해 별궁에 자리를 잡았다. 그리고 군사를 시켜 보국에게 명령을 전하니 보국이 전해져 온 명령을 보고 화가 머리끝까지 났다. 그러나 보국은 예전에 계월의 위엄을 보았으므로 명령을 거역하지 못해 갑옷과 투구를 갖추고 군문에 대령했다.

　이때 계월이 좌우를 돌아보며 말했다.

　"보국이 어찌 이다지도 거만한가? 어서 예를 갖추어 보이라."

　호령이 추상과 같으니 군졸의 대답 소리로 장안이 울릴 정도였다. 보국이 그 위엄을 보고 겁을 내어 갑옷과 투구를 끌고 몸을 굽히고 들어가니 얼굴에서 땀이 줄줄 흘러내렸다.

　　　　　　　　　　　　　　　- 작자 미상, 「홍계월전」에서 -

(나)

　장끼 고집 끝끝내 굽히지 아니하여 ⓒ 까투리 홀로 경황없이 물러서니, 장끼란 놈 거동 보소. 콩 먹으러 들어갈 제 열두 장목 펼쳐 들고 꾸벅꾸벅 고개 조아 조츰조츰 들어가서 반달 같은 혀뿌리로 들입다 꽉 찍으니, 두 고패 둥그레지며 …(중략)… 까투리 하는 말이

　"저런 광경 당할 줄 몰랐던가. 남자라고 여자의 말 잘 들어도 패가하고, 계집의 말 안 들어도 망신하네."

　까투리 거동 볼작시면, 상하평전 자갈밭에 자락머리 풀어 놓고 당굴당굴 뒹굴면서 가슴치고 일어앉아 잔디풀을 쥐어뜯어 애통하며, 두 발로 땅땅 구르면서 붕성지통(崩城之痛) 극진하니, 아홉 아들 열두 딸과 친구 벗 남네들도 불탈타 의논하며 조문 애곡하니 가련 공산 낙망천에 울음소리뿐이로다.

　　　　　　　　　　　　　　　- 작자 미상, 「장끼전」에서 -

① ⊙과 ⓒ은 모두 상대에 비해 우월한 지위를 가지고 있다.
② ⊙이 상대의 행동을 비판하는 반면, ⓒ은 옹호하고 있다.
③ ⊙이 갈등 상황을 타개하는 데 적극적인 반면, ⓒ은 소극적이다.
④ ⊙이 주변으로부터 호의적인 반응을 얻은 반면, ⓒ은 적대적인 반응을 얻는다.

　이때는 오월 단옷날이렷다. 일 년 중 가장 아름다운 시절이라. ⊙ 이때 월매 딸 춘향이도 또한 시서 음률이 능통하니 천중절을 모를소냐. 추천을 하려고 향단이 앞세우고 내려올 제, 난초같이 고운 머리 두 귀를 눌러 곱게 땋아 봉황 새긴 비녀를 단정히 매었구나. …(중략)… 상림 속으로 들어가니 ⓒ 녹음방초 우거져 금산디 쏴르르 깔린 곳에 황금 같은 꾀꼬리는 쌍쌍이 날아든다. 버드나무 높은 곳에서 그네 타려 할 때, 좋은 비단 초록 장옷, 남색 명주 홑치마 훨훨 벗어 걸어 두고, 자주색 비단 꽃신 썩썩 벗어 던져두고, 흰 비단 새 속옷 턱밑에 훨씬 추켜올리고, 삼 껍질 그넷줄을 섬섬옥수 넌지시 들어 두 손에 갈라 잡고, 흰 비단 버선 두 발길로 흘쩍 올라 발 구른다. …(중략)… ⓒ 한 번 굴러 힘을 주며 두 번 굴러 힘을 주니 발밑에 작은 티끌 바람 쫓아 펄펄, 앞뒤 점점 멀어 가니 머리 위의 나뭇잎은 몸을 따라 흔들흔들. 오고갈 제 살펴보니 녹음 속의 붉은 치맛자락 바람결에 내비치니, 높고 넓은 흰 구름 사이 번갯불이 쏘는 듯 잠깐 사이에 앞뒤가 바뀌는구나. …(중략)… 무수히 진퇴하며 한참 노닐 적에 시냇가 반석 위에 옥비녀 떨어져 쟁쟁하고, '비녀, 비녀' 하는 소리는 산호채를 들어 옥그릇을 깨뜨리는 듯. ⓔ 그 형용은 세상 인물이 아니로다.

　　　　　　　　　　　　　　　- 작자 미상, 「춘향전」에서 -

① ⊙: 설의적 표현을 통해 춘향이도 천중절을 당연히 알 것이라는 점을 서술하고 있다.
② ⓒ: 비유법을 사용하고 음양이 조화를 이룬 아름다운 봄날의 풍경을 서술하고 있다.
③ ⓒ: 음성상징어를 사용하여 춘향의 그네 타는 모습을 시각적으로 서술하고 있다.
④ ⓔ: 서술자의 편집자적 논평을 통해 춘향이의 내면적 아름다움을 서술하고 있다.

이때 춘향이는 사령이 오는지 군노가 오는지 모르고 주야로 도련님을 생각하여 우는데, ⊙ 생각지 못할 우환을 당하려 하니 소리가 화평할 수 있겠는가. 한때나마 빈방살이 할 계집아이라 목소리에 청승이 끼어 자연히 슬픈 애원성이 되니 ⓒ 보고 듣는 사람의 심장인들 아니 상할 것인가. 임 그리워 서러운 마음 밥맛없어 밥 못 먹고 불안한 잠자리에 잠 못 자고 도련님 생각으로 상처가 쌓여 피골이 상접하고 양기가 쇠진하여 진양조 울음이 되어 노래를 부른다. 갈까 보다 갈까 보다, 임을 따라 갈까 보다. 천 리라도 갈까 보다. 만 리라도 갈까 보다. 바람도 쉬어 넘고 수진이 날진이 해동청 보라매도 쉬어 넘는 높은 고개 동선령 고개라도 임이 와 날 찾으면 신발 벗어 손에 들고 아니 쉬고 달려가리. ⓒ 한양 계신 우리 낭군 나와 같이 그리워하는가, 무정하여 아주 잊고 나의 사랑 옮겨다가 다른 임을 사랑하는가? ② 이렇게 한참을 서럽게 울 때 사령 등이 춘향의 슬픈 목소리를 들으니 목석이라도 어찌 감동을 받지 않겠는가? 봄눈 녹듯 온몸에 맥이 탁 풀렸다.

– 작자 미상, 「춘향전」에서 –

① ⊙

② ⓒ

③ ⓒ

④ ②

유 소사가 말하기를, "신부(新婦)가 이제 내 집에 들어왔으니 어떻게 남편을 도울꼬?"

사씨 대답하여 말하기를, "첩(妾)이 일찍 아비를 여의고 자모(慈母)의 사랑을 입사와 본래 배운 것이 없으니 물으시는 말씀에 대답지 못하옵거니와 어미 첩을 보낼 제 중문(中門)에 임(臨)하여 경계하여 말씀하시기를 '반드시 공경(恭敬)하며 반드시 경계(警戒)하여 남편을 어기오지 말라.' 하시니 이 말씀이 경경(耿耿)하여 귓가에 있나이다."

유 소사가 말하기를, "남편의 뜻을 어기오지 말면 장부(丈夫) 비록 그른 일이 있을지라도 순종(順從)하랴?"

사씨 대 왈, "그런 말이 아니오라 부부(夫婦)의 도(道) 오륜(五倫)을 겸(兼)하였으니 아비에게 간(諫)하는 자식이 있고 나라에 간하는 신하 있고 형제(兄弟) 서로 권하고 붕우(朋友) 서로 책(責)하나니 어찌 부부라고 간쟁(諫諍)치 않으리이까? 그러하나 자고로 장부(丈夫) 부인(婦人)의 말을 편청(偏聽)하면 해로움이 있삽고 유익(有益)함이 없으니 어찌 경계 아니 하리이까?"

유 소사가 모든 손님을 돌아보며 말하기를, "나의 며느리는 가히 조대가*에 비할 것이니 어찌 시속(時俗) 여자가 미칠 바리오."라고 하였다.

– 김만중, 「사씨남정기」에서 –

※ 조대가: 『한서(漢書)』를 지은 반고(班固)의 누이동생인 반소(班昭). 학식이 뛰어나고 덕망이 높아 왕실 여성의 스승으로 칭송이 자자했다.

① 사씨의 어머니는 딸이 남편에게 맞섰던 일을 비판하고 있다.

② 사씨는 홀어머니를 모시느라 제대로 배우지 못한 것을 안타까워하고 있다.

③ 사씨는 부부의 예에 따라, 남편이 잘못하면 이를 지적해야 한다고 생각한다.

④ 유 소사는 며느리와의 대화를 통해, 효성이 지극한 사씨의 모습에 흡족해 하고 있다.

빌기를 다 함에 지성이면 감천이라 황천인들 무심할까. 단상의 오색구름이 사면에 옹위하고 산중에 ㉠ 백발 신령이 일제히 하강하여 정결케 지은 제물 모두 다 흠향한다. 길조(吉兆)가 여차(如此)하니 귀자(貴子)가 없을쏘냐. 빌기를 다한 후에 만심 고대하던 차에 일일은 한 꿈을 얻으니, ㉡ 천상으로서 오운(五雲)이 영롱하고, 일원(一員) 선관(仙官)이 청룡(靑龍)을 타고 내려와 말하되,

"나는 청룡을 다스리던 선관이더니 익성(翼星)이 무도(無道)한 고로 상제께 아뢰되 익성을 치죄하야 다른 방으로 귀양을 보냈더니 익성이 이걸로 함심(含心)하야 ㉢ 백옥루 잔치 시에 익성과 대전(對戰)한 후로 상제전에 득죄하여 인간에 내치심에 갈 바를 모르더니 남악산 신령들이 부인 댁으로 지시하기로 왔사오니 부인은 애휼(愛恤)하옵소서." 하고 타고 온 청룡을 오운 간(五雲間)에 방송(放送)하며 왈,

"㉣ 일후 풍진(風塵) 중에 너를 다시 찾으리라."

하고 부인 품에 달려들거늘 놀래 깨달으니 일장춘몽이 황홀하다.

정신을 진정하야 정언주부를 청입(請入)하야 몽사를 설화(說話)한대 정언주부가 즐거운 마음 비할 데 없어 부인을 위로하야 춘정(春情)을 부쳐 두고 생남(生男)하기를 만심고대하더니 과연 그달부터 태기 있어 십 삭이 찬 연후에 옥동자를 탄생할 제, 방 안에 향취 있고 문밖에 서기(瑞氣)가 뻗질러 생광(生光)은 만지(滿地)하고 서채(瑞彩)는 충천하였다.

…(중략)…

이때에 조정에 두 신하가 있으니 하나는 도총대장 정한담이요, 또 하나는 병부상서 최일귀라. 본대 천상 익성으로 자미원 대장성과 백옥루 잔치에 대전한 죄로 상제께 득죄하야 인간 세상에 적강(謫降)하여 대명국 황제의 신하가 되었는지라 본시 천상지인(天上之人)으로 지략이 유여하고 술법이 신묘한 중에 금산사 옥관도사를 데려다가 별당에 거처하게 하고 술법을 배웠으니 만부부당지용(萬夫不當之勇)이 있고 백만군중대장지재(百萬軍中大將之才)라 벼슬이 일품이요 포악이 무쌍이라 일상 마음이 천자를 도모코자 하되 다만 정언주부인 유심의 직간을 꺼려하고 또한 퇴재상(退宰相) 강희주의 상소를 꺼려 주저한 지 오래라.

— 작자 미상, 「유충렬전」에서 —

① ㉠: 길조(吉兆)가 일어날 것임을 암시한다.
② ㉡: '부인'이 꾼 꿈의 상황이다.
③ ㉢: '선관'이 인간 세상에 귀양을 오게 되는 계기이다.
④ ㉣: '남악산 신령'이 후일 청룡을 타고 천상 세계로 복귀할 것임을 암시한다.

---

13 다음 중 아래 글에 대한 이해로 가장 적절하지 않은 것은? 22 군무원 9급

어떤 사람은 이곳이 옛 전쟁터였기 때문에 물소리가 그렇다고 말하나 그래서가 아니라 물소리는 듣기 여하에 달린 것이다.

나의 집이 있는 산속 바로 문 앞에 큰 내가 있다. 해마다 여름철 폭우가 한바탕 지나가고 나면 냇물이 갑자기 불어나 늘 수레와 말, 대포와 북의 소리를 듣게 되어 마침내 귀에 못이 박힐 정도가 되어 버렸다.

나는 문을 닫고 드러누워 그 냇물 소리를 구별해서 들어 본 적이 있었다. 깊숙한 솔숲에서 울려 나오는 솔바람 같은 소리, 이 소리는 청아하게 들린다. 산이 찢어지고 언덕이 무너지는 듯한 소리, 이 소리는 격분해 있는 것처럼 들린다. 뭇 개구리들이 다투어 우는 듯한 소리, 이 소리는 교만한 것처럼 들린다. 수많은 축(筑)이 번갈아 울리는 듯한 소리, 이 소리는 노기에 차 있는 것처럼 들린다. 별안간 떨어지는 천둥 같은 소리, 이 소리는 놀란 듯이 들린다. 약하기도 세기도 한 불에 찻물이 끓는 듯한 소리, 이 소리는 분위기 있게 들린다. 거문고가 궁조(宮調)·우조(羽調)로 울려 나오는 듯한 소리, 이 소리는 슬픔에 젖어 있는 듯이 들린다. 종이 바른 창문에 바람이 우는 듯한 소리, 이 소리는 회의(懷疑)스러운 듯 들린다. 그러나 이 모두가 똑바로 듣지 못한 것이다. 단지 마음속에 품은 뜻이 귀로 소리를 받아들여 만들어 낸 것일 따름이다.

— 박지원, 「일야구도하기」에서 —

① 직유와 은유를 활용하여 대상을 묘사하였다.
② 세심한 관찰을 통해 사물의 본질을 이해할 수 있음을 역설하였다.
③ 일상에서의 경험을 자기 생각의 근거로 제시하였다.
④ 다른 이의 생각을 반박하기 위하여 서술하였다.

말뚝이: (벙거지를 쓰고 채찍을 들었다. 굿거리장단에
맞추어 양반 삼 형제를 인도하여 등장)
양반 삼 형제: (말뚝이 뒤를 따라 굿거리장단에 맞추어
점잔을 피우나, 어색하게 춤을 추며 등
장. 양반 삼 형제 맏이는 샌님[生員], 둘
째는 서방님[書房], 끝은 도련님[道令]이
다. 샌님과 서방님은 흰 창옷에 관을 썼
다. 도련님은 남색 쾌자에 복건을 썼다.
샌님과 서방님은 언청이이며(샌님은 언
청이 두 줄, 서방님은 한 줄이다.) 부채와
장죽을 가지고 있고, 도련님은 입이 삐뚤
어졌고 부채만 가졌다. 도련님은 대사는
일절 없으며, 형들과 동작을 같이하면서
형들의 면상을 부채로 때리며 방정맞게
군다.)
말뚝이: (가운데쯤에 나와서) 쉬이. (음악과 춤 멈춘다.)
양반 나오신다아! 양반이라고 하니까 노론, 소
론, 호조, 병조, 옥당을 다 지내고 삼정승, 육
판서를 다 지낸 퇴로 재상으로 계신 양반인 줄
알지 마시오. 개잘량이라는 '양' 자에 개다리소
반이라는 '반' 자 쓰는 양반이 나오신단 말이오.
양반들: 야아, 이놈, 뭐야아!
말뚝이: 아, 이 양반들, 어찌 듣는지 모르갔소. 노론, 소
론, 호조, 병조, 옥당을 다 지내고 삼정승, 육
판서 다 지내고 퇴로 재상으로 계신 이 생원네
삼 형제 분이 나오신다고 그리 하였소.
양반들: (합창) 이 생원이라네. (굿거리장단으로 모두
춤을 춘다. 도령은 때때로 형들의 면상을 치며
논다. 끝까지 그런 행동을 한다.)

– 작자 미상, 「봉산탈춤」에서 –

① 양반들이 자신들을 조롱하는 말뚝이에게 야단쳤군.
② 샌님과 서방님이 부채와 장죽을 들고 춤을 추며 등장
했군.
③ 말뚝이가 굿거리장단에 맞춰 양반을 풍자하는 사설을
늘어놓았군.
④ 도련님이 방정맞게 굴면서 샌님과 서방님의 얼굴을 부
채로 때렸군.

PART 5

현대문학

학습 포인트

많은 수험생들이 현대문학을 이해하고 분석하는 데 어려움을 겪고 있습니다. 그래서 자주 출제되는 작품을 '암기'하려고 노력합니다. 하지만 이는 올바른 방법이 아닙니다. 개별 문학 작품까지 모두 암기하는 것은 학습량이 점점 더 많아지는 결과만을 초래할 뿐입니다.

현대문학에서 고득점을 획득하기 위해서 가장 먼저 해야 할 것은 문학 이론과 용어를 정확하게 이해하는 것입니다. 수사법, 감정이입, 소설의 시점, 서술자의 개입 등 문학 용어의 개념을 이해하고 난 후에는 기출문제를 풀어보면서 작품에 이론이 어떻게 적용되는지 파악하는 것이 중요합니다. 이론만 알고 있다고 해서 모든 문제를 풀 수 있는 것은 아니며 다양한 작품에서 어떤 수사법이 사용되었는지, 감정이입이 드러난 부분은 어떤 구절인지 파악할 수 있어야 합니다.

다음으로는 개별 작품을 분석하는 능력을 기르는 것입니다. 기출된 작품을 읽어 보면서 글의 주제나 화자의 정서, 화자나 서술자의 태도, 작품의 표현 방법, 소설의 갈등 요소 등을 나름대로 적어보고 해설이나 기본서를 통해 이를 확인해 보는 방식으로 분석력을 향상시킬 수 있습니다. 처음에는 막막하겠지만, 꾸준히 연습하다 보면 새로운 문학 작품을 만나더라도 작품의 주제나 특징을 어렵지 않게 파악할 수 있을 것입니다.

마지막으로는 모든 영역이 그렇듯 반복 학습하는 것입니다. 다양한 문제를 풀어보면서 반복적으로 분석한다면 나도 모르는 사이에 작품을 이해하는 능력이 향상되어 있을 것입니다. 잊지 마세요. 문학 영역의 학습 포인트는 암기가 아닌 '이해'와 '꾸준함'이라는 것을요!

CHAPTER 1	현대시
CHAPTER 2	현대소설 · 희곡 · 수필

챕터별 출제 비중

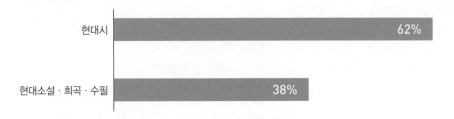

현대시   62%

현대소설 · 희곡 · 수필   38%

※ 2022년 출제기준

회독체크

구분	1회독	2회독	3회독
CHAPTER 1 현대시	☐	☐	☐
CHAPTER 2 현대소설 · 희곡 · 수필	☐	☐	☐

☐ 칸에 학습진도를 체크하세요.

1 현대시

해설편 p. 060

작품의 세부 내용 이해하기	기출빈도 ★★☆

01 다음 중 아래 시의 주제로 가장 옳은 것은?　22 군무원 9급

> 바람결보다 더 부드러운 은빛 날리는
> 가을 하늘 현란한 광채가 흘러
> 양양한 대기에 바다의 무늬가 인다.
>
> 한 마음에 담을 수 없는 천지의 감동 속에
> 찬연히 피어난 백일(白日)의 환상을 따라
> 달음치는 하루의 분방한 정념에 헌신된 모습
>
> 생의 근원을 향한 아폴로의 호탕한 눈동자같이
> 황색 꽃잎 금빛 가루로 겹겹이 단장한
> 아! 의욕의 씨 원광(圓光)에 묻힌 듯 향기에 익어 가니
>
> 한줄기로 지향한 높다란 꼭대기의 환희에서
> 순간마다 이룩하는 태양의 축복을 받는 자
> 늠름한 잎사귀들 경이(驚異)를 담아 들고 찬양한다.
>
> ― 김광섭, 「해바라기」 ―

① 자연과 인간의 교감
② 가을의 정경과 정취
③ 생명에 대한 강렬한 의욕
④ 환희가 넘치는 삶

02 〈보기〉의 시에 대한 이해로 가장 적절한 것은?

22 서울시 9급 2월

> ─ 〈보 기〉 ─
>
> 돌담 기대 친구 손 붙들고
> 토한 뒤 눈물 닦고 코 풀고 나서
> 우러른 잿빛 하늘
> 무화과 한 그루가 그마저 가려섰다.
>
> 이봐
> 내겐 꽃 시절이 없었어
> 꽃 없이 바로 열매 맺는 게
> 그게 무화과 아닌가
> 어떤가
> 친구는 손 뽑아 등 다스려 주며
> 이것 봐
> 열매 속에서 속꽃 피는 게
> 그게 무화과 아닌가
> 어떤가
>
> 일어나 둘이서 검은 개굴창가 따라
> 비틀거리며 걷는다
> 검은 도둑괭이 하나가 날쌔게
> 개굴창을 가로지른다.

① 잿빛 하늘은 화자가 처한 현실의 반어적 형상이다.
② 화자는 굳은 의지로 전망 부재의 현실에 저항하고 있다.
③ 속으로 꽃이 핀다는 것은 화자가 내면화된 가치를 지녔음을 뜻한다.
④ 도둑괭이는 현실의 부정에 적극 맞서야 함을 일깨우는 존재다.

03 다음 시에 대한 설명으로 가장 옳은 것은? 　21 군무원 9급

차운 산 바위 위에
하늘은 멀어
산새가 구슬피
울음 운다

구름 흘러가는
물길은 칠백 리

나그네 긴 소매
꽃잎에 젖어
술 익는 강마을의
저녁노을이여

이 밤 자면 저 마을에
꽃은 지리라

다정하고 한 많음도
병인 양하여
달빛 아래 고요히
흔들리며 가노니……

　　　　　　　－ 조지훈, 「완화삼」 －

---

① '구름, 물길'은 정처 없이 유랑하는 내적 현실을 암시한다.
② '마을'은 방황하던 서정적 자아가 정착하고자 하는 공간이다.
③ '나그네'는 고향을 떠남으로써 현실의 질곡을 벗어나려는 의지를 상징한다.
④ '한 많음'은 민중적 삶 속에 구현된 전통적 미학에 맞닿아 있는 정서를 대변한다.

04 〈보기〉의 시에 대한 이해로 가장 적절하지 않은 것은?

　21 서울시 9급

　　　　　　　　　〈보 기〉

나는 이제 너에게도 슬픔을 주겠다.
사랑보다 소중한 슬픔을 주겠다.
겨울밤 거리에서 귤 몇 개 놓고
살아온 추위와 떨고 있는 할머니에게
귤값을 깎으면서 기뻐하던 너를 위하여
나는 슬픔의 평등한 얼굴을 보여 주겠다.
내가 어둠 속에서 너를 부를 때
단 한 번도 평등하게 웃어 주질 않은
가마니에 덮인 동사자가 다시 얼어 죽을 때
가마니 한 장조차 덮어 주지 않은
무관심한 너의 사랑을 위해
흘릴 줄 모르는 너의 눈물을 위해
나는 이제 너에게도 기다림을 주겠다.
이 세상에 내리던 함박눈을 멈추겠다.
보리밭에 내리던 봄눈들을 데리고
추워 떠는 사람들의 슬픔에게 다녀와서
눈 그친 눈길을 너와 함께 걷겠다.
슬픔의 힘에 대한 이야기를 하며
기다림의 슬픔까지 걸어가겠다.

　　　　　　　－ 정호승, 「슬픔이 기쁨에게」 －

---

① 기쁨으로 슬픔을 이겨내자는 주제를 전달하고 있다.
② 대결과 갈등이 아닌 화합과 조화를 통한 해결을 추구한다.
③ 겉으로 보기에는 모순된 말이지만, 그 속에 진리를 담아 표현하였다.
④ 현실 비판적이고 교훈적인 성격의 시이다.

머언 산 청운사
낡은 기와집

산은 자하산
봄눈 녹으면

느릅나무
속잎 피어나는 열두 구비를

청노루
맑은 눈에

도는
구름

— 박목월, 「청노루」 —

① 묘사된 자연이 상상적, 허구적이다.
② 이상적 세계에 대한 그리움을 노래하고 있다.
③ 시적 공간이 원경에서 근경으로 옮아오고 있다.
④ 사건 발생의 시간적 순서에 따라 제재가 배열되고 있다.

흐르는 것이 물뿐이랴
우리가 저와 같아서
강변에 나가 삽을 씻으며
거기 슬픔도 퍼다 버린다
일이 끝나 저물어
스스로 깊어 가는 강을 보며
쭈그려 앉아 담배나 피우고
나는 돌아갈 뿐이다.
삽자루에 맡긴 한 생애가
이렇게 저물고, 저물어서
샛강 바닥 썩은 물에
달이 뜨는구나
우리가 저와 같아서
흐르는 물에 삽을 씻고
먹을 것 없는 사람들의 마을로
다시 어두워 돌아가야 한다.

— 정희성, 「저문 강에 삽을 씻고」 —

① 화자는 일을 마치고, 해 지는 강변에 나와 삽을 씻는다.
② 화자는 강물에 슬픔을 퍼다 버리고, '먹을 것 없는 사람들의 마을'로 돌아가야 한다.
③ 화자는 '삽자루에 맡긴 한 생애'라는 표현을 통해 자신의 삶을 압축적으로 드러낸다.
④ 화자는 주관적인 감정을 배제하고, 해 지는 강가의 풍경을 객관적으로 전달하려 한다.

07 〈보기〉 작품의 전체 맥락을 고려할 때 ⊙에 들어갈 구절로 가장 적절한 것은?

22 서울시 9급 6월

― 〈보 기〉 ―

숲은 만조다
바람이란 바람 모두 밀려와 나무들 해초처럼 일렁이고
일렁임은 일렁임끼리 부딪쳐 자꾸만 파도를 만든다
숲은 얼마나 오래 웅웅거리는 벌떼들을 키워온 것일까
아주 먼 데서 온 바람이 숲을 건드리자
숨죽이고 있던 모래알갱이들까지 우우 일어나 몰려다닌다
저기 거북의 등처럼 낮게 엎드린 잿빛 바위,
그 완강한 침묵조차 남겨두지 않겠다는 듯 (⊙)
아니라 아니라고 온몸을 흔든다 스스로 범람한다
숲에서 벗어나기 위해 숲은 육탈(肉脫) 한다
부러진 나뭇가지들 떠내려간다

① 숲은 푸르다
② 숲은 출렁거린다
③ 바다는 조용하다
④ 바다는 깊다

08 ⊙~㉥에 대한 이해로 가장 적절한 것은?

22 지방직 9급

⊙ 산(山)새도 오리나무
위에서 운다
산새는 왜 우노, 시메산골
영(嶺) 넘어가려고 그래서 울지

눈은 내리네, 와서 덮이네
오늘도 하룻길은
ⓛ 칠팔십 리(七八十里)
돌아서서 육십 리는 가기도 했소

ⓒ 불귀(不歸), 불귀, 다시 불귀
삼수갑산에 다시 불귀
사나이 속이라 잊으련만
십오 년 정분을 못 잊겠네

산에는 오는 눈, 들에는 녹는 눈
산새도 오리나무
㉥ 위에서 운다
삼수갑산 가는 길은 고개의 길

― 김소월, 「산」 ―

① ⊙은 시적 화자와 상반되는 처지에 놓여 있다.
② ⓛ은 시적 화자에게 놓인 방랑길을 비유한다.
③ ⓒ은 시적 화자의 이국 지향 의식을 강조한다.
④ ㉥은 시적 화자가 지닌 분노의 정서를 대변한다.

09

〈보기〉의 밑줄 친 ㉠~㉤ 중 나머지 셋과 성격이 다른 하나는?

20 서울시 9급

─────〈보 기〉─────

해야 솟아라. 해야 솟아라. 말갛게 씻은 얼굴 고운 ㉠ 해야 솟아라. 산 넘어 산 넘어서 어둠을 살라먹고, 산 넘어서 밤새도록 어둠을 살라먹고, 이글이글 애띈 얼굴 고운 해야 솟아라.

달밤이 싫여, 달밤이 싫여, 눈물 같은 ㉡ 골짜기에 달밤이 싫여, 아무도 없는 뜰에 달밤이 나는 싫여……,

해야, 고운 해야. 늬가 오면 늬가사 오면, 나는 나는 ㉢ 청산이 좋아라. 훨훨훨 깃을 치는 청산이 좋아라. 청산이 있으면 홀로래도 좋아라.

사슴을 따라, 사슴을 따라, 양지로 ㉣ 양지로 사슴을 따라 사슴을 만나면 사슴과 놀고,

칡범을 따라 칡범을 따라 칡범을 만나면 칡범과 놀고,……

해야, 고운 해야. 해야 솟아라. 꿈이 아니래도 너를 만나면, 꽃도 새도 짐승도 한자리 앉아, 워어이 워어이 모두 불러 한자리 앉아 애띠고 고운 날을 누려 보리라.

– 박두진, 「해」 –

① ㉠
② ㉡
③ ㉢
④ ㉣

10

㉠~㉣에 대한 이해로 가장 적절한 것은?

18 국가직 9급

막차는 좀처럼 오지 않았다
대합실 밖에는 밤새 송이눈이 쌓이고
㉠ 흰 보라 수수꽃 눈시린 유리창마다
톱밥난로가 지펴지고 있었다
그믐처럼 몇은 졸고
몇은 감기에 쿨럭이고
그리웠던 순간들을 생각하며 나는
한 줌의 톱밥을 불빛 속에 던져 주었다
내면 깊숙이 할 말들은 가득해도
㉡ 청색의 손바닥을 불빛 속에 적셔 두고
모두들 아무 말도 하지 않았다
산다는 것이 때론 술에 취한 듯
한 두릅의 굴비 한 광주리의 사과를
만지작거리며 귀향하는 기분으로
침묵해야 한다는 것을
모두들 알고 있었다
㉢ 오래 앓은 기침소리와
쓴 약 같은 입술담배 연기 속에서
싸륵싸륵 눈꽃은 쌓이고
그래 지금은 모두들
눈꽃의 화음에 귀를 적신다
자정 넘으면
낯설음도 뼈아픔도 다 설원인데
단풍잎 같은 몇 잎의 차창을 달고
밤열차는 또 어디로 흘러가는지
㉣ 그리웠던 순간들을 호명하며 나는
한 줌의 눈물을 불빛 속에 던져 주었다

– 곽재구, 「사평역에서」 –

① ㉠: 여러 개의 난로가 지펴져 안온한 대합실의 상황을 비유적으로 표현하였다.
② ㉡: 대조적 색채 이미지를 통해, 눈 오는 겨울 풍경의 서정적 정취를 강조하였다.
③ ㉢: 오랜 병마에 시달린 이들의 비관적 심리와 무례한 행동을 묘사하였다.
④ ㉣: 화자가 그리워하는 지난 때를 떠올리며 느끼는 정서를 화자의 행위에 투영하였다.

11 다음 시에 대한 이해로 적절하지 않은 것은?   22 국가직 9급

> 봄은
> 남해에서도 북녘에서도
> 오지 않는다.
>
> 너그럽고
> 빛나는
> 봄의 그 눈짓은,
> 제주에서 두만까지
> 우리가 디딘
> 아름다운 논밭에서 움튼다.
>
> 겨울은,
> 바다와 대륙 밖에서
> 그 매운 눈보라 몰고 왔지만
> 이제 올
> 너그러운 봄은, 삼천리 마을마다
> 우리들 가슴속에서
> 움트리라.
>
> 움터서,
> 강산을 덮은 그 미움의 쇠붙이들
> 눈 녹이듯 흐물흐물
> 녹여버리겠지.
>
>   – 신동엽, 「봄은」 –

① 현실을 초월한 순수 자연의 세계를 노래하고 있다.
② 희망과 신념을 드러내는 단정적 어조로 표현하고 있다.
③ 시어들의 상징적인 의미를 통해 주제를 형성하고 있다.
④ '봄'과 '겨울'의 이원적 대립으로 시상을 전개하고 있다.

12 다음 중 밑줄 친 부분과 같은 수사법이 쓰인 것은?   22 군무원 9급

> 흰 수건이 검은 머리를 두르고
> 흰 고무신이 거친 발에 걸리우다.
>
> 흰 저고리 치마가 슬픈 몸집을 가리고
> 흰 띠가 가는 허리를 질끈 동이다.
>
>   – 윤동주, 「슬픈 족속」 –

① 내 누님같이 생긴 꽃이여
② 나의 마음은 고요한 물결
③ 파도가 아가리를 쳐들고 달려드는 곳
④ 의(義) 있는 사람은 옳은 일을 위하여는 칼날을 밟습니다.

13 〈보기〉의 밑줄 친 부분에 사용된 표현법과 가장 유사한 것은?   22 서울시 9급 2월

> ───── 〈보 기〉 ─────
> 순이, 벌레 우는 고풍한 뜰에
> 달빛이 밀물처럼 밀려왔구나.
>
> 달은 나의 뜰에 고요히 앉아 있다.
> 달은 과일보다 향그럽다.
>
> 동해 바다 물처럼
> 푸른
> 가을
> 밤
>
> 포도는 달빛이 스며 고웁다.
> 포도는 달빛을 머금고 익는다.

① 풀은 눕고 / 드디어 울었다
② 가난하다고 해서 외로움을 모르겠는가
③ 구름은 / 보랏빛 색지 위에 / 마구 칠한 한 다발 장미
④ 아! 강낭콩꽃보다도 더 푸른 / 그 물결 위에 / 양귀비
꽃보다도 더 붉은 / 그 마음 흘러라

14 〈보기〉의 작품에 대한 감상으로 가장 옳지 않은 것은?

22 서울시 9급 6월

―――― 〈보 기〉 ――――

껍데기는 가라.
사월도 알맹이만 남고
껍데기는 가라.

껍데기는 가라.
동학년(東學年) 곰나루의, 그 아우성만 살고
껍데기는 가라.

그리하여, 다시
껍데기는 가라.
이곳에선, 두 가슴과 그곳까지 내논
아사달 아사녀가
중립(中立)의 초례청 앞에 서서
부끄럼 빛내며
맞절할지니

껍데기는 가라.
한라에서 백두까지
향그러운 흙가슴만 남고
그 모오든 쇠붙이는 가라.

① 반어적 어조로 현실을 풍자하였다.
② 명령과 반복의 기법을 통하여 주제를 분명하게 드러내었다.
③ 우리 민족이 처한 현실을 극복하려는 의지를 표현하였다.
④ 민족의 통일에 대한 염원을 담고 있다.

15 다음 글의 특징으로 가장 적절한 것은?

21 국가직 9급

살아가노라면
가슴 아픈 일 한두 가지겠는가

깊은 곳에 뿌리를 감추고
흔들리지 않는 자기를 사는 나무처럼
그걸 사는 거다

봄, 여름, 가을, 긴 겨울을
높은 곳으로
보다 높은 곳으로, 쉬임 없이
한결같이

사노라면
가슴 상하는 일 한두 가지겠는가

― 조병화, 「나무의 철학」 ―

① 문답법을 통해 과거의 삶을 반추하고 있다.
② 반어적 표현을 활용하여 슬픔의 정서를 나타내고 있다.
③ 사물을 의인화하여 현실을 목가적으로 보여 주고 있다.
④ 설의적 표현을 활용하여 삶의 깨달음을 강조하고 있다.

16 다음 시에 대한 감상으로 적절하지 않은 것은? 20 지방직 9급

네 집에서 그 샘으로 가는 길은 한 길이었습니다. 그래서 새벽이면 물 길러 가는 인기척을 들을 수 있었지요. 서로 짠 일도 아닌데 새벽 제일 맑게 고인 물은 네집이 돌아가며 길어 먹었지요. 순번이 된 집에서 물 길어 간 후에야 똬리 끈 입에 물고 삽짝 들어서시는 어머니나 물지게 진 아버지 모습을 볼 수 있었지요. 집안에 일이 있으면 그 순번이 자연스럽게 양보되기도 했었구요. 넉넉하지 못한 물로 사람들 마음을 넉넉하게 만들던 그 샘가 미나리꽝에서는 미나리가 푸르고 앙금 내리는 감자는 잘도 썩어 구린내 훅 풍겼지요.

― 함민복, 「그 샘」 ―

① '샘'을 매개로 공동체의 삶을 표현했다.
② 과거 시제로 회상의 분위기를 표현했다.
③ 공감각적 이미지로 이웃 간의 배려를 표현했다.
④ 구어체로 이웃 간의 정감 어린 분위기를 표현했다.

17 〈보기〉에서 설명한 시의 표현 방법이 적용된 시구로 가장 옳은 것은? 20 서울시 9급

〈보 기〉

본래의 의미와 의도를 더욱 효과적으로 강조하기 위해 그것을 가장하거나 위장하는 것이다. 즉 본래의 의도를 숨기고 반대되는 말로 표현하는 것으로, 표면의미(표현)와 이면의미(의도) 사이에 괴리와 모순을 통해 시적 진실을 전달하는 표현방법이다.

① 돌담에 속삭이는 햇발같이 / 풀 아래 웃음 짓는 샘물같이

– 김영랑, 「돌담에 속삭이는 햇발같이」

② 내가 그의 이름을 불러 주었을 때 / 그는 나에게로 와서 / 꽃이 되었다

– 김춘수, 「꽃」

③ 산은 나무를 기르는 법으로 / 벼랑에 오르지 못하는 법으로 / 사람을 다스린다

– 김광섭, 「산」

④ 나보기가 역겨워 / 가실 때에는 / 죽어도 아니 눈물 / 흘리오리다

– 김소월, 「진달래꽃」

18 (가)의 관점에서 (나)를 감상할 때 가장 적절한 것은? 19 지방직 9급

(가) 반영론은 문학 작품이 사회를 반영하여 현실의 문제를 비판적으로 성찰할 수 있게 하는 매개체라는 관점을 취한 비평적 입장이다.

(나) 강나루 건너서
　　밀밭 길을

　　구름에 달 가듯이
　　가는 나그네

　　길은 외줄기
　　남도 삼백리

　　술 익는 마을마다
　　타는 저녁 놀

　　구름에 달 가듯이
　　가는 나그네

– 박목월, 「나그네」 –

① 전통적 민요의 율격을 바탕으로 한 정형적 형식을 통해 정제된 시상이 효과적으로 드러났군.
② 삶의 고통스러운 단면을 외면한 채 유유자적한 삶만을 그린 것은 아닌지 비판할 여지가 있군.
③ 낭만적 감성을 불러일으키는 시적 분위기가 시조에서 보이는 선경후정과 비슷한 양상을 띠는군.
④ 해질 무렵 강가를 거닐며 조망한 풍경의 이미지가 한 폭의 그림을 보는 듯한 감각을 자아내는군.

가리워진 안개를 걷게 하라.
국경이며 탑이며 어용학(御用學)의 울타리며
죽 가래 밀어 바다로 몰아 넣라.

하여 하늘을 흐르는 날새처럼
한 세상 한 바람 한 햇빛 속에,
만 가지와 만 노래를 한 가지로 흐르게 하라.

보다 큰 집단은 보다 큰 체계를 건축하고,
보다 큰 체계는 보다 큰 악을 양조(釀造)한다.

조직은 형식을 강요하고
형식은 위조품을 모집한다.

하여, 전통은 궁궐안의 상전이 되고
조작된 권위는 주위를 침식한다.

국경이며 탑이며 일만년 울타리며
죽 가래 밀어 바다로 몰아 넣라.

— 신동엽, 「이야기하는 쟁기꾼의 대지」에서 —

① 직설적인 어조로써 메시지를 전달하고 있다.
② 고전적인 질서를 통해 새로운 희망을 추구하고 있다.
③ 인위적인 것과 자연적인 것이 대조적으로 제시되고 있다.
④ 농기구의 상징을 통해 체제 개혁을 역설하고 있다.

아무도 그에게 수심(水深)을 일러준 일이 없기에
흰나비는 도무지 바다가 무섭지 않다.

청(靑)무우밭인가 해서 내려갔다가는
어린 날개가 물결에 절어서
공주처럼 지쳐서 돌아온다.

삼월(三月)달 바다가 꽃이 피지 않아서 서글픈
나비 허리에 새파란 초생달이 시리다.

—김기림, 「바다와 나비」 —

① '청(靑)무우밭'은 '바다'와 대립되는 이미지로 쓰였다.
② '흰나비'는 '바다'의 실체에 대해 정확하게 모르고 있었다.
③ 화자는 '공주처럼' 나약한 나비의 의지 부족과 방관적 태도를 비판한다.
④ '삼월(三月)달 바다'와 '새파란 초생달'은 모두 차가운 이미지로 사용되었다.

老主人의 腸壁에
無時로 忍冬삼긴 물이 나린다.

자작나무 덩그럭 불이
도로 피여 붉고,

구석에 그늘 지여
무가 순 돋아 파릇하고,

흙냄새 훈훈히 김도 사리다가
바깥 風雪소리에 잠착하다.

山中에 册曆도 없이
三冬이 하이얗다.

— 정지용, 「忍冬茶」 —

① 산중의 고적한 공간이 배경이다.
② 시각적 대조의 방법이 사용되었다.
③ 한 폭의 그림과 같은 인상을 준다.
④ '잠착하다'는 '여러모로 고려하다'의 의미다.

해설편 p. 067

작품의 세부 내용 이해하기   기출빈도 ★★★

01 〈보기〉의 밑줄 친 부분을 통해 파악할 수 있는 서술자의 의도로 가장 적절한 것은?   22 서울시 9급 2월

〈보 기〉

선불이에요? 근데…… 곱빼기면 오천오백 원 아니에요?

소희가 메뉴판을 가리키며 묻자 여자가 역시 메뉴판을 가리키며 맵게 추가하면 오백 원이라고 말했다. 모든 메뉴 아래에 빨간 고추가 그려져 있고 그 옆에 조그맣게 오백 냥이라고 적혀 있었다.

오백 원이요?

여자가 앞치마 주머니에서 계산지를 꺼내 표시를 하고는 큰 인심 쓰듯이 말했다.

여기는 매운맛 소스를 안 쓰고 청양고추 유기농으로 맛을 내거든.

청양고추요?

그러니까 다만 오백 원이라도 안 받으면 장사가 안 된다고.

장사가 안 될지 어떨지는 알 수 없지만 육천 원이면 찌개용 돼지고기 한 근을 살 수 있다. 곱빼기도 말고 맵게도 말고 그냥 사천오백 원짜리 짬뽕을 먹을까 하다 소희는 자리에서 일어났다.

다음에 올게요.

그럼, 그러든지, 하더니 여자는 아니, 그럴 거면 빨리 빨리 결정을 져야지, 젊은 사람이 어째 매가리가 없이, 하고는 계산지를 구겨 쓰레기통에 던져 넣었다. 계단을 내려오면서 소희는, 매가리가 없이, 매가리가 없이, 하고 중얼거려 보지만 그게 무슨 말인지 모른다.

① 추가 요금을 받지 않으면 장사하기 어려운 현실을 적극적으로 비판하려 했다.

② 쉽게 결정을 내리지 못하는 사람들로 인해 식당 종업원들이 겪는 고충을 전하려 했다.

③ 짬뽕 한 그릇을 사먹는 것도 망설여야 하는 청년 세대의 가난을 간접적으로 드러내려 했다.

④ 소극적인 젊은이들의 의사 표현 방식을 비판하고 적극적인 태도를 가지도록 독려하려 했다.

---

02 다음 글에 대한 이해로 적절하지 않은 것은?   22 국가직 9급

정거장에 나온 박은 수염도 깎은 지 오래어 터부룩한 데다 버릇처럼 자주 찡그려지는 비웃는 웃음은 전에 못 보던 표정이었다. 그 다니는 학교에서만 지싯지싯* 붙어 있는 것이 아니라 이 시대 전체에서 긴치 않게 여기는, 지싯지싯 붙어 있는 존재 같았다. 현은 박의 그런 지싯지싯함에서 선뜻 자기를 느끼고 또 자기의 작품들을 느끼고 그만 더 울고 싶게 괴로워졌다.

한참이나 붙들고 섰던 손목을 놓고, 그들은 우선 대합실로 들어왔다. 할 말은 많은 듯하면서도 지껄여 보고 싶은 말은 골라낼 수가 없었다. 이내 다시 일어나 현은,

"나 좀 혼자 걸어 보구 싶네."

하였다. 그래서 박은 저녁에 김을 만나 가지고 대동강가에 있는 동일관이란 요정으로 나오기로 하고 현만이 모란봉으로 온 것이다.

오면서 자동차에서 시가도 가끔 내다보았다. 전에 본 기억이 없는 새 빌딩들이 꽤 많이 늘어섰다. 그중에 한 가지 인상이 깊은 것은 어느 큰 거리 한 뿌다귀*에 벽돌 공장도 아닐 테요 감옥도 아닐 터인데 시뻘건 벽돌만으로, 무슨 큰 분묘와 같이 된 건축이 웅크리고 있는 것이다. 현은 운전사에게 물어보니, 경찰서라고 했다.

— 이태준, 「패강랭」에서 —

※ 지싯지싯: 남이 싫어하는지는 아랑곳하지 아니하고 제가 좋아하는 것만 짓궂게 자꾸 요구하는 모양
※ 뿌다귀: '뿌다구니'의 준말로, 쑥 내밀어 구부러지거나 꺾어져 돌아간 자리

① '현'은 예전과 달라진 '박'의 태도가 자신의 작품 때문이라고 생각하고 있다.

② '현'은 자신과 비슷한 처지에 있는 '박'을 통해 자신을 연민하고 있다.

③ '현'은 새 빌딩들을 보고 도시가 많이 변화하고 있음을 인지하고 있다.

④ '현'은 시뻘건 벽돌로 만든 경찰서를 보고 암울한 분위기를 느끼고 있다.

─ 〈보기〉 ─

이때 뚜우하고 정오 사이렌이 울었다. 사람들은 모두
네 활개를 펴고 닭처럼 푸드덕거리는 것 같고 온갖 유리
와 강철과 대리석과 지폐와 잉크가 부글부글 끓고 수선
을 떨고 하는 것 같은 찰나, 그야말로 현란을 극한 정
오다.

나는 불현듯 겨드랑이 가렵다. 아하, 그것은 내 인공
의 (　　)가 돋았던 자국이다. 오늘은 없는 이 (　　),
머릿속에서는 희망과 양심의 말소된 페이지가 딕셔내리
넘어가듯 번뜩였다.

나는 걷던 걸음을 멈추고 그리고 어디한번 이렇게 외
쳐 보고 싶었다.

(　　)야 다시 돋아라.

날자. 날자. 날자 한번만 더 날자꾸나.

한번만 더 날아 보잤꾸나.

① 1936년에 발표한 작가 이상의 대표작이다.
② (　　) 안에 들어갈 공통 단어는 '날개'이다
③ 모더니즘 계열의 소설이다.
④ 결혼을 앞둔 남녀관계를 다루고 있다.

"같이 가시지. 내 보기엔 좋은 여자 같군."

"그런 거 같아요."

"또 알우? 인연이 닿아서 말뚝 박구 살게 될지. 이런
때 아주 뜨내기 신셀 청산해야지."

영달이는 시무룩해져서 역사 밖을 멍하니 내다보았
다. 백화는 뭔가 쑤군대고 있는 두 사내를 불안한 듯이
지켜보고 있었다. 영달이가 말했다.

"어디 능력이 있어야죠."

"삼포엘 같이 가실라우?"

"어쨌든……."

영달이가 뒷주머니에서 꼬깃꼬깃한 오백 원짜리 두
장을 꺼냈다.

"저 여잘 보냅시다."

영달이는 표를 사고 삼립빵 두 개와 찐 달걀을 샀다.
백화에게 그는 말했다.

"우린 뒤차를 탈 텐데……. 잘 가슈."

영달이가 내민 것들을 받아 쥔 백화의 눈이 붉게 충
혈되었다. 그 여자는 더듬거리며 물었다.

"아무도…… 안 가나요?"

"우린 삼포루 갑니다. 거긴 내 고향이오."

영달이 대신 정 씨가 말했다. 사람들이 개찰구로 나
가고 있었다. 백화가 보퉁이를 들고 일어섰다.

"정말, 잊어버리지…… 않을게요."

백화는 개찰구로 가다가 다시 돌아왔다. 돌아온 백화
는 눈이 젖은 채로 웃고 있었다.

"내 이름 백화가 아니에요. 본명은요…… 이점례예요."

여자는 개찰구로 뛰어나갔다. 잠시 후에 기차가 떠
났다.

– 황석영, 「삼포 가는 길」에서 –

① 정 씨는 영달이 백화와 함께 떠날 것을 권유했군.
② 백화는 영달의 선택이 어떤 것일지 몰라 불안했군.
③ 영달은 백화를 신뢰할 수 없었기 때문에 같이 떠나지
　 않았군.
④ 백화가 자신의 본명을 말한 것은 정 씨와 영달에 대한
　 고마움의 표현이었군.

무슈 리와 엄마는 재혼한 부부다. 내가 그를 아버지라고 부르기 어려운 것은 거의 그런 말을 발음해 본 적이 없는 습관의 탓이 크다.

나는 그를 좋아할뿐더러 할아버지 같은 이로부터 느끼던 것의 몇 갑절이나 강한 보호 감정—부친다움 같은 것도 느끼고 있다.

그러나 나는 그의 혈족은 아니다.

무슈 리의 아들인 현규와도 마찬가지다. 그와 나는 그런 의미에서는 순전한 타인이다. 스물두 살의 남성이고 열여덟 살의 계집아이라는 것이 진실의 전부이다. 왜 나는 이 일을 그대로 알아서는 안 되는가?

나는 그를 영원히 아무에게도 주기 싫다. 그리고 나 자신을 다른 누구에게 바치고 싶지도 않다. 그리고 우리를 비끄러매는 형식이 결코 '오누이'라는 것이어서는 안 될 것을 알고 있다.

나는 또 물론 그도 나와 마찬가지로 같은 일을 생각하고 있기를 바란다. 같은 일을—같은 즐거움일 수는 없으나 같은 이 괴로움을.

이 괴로움과 상관이 있을 듯한 어떤 조그만 기억, 어떤 조그만 표정, 어떤 조그만 암시도 내 뇌리에서 사라지는 일은 없다. 아아, 나는 행복해질 수는 없는 걸까? 행복이란, 사람이 그것을 위하여 태어나는 그 일을 말함이 아닌가?

초저녁의 불투명한 검은 장막에 싸여 짙은 꽃향기가 흘러든다. 침대 위에 엎드려서 나는 마침내 느껴 울고 만다.

– 강신재, 「젊은 느티나무」에서 –

① '나'는 '현규'도 '나'와 같은 감정을 갖고 있기를 기대하고 있다.
② '나'와 '현규'는 혈연적으로는 아무런 관계가 없는 타인이며, 법률상의 '오누이'일 뿐이다.
③ '나'는 '현규'에 대한 감정 때문에 '무슈 리'를 아버지로 부르는 것에 거부감을 갖고 있다.
④ '나'는 사회적 인습이나 도덕률보다는 '현규'에 대한 '나'의 감정에 더 충실해지고 싶어 한다.

시(市)를 남북으로 나누며 달리는 철도는 항만의 끝에 이르러서야 잘려졌다. 석탄을 싣고 온 화차(貨車)는 자칫 바다에 빠뜨릴 듯한 머리를 위태롭게 사리며 깜짝 놀라 멎고 그 서슬에 밑구멍으로 주르르 석탄 가루를 흘려보냈다.

집에 가 봐야 노루꼬리만큼 짧다는 겨울 해에 점심이 기다리고 있는 것도 아니어서 우리들은 학교가 파하는 대로 책가방만 던져둔 채 떼를 지어 선창을 지나 항만의 북쪽 끝에 있는 제분 공장에 갔다.

제분 공장 볕 잘 드는 마당 가득 깔린 멍석에는 늘 덜 건조된 밀이 널려 있었다. 우리는 수위가 잠깐 자리를 비운 틈을 타서 마당에 들어가 멍석의 귀퉁이를 밟으며 한 움큼씩 밀을 입 안에 털어 넣고는 다시 걸었다. 올올이 흩어져 대글대글 이빨에 부딪치던 밀알들이 달고 따뜻한 침에 의해 딱딱한 껍질을 불리고 속살을 풀어 입안 가득 풀처럼 달라붙다가 제법 고무질의 질긴 맛을 낼 때쯤이면 철로에 닿게 마련이었다.

우리는 밀껌으로 푸우푸우 풍선을 만들거나 침목(枕木) 사이에 깔린 잔돌로 비사치기를 하거나 전날 자석을 만들기 위해 선로 위에 얹어 놓았던 못을 뒤지면서 화차가 닿기를 기다렸다.

드디어 화차가 오고 몇 번의 덜컹거림으로 완전히 숨을 놓으면 우리들은 재빨리 바퀴 사이로 기어 들어가 석탄가루를 훑고 이가 벌어진 문짝 틈에 갈퀴처럼 팔을 들이밀어 조개탄을 후벼내었다. 철도 건너 저탄장에서 밀차를 밀며 나오는 인부들이 시커멓게 모습을 나타낼 즈음이면 우리는 대개 신발주머니에, 보다 크고 몸놀림이 잽싼 아이들은 시멘트 부대에 가득 든 석탄을 팔에 안고 낮은 철조망을 깨금발로 뛰어넘었다.

선창의 간이음식점 문을 밀고 들어가 구석 자리의 테이블을 와글와글 점거하고 앉으면 그날의 노획량에 따라 가락국수, 만두, 찐빵 등이 날라져 왔다.

석탄은 때로 군고구마, 딱지, 사탕 따위가 되기도 했다. 어쨌든 석탄이 선창 주변에서는 무엇과도 바꿀 수 있는 현금과 마찬가지라는 것을 우리는 알고 있었고, 때문에 우리 동네 아이들은 사철 검정 강아지였다.

– 오정희, 「중국인 거리」에서 –

① 철길 때문에 도시가 남북으로 나뉘어 있다.
② 항만 북쪽에는 제분 공장이 있고, 철도 건너에는 저탄장이 있다.
③ 선로 주변에 아이들이 넘을 수 없는 철조망이 있다.
④ 석탄을 먹을거리와 바꿀 수 있는 간이음식점이 있다.

PART 5

현대문학

천국에 사는 사람들은 지옥을 생각할 필요가 없다. 그러나 우리 다섯 식구는 지옥에 살면서 천국을 생각했다. 단 하루라도 천국을 생각해 보지 않은 날이 없다. 하루하루의 생활이 지겨웠기 때문이다. 우리의 생활은 전쟁과 같았다. 우리는 그 전쟁에서 날마다 지기만 했다.

아버지가 평생을 통해 해 온 일은 다섯 가지이다. 채권 매매, 칼 갈기, 고층 건물 유리 닦기, 펌프 설치하기, 수도 고치기이다. 이 일들만 해 온 아버지가 갑자기 다른 일을 하겠다고 했다. 서커스단의 일이었다. 아버지는 처음 보는 꼽추 한 사람을 데리고 와 여러 가지 이야기를 했다. 처음 얼마 동안은 그의 조수로 일하면 된다고 했다. 두 사람은 자기들이 무대 위에서 해야 할 연기에 대해 이야기했다. 그러자 어머니가 아버지에게 대들었다. 우리들도 아버지를 성토했다. 아버지는 힘없이 물러섰다. 꼽추는 멍하니 앉아 우리를 보았다. 꼽추는 눈물이 핑 돌아 돌아갔다. 그의 뒷모습은 아주 쓸쓸해 보였다. 아버지의 꿈은 깨어졌다. 아버지는 무거운 부대를 메고 다시 일을 찾아 나갔다.

…(중략)…

어머니가 울었다. 어머니는 인쇄소 제본 공장에 나가 접지 일을 했다. 고무 골무를 끼고 인쇄물을 접었다. 나는 겁이 났다. 나는 인쇄소 공무부 조역으로 출발했다. 땀을 흘리지 않고는 아무것도 얻을 수 없다는 것을 뒤늦게 알았다. 영호와 영희도 몇 달 간격을 두고 학교를 그만두었다. 마음이 차라리 편해졌다. 우리를 해치는 사람은 없었다. 우리는 보이지 않는 보호를 받고 있었다. 남아프리카의 어느 원주민들이 일정한 구역 안에서 보호를 받듯이 우리도 이질 집단으로서 보호를 받았다. 나는 우리가 이 구역 안에서 한 걸음도 밖으로 나갈 수 없다는 것을 깨달았다. 나는 조역, 공목, 약물, 해판의 과정을 거쳐 정판에서 일했다. 영호는 인쇄에서 일했다. 나는 우리가 한 공장에서 일하는 것이 싫었다. 영호도 마찬가지였다. 그래서 영호는 먼저 철공소 조수로 들어가 잔심부름을 했다. 가구 공장에서도 일했다. 그 공장에 가 일하는 영호를 보았다. 뽀얀 톱밥 먼지와 소음 속에 서 있는 작은 영호를 보고 나는 그만두라고 했다. 인쇄 공장의 소음도 무서운 것이었으나 그곳에는 톱밥 먼지가 없었다. 우리는 죽어라 하고 일했다. 우리의 팔목은 공장 안에서 굵어 갔다. 영희는 그때 큰길가 슈퍼마켓 한쪽에 자리 잡은 빵집에서 일했다. 우리가 고맙게 생각한 것은 환경이 깨끗하다는 것 하나뿐이었다.

우리는 무슨 일이 있든 공부는 해야 한다고 생각했다. 공부를 하지 않고는 우리 구역에서 벗어날 수가 없다고 생각했다. 세상은 공부를 한 자와 못 한 자로 너무나 엄격하게 나누어져 있었다. 끔찍할 정도로 미개한

사회였다. 우리가 학교 안에서 배운 것과는 정반대로 움직였다. 나는 무슨 책이든 손에 잡히는 대로 읽었다. 정판에서 식자로 올라간 다음에는 일을 하다 말고 원고를 읽는 버릇까지 생겼다. 동생들에게 필요하다고 느껴지는 것은 판을 들고 가 몇 벌씩 교정쇄를 내기도 했다. 영호와 영희는 나의 말을 잘 들었다. 내가 가져다준 교정쇄를 동생들은 열심히 읽었다. 실제로 우리가 이 노력으로 잃은 것은 하나도 없었다. 나는 고입 검정고시를 거쳐 방송 통신 고교에 입학했다.

— 조세희, 「난장이가 쏘아 올린 작은 공」에서 —

① '우리 다섯 식구'는 생존을 위해 애쓰지만 윤택한 삶을 누리기 어려운 처지에 있다.

② '아버지'는 가족들의 바람을 수용하여, 평생 해 온 일을 그만두고 새로운 일을 시작하기로 결심한다.

③ '보이지 않는 보호'는 말 그대로의 보호라기보다는 벗어날 수 없는 계층적 한계를 의미한다고 할 수 있다.

④ '우리'는 자신들의 '구역'에서 벗어날 길을 '공부를 한 자'가 됨으로써 찾을 수 있다고 여긴다.

동네 사람들이 방앗간의 터진 두 면을 둘러쌌다. 그리고 방앗간 속을 들여다보았다. 과연 어둠 속에 움직이는 게 있었다. 그리고 그게 어둠 속에서도 흰 짐승이라는 걸 알 수 있었다. 분명히 그놈의 신둥이개다. 동네 사람들은 한 걸음 한 걸음 죄어들었다. 점점 뒤로 움직여 쫓기는 짐승의 어느 한 부분에 불이 켜졌다. 저게 산개의 눈이다. 동네 사람들은 몽둥이 잡은 손에 힘을 주었다. 이 속에서 간난이 할아버지도 몽둥이 잡은 손에 힘을 주었다. 한 걸음 더 죄어들었다. 눈앞의 새파란 불이 빠져나갈 틈을 엿보듯이 획 한 바퀴 돌았다. 별나게 새파란 불이었다. 문득 간난이 할아버지는 이런 새파란 불이란 눈앞에 있는 신둥이개 한 마리의 몸에서 나오는 것이 아니고 여럿의 몸에서 나오는 것이 합쳐진 것이라는 생각이 들었다. 말하자면 지금 이 신둥이개의 뱃속에 든 새끼의 몫까지 합쳐진 것이라는. 그러자 간난이 할아버지의 가슴속을 흘러 지나가는 게 있었다. 짐승이라도 새끼 밴 것을 차마?

이때에 누구의 입에선가, 때레라! 하는 고함 소리가 나왔다. 다음 순간 간난이 할아버지의 양옆 사람들이 욱 개를 향해 달려들며 몽둥이를 내리쳤다. 그와 동시에 간난이 할아버지는 푸른 불꽃이 자기 다리 곁을 빠져나가는 것을 느꼈다.

뒤이어 누구의 입에선가, 누가 빈틈을 냈어? 하는 흥분에 찬 목소리가 들렸다. 그리고 저마다, 거 누구야? 거 누구야? 하고 못마땅해 하는 말소리 속에 간난이 할아버지 턱밑으로 디미는 얼굴이 있어,

"아즈반이웨다레"

하는 것은 동장네 절가였다.

         − 황순원, 「목넘이 마을의 개」에서 −

① 토속적이면서도 억센 삶의 현장을 그리고 있다.
② 신둥이의 새파란 불은 생의 욕구를 암시한다.
③ 간난이 할아버지에게서 생명에 대한 외경을 느낄 수 있다.
④ 동장네 절가는 간난이 할아버지의 행동에 동조하고 있다.

바깥은 어둡고 뜰 변두리의 늙은 나무들은 바람에 불려 서늘한 소리를 내었다. 처마 끝 저편에 퍼진 하늘에는 별이 총총하게 박혀 있으나, 아스무레한 초여름 기운에 잠겨 있었다. 집은 전체로 조용하고 썰렁했다.

쾅 당 쾅 당.

먼 어느 곳에서는 이따금 여운이 긴 쇠붙이 두드리는 소리가 들려왔다. 밑 거리의 철공소나 대장간에서 벌겋게 단 쇠를 쇠망치로 뚜드리는 소리 같았다.

근처에는 그런 곳은 없을 것이었다. 그렇다면 굉장히 먼 곳일 것이었다. 굉장히 굉장히 먼 곳일 것이었다.

쾅 당 쾅 당.

단조로운 소리이면서 송곳처럼 쑤시는 구석이 있는, 밤중에 간헐적으로 들려오는 그 소리는 이상하게 신경을 자극했다.

"참, 저거 무슨 소리유?"

영희가 미간을 찌푸리면서 말했다.

"글쎄, 무슨 소릴까……."

정애가 심드렁하게 대답했다.

"이 근처에 철공소는 없을 텐데."

"……."

정애는 표정으로만 수긍을 했다.

쾅 당 쾅 당.

그 쇠붙이에 쇠망치 부딪치는 소리는 여전히 간헐적으로 이어지고 있었다. 밤내 이어질 모양이었다. 자세히 그 소리만 듣고 있으려니까 바깥의 선들대는 늙은 나무들도 초여름 밤의 바람에 불려서 그런 것이 아니라 저 소리의 여운에 울려 흔들리고 있었다. 저 소리는 이 방 안의 벽 틈서리를 쪼개고도 있었다. 형광등 바로 위의 천장에 비수가 잠겨 있을 것이었다.

         − 이호철, 「닳아지는 살들」에서 −

① '서늘한 소리'는 예사롭지 않은 분위기를 조성하기 시작한다.
② '쾅 당 쾅 당' 소리는 인물의 심리적 상태의 변화를 촉발한다.
③ '단조로운 소리'는 반복적으로 드러남으로써 모종의 의미가 부여된다.
④ '소리의 여운'은 단선적 구성에 변화를 주어 갈등 해소의 기미를 강화한다.

PART 5

현대문학

우리 장인님은 약이 오르면 이렇게 손버릇이 아주 못 됐다. 또 사위에게 이 자식 저 자식 하는 이놈의 장인님 은 어디있느냐. 오죽해야 우리 동리에서 누굴 물론하고 그에게 욕을 안 먹는 사람은 명이 짜르다 한다. 조그만 아이들까지도 그를 돌아세 놓고 욕필이(본 이름이 봉필 이니까), 욕필이, 하고 손가락질을 할 만치 두루 인심을 잃었다. 하나 인심을 정말 잃었다면 욕보다 읍의 배참 봉 댁 마름으로 더 잃었다. 번이 마름이란 욕 잘 하고 사람 잘 치고 그리고 생김 생기길 호박개 같아야 쓰는 거지만 장인님은 외양에 똑 됐다. 장인께 닭 마리나 좀 보내지 않는다든가 애벌논 때 품을 좀 안 준다든가 하면 그해 가을에는 영락없이 땅이 뚝뚝 떨어진다. 그러면 미리부터 돈도 먹이고 술도 먹이고 안달재신으로 돌아 치던 놈이 그 땅을 슬쩍 돌아앉는다.

– 김유정, 「봄봄」에서 –

① 마름의 특성을 동물의 외양에 빗대어 낮잡아 표현했다.
② 비속어와 존칭어를 혼용하여 해학적 표현을 구사했다.
③ 여러 정황을 거론하며 장인의 됨됨이가 마땅치 않음을 드러냈다.
④ 장인과 소작인들 사이의 뒷거래 장면을 생생하게 묘사 하여 제시했다.

사방이 어두워지자 그들도 얘기를 그쳤다. 어디에나 눈이 덮여 있어서 길을 잘 분간할 수가 없었다. 뒤에 처 졌던 백화가 눈 덮인 길의 고랑에 빠져 버렸다. 발이라 도 삐었는지 백화는 꼼짝 못하고 주저앉아 신음을 했 다. 영달이가 달려들어 싫다고 뿌리치는 백화를 업었 다. 백화는 영달이의 등에 업히면서 말했다.

"무겁죠?"

영달이는 대꾸하지 않았다. 백화가 어린애처럼 가벼 웠다. 등이 불편하지도 않았고 어쩐지 가뿐한 느낌이었 다. 아마 쇠약해진 탓이리라 생각하니, 영달이는 어쩐 지 대전에서의 옥자가 생각나서 눈시울이 화끈했다. 백 화가 말했다.

"어깨가 참 넓으네요. 한 세 사람쯤 업겠어."

"댁이 근수가 모자라니 그렇다구."

– 황석영, 「삼포 가는 길」에서 –

① '눈 덮인 길의 고랑'은 백화가 신음하는 계기로 작용하 기도 한다.
② 등에 업힌 백화는 영달이가 '옥자'를 떠올리는 계기로 작용하기도 한다.
③ 영달이는 '대전에서의 옥자'를, 어린애처럼 생각이 깊 지 않은 존재로 인식하고 있다.
④ 백화는 처음에는 영달이의 등에 업히기를 싫어했으나, 영달이의 등에 업힌 이후 싫어하는 내색이 없어 보인다.

12 다음 글에서 드러나지 않는 것은?

> 일주일에 한 번쯤 돼지고기를 반 근, 혹은 반의 반 근 사러 가는 푸줏간이었다. 어머니는 돈을 들려 보내며 매양 같은 주의를 잊지 않았다.
>
> 적게 주거든, 애라고 조금 주느냐고 말해라. 그리고 또 비계는 말고 살로 주세요, 해라.
>
> 푸줏간에서는 한쪽 볼에 힘껏 쥐어질린 듯 여문 밤톨만 한 혹이 달리고 그 혹부리에, 상기도 보이지 않는 손에 의해 끄들리고 있는 듯 길게 뻗힌 수염을 기른 홀아비 중국인이 고기를 팔았다.
>
> 애라고 조금 주세요?
>
> 키가 작아 발돋움질로 간신히 진열대에 턱을 올려놓고 돈을 밀어 넣는 것과 동시에 나는 총알처럼 내뱉었다.
>
> 고기를 자르기 위해 벽에 매단 가죽 끈에 칼을 문질러 날을 세우던 중국인은 미처 무슨 말인지 몰라 뚱한 얼굴로 나를 바라보았다. 나는 비계는 말고 살로 달라라 하던 어머니가 일러준 말을 하기 전 중국인이 고기를 자를까봐 허겁지겁 내쏘았다.
>
> 고기로 달래요.
>
> 중국인은 꾸룩꾸룩 웃으며 그때야 비로소 고기를 덥석 베어 내었다.
>
> 왜 고기만 주니, 털도 주고 가죽도 주지.
>
> — 오정희, 「중국인 거리」 중에서 —

① 어머니의 주의에 대한 '나'의 수용
② '나'에게 심부름을 시키는 어머니의 태도
③ 시간적 배경의 특성과 공간적 배경의 역할
④ '나'의 말에 대해 푸줏간의 '중국인'이 보여주는 정서

[13~14] 다음 글을 읽고 물음에 답하시오.

> 정 씨 옆에 앉았던 노인이 두 사람의 행색과 무릎 위의 배낭을 눈여겨 살피더니 말을 걸어왔다.
>
> "어디 일들 가슈?" / "아뇨, 고향에 갑니다." / "고향이 어딘데……." / "삼포라구 아십니까?" / "어 알지, 우리 아들놈이 거기서 도자를 끄는데……." / "삼포에서요? 거 어디 공사 벌릴 데나 됩니까? 고작해야 ㉠ 고기잡이나 하구 ㉡ 감자나 매는데요." / "어허! 몇 년 만에 가는 거요?" / "십 년."
>
> 노인은 그렇겠다며 고개를 끄덕였다.
>
> "말두 말우. 거긴 지금 육지야. 바다에 방둑을 쌓아 놓구, 트럭이 수십 대씩 돌을 실어 나른다구." / "뭣 땜에요?" / "낸들 아나. 뭐 관광호텔을 여러 채 짓는담서, 복잡하기가 말할 수 없네." / "동네는 그대로 있을까요?" / "그대루가 뭐요. 맨 천지에 공사판 사람들에다 장까지 들어섰는걸." / "그럼 ㉢ 나룻배두 없어졌겠네요." / "바다 위로 ㉣ 신작로가 났는데, 나룻배는 뭐에 쓰오. 허허, 사람이 많아지니 변고지. 사람이 많아지면 하늘을 잊는 법이거든."
>
> 작정하고 벼르다가 찾아가는 고향이었으나, 정 씨에게는 풍문마저 낯설었다. 옆에서 잠자코 듣고 있던 영달이가 말했다.
>
> "잘 됐군. 우리 거기서 공사판 일이나 잡읍시다."
>
> 그때에 기차가 도착했다. 정 씨는 발걸음이 내키질 않았다. 그는 마음의 정처를 방금 잃어버렸던 때문이었다. 어느 결에 정 씨는 영달이와 똑같은 입장이 되어 버렸다.
>
> 기차는 눈발이 날리는 어두운 들판을 향해서 달려갔다.
>
> — 황석영, 「삼포 가는 길」에서 —

13 문맥적 성격이 다른 하나는?

① ㉠   ② ㉡   ③ ㉢   ④ ㉣

14 이 글의 주제를 표현한 시구로 가장 적절한 것은?

① 빼앗긴 들에도 봄은 오는가.
② 죽어도 아니 눈물 흘리우리다.
③ 내가 사랑했던 자리마다 모두 폐허다.
④ 님은 갔지마는 나는 님을 보내지 아니하였습니다.

다시 방수액을 부어 완벽을 기하고 이음새 부분은 손가락으로 몇 번씩 문대어 보고 나서야 임 씨는 허리를 일으켰다. 임 씨가 일에 몰두해 있는 동안 그는 숨소리조차 내지 않고 일하는 양을 지켜보았다. ㉠ 저 열 손가락에 박힌 공이의 대가가 기껏 지하실 단칸방만큼의 생활뿐이라면 좀 너무하지 않나 하는 안타까움이 솟아오르기도 했다. 목욕탕 일도 그러했지만 이 사람의 손은 특별한 데가 있다는 느낌이었다. 자신이 주무르고 있는 일감에 한 치의 틈도 없이 밀착되어 날렵하게 움직이고 있는 임 씨의 열 손가락은 손가락 이상의 그 무엇이었다.

– 양귀자, 「비 오는 날이면 가리봉동에 가야 한다」에서 –

① 즐거운 지상의 잔치에 / 금으로 타는 태양의 즐거운 울림 / 아침이면, / 세상은 개벽을 한다.
② 산에 / 산에 / 피는 꽃은 / 저만치 혼자서 피어 있네. // 산에서 우는 작은 새여, / 꽃이 좋아 / 산에서 / 사노라네.
③ 남편은 어디에 나가 있는지 / 아침에 소 끌고 산에 올랐는데 / 산 밭을 일구느라 고생을 하며 / 저물도록 돌아오지 못한다네.
④ 눈을 가만 감으면 굽이 잦은 풀밭 길이, / 개울물 돌돌 돌 길섶으로 흘러가고, / 백양 숲 사립을 가린 초집들도 보이구요.

─〈보 기〉─

어떤 특정한 시기의 풍속이나 세태의 한 단면을 그리는 소설 양식을 세태 소설이라 한다. 세태 소설은 당대 사회의 모순이나 부조리 등을 있는 그대로 묘사하여 그 사회에 대한 비판 의식을 드러낸다. 그 대표적인 소설로 박태원의 「소설가 구보 씨의 일일」이 있다.

㉠ 개찰구 앞에 두 명의 사내가 서 있었다. 낡은 파나마에 모시 두루마기 노랑 구두를 신고, 그리고 손에 조그만 보따리 하나도 들지 않은 그들을, 구보는, 확신을 가져 무직자라고 단정한다. 그리고 이 시대의 무직자들은, 거의 다 ㉡ 금광 브로커에 틀림없었다. 구보는 새삼스러이 대합실 안팎을 둘러본다. 그러한 인물들은, 이곳에도 저곳에도 눈에 띄었다.

㉢ 황금광 시대(黃金狂時代).

저도 모를 사이에 구보의 입술에서는 무거운 한숨이 새어 나왔다. 황금을 찾아, 황금을 찾아, 그것도 역시 숨김없는 인생의, 분명히, 일면이다. 그것은 적어도, 한 손에 단장과 또 한 손에 공책을 들고, 목적 없이 거리로 나온 자기보다는 좀 더 진실한 인생이었을지도 모른다. 시내에 산재한 무수한 광무소(鑛務所). 인지대 백 원. 열람비 오 원. 수수료 십 원. 지도대 십팔 전…… 출원 등록된 광구, 조선 전토(全土)의 칠 할. 시시각각으로 사람들은 졸부가 되고, 또 몰락해 갔다. 황금광 시대. 그들 중에는 평론가와 시인, 이러한 문인들조차 끼어 있었다. 구보는 일찍이 창작을 위해 그의 벗의 광산에 가 보고 싶다 생각하였다. 사람들의 사행심, 황금의 매력, 그러한 것들을 구보는 보고, 느끼고, 하고 싶었다. 그러나 고도의 금광열은, 오히려, ㉣ 총독부 청사, 동측 최고층, 광무과 열람실에서 볼 수 있었다…….

– 박태원, 「소설가 구보 씨의 일일」에서 –

① ㉠: 세태의 단면이 드러나는 공간적 배경이다.
② ㉡: 적극성을 지닌 존재들로 서술자의 예찬 대상이다.
③ ㉢: '무거운 한숨'을 유발하는 부조리한 현실로 서술자의 비판 대상이다.
④ ㉣: 서술자가 '금광열'이 고조되어 있는 것으로 설정한 대상이나 공간이다.

17 〈보기〉에서 설명한 소설의 시점으로 가장 옳은 것은?

20 지방직 9급

〈보 기〉

　　소설 속의 한 등장인물이 이야기를 말하는 것으로, 부수적인 인물이 작품 속에서 주인공의 이야기를 말한다. 주인공의 환경이나 행동 등을 관찰자의 입장에서 객관적으로 서술할 수 있다.

---

① 일인칭 주인공 시점
② 일인칭 관찰자 시점
③ 전지적 작가 시점
④ 작가 관찰자 시점

18 다음 글의 서술상의 특징으로 적절한 것은?

18 지방직 9급

　　덕기는 분명히 조부의 이런 목소리를 들은 법하다. 꿈이 아니었던가 하며 소스라쳐 깨어 눈을 떠보니 머리맡 창에 볕이 쨍쨍히 비친 것이 어느덧 저녁때가 된 것 같다. 벌써 새로 세시가 넘었다. 아침 먹고 나오는 길로 따뜻한 데 누웠으려니까 잠이 폭폭 왔던 것이다. 어쨌든 머리를 쳐드니, 인제는 거든하고 몸도 풀린 것 같다.

　　"네 처두 묵으라고 하였다만 모레는 너무 들를 테냐? 들르면 무얼 하느냐마는……."

　　조부의 못마땅해하는, 어떻게 들으면 말을 만들어 보려고 짓궂이 비꼬는 강강한 어투가 또 들린다.

　　덕기는 부친이 왔나 보다 하고 가만히 유리 구멍으로 내다보았다. 수달피 깃을 댄 검정 외투를 입은 홀쭉한 뒷모양이 뜰을 격하여 툇마루 앞에 보이고 조부는 창을 열고 내다보고 앉았다. 덕기는 일어서려다가 조부가 문을 닫은 뒤에 나가리라 하고 주저앉았다.

　　"저야 오지요마는 덕기는 붙드실 게 무엇 있습니까. 공부하는 애는 그보다 더한 일이 있더라도 날짜를 대서 하루바삐 보내야지요……."

　　이것은 부친의 소리다. 부친은 가냘프고 신경질적인 체격 보아서는 목소리라든지 느리게 하는 어조가 퍽 딴판인 인상을 주는 것이었다.

– 염상섭, 「삼대」에서 –

① 서술자가 등장인물의 시선을 빌려 이야기를 전개하고 있다.
② 시대적 배경과 밀접한 어휘를 사용하여 주제 의식을 강화하고 있다.
③ 편집자적 논평을 통해 인물들에 대한 서술자의 태도를 드러내고 있다.
④ 공간적 배경에 따라 서술자를 달리하여 상황을 입체적으로 그리고 있다.

19 다음 글을 잘못 이해한 것은?

21 지방직 9급

　　서연: 여보게, 동연이.
　　동연: 왜?
　　서연: 자네가 본뜨려는 부처님 형상은 누가 언제 그렸는지 몰라도 흔히 있는 것을 베껴 놓은 걸세. 그런데 자네는 그 형상을 또다시 베껴 만들 작정이군. 자넨 의심도 없는가? 심사숙고해 보게. 그런 형상이 진짜 부처님은 아닐세.
　　동연: 나에겐 전혀 의심이 없네.
　　서연: 의심이 없다니……?
　　동연: 무엇 때문에 의심해서 아까운 시간을 낭비해야 하는가?
　　서연: 음…….
　　동연: 공부를 하게, 괜히 의심 말고! (허공에 걸려 있는 탱화를 가리키며) 자넨 얼마나 형상 공부를 했는가? 이 십일면관세음보살의 머리 위에는 열한 개의 얼굴들이 있는데, 그 얼굴 하나하나를 살펴나 봤는가? 귀고리, 목걸이, 손에 든 보병과 기현화란 꽃의 형태를 꼼꼼히 연구했었는가? 자네처럼 게으른 자들은 공부는 안 하고, 아무 의미 없다 의심만 하지!
　　서연: 자넨 정말 열심히 공부했네. 그렇다면 그 형태 속에 부처님 마음은 어디 있는지 가르쳐 주게.

– 이강백, 「느낌, 극락 같은」에서 –

① 불상 제작에 대한 동연과 서연의 입장은 다르다.
② 서연은 전해지는 부처님 형상을 의심하는 인물이다.
③ 동연은 부처님 형상을 독창적으로 제작하는 인물이다.
④ 동연과 서연의 대화는 예술에 있어서 형식과 내용의 논쟁을 연상시킨다.

해설자: (관객들에게 무대와 등장인물을 설명한다.) 이
곳은 황야입니다. 이리 떼의 내습을 알리는 망
루가 세워져 있죠. 드높이 솟은 이 망루는 하늘
로 둘러싸여 있습니다. 하늘은 연극의 진행에
따라 황혼, 초승달이 뜬 밤, 그리고 아침으로
변할 겁니다. 저기 위를 바라보십시오. 파수꾼
이 앉아 있습니다. 높은 곳에서 하늘을 등지고
있기 때문에 그는 언제나 시커먼 그림자로만
보입니다. 그는 내가 태어나기 전부터 파수꾼
이었습니다. 나의 늙으신 아버지께서도 어린
시절에 저 유명한 파수꾼의 이야기를 들으셨다
합니다.

― 이강백, 「파수꾼」에서 ―

① 공간적 배경은 망루가 세워져 있는 황야이다.
② 시간적 배경은 연극의 진행에 따라 변한다.
③ 해설자는 무대 위의 아버지를 소개한다.
④ 파수꾼의 얼굴은 분명하게 알 수 없다.

암소의 뿔은 수소의 그것보다도 한층 더 겸허하다.
이 애상적인 뿔이 나를 받을 리 없으니 나는 마음 놓고
그 곁 풀밭에 가 누워도 좋다. 나는 누워서 우선 소를
본다.

소는 잠시 반추를 그치고 나를 응시한다.

'이 사람의 얼굴이 왜 이리 창백하냐. 아마 병인인가
보다. 내 생명에 위해를 가하려는 거나 아닌지 나는 조
심해야 되지.'

이렇게 소는 속으로 나를 심리하였으리라. 그러나 오
분 후에는 소는 다시 반추를 계속하였다. 소보다도 내
가 마음을 놓는다.

소는 식욕의 즐거움조차를 냉대할 수 있는 지상 최대
의 권태자다. 얼마나 권태에 지질렸길래 이미 위에 들
어간 식물을 다시 게워 그 시큼털털한 반소화물의 미각
을 역설적으로 향락하는 체해 보임이리오?

소의 체구가 크면 클수록 그의 권태도 크고 슬프다.
나는 소 앞에 누워 내 세균 같이 사소한 고독을 겸손하
면서 나도 사색의 반추는 가능할는지 불가능할는지 몰
래 좀 생각해 본다.

― 이상, 「권태」에서 ―

① 대상의 행위를 통해 글쓴이의 심리가 투사되고 있다.
② 과거의 삶을 회상하며 글쓴이의 처지를 후회하고 있다.
③ 공간의 이동을 통해 글쓴이의 무료함을 표현하고 있다.
④ 현실에 대한 글쓴이의 불만이 반성적 어조로 표출되고
있다.

배움은 우연히 얻어지는 것이 아니라
열성을 다해 갈구하고 부진히 집중해야
얻을 수 있는 것이다.

애비게일 애덤스

PART 6

비문학

비문학을 학습하는 방법을 수험생들에게 물어본다면 대부분 많은 문제를 풀어보거나 문제를 빠르게 푸는 전략을 익히는 것이라고 답할 것입니다. 하지만 이것이 전부는 아닙니다. 이에 선행하여 학습해야 하는 부분은 바로 제시된 글의 중심 내용을 파악하는 것입니다.

많은 수험생들이 이 방법의 효용성에 의문을 제기할 수 있습니다. 그러나 탄탄한 기초 없이 선택지와 지문을 비교하면서 문제를 빠르게만 풀려고 하면 긴장된 상황에서는 수험생들을 함정에 빠트리고자 하는 출제자의 의도에 걸려들기 쉽습니다. 따라서 각 단락의 중심내용을 파악하고 글 전체의 주제를 분석하는 연습을 꾸준히 하는 것이 가장 중요합니다.

공·군무원 시험은 시간 내에 문제를 풀어내는 것 또한 중요하므로 요약이 익숙하지 않은 수험생들은 시간에 구애받지 않고 천천히 분석하되 어느 정도 익숙해지고 나면 시간을 정해놓고 그 안에 단락을 요약하는 연습도 해야 합니다.

이러한 훈련을 반복해서 하다 보면, 수능형 문제 또는 철학이나 과학 등 어려운 주제의 지문이든 상관없이 시간 내에 정확하게 풀 수 있는 독해력을 키울 수 있을 것입니다.

CHAPTER 1	세부 내용 파악하기
CHAPTER 2	제목, 주제 및 중심내용 파악하기
CHAPTER 3	내용 추론 및 적용하기
CHAPTER 4	글의 흐름 파악하기

챕터별 출제 비중

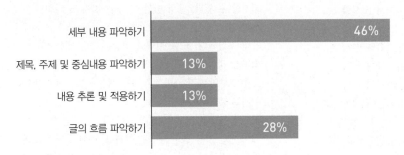

세부 내용 파악하기 46%

제목, 주제 및 중심내용 파악하기 13%

내용 추론 및 적용하기 13%

글의 흐름 파악하기 28%

※ 2022년 출제기준

회독체크

구분	1회독	2회독	3회독
CHAPTER 1 세부 내용 파악하기	☐	☐	☐
CHAPTER 2 제목, 주제 및 중심내용 파악하기	☐	☐	☐
CHAPTER 3 내용 추론 및 적용하기	☐	☐	☐
CHAPTER 4 글의 흐름 파악하기	☐	☐	☐

☐ 칸에 학습진도를 체크하세요.

1 세부 내용 파악하기

해설편 p. 074

일치하는 내용 찾기　　　　　　기출빈도 ★★★

01 다음 글에 대한 이해로 적절하지 않은 것은? 22 지방직 9급

> 르네상스가 일어나게 된 요인으로 많은 것들이 거론되어 왔지만, 의학사의 관점에서 볼 때 흥미롭고 논쟁적인 원인은 페스트이다. 페스트가 유럽의 인구를 격감시킴으로써 사회 경제 구조가 급변하게 되었고, 사람들은 재래의 전통이 지니고 있던 강력한 권위에 의문을 품기 시작했다. 예컨대 사람들은 이 무시무시한 질병을 예측하지 못한 기존의 의학적 전통을 불신하게 되었으며, 페스트로 인해 '사악한 자'들만이 아니라 '선량한 자'들까지 무차별적으로 죽는 것을 보고 이전까지 의심하지 않았던 신과 교회의 막강한 권위에 대해서도 회의하게 되었다.
>
> 속수무책으로 당할 수밖에 없었던 죽음에 대한 경험은 사람들을 여러 방향에서 변화시켰다. 사람들은 거리에 시체가 널려 있는 광경에 익숙해졌고, 인간의 유해에 대한 두려움 또한 점차 옅어졌다. 교회에서 제시한 세계관 및 사후관에 대한 신뢰가 떨어지고, 삶과 죽음 같은 인간의 본질적인 문제에 대해 새롭게 사유하기 시작했다. 중세의 지적 전통에 대한 의구심은 고대의 학문과 예술, 언어에 대한 재평가로 이어졌으며, 이에 따라 신에 대한 무조건적 찬양과 복종 대신 인간에 대한 새로운 관심과 사유가 활발해졌다.
>
> 이러한 움직임은 미술사에서 두드러지게 포착된다. 인간에 대한 관심의 증대에 따라 인체의 아름다움이 재발견되었고, 인체를 묘사하는 다양한 화법도 등장했다. 인체에 대한 관심은 보이는 부분뿐만 아니라 보이지 않는 부분에 대한 관심으로 이어졌다. 기존의 의학적 전통을 여전히 신봉하던 의사들에게 해부학적 지식은 불필요한 것으로 인식되었던 반면, 당시의 미술가들은 예술가이면서 동시에 해부학자이기도 할 만큼 인체의 내부 구조를 탐색하는 데 골몰했다.

① 전염병의 창궐은 르네상스의 발생을 설명하는 다양한 요인 가운데 하나이다.

② 페스트로 인한 선인과 악인의 무차별적인 죽음은 교회가 유지하던 막강한 권위를 약화시켰다.

③ 예술가들이 인체의 아름다움을 재발견함으로써 고대의 학문과 언어에 대한 재평가도 이루어졌다.

④ 르네상스 시기에 해부학은 의사들보다도 미술가들의 관심을 끌었다.

02 다음 글에 대한 이해로 적절하지 않은 것은? 22 지방직 9급

> 올해 A시는 '청소년 의회 교실' 운영에 관한 조례를 발표함으로써 청소년들이 지방의회의 역할과 기능을 이해하고 민주 시민으로서의 소양과 자질을 함양할 수 있는 근거를 마련하였다. 청소년 의회 교실이란 청소년을 대상으로 실시하는 의회 체험 프로그램을 의미한다. 여기에 참여할 수 있는 대상은 A시에 있는 학교에 재학 중인 만 19세 미만의 청소년이다. 이 조례에 따르면 시의회 의장은 의회 교실의 참가자 선정 및 운영 방안을 결정할 수 있다. 운영 방안에는 지방자치 및 의회의 기능과 역할, 민주 시민의 소양과 자질 등에 관한 교육 내용이 포함된다. 또한 시의회 의장은 고유 권한으로 본회의장 시설 사용이 가능하도록 지원할 수 있다. 최근 A시는 '수업 시간 스마트폰 사용 제한에 관한 조례안'을 주제로 본회의장에서 첫 번째 의회 교실을 운영하였다. 참석 학생들은 1일 시의원이 되어 의원 선서를 한 후 주제에 관한 자유 발언 시간을 가졌다. 이어서 관련 조례안을 상정한 후 찬반 토론을 거쳐 전자 투표로 표결 처리하였다. 학생들이 의회 과정 전반에 대해 체험할 수 있었던 뜻깊은 시간이었다.

① A시에 있는 학교의 만 19세 미만 재학생은 청소년 의회 교실에 참여할 수 있는 대상이다.

② A시의 시의회 의장은 청소년 의회 교실의 민주 시민 소양과 관련된 교육 내용을 결정할 수 있다.

③ A시에서 시행된 청소년 의회 교실에서 시의회 의장은 본회의장 시설을 사용하도록 지원해 주었다.

④ A시의 올해 청소년 의회 교실은 의원 선서, 조례안 상정, 자유 발언, 찬반 토론, 전자 투표의 순서로 진행되었다.

연출자가 자신의 저작권을 침해당했다고 주장하기 위해서는 우선 그가 유효한 저작권을 소유하고 있어야 한다. 즉 저작권 보호 가능성이 있는 창작물이 필요하다. 다음으로 창작적인 표현을 도용당했는지 밝혀야 하는데, 이것이 쉽지 않다. 왜냐하면 연출자가 주관적으로 창작성이 있다고 느끼는 부분일지라도 객관적인 시각에서는 이미 공연 예술 무대에서 흔히 사용되는 표현 기법일 수 있고, 저작권법상 보호 대상이 아닌 아이디어의 요소와 보호 가능한 요소인 표현이 얽혀 있는 경우가 있기 때문이다. 쉬운 예로 셰익스피어를 보자. 그의 명작 중에 선대에 있었던 작품에 의거하지 않고 탄생한 작품이 있는가. 대부분의 연출자는 선행 예술가로부터 영향을 받아 창작에 임하는 것이 너무도 당연하고 자연스럽다. 따라서 무대연출 작업 중에서 독보적인 창작을 걸러내서 배타적인 권한인 저작권을 부여하는 것은 매우 흔치 않은 경우이고, 후발 창작을 방해하는 요소로 작용할 수도 있다. 저작권법은 창작자에게 개인적인 인센티브를 제공하여 창작을 장려함과 동시에 일반 공중이 저작물을 원활하게 이용할 수 있도록 해야 하는 두 가지 가치의 균형을 이루는 것이 목표다.

① 무대연출의 창작적인 표현의 도용 여부를 밝히기는 쉽지 않다.

② 저작권 침해를 당했다고 주장하려면 유효한 저작권을 소유하고 있어야 한다.

③ 독보적인 무대연출 작업에 저작권을 부여한다고 해서 후발 창작에 방해가 되지는 않는다.

④ 저작권법의 목표는 창작자의 창작을 장려하고 일반 공중의 저작물 이용을 원활하게 하는 것이다.

국가정보자원관리원과 ○○시는 빅데이터 기반의 맞춤형 복지 서비스 분석 사업을 수행했다. 국가정보자원관리원은 자체 확보한 공공 데이터와 ○○시로부터 받은 복지 사업 관련 데이터를 활용하여 '복지 공감 지도'를 제작하고, 복지 기관 접근성 분석을 통해 취약 지역 지원 방안을 제시했다.

복지 공감 지도는 공간 분석 시스템을 활용하여 ○○시에 소재한 복지 기관들의 다양한 지원 항목과 이를 필요로 하는 복지 대상자, 독거노인, 장애인 등의 수급자 현황을 한눈에 확인할 수 있도록 구현한 것이다. 이 지도를 활용하면 복지 혜택이 필요한 지역과 수급자를 빨리 찾아낼 수 있으며, 생필품 지원이나 방문 상담 등 복지 기관의 맞춤형 대응이 가능하고, 최적의 복지 기관 설립 위치를 선정할 수 있다.

이 사업을 통해 ○○시는 그동안 복지 기관으로부터 도보로 약 15분 내 위치한 수급자에게 복지 혜택이 집중되고 있는 것도 확인했다. 이에 교통이나 건강 등의 문제로 복지 기관 방문이 어려운 수급자를 위해 맞춤형 복지 서비스가 절실하게 필요한 상황임을 발견하고, 복지 셔틀버스 노선을 4개 증설할 계획을 수립했다.

① 빅데이터를 활용하여 복지 사각지대를 줄이는 방안을 마련할 수 있다.

② 복지 기관과 수급자 거주지 사이의 거리는 복지 혜택의 정도에 영향을 준다.

③ 복지 기관 접근성 분석 결과는 복지 셔틀버스 노선 증설의 근거가 된다.

④ 복지 공감 지도로 복지 혜택에 대한 수급자들의 개별 만족도를 파악할 수 있다.

△△시 시장님께

안녕하십니까? 저는 △△시에서 농장을 운영하는 □□□입니다. 이렇게 글을 쓰게 된 것은 우리 농장 근처에 신축된 골프장의 빛 공해 문제에 대해 말씀드리기 위함입니다. 빛이 공해가 될 수 있다는 말이 다소 생소하실 수도 있습니다. 하지만 지나친 야간 조명이 식물의 성장에 부정적인 영향을 끼쳐 작물 수확량을 감소시킬 수 있음은 이미 여러 연구를 통해 입증된 바 있습니다. 좀 늦었지만 △△시에서도 이 문제에 대해 경각심을 가질 필요가 있습니다. 실제로 골프장이 야간 운영을 시작했을 때를 기점으로 우리 농장의 수확률이 현저히 낮아졌음을 제가 확인했습니다. 물론, 이윤을 추구하는 골프장의 야간 운영을 무조건 막는다면 골프장 측에서 반발할 것입니다. 그래서 계절에 따라 야간 운영 시간을 조정하거나 운영 제한에 따른 손실금을 보전해 주는 등의 보완책도 필요합니다. 또한 ○○군에서도 빛 공해 문제를 해결하기 위해 야간 조명의 조도를 조정하는 프로젝트를 진행한 바 있으니 참고해 보시기 바랍니다. 모쪼록 시장님께서 이 문제에 관심을 가지고 농장과 골프장이 상생할 수 있는 정책을 펼쳐 주시기를 부탁드립니다.

① 시장에게 빛 공해로 농장이 겪는 어려움에 대해 관심을 촉구하고 있다.
② 건의에 대한 신뢰성을 높이기 위해 인용한 자료의 출처를 밝히고 있다.
③ 다른 지역에서 야간 조명으로 인한 폐해를 해결하기 위해 노력한 사례를 언급하고 있다.
④ 골프장의 야간 운영을 제한할 때 예상되는 문제점과 그 해결 방안에 대해 제시하고 있다.

아동이 부모의 소유물 또는 종족의 유지나 국가의 방위를 위한 수단으로 간주되었던 전근대사회에서는 아동의 권리에 대한 인식이 존재하지 않았다. 산업혁명으로 봉건제도가 붕괴되고 자본주의가 탄생한 근대사회에 이르러 구빈법에 따른 국가 개입과 민간단체의 자발적인 참여로 아동보호가 시작되었다.

1922년 쟵 여사는 아동권리사상을 담아 아동권리에 대한 내용을 성문화하였다. 이를 기초로 1924년 국제연맹에서는 전문과 5개의 조항으로 된 「아동권리에 관한 제네바 선언」을 채택하였다. 여기에는 "아동은 물질적으로나 정신적으로 정상적인 발달을 위해 필요한 조건이 충족되어야 한다."라든지 "아동의 재능은 인류를 위해 쓰인다는 자각 속에서 양육되어야 한다." 등의 내용이 포함되었다.

그러나 여기에서도 아동은 보호의 객체로만 인식되었을 뿐 생존, 보호, 발달을 위한 적극적인 권리의 주체로 인식되지는 않았다. 최근에 와서야 국제사회의 노력에 힘입어 아동은 보호되어야 할 수동적인 존재에서 자신의 권리를 주장할 수 있는 능동적인 존재로 자리매김할 수 있게 되었다. 1989년 유엔총회에서 채택된 「아동권리협약」이 그것이다.

우리나라는 이를 토대로 2016년 「아동권리헌장」 9개 항을 만들었다. 이 헌장은 '생존과 발달의 권리', '아동이 최선의 이익을 보장 받을 권리', '차별 받지 않을 권리', '자신의 의견이 존중될 권리' 등 유엔의 「아동권리협약」의 네 가지 기본 원칙을 포함하고 있다. 또한 전문에는 아동의 권리와 더불어 "부모와 사회, 국가와 지방자치단체는 아동의 이익을 최우선으로 고려해야 하며, 다음과 같은 아동의 권리를 확인하고 실현할 책임이 있다."라고 명시하여 아동을 둘러싼 사회적 주체들의 책임을 명확히 하였다.

① 아동의 권리에 대한 인식은 근대 이후에 형성되었다.
② 「아동권리헌장」은 「아동권리협약」을 토대로 만들어졌다.
③ 「아동권리에 관한 제네바 선언」, 「아동권리협약」, 「아동권리헌장」에는 모두 아동의 발달에 대한 내용이 들어가 있다.
④ 「아동권리에 관한 제네바 선언」은 아동을 적극적인 권리의 주체로 인식함으로써 아동의 권리에 대한 진전된 성과를 이루었다.

문화란 공동체의 구성원들이 공유하는 생각과 행동 양식의 총체라고 할 수 있다. 문화를 연구하는 사람들의 주된 관심사는 특정 생각과 행동 양식이 하나의 공동체 안에서 전파되는 기제이다.

이에 대한 견해 중 하나는 문화를 생각의 전염이라는 각도에서 바라보는 것이다. 예컨대, 리처드 도킨스는 '밈(meme)'이라는 개념을 통해 생각의 전염 과정을 설명하고자 했다. 그에 따르면 문화는 복수의 밈으로 이루어져 있는데, 유전자에 저장된 생명체의 주요 정보가 번식을 통해 복제되어 개체군 내에서 확산되듯이, 밈 역시 유전자와 마찬가지로 공동체 내에서 복제를 통해 확산된다.

그러나 문화 전파의 기제를 설명하는 이론으로는 밈 이론보다 의사소통 이론이 더 적절해 보인다. 일례로, 요크셔 지역에 내려오는 독특한 푸딩 요리법은 누군가가 푸딩 만드는 것을 지켜본 후 그것을 그대로 따라 하는 방식으로 전파되었다기보다는 요크셔 푸딩 요리법에 대한 부모와 친척, 친구들의 설명을 통해 입에서 입으로 전파되고 공유되었을 가능성이 크다.

생명체의 경우와 달리 문화는 완벽하게 동일한 형태로 전파되지 않는다. 전파된 문화와 그것을 수용한 결과는 큰 틀에서는 비슷하더라도 세부적으로는 다를 수밖에 없다. 다시 말해 요크셔 지방의 푸딩 요리법은 다른 지방의 푸딩 요리법과 변별되는 특색을 지니는 동시에 요크셔 지방 내부에서도 가정이나 개인에 따라 약간씩의 차이를 보인다. 이는 푸딩 요리법의 수신자가 발신자가 전해 준 정보에다 자신의 생각을 덧붙였기 때문인데, 복제의 관점에서 문화의 전파를 설명하는 이론으로는 이와 같은 현상을 설명하기 어렵다. 반면, 의사소통 이론으로는 설명 가능하다. 이에 따르면 사람들은 자신이 들은 이야기를 남에게 전달할 때 들은 이야기에다 자신의 생각을 더해서 그 이야기를 전달하기 때문이다.

① 문화의 전파 기제는 밈 이론보다는 의사소통 이론으로 설명하는 것이 적절하다.

② 의사소통 이론에 따르면 문화의 수용 과정에는 수용 주체의 주관이 개입하지 않는다.

③ 의사소통 이론에 따르면 특정 공동체의 문화는 다른 공동체로 복제를 통해 전파될 수 있다.

④ 요크셔 푸딩 요리법이 요크셔 지방의 가정이나 개인에 따라 세부적인 차이를 보이는 현상은 밈 이론에 의해 설명할 수 있다.

─〈보 기〉─

문화의 진화도 역시 생물의 진화에 비유해서 설명할 수 있다. 문화변동은 다음과 같은 경우에 일어난다. 첫째, 생물진화의 돌연변이처럼 그 문화체계 안에서 새로운 문화요소의 발명 또는 발견이 있어 존재하는 문화에 추가됨으로써 일어난다. 둘째, 유전자의 이동처럼 서로 다른 두 문화가 접촉함으로써 한 문화에서 다른 문화로 어떤 문화요소의 전파가 생길 때 그 문화요소를 받아들인 사회의 문화에 변화가 일어난다. 셋째, 유전자 제거처럼 어떤 문화요소가 그 사회의 환경에 부적합할 때 그 문화요소를 버리고 더 적합한 다른 문화요소로 대치시킬 때 문화변동을 일으킨다. 넷째, 유전자 유실처럼 어떤 문화요소가 한 세대에서 다음 세대로 전달될 때 잘못되어 그 문화요소가 후세에 전해지지 못하고 단절되거나 소멸될 때 문화변동이 일어난다. 그러나 생물 유기체의 진화원리를 너무 지나치게 문화의 진화에 그대로 비유해서는 안 된다. 문화는 유기체의 진화와 유사하지만 초유기체이기 때문에 생식과정에 의한 유전과는 다른 학습과 모방에 의해 진화되기 때문이다.

① 돌연변이

② 유전자 유실

③ 유전자 제거

④ 적자생존

─── 〈보 기〉 ───

독일어식이나 일본어식으로 사용해오던 화학 용어가 국제기준에 맞는 표기법으로 바뀐다. 산업자원부 기술표준원은 주요 원소 이름 109종과 화합물 용어 325종의 새 표기법을 KS규격으로 제정, 다음 달 6일 고시해 시행키로 했다고 30일 밝혔다.

새 표기법은 세계적으로 통용되는 발음에 가깝게 정해진 것으로, '요오드'는 '아이오딘', '게르마늄'은 '저마늄' 등으로 바뀐다. 화합물 용어도 구성 원소 이름이 드러나도록 '중크롬산칼륨'을 '다이크로뮴산칼륨'으로 표기한다.

예외적으로 '나트륨'과 '칼륨'은 갑작스러운 표기 변경에 따른 혼란을 피하기 위해 지금까지 사용한 대로 표기를 허용하되 새 이름 '소듐', '포타슘'도 병행해 사용토록 했다. 또 '비타민'도 당분간 '바이타민'을 병행 표기한다.

                    – 2005.03.30.자 ○○신문 –

① '요오드'가 '아이오딘'보다 세계적으로 통용되는 발음에 가깝다.
② '저마늄'은 화합물의 구성 원소 이름을 드러낸 표기이다.
③ '나트륨'보다는 '소듐'이 국제기준에 맞는 표기법이다.
④ '비타민'이라는 용어는 KS규격에 맞지 않으므로 쓰지 않아야 한다.

─── 〈보 기〉 ───

참, 거짓을 판단할 수 있는 문장을 명제라고 한다. 문장이 나타내는 명제가 실제 세계의 사실과 일치하면 참이고 그렇지 않으면 거짓이다. 가령, '사과는 과일이다.'는 실제 세계의 사실과 일치하므로 참인 명제지만 '새는 무생물이다.'는 실제 세계의 사실과 일치하지 않으므로 거짓인 명제이다. 이와 같이 명제가 지닌 진리치가 무엇인지 밝혀 주는 조건을 진리 조건이라고 한다. 명제 논리의 진리 조건을 간략하게 살펴보면 다음과 같다. 모든 명제는 참이든지 거짓이든지 둘 중 하나여야 하며 참도 아니고 거짓도 아니거나 참이면서 거짓인 경우는 없다. 명제 P가 참이면 그 부정 명제 ~P는 거짓이고 ~P가 참이면 P는 거짓이다. 명제 P와 Q가 AND로 연결되는 P∧Q는 P와 Q가 모두 참일 때에만 참이다. 명제 P와 Q가 OR로 연결되는 P∨Q는 P와 Q 둘 중 적어도 하나가 참이기만 하면 참이 된다. 명제 P와 Q가 IF … THEN으로 연결되는 P → Q는 P가 참이고 Q가 거짓이면 거짓이고 나머지 경우에는 모두 참이 된다.

① 명제 논리에서 '모기는 생물이면서 무생물이다'는 성립하지 않는다.
② 명제 논리에서 '파리가 새라면 지구는 둥글다.'는 거짓이다.
③ 명제 논리에서 '개가 동물이거나 컴퓨터가 동물이다.'는 참이다.
④ 명제 논리에서 '늑대는 새가 아니고 파리는 곤충이다.'는 참이다.

〈보 기〉

(가) 백호 임제가 말에 올라타려 할 때 종이 나서서 말했다. "나리, 취하셨습니다. 한쪽은 짚신을 신으셨네요." 그러나 백호가 냅다 꾸짖었다. "길 오른쪽을 가는 이는 내가 가죽신을 신었다고 할 테고 길 왼쪽을 가는 이는 내가 짚신을 신었다고 할 게다. 내가 염려할 게 뭐냐." 이것으로 따져보면 천하에서 발보다 쉽게 눈에 띄는 것이 없지만 보는 방향이 달라짐에 따라서 가죽신을 신었는지도 분간하기 어렵다.

(나) 늙은 살구나무 아래, 작은 집 한 채! 방은 시렁과 책상 따위가 삼분의 일이다. 손님 몇이 이르기라도 하면 무릎이 부딪치는 너무도 협소하고 누추한 집이다. 하지만 주인은 편안하게 독서와 구도(求道)에 열중한다. 나는 그에게 말했다. "이 작은 방에서 몸을 돌려 앉으면 방위가 바뀌고 명암이 달라지지. 구도란 생각을 바꾸는 데 달린 법, 생각이 바뀌면 그 뒤를 따르지 않을 것이 없지. 자네가 내 말을 믿는다면 자네를 위해 창문을 밀쳐줌세. 웃는 사이에 벌써 밝고 드넓은 공간으로 올라갈 걸세."

(다) 어항 속 금붕어의 시각은 우리의 시각과 다르지만, 금붕어도 둥근 어항 바깥의 물체들의 운동을 지배하는 과학 법칙들을 정식화(定式化)할 수 있을 것이다. 예컨대 힘을 받지 않는 물체의 운동을 우리라면 직선운동으로 관찰하겠지만, 어항 속 금붕어는 곡선운동으로 관찰할 것이다. 그럼에도 금붕어는 자기 나름의 왜곡된 기준 틀(Frame of Reference)을 토대로 삼아 과학 법칙들을 정식화할 수 있을 것이고, 그 법칙들은 항상 성립하면서 금붕어로 하여금 어항 바깥의 물체들의 미래 운동을 예측할 수 있도록 해 줄 것이다. 금붕어가 세운 법칙들은 우리의 틀에서 성립하는 법칙들보다 복잡하겠지만, 복잡함이나 단순함은 취향의 문제이다. 만일 금붕어가 그런 복잡한 이론을 구성했다면, 우리는 그것을 타당한 실재상으로 인정해야 할 것이다.

① (가)의 임제는 사람들이 주관적 관점에서 대상을 인식한다고 여겼다.

② (나)의 집주인은 객관적 조건과 무관하게 자신만의 방식으로 대상을 수용했다.

③ (다)의 금붕어는 왜곡된 기준 틀로 과학 법칙을 수립할 수 있다.

④ (가), (나), (다)는 주관적 인식의 모순을 분명하게 밝혔다.

언어마다 고유의 표기 체계가 있는데, 이는 읽기 과정에 영향을 미친다. 알파벳 언어는 표기 체계에 따라 철자 읽기의 명료성 수준이 달라진다. 철자 읽기가 명료하다는 것은 한 글자에 대응되는 소리가 규칙적이어서 글자와 소리의 대응이 거의 일대일이라는 것을 의미한다. 그 예로 이탈리아어와 스페인어가 있다. 이 두 언어의 사용자는 의미를 전혀 모르는 새로운 단어를 발견하더라도 보자마자 정확한 발음을 할 수 있다. 이에 비해 영어는 철자 읽기의 명료성이 낮은 언어이다. 영어는 발음이 아예 나지 않는 묵음과 같은 예외도 많은 편이고 글자에 대응하는 소리도 매우 다양하다.

한편 알파벳 언어를 읽을 때 사용하는 뇌의 부위는 유사하지만 뇌의 부위에 의존하는 방식에는 차이가 있다. 영어와 이탈리아어를 읽는 사람은 동일하게 좌반구의 읽기 네트워크를 사용한다. 하지만 무의미한 단어를 읽을 때 영어를 읽는 사람은 암기된 단어의 인출과 연관된 뇌 부위에 더 의존하는 반면 이탈리아어를 읽는 사람은 음운 처리에 연관된 뇌 부위에 더 의존한다. 왜냐하면 무의미한 단어를 읽을 때 이탈리아어를 읽는 사람은 규칙적인 음운 처리 규칙을 적용하는 반면에, 영어를 읽는 사람은 암기해 둔 수많은 예외들을 떠올리기 때문이다.

① 알파벳 언어의 철자 읽기는 소리와 표기의 대응과 관련되는데, 각 소리가 지닌 특성은 철자 읽기의 명료성을 판단하는 기준이 된다.

② 영어 사용자는 무의미한 단어를 읽을 때 좌반구의 읽기 네트워크를 활용하면서 암기된 단어의 인출과 연관된 뇌 부위에 더욱 의존한다.

③ 이탈리아어는 소리와 글자의 대응이 규칙적이어서 낯선 단어를 발음할 때 영어에 비해 철자 읽기의 명료성이 높다.

④ 영어는 음운 처리 규칙에 적용되지 않는 예외들이 많아서 스페인어에 비해 소리와 글자의 대응이 덜 규칙적이다.

미국의 어머니들은 자녀와 함께 놀이를 할 때 특정 사물에 초점을 맞추고 그 사물의 속성을 아이들에게 가르친다. 사물의 속성 자체에 관심을 기울이도록 훈련받은 아이들은 스스로 독립적인 행동을 하도록 교육받는다. 미국에서는 아이들에게 의사소통을 가르칠 때 자신의 생각을 분명하게 표현하고 말하는 사람의 입장에서 대화에 임해야 하며, 대화 과정에서 오해가 발생하면 그것은 말하는 사람의 잘못이라고 강조한다.

반면에 일본의 어머니들은 대상의 '감정'에 특별히 신경을 써서 가르친다. 특히 자녀가 말을 안 들을 때에 그러하다. 예를 들어 "네가 밥을 안 먹으면, 고생한 농부 아저씨가 얼마나 슬프겠니?", "인형을 그렇게 던져 버리다니, 저 인형이 울잖아. 담장도 아파하잖아." 같은 말들로 꾸중하는 모습을 자주 볼 수 있다. 다른 사람과의 관계에 초점을 맞춘 훈련을 받은 아이들은 자신의 생각을 드러내기보다는 행동에 영향을 받는 다른 사람들의 감정을 미리 예측하도록 교육받는다. 곧 일본에서는 아이들에게 듣는 사람의 입장에서 말할 것을 강조한다.

① 미국의 어머니는 듣는 사람의 입장, 일본의 어머니는 말하는 사람의 입장을 강조한다.
② 일본의 어머니는 사물의 속성을 아는 것이 관계를 아는 것보다 더 중요하다고 생각한다.
③ 미국의 어머니는 어떤 일을 있는 그대로 보지 말고 이면에 있는 감정을 읽어야 한다고 생각한다.
④ 미국의 어머니는 자녀가 독립적인 행동을 하도록 교육하며, 일본의 어머니는 자녀가 타인의 감정을 예측하도록 교육한다.

국제기구인 유엔은 영어, 중국어, 러시아어, 프랑스어, 스페인어, 아랍어 등이 공용어로 사용되나 그곳에 근무하는 모든 외교관들이 이 공용어들을 전부 다 잘해야 하는 것은 아니다. 유럽연합에서의 공용어 개념도 유엔에서의 경우와 마찬가지로 여러 공용어 중 하나만 알아도 공식 업무상 불편이 없게끔 한다는 것이지 모든 유럽연합인들이 열 개가 넘는 공용어를 전부 다 배워야 하는 것은 아니다.

마찬가지 논리로 우리가 만일 한국어와 영어를 공용어로 지정한다면 이는 한국에서는 한국어와 영어 중 어느 하나를 알기만 하면 공식 업무상 불편이 없게끔 국가에서 보장한다는 뜻이지 모든 한국인들이 영어를 할 줄 알아야 된다는 뜻은 아니다. 따라서 우리가 영어를 한국어와 함께 공용어로 지정하기만 하면 모든 한국인이 영어를 잘할 수 있게 되리라는 믿음은 공용어의 개념을 제대로 이해하지 못한 데서 오는 망상에 불과하다.

① 유엔에서 근무하는 외교관들은 유엔의 공용어를 다 구사하지 않으면 안 된다.
② 유럽연합은 복수의 공용어를 지정하여 공무상 편의를 도모하였다.
③ 한국에서 영어를 공용어로 지정하면 한국인들은 영어를 다 잘할 수 있을 것이다.
④ 한국에서 머지않아 영어가 공용어로 지정될 것이다.

　　인터넷이 있는 곳이면 어디나 악플이 있기 마련이지만, 한국은 정도가 심하다. 악플러들 가운데는 피해의식과 열등감에 시달리는 이들이 많다고 한다. 그들에게 악플의 즐거움은 무엇인가. 자신이 올린 글 한 줄에 다른 사람들이 동요하는 모습을 보면서 자기 효능감(self-efficacy)을 맛볼 수 있다. 아무에게도 영향력을 행사하지 못하고 자신의 삶과 환경을 통제하지도 못하면서 무력감에 시달리는 사람일수록 공격적인 발설로 자기 효능감을 느끼려 한다.

　　그런데 자기 효능감은 상대방의 반응에 좌우된다. 마구 욕을 퍼부었는데 상대방이 별로 개의치 않는다면, 계속할 마음이 사라질 것이다. 무시당했다는 생각에 오히려 자괴감에 빠질 수도 있다. 개인주의가 안착된 사회에서는 자신을 향한 비판에 대해 '그건 너의 생각'이라면서 넘겨 버리는 사람들이 많다. 말도 안 되는 욕설이나 험담이 날아오면 제정신이 아닌 사람의 소행으로 웃어넘기거나 법적인 조치를 취할 것이다.

　　개인주의는 여러 속성을 지니고 있지만, 자신의 존재 가치를 스스로 매긴다는 긍정적 측면이 있다. 한국에는 그런 의미에서의 개인주의가 뿌리내리지 못했다. 남에 대해 신경을 너무 곤두세운다. 그것은 두 가지 차원으로 나뉘는데, 한편으로 타인에게 필요 이상의 관심을 보이면서 참견하고 타인의 영역을 침범한다. 다른 한편으로 자기에 대한 타인의 평가와 반응에 너무 예민하다. 이 두 가지 특성이 인터넷 공간에서 맞물려 악플을 양산한다. 우선 다른 사람들에게 너무 쉽게 험담을 늘어놓고 당사자에게 악담을 던진다. 그렇게 약을 올리면 상대방이 발끈하거나 움츠러든다. 이따금 일파만파로 사회가 요동을 치기도 한다. 악플러 입장에서는 재미가 쏠쏠하다. 예상했던 피드백을 즉각적으로 받으면서 자기 효능감을 맛볼 수 있기 때문이다.

① 악플러는 자신의 말에 타인이 동요하는 것을 보면서 자기 효능감을 느낀다.
② 개인주의자는 악플에 무반응함으로써 악플러를 자괴감에 빠지게 할 수 있다.
③ 자신의 삶을 잘 통제하는 악플러일수록 타인을 더욱 엄격한 잣대로 비판한다.
④ 한국에서 악플이 양산되는 것은 한국인들이 타인에 대해 신경을 많이 쓰는 것과 관계가 있다.

　　심리학자 융은 인간에게는 '페르소나(persona)'와 '그림자(shadow)'의 측면이 있다고 한다. 페르소나란 한 개인이 사회에서 요구하는 역할에 적응하면서 얻어진 자아의 한 측면을 의미한다. 그런데 오로지 페르소나만 추구하려 한다면 그림자가 위축되어 결국 자기 자신으로부터 소외를 당해 무기력하고 생기가 없어지게 된다. 한편 그림자는 인간의 원시적인 본능 성향을 의미한다. 이것은 사회에서 부도덕하다고 생각하는 충동적인 면이 있지만, 자발성, 창의성, 통찰력, 깊은 정서 등 긍정적인 면이 있어 지나치게 억압해서는 안 된다.

① 페르소나는 현실적인 속성, 그림자는 근원적인 속성을 갖고 있다.
② 페르소나를 멀리 하게 되면, 자아는 무기력하게 된다.
③ 그림자는 도덕성을 추구할 때, 자발성과 창의성이 더욱 커진다.
④ 그림자를 억압하게 되면 페르소나를 더욱 추구하게 된다.

　　항생제는 세균에 대한 항균 효과가 있는 물질을 말한다. '프로폴리스' 같이 자연적으로 존재하는 항생제를 자연 요법제라고 하고, '설파제' 같이 화학적으로 합성된 항생제를 화학요법제라고 한다. 현재 사용되고 있는 많은 항생제들은 곰팡이가 생성한 물질을 화학적으로보다 효과가 좋게 합성한 것들이어서 넓은 의미에서는 이들도 화학 요법제라고 할 수 있을 것이다.

　　'페니실린', '세파로스포린' 같은 것은 우리 몸의 세포에는 없는 세균의 세포벽에 작용하여 세균을 죽이는 것이다. 그 밖의 항생제들은 '테트라사이크린', '클로로마이신' 등과 같이 세균세포의 단백합성에 장애를 만들어 항균 효과를 나타내거나, '퀴노론', '리팜핀' 등과 같이 세균세포의 핵산합성을 저해하거나, '포리믹신' 등과 같이 세균세포막의 투과성에 장애를 일으켜 항균 효과를 나타낸다.

① 항생제의 정의
② 항생제의 내성 정도
③ 항균 작용의 기제
④ 항생제의 분류 방법

사물 인터넷(IoT, Internet of Things)의 정의로 '수십 억 개의 사물이 서로 연결되는 것'이라고 설명하는 것은 그리 유용하지 않다. 사물 인터넷이 무엇인지 이해하기 위해서는 '사물'에서 출발하기보다는 '인터넷'에서 출발하는 것이 좋다. 인터넷이 전 세계의 컴퓨터를 서로 소통하도록 만든다는 생각이 실현된 것이라면, 사물 인터넷은 이제 전 세계의 사물들을 '컴퓨터로 만들어' 서로 소통하도록 만든다는 생각을 실현하는 것이다. 컴퓨터는 본래 전원이 있고 칩이 있고, 이것이 통신 장치와 프로토콜을 갖게 되어 연결된 것이다. 그렇다면 이제는 전원이 있었던 전자 기기나 기계 등은 그 자체로, 전원이 없었던 일반 사물들은 새롭게 센서와 배터리, 통신 모듈이 부착되면서 컴퓨터가 되고 이렇게 컴퓨터가 된 사물들이 그들 간에 또는 인간의 스마트 기기와 네트워크로 연결되는 것이다.

현재의 인터넷과 사물 인터넷의 차이를, 혹자는 사람이 개입되는 것은 사물 인터넷이 아니라고 이야기하면서 엄격한 M2M(Machine to Machine)이라는 개념에 근거해 설명한다. 또 혹자는 사물 인터넷이 실현되려면 사람만큼 사물이 판단할 수 있어야 한다고 주장하면서 사물의 지능성을 중요시하는 경우도 있는데, 두 가지 모두 그릇된 것이다. 사물 인터넷을 제대로 이해하려면 기존 인터넷과의 차이점에 주목하기보다는 오히려 공통점을 인식하는 것이 더 중요하다. 컴퓨터를 서로 연결하는 수준에서 출발한 것이 기존의 인터넷이라면, 이제는 사물 각각이 컴퓨터가 되고, 그 사물들이 사람과 손쉽게 닿는 스마트폰, 스마트 워치 등과 서로 소통하는 것이다.

① 사물 인터넷의 개념을 파악하기 위해서는 기존 인터넷과의 공통점을 이해하는 것이 필요하다.

② 센서와 배터리, 통신 모듈 등을 갖춘 사물들이 네트워크로 연결되어 사물 인터넷으로 기능한다.

③ 사물 인터넷은 사람 수준의 지능을 가진 사물들이 네트워크상에서 인간의 개입 없이 서로 소통하는 것으로 정의된다.

④ 사물 인터넷은 컴퓨터가 아니었던 사물도 네트워크로 연결될 수 있다는 점에서 기존의 인터넷과 다르다.

희극의 발생 조건에 대하여 베르그송은 집단, 지성, 한 개인의 존재 등을 꼽았다. 즉 집단으로 모인 사람들이 자신들의 감성을 침묵하게 하고 지성만을 행사하는 가운데 그들 중 한 개인에게 그들의 모든 주의가 집중되도록 할 때 희극이 발생한다고 보았다. 그러나 그가 말하는 세 가지 사항은 웃음을 유발하는 것이 아니라 그러한 것을 가능케 하는 조건들이다. 웃음을 유발하는 단순한 형태의 직접적인 장치는 대상의 신체적인 결함이나 성격적인 결함을 들 수 있다. 관객은 이러한 결함을 지닌 인물을 통하여 스스로 자기 우월성을 인식하고 즐거워질 수 있게 된다. 이와 관련해 "한 인물이 우리에게 희극적으로 보이는 것은 우리 자신과 비교해서 그 인물이 육체의 활동에는 많은 힘을 소비하면서 정신의 활동에는 힘을 쓰지 않는 경우이다. 어느 경우에나 우리의 웃음이 그 인물에 대하여 우리가 지니는 기분 좋은 우월감을 나타내는 것임은 부정할 수 없다."라는 프로이트의 말은 시사적이다.

① 베르그송에 의하면 희극은 관객의 감성이 집단적으로 표출된 결과이다.

② 베르그송에 의하면 집단, 지성, 한 개인의 존재는 희극 발생의 조건이다.

③ 한 개인의 신체적·성격적 결함은 집단의 웃음을 유발하는 직접적인 장치이다.

④ 프로이트에 의하면 상대적으로 정신 활동보다 육체 활동에 힘을 쓰는 상대가 희극적인 존재이다.

나는 ㉠ '연극에서의 관객의 공감'에 대해 강연한 일이 있다. 나는 관객이 공감하는 것을 직접 보여 주려고 시도했다. 먼저 나는 자원자가 있으면 나와서 배우처럼 읽어 주기를 청했다. 그리고 청중에게는 연극의 관객이 되어 들어 달라고 했다. 한 사람이 앞으로 나왔다. 나는 그에게 아우슈비츠를 소재로 한 드라마의 한 장면이 적힌 종이를 건네주었다. 자원자가 종이를 받아들고 그것을 훑어볼 때 청중들은 어수선했다. 그런데 자원자의 입에서 떨어진 첫 대사는 끔찍한 내용이었다. 아우슈비츠에 관한 적나라한 증언은 너무나 충격적이어서 청중들은 완전히 압도되었다. 자원자는 청중들의 얼어붙은 듯한 침묵 속에서 낭독을 계속했다. 자원자의 낭독은 세련되지도 능숙하지도 않았다. 그러나 관객들의 열렬한 공감을 이끌어 냈다. 과거 역사가 현재의 관객들에게 생생하게 공감되었다.

이것이 끝나고 이번에는 강연장에 함께 갔던 전문 배우에게 셰익스피어의 희곡「헨리 5세」에서 발췌한 대사를 낭독해 달라고 부탁했다. 그 대본은 400년 전 아쟁쿠르 전투(백년 전쟁 당시 벌어졌던 영국과 프랑스의 치열한 전투)에서 처참하게 사망한 자들의 명단과 그 숫자를 나열한 것이었다. 그는 셰익스피어의 위대한 희곡임을 알아보자 품위 있고 고풍스럽게 큰 목소리로 낭독했다. 그는 유려한 어조로 전쟁에서 희생된 이들의 이름을 읽어 내려갔다. 그러나 청중들은 듣는 둥 마는 둥 했다. 갈수록 청중들은 낭독자 따위는 안중에도 없다는 듯이 행동했다. 그들에게 아쟁쿠르 전투는 공감할 수 없는 것으로 분리된 것 같아 보였다. 앞서의 경우와는 전혀 다른 반응이었다.

① 배우의 연기력이 관객의 공감을 좌우한다.
② 비참한 죽음을 다룬 비극적인 소재는 관객의 공감을 일으킨다.
③ 훌륭한 고전이라고 해서 항상 청중의 공감을 불러일으킬 수 있는 것은 아니다.
④ 현재와 가까운 역사적 사실을 극화했다고 해서 관객의 공감 가능성이 커지지는 않는다.

믿기 어렵겠지만 자장면 문화와 미국의 피자 문화는 닮은 점이 많다. 젊은 청년들이 오토바이를 타고 배달한다는 점에서 참으로 닮은꼴이다. 이사한다고 짐을 내려놓게 되면 주방 기구들이 부족하게 되고 이때 자장면은 참으로 편리한 해결책이다. 미국에서의 피자도 마찬가지다. 갑자기 아이들의 친구들이 많이 몰려왔을 때 피자는 참으로 편리한 음식이다.

남자들이 군에 가 훈련을 받을 때 비라도 추적추적 오게 되면 자장면 생각이 제일 많이 난다고 한다. 비가 오는 바깥을 보며 따뜻한 방에서 입에 자장을 묻히는 장면은 정겨울 수밖에 없다. 프로 농구 원년에 수입된 미국 선수들은 하루도 빠지지 않고 피자를 시켜 먹었다고 한다. 음식이 맞지 않는 탓도 있겠지만 향수를 달래고자 함이 아닐까?

싸게 먹을 수 있는 이국 음식이란 점에서 자장면과 피자는 특별한 의미를 갖는다. 외식을 하기엔 부담되고 한번쯤 식단을 바꾸어 보고 싶을 즈음이면 중국식 자장면이나 이탈리아식 피자는 한국이나 미국의 서민에겐 안성맞춤이다. 그런데 한국에서나 미국에서나 변화가 생기기 시작했다. 한국에서는 피자 배달이 보편화되기 시작했다. 피자를 간식이 아닌 주식으로 삼고자 하는 아이들도 생겼다. 졸업식을 마치고 중국집으로 향하던 발걸음들이 이제 피자집으로 돌려졌다. 피자보다 자장면을 좋아하는 아이들을 찾아보기가 힘들어졌다.

① 피자는 쉽게 배달시켜 먹을 수 있는 편리한 음식이다.
② 자장면과 피자는 이국적인 음식이다.
③ 자장면과 피자는 값이 싸면서도 기분 전환이 되는 음식이다.
④ 자장면은 특별한 날에 어린이들에게 여전히 가장 사랑받는 음식이다.

(가) 20세기 들어서 생태학자들은 지속성 농약이 자연 생태계에 어떤 악영향을 미치는지를 밝힐 수 있었다. 예컨대 제2차 세계대전 이후 전 세계에서 해충 구제용으로 널리 사용됨으로써 농업 생산량 향상에 커다란 기여를 한 디디티(DDT)는 유기 염소계 살충제의 대명사이다.

(나) 그렇지만 이 유기 염소계 살충제는 물에 잘 녹지 않고 자연에서 햇빛에 의한 광분해나 미생물에 의한 생물학적 분해가 거의 이루어지지 않는다. 그래서 디디티는 토양이나 물속의 퇴적물 속에 수십 년간 축적된다. 게다가 디디티는 지방에는 잘 녹아서 먹이사슬을 거치는 동안 지방 함량이 높은 동물 체내에 그 농도가 높아진다. 이렇듯 많은 양의 유기 염소계 살충제를 체내에 축적하게 된 맹금류는 물질대사에 장애를 일으켜서 껍질이 매우 얇은 알을 낳기 때문에, 포란 중 대부분의 알이 깨져 버려 멸종의 길을 걷게 된다.

(다) 디디티는 쉽게 분해되지 않기 때문에 한번 뿌려진 디디티는 물과 공기, 생물체 등을 매개로 세계 전역으로 퍼질 수 있다. 그래서 디디티에 한 번도 노출된 적이 없는 알래스카 지방의 에스키모 산모의 젖에서도 디디티가 검출되었고, 남극 지방의 펭귄 몸속에서도 디디티가 발견되었다. 이러한 생물 농축과 잔존성의 특성이 밝혀짐으로써 미국에서는 1972년부터 디디티 생산이 전면 중단되었고, 1980년대에 이르러서는 유기 염소계 농약의 사용이 대부분 금지되었다.

(라) 이와 같이 디디티의 생물 농축 현상에서처럼 생태학자들은 한 생물 종에 미치는 오염의 영향이 오랫동안 누적되면 전체 생태계를 훼손시킬 수 있다는 사실을 발견하였다. 그래서인지 최근 우리나라에서도 사소한 환경오염 행위가 장차 어떠한 재앙을 몰고 올 수 있는지에 대한 연구가 활발히 이루어지고 있다.

① (가)는 중심 화제를 소개하고, 핵심어를 제시함으로써 전개될 내용을 암시하고 있다.
② (나)는 디디티가 끼칠 생태계의 영향을 인과 분석의 방법으로 설명하고 있다.
③ (다)는 디디티의 악영향을 제시하고, 그것의 사용 금지를 주장하고 있다.
④ (라)는 환경오염에 대한 경각심을 암시적으로 드러내고 있다.

책은 벗입니다. 먼 곳에서 찾아온 반가운 벗입니다. 배움과 벗에 관한 이야기는 『논어』의 첫 구절에도 있습니다. '배우고 때때로 익히니 어찌 기쁘지 않으랴. 벗이 먼 곳에서 찾아오니 어찌 즐겁지 않으랴.'가 그런 뜻입니다.

그러나 오늘 우리의 현실은 그렇지 못합니다. 인생의 가장 빛나는 시절을 수험 공부로 보내야 하는 학생들에게 독서는 결코 반가운 벗이 아닙니다. 가능하면 빨리 헤어지고 싶은 불행한 만남일 뿐입니다. 밑줄 긋고 암기해야 하는 독서는 진정한 의미의 독서가 못 됩니다.

독서는 모름지기 자신을 열고, 자신을 확장하고, 자신을 뛰어넘는 비약이어야 합니다. 그렇기 때문에 독서는 삼독(三讀)입니다. 먼저 글을 읽고 다음으로 그 글을 집필한 필자를 읽어야 합니다. 그 글이 제기하고 있는 문제뿐만 아니라 필자가 어떤 시대, 어떤 사회에 발 딛고 있는지를 읽어야 합니다. 그리고 최종적으로 그것을 읽고 있는 독자 자신을 읽어야 합니다. 그렇게 함으로써 자신의 처지와 우리 시대의 문맥을 깨달아야 합니다.

① 독서는 타인의 경험이나 생각 등을 자기화(自己化)하는 과정이다.
② 반가운 벗과의 독서야말로 진정한 독자로 거듭날 수 있는 첩경(捷徑)이다.
③ 시대와 불화(不和)한 독자일수록 독서를 통해 자신의 위치를 발견하기 쉽다.
④ 자신이 배운 것을 제때에 적용하기 위해서는 친밀한 교우(交友) 관계가 중요하다.

그동안 나는 〈일 포스티노〉를 세 번쯤 빌려 보았다. 그 이유는 이 아름다운 영화 속에 아스라이 문학이 똬리를 틀고 앉아 있기 때문이다. 특히 시란 무엇인가에 대한 해답을 이처럼 쉽고도 절실하게 설명해 놓은 문학 교과서를 나는 아직까지 보지 못했다. 그래서 학생들에게 시를 가르칠 때 나는 종종 영화 〈일 포스티노〉를 활용한다. 수백 마디의 말보다 〈일 포스티노〉를 함께 보고 토론하는 것이 시의 본질에 훨씬 깊숙이, 훨씬 빨리 가닿을 수 있다는 것을 경험하기도 했다.

시를 공부하면서 은유에 시달려 본 사람이라면 이 영화를 보고 수차례 무릎을 쳤을 것이다. 마리오 루폴로가 네루다에게 보내기 위해 고향의 여러 가지 소리를 녹음하는 인상적인 장면이 있다. 여기서 해변의 파도 소리를 녹음하는 것이 은유의 출발이라면 어부들이 그물을 걷어 올리는 소리를 담고자 하는 모습은 은유의 확장이라고 할 수 있다. 더 나아가 밤하늘의 별빛을 녹음하는 기막히게 아름다운 장면에 이르면 은유는 절정에 달한다. 더 이상의 구차한 설명이 필요하지 않다.

① 영화 〈일 포스티노〉는 시를 이해하는 데 도움이 되는 교과서와도 같다.
② 영화 〈일 포스티노〉의 인물들은 문학적 은유의 본질과 의미를 잘 알고 있다.
③ 시의 본질에 대해 질문하고 답을 얻기 위해 영화 〈일 포스티노〉를 참고할 만하다.
④ 문학의 미적 자질과 영화 〈일 포스티노〉의 미적 자질 사이에서 공통점을 찾을 수 있다.

효(孝)가 개인과 가족, 곧 일차적인 인간관계에서 일어나는 행위를 규정한 것이라면, 충(忠)은 가족이 아닌 사람들과의 관계, 곧 이차적인 인간관계에서 일어나는 사회적 행위를 규정한 것이었다. 그런데 언제부터인가 우리는 효를 순응적 가치관을 주입하는 봉건 가부장제 사회의 유습이라고 오해하는가 하면, 충과 효를 동일시하는 오류를 저지르는 경향이 많아졌다. 다음을 보자.

"부모에게 효도하고 형제를 사랑하는 사람은 윗사람의 명령을 거역하는 경우가 드물다. 또 윗사람의 명령을 어기지 않는 사람은 난동을 일으키는 경우도 드물다. 군자는 근본에 힘쓴다. 근본이 확립되면 도가 생기기 때문이다. 효도와 우애는 인(仁)의 근본이다."

위 구절에 담긴 입장을 기준으로 보면 효는 윗사람에 대한 절대 복종으로 연결된다. 곧 종족 윤리의 기본이 되는 연장자에 대한 예우는 물론이고 신분 사회의 엄격한 상하 관계까지 포괄적으로 인정하는 것이다. 하지만 이 구절만을 근거로 효를 복종의 윤리라고 보는 것은 성급한 판단이다. 왜냐하면 원래부터 효란 가족 윤리 또는 종족 윤리로서 사회 윤리였던 충보다 우선시되었을 뿐만 아니라, 유교의 기본 입장은 설사 부모의 명령이라 하더라도 옳고 그름을 가리지 않는 맹목적인 복종은 그 자체가 불효라고 보았기 때문이다.

유교에서는 부모와 자식의 관계가 자연에 의해서 결정된다고 한다. 이 때문에 부모와 자식의 관계는 인위적으로 끊을 수 없다고 본다. 이에 비해 임금과 신하의 관계는 공동의 목표를 위한 관계로서 의리에 의해서 맺어진 관계로 본다. 의리가 맞지 않는다면 언제라도 끊을 수 있다고 생각하는 것이다.

① 효는 봉건 가부장제 사회에서 비롯한 일차적 인간관계이다.
② 효는 부모와 자식 간의 관계이므로 조건 없는 신뢰에 기초한 덕목이다.
③ 윗사람에 대한 복종을 절대시하지 않는 것이 유교적 윤리의 한 바탕이다.
④ 충의 도리를 다함으로써 효의 도리에 도달할 수 있다는 것이 인의 이치이다.

　　세잔이, 사라졌다고 느낀 것은 균형과 질서의 감각이다. 인상주의자들은 순간순간의 감각에만 너무 사로잡힌 나머지 자연의 굳건하고 지속적인 형태는 소홀히했다고 느꼈던 것이다. 반 고흐는 인상주의가 시각적 인상에만 집착하여 빛과 색의 광학적 성질만을 탐구한 나머지 미술의 강렬한 정열을 상실하게 될 위험에 처했다고 느꼈다. 마지막으로 고갱은 그가 본 인생과 예술 전부에 대해 철저하게 불만을 느꼈다. 그는 더 단순하고 더 솔직한 어떤 것을 열망했고 그것을 원시인들 속에서 발견할 수 있으리라고 기대했다. 이 세 사람의 화가가 모색했던 제각각의 해법은 세 가지 현대 미술 운동의 이념적 바탕이 되었다. 세잔의 해결 방법은 프랑스에 기원을 둔 입체주의(cubism)를 일으켰고, 반 고흐의 방법은 독일 중심의 표현주의(expressionism)를 일으켰다. 고갱의 해결 방법은 다양한 형태의 프리미티비즘(primitivism)을 이끌어 냈다.

① 세잔은 인상주의가 균형과 질서의 감각을 잃었다고 생각했다.

② 고흐는 인상주의가 강렬한 정열을 상실할 위험에 처했다고 생각했다.

③ 고갱은 인상주의가 충분히 솔직하고 단순했다고 생각했다.

④ 세잔, 고흐, 고갱은 인상주의의 문제를 극복하고자 각자 새로운 해결 방법을 모색했다.

　　동양의 음식 중에는 특별한 의미가 담긴 것들이 있다. 우리나라 대표적인 명절 음식 중 하나인 송편은 반달의 모습을 본뜬 음식으로 풍년과 발전을 상징한다. 『삼국사기』에 따르면, 백제 의자왕 때 궁궐 땅속에서 파낸 거북이 등에 쓰여 있는 '백제는 만월(滿月) 신라는 반달'이라는 글귀를 두고 점술사가 백제는 만월이라서 다음 날부터 쇠퇴하고 신라는 앞으로 크게 발전할 징표라고 해석했다고 한다. 결과적으로 점술가의 예언이 적중했다. 이때부터 반달은 더 나은 미래를 기원하는 뜻으로 쓰이며, 그러한 뜻을 담아 송편도 반달 모양의 떡으로 빚었다고 한다.

　　중국에서는 반달이 아닌 보름달 모양의 월병을 빚어 즐겨 먹었다. 옛날에 월병은 송편과 마찬가지로 제수 용품이었다. 점차 제례 음식으로서 위상을 잃었지만 모든 가족이 모여 보름달을 바라보면서 함께 나눠 먹는 음식으로 자리 잡았다. 이 때문에 보름달 모양의 월병은 둥근 원탁에 온가족이 모인 것을 상징한다. 한국에서 지역의 단합을 위해 수천 명 분의 비빔밥을 만들듯이 중국에서는 수천 명이 먹을 수 있는 월병을 만들 정도로 이는 의미 있는 음식으로 대접 받고 있다.

① 중국의 월병은 제수 음식으로서의 명맥을 유지하고 있다.

② 신라인들은 더 나은 미래를 기원하는 마음을 담아 송편을 빚었다.

③ 중국의 월병은 한국에서 비빔밥을 만들어 먹는 것을 본떠 만든 음식이다.

④ 『삼국사기』에 따르면 점술가의 예언 덕분에 신라가 크게 발전할 수 있었다.

28 밑줄 친 부분의 이유에 대한 필자의 견해로 볼 수 없는 것은?

18 지방직 9급

> 관리가 본디부터 간악한 것이 아니다. 그들을 간악하게 만드는 것은 법이다. 간악함이 생기는 이유는 이루다 열거할 수 없다. 대체로 직책은 하찮은데도 재주가 넘치면 간악하게 되며, 지위는 낮은데도 아는 것이 많으면 간악하게 되며, 노력을 조금 들였는데도 효과가 신속하면 간악하게 되며, 자신은 그 자리에 오랫동안 있는데 자신을 감독하는 사람이 자주 교체되면 간악하게 되며, 자신을 감독하는 사람의 행동이 또한 정도에서 나오지 않으면 간악하게 되며, 아래에 자신의 무리는 많은데 윗사람이 외롭고 어리석으면 간악하게 되며, 자신을 미워하는 사람이 자신보다 약하여 두려워하면서 잘못을 밝히지 않으면 간악하게 되며, 자신이 꺼리는 사람이 같이 죄를 범하였는데도 서로 버티면서 죄를 밝히지 않으면 간악하게 되며, 형벌에 원칙이 없고 염치가 확립되지 않으면 간악하게 된다. …(중략)… <u>간악함이 일어나기 쉬운 것이 대체로 이러하다.</u>

① 노력은 적게 들이고 성과를 빨리 얻는다.
② 자신이 범한 과오를 감추고 남의 잘못을 드러낸다.
③ 자신은 같은 자리에 있으나 감독자가 자주 교체된다.
④ 자신의 세력이 밑에서 강한 반면 상부는 외롭고 우매하다.

29 다음 글에서 알 수 없는 것은?

18 지방직 9급

> 되새김 동물인 무스(moose)의 경우, 위에서 음식물이 잘 소화되게 하려면 움직여서는 안 된다. 무스의 위는 네 개의 방으로 나누어져 있는데, 위에서 나뭇잎, 풀줄기, 잡초 같은 섬유질이 많은 먹이를 소화하려면 꼼짝 않고 한곳에 가만히 있어야 하는 것이다. 한편, 미국 남서부의 사막 지대에 사는 갈퀴발도마뱀은 모래 위로 눈만 빼꼼 내놓고 몇 시간 동안이나 움직이지 않는다. 그렇게 있으면 따뜻한 모래가 도마뱀의 기운을 북돋아 준다. 곤충이 지나가면 도마뱀이 모래에서 나가 잡아먹을 수 있도록 에너지를 충전해 주는 것이다. 반대로 갈퀴발도마뱀의 포식자인 뱀이 다가오면, 그 도마뱀은 사냥할 기운을 얻기 위해 움직이지 않았을 때의 경험을 되살려 호흡과 심장 박동을 일시적으로 멈추고 죽은 시늉을 한다. 갈퀴발도마뱀은 모래 속에 몸을 묻고 움직이지 않기 때문에 수분의 손실을 줄이고 사막 짐승들의 끊임없는 위협에서 벗어날 수 있는 것이다.

① 무스가 움직이지 않는 것은 생존을 위한 선택이다.
② 무스는 소화를 잘 시키기 위해 식물을 가려먹는 습성을 가지고 있다.
③ 갈퀴발도마뱀은 움직이지 않는 방식으로 먹이를 구한다.
④ 갈퀴발도마뱀은 모래 속에 몸을 묻을 때 생존 확률을 높일 수 있다.

심리학에서는 동조(同調)가 일어나는 이유를 크게 두 가지로 설명한다. 첫째는, 사람들은 자기가 확실히 알지 못하는 일에 대해 남이 하는 대로 따라 하면 적어도 손해를 보지는 않는다고 생각한다는 것이다. 둘째는, 어떤 집단이 그 구성원들을 이끌어 나가는 질서나 규범 같은 힘을 가지고 있을 때, 그러한 집단의 압력 때문에 동조 현상이 일어난다는 것이다. 만약 어떤 개인이 그 힘을 인정하지 않는다면 그는 집단에서 배척당하기 쉽다. 이런 사정 때문에 사람들은 집단으로부터 소외되지 않기 위해서 동조를 하게 된다. 여기서 주목할 것은 자신이 믿지 않거나 옳지 않다고 생각하는 문제에 대해서도 동조의 입장을 취하게 된다는 것이다.

동조는 개인의 심리 작용에 영향을 미치는 요인이 무엇이냐에 따라 그 강도가 다르게 나타난다. 가지고 있는 정보가 부족하여 어떤 판단을 내리기 어려운 상황일수록, 자신의 판단에 대한 확신이 들지 않을수록 동조 현상은 강하게 나타난다. 또한 집단의 구성원 수가 많거나 그 결속력이 강할 때, 특정 정보를 제공하는 사람의 권위와 지위, 그에 대한 신뢰도가 높을 때도 동조 현상은 강하게 나타난다. 그리고 어떤 문제에 대한 집단 구성원들의 만장일치 여부도 동조에 큰 영향을 미치게 되는데, 만약 이때 단 한 명이라도 이탈자가 생기면 동조의 정도는 급격히 약화된다.

① 영희: 줄 서기의 경우, 줄을 서 있는 사람이 많을수록 나중에 오는 사람들이 그 줄 뒤에 설 확률이 더 높아.
② 철수: 특히 응집력이 강한 집단에 항거하는 것은 더 어려운 일이야. 이런 경우, 동조 압력은 더 강할 수밖에 없겠지.
③ 갑순: 동조 현상에 영향을 미치는 요인은 우매한 조직의 결속력보다 개인의 신념이라고 볼 수 있겠군.
④ 갑돌: 아침에 수많은 정류장 중 어디에서 공항버스를 타야 할지 몰랐는데 스튜어디스 차림의 여성이 향하는 정류장 쪽으로 따라갔었어. 이 경우, 그 스튜어디스 복장이 신뢰도를 높였다고 할 수 있겠네.

소설의 출현은 사적 생활이라는 개념의 출현과 밀접한 관련이 있다. 왜냐하면 소설 읽기와 쓰기에 있어 사적 생활은 필수적인 까닭이다. 어쩌면 사적 생산과 소비 형태 탓에 사생활은 소설이라는 장르의 태동 때부터 소설의 중심 주제였는지도 모른다. 혹은 이와는 반대로 사적 경험이라는 비교적 새로운 개념을 탐색해야 할 필요 탓에 소설이 생긴 것인지도 모른다. …(중략)… 사적 공간은 개인, 가족, 친구, 그리고 자기 자신 등과의 교류에 필요한 은밀한 공간이 실제 생활 속에 구현되도록 도왔다. 자기만의 내적인 것에 대한 추구는 사람들의 이상이 되었고 점점 그 중요성이 커지면서 사람들의 존재 방식과 글쓰기 행태에 변화를 요구하였다.

이전의 지배적 문학 형태인 서사시, 서정시, 희곡 등과는 달리 소설은 낭독하는 전통이 없었다. 또한 낭독을 이상으로 삼지도 않고, 청중의 참여를 전제로 하지도 않았다. 소설 장르는 여럿이 함께 모여 문학 작품을 감상하는 청중 개념의 붕괴와 밀접한 관련이 있다. 19세기는 르네상스 시대와 17세기와는 달리 공통의 규범과 가치를 나누는 단일 사회가 아니었다. 따라서 청중이 한자리에 모여 동일한 가치를 나누는 일이 점차 불가능해졌다. 혼자 소리 내지 않고 책을 읽기 시작했다는 것은 사람들이 이미 사적 생활에 상당한 의미를 두게 되었음을 뜻한다. …(중략)…

이러한 사적 경험으로서의 책 읽기에 대응되어 나타난 것이 사적인 글쓰기였다. 사적으로 글을 쓸 경우 작가는 이야기꾼, 음유 시인, 극작가들과 달리 청중들로부터 아무런 즉각적 반응도 얻을 수 없다. 인류학자, 언어학자들에 의하면 언어의 의미는 그것을 쓸 때의 상황에 크게 좌우된다고 한다. 그러나 글쓰기, 그중에도 특히 인쇄에 의해 복제된 글쓰기는 작가에게서 떨어져 나와 결국 아무에게도 속하지 않는 자율적 담론을 창조하게 되었다.

① 사적인 글쓰기의 출현으로 작가는 독자와 직접 소통할 수 있게 되었다.
② 자기만의 내적인 것에 대한 추구가 새로운 형태의 글쓰기를 요구하였다.
③ 소설은 사적 공간에서의 책 읽기와 글쓰기가 가능해진 시기에 출현하였다.
④ 희곡작가는 낭독을 통해 청중들과 교류하며 공통의 규범과 가치를 나누고자 하였다.

우리는 우리가 생각한 것을 말로 나타낸다. 또 다른 사람의 말을 듣고, 그 사람이 무슨 생각을 가지고 있는가를 짐작한다. 그러므로 생각과 말은 서로 떨어질 수 없는 깊은 관계를 가지고 있다.

그러면 말과 생각이 얼마만큼 깊은 관계를 가지고 있을까? 이 문제를 놓고 사람들은 오랫동안 여러 가지 생각을 하였다. 그 가운데 가장 두드러진 것이 두 가지 있다. 그 하나는 말과 생각이 서로 꼭 달라붙은 쌍둥이인데 한 놈은 생각이 되어 속에 감추어져 있고 다른 한 놈은 말이 되어 사람 귀에 들리는 것이라는 생각이다. 다른 하나는 생각이 큰 그릇이고 말은 생각 속에 들어가는 작은 그릇이어서 생각에는 말 이외에도 다른 것이 더 있다는 생각이다.

이 두 가지 생각 가운데서 앞의 것은 조금만 깊이 생각해 보면 틀렸다는 것을 즉시 깨달을 수 있다. 우리가 생각한 것은 거의 대부분 말로 나타낼 수 있지만, 누구든지 가슴 속에 응어리진 어떤 생각이 분명히 있기는 한데 그것을 어떻게 말로 표현해야 할지 애태운 경험을 가지고 있을 것이다. 이것 한 가지만 보더라도 말과 생각이 서로 안팎을 이루는 쌍둥이가 아님은 쉽게 판명된다.

인간의 생각이라는 것은 매우 넓고 큰 것이며 말이란 결국 생각의 일부분을 주워 담는 작은 그릇에 지나지 않는다. 그러나 아무리 인간의 생각이 말보다 범위가 넓고 큰 것이라고 하여도 그것을 가능한 한 말로 바꾸어 놓지 않으면 그 생각의 위대함이나 오묘함이 다른 사람에게 전달되지 않기 때문에 생각이 형님이요, 말이 동생이라고 할지라도 생각은 동생의 신세를 지지 않을 수가 없게 되어 있다. 그러니 말을 통하지 않고는 생각을 전달할 수가 없는 것이다.

① 말은 생각보다 범위가 좁다.
② 말은 생각을 나타내는 매개체이다.
③ 말과 생각은 불가분의 관계에 놓여 있다.
④ 말을 통하지 않고도 얼마든지 생각을 전달할 수 있다.

미적인 것이란 내재적이고 선험적인 예술 작품의 특성을 밝히는 데서 더 나아가 삶의 풍부하고 생동적인 양상과 가치, 목표를 예술 형식으로 변환한 것이다. 미(美)는 어떤 맥락으로부터도 자율적이기도 하지만 타율적이다. 미에 대한 자율적 견해를 지닌 칸트도 일견 타당하지만, 미를 도덕이나 목적론과 연관시킨 톨스토이나 마르크스도 타당하다. 우리가 길을 지나다 이름 모를 곡을 듣고서 아름답다고 느끼는 것처럼 순수미의 영역이 없는 것은 아니다. 하지만 그 곡이 독재자를 열렬히 지지하기 위한 선전곡이었음을 안 다음부터 그 곡을 혐오하듯 미(美) 또한 사회 경제적, 문화적 맥락의 영향을 받기도 한다.

① 시는 정제된 시어와 운율을 통하여 감상해야 한다.
② 시는 사회의 모순을 고발할 수 있고, 개혁의 전망도 제시할 수 있다.
③ 시를 읽으면 시인과의 대화를 통해 정서적 성장을 도모할 수 있다.
④ 시를 감상하기 위해서는 당시의 사회 상황을 알아야 한다.

PART 6

비문학

하나의 패러다임의 형성은 당초에는 불완전하며, 다만 이후 연구의 방향을 제시하고 소수 특정 부분의 성공적인 결과를 약속할 수 있을 뿐이다. 그러나 패러다임의 정착은 연구의 정밀화, 집중화 등을 통하여 자기 지식을 확장해 가며 차츰 폭 넓은 이론 체계를 구축한다.

이처럼 과학자들이 패러다임을 기반으로 하여 연구를 진척시키는 것을 쿤은 '정상 과학'이라고 부른다. 기초적인 전제가 확립되었으므로 과학자들은 이 시기에 상당히 심오한 문제의 작은 영역들에 집중함으로써, 그렇지 않았더라면 상상조차 못했을 자연의 어느 부분을 깊이 있게 탐구하게 된다. 그에 따라 각종 실험 장치들도 정밀해지고 다양해지며, 문제를 해결해 가는 특정 기법과 규칙들이 만들어진다. 연구는 이제 혼란으로서의 다양성이 아니라, 이론과 자연 현상을 일치시켜 가는 지식의 확장으로서의 다양성을 이루게 된다.

그러나 정상 과학은 완성된 과학이 아니다. 과학적 사고방식과 관습, 기법 등이 하나의 기반으로 통일돼 있다는 것일 뿐 해결해야 할 과제는 무수하다. 패러다임이란 과학자들 사이의 세계관의 통일이지 세계에 대한 해석의 끝은 아닌 것이다.

그렇다면 정상 과학의 시기에는 어떤 연구가 어떻게 이루어지는가? 정상 과학의 시기에는 이미 이론의 핵심 부분들은 정립돼 있다. 따라서 과학자들의 연구는 근본적인 새로움을 좇아가지는 않으며, 다만 연구의 세부 내용이 좀 더 깊어지거나 넓어질 뿐이다. 이러한 시기에 과학자들의 열정과 헌신성은 무엇으로 유지될 수 있을까? 연구가 고작 예측된 결과를 좇아갈 뿐이고, 예측된 결과가 나오지 않으면 실패라고 규정되는 상태에서 과학의 발전은 어떻게 이루어지는가?

쿤은 이 물음에 대하여 '수수께끼 풀이'라는 대답을 준비한다. 어떤 현상의 결과가 충분히 예측된다 할지라도 정작 그 예측이 달성되는 세세한 과정은 대개 의문 속에 있게 마련이다. 자연 현상의 전 과정을 우리가 일목요연하게 알고 있는 것은 아니기 때문이다. 이론으로서의 예측 결과와 실제의 현상을 일치시켜 보기 위해서는 여러 복합적인 기기적, 개념적, 수학적인 방법이 필요하다. 이것이 수수께끼 풀이이다.

① 여러 가지 상반된 시각의 학설이 등장하여 이론이 다양해지고 풍성해진다.
② 과학적 패러다임의 정착으로 이론의 핵심 부분들이 정립되어 있다.
③ 이 시기의 패러다임의 형성은 처음에는 불완전하나 후속 연구를 통해 세계를 완전히 해석할 수 있는 과학으로 발전된다.

④ 예측된 결과만을 좇을 수밖에 없기 때문에 과학자들의 열정과 헌신성이 낮아진다.

─── 〈보 기〉 ───

'무지개'를 '공중에 떠 있는 물방울이 햇빛을 받아 나타나는, 반원 모양의 일곱 빛깔의 줄'이라고 사전적으로 풀이하면, '무지개'가 우리에게 주는 아름다운 연상이 사라질 정도로 '무지개'는 아름다운 우리말이다. 국어의 역사를 잘 알지 못하면 '무지개'가 '물'과 '지개'로 분석될 수 있다는 사실에 언뜻 수긍하지 못할 것이다. '무지개'는 원래 '물'과 '지개'의 합성어인데, 'ㅈ' 앞에서 'ㄹ'이 탈락하여 '무지개'가 되었다. '무지개'에 '물'이 관계되는 것에 이의를 달 사람은 없을 것이므로, '물'은 이해가 되겠는데, '지개'는 무엇이냐고 묻는 사람이 있을 것이다. 문헌에 처음 보이는 형태는 '므지개'인데, 15세기 『용비어천가』나 『석보상절』과 같은 훈민정음 창제 초기의 문헌에 등장한다. '물[水]'의 15세기 형태인 '믈'에 '지게'가 합쳐진 것으로, '지게'의 'ㅈ' 앞에서 '믈'의 'ㄹ'이 탈락한 것이다.

① '물'의 'ㄹ'이 '지개'의 'ㅈ' 앞에서 탈락한 것이라면, 탈락의 조건은 무엇일까?
② '지개'가 '지게'에서 온 말이라면, 'ㅔ'와 'ㅐ'의 차이는 어떻게 설명할까?
③ '무지개'가 '물'과 '지게'가 합쳐져 변화한 말이라면, 변화한 때는 언제일까?
④ '무지개가 뜨다', '무지개가 걸리다'는 표현은 적절한 표현일까?

36 다음 밑줄 친 부분의 의미를 풀어 쓴 것으로 적절한 것은?

지방직 9급

2004년 1월 태국에서는 한 소년이 극심한 폐렴 증세로 사망했다. 소년의 폐는 완전히 망가져 흐물흐물해져 있었다. 분석 결과, 이전까지 인간이 감염된 적이 없는 인플루엔자 바이러스가 원인으로 밝혀졌다. 소년은 공식적으로 고병원성 조류 인플루엔자 바이러스, H5N1의 첫 사망자가 되었다. 계절 독감으로 익숙한 인플루엔자 바이러스가 이렇게 치명적일 수 있었던 것은 인간의 면역 반응 때문이다. 인류 역사상 단 한 번도 만나본 적이 없는 새로운 바이러스가 침입하자 면역계가 과민 반응을 일으켜 도리어 인체에 해를 끼친 것이다. 이런 현상을 '사이토카인 폭풍'이라 부른다. 사이토카인 폭풍은 면역 능력이 강한 젊은 층일수록 더 세게 일어난다.

만약 집에 ㉠ 좀도둑이 들었다면 작은 손해를 각오하고 인기척을 내 도둑 스스로 도망가게 하는 것이 상책이다. 그런데 만약 ㉡ 몽둥이를 들고 도둑과 싸우려 든다면 도둑은 ㉢ 강도로 돌변한다. 인체가 H5N1에 감염되면 똑같은 일이 벌어진다. 처음으로 새가 아닌 다른 숙주 몸속에 들어온 바이러스는 과민 반응한 면역계와 죽기 살기로 싸운다. 그 결과 50%가 넘는 승률로 바이러스가 승리한다. 그러나 ㉣ 승리의 대가는 비싸다. 숙주가 죽어 버렸기 때문에 바이러스 역시 함께 죽어야만 한다. 이것이 바로 악명을 떨치면서도 조류 독감의 사망 환자 수가 전 세계에서 400명을 넘기지 않는 이유다. 이 질병이 아직 사람 사이에서 감염되는 사례가 나타나지 않은 이유도 바이러스가 인체라는 새로운 숙주에 적응하지 못했기 때문으로 추정할 수 있다.

① ㉠: 면역계의 과민 반응
② ㉡: 계절 독감
③ ㉢: 치명적 바이러스
④ ㉣: 극심한 폐렴 증세

37 다음 글을 통해서 답을 찾을 수 없는 질문은? 지방직 9급

해안에서 밀물에 의해 해수가 해안선에 제일 높게 들어온 곳과 썰물에 의해 제일 낮게 빠진 곳의 사이에 해당하는 부분을 조간대라고 한다. 지구상에서 생물이 살기에 열악한 환경 중 한 곳이 바로 이 조간대이다. 이곳의 생물들은 물에 잠겨 있을 때와 공기 중에 노출될 때라는 상반된 환경에 삶을 맞춰야 한다. 또한 갯바위에 부서지는 파도의 파괴력도 견뎌야 한다. 또한 빗물이라도 고이면 민물이라는 환경에도 적응해야 하며, 강한 햇볕으로 바닷물이 증발하고 난 다음에는 염분으로 범벅된 몸을 추슬러야 한다. 이러한 극단적이고 변화무쌍한 환경에 적응할 수 있는 생물만이 조간대에서 살 수 있다.

조간대는 높이에 따라 상부, 중부, 하부로 나뉜다. 바다로부터 가장 높은 곳인 상부는 파도가 강해야만 물이 겨우 닿는 곳이다. 그래서 조간대 상부에 사는 생명체는 뜨거운 태양열을 견뎌야 한다. 중부는 만조 때에는 물에 잠기지만 간조 때에는 공기 중에 노출되는 곳이다. 그런데 물이 빠져 공기 중에 노출되었다 해도 파도에 의해 어느 정도의 수분은 공급된다. 가장 아래에 위치한 하부는 간조시를 제외하고는 항상 물에 잠겨 있다. 땅위 환경의 영향을 적게 받는다는 점에선 다소 안정적이긴 해도 파도의 파괴력을 이겨내기 위해 강한 부착력을 지녀야 한다는 점에서 생존이 쉽지 않은 곳이다.

조간대에 사는 생물들은 불안정하고 척박한 바다 환경에 적응하기 위해 높이에 따라 수직으로 종이 분포한다. 조간대를 찾았을 때 총알고둥류와 따개비들을 발견했다면 그곳이 조간대에서 물이 가장 높이 올라오는 지점인 것이다. 이들은 상당 시간 물 밖에 노출되어도 수분 손실을 막기 위해 패각과 덮개 판을 꼭 닫은 채 물이 밀려올 때까지 버텨낼 수 있다.

① 조간대에서 총알고둥류가 사는 곳은 어느 지점인가?
② 조간대의 중부에 사는 생물에는 어떠한 것이 있는가?
③ 조간대에서 높이에 따라 생물의 종이 수직으로 분포하는 이유는 무엇인가?
④ 조간대에 사는 생물들이 견뎌야 하는 환경적 조건에는 어떠한 것이 있는가?

2 제목, 주제 및 중심내용 파악하기

해설편 p. 083

제목 파악하기   기출빈도 ★☆☆

01 다음 중 아래 글의 제목으로 가장 옳은 것은?   22 군무원 9급

방정식이라는 단어는 '정치권의 통합 방정식', '경영에서의 성공 방정식', '영화의 흥행 방정식' 등 다양한 분야에서 애용된다. 수학의 방정식은 문자를 포함하는 등식에서 문자의 값에 따라 등식이 참이 되기도 하고 거짓이 되기도 하는 경우를 말한다. 통합 방정식의 경우, 통합을 하는 데 여러 변수가 있고 변수에 따라 통합이 성공하거나 실패할 수 있으므로 방정식이라는 표현은 대체로 적절하다.

그런데 방정식은 '변수가 많은 고차 방정식', '국내·국제·남북 관계의 3차 방정식'이란 표현에서 보듯이 차수와 함께 거론되기도 한다. 엄밀하게 따지면 변수의 개수와 방정식의 차수는 무관하다. 변수가 1개라도 고차 방정식이 될 수 있고 변수가 많아도 1차 방정식이 될 수 있다. 따라서 상황에 영향을 미치는 변수의 개수에 따라 m원 방정식으로, 상황의 복잡도에 따라 n차 방정식으로 구분할 필요가 있다. 또 4차 방정식까지는 근의 공식, 즉 일반해가 존재하므로 해를 구할 수 없을 정도의 난맥상이라면 5차 방정식 이상이라는 표현이 안전하다.

① 수학 용어의 올바른 활용
② 실생활에서의 수학 공식의 적용
③ 방정식의 정의와 구성 요소
④ 수학 용어의 추상성과 엄밀성

02 다음 글의 제목으로 가장 적절한 것은?   19 지방직 9급

계몽주의 사상가들은 명백히 모순되는 두 개의 견해를 취했다. 그들은 인간의 위치를 자연계 안에서 해명하려고 애썼다. 역사의 법칙이란 것을 자연의 법칙과 동일한 것으로 여겼다. 다른 한편, 그들은 진보를 믿었다. 그렇다면 그들이 자연을 진보하는 것으로, 다시 말해 끊임없이 어떤 목적을 향해서 전진하는 것으로 받아들인 데에는 어떤 근거가 있었던가? 헤겔은 역사는 진보하는 것이고 자연은 진보하지 않는 것이라고 뚜렷이 구분했다. 반면, 다윈은 진화와 진보를 동일한 것으로 주장함으로써 모든 혼란을 정리한 듯했다. 자연도 역사와 마찬가지로 진보하는 것으로 본 것이다. 그러나 이것은 진화의 원천인 생물학적인 유전(biological inheritance)을 역사에서의 진보의 원천인 사회적인 획득(social acquisition)과 혼동함으로써 훨씬 더 심각한 오해에 이를 수 있는 길을 열어 놓았다. 오늘날 그 둘이 분명히 구별된다는 것은 익히 알려진 것이다.

① 자연의 진보에 대한 증거
② 인간 유전의 사회적 의미
③ 역사의 법칙과 자연의 법칙
④ 진보와 진화에 관한 견해들

03 다음 글의 주제로 가장 적절한 것은?   22 지방직 9급

예전에 '혐오'는 대중에게 관심을 끄는 말이 아니었지만, 요즘에는 익숙하게 듣는 말이 되었다. 이는 과거에 혐오가 존재하지 않았다는 말이 아니다. 단지 최근 몇 년 사이에 이 문제가 폭발하듯 가시화되었다는 뜻이다. 혐오 현상은 외계에서 뚝 떨어진 괴물이 만들어 낸 것이 아니라, 거기엔 자체의 역사와 사회적 배경이 반드시 선행한다.

이 문제를 바라볼 때 주의 사항이 있다. 혐오나 증오라는 특정 감정에 집착해선 안 된다는 것이다. 혐오가 주제인데 거기에 집중하지 말라니, 얼핏 이율배반처럼 들리지만 이는 매우 중요한 포인트다. 왜 혐오가 나쁘냐고 물어보면 많은 사람들은 이렇게 답한다. "나쁜 감정이니까 나쁘다.", "약자와 소수자를 차별하게 만드니까 나쁘다." 이 대답들은 분명 선량한 마음에서 나온 것이다. 하지만 문제의 성격을 오인하게 만들 수 있다. 혐오나 증오라는 감정에 집중할수록 우리 '달을 가리키는 손가락만 바라보는' 잘못을 범하기 쉬워진다.

인과관계를 혼동하면 곤란하다. 우리가 문제시하고 있는 각종 혐오는 자연 발생한 게 아니라 사회적으로 형성된 감정이다. 사회문제의 기원이나 원인이 아니라, 발현이며 결과다. 더 정확히 말하자면 혐오는 증상이다. 증상을 관찰하는 일은 중요하지만 거기에만 매몰되면 곤란하다. 우리는 혐오나 증오 그 자체를 사회악으로 지목해 도덕적으로 지탄하는 데서 그치지 말아야 한다.

① 혐오 현상에는 인과관계가 존재하지 않는다.
② 혐오 현상은 선량한 마음으로 바라보아야 한다.
③ 혐오 현상을 만들어 내는 근본 원인을 찾아야 한다.
④ 혐오라는 감정에 집중할수록 사회문제는 잘 보인다.

04 〈보기〉에서 말하고자 하는 바로 가장 적절한 것은?   22 서울시 9급 2월

─ 〈 보 기 〉 ─

기존의 대부분의 일제 시기 근대화 문제에 관한 연구는 다양한 입장 차이에도 불구하고 대단히 대립적인 두 가지 주장으로 정리될 수 있다. 즉 일제가 조선을 지배하지 않았다면 조선에서는 근대적 변혁이 제대로 이루어지지 않았을 것이라는 주장과, 일제의 조선 지배는 한국 근대화를 압살하였기 때문에 결국 근대는 해방 이후부터 시작될 수밖에 없었다는 주장이 그것이다. 두 주장 모두 일제의 조선 지배에도 불구하고 조선인들이 주체적으로 대응했던 역사가 탈락되어 있다. 일제 시기의 역사가 한국 역사의 일부가 되기 위해서는 민족 해방 운동 같은 적극적인 항일 운동뿐만 아니라, 지배의 억압 속에서도 치열하게 삶을 영위해 가면서 자기 발전을 도모해 나간 조선인의 역사도 정당하게 평가되지 않으면 안 된다.

① 일제의 조선 지배는 한국에게서 근대화의 기회를 빼앗았다.
② 일제의 지배에 주체적으로 대응한 조선인의 역사도 정당하게 평가되어야 한다.
③ 일제가 조선을 지배하지 않았다면 조선에서는 근대화가 이루어지지 않았을 것이다.
④ 조선인들은 일제하에서도 적극적인 항일 운동으로 역사에 주체적으로 대응해 나갔다.

05 〈보기〉의 ㉠~㉣ 중 이 글의 주제문으로 가장 적절한 것은?   22 서울시 9급 6월

─ 〈 보 기 〉 ─

㉠ 남녀평등 문제는 앞으로 별 의미를 갖지 못할 것이다. ㉡ 현재의 출산율은 1.17명이다. 한 부부가 아들과 딸 중 하나를 낳아 기른다는 걸 의미한다. 아들 선호 사상이야 사라지지 않겠지만 평등 문제는 크게 개선될 것이다. ㉢ 높아진 평등의식도 긍정적 요인이다. 최근 각계에 여성 진출이 두드러지고 있는 것은 이런 앞날을 예고하는 것이다. ㉣ 내 딸만큼은 나처럼 키우지 않겠다는 한국 어머니들의 한(恨)이 높은 여성교육 열기로 이어지고 쌓인 결과이기도 하다.

① ㉠   ② ㉡
③ ㉢   ④ ㉣

PART 6

비문학

인공지능(AI)은 비즈니스 패러다임을 획기적으로 바꾸고 있다. 인공지능은 생물학 분야에도 광범위하게 영향을 미칠 것이며, 애완동물이 인공지능(AI)으로 대체될 수도 있을 것이다. 인공지능(AI)은 스스로 수학도 풀고 글도 쓰고 바둑을 두며 사람을 이길 수도 있다. 어느 영화에서처럼 실제로 인간관계를 대신할 수도 있다. 인공지능(AI)은 배우면서 성장할 수도 있다. 인공지능(AI)이 사람보다 똑똑해질 수 있을지도 모른다.

인공지능(AI)이 사람보다 똑똑해질 수 있는지는 차치하고, 인공지능(AI)이 사람을 게으르게 만들 수도 있지 않을까? 이 게으름은 우리의 건강과 행복, 그리고 일상생활의 패턴을 바꿔 놓을 수도 있다.

인공지능(AI)이 앱을 통해 좀 더 편리한 삶을 제공하여 사람의 뇌를 어떻게 바꾸는지를 일상에서 보여 주는 대표적 사례가 바로 GPS다. 불과 몇 년 전만 해도 지도를 보고 스스로 거리를 가늠하고 도착 시간을 계산했던 운전자들은 이 내비게이션의 등장으로 어디에서 어떻게 가라는 기계 속 음성에 전적으로 의존하기 시작했다. 예전의 방식으로도 충분히 잘 찾아가던 길에서조차 습관적으로 내비게이션을 켠다. 이것이 없으면 자주 다니던 길도 제대로 찾지 못하고 멀쩡한 어른도 길을 잃는다.

이와 같이 기계에 의존해서 인간이 살아가는 사례는 오늘날 우리의 두뇌가 게을러진 것을 보여 주는 여러 사례 가운데 하나일 뿐이다. 삶을 더 편하게 해 준다며 지름길을 제시하는 도구들이 도리어 우리의 기억력과 창조력을 퇴보시키고 있다. 인간을 태만하고 나태하게 만들어 뇌의 가장 뛰어난 영역인 상상력을 활용하지 않도록 만드는 것이다.

① 인간의 인공지능(AI)에 대한 독립성은 지속적으로 증가하게 될 것이다.
② 인공지능(AI)으로 인해 인간의 두뇌가 게을러지는 부작용이 발생하게 될 것이다.
③ 인공지능(AI)은 인간을 능가하는 사고력을 가질 것이다.
④ 인공지능(AI)은 궁극적으로 상상력을 가지게 될 것이다.

이제 우리는 세계의 변방이 아니다. 세계화는 점점 더, 과거와는 분명 다르게 우리가 주목과 관심의 대상이 되는 방향으로 진행되고 있다. 이제 한국은 더 이상 '작은 나라'라고만 생각하지 않게 되었다. 한국인의 예술성을 세계에서 인정하고 있는 지금 이 시기에 가장 중요한 것은 무엇일까? 그 무엇보다 시급한 것이 바로 '전략'이다. 지금이야말로 세계 시장에 우리의 예술을 알릴 수 있는 기회가 왔고, 우리만의 전략이 필요한 시기가 왔다.

한국인의 끼는 각별하다. 신바람, 신명풀이가문 화유전자로 등록되어 있는 민족이다. 게다가 신이 나면 어깨춤 덩실덩실 추던 그 어깨 너머로 쓱 보고도 뚝딱 뭔가 만들어낼 줄 아는 재주와 감각도 있고, 문화선진국의 전문가들도 감탄하는 섬세한 재능과 디테일한 예술적 취향도 있다. 문화예술의 시대를 맞은 오늘날, 우리가 먹거리로 삼을 수 있고 상품화할 수 있는 바탕들이 다 갖추어진 유전자들이다. 선진이 선진이고 후진이 후진이면 역사는 바뀌지 않는다. 선진이 후진 되고 후진이 선진 될 때 시대가 바뀌고 새로운 역사가 시작되는 법이다. 우리 앞에 그런 전환점이 놓여 있다.

① 주어진 현실에 안주하는 실리감각
② 다가오는 미래에 대한 희망찬 포부
③ 냉엄한 국제질서에 따른 각박한 삶
④ 사라져 가는 미풍양속에 대한 아쉬움

기존의 의학적 연구는 건장한 성인 남성의 몸을 표준으로 삼아 이루어지는 경우가 많았다. 예를 들어 농약과 같은 화학 물질이 몸에 들어와 어떠한 변화를 일으키는지 검토한 연구에서 생리 주기에 따라 변화하는 여성 호르몬이 그 물질과 어떤 상호 작용을 일으킬 수 있는지는 고려되지 않았다. 자동차 충돌 사고를 인체 공학적으로 시뮬레이션할 때도 특정 연령대 남성의 몸이 연구 대상으로 사용되었고, 여성의 신체 특성이나 다양한 연령대 남성의 신체적 특성은 고려되지 않았다.

특정 연령대 성인 남성의 몸을 표준화된 인체로 여겼던 사고방식은 여러 문제점을 낳고 있다. 예를 들어 대사율, 피부와 조직 두께 등을 감안한, 사람이 가장 효과적으로 일할 수 있는 사무실 온도는 21℃로 알려져 있다. 그런데 한 연구에서 남성과 여성 직장인에게 각각 선호하는 사무실 온도를 조사한 결과는 남성은 평균 22℃, 여성은 평균 25℃였다. 남성은 기존의 적정 실내 온도에 가까운 답을 했고, 여성은 더 따뜻한 사무실에서 일하기를 원했다.

이러한 차이의 이유는 무엇일까? 현재 적정 사무실 온도로 알려진 21℃는 1960년대 측정된 자료를 바탕으로 하는데, 당시 몸무게 70kg인 40세 성인 남성을 기준으로 측정된 것이다. 이러한 '표준화된 신체'를 가진 남성의 대사율은 여성이나 다른 연령대 남성들의 대사율과 다르고, 당연히 체내 열 생산의 양도 차이가 있다.

① 표준으로 삼은 대상이 나머지 대상의 특성까지 대표하지 못하므로 앞으로 의학적 연구를 하려면 하나의 표준을 정하기보다 가능한 한 다양한 대상을 선정해서 하는 것이 바람직하다.
② 현재 우리가 알고 있는 의학 지식 중에는 특정 표준 대상만을 연구한 결과인 것이 있으므로 앞으로 이런 의학 지식을 활용하려면 연구한 대상을 살펴봐서 그대로 활용할지를 결정하는 것이 바람직하다.
③ 성별이나 연령대 등에 따라 신체 조건이 같지 않으므로 근무 환경을 조성할 때 근무자들의 성별이나 연령대를 고려하는 것이 바람직하다.
④ 기존의 사무실 적정 실내 온도가 조사된 것보다 낮게 설정되어 있으므로 향후에 모든 공공 기관의 사무실 온도를 조정할 때 현재보다 설정 온도를 일률적으로 높이는 것이 바람직하다.

요즘 들어 사람들은 건강에 대한 많은 관심을 보이고 있다. 특히 운동을 통한 건강 유지에 대한 관심이 각별하다고 할 수 있다. 부지런히 뛰고 땀을 흠뻑 흘린 뒤에 느끼는 개운함을 좋아한다. 그렇지만 무조건 신체를 움직인다고 해서 다 운동이 되는 것은 아니다. 무리하게 움직이면 오히려 역효과를 가져온다. 그러므로 운동의 강도를 결정할 때는 자신의 신체 조건을 우선적으로 고려해야 한다. 자신의 체력에 비추어 신체 기능을 충분히 자극할 수는 있어야 하지만 부담이 지나치지 않게 해야 한다. 운동의 시간과 빈도는 개인의 생활양식에 의해 많은 영향을 받게 되지만, 일반적으로는 일주일에 한 번씩 오랜 운동 시간을 하는 것보다는 운동 시간이 짧더라도 빈도를 높여서 규칙적으로 움직이는 것이 운동의 효과를 높이는 데 효과적이다. 가장 바람직한 것은 매일 일정량의 운동을 실천하여 운동을 하나의 생활 습관으로 정착시키는 것이다.

① 운동의 효과는 운동의 빈도를 높일수록 좋다고 할 수 있으므로 가급적 쉬지 말고 부지런히 운동을 하는 것이 좋다.
② 운동의 효과를 높이기 위해서는 무리한 운동보다는 신체에 적절한 자극이 가해지는 운동을 생활 습관으로 정착시켜야 한다.
③ 신체를 무조건 움직인다고 해서 운동이 되는 것이 아니므로 자신의 신체 조건을 우선적으로 고려하여 운동의 강도를 결정한다.
④ 매일 일정량의 운동을 통해 운동을 생활습관으로 정착시키기 위해서는 운동의 긍정적인 측면과 부정적인 측면을 모두 고려해야 한다.

우리에게 친숙한 동물들의 사소한 행동을 살펴보면 그들이 자신의 환경을 개조한다는 것을 알 수 있다. 가장 단순한 생명체는 먹이가 그들에게 헤엄쳐 오게 만들고, 고등동물은 먹이를 구하기 위해 땅을 파거나 포획 대상을 추적하기도 한다. 이처럼 동물들은 자신의 목적을 위해 행동함으로써 환경을 변형시킨다. 이러한 생존 방식을 흔히 환경에 적응하는 것으로 설명한다. 그러나 이러한 설명은 생명체들이 그들의 환경 개변(改變)에 능동적으로 행동한다는 중요한 사실을 놓치고 있다.

가장 고등한 동물인 인간도 다른 생명체와 마찬가지로 생존이나 적응을 넘어서 환경에 대해 적극성을 보인다. 이는 인간의 세 가지 충동—사는 것, 잘 사는 것, 더 잘 사는 것—으로 인하여 가능하다. 잘 살기 위한 노력은 순응적이기보다는 능동적인 모습으로 나타나게 된다. 인간도 생명체이다. 더 잘 살기 위해서는 환경에 순응할 수만은 없다.

① 인간은 환경에 적응해 왔다.
② 삶의 기술은 생존을 위한 것이다.
③ 생명체는 환경을 능동적으로 변형한다.
④ 인간은 잘 사는 것을 삶의 목표로 한다.

예술 작품의 복제 기술이 좋아지고 있음에도 불구하고 원본을 보러 가는 이유는 무엇인가? 예술 작품의 특성상 원본 고유의 예술적 속성을 복제본에서는 느낄 수 없다고 생각하는 경향이 강하기 때문이다. 사진은 원본인지 복제본인지 중요하지 않지만, 회화는 붓 자국 하나하나가 중요하기 때문에 복제본이 원본을 대체할 수 없다고 생각하는 사람들이 많다.

그러나 이러한 생각은 잘못이다. 회화와 달리 사진의 경우, 보통은 '그 작품'이라고 지칭되는 사례들이 여러 개 있을 수 있다. 20세기 위대한 사진작가 빌 브란트가 마음만 먹었다면, 런던에 전시한 인화본의 조도를 더 낮추는 방식으로 다른 곳에 전시한 것과 다른 예술적 속성을 갖게 할 수 있었을 것이다. 이것은 사진의 경우, 작가가 재현적 특질을 선택하고 변형할 수 있는 방법이 다양함을 의미한다.

① 복제본의 예술적 가치는 원본을 뛰어넘을 수 없다.
② 복제 기술 덕분에 예술의 매체적 특성이 비슷해졌다.
③ 복제본의 재현적 특질을 변형하는 방법은 제한적이다.
④ 복제본도 원본과는 다른 별개의 예술적 특성을 담보할 수 있다.

'언문'은 실용 범위에 제약이 있었는데, 이런 현실은 '언간'에도 적용된다. '언간' 사용의 제약은 무엇보다 이것을 주고받은 사람의 성별(性別)에서 뚜렷이 드러난다. 15세기 후반 이래로 숱한 언간이 현전하지만 남성 간에 주고받은 언간은 찾아보기 어렵다. 이는 남성 간에는 한문 간찰이 오간 때문이나 남성이 공적인 영역을 독점했던 당시의 현실을 감안하면 '언문'이 공식성을 인정받지 못했던 사실과 상통한다. 결국 조선시대에는 언간의 발신자나 수신자 어느 한쪽으로 반드시 여성이 관여하는 특징을 보인다고 할 수 있다.

이러한 사용자의 성별 특징으로 인하여 종래 '언간'은 '내간'으로 일컬어지기도 하였다. 그러나 이러한 명칭 때문에 내간이 부녀자만을 상대로 하거나 부녀자끼리만 주고받은 편지로 오해되어서는 안 된다. 16, 17세기의 것만 하더라도 수신자는 왕이나 사대부를 비롯하여 한글 해독 능력이 있는 하층민에 이르기까지 거의 전 계층의 남성이 될 수 있었기 때문이다. 한문 간찰이 사대부 계층 이상 남성만의 전유물이었다면 언간은 특정 계층에 관계없이 남녀 모두의 공유물이었다고 할 수 있다.

① '언문'과 마찬가지로 '언간'의 실용 범위에는 제약이 있었다.
② 사용자의 성별 특징으로 인해 '언간'은 '내간'으로 일컬어졌다.
③ 언간은 특정 계층과 성별에 관계없이 이용된 의사소통 수단이었다.
④ 조선시대에는 언간의 발신자나 수신자 어느 한쪽으로 반드시 여성이 관여하는 특징을 보인다.

3 내용 추론 및 적용하기

해설편 p. 086

글의 내용 추론하기   기출빈도 ★★☆

01 다음 중 아래의 글을 읽고 추론한 라캉의 생각과 가장 거리가 먼 것은?   22 군무원 9급

> 라캉에 의하면, 사회화 과정에 들어서기 전의 거울 단계에서, 자기와 자기 영상, 혹은 자기와 어머니 같은 양자 관계에 새로운 타인, 다시 말해 아버지, 곧 법으로서의 큰 타자가 개입하는 삼자 관계, 즉 상징적 관계가 형성된다. 이 형성은 제3자가 외부에서 인위적으로 비집고 들어섬을 뜻하는 것이 아니다. 인간이 상징적 질서를 생각하게 되는 것은, 이미 그 질서가 구조적으로 인간에게 기능하게끔 되어 있기 때문이다. 인간이 후천적, 인위적으로 그 구조를 만들었다고 생각하는 것은 잘못이다. 인간은 단지 구조되어 있는 그 질서에 참여할 뿐이다.
>
> 말하자면 구조란 의식되지 않는 가운데 인간문화의 기저에서 인간의 행위를 규정함을 뜻하는 것이다. 그러므로 라캉에게 있어서, 주체의 존재 양태는 무의식적인 것을 바탕으로 해서 가능하다. 주체 자체가 무의식적인 것으로서 형성된다. 그러므로 주체는 무의식적 주체이다.
>
> 라캉에게 나의 사유와 나의 존재는 사실상 분리되어 있다. 그는 나의 사유가 나의 존재를 확인시켜 주지 못한다고 주장한다. 라캉의 경우, '나는 생각한다.'라는 의식이 없는 곳에서 '나는 존재'하고, 또 '내가 존재하는 곳'에서 '나는 생각하지 않는다'. 라캉은 무의식은 타자의 진술이라고 말한다. 바꾸어 말한다면 언어 활동에서 우리가 보내는 메시지는 타자로부터 발원되어 우리에게 온 것이다. '무의식은 주체에 끼치는 기표의 영향'이라고 라캉은 말한다.
>
> 이런 연유에서 '인간의 욕망은 타자의 욕망'이라는 논리가 라캉에게 성립된다. 의식의 차원에서 '내가 스스로 주체적'이라고 말하는 것 같지만, 그것은 어디까지나 허상이다. 실상은, 나의 진술은 타자의 진술에 의해서 구성된다는 것이다. 나의 욕망도 타자의 욕망에 의해서 구성된다. 내가 스스로 원한 욕망이란 성립하지 않는다.

① 주체의 무의식은 구조화된 상징적 질서에 의해 형성된다.

② 주체의 의식적 사유와 행위에 의해 새로운 문화 질서가 창조된다.

③ 대중매체의 광고는 주체의 욕망이 형성되는 데 큰 영향을 미친다.

④ 데카르트의 '나는 생각한다. 고로 존재한다.'라는 명제는 옳지 않다.

논리실증주의자들에 따르면, 만약 어떤 것이 과학일 경우 거기에서 사용되는 문장은 유의미하다. 그들은 유의미한 문장의 기준으로 소위 '검증 원리'라고 불리는 것을 제안했다. 검증 원리란, 경험을 통해 참이나 거짓을 검증할 수 있는 문장은 유의미하고 그렇지 않은 문장은 유의미하지 않다는 것이다. 다음 두 문장을 예로 생각해 보자.

(가) 달의 다른 쪽 표면에 산이 있다.
(나) 절대자는 진화와 진보에 관계하지만, 그 자체는 진화하거나 진보하지 않는다.

위 두 문장 중 경험을 통해 검증할 수 있는 것은 무엇인가? 비록 현실적으로 큰 비용이 들기는 하지만 (가)는 분명히 경험을 통해 진위를 밝힐 수 있다. 즉 우리는 (가)의 진위를 확정하기 위해서 무엇을 경험해야 하는지 알고 있다는 것이다. 이런 점에 근거하여 논리실증주의자들은 (가)는 검증할 수 있고, 유의미한 문장이라고 판단한다. 그럼 (나)는 어떠한가? 우리는 무엇을 경험해야 (나)의 진위를 확정할 수 있는가? 논리실증주의자들은 그런 것은 없다고 주장하고, 이에 (나)는 검증할 수 없고 과학에서 사용될 수 없는 무의미한 문장이라고 말한다.

① 논리실증주의자들에 따르면 무의미한 문장을 사용하는 것은 과학이 아니다.
② 논리실증주의자들에 따르면 과학의 문장들만이 유의미하다.
③ 검증 원리에 따르면 아직까지 경험되지 않은 것을 언급한 문장은 무의미하다.
④ 검증 원리에 따르면 거짓인 문장은 무의미하다.

컴퓨터에는 자유의지가 있을까? 나아가 컴퓨터에 도덕적 의무를 귀속시킬 수 있을까? 컴퓨터는 다양한 전기회로로 구성되어 있고, 물리법칙, 프로그래밍 방식, 하드웨어의 속성 등에 따라 필연적으로 특정한 초기 상태로부터 다음 상태로 넘어간다. 마찬가지로 두 번째 상태에서 세 번째 상태로 이동하고, 이러한 과정이 계속해서 이어진다. 즉 컴퓨터는 결정론적 법칙의 지배를 받는 시스템이라는 것이다. 그럼 이러한 시스템에는 자유의지가 있을까?

결정론적 법칙의 지배를 받는 시스템의 중요한 특징은 주어진 조건에 따라 결과가 하나로 고정된다는 점이다. 다시 말해, 이러한 시스템에는 항상 하나의 선택지만 있을 뿐이다. 그런 뜻에서 결정론적 지배를 받는다는 것과 자유의지를 가진다는 것은 양립할 수 없음이 분명하다. 어떤 선택을 할 때 그것과 다른 선택을 할 수도 있다는 것은 자유의지의 필요조건이기 때문이다. 결국 결정론적 법칙의 지배를 받는 시스템은 자유의지를 가지지 않는다. 또한 자유의지를 가지지 않는 시스템에 도덕적 의무를 귀속시킬 수 없음은 당연하다.

─── 〈보 기〉 ───
㉠ 컴퓨터는 자유의지를 가지지 않으며 도덕적 의무의 귀속 대상일 수도 없다.
㉡ 도덕적 의무를 귀속시킬 수 있는 시스템은 결정론적 법칙의 지배를 받지 않는다.
㉢ 어떤 선택을 할 때 그것과 다른 선택을 할 수 없는 시스템은 자유의지를 가지지 않는다.

① ㉠, ㉡
② ㉠, ㉢
③ ㉡, ㉢
④ ㉠, ㉡, ㉢

하버마스는 18세기부터 현대까지 미디어의 등장 배경과 발전 과정을 분석하면서, 공공 영역의 부상과 쇠퇴를 추적했다. 하버마스에게 공공 영역은 일반적 쟁점에 대한 토론과 의견을 형성하는 공공 토론의 민주적 장으로서 역할을 한다.

하버마스는 17세기와 18세기 유럽 도시의 살롱에서 당시의 공공 영역을 찾았다. 비록 소수의 사람들만이 살롱 토론 문화에 참여했으나, 공공 토론을 통해 정치적 문제를 해결하는 논리를 도입할 수 있었기 때문에 살롱이 초기 민주주의 발전에 중요한 역할을 했다고 그는 주장한다. 적어도 살롱 문화의 원칙에서 공개적 토론을 위한 공공 영역은 각각의 참석자들에게 동등한 자격을 부여했다.

그러나 하버마스에 따르면, 현대 사회에서 민주적 토론은 문화 산업의 발달과 함께 퇴보했다. 대중매체와 대중오락의 보급은 공공 영역이 공허해지는 원인으로 작용했다. 상업적 이해관계는 공공의 이해관계에 우선하게 되었다. 공공 여론은 개방적이고 합리적 토론을 통해서가 아니라 광고에서처럼 조작과 통제를 통해 형성되고 있다.

미디어가 점차 상업화되면서 하버마스가 주장한 대로 공공 영역이 침식당하고 있다. 상업화된 미디어는 광고 수입에 기대어 높은 시청률과 수익을 보장하는 콘텐츠 제작만을 선호하게 되었다. 그 결과 공적 주제에 대한 시민들의 논의와 소통의 장이 줄어들어 결과적으로 공공 영역이 축소되었다. 많은 것을 약속한 미디어는 이제 민주주의 문제의 일부로 변해 버린 것이다.

① 살롱 문화에서 특정 사회 계층에 대한 비판적인 토론은 허용되지 않았다.
② 인터넷의 발달과 보급은 상업적 광고뿐만 아니라 공익 광고도 증가시켰다.
③ 글로벌 미디어가 발달하더라도 국제 사회의 공공 영역은 공허해지지 않는다.
④ 수익성 위주의 미디어 플랫폼과 콘텐츠가 더 많아지면서 민주적 토론이 감소되었다.

과학의 개념은 분류 개념, 비교 개념, 정량 개념으로 구분할 수 있다. 식물학과 동물학의 종, 속, 목처럼 분명한 경계를 가지고 대상들을 분류하는 개념들이 분류 개념이다. 어린이들이 맨 처음에 배우는 단어인 '사과', '개', '나무' 같은 것 역시 분류 개념인데, 하위 개념으로 분류할수록 그 대상에 대한 정보가 더 많이 전달된다. 또한, 현실 세계에 적용 대상이 하나도 없는 분류 개념도 있을 수 있다. 예를 들어 '유니콘'이라는 개념은 '이마에 뿔이 달린 말의 일종임' 같은 분명한 정의가 있기에 '유니콘'은 분류 개념으로 인정되는 것이다.

'더 무거움', '더 짧음' 등과 같은 비교 개념은 분류 개념보다 설명에 있어서 정보 전달에 더 효과적이다. 이것은 분류 개념처럼 자연의 사실에 적용되어야 하지만, 분류 개념과 달리 논리적 관계도 반드시 성립해야 한다. 예를 들면, 대상 A의 무게가 대상 B의 무게보다 더 무겁다면, 대상 B의 무게가 대상 A의 무게보다 더 무겁다고 말할 수 없는 것처럼 '더 무거움' 같은 비교 개념은 논리적 관계를 반드시 따라야 한다.

마지막으로 정량 개념은 비교 개념으로부터 발전된 것인데, 이것은 자연의 사실로부터 파악할 수 있는 물리량을 측정함으로써 만들어진다. 물리량을 측정하기 위해서는 몇 가지 규칙이 필요한데, 그 규칙에는 두 물리량의 크기를 비교하는 경험적 규칙과 물리량의 측정 단위를 정하는 규칙 등이 포함된다. 이러한 정량 개념은 자연에 의해서 주어지는 것이 아니라 우리가 자연현상에 수를 적용하는 과정에서 생겨나는 것이다. 정량 개념은 과학의 언어를 수많은 비교 개념 대신 수를 사용할 수 있게 하여 과학 발전의 기초가 되었다.

① '호랑나비'는 '나비'와 동일한 종에 속하지만, 나비에 비해 정보량이 적다.
② '용(龍)'은 현실 세계에 적용할 수 있는 지시물이 없더라도 분류 개념으로 인정된다.
③ '꽃'이나 '고양이'와 같은 개념은 논리적 관계를 따라야 하는 것은 아니기 때문에 비교 개념에 포함되지 않는다.
④ 물리량을 측정할 수 있는 'cm'나 'kg'과 같은 측정 단위는 자연현상에 수를 적용할 수 있게 해 주었다.

　　포도주는 유럽 문명을 대표하는 술이자 동시에 음료수다. 우리는 대개 포도주를 취하기 위해 마시는 술로만 생각하기 쉬우나 유럽에서는 물 대신 마시는 '음료수'로서의 역할이 크다. 유럽의 많은 지역에서는 물이 워낙 안 좋아서 맨 물을 그냥 마시면 위험하기 때문에 제조 과정에서 안전성이 보장된 포도주나 맥주를 마시는 것이다. 이런 용도로 일상적으로 마시는 식사용 포도주로는 당연히 고급 포도주와는 다른 저렴한 포도주가 쓰이며, 술이 약한 사람들은 여기에 물을 섞어서 마시기도 한다.

　　소비의 확대와 함께, 포도주의 생산을 다른 지역으로 확산시키려는 노력도 계속되어 왔다. 포도주 생산의 확산에서 가장 큰 문제는 포도 재배가 추운 북쪽 지역으로 확대되기 힘들다는 점이다. 자연 상태에서는 포도가 자라는 북방 한계가 이탈리아 정도에서 멈춰야 했지만, 중세 유럽에서 수도원마다 온갖 노력을 기울인 결과 포도 재배가 상당히 북쪽까지 올라갔다. 대체로 대서양의 루아르강 하구로부터 크림반도와 조지아를 잇는 선이 상업적으로 포도를 재배할 수 있는 북방한계선이다.

　　적정한 기온은 포도주 생산 가능 여부뿐 아니라 생산된 포도주의 질을 결정하는 중요한 요인이다. 너무 추운 지역이나 너무 더운 지역에서는 포도주의 품질이 떨어질 수밖에 없다. 추운 지역에서는 포도에 당분이 너무 적어서 그것으로 포도주를 담그면 신맛이 강하게 된다. 반면 너무 더운 지역에서는 섬세한 맛이 부족해서 '흐물거리는' 포도주가 생산된다(그 대신 이를 잘 활용하면 포르토나 셰리처럼 도수를 높인 고급 포도주를 만들 수 있다). 그러므로 고급 포도주 주요 생산지는 보르도나 부르고뉴처럼 너무 덥지도 않고 너무 춥지도 않은 곳이다. 다만 달콤한 백포도주의 경우는 샤토 디켐(Château d'Yquem)처럼 뜨거운 여름 날씨가 지속하는 곳에서 명품이 만들어진다.

　　포도주의 수요는 전 유럽적인 데 비해 생산은 이처럼 지리적으로 제한됐기 때문에 포도주는 일찍부터 원거리 무역 품목이 됐고, 언제나 고가품 취급을 받았다. 그런데 한 가지 기억해야 할 점은 이렇게 수출되는 고급 포도주는 오래된 포도주가 아니라 바로 그해에 만든 술이라는 점이다. 우리는 포도주는 오래될수록 좋아진다고 믿는 경향이 있지만, 대부분의 백포도주 혹은 중급 이하 적포도주는 시간이 지날수록 오히려 품질이 떨어진다. 시간이 흐를수록 품질이 개선되는 것은 일부 고급 적포도주에만 한정된 이야기이며, 그나마 포도주를 병에 담아 코르크 마개를 끼워 보관한 이후의 일이다.

① 고급 포도주는 모두 너무 덥지도 춥지도 않은 곳에서 재배된 포도로 만들어졌다.
② 루아르강 하구로부터 크림반도와 조지아를 잇는 선은 이탈리아보다 남쪽에 있을 것이다.
③ 유럽에서 일상적으로 마시는 식사용 포도주는 저렴한 포도주거나 고급 포도주에 물을 섞은 것이다.
④ 병에 담겨 코르크 마개를 끼운 고급 백포도주는 보관 기간에 비례하여 품질이 개선되지는 않을 것이다.

　　자신의 신념과 일치하는 정보는 받아들이고 그렇지 않은 정보는 무시하는 경향을 확증 편향(confirmation bias)이라 한다. 자신의 믿음이나 견해와 일치하는 정보는 수용하고 그에 반대되는 정보는 무시하거나 부정하는 심리 경향이다. 사회 심리학자인 로버트 치알디니는 자신이 가진 기존의 견해와 일치하는 정보는 두 가지 이점을 가지고 있다고 한다. 첫째, 그러한 정보는 어떤 문제에 대해 더 이상 고민하지 않고 마음의 휴식을 취할 수 있게 해 준다. 둘째, 그러한 정보는 우리를 추론의 결과에서 자유롭게 해 준다. 즉 추론의 결과 때문에 행동을 바꿔야 할 필요가 없다. 첫째는 생각하지 않게 하고, 둘째는 행동하지 않게 함을 말한다.

　　일례로 특정 정치 성향을 가진 사람들을 대상으로 조사했을 때, 사람들은 반대당 후보의 주장에서는 모순을 거의 완벽하게 찾은 반면, 지지하는 당 후보의 주장에서는 모순을 절반 정도만 찾아냈다. 이 판단의 과정을 자기 공명 영상 장치로도 촬영했다. 그 결과, 자신이 동의하지 않는 정보를 접했을 때는 뇌 회로가 활성화되지 않았고, 자신이 동의하는 주장을 접했을 때는 긍정적인 반응을 보이면서 뇌 회로가 활성화되는 것을 확인할 수 있었다.

① 사람에게는 자신의 신념이나 행동을 바꾸려 하지 않는 경향이 있다.
② 사람에게는 정보를 객관적으로 판단하지 못하는 심리적 특성이 있다.
③ 사람에게는 지지자들의 말만을 듣고 자기 신념을 강화하는 경향이 있다.
④ 사람에게는 새로운 정보를 접했을 때 심리적 불안을 느끼는 특성이 있다.

08

(가)와 (나)를 통해서 추정하기 어려운 내용은? 19 국가직 9급

> (가) 찬성공 형제께서 정경부인의 상(喪)을 당하였다. 부윤공의 부인 이 씨가 우연히 언문 소설을 읽다가 그 소리가 밖으로 들렸다. 찬성공이 기뻐하지 않으며 제수를 계단 아래에 서게 하고, "부녀자의 무식을 심하게 책망할 필요는 없지만, 어찌 상중(喪中)에 있으면서 예의에 어긋난 책을 소리 내어 읽어서 스스로 평민과 같아지려 할 수 있는가?" 하고 꾸짖었다.
>
> (나) 전기수: 늙은이가 동문 밖에 살면서 입으로 언문 소설을 읽었는데, 「숙향전」, 「소대성전」, 「심청전」, 「설인귀전」과 같은 전기소설이었다. …(중략)… 잘 읽었기 때문에 옆에서 구경하는 사람들이 빙 둘러섰다. 가장 재미있고 긴요하여 매우 들을 만한 구절에 이르면 갑자기 침묵하고 소리를 내지 않았다. 사람들이 다음 이야기를 듣고 싶어서 다투어 돈을 던졌다. 이를 바로 '요전법(돈을 요구하는 법)'이라 한다.

① 상층 남성들은 상중의 예법에 대해 매우 엄격하였다.
② 혼자 소설을 보면서 소리 내어 읽기도 하였다.
③ 하층에서도 소설을 창작하는 사람이 많았다.
④ 상층이 아닌 하층에서도 소설을 즐겼다.

09

(가)를 바탕으로 (나)에 담긴 글쓴이의 생각을 적절히 추론한 것은? 19 국가직 9급

> (가) 철학사에서 합리론의 전통은 감각에 대해 매우 비판적이었다. 예컨대 플라톤은 감각이 보여 주는 세계를 끊임없이 변화하는, 전적으로 불안정한 세계로 간주하고 이에 근거하여 지식을 얻는 것은 불가능하다고 생각했다. 반대로 경험론자들은 우리의 모든 관념과 판단은 감각 경험에서 출발한다고 주장하면서 어떤 지식도 절대적으로 확실할 수는 없다고 결론짓는다.
>
> (나) 모든 사람은 착시 현상 등을 경험해 본 적이 있기에 감각이 우리를 속일 수 있다는 것을 분명히 알고 있고 감각에 대한 어느 정도의 경계심을 지니고 있다. 하지만 그렇다고 해서 일상생활에서 자신의 감각을 신뢰하고 이에 따라 행동하는 것은 잘못이 아니다. 모든 감각적 정보를 검증 절차를 거친 후 받아들이다가는 정상적 생활을 영위하는 것 자체가 불가능해질 것이기 때문이다. 반대로, 실용적 기술 개발이나 평범한 일상적 행동과는 달리 과학적 연구는 상당한 정도의 정확성을 요구하므로 경험적 자료에 대해 어느 정도의 경계심을 유지하는 것도 당연하다.

① 실용적 기술을 개발하는 것은 일차적으로 경험론적 사고에 토대를 둔다.
② 세계는 끊임없이 변화하므로 일상생활에서는 합리론적 사고를 우선하여야 한다.
③ 과학 연구는 합리론을 버리고 철저히 경험론을 바탕으로 이루어져야 한다.
④ 감각에 대한 신뢰는 어느 분야에나 전적으로 차별 없이 요구된다.

우리는 도시화, 산업화, 고도성장 과정에서 우리 경제의 뒷방살이 신세로 전락한 한국 농업의 새로운 가치에 주목해야 한다. 농업은 경제적 효율성이 뒤처져서 사라져야 할 사양 산업이 아니다. 전 지구적인 기후 변화와 식량 및 에너지 등 자원 위기에 대응하여 나라와 생명을 살릴 미래 산업으로서 농업의 전략적 가치가 크게 부각되고 있다. 농본주의의 기치를 앞세우고 농업 르네상스 시대의 재연을 통해 우리 경제가 당면한 불확실성의 터널을 벗어나야 한다.

우리는 왜 이런 주장을 하는가? 농업은 자원 순환적이고 환경 친화적인 산업이기 때문이다. 땅의 생산력에 기초해서 한계적 노동력을 고용하는 지연(地緣) 산업인 동시에 식량과 에너지를 생산하는 원천적인 생명 산업이기 때문이다. 물질적인 부의 극대화를 위해서 한 지역의 자원을 개발하여 이용한 뒤에 효용 가치가 떨어지면 다른 곳으로 이동하는 유목민적 태도가 오늘날 위기를 낳고 키워 왔는지 모른다. 급변하는 시대의 흐름에 부응하지 못하는 구시대의 경제 패러다임으로는 오늘의 역사에 동승하기 어렵다. 이런 맥락에서, 지키고 가꾸어 후손에게 넘겨주는 정주민의 문화적 지속성을 존중하는 농업의 가치가 새롭게 조명 받는 이유에 주목할 만하다. 과학 기술의 눈부신 발전 성과를 수용하여 새로운 상품과 시장을 창출할 수 있는 녹색 성장 산업으로서 농업의 잠재적 가치가 중시되고 있는 것이다.

① 고도성장을 도모하는 경제 정책을 추진하는 과정에서 농업 중심의 경제 패러다임을 지양하였다.
② 효율성을 중요한 가치로 내세우는 경제 시스템은 미래 사회를 대비하는 데 한계가 있다.
③ 유목 생활을 하는 민족에 비해 정주 생활을 하는 민족이 농업의 가치 증진에 더 기여할 수 있다.
④ 녹색 성장 산업으로서 농업의 효용성을 드높이기 위해서 과학 기술의 부작용을 성찰할 필요가 있다.

'포스트휴먼'은 그 기본적인 능력이 근본적으로 현재의 인간을 넘어서기 때문에 현재의 기준으로는 더 이상 인간이라 부를 수 없는 존재를 가리키는 표현이다. 스웨덴 출신의 철학자 보스트롬은 건강 수명, 인지, 감정이라는, 인간의 세 가지 주요 능력 중 최소한 하나 이상의 능력에서 현재의 인간이 도달할 수 있는 최대한의 한계를 엄청나게 넘어설 경우 이를 '포스트휴먼'으로 부르자고 제안하였다.

현재 가장 뛰어난 인간이 가질 수 있는 지능보다 훨씬 더 뛰어난 지능을 가지며, 더 이상 질병에 시달리지 않고, 노화가 완전히 제거되어서 젊음과 활력을 계속 유지하는 어떤 존재를 생각해 볼 수 있다. 이 존재는 스스로의 심리 상태에 대한 조절도 자유롭게 할 수 있어서 피곤함이나 지루함을 거의 느끼지 않으며, 미움과 같은 감정을 피하고, 즐거움, 사랑, 미적 감수성, 평정 등의 태도를 유지한다. 이러한 존재가 어떤 존재일지 지금은 정확하게 상상하기 어렵지만 현재 인간의 상태로 접근할 수 없는 새로운 신체나 의식 상태에 놓여 있을 것임은 분명하다.

이러한 포스트휴먼은 완전히 인위적으로 만들어진 인공지능일 수도 있고, 신체를 버리고 슈퍼컴퓨터 안의 정보 패턴으로 살기를 선택한 업로드의 형태일 수도 있으며, 또는 생물학적 인간에 대한 개선들이 축적된 결과일 수도 있다. 만약 생물학적 인간이 포스트휴먼이 되고자 한다면 유전공학, 신경약리학, 항노화술, 컴퓨터-신경 인터페이스, 기억 향상 약물, 웨어러블 컴퓨터, 인지 기술과 같은 다양한 과학 기술을 이용해 우리의 두뇌나 신체에 근본적인 기술적 변형을 가해야만 할 것이다. '포스트휴먼'은 '내가 이런 능력을 가지고 있었으면 얼마나 좋을까' 하고 누구나 한 번쯤 상상해 보았을 법한 슈퍼 인간의 모습을 기술한 용어이다.

① 포스트휴먼 개념에 따라 제시되는 미래의 존재는 과학 기술의 발전 양상에 따른 영향을 현재의 인간에 비해 더 크게 받을 것이다.
② 포스트휴먼 개념은 인간의 신체적 결함을 다양한 과학 기술을 이용해 보완하여 기술적 한계를 극복한 새로운 인간형의 탄생에 귀결될 것이다.
③ 포스트휴먼은 인간의 현재 상태를 뛰어넘는 능력을 가진 새로운 존재일 것으로 예측되지만 그 형태가 어떠할지 여하는 다양한 가능성에 열려 있다.
④ 포스트휴먼은 건강 수명, 인지 능력, 감정 등의 측면에서 현재의 인간보다 뛰어나기 때문에 포스트휴먼 사회에서는 인간에 대한 개념이 새로 구성될 것이다.

12 ㉠~㉣의 사례로 적절하지 않은 것은?　　22 국가직 9급

단어의 의미가 변화하는 양상은 다양하다. 첫째, "아침 먹고 또 공부하자."에서 '아침'은 본래의 의미인 '하루 중의 이른 시간'을 가리키지 않고 '아침에 먹는 밥'이라는 의미로 쓰인다. '밥'의 의미가 '아침'에 포함되어서 '아침'만으로도 '아침밥'의 의미를 표현하게 된 것으로, ㉠ 두 개의 단어가 긴밀한 관계여서 한쪽이 다른 한쪽의 의미까지 포함하는 의미로 변화하게 된 경우이다. 둘째, '바가지'는 원래 박의 껍데기를 반으로 갈라 썼던 물건을 가리켰는데, 오늘날에는 흔히 플라스틱 바가지를 가리킨다. 이것은 ㉡ 언어 표현은 그대로인데 시대의 변화에 따라 지시 대상 자체가 바뀌어서 의미 변화가 발생한 경우이다. 셋째, '묘수'는 본래 바둑에서 만들어진 용어이지만 일상적인 언어생활에서도 '쉽게 생각해 내기 어려운 좋은 방안'이라는 의미로 사용된다. 이는 ㉢ 특수한 영역에서 사용되던 말이 일반화되면서 단어의 의미가 변화한 경우에 해당한다. 넷째, 호랑이를 두려워하던 시절에 사람들은 '호랑이'라는 이름을 직접 부르기 꺼려서 '산신령'이라고 부르기도 했는데, 이는 ㉣ 심리적인 이유로 특정 표현을 피하려다 보니 그것을 대신하는 단어의 의미에 변화가 생긴 경우이다.

① ㉠: '아이들의 코 묻은 돈'에서 '코'는 '콧물'의 의미로 쓰인다.
② ㉡: '수세미'는 원래 식물의 이름이었지만 오늘날에는 '그릇을 씻는 데 쓰는 물건'이라는 의미로 쓰인다.
③ ㉢: '배꼽'은 일반적으로 '탯줄이 떨어지면서 배의 한가운데에 생긴 자리'를 가리키지만 바둑에서는 '바둑판의 한가운데'라는 의미로 쓰인다.
④ ㉣: 무서운 전염병인 '천연두'를 꺼려서 '손님'이라고 불렀다.

13 다음 글의 사례로 적절하지 않은 것은?　　21 국가직 9급

인간은 언어를 사용하며 언어는 인간의 사고, 사회, 문화를 반영한다. 인간의 지적 능력이 발달하게 된 것은 바로 언어를 사용하기 때문이다.
　언어와 사고는 기본적으로 상호작용을 한다. 둘 중 어느 것이 먼저 발달하고 어떻게 영향을 주는지는 알 수 없다. 그러나 언어와 사고가 서로 깊은 관계를 맺고 있다는 사실은 여러 가지 근거를 통해서 뒷받침된다.

① 영어의 '쌀(rice)'에 해당하는 우리말에는 '모', '벼', '쌀', '밥' 등이 있다.
② 어떤 사람은 산도 파랗다고 하고, 물도 파랗다고 하고, 보행 신호의 녹색등도 파랗다고 한다.
③ 일상생활에서 어떠한 사물의 개념은 머릿속에서 맴도는데도 그 명칭을 떠올리지 못할 때가 있다.
④ 우리나라는 수박(watermelon)은 '박'의 일종으로 보지만 어떤 나라는 '멜론(melon)'에 가까운 것으로 파악한다.

14 글의 내용을 구체적으로 설명하기 위한 예로 적절하지 않은 것은?　　19 국가직 9급

하나의 개념에 두 개 이상의 단어가 필요한 것은 아니다. 따라서 동의어는 서로 경쟁을 통해 하나가 없어지거나 각기 다른 의미 영역을 확보하는 등의 다양한 양상을 보인다. 현실 언어에서 동의어로 공존하면서 경쟁을 계속하는 경우가 있으며, 한쪽은 살아남고 다른 쪽은 소멸하는 경우가 있다. 동의 충돌의 결과 의미 영역이 바뀌는 경우도 있다. 이는 의미 축소, 의미 확대, 의미 교체 등으로 구분된다.

① '가을걷이'와 '추수'는 공존하며 경쟁하고 있다.
② '말미'는 쓰지 않고 '휴가'라는 말을 사용하고 있다.
③ '얼굴'은 '형체'의 뜻에서 '안면'의 뜻으로 의미가 축소되었다.
④ '겨레'는 '친척'의 뜻에서 '민족'의 뜻으로 의미가 확대되었다.

15 다음 중 ㉠~㉢에 알맞은 말을 순서대로 나열한 것은?

22 군무원 9급

　　먼 곳의 물체를 볼 때 물체에서 반사되어 나온 빛이 눈 속으로 들어가면서 각막과 수정체에 의해 굴절되어 망막의 앞쪽에 초점을 맺게 되면 망막에는 초점이 맞지 않는 상이 맺힘으로써 먼 곳의 물체가 흐리게 보인다. 이것을 근시라고 한다.

　　근시인 눈에서 보고자 하는 물체가 눈에 가까워지면 망막의 (㉠)에 맺혔던 초점이 (㉡)으로 이동하여 망막에 초점이 맺혀 흐리게 보이던 물체가 선명하게 보인다. 그리고 이 지점보다 더 가까운 곳의 물체는 조절 능력에 의하여 계속 잘 보인다.

　　이와 같이 근시는 먼 곳의 물체는 잘 안 보이고 가까운 곳의 물체는 잘 보이는 것을 말한다. 근시의 정도가 심하면 심할수록 눈 속에 맺히는 초점이 망막으로부터 (㉢)으로 멀어져 가까운 곳의 잘 보이는 거리가 짧아지고 근시의 정도가 약하면 꽤 먼 곳까지 잘 볼 수 있다.

	㉠	㉡	㉢
①	앞쪽	뒤쪽	앞쪽
②	뒤쪽	앞쪽	앞쪽
③	앞쪽	뒤쪽	뒤쪽
④	뒤쪽	앞쪽	뒤쪽

16 〈보기〉의 빈칸에 들어가 단어로 가장 옳은 것은?

22 서울시 9급 6월

― 〈보 기〉 ―

　　군락의 생산성을 높이기 위해 개미가 채택한 경영방식은 철저한 분업제도이다. 개미사회가 성취한 분업 중에서 사회학적으로 볼 때 가장 신기한 것은 이른바 (　) 분업이다. 여왕개미는 평생 오로지 알을 낳는 일에만 전념하고 일개미들은 그런 여왕을 도와 군락의 (　)에 필요한 모든 제반 업무를 담당한다. 자신의 유전자를 보다 많이 후세에 남기고자 하는 것이 궁극적인 삶의 의미라는 진화학적 관점에서 볼 때, 자기 스스로 자식을 낳아 키우기를 포기하고 평생토록 여왕을 보좌하는 일개미들의 행동처럼 불가사의한 일도 그리 많지 않다.

① 경제(經濟)　　　　② 번식(繁殖)

③ 국방(國防)　　　　④ 교육(敎育)

17 ㉠에 들어갈 말로 가장 적절한 것은?

21 국가직 9급

　　한 민족이 지닌 문화재는 그 민족 역사의 누적일 뿐 아니라 그 누적된 민족사의 정수로서 이루어진 혼의 상징이니, 진실로 살아 있는 민족적 신상(神像)은 이를 두고 달리 없을 것이다. 더구나 국보로 선정된 문화재는 우리 민족의 성력(誠力)과 정혼(精魂)의 결정으로 그 우수한 질과 희귀한 양에서 무비(無比)의 보(寶)가 된 자이다. 그러므로 국보 문화재는 곧 민족 전체의 것이요, 민족을 결속하는 정신적 유대로서 민족의 힘의 원천이라 할 것이다.

　　로마는 하루아침에 만들어지지 않는다는 말도 그 과거 문화의 존귀함을 말하는 것이요, (㉠)는 말도 국보 문화재가 얼마나 힘 있는가를 밝힌 예증이 된다.

① 구르는 돌에는 이끼가 끼지 않는다

② 지식은 나눌 수 있지만 지혜는 나눌 수 없다

③ 사람은 겪어 보아야 알고 물은 건너 보아야 안다

④ 그 무엇을 내놓는다고 해도 셰익스피어와는 바꾸지 않는다

18 글의 통일성을 고려할 때 (가)에 들어갈 말로 가장 적절한 것은? 21 지방직 9급

혼정신성(昏定晨省)이란 저녁에는 부모님의 잠자리를 봐 드리고 아침에는 문안을 드린다는 뜻으로 자식이 아침저녁으로 부모의 안부를 물어 살핌을 뜻하는 말로 '예기(禮記)'의 '곡례편(曲禮篇)'에 나오는 말이다. 아랫목 요에 손을 넣어 방 안 온도를 살피면서 부모님께 문안을 드리던 우리의 옛 전통은 온돌을 통한 난방 방식과 관련 깊다. 온돌을 통한 난방 방식은 방바닥에 깔려 있는 돌이 열기로 인해 뜨거워지고, 뜨거워진 돌의 열기로 방바닥이 뜨거워지면 방 전체에 복사열이 전달되는 방법이다. 방바닥 쪽의 차가운 공기는 온돌에 의해 따뜻하게 데워지므로 위로 올라가고, 위로 올라간 공기가 다시 식으면 아래로 내려와 다시 데워져 위로 올라가는 대류 현상으로 인해 결국 방 전체가 따뜻해진다. 벽난로를 통한 서양식의 난방 방식은 복사열을 이용하여 상체와 위쪽 공기를 데우는 방식인데, 대류 현상으로 바닥 바로 위 공기까지는 따뜻해지지 않는다. 그 이유는 [(가)].

① 벽난로에 의한 난방은 방바닥의 따뜻한 공기가 위로 올라가 식으면 복사열로 위쪽의 공기만을 따뜻하게 하기 때문이다
② 벽난로에 의한 난방이 복사열에 의한 난방에서 대류 현상으로 인한 난방이라는 순서로 이루어졌기 때문이다
③ 대류 현상을 통한 난방 방식은 상체와 위쪽의 공기만 따뜻하게 하기 때문이다
④ 상체와 위쪽의 따뜻한 공기는 차가운 바닥으로 내려오지 않기 때문이다

19 글의 통일성을 고려할 때 ㉠에 들어갈 문장으로 가장 적절한 것은? 20 국가직 9급

기술 혁신의 상징으로 화려하게 등장한 이후 글로벌 아이콘이 됐던 소위 스마트폰이 그 진화의 한계에 봉착한 듯하다. 게다가 최근 들어 중국 업체들의 성장세가 만만치 않은 상황이 펼쳐지고 있다. 이런 가운데 오랜 기간 스마트폰 생산량의 수위를 지켜 왔던 기업들의 호시절도 끝난 분위기다. (㉠)

그렇다면 스마트폰 이후 글로벌 주도 산업은 무엇일까. 첫손가락에 꼽히는 것은 페이스북, 아마존, 넷플릭스, 구글을 뜻하는 '팡(FANG)'이다. 모바일 퍼스트 시대에서 소프트웨어, 플랫폼 사업에 눈뜬 기업들이다. 이들은 지난해 매출과 순이익이 크게 늘었으며 주가도 폭등했다. 하지만 이들이라고 영속 불멸하지는 않을 것이다.

① 온 국민이 절치부심(切齒腐心)하여 반성하지 않으면 안 된다.
② 정보 기술 업계의 권불십년(權不十年)이라 하지 않을 수 없다.
③ 다른 나라의 기업들을 보고 아전인수(我田引水)해야 할 때다.
④ 글로벌 위기의 내우외환(內憂外患)에 국가 간 협력이 절실하다.

20 ㉠에 들어갈 주장으로 가장 적절한 것은? 20 국가직 9급

경상 지역 방언을 쓰는 사람들은 대체로 'ㅓ'와 'ㅡ'를 구별하지 못한다. 이들은 '증표(證票)'나 '정표(情表)'를 구별하여 듣지 못할 뿐만 아니라 구별하여 발음하지 못하기 십상이다. 또 이들은 'ㅅ'과 'ㅆ'을 구별하지 못하는 경우가 많다. 따라서 이들은 '살밥을 많이 먹어서 쌀이 많이 쪘다'고 말하든 '쌀밥을 많이 먹어서 살이 많이 쪘다'고 말하든 쉽게 그 차이를 알지 못한다. 한편 평안도 및 전라도와 경상도의 일부에서는 'ㅗ'와 'ㅓ'를 제대로 분별해서 발음하지 않는 경우가 종종 있다. 평안도 사람들의 'ㅈ' 발음은 다른 지역의 'ㄷ' 발음과 매우 비슷하다. 이처럼 (㉠)

① 우리말에는 지역마다 다양한 소리가 있다.
② 우리말은 지역에 따라 다양한 표준 발음법이 있다.
③ 우리말에는 지역에 따라 구별되지 않는 소리가 있다.
④ 자음보다 모음을 변별하지 못하는 지역이 더 많이 있다.

21 괄호 안에 들어갈 단어를 순서대로 바르게 나열한 것은?

19 국가직 9급

> 한국 문학의 미적 범주에서 눈에 띄는 전통으로 풍자와 해학이 있다. 풍자와 해학은 주어진 상황에 순종하기보다 그것을 극복하고자 하는 건강한 삶의 의지에서 나온 (㉠)을(를) 통해 드러난다. (㉠)은(는) '있어야 할 것'으로 행세해 온 관념을 부정하고, 현실적인 삶인 '있는 것'을 그대로 긍정한다. 이때 있어야 할 것을 깨뜨리는 것에 관심을 집중한 것이 (㉡)이고, 있는 것이 지닌 긍정에 관심을 집중하는 것이 (㉢)이다.

	㉠	㉡	㉢
①	골계(滑稽)	해학(諧謔)	풍자(諷刺)
②	해학(諧謔)	풍자(諷刺)	골계(滑稽)
③	풍자(諷刺)	해학(諧謔)	골계(滑稽)
④	골계(滑稽)	풍자(諷刺)	해학(諧謔)

22 아래 글의 ㉠과 ㉡에 들어갈 가장 적절한 접속어로 옳은 것은?

21 군무원 9급

> 히포크라테스가 분류한 네 가지 기질이나 성격유형에 대한 고대의 개념으로 성격에 대한 논의를 시작하는 것이 일반적인 방식이지만, 나는 여기에서 1884년 『포트나이트리 리뷰』에 실렸던 프랜시스 골턴 경의 논문 성격의 측정으로 이야기를 시작하겠다.
> 찰스 다윈의 사촌이었던 골턴은 초기 진화론자로서 진화가 인간에게도 영향을 끼쳤다고 주장한 사람이다. (㉠) 그의 관념은 빅토리아 시대적 편견을 가지고 있었고, (㉡) 그의 주장이 오늘날에는 설득력이 떨어진다. 그럼에도 불구하고 결국에는 자연 선택 이론이 인간을 설명하는 지배적인 학설이 될 것이라는 그의 직관은 옳았다.

	㉠	㉡
①	그래서	그리하여
②	그리고	그래서
③	그러나	따라서
④	그런데	그리고

23 〈보기〉의 ㉠, ㉡에 들어갈 접속어에 대한 설명으로 가장 옳은 것은?

21 서울시 9급

> ───────〈보 기〉───────
> 많은 과학자와 기술자가 과학 연구와 기술 훈련을 위하여 외국에 갔다 돌아오고, 또 많은 외국의 기술자가 이러한 목적을 위하여 우리나라에 왔다가 돌아간다. 이러한 일은 우리의 과학 기술 발전에 커다란 영향을 주고, 또 우리의 문화생활에 새로운 변화를 일으키며 더욱 우리 사회의 근대화에 실질적인 힘이 되고 있다.
> (㉠) 이러한 선진 과학 기술을 우리의 것으로 완전히 소화하고, 다시 이것을 발전시켜 우리에게 유익하게 이용할 수 있는 만반의 계획과 태세를 갖추지 않는다면, 우리는 영원히 참다운 경제 자립을 이룩할 수 없게 될 뿐만 아니라, 경우에 따라서는 정치, 외교의 자주성을 굳게 지켜 나갈 수 없게 될 것이다.
> (㉡) 선진 기술을 어떠한 원칙에서 받아들여, 어떠한 과학 기술 분야에서부터 진흥시켜 나갈 것인가 하는 구체적인 계획을 세워서 이것을 장기적으로 계속 추진하여 나간다는 것은, 과학 기술 진흥을 위하여 가장 중요하고도 기본적인 문제가 된다.
> ─ 박익수, 「우리 과학 기술 진흥책」 ─

① ㉠은 조건, 이유에 대한 결과를 나타내는 '순접' 기능을 한다.
② ㉡은 대등한 자격으로 이어지는 '요약' 기능을 한다.
③ ㉠은 반대, 대립되는 내용을 나타내는 '역접' 기능을 한다.
④ ㉡은 다른 내용을 도입하는 '전환' 기능을 한다.

정철, 윤선도, 황진이, 이황, 이조년 그리고 무명씨. 우리말로 시조나 가사를 썼던 이들이다. 황진이는 말할 것도 없고 무명씨도 대부분 양반이 아니었겠지만 정철, 윤선도, 이황은 양반 중에 양반이었다. 　(가)　 그들이 우리말로 작품을 썼던 걸 보면 양반들도 한글 쓰는 것을 즐겨 했다는 것을 부정할 수 없다. 　(나)　 허균이나 김만중은 한글로 소설까지 쓰지 않았던가. 　(다)　 이들이 특별한 취향을 가진 소수의 양반이었다면 이야기는 달라진다. 우리말로 된 문학 작품을 만들겠다는 생각을 가진 특별한 양반들을 제외하고 대다수 양반들은 한문을 썼기 때문에 한글을 모를 수도 있었기 때문이다. 실학자 박지원이 당시 양반 사회를 풍자한 작품 「호질」은 한문으로 쓰여 있다. 　(라)　 한 가지 분명한 것은 양반 대부분이 한글을 이해하지 못하는 상황이었다면 정철도 이황도 윤선도도 한글로 작품을 쓰지는 않았을 것이란 사실이다.

	(가)	(나)	(다)	(라)
①	그런데	게다가	그렇지만	그러나
②	그런데	그리고	그래서	또는
③	그리고	그러나	하지만	즉
④	그래서	더구나	따라서	하지만

─〈보 기〉─

격분의 물결은 사람들의 주의를 동원하고 묶어내는 데는 대단히 효과적이다. 하지만 매우 유동적이고 변덕스러운 까닭에 공적인 논의와 공적인 공간을 형성하는 역할을 감당하지는 못한다. 격분의 물결은 그러기에는 통제하기도 예측하기도 어렵고, 불안정하며, 일정한 형태도 없이 쉽게 사라져 버린다. 격분의 물결은 갑자기 불어났다가 또 이에 못지않게 빠른 속도로 소멸한다. 여기서는 공적 논의를 위해 필수적인 안정성, 항상성, 연속성을 찾아볼 수 없다. (㉠) 격분의 물결은 안정적인 논의의 맥락 속에 통합되지 못한다. 격분의 물결은 종종 아주 낮은 사회적, 정치적 중요성밖에 지니지 않는 사건들과 관련하여 발생한다.

격분 사회는 스캔들의 사회다. 이런 사회에는 침착함, 자제력이 없다. 격분의 물결에 특정적으로 나타나는 반항기, 히스테리, 완고함은 신중하고 객관적인 커뮤니케이션을 허용하지 않는다. 어떤 대화도, 어떤 논의도 불가능하다. 게다가 격분 속에서는 사회 전체에 대한 염려의 구조를 갖춘 안정적인 우리가 형성되지 않는다. 이른바 분개한 시민의 염려라는 것도 사회 전체에 대한 것이라기보다는 대체로 자신에 대한 염려일 뿐이다. (㉠) 그러한 염려는 금세 모래알처럼 흩어져 버린다.

－ 한병철, 「투명사회」에서 －

① 그런데　　　　② 그리고
③ 따라서　　　　④ 하지만

4 글의 흐름 파악하기

해설편 p. 093

글의 설명 방식
기출빈도 ★☆☆

01 아래의 글에 나타나지 않는 설명 방식은? 22 군무원 9급

> 텔레비전에서는 여러 종류의 자막이 쓰인다. 뉴스의 경우, 앵커가 기사를 소개할 때에는 앵커의 왼쪽 위에 기사 전체의 내용을 요약하거나 핵심을 추려 제목 자막을 쓴다. 보도 중간에는 화면의 하단에 기사의 제목이나 소제목을 자막으로 보여준다. 그리고 보도 내용을 이해하는 데 꼭 필요한 핵심적인 내용이나 세부 자료도 자막으로 보여준다.
>
> 관객이나 시청자가 읽을 수 있도록 화면에 보여 주는 글자라는 점에서 영화에서 쓰이는 자막도 텔레비전 자막과 비슷하게 활용된다. 그런데 영화의 자막은 타이틀과 엔딩 크레디트 그리고 번역 대사가 전부이다. 이는 모두 영화 제작과 관련된 정보를 알려주는 제한된 용도로만 사용된다. 번역 대사는 더빙하지 않은 외국영화의 대사를 보여주기 위한 수단으로 사용된다. 텔레비전에서는 영화에서 쓰는 자막을 모두 사용할 뿐 아니라 각종 제목과 요약 내용을 나타내기도 하고 시청자의 흥미를 돋우기 위해 말과 감탄사를 표현하기도 한다. 음성으로 전달할 수 없는 다양한 정보를 제작자의 의도에 맞게끔 자막을 활용하여 제공하는 것이다.

① 정의 ② 유추
③ 예시 ④ 대조

02 다음 글의 설명 방식으로 적절하지 않은 것은? 21 국가직 9급

> 빛 공해란 인공조명의 과도한 빛이나 조명 영역 밖으로 누출되는 빛이 인간의 건강하고 쾌적한 생활을 방해하거나 환경에 피해를 주는 상태를 말한다. 국제 과학 저널인 『사이언스 어드밴스』의 '전 세계 빛 공해 지도'에 따르면, 우리나라는 빛 공해가 심각한 국가이다. 빛 공해는 멜라토닌 부족을 초래해 인간에게 수면 부족과 면역력 저하 등의 문제를 유발하고, 농작물의 생산량 저하, 생태계 교란 등의 문제를 일으킨다.

① 빛 공해의 정의를 제시하고 있다.
② 빛 공해의 주요 요인인 인공조명의 누출 원인을 제시하고 있다.
③ 자료를 인용하여 빛 공해가 심각한 국가로 우리나라를 제시하고 있다.
④ 사례를 들어 빛 공해의 악영향을 제시하고 있다.

03 〈보기〉의 주된 설명 방식이 사용된 것으로 가장 옳은 것은?

―――――〈보 기〉―――――

우리는 좋지 않은 사람을 곧잘 동물에 비유한다. 욕에 동물이 많이 등장하는 것도 동물을 나쁘게 보기 때문이다. 하지만 정말 인간이 동물보다 좋은(선한) 것일까? 베르그는 오히려 "나는 인간을 알기 때문에 동물을 사랑한다."고 말하며 이를 부정한다. 인간은 인간을 속이지만 동물은 인간을 속이지 않는다는 것을 알고 인간에게 실망한 사람들이 동물에게 더 많은 애정을 보인다. 인간보다 더 잔인한 동물이 없다는 것은 인간의 역사가 증명하고 있다. 필요 없이 다른 동물을 죽이는 일을 인간 외 어느 동물이 한단 말인가?

① 교사의 자기계발, 학부모의 응원, 교육 당국의 지원 등이 어우러져야 좋은 교육이 가능해진다. 이는 신선한 재료, 적절한 조리법, 요리사의 정성이 합쳐져 맛있는 음식이 만들어지는 것과 같다.

② 의미를 지닌 부호를 체계적으로 배열한 것을 기호라고 한다. 수학, 신호등, 언어 등이 모두 여기에 속한다. 꿀이 있음을 알리는 벌들의 춤사위도 기호라고 할 수 있는 것이다.

③ 바이러스는 세균에 비해 크기가 작으며 핵과 이를 둘러싼 단백질이 전부여서 세포라고 할 수 없다. 먹이가 있는 곳이라면 어디에서라도 증식할 수 있는 세균과 달리, 바이러스는 살아 있는 생명체를 숙주로 삼아야만 번식을 할 수 있다.

④ 나물로 즐겨 먹는 고사리는 꽃도 피지 않고 씨앗도 만들지 않는다. 고사리는 홀씨라고도 하는 포자로 번식한다. 고사리와 고비 등을 양치식물이라 하는데 생김새가 양(羊)의 이빨과 비슷하다고 하여 붙은 이름이다.

04 다음 글의 주된 설명 방식이 적용된 것으로 가장 적절한 것은?

문학이 구축하는 세계는 실제 생활과 다르다. 즉 실제 생활은 허구의 세계를 구축하는 데 필요한 재료가 되지만 이 재료들이 일단 한 구조의 구성 분자가 되면 그 본래의 재료로서의 성질과 모습은 확연히 달라진다. 건축가가 집을 짓는 것을 떠올려 보자. 건축가는 어떤 완성된 구조를 생각하고 거기에 필요한 재료를 모아서 적절하게 집을 짓게 되는데, 이때 건물이라고 하는 하나의 구조를 완성하게 되면 이 완성된 구조의 구성 분자가 된 재료들은 본래의 재료와 전혀 다른 것이 된다.

① 르네상스 시대의 화가들은 원근법을 사용하여 세상을 향한 창과 같은 사실적인 그림을 그렸다. 현대 회화를 출발시켰다고 평가되는 인상주의자들이 의식적으로 추구한 것도 이러한 사실성이었다.

② 소설을 구성하는 요소는 물론 많지만 그중에서도 인물, 배경, 사건을 들 수 있다. 인물은 사건의 주체, 배경은 인물이 행동을 벌이는 시간과 공간, 분위기 등이고, 사건은 인물이 배경 속에서 벌이는 행동의 세계이다.

③ 목적을 지닌 인생은 의미 있다. 목적 없이 살아가는 사람은 험난한 인생의 노정을 완주하지 못한다. 목적을 갖고 뛰어야 마라톤에서 완주가 가능한 것처럼 우리의 인생에서도 목표를 가지고 꾸준히 노력하는 사람이 성공한다.

④ 신라의 육두품 출신 가운데 학문적으로 출중한 자들이 많았다. 가령, 강수, 설총, 녹진, 최치원 같은 사람들은 육두품 출신이었다. 이들은 신분적 한계 때문에 정계보다는 예술과 학문 분야에 일찌감치 몰두하게 되었다.

[05~06] 다음 글을 읽고 물음에 답하시오.

인류는 우주의 중심이 아니라 가장자리에 있으며, 인류의 기적 같은 진화는 유대, 기독교, 이슬람이 전제하고 있는 바와 같이 초월자의 선택에 의해 결정됐거나 힌두, 불교가 주장하고 있는 것과는 달리 자연의 우연한 산물이다. 우주적인 관점에서 볼 때 인류의 가치는 동물의 가치와 근원적으로 차별되지 않으며, 그의 존엄성은 다른 동물의 존엄성과 근본적으로 차등지을 수 없다. 자연은 한없이 아름답고 자비롭다. 미국 원주민이 대지를 '어머니'라고 부르는 것으로 알 수 있듯이 자연은 모든 생성의 원천이자 젖줄이다. 그것은 대자연, 즉 산천초목이 보면 볼수록 느끼면 느낄수록 생각하면 생각할수록 신선하고 풍요롭기 때문이다. 자연은 무한히 조용하면서도 생기에 넘치고, 무한히 소박하면서도 환상적으로 아름답고 장엄하고 거룩한 모든 것들의 모체이자 그것들 자체이다. 자연은 영혼을 가진 인류를 비롯한 유인원, 그 밖의 수많은 종류의 식물과 동물들 및 신비롭고 거룩한 모든 생명체의 고향이자 거처이며, 일터이자 휴식처이고, 행복의 둥지이며, 영혼을 가진 인간이 태어났던 땅이기 때문이다. 자연은 모든 존재의 터전인 동시에 그 원리이며 그러한 것들의 궁극적 의미이기도 하다. 자연은 생명 그 자체의 활기, 존재 자체의 아름다움의 표상이다. 또한 그것은 인간이 배워야 할 진리이며 모든 행동의 도덕적 및 실용적 규범이며 지침이며 길이다. 자연은 정복과 활용이 아니라 감사와 보존의 대상이다.

05 다음 중 위 글을 통해 파악할 수 있는 글쓴이의 성격으로 가장 적절한 것은?   22 군무원 9급

① 낭만주의자(浪漫主義者)
② 자연주의자(自然主義者)
③ 신비주의자(神秘主義者)
④ 실용주의자(實用主義者)

06 위 글의 구성 방식으로 가장 적절한 것은?   22 군무원 9급

① 두괄식   ② 양괄식
③ 미괄식   ④ 중괄식

07 다음 글의 논증 구조를 옳게 파악한 것은?   17 지방직 9급

㉠ 동물들의 행동을 잘 살펴보면 동물들도 우리가 사용하는 말 못지않은 의사소통 수단을 가지고 있는 듯이 보인다. ㉡ 즉, 동물들도 여러 가지 소리를 내거나 몸짓을 함으로써 자신들의 감정과 기분을 나타낼 뿐 아니라 경우에 따라서는 인간과 다를 바 없이 의사를 교환하고 있는 듯하다. ㉢ 그러나 그것은 단지 겉모습의 유사성에 지나지 않을 뿐이고 사람의 말과 동물의 소리에는 아주 근본적인 차이가 존재한다는 점을 잊어서는 안 된다. ㉣ 동물들이 사용하는 소리는 단지 배고픔이나 고통 같은 생물학적인 조건에 대한 반응이거나, 두려움이나 분노 같은 본능적인 감정들을 표현하기 위한 것에 지나지 않는다. ㉤ 따라서, 동물들이 내는 소리가 때로로 의사소통의 수단으로 이용된다고 해서 그것을 대화나 토론이나 회의와 같은 언어활동이라고 할 수는 없다.

① ㉠은 논증의 결론으로 주제문이다.
② ㉡은 ㉠의 논리적 결함을 지적한 것이다.
③ ㉢은 ㉠, ㉡을 부정하고 새로운 논점을 제시한 것이다.
④ ㉤은 ㉢, ㉣에 대한 근거이다.

08 다음 글의 '동기화 단계 조직'에 따라 (가)~(마)를 배열한 것으로 가장 적절한 것은?　22 국가직 9급

> 설득하는 말하기의 메시지를 조직하는 방법으로 '동기화 단계 조직'이 있다. 이 방법의 세부 단계는 다음과 같다.
> 1단계: 주제에 대한 청자의 주의나 관심을 환기한다.
> 2단계: 특정 문제를 청자와 관련지어 설명함으로써 청자의 요구나 기대를 자극한다.
> 3단계: 해결 방안을 제시하여 청자의 이해와 만족을 유도한다.
> 4단계: 해결 방안이 청자에게 어떤 도움이 되는지 구체화한다.
> 5단계: 구체적인 행동의 내용과 방법을 제시하여 특정 행동을 요구한다.

> (가) 지난주 제 친구는 일을 마친 후 자전거를 타고 집으로 돌아오다가 사고를 당해 머리를 다쳤습니다.
> (나) 여러분이 자전거를 탈 때 헬멧을 착용하면 머리를 보호할 수 있습니다.
> (다) 아마 여러분도 가끔 자전거를 타는 경우가 있을 것입니다. 그런데 매년 2천여 명이 자전거를 타다가 머리를 다쳐 고생한다고 합니다.
> (라) 만약 자전거를 타는 모든 사람이 헬멧을 착용한다면 자전거 사고를 당해도 뇌손상을 비롯한 신체 피해를 75% 줄일 수 있습니다. 또 자전거 타기가 주는 즐거움과 편리함을 안전하게 누릴 수 있습니다.
> (마) 자전거를 탈 때는 안전을 위해서 반드시 헬멧을 착용하시기 바랍니다.

① (가) – (나) – (다) – (라) – (마)
② (가) – (다) – (나) – (라) – (마)
③ (가) – (다) – (라) – (나) – (마)
④ (가) – (라) – (다) – (나) – (마)

09 다음 글의 전개 순서로 가장 자연스러운 것은?　22 지방직 9급

> (가) 과거에는 고통만을 안겨 주었던 지정학적 조건이 이제는 희망의 조건이 되고 있습니다. 이제 한반도는 사람과 물자가 모여드는 동북아 물류와 금융, 비즈니스의 중심지가 될 것입니다. 우리가 주도해서 평화와 번영의 동북아 시대를 열어 나가야 합니다.
> (나) 100년 전 우리는 수난과 비극의 역사를 겪었습니다. 해양으로 나가려는 세력과 대륙으로 진출하려는 세력이 한반도를 가운데 놓고 싸움을 벌였습니다. 마침내 우리는 국권을 상실하는 아픔을 감수해야 했습니다.
> (다) 지금은 무력이 아니라 경제력이 국력을 좌우하는 시대입니다. 우리나라는 전쟁의 폐허를 극복하고 세계적인 경제 강국을 건설하고 있습니다. 우수한 인력과 세계 선두권의 정보화 기반을 갖추고 있습니다. 바다와 하늘과 땅을 연결하는 물류 기반도 손색이 없습니다.
> (라) 그 아픔은 분단으로 이어져서 오늘에 이르고 있습니다. 그 과정에서는 정의가 패배하고 기회주의가 득세하는 불행한 역사를 겪었습니다. 그러나 이제 우리에게도 새로운 희망의 시대가 열리고 있습니다. 세계의 변방으로 머물러 왔던 동북아시아가 북미·유럽 지역과 함께 세계 경제의 3대 축으로 떠오르고 있습니다.

① (가) – (나) – (다) – (라)
② (가) – (라) – (나) – (다)
③ (나) – (가) – (라) – (다)
④ (나) – (라) – (다) – (가)

10 다음 글의 전개 순서로 가장 자연스러운 것은? 22 국가직 9급

> (가) 이 기관을 잘 수리하여 정련하면 그 작동도 원활하게 될 것이요, 수리하지 아니하여 노둔해지면 그 작동도 막혀 버릴 것이니 이런 기관을 다스리지 아니하고야 어찌 그 사회를 고취하여 발달케 하리오.
>
> (나) 이러므로 말과 글은 한 사회가 조직되는 근본이요, 사회 경영의 목표와 지향을 발표하여 그 인민을 통합시키고 작동하게 하는 기관과 같다.
>
> (다) 말과 글이 없으면 어찌 그 뜻을 서로 통할 수 있으며, 그 뜻을 서로 통하지 못하면 어찌 그 인민들이 서로 이어져 번듯한 사회의 모습을 갖출 수 있으리오.
>
> (라) 그뿐 아니라 그 기관은 점점 녹슬고 상하여 필경은 쓸 수 없는 지경에 이를 것이니 그 사회가 어찌 유지될 수 있으리오. 반드시 패망을 면하지 못할지라.
>
> (마) 사회는 여러 사람이 그 뜻을 서로 통하고 그 힘을 서로 이어서 개인의 생활을 경영하고 보존하는 데에 서로 의지하는 인연의 한 단체라.
>
> — 주시경, 「대한국어문법 발문」에서 —

① (마) – (가) – (다) – (나) – (라)
② (마) – (가) – (라) – (다) – (나)
③ (마) – (다) – (가) – (라) – (나)
④ (마) – (다) – (나) – (가) – (라)

11 다음 중 (가)~(다)를 문맥에 맞는 순서대로 나열한 것은?

22 군무원 9급

> 최근 수십 년간 세계 각국의 정부들은 공격적인 환경 보호 조치들을 취해왔다. 대기오염과 수질오염, 살충제와 독성 화학물질의 확산, 동식물의 멸종 위기 등을 우려한 각국의 정부들은 인간의 건강을 증진하고 인간 활동이 야생 및 원시 지역에서 만들어 낸 해로운 결과를 줄이기 위해 상당한 자원을 투자해왔다.
>
> (가) 그러나 이러한 규제 노력 가운데는 막대한 비용을 헛되이 낭비한 것들도 상당수에 달하며, 그중 일부는 해결하고자 했던 문제를 오히려 악화시키기도 했다.
>
> (나) 이 중 많은 조치들이 커다란 성과를 거두었다. 이를테면 대기오염을 줄이려는 노력으로 수십만 명의 조기 사망과 수백만 가지의 질병을 예방할 수 있었다.
>
> (다) 예를 들어, 새로운 대기 오염원을 공격적으로 통제할 경우, 기존의 오래된 오염원의 수명이 길어져서 적어도 단기적으로는 대기오염을 가중시킬 수 있다.

① (나) → (가) → (다)　　② (나) → (다) → (가)
③ (다) → (가) → (나)　　④ (다) → (나) → (가)

12 ㉠~㉤의 전개 순서로 가장 자연스러운 것은? 21 국가직 9급

> 폭설, 즉 대설이란 많은 눈이 시간적, 공간적으로 집중되어 내리는 현상을 말한다.
>
> ㉠ 그런데 눈은 한 시간 안에 5cm 이상 쌓일 수 있어 순식간에 도심 교통을 마비시키는 위력을 가지고 있다.
>
> ㉡ 또한, 경보는 24시간 신적설이 20cm 이상 예상될 때이다.
>
> ㉢ 다만, 산지는 24시간 신적설이 30cm 이상 예상될 때 발령된다.
>
> ㉣ 이때 대설의 기준으로 주의보는 24시간 새로 쌓인 눈이 5cm 이상이 예상될 때이다.
>
> ㉤ 이뿐만 아니라 운송, 유통, 관광, 보험을 비롯한 서비스 업종과 사회 전반에 영향을 미친다.

① ㉠ – ㉤ – ㉡ – ㉢ – ㉣
② ㉠ – ㉣ – ㉤ – ㉢ – ㉡
③ ㉣ – ㉡ – ㉢ – ㉠ – ㉤
④ ㉣ – ㉠ – ㉤ – ㉢ – ㉡

(가) (㉠)의 확산은 1930년에 접어들어 보다 빠른 속도로 경성의 거리를 획일적인 풍경으로 바꿔 놓았는데, 뉴욕이나 파리의 (㉠)은 경성에서도 거의 동시에 (㉠)했다. 이는 물론 영화를 비롯한 근대 과학기술의 덕택이었다.

(나) 하지만 뉴욕과 경성의 (㉠)이 모두 동일한 것은 아니었다. 뉴욕걸이나 할리우드 배우들이나 경성의 모던걸이 입은 패션은 동일해도, 그네들 주변의 풍경은 근대적인 빌딩 숲과 초가집만큼 차이가 났기 때문이다. 경성 모던걸의 (㉠)은 이 같은 근대와 전근대의 아이러니를 내포하고 있었다.

(다) (㉠)은 "일초 동안에 지구를 네박휘"를 돈다는 전파만큼이나 빨라서, 1931년에 이르면 뉴욕이나 할리우드에서 (㉠)하던 파자마라는 '침의패션'은 곧 바로 서울에서도 (㉠)했다. 서구에서 시작한 (㉠)이 일본을 거쳐 한국으로 전달되는 속도는 너무나 빨라 거의 동시적이었다.

(라) 폐쇄된 규방에만 있었던 조선의 여성이 신문과 라디오로, 세계의 동태를 듣게 되면서부터, 지구 한 모퉁이에서 일어나는 일이 그 지구에 매달려 사는 자기 자신에도 큰 파동을 끼치고 있다는 사실을 깨닫게 되었다. 규방 여성이 근대여성이 되기까지는 그리 오랜 시간이 필요하지 않았다. 신문이나 라디오 같은 미디어를 통해 속성 세계인이 될 수 있었기 때문이다. 동시에 미디어는 식민지 조선 여성에게 세계적인 불안도 함께 안겨주었다. 자본주의적 근대의 환상과 그 이면의 불안을 동시에 던져 주었던 것이다.

(마) 근대로 이행하는 데 필요한 절대적인 시간을 뛰어넘어 조선에 근대가 잠입해 올 수 있었던 것은 한편으로 미디어 덕분이었다. 미디어는 근대를 향한 이행을 식민지 조선에 요구했고, 단기간에 조선 사람들을 '속성 세계인'으로 변모시키는 역할을 했다.

13 문맥상 ㉠에 들어갈 단어로 가장 적절한 것은? 21 군무원 9급

① 성행(盛行)
② 편승(便乘)
③ 기승(氣勝)
④ 유행(流行)

14 내용에 따른 (나)~(마)의 순서 배열로 가장 적절한 것은?

21 군무원 9급

① (나) – (다) – (라) – (마)
② (나) – (라) – (다) – (마)
③ (다) – (나) – (마) – (라)
④ (마) – (다) – (라) – (나)

15 위 글을 이해한 내용으로 가장 적절하지 않은 것은?

21 군무원 9급

① 모던걸의 패션은 뉴욕걸이나 할리우드 배우들과 동일했다.
② 신문이나 라디오는 조선 사람이 속성 세계인이 되도록 해 주었다.
③ 파자마 '침의패션'은 뉴욕과 할리우드보다 일본에서 먼저 시작되었다.
④ 식민지 조선 여성은 근대적 환상과 그 이면의 불안을 함께 안고 있었다.

16 〈보기〉에서 (가)~(라)를 문맥에 맞게 순서대로 바르게 나열한 것은? 21 서울시 9급

---〈보 기〉---

생물의 동면을 결정하는 인자 중에서 온도는 매우 중요하다. 하지만 이상 기온이 있듯이 기온은 변덕이 심해서 생물체가 속는 일이 많다.

(가) 하지만 위험은 날씨에 적응하지 못하고 얼어 죽는 것만이 아니다. 동면에 들어가기 위해서는 신체를 특정한 상태로 만들어야 하므로 이 과정에서 많은 에너지가 필요하다. 또 동면에서 깨어나는 것도 에너지 소모가 매우 많다.

(나) 이런 위험을 피하려면 날씨의 변덕에 구애를 받지 않고 조금 더 정확한 스케줄에 따라 동면에 들어가고 깨어날 필요가 있다. 일부 동물들은 계절 변화에 맞추어진 생체 시계나 일광 주기를 동면의 신호로 사용한다는 것이 밝혀졌다.

(다) 박쥐의 경우 동면하는 동안 이를 방해해서 깨우면 다시 동면에 들어가더라도 대다수는 깨어나지 못하고 죽어버린다. 잠시나마 동면에서 깨어나면서 에너지를 너무 많이 소모해버리기 때문이다.

(라) 흔히 '미친 개나리'라고 해서 제철도 아닌데 날씨가 조금 따뜻하다고 꽃을 피웠다가 날씨가 추워져 얼어 죽는 일이 종종 있다. 이상 기온에 속기는 동물들도 마찬가지다. 겨울이 되었는데도 날씨가 춥지 않아 벌레들이 다시 나왔다가 얼어 죽기도 한다.

① (나) → (다) → (라) → (가)
② (나) → (다) → (가) → (라)
③ (라) → (가) → (다) → (나)
④ (라) → (가) → (나) → (다)

17 다음 글의 전개 순서로 가장 자연스러운 것은? 20 지방직 9급

㉠ 1700년대 중반에 이미 미국 이주민들의 평균 소득은 영국인들의 평균 소득을 넘어섰다.

㉡ 그러나 미국은 사실 그러한 분야에서는 다른 산업 국가들에 비해 특별한 우위를 갖고 있지 않았다.

㉢ 미국 이주민들의 평균 소득이 높아지게 된 배경에는 좋은 환경으로부터 비롯된 낙관성과 자신감이 있었다. 이후로도 다소 불안정하기는 했지만 미국인들의 소득은 계속해서 크게 증가했다.

㉣ 대부분의 미국인들은 남북 전쟁 이후 급속히 경제가 성장한 이유를 농업적 환경뿐만 아니라 19세기의 과학적, 기술적 대전환, 기업가 정신과 규제가 없는 시장 경제 때문이라고 단순하게 생각하는 경향이 있다.

㉤ 미국인들이 이처럼 초기 정착기에 풍요로움을 누릴 수 있었던 것은 비옥한 토지, 풍부한 천연자원, 흑인 노동력에 힘입은 농산물 수출 덕분이었다.

① ㉠ - ㉢ - ㉤ - ㉣ - ㉡
② ㉠ - ㉣ - ㉢ - ㉡ - ㉤
③ ㉣ - ㉡ - ㉤ - ㉠ - ㉢
④ ㉣ - ㉤ - ㉡ - ㉢ - ㉠

(가) 생명체들은 본성적으로 감각을 갖고 태어나지만, 그들 가운데 일부의 경우에는 감각으로부터 기억이 생겨나지 않는 반면 일부의 경우에는 생겨난다. 그리고 그 때문에 후자의 경우에 해당하는 생명체들은 기억 능력이 없는 것들보다 분별력과 학습력이 더 뛰어난데, 그중 소리를 듣는 능력이 없는 것들은 분별은 하지만 배움을 얻지는 못하고, 기억에 덧붙여 청각 능력이 있는 것들은 배움을 얻는다.

(나) 앞에서 말했듯이, 유경험자는 어떤 종류의 것이든 감각을 가지고 있는 사람들보다 더 지혜롭고, 기술자는 유경험자들보다 더 지혜로우며, 이론적인 지식들은 실천적인 것들보다 더 지혜롭다는 것이 일반적인 견해이다. 그러므로 지혜는 어떤 원리들과 원인들에 대한 학문적인 인식임이 분명하다.

(다) 하지만 발견된 다양한 기술 가운데 어떤 것들은 필요 때문에, 어떤 것들은 여가의 삶을 위해서 있으니, 우리는 언제나 후자의 기술들을 발견한 사람들이 전자의 기술들을 발견한 사람들보다 더 지혜롭다고 생각한다. 그 이유는 그들이 가진 여러 가지 인식은 유용한 쓰임을 위한 것이 아니기 때문이다. 그러므로 그런 종류의 모든 발견이 이미 이루어지고 난 뒤, 여가의 즐거움이나 필요, 그 어느 것에도 매이지 않는 학문들이 발견되었으니, 그 일은 사람들이 여가를 누렸던 여러 곳에서 가장 먼저 일어났다. 그러므로 이집트 지역에서 수학적인 기술들이 맨 처음 자리 잡았으니, 그곳에서는 제사장(祭司長) 가문이 여가의 삶을 허락받았기 때문이다.

(라) 인간 종족은 기술과 추론을 이용해서 살아간다. 인간의 경우에는 기억으로부터 경험이 생겨나는데, 그 까닭은 같은 일에 대한 여러 차례의 기억은 하나의 경험 능력을 만들어 내기 때문이다. 그리고 경험은 학문적인 인식이나 기술과 거의 비슷해 보이지만, 사실 학문적인 인식과 기술은 경험의 결과로서 사람들에게 생겨나는 것이다. 그 까닭은 폴로스가 말하듯 경험은 기술을 만들어 내지만, 무경험은 우연적 결과를 낳기 때문이다. 기술은, 경험을 통해 안에 쌓인 여러 관념들로부터 비슷한 것들에 대해 하나의 일반적인 관념이 생겨날 때 생긴다.

① (가) – (다) – (나) – (라)
② (가) – (다) – (라) – (나)
③ (가) – (라) – (나) – (다)
④ (가) – (라) – (다) – (나)

(가) 사물은 저것 아닌 것이 없고, 또 이것 아닌 것이 없다. 이쪽에서 보면 모두가 저것, 저쪽에서 보면 모두가 이것이다.

(나) 그러므로 저것은 이것에서 생겨나고, 이것 또한 저것에서 비롯된다고 한다. 이것과 저것은 저 혜시(惠施)가 말하는 방생(方生)의 설이다.

(다) 그래서 성인(聖人)은 이런 상대적인 방법에 의하지 않고, 그것을 절대적인 자연의 조명(照明)에 비추어 본다. 그리고 커다란 긍정에 의존한다. 거기서는 이것이 저것이고 저것 또한 이것이다. 또 저것도 하나의 시비(是非)이고 이것도 하나의 시비이다. 과연 저것과 이것이 있다는 말인가. 과연 저것과 이것이 없다는 말인가.

(라) 그러나 그, 즉 혜시(惠施)도 말하듯이 삶이 있으면 반드시 죽음이 있고, 죽음이 있으면 반드시 삶이 있다. 역시 된다가 있으면 안 된다가 있고, 안 된다가 있으면 된다가 있다. 옳다에 의거하면 옳지 않다에 기대는 셈이 되고, 옳지 않다에 의거하면 옳다에 의지하는 셈이 된다.

① (가) – (나) – (다) – (라)
② (가) – (나) – (라) – (다)
③ (가) – (다) – (나) – (라)
④ (가) – (라) – (나) – (다)

PART 6

비문학

20 다음 문장이 들어가기에 가장 적절한 곳을 ⑦~@에서 고르면?

22 국가직 9급

> 신분에 따라 문체를 고착화하는 것을 인정하지 않았던 것이다.

유럽이 교회로부터 정신적으로 해방된 것은 그리스와 로마의 고대 작가들에 대한 재발견을 통해서였다. ⑦ 그 이후 고대 작가들의 문체는 귀족 중심의 유럽 문화에서 모범으로 여겨졌다. ⓒ 이러한 상황은 대략 1770년대에 시작되는 낭만주의에서부터 변화하기 시작했다. ⓒ 이 낭만주의 시기에 평등과 민주주의를 꿈꿨던 신흥 시민계급은 문학에서 운문과 영웅적 운명을 귀족에게만 전속시키고 하층민에게는 산문과 우스꽝스러운 상황을 배정하는 전통 시학을 거부했다. @ 고전 문학은 더 이상 문학의 규범이 아니었으며, 문학을 현실의 모방으로 인식하는 태도도 포기되었다.

① ⑦
② ⓒ
③ ⓒ
④ @

21 아래의 문장이 들어가기에 가장 적절한 위치로 옳은 것은?

21 군무원 9급

> 문학의 범위를 좁게 잡는 것은 나중에 나타난 새로운 관습이다.

(가) 문학의 범위는 시대에 따라서 달라져 왔다. 한문학에서 '문(文)'이라고 하던 것은 '시(詩)'와 함께 참으로 큰 비중을 차지하고 실용적인 글도 적지 않게 포함했다.

(나) 시대가 변하면서 '문'이라는 개념은 뒷전으로 밀려나고, 시·소설·희곡이 아닌 것 가운데는 수필이라고 이름을 구태여 따로 붙이는 글만 문학세계의 준회원 정도로 인정하기에 이르렀다.

(다) 근래에 와서 사람이 하는 활동을 세분하면서 무엇이든지 전문화할 때 문학 고유의 영역을 좁게 잡았다.

(라) 문학의 범위를 좁게 잡는 오늘날의 관점으로 과거의 문학을 재단하지 말고, 문학의 범위에 관한 오늘날의 통념을 반성해야 한다.

① (가)문단 뒤
② (나)문단 뒤
③ (다)문단 뒤
④ (라)문단 뒤

계해년(癸亥年) 겨울에 우리 전하께서 정음 28자를 처음으로 만들어 예의(例義)를 간략하게 들어 보이고 이름을 훈민정음(訓民正音)이라 하였다. (①) 천지인(天地人) 삼극(三極)의 뜻과 음양(陰陽)의 이기(二氣)의 정묘함을 포괄(包括)하지 않은 것이 없다. 28자로써 전환이 무궁하고 간요(簡要)하며 모든 음에 정통하였다. (㉠) 슬기로운 사람은 하루아침을 마치기도 전에 깨우치고, 어리석은 이라도 열흘이면 배울 수 있다. (②) 이 글자로써 글을 풀면 그 뜻을 알 수 있고, 이 글자로써 송사를 심리하더라도 그 실정을 알 수 있게 되었다. (③) 한자음은 청탁을 능히 구별할 수 있고 악기는 율려에 잘 맞는다. 쓰는 데 갖추어지지 않은 바가 없고, 가서 통달되지 않는 바가 없다. 바람 소리, 학의 울음, 닭의 해치며 우는 소리, 개 짖는 소리일지라도 모두 이 글자를 가지고 적을 수가 있다. (④)

– 「훈민정음 해례(解例)」, 정인지(鄭麟趾) 서문(序文)에서 –

22 다음 (가)의 위치로 가장 적절한 것은? 20 군무원 9급

(가) 상형을 기본으로 하고 글자는 고전(古篆)을 본떴고 사성을 기초로 하고 음(音)이 칠조(七調)를 갖추었다.

①   ②   ③   ④

23 ㉠에 들어갈 접속부사로 가장 적절한 것은? 20 군무원 9급

① 그리고
② 그런데
③ 그러므로
④ 왜냐하면

24 다음 글에서 〈보기〉가 들어가기에 가장 적절한 곳은? 19 국가직 9급

— 〈보 기〉 —

아침기도는 간략한 아침 뉴스로, 저녁기도는 저녁 종합 뉴스로 바뀌었다.

철학자 헤겔이 주장했듯이, 삶을 인도하는 원천이자 권위의 시금석으로서의 종교를 뉴스가 대체할 때 사회는 근대화된다. 선진 경제에서 뉴스는 이제 최소한 예전에 신앙이 누리던 것과 동등한 권력의 지위를 차지한다. 뉴스 타전은 소름이 돋을 정도로 정확하게 교회의 시간 규범을 따른다. (㉠) 뉴스는 우리가 한때 신앙심을 품었을 때와 똑같은 공손한 마음을 간직하고 접근하기를 요구하기도 한다. (㉡) 우리 역시 뉴스에서 계시를 얻기 바란다. (㉢) 누가 착하고 누가 악한지 알기를 바라고, 고통을 헤아려 볼 수 있기를 바라며, 존재의 이치가 펼쳐지는 광경을 이해하길 희망한다. (㉣) 그리고 이 의식에 참여하길 거부하는 경우 이단이라는 비난을 받기도 한다.

① ㉠   ② ㉡

③ ㉢   ④ ㉣

PART 7
화법과 작문

학습 포인트

대화, 토론, 토의, 회의, 협상 등의 화법 문제나 글의 개요 수정하기, 글의 문맥에 맞지 않는 문장 고르기 등의 작문 문제는 출제 비중이 높거나 난도가 높은 영역은 아니지만 앞으로 출제 비중이 높아질 가능성이 있다는 점에서 매우 중요합니다. 공·군무원들의 의사소통 역량과 자신의 의사를 글로 표현하는 작문 능력이 중요하게 여겨지고 있기 때문입니다.

화법은 대화의 원리, 의사소통 전략, 공감적 듣기와 관련된 기본 이론 기반의 문제와 대화, 토론, 회의 등을 제시하고 갈등 상황이나 말하기 전략에 대해 파악하는 독해력을 평가하는 문제로 이루어져 있습니다. 전자의 경우 기본적인 이론을 정확하게 이해하고 있다면 풀기 어려운 문제들은 없을 것입니다. 그러나 후자의 경우 각 화자의 발언 목적과 말하기 전략, 주장하고자 하는 내용 등을 파악하는 것이 중요하므로 비문학 영역에서 말씀드렸던 것처럼 각 발화의 중심내용을 정리하는 연습을 꾸준히 하는 것이 필요합니다.

작문도 화법과 마찬가지입니다. 기사문, 건의문, 논설문 등 다양한 제시문의 논리적 오류 등과 관련된 기본 이론 기반의 문제와 주어진 조건에 맞게 글쓰기, 통일성을 고려하여 글 수정하기 등과 같이 작문 능력을 평가하는 문제로 이루어져 있습니다. 전자의 경우 각 유형이 가지고 있는 구조적 특징과 논리적 오류의 종류에 대해 이해하는 것이 중요합니다. 다양한 기출문제를 풀어보면서 글의 유형별로 어떤 글쓰기 전략이 적용되는지, 논리적 오류가 글에서 어떻게 나타나는지에 대해 분석해 보는 연습이 필요합니다. 후자의 경우 글의 흐름을 파악하는 능력이 필요합니다. 글의 중심내용을 파악할 수 있다면 글의 흐름과 맞지 않는 문장이나 조건에 맞게 쓴 문장은 어렵지 않게 찾아낼 수 있을 것입니다. 이러한 능력은 비문학 영역을 학습하면서 꾸준한 독해력 훈련을 통해 자연스럽게 습득할 수 있습니다.

챕터별 출제 비중

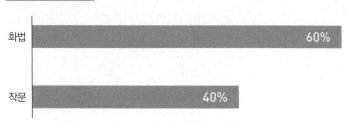

화법 60%

작문 40%

※ 2022년 출제기준

회독체크

구분	1회독	2회독	3회독
CHAPTER 1 화법	☐	☐	☐
CHAPTER 2 작문	☐	☐	☐

☐ 칸에 학습진도를 체크하세요.

1 화법

해설편 p. 100

대화의 원리	기출빈도 ★★☆

01 다음 대화에서 나타난 '지민'의 의사소통 방식으로 가장 적절한 것은?

22 국가직 9급

> 정수: 지난번에 너랑 같이 들었던 면접 전략 강의가 정말 유익했어.
> 지민: 그랬어? 나도 그랬는데.
> 정수: 특히 아이스크림 회사의 면접 내용이 도움이 많이 됐어.
> 지민: 맞아. 그중에서도 두괄식으로 답변하라는 첫 번째 내용이 정말 인상적이더라. 핵심 내용을 먼저 말하는 전략이 면접에서 그렇게 효과적일 줄 몰랐어.
> 정수: 어! 그래? 나는 두 번째 내용이 훨씬 더 인상적이었는데.
> 지민: 그랬구나. 하긴 아이스크림 매출 증가에 관한 통계 자료를 인용해서 답변한 전략도 설득력이 있었어. 하지만 초두 효과의 효용성도 크지 않을까 해.
> 정수: 그렇긴 해.

① 자신의 면접 경험을 예로 들어 상대방을 설득하고 있다.
② 상대방의 약점을 공략하며 상대방의 이견을 반박하고 있다.
③ 상대방의 견해를 존중하면서 자신의 의견을 제시하고 있다.
④ 상대방과의 갈등 해소를 위해 자신의 감정을 표현하고 있다.

02 다음 중 '을'이 '동의의 격률'에 따라 대화를 한 것은?

22 군무원 9급

① 갑: 저를 좀 도와주실 수 있어요?
　을: 무슨 일이지요? 지금 급히 해야 할 일이 있어요.
② 갑: 글씨를 좀 크게 써 주세요.
　을: 귀가 어두워서 잘 들리지 않는데 좀 크게 말씀해 주세요.
③ 갑: 여러모로 부족한 점이 많은데, 앞으로 잘 부탁합니다.
　을: 저는 매우 부족한 사람이라서 제대로 도와 드릴 수 있을지 걱정입니다.
④ 갑: 여러 침대 중에 이것이 커서 좋은데 살까요?
　을: 그 침대가 크고 매우 우아해서 좋군요. 그런데 좀 커서 우리 방에 들어가지 않을 것 같아요.

03 다음 대화에 대한 설명으로 가장 적절한 것은? 22 지방직 9급

> A: 예은 씨. 오늘 회의 내용을 팀원들에게 공유해 주시
> 면 좋겠네요.
> B: 네, 알겠습니다. 팀장님, 오늘 회의 내용을 요약 정
> 리해서 메일로 공유하면 되겠지요?
> A: (고개를 끄덕이며) 맞습니다.
> B: 네. 그럼 회의 내용은 개조식으로 요약하고, 팀장님
> 을 포함해서 전체 팀원에게 메일로 보내도록 하겠습
> 니다.
> A: 예은 씨. 그런데 개조식으로 회의 내용을 요약하는
> 방식에는 문제가 있지 않을까요?
> B: (고개를 끄덕이며) 그렇겠네요. 개조식으로 요약할
> 경우 회의 내용이 과도하게 생략되어 이해가 어려울
> 수 있겠네요.

① A는 B에게 내용 요약 방식을 제안하고 있다.
② A와 B는 대화 중에 공감의 표지를 드러내며 상대방의
  말을 듣고 있다.
③ B는 회의 내용 요약 방식에 대한 A의 문제 제기에 대
  해 자신이 다른 입장임을 드러내고 있다.
④ A는 개조식 요약 방식이 회의 내용을 과도하게 생략하
  여 이해에 어려움을 줄 수 있다고 명시하고 있다.

04 ㉠~㉣은 '공손하게 말하기'에 대한 설명이다. ㉠~㉣을 적용한 B의 대답으로 적절하지 않은 것은? 21 국가직 9급

> ㉠ 자신을 상대방에게 낮추어 겸손하게 말해야 한다.
> ㉡ 상대방의 처지를 고려하여 상대방이 부담을 갖지 않
>   도록 말해야 한다.
> ㉢ 상대방이 관용을 베풀 수 있도록 문제를 자신의 탓으
>   로 돌려 말해야 한다.
> ㉣ 상대방의 의견에서 동의하는 부분을 찾아 인정해 준
>   다음에 자신의 의견을 말해야 한다.

① ㉠ ┌ A: "이번에 제출한 디자인 시안 정말 멋있었어."
     └ B: "아닙니다. 아직도 여러모로 부족한 부분이 많
         습니다."
② ㉡ ┌ A: "미안해요. 생각보다 길이 많이 막혀서 늦었
         어요."
     └ B: "괜찮아요. 쇼핑하면서 기다리니 시간 가는 줄
         몰랐어요."
③ ㉢ ┌ A: "혹시 내가 설명한 내용이 이해 가니?"
     └ B: "네 목소리가 작아서 내용이 잘 안 들렸는데
         다시 한 번 크게 말해 줄래?"
④ ㉣ ┌ A: "가원아, 경희 생일 선물로 귀걸이를 사주는
         것은 어때?"
     └ B: "그거 좋은 생각이네. 하지만 경희의 취향을
         우리가 잘 모르니까 귀걸이 대신 책을 선물하
         는 게 어떨까?"

05 다음 대화에서 밑줄 친 부분의 표현 효과에 대한 설명으로 적절한 것은? 20 지방직 9급

> 김 대리: 늦어서 죄송합니다. 일이 좀 많았습니다.
> 이 부장: 괜찮아요. <u>오랜만에 최 대리하고 오붓하게 대
>   화도 나누고 시간 가는 줄 몰랐네요. 허허허.</u>
> 김 대리: 박 부장님은 오늘 못 나오신다고 전해 달라셨
>   어요.
> 이 부장: 그럼, 우리끼리 출발합시다.

① 자신과 상대방의 의견 차이를 최소화한다.
② 상대방에게 부담이 되는 표현을 최소화한다.
③ 화자 자신에게 혜택을 주는 표현을 최소화한다.
④ 상대방에 대한 비방을 최소화하고 칭찬을 최대화한다.

06 다음 대화에서 '정민'의 의사소통 방식으로 가장 적절한 것은? 20 국가직 9급

> 상수: 요즘 짝꿍이랑 사이가 별로야.
> 정민: 왜? 무슨 일이 있었어?
> 상수: 그 애가 내 일에 자꾸 끼어들어. 사물함 정리부터 내 걸음걸이까지 하나하나 지적하잖아.
> 정민: 그런 일이 있었구나. 짝꿍한테 그런 말을 해 보지 그랬어.
> 상수: 해 봤지. 하지만 그때뿐이야. 아마 나를 자기 동생처럼 여기나 봐.
> 정민: 나도 그런 적이 있어. 작년의 내 짝꿍도 나한테 무척이나 심했거든. 자꾸 끼어들어서 너무 힘들었어. 네 얘기를 들으니 그때가 다시 생각난다. 그런데 생각을 바꿔 보니 그게 관심이다 싶더라고. 그랬더니 마음이 좀 편해졌어. 그리고 짝꿍과 솔직하게 얘기를 해 봤더니, 그 애도 자신의 잘못된 점을 고치더라고.
> 상수: 너도 그랬구나. 나도 생각을 바꾸려고 노력해 보고, 짝꿍하고 진솔한 대화를 나눠 봐야겠어.

① 상대방의 입장을 고려해 용서함으로써 갈등을 해결하고 있다.
② 자신의 경험을 들어 상대방이 해결점을 찾을 수 있도록 돕고 있다.
③ 상대방의 약점을 비판하면서 자신의 장점을 최대한 부각하고 있다.
④ 상대방이 말하는 내용을 경청하면서 그 타당성을 평가하고 있다.

07 두 사람의 대화에 적용된 공감적 듣기의 방법이 아닌 것은? 19 국가직 9급

> "수빈 씨, 나 처음 한 프레젠테이션인데 엉망이었어."
> "정말? 무슨 일이 있었는지 자세히 말해 봐."
> "너무 긴장해서 팀장님 질문에 대답을 못했어."
> "팀장님 질문에 대답을 못했구나. 처음 하는 프레젠테이션이라 정아 씨가 긴장을 많이 했나 보다."

① 수빈은 정아의 말에 자신이 주의 집중하고 있음을 보여 주고 있다.
② 수빈은 정아가 계속 말을 할 수 있도록 격려하고 있다.
③ 수빈은 정아의 혼란스러운 감정을 정아 스스로 정리하게끔 도와주고 있다.
④ 수빈은 정아의 말을 자신의 처지로 바꾸어 의미를 재구성하고 있다.

08 다음 대화 상황에서 의사소통에 장애가 일어났다고 한다면, 그 이유로 가장 적절한 것은? 18 지방직 9급

> 교사: 동아리 보고서를 오늘까지 내라고 하지 않았니?
> 학생1: 네, 선생님.. 다정이가 다 가지고 있는데, 아직 안 왔어요.
> 교사: 이거, 큰일이네. 오늘이 마감인데.
> 학생1: 그러게요. 큰일이네요. 다정이가 집에도 없는 것 같아요.
> 학생2: 어떡해? 다정이 때문에 우리 모두 점수 깎이는 거 아니야? 네가 동아리 회장이니까 네가 책임져.
> 학생1: 아니, 뭐라고? 다정이가 보고서 작성하기로 지난 회의에서 결정한 거잖아.
> 교사: 자, 그만들 해. 이럴 때가 아니잖아. 어서 빨리 다정이한테 연락이나 해 봐. 지금 누구 잘잘못을 따질 상황이 아니야.
> 학생3: 제가 다정이 연락처를 아니까 연락해 볼게요.

① 교사가 권위적인 태도로 상황을 무마하려 하고 있다.
② 학생1이 자신의 책임을 면하기 위해 변명으로 일관함으로써 의사소통이 단절되고 있다.
③ 학생2가 대화 맥락을 고려하지 않고 끼어들어 책임을 언급함으로써 갈등이 생겨나고 있다.
④ 학생3이 본질과 관계없는 말을 언급함으로써 상황을 무마하려고 하고 있다.

09 다음 토의에 대한 설명으로 적절하지 않은 것은?

21 국가직 9급

> 사회자: 오늘의 토의 주제는 '통일 시대의 남북한 언어
> 가 나아갈 길'입니다. 먼저 최○○ 교수님께서
> '남북한 언어 차이와 의사소통'이라는 제목으
> 로 발표해 주시겠습니다.
> 최 교수: 남한과 북한의 말은 비슷하지만 다른 점이 있
> 습니다. 남한과 북한의 어휘 차이가 대표적입
> 니다. 남한과 북한의 어휘 차이를 분석한 결
> 과, …(중략)… 앞으로도 남북한 언어 차이에
> 대한 연구가 지속되어야 합니다.
> 사회자: 이로써 최 교수님의 발표를 마치겠습니다. 다
> 음은 정○○ 박사님의 '남북한 언어의 동질성
> 회복 방안'에 대한 발표가 있겠습니다.
> 정 박사: 앞으로 통일을 대비해 남북한 언어의 다른 점
> 을 줄여 나가는 노력이 필요합니다. 실제로도
> 남한과 북한의 학자들로 구성된 '겨레말큰사전
> 편찬위원회'에서는 남북한 공통의 사전인 『겨
> 레말큰사전』을 만들며 서로의 차이를 이해하
> 고 받아들이기 위한 노력을 하고 있습니다.
> …(중략)…
> 사회자: 그러면 질의응답이 있겠습니다. 시간상 간략하
> 게 질문해 주시기 바랍니다.
> 청중 A: 두 분의 말씀 잘 들었습니다. 남북한 언어의 차
> 이와 이를 극복하는 방안을 말씀하셨는데요.
> 그렇다면 통일 시대에 대비한 언어 정책에는
> 무엇이 있을까요?

① 학술적인 주제에 대해 발표 형식으로 진행되고 있다.
② 사회자는 발표자 간의 이견을 조정하여 의사결정을 유
도하고 있다.
③ 발표자는 주제에 대한 자신의 견해를 밝혀 청중에게
정보를 제공하고 있다.
④ 청중 A는 발표자의 발표 내용을 확인하고 주제와 관련
된 질문을 하고 있다.

10 다음 진행자 'A'의 대화 진행 전략으로 적절하지 않은 것은?

20 국가직 9급

> A: 여러분, 안녕하세요? 한 지방 자치 단체가 의료 취
> 약 계층을 위한 의약품 공급 정보망 구축 사업을 진
> 행해 오고 있는데요. 오늘은 그 관계자 한 분을 모시
> 고 말씀을 들어 보기로 하겠습니다. 과장님, 안녕하
> 세요?
> B: 네, 안녕하세요.
> A: 의약품 공급 정보망이라는 말이 다소 생소한데 이게
> 무슨 말인가요?
> B: 네, 약국이나 제약 회사가 의약품을 저희에게 기탁
> 하면, 이 약품을 필요한 사회 복지 시설이나 국내외
> 의료 봉사 단체에 무상으로 줄 수 있도록 연결하는
> 사이버상의 네트워크입니다.
> A: 그렇군요. 그동안 이 사업에 성과가 있었다면 그럴
> 만한 이유가 있을 텐데요, 이에 대해 말씀해 주세요.
> B: 그렇습니다. 약국이나 제약 회사에서는 판매되지 않
> 은 의약품을 기탁하고 세금 혜택을 받습니다. 그리
> 고 복지 시설이나 봉사 단체에서는 필요한 의약품을
> 무상으로 지원받을 수 있습니다.
> A: 그렇군요. 혹시 이 사업에 걸림돌은 없나요?
> B: 의약품을 의사의 처방에 따라서 주는 것이 아니라
> 수요자가 요구하면 주는 방식이어서 전문 의약품을
> 제공하는 과정에 어려움이 있습니다. 처방전 발급을
> 부탁할 수도 없고…….
> A: 그러니까 앞으로 이런 문제를 해결하기 위한 제도
> 정비나 의료 전문가의 지원이 좀 더 필요하다는 말
> 씀인 것 같군요. 끝으로 이 사업에 참여하려면 어떻
> 게 해야 하나요?
> B: 그건 생각보다 쉽습니다. 저희 홈페이지에 접속하셔
> 서 회원으로 가입하시면 기부하실 때나 받으실 때나
> 모두 쉽게 참여하실 수 있습니다.
> A: 네, 간편해서 좋군요. 모쪼록 이 의약품 공급 정보망
> 사업이 확대되어 국내외 의료 취약 계층에 많은 도
> 움이 되기를 바랍니다. 감사합니다.

① 상대방의 말을 들었다는 반응을 보인다.
② 상대방의 대답에서 모순점을 찾아 논리적으로 대응한다.
③ 대화의 화제가 된 일을 홍보할 수 있는 대답을 유도
한다.
④ 상대방의 말을 대화의 흐름에 맞게 해석하여 상대방의
말을 보충한다.

PART 7
화법과 작문

11 다음의 여러 조건에 가장 잘 맞는 토론 논제는? 19 국가직 9급

> • 긍정 평서문으로 제시되어야 한다.
> • 찬성과 반대의 대립이 분명하게 나타나야 한다.
> • 쟁점이 하나여야 한다.
> • 찬성이나 반대 어느 한 편에 유리하게 작용하는 정서적 표현을 사용해서는 안 된다.

① 징병제도는 유지해야 한다.
② 정보통신망법을 개선할 수는 없다.
③ 야만적인 두발 제한을 폐지해야 한다.
④ 내신 제도와 논술 시험을 개혁해야 한다.

12 토론자들의 말하기 방식에 대한 설명으로 적절한 것은?

19 국가직 9급

> 사회자: 학교 폭력 문제가 나날이 심각해지고 있습니다. 이와 관련해 오늘은 '학교 폭력을 방관한 학생에게도 책임을 물어야 한다'를 주제로 토론을 해 보도록 하겠습니다. 먼저 찬성 측 말씀해 주시죠.
> 찬성 측: 친구가 학교 폭력에 의해 희생되고 있는데도 자신에게 피해가 올까 두려워 아무런 조치를 취하지 않는 학생들이 많다고 합니다. 이러한 행동으로 인해 학교 폭력은 점점 확산되고 있습니다. 학교 폭력을 행하는 것을 목격했음에도 어떤 조치도 취하지 않은 것은 폭력에 대해 묵시적으로 동의한 것과 같습니다. 폭력을 직접 행사하는 행위뿐 아니라, 불의에 저항하지 않는 정의롭지 못한 행위에 대해서도 합당한 책임을 물어야 할 것입니다.
> 사회자: 다음으로 반대 측 의견 말씀해 주시죠.

> 반대 측: 특정 학생에게 폭력을 직접 행사해서 피해를 준 사실이 명백할 때에만 책임을 물을 수 있을 것입니다. 또한 사건에 대한 개입과 방관은 개인의 자율적 의지에 달린 문제이므로 외부에서 규제할 성질의 문제가 아닙니다.
> 사회자: 그럼 이번에는 반대 측부터 찬성 측에 대해 반론해 주시지요.
> 반대 측: 과연 누구까지를 학교 폭력의 방관자라고 규정지을 수 있을까요? 집에 가는 길에 우연히 폭력을 목격했을 경우, 자신의 친구로부터 폭력에 관련된 소문을 접했을 경우 등 방관자라고 규정하기에는 애매한 경우가 많습니다. 어떠한 행위를 처벌하려면 확고한 기준이 필요한데, 방관자의 범위부터 규정하기가 불명확하다고 볼 수 있습니다.
> 찬성 측: 불의를 방관한 행위에 대해 사회가 책임을 묻지 않는다면 이후로도 사람들은 아무런 죄책감 없이 불의를 모른 체하고 방관할 것입니다. 결국 이는 사회 전체의 건전성과 도덕성을 떨어뜨릴 것이고, 정의에 근거한 시민의 고발정신까지 약화시킬 것입니다.

① 찬성 측은 친숙한 상황을 빗대어 자신의 견해를 펼치고 있다.
② 찬성 측은 자신의 경험을 제시하여 논지를 보충하고 있다.
③ 반대 측은 윤리적 방법으로 해결책을 제시하고 있다.
④ 반대 측은 논제에 의문을 제기하여 주장을 강화하고 있다.

13 토론에서 사회자가 하는 역할에 대한 설명으로 가장 적절한 것은?

19 지방직 9급

① 토론을 시작하면서 논제가 타당한지 토론자들의 의견을 묻는다.

② 토론자들에게 토론의 전반적인 방향과 유의점에 대해 안내한다.

③ 청중의 의견을 수렴하여 대안을 제시함으로써 쟁점을 약화시킨다.

④ 토론자의 주장과 논거를 비판하는 견해를 개진하여 논쟁의 확산을 꾀한다.

14 진행자의 말하기 방식에 대한 설명으로 적절하지 않은 것은?

19 지방직 9급

> 진행자: 안녕하십니까? 오늘은 고령자의 운전면허 자진반납 제도에 대해 홍○○ 교수님 모시고 말씀 들어 보겠습니다.
>
> 홍 교수: 네, 반갑습니다.
>
> 진행자: 나와 주셔서 감사합니다. 우선 이 제도가 어떤 제도인가요?
>
> 홍 교수: 지자체마다 조금씩 다르기는 하지만 고령 운전자들이 운전면허를 자발적으로 반납하게 유도하여 고령 운전자에 의한 교통사고를 줄이고자 하는 제도입니다.
>
> 진행자: 고령 운전자에 의한 교통사고가 심각한가요? 뒷받침할 만한 자료가 있나요?
>
> 홍 교수: 네. 도로교통공단의 통계에 따르면, 전체 교통사고 대비 고령 운전자에 의한 교통사고 비율이 2014년에는 9.0%였으나 매년 조금씩 증가하여 2017년에는 12.3%를 차지하고 있습니다.

> 진행자: 그렇군요. 아무래도 고령화 사회로 진입하다 보니 전체 운전자 중에서 고령 운전자에 해당하는 비율이 늘었기 때문인 것 같은데요.
>
> 홍 교수: 네, 그렇습니다. 이전보다 차량 성능이 월등히 좋아진 점도 하나의 요인이 될 것입니다.
>
> 진행자: 그렇다고 해도 무작정 운전면허를 반납하라고만 할 수는 없을 테고, 뭔가 보완책이 있나요?
>
> 홍 교수: 네. 지자체마다 차이가 있지만 소정의 교통비를 지급함으로써 대중교통 이용을 권장하고 있습니다.
>
> 진행자: 취지 자체만으로는 긍정적으로 평가할 수 있을 것 같은데, 혹시 제도 시행상의 문제점은 없나요?
>
> 홍 교수: 일회성이 문제라고 생각합니다.
>
> 진행자: 아, 운전면허를 반납한 당시에만 교통비가 한 차례 지원된다는 말씀이군요.
>
> 홍 교수: 네. 이분들이 더 이상 운전을 하지 않아도 이동권을 확보할 수 있도록 지속적인 지원이 이루어져야 이 제도가 효과를 얻을 수 있습니다.
>
> 진행자: 그에 더해 장기적으로는 고령자 친화적인 대중교통 인프라를 구축하는 일도 필요할 듯합니다. 교수님, 오늘 말씀 감사합니다.

① 상대방의 의견이 합리적이지 않음을 지적하며 인터뷰를 마무리 짓는다.

② 상대방이 인용한 통계 자료에 대해 자기 나름대로의 해석을 제시한다.

③ 상대방이 제시한 정보 이외에 추가적인 정보를 요구한다.

④ 상대방에게 해당 제도의 시행 배경에 대한 객관적인 근거를 요구한다.

2 작문

해설편 p. 104

조건에 맞게 글쓰기   기출빈도 ★☆☆

01 '청소년 인터넷 중독의 현황과 문제 해결'에 대한 글을 작성하고자 한다. 글의 내용으로 포함하기에 적절하지 않은 것은?   20 지방직 9급

① 국내 최대 게임 업체의 고객 개인 정보가 유출되어 청소년들에게 성인 광고 문자가 대량 발송된 사건을 예로 제시한다.

② 인터넷에 중독되는 청소년의 비율이 해마다 증가한다는 통계를 활용하여 해당 사안이 시급히 해결되어야 할 문제임을 강조한다.

③ 사회성 결여, 의사소통 장애, 집중력 저하 등 인터넷 중독이 야기할 수 있는 부정적 현상들을 열거하여 문제의 심각성을 환기한다.

④ 청소년 대상 인터넷 중독 상담 프로그램의 개발 및 운영을 위해 할당된 예산이 부족하다는 전문가의 의견을 인용하여 해당 문제에 대한 대처가 미온적임을 지적한다.

02 다음 보도 기사별 마무리 표현으로 적절하지 않은 것은?

     20 지방직 9급

보도 기사	마무리 표현
소송이나 다툼에 관한 소식	㉠
어느 쪽이 옳다고 말하기 애매한 소식	㉡
사건이 터지고 결과가 드러나기 전 소식	㉢
연예 스캔들 소식	㉣

① ㉠: 모쪼록 원만히 해결되기 바랍니다.

② ㉡: 그 의미를 새삼 돌아보게 됩니다.

③ ㉢: 현재 귀추가 주목되고 있습니다.

④ ㉣: 호사가들의 입방아에 오르내리고 있습니다.

03 다음 조건을 모두 참조하여 쓴 글은?   18 지방직 9급

> • 대구(對句)의 기법을 사용할 것
> • 삶에 대한 통찰을 우의적으로 표현할 것

① 낙엽: 낙엽은 항상 패배한다. 시간이 지나고 낙엽이 지는 것은 어쩔 수 없는 일이다. 그리고 계절의 객석에 슬픔과 추위가 찾아온다. 하지만 이 패배가 없더라면, 어떻게 봄의 승리가 가능할 것인가.

② 비: 프랑스어로 '비가 내린다'는 한 단어라고 한다. 내리는 것은 비의 숙명인 것이다. 세월이 아무리 흘러도, 비는 주룩주룩 내리고, 토끼는 깡충깡충 뛴다. 자연은 모두 한 단어이다. 우리의 삶도 자연을 닮는다면 어떨까.

③ 하늘: 하늘은 언젠가 자기 얼굴이 알고 싶었다. 하지만 어디에도 자신을 비춰줄 만큼 큰 거울을 발견할 수 없었다. 그러다 어느 날 어떤 소녀를 발견했다. 포근한 얼굴로 자신을 바라보는 소녀의 눈동자를 하늘은 바라보았다. 거기에 자신이 있었다.

④ 새: 높이 나는 새는 낮게 나는 새를 놀려 댔다. "어째서 그대는 멀리 보는 것을 선택하지 않는가? 기껏 날개가 있는 존재로 태어났는데." 그러자 낮게 나는 새가 대답했다. "높은 곳의 구름은 멀리를 바라보고, 낮은 곳의 산은 세심히 보듬는다네."

04 다음을 모두 만족시키는 표어로 적절한 것은? 17 국가직 추가

- 공중도덕 지키기를 홍보한다.
- 대구의 표현 방식을 활용한다.
- 행위의 긍정적 효과를 비유적으로 표현한다.

① 신호 위반, 과속 운전 / 모든 것을 앗아 갑니다
② 아파트를 뒤흔드는 음악 소리 / 이웃들을 괴롭히는 고문 장치
③ 노약자에게 양보하는 한 자리 / 당신에게 찾아오는 행복의 문
④ 공공 장소에서 실천하는 금연 / 우리의 건강을 지켜 줍니다

05 다음의 개요를 기초로 하여 글을 쓸 때, 주제문으로 가장 적절한 것은? 17 지방직 9급

서론: 최근의 수출 실적 부진 현상
본론: 수출 경쟁력의 실태 분석
1. 가격 경쟁력 요인
ㄱ. 제조 원가 상승
ㄴ. 고금리
ㄷ. 환율 불안정
2. 비가격 경쟁력 요인
ㄱ. 기업의 연구 개발 소홀
ㄴ. 품질 개선 부족
ㄷ. 판매 후 서비스 부족
ㄹ. 납기의 지연
결론: 분석 결과의 요약 및 수출 경쟁력 향상 방안 제시

① 정부가 수출 분야 산업을 적극 지원해야 한다.
② 내수 시장의 기반을 강화하는 데 역량을 모아야 한다.
③ 기업이 연구 개발비 투자를 늘리고 품질 향상에 많은 노력을 기울여야 한다.
④ 수출 경쟁력을 좌우하는 요인을 분석한 후 그에 맞는 방안을 마련해야 한다.

06 다음 글의 ㉠~㉣에 대한 고쳐 쓰기 방안으로 적절하지 않은 것은? 20 지방직 9급

현재 리셋 증후군이 인터넷 중독의 한 유형으로 ㉠꼽혀지고 있다. 리셋 증후군 환자들은 현실에서 잘못을 하더라도 버튼만 누르면 해결될 수 있다고 생각해서 아무런 죄의식이나 책임감 없이 행동한다. ㉡'리셋 증후군'이라는 말은 1990년 일본에서 처음 생겨났는데, 국내에선 1990년대 말부터 쓰이기 시작했다. 리셋 증후군 환자들은 현실과 가상을 구분하지 못하여 게임에서 실행했던 일을 현실에서 저지르고 뒤늦게 후회하는 경우가 많다. 특히, 이러한 특성을 지닌 청소년들은 무슨 일이든지 쉽게 포기하고 책임감 없는 행동을 하며, 마음에 들지 않는 사람이 있으면 ㉢막다른 골목으로 몰 듯 관계를 쉽게 끊기도 한다.
리셋 증후군은 행동 양상이 명확히 나타나지 않는 편이라 쉽게 판별하기 어렵고 진단도 쉽지 않다. ㉣이와 같이 예방을 위해 지속적으로 주위 사람들과 대화를 나누고, 현실과 인터넷 공간을 구분하는 능력을 길러야 한다.

① 불필요한 이중 피동 표현으로 어법에 맞게 ㉠을 '꼽고'로 수정한다.
② 글의 맥락상 자연스럽지 않으므로 ㉡은 첫 번째 문장 뒤로 옮긴다.
③ 앞뒤 문맥을 고려할 때 ㉢은 '칼로 무를 자르듯'으로 수정한다.
④ 앞 문장과의 연결을 고려하여 ㉣을 '그러므로'로 수정한다.

PART 7

화법과 작문

07 〈보기〉를 근거로 판단할 때, ㉠~㉣ 중 적절하지 않은 것은? 18 국가직 9급

---〈보 기〉---

통일성은 글의 내용이 하나의 주제로 긴밀하게 관련되는 특성을 말한다. 초고의 적절성을 평가할 때에는 글의 내용이 하나의 주제를 드러낼 수 있도록 선정되었는지, 그리고 중심내용에 부합하는 하위 내용들로 선정되었는지를 검토한다.

사람들은 대개 수학 과목이 어렵다고 한다. 하지만 나는 수학 시간이 재미있다. ㉠ 바로 수업을 재미있게 진행하시는 수학 선생님 덕분이다. 수학 선생님은 유머로 딱딱한 수학 시간을 웃음바다로 만들곤 한다. ㉡ 졸리는 오후 시간에 뜬금없이 외국으로 수학여행을 가자고 하여 분위기를 부드럽게 만든 후 어려운 수학 문제를 쉽게 설명한 적도 있다. 그래서 우리 학교에서는 수학 선생님의 인기가 시들 줄 모른다. ㉢ 그리고 수학 선생님의 아들이 수학을 굉장히 잘한다는 소문이 나 있다. ㉣ 내 수학 성적이 좋아진 것도 수학 선생님의 재미있는 수업 덕택이다.

① ㉠   ② ㉡
③ ㉢   ④ ㉣

08 다음 글을 고쳐 쓰기 위한 방안으로 적절하지 않은 것은? 17 국가직 9급 추가

산업 폐기물 처리장이 들어서게 될 지역 주민들도 그 시설의 필요성은 인정하고 있다. ㉠ 그리고 그런 시설이 자기 고장에 들어서는 것을 받아들이려는 사람은 많지 않다. ㉡ 그 필요성은 인정하지만, 내 고장에는 안 된다는 것이다. 이러한 태도는 공공의 이익을 외면하는 ㉢ 지역 이기주의에 다름 아니다. 잊지 말아야 할 사실은 폐기물 처리장 건설을 뒤로 미루면 그로 인한 피해가 결국 ㉣ 우리 모두에게 돌아온다. 나와 내 이웃이 공존할 수 있는 사회를 만들기 위해서는 지역 이기주의를 타파해야 한다.

① ㉠은 앞뒤 문장을 자연스럽게 연결하기 위해 '그러나'로 바꾼다.
② ㉡은 주제와 상관없는 내용이므로 문단의 통일성을 위해 삭제한다.
③ ㉢은 우리말답지 않은 표현으로 '지역 이기주의이다'로 순화한다.
④ ㉣은 주어와 호응하지 않으므로 '우리 모두에게 돌아온다는 것이다'로 고친다.

봄이면 어김없이 나타나 우리를 괴롭히는 황사가 본래 나쁘기만 한 것은 아니었다. ⑤ 황사의 이동 경로는 매우 다양하다. 황사는 탄산칼슘, 마그네슘, 칼륨 등을 포함하고 있어 봄철의 산성비를 중화시켜 토양의 산성화를 막는 역할을 했다. 또 황사는 무기물을 포함하고 있어 해양 생물에게도 도움을 줬다. ⑥ 그리고 지금의 황사는 생태계에 심각한 해를 끼치는 애물단지가 되어 버렸다. 이처럼 황사가 재앙의 주범이 된 것은 인간의 환경 파괴 ⑦ 덕분이다.

현대의 황사는 각종 중금속을 포함하고 있는 독성 황사이다. 황사에 포함된 독성 물질 중 대표적인 것으로 다이옥신을 들 수 있다. 다이옥신은 발암 물질이며 기형아 출산을 일으킬 수도 있는 것이다. 이러한 독성 물질을 다수 포함하고 있는 ⑧ 황사를 과거보다 자주 발생하고 정도도 훨씬 심해지고 있어 문제이다.

① ⑤은 글의 논리적인 흐름을 방해하고 있으므로 삭제한다.
② ⑥은 앞뒤 내용을 자연스럽게 연결해 주지 못하므로 '그러므로'로 바꾼다.
③ ⑦은 어휘가 잘못 사용된 것이므로 '때문이다'로 고친다.
④ ⑧은 서술어와 호응하지 않으므로 '황사가'로 고친다.

논증과 오류   기출빈도 ★☆☆

10 주장하는 말이 범하는 논리적 오류 유형이 다른 하나는?
20 군무원 9급

① 식량을 주면, 옷을 달라고 할 것이고, 그 다음 집을 달라고 할 것이고, 결국 평생직장을 보장하라고 할 것이 틀림없어. 식량 배급은 당장 그만두어야 해.
② 네가 술 한 잔을 마시면, 다시 마시게 되고, 결국 알코올 중독자가 될 거야. 애초부터 술 마실 생각은 하지 마라.
③ 아이들에게 부드럽게 말하면, 아이들은 부모를 무서워하지 않게 되고, 그 부모는 아이들을 망치게 될 겁니다. 아이들에게 엄하게 말하는 것을 두려워하지 마세요.
④ 식이요법을 시작하면 영양 부족에 빠지고, 어설픈 식이요법이 알코올 중독에 이르게 한다는 것을 암시해. 식이요법을 시작하지 못하게 막아야 해.

논리학에서 비형식적 오류 유형에는 우연의 오류, 애매어의 오류, 결합의 오류, 분해의 오류 등이 있다.

우선 ⑤ 우연의 오류란 거의 대부분의 경우에 적용되는 일반적인 원리나 규칙을 우연적인 상황으로 인해 생긴 예외적인 특수한 경우에까지도 무차별적으로 적용할 때 생기는 오류이다. 그 예로 "인간은 이성적인 동물이다. 중중 정신 질환자는 인간이다. 그러므로 중중 정신 질환자는 이성적인 동물이다."를 들 수 있다. ⑥ 애매어의 오류는 동일한 한 단어가 한 논증에서 맥락마다 서로 다른 의미를 지니는 것으로 사용될 때 생기는 오류를 말한다. "김 씨는 성격이 직선적이다. 직선적인 모든 것들은 길이를 지닌다. 고로 김 씨의 성격은 길이를 지닌다."가 그 예이다. 한편 각각의 원소들이 개별적으로 어떤 성질을 지니고 있다는 내용의 전제로부터 그 원소들을 결합한 집합 전체도 역시 그 성질을 지니고 있다는 결론을 도출하는 경우가 ⑦ 결합의 오류이고, 반대로 집합이 어떤 성질을 지니고 있다는 내용의 전제로부터 그 집합의 각각의 원소들 역시 개별적으로 그 성질을 지니고 있다는 결론을 도출하는 경우가 ⑧ 분해의 오류이다. 전자의 예로는 "그 연극단 단원들 하나하나가 다 훌륭하다. 고로 그 연극단은 훌륭하다."를, 후자의 예로는 "그 연극단은 일류급이다. 박 씨는 그 연극단 일원이다. 그러므로 박 씨는 일류급이다."를 들 수 있다.

① ⑤: 모든 사람은 죽는다. 소크라테스는 사람이다. 그러므로 소크라테스는 죽는다.
② ⑥: 부패하기 쉬운 것들은 냉동 보관해야 한다. 세상은 부패하기 쉽다. 고로 세상은 냉동 보관해야 한다.
③ ⑦: 미국 아이스하키 선수단이 이번 올림픽에서 금메달을 차지했다. 그러므로 미국 선수 각자는 세계 최고 기량을 갖고 있다.
④ ⑧: 그 학생의 논술 시험 답안은 탁월하다. 그의 답안에 있는 문장 하나하나가 탁월하기 때문이다.

꿈꿀 수 있다면
실현도 가능하다.

월트 디즈니

최종모의고사

해설편 p. 108

01 다음 〈보기〉에 대한 설명으로 옳지 않은 것은?

〈보 기〉
할머니가 손주에게 용돈을 주었다.

① 어절의 개수는 4개이다.
② 음절의 개수는 14개이다.
③ 단어의 개수는 7개이다.
④ '자음+모음+자음'으로 이루어진 음절은 7개이다.

02 다음 중 중의적 표현이 아닌 것은?

① 나와 철수는 영희를 만났다.
② 학회에 사람들이 다 오지 않았다.
③ 나는 웃긴 그의 친구를 만나러 간다.
④ 그는 나보다 야식을 더 좋아한다.

03 다음 중 로마자 표기가 옳지 않은 것은?

① 백마 Baengma
② 알약 allyak
③ 묵호 Muko
④ 합정 Hapjeong

04 다음 중 겹문장이 아닌 것은?

① 그가 도리어 미소를 지었다.
② 수진이가 천재임이 밝혀졌다.
③ 할아버지께서는 인정이 많으시다.
④ 철수가 그린 그림이 특선으로 뽑혔다.

05 다음 중 (   ) 안에 들어갈 말을 바르게 나열한 것은?

• 그 서류는 아직 (   )를 받지 못하였다.
• 시위대와 경찰이 (   )했다.
• 그 사람은 재산 (   ) 혐의로 고발당했다.

① 결재(決裁), 추돌(追突), 은둔(隱遁)
② 결재(決裁), 충돌(衝突), 은닉(隱匿)
③ 결제(決濟), 추돌(追突), 은둔(隱遁)
④ 결제(結濟), 충돌(衝突), 은닉(隱匿)

06 다음 중 밑줄 친 부분이 바르게 쓰인 것은?

① <u>어떡하든</u> 그 일을 마무리 짓도록 해라.
② 이것은 기존의 생각을 <u>송두리채</u> 뒤엎는 혁신적인 사상이다.
③ 철수는 <u>군무원으로써</u> 자부심을 느낀다.
④ 그를 보는 순간, 미소를 <u>띄게</u> 되었다.

07 〈보기〉의 단어에서 나타나지 않는 음운 변동 현상은?

〈보 기〉
홑이불, 꽃잎, 삯일

① 음절의 끝소리 규칙   ② 'ㄴ' 첨가
③ 된소리되기   ④ 비음화

08 다음 작품에 대한 설명으로 가장 적절한 것은?

> ᄀ 괴여 닉은 술을 갈건(葛巾)으로 밧타 노코
> 곳나모 가지 것거 수 노코 먹으리라
> 화풍(和風)이 건 듯 부러 녹수(綠水)를 건너오니
> 청향(淸香)은 잔에 지고 낙홍(落紅)은 옷새 진다
> 준중(樽中)이 뷔엿거ᄃ 날ᄃ려 알외여라
> 소동(小童) 아히다려 주가(酒家)에 술을 믈어
> 얼운은 막대 집고, 아히ᄂ 술을 믈어
> 미음완보(微吟緩步)ᄒ야 시냇ᄀ의 호자 안자
> 명사(明沙) 조흔 믈에 잔 시어 부어 들고
> 청류(淸流)를 굽어보니 ᄶ오ᄂ니 도화(桃花) ㅣ로다
> 무릉(武陵)이 갓갑도다 져 ᄆᆡ이 귄 거이고
> 송간 세로(松間細路)에 두견화(杜鵑花)를 부치 들고
> 봉두(峰頭)에 급피 올나 구름 소긔 안자 보니
> 천촌만락(千村萬落)이 곳곳이 버러 잇ᄂ
> 연하일휘(煙霞日輝)ᄂ 금수(錦繡)를 재펏ᄂ 듯
> 엇그제 검은 들이 봄빗도 유여(有餘)홀샤
>
> — 정극인, 「상춘곡」에서 —

① 세속적 삶에 대한 미련을 드러내고 있다.
② 자연을 통해 삶의 교훈을 이끌어내고 있다.
③ 대상에 동화된 화자의 흥취를 드러내고 있다.
④ 현실 세계와 이상 세계의 차이를 강조하고 있다.

09 다음 글에 나타난 당대 사회상에 대한 설명으로 옳지 않은 것은?

> 유한림의 나이가 삼십에 이르렀으나 슬하에 자녀가 없어서 망연하였다. 사부인이 이를 근심하고 한림에게 호소하였다.
> "첩의 기질이 허약하고 원기가 일정치 못하여 당신과 십여 년을 동거하였으나 일점혈육이 없으니 불효 삼천 가지 죄에 무자(無子)의 죄가 가장 크다 하여 첩의 무자한 죄가 존문에 용납하지 못할 것이나 당신의 관용하신 덕으로 지금까지 부지해 왔습니다. 그러나 곰곰이 생각하매 당신은 누대 독신(累代獨身)으로 이대로 가다가는 유씨 종사가 위태로우니 첩을 개의치 마시고 어진 여인을 취하여 득남득녀하면 가문의 경사일 뿐 아니라 첩의 죄도 면할 수 있을까 합니다."
> 유한림은 허허 웃고서 부인을 위로하여 말하기를,
> "소생이 없다 하여 당신을 두고 다른 첩을 얻을 수야 있소. 첩이 들어오면 집안이 어지러워지는 근본인데 당신은 왜 화근을 자청하는 거요? 그것은 천만부당하니 그런 생각은 하지 마시오."
> "첩이 비록 용렬하나 세상 보통 여자의 투기를 잘 알고 경계하겠으니 첩의 걱정은 마시오. 태우의 일처일첩은 옛날에도 미덕이 되었으니 첩이 비록 덕이 없으나 세속 여자의 투기는 본받지 않겠습니다."
>
> — 김만중, 「사씨남정기(謝氏南征記)」에서 —

① 대를 잇지 못하는 것을 가장 큰 죄로 여겼다.
② 자손이 없으면 첩을 들이는 것이 관습이었다.
③ 첩을 들여도 투기하지 않는 것이 미덕이었다.
④ 가부장적 가족 제도에 대해 비판적이었다.

10 [A]~[D]에 대한 감상으로 적절하지 않은 것은?

> [A]
> 신령님……
> 처음 내 마음은
> 수천만 마리
> 노고지리 우는 날의 아지랑이 같았습니다
> 번쩍이는 비눌을 단 고기들이 헤엄치는
> 초록의 강 물결
> 어우러져 날으는 애기 구름 같았습니다
> [B]
> 신령님……
> 그러나 그의 모습으로 어느 날 당신이 내게 오셨을 때
> 나는 미친 회오리바람이 되었습니다
> 쏟아져 내리는 벼랑의 폭포
> 쏟아져 내리는 쏘내기비가 되었습니다
> [C]
> 그러나 신령님……
> 바닷물이 적은 여울을 마시듯이
> 당신은 다시 그를 데려가고
> 그 휑―ㄴ한 내 마음에
> 마지막 타는 저녁 노을을 두셨습니다
> 그러고는 또 기인 밤을 두셨습니다
> [D]
> 신령님……
> 그리하여 또 한번 내 위에 밝는 날
> 이제
> 산골에 피어나는 도라지꽃 같은
> 내 마음의 빛갈은 당신의 사랑입니다
> ― 서정주, 「다시 밝은 날에 ― 춘향의 말 2」 ―

① [A]의 '노고지리 우는 날의 아지랑이'같이 평화롭던 화자의 내면은 [B]에서 '미친 회오리바람'처럼 격동적으로 변화하고 있군.

② [B]의 '그의 모습으로' 다가온 '당신'이 [C]에서 '바닷물이 적은 여울을 마시듯이', '그를 데려' 갔다고 한 것은 화자의 만남과 이별이 숙명과 같음을 드러낸 것이겠군.

③ [C]의 '휑―ㄴ한 내 마음'에 '마지막 타는 저녁노을을 두셨다'는 것은 이별로 인한 화자의 내면 상태를 시각적 이미지로 표현한 것이겠군.

④ [D]의 '도라지꽃 같은', '내 마음의 빛갈'은 [A]의 '애기 구름'같이 연약했던 화자의 사랑이 화려한 결실을 맺었음을 비유적으로 표현한 것이겠군.

11 다음 글의 표현 방식에 대한 설명으로 옳지 않은 것은?

> 가끔 책을 빌리러 오는 친구가 있다. 나는 적이 질투를 느낀다. 흔히는 첫 한두 페이지밖에는 읽지 못하고 둔 책이기 때문이다. 그가 나에게 속삭여 주려던 아름다운 긴 이야기를 다른 사나이에게 먼저 해 버리러 가기 때문이다. 가면 여러 날 뒤에, 나는 아주 까맣게 잊어버렸을 때 그는 한껏 피로해져서 초라해져서 돌아오는 것이다. 친구는 고맙다는 말만으로 물러가지 않고, 그를 평가까지 하는 것이다. 나는 그런 경우에 그 책에 대하여는 전혀 흥미를 잃어버리는 수가 많다. 빌려 나간 책은 영원히 '노라'가 되어 버리는 것도 있다.
>
> 이러는 나도 남의 책을 가끔 빌려 온다. 약속한 기간을 넘긴 것도 몇 권 있다. 그러기에 책을 빌리는 사람도 도적이요, 빌려 주는 사람도 도적이란 서적 윤리가 따로 있는 것이다. 일생에 천 권을 빌려 보고 구백구십구 권을 돌려보내고 죽는다면 그는 최우등의 성적이다.
>
> 그러나 남은 한 권 때문에 도적은 도적이다. 책을 남에게 빌려만 주고 저는 남의 것을 한 권도 빌리지 않기란 천 권에서 구백구십 권을 돌려보내기보다 더 어려운 일이다. 그러므로 빌리는 자나 빌려 주는 자나 책에 있어서는 다 도적됨을 면치 못한다.
>
> 그러나 책은 역시 빌려야 한다. 진리와 예술을 감금해서는 안 된다. 그러나 책은 물질 이상이다. 영양이나 귀부인들 초대한 듯 결코 땀이나 때가 묻은 손을 대어서는 실례다. 책은 세수를 할 줄 모르는 미인이다. 책에만은 나는 봉건적인 여성관이다. 너무 건강해선 무거워 안 된다. 가볍고 얄팍하고 뚜껑도 예전 능화지(菱花紙)처럼 부드러워 한 손에 말아 쥐고 누워서도 읽기 좋기를 탐낸다. 그러나 덮어 놓으면 떠들리거나 구김살이 잡히지 않고 이내 고요히 제 태(態)로 돌아가는 인종(忍從)이 있기를 바란다고 할까.
>
> ― 이태준, 「책」에서 ―

① 대상에 대하여 비판적으로 인식하고 있다.

② 대상을 비유적으로 표현하고 있다.

③ 문답적 구성 방식을 활용한 글쓴이의 생각을 표출하고 있다.

④ 체험을 바탕으로 대상에 대한 애정을 드러내고 있다.

12 다음 글의 내용과 부합하지 않는 것은?

그리스인들은 아름다움을 수에서 찾았다. 아름다움의 바탕에는 수적 비례 관계가 있다. 이것이 저 멀리 피타고라스까지 거슬러 올라가는 그리스의 전통적 관념이다. 가령 「벨베데레의 아폴론」과 「밀로의 비너스」의 상반신과 하반신이 황금 분할을 이루고 있었던 것을 생각해 보라. 그리스인들에게 아름다운 신체를 창조하는 것은 곧 신체의 부분들 사이의 이상적인 비례 관계를 확정하는 것을 의미했다. 한마디로 그들에게 미란 무엇보다 '양(量)'의 문제였다.

헬레니즘 시대에 들어오면 이 전통적인 관념에 변화가 생긴다. 그 변화는 당시를 지배하던 신플라톤주의의 정신적 분위기와 관계가 있다. 가령 플라톤에게 '이데아'는 이상적 형태가 모여 있는 곳이었다. 하지만 플로티노스는 '일자(一者)'를 무엇보다도 빛으로 표상했다. 즉 만물에 부여하는 원리가 형에서 빛으로 바뀐 것이다. 빛은 부분으로 나뉘지 않는다. 따라서 거기에 수적 비례도 있을 수 없다. 한마디로 미란 무엇보다 '질(質)'의 문제라는 이야기다.

미가 수에 달려 있다고 보는 견해를 미에 대한 '형식적 정의'라고 한다. 반면 미의 본질을 수량화할 수 없는 어떤 질적 특성에서 찾는 견해를 미에 대한 '실질적 정의'라고 부른다. 한마디로 헬레니즘 시기에 들어와 미의 관념이 형식적 정의에서 실질적 정의로 바뀐 셈인데, 이는 미적 관념의 역사에서 실로 혁명적 변화라고 할 수 있다. 플로티노스가 도입한 이 새로운 정의가 훗날 중세 문명의 미감을 결정하게 된다.

– 진중권, 「서양미술사」에서 –

① 그리스인들은 아름다움을 이상적인 비례 관계에서 찾았다.
② 플로티노스에게 아름다움이란 질적 문제였다.
③ 미의 본질을 수량화할 수 없는 특성에서 찾는 견해를 '실질적 정의'라고 한다.
④ 헬레니즘의 미적 관념은 '실질적인 정의'에서 '형식적인 정의'로 변화하였다.

13 다음 글을 통해 알 수 없는 내용은?

대중 매체는 중요한 사회화 기관으로, 대중은 다양한 대중 매체를 통해 사회 구성원으로서 살아가는 데 필요한 행동 방식과 사고방식을 배울 수 있다. 대중 매체는 사회 구성원들에게 사회의 가치와 규범을 내면화하여 사회 통합에 이바지하기도 한다. 예를 들어, 범죄에 대한 다큐멘터리 프로그램은 사회적 일탈 행위를 공개함으로써 기존 규범을 강화하고, 사회적 가치를 재정립하는 역할을 수행하기도 한다. 그러나 지배적인 규범이나 가치가 주입되면 사회 구성원의 가치와 사고방식이 획일화될 수 있고, 문화적 다양성과 창의성이 위축될 수도 있다. 더불어 대중 매체에 노출된 사회적 일탈 행동을 배워서 모방하는 등의 사회화 역기능이 나타나기도 한다.

사회 구성원들에게 삶의 즐거움을 제공하는 오락 기능은 오늘날 가장 중요한 기능 중 하나로 받아들여지고 있다. 대중 매체의 오락 기능은 시청각 메시지의 전달이 가능한 텔레비전이 등장하고, 이윤 추구를 목적으로 하는 상업주의가 심화됨에 따라 더욱 강화되고 있다. 그러나 시청률 경쟁에 따라 선정적이고 폭력적, 자극적인 프로그램이 등장하는 등의 문제가 나타나고 있다. 또한, 대중이 오락 기능에 지나치게 몰입하면 사회·정치적 무관심이 증가하는 부작용이 나타날 수 있다.

① 사회화 기능의 긍정적 영향
② 사회화 기능의 부정적 영향
③ 오락 기능의 부정적 영향
④ 정보 수집의 긍정적 영향

14 다음 중 밑줄 친 단어가 〈보기〉에서 설명한 동음어로 묶인 것은?

> ───── 〈보 기〉 ─────
>
> 동음어는 의미상 서로 관련이 없거나 역사적으로 기원이 다른데 소리만 우연히 같게 된 말들의 집합이며, 국어사전에는 서로 다른 표제어로 등재된다.

① • 지수는 빨래를 할 때 합성 세제를 <u>쓰지</u> 않는다.
　 • 이 일은 인부를 <u>쓰지</u> 않으면 하기 어렵다.

② • 새로 구입한 의자는 <u>다리</u>가 튼튼하다.
　 • 박물관에 가려면 한강 <u>다리</u>를 건너야 한다.

③ • 이 방은 너무 <u>밝아서</u> 잠자기에 적당하지 않다.
　 • 그는 계산에 <u>밝은</u> 사람이다.

④ • 그 영화는 <u>뒤</u>로 갈수록 재미가 없었다.
　 • 너의 일이 잘될 수 있도록 내가 <u>뒤</u>를 봐주겠다.

15 다음 시조와 관련된 한자성어로 적절하지 않은 것은?

> (가) 귓도리 져 귓도리 에엿부다 져 귓도리
> 　　어인 귓도리 지는 달 새는 밤의 긴 소리 쟈른 소리
> 　　절절(節節)이 슬픈 소리 제 혼자 우러 녜어 사창(紗
> 　　窓) 여왼 줌을 슬드리도 찌오는고야
> 　　두어라 제 비록 미물(微物)이나 무인동방(無人洞
> 　　房)에 내 뜻 알 리는 저뿐인가 ᄒ노라
> (나) 백구(白鷗) l 야 말 무러보쟈 놀라지 마자스라
> 　　명구승지(名區勝地)를 어듸어듸 ᄇ렷ᄃ니
> 　　날ᄃ려 자세(仔細)히 닐러든 네와 게 가 놀리라
> (다) 흥망(興亡)이 유수(有數)ᄒ니 만월대(滿月臺)도 추
> 　　초(秋草) l 로다
> 　　오백 년(五百年) 도업(都業)이 목적(牧笛)에 부쳐시니
> 　　석양(夕陽)에 지나는 객(客)이 눈물계워 ᄒ노라
> (라) 반중(盤中) 조홍(早紅)감이 고아도 보이ᄂ다
> 　　유자(柚子) 안이라도 품엄즉도 ᄒ다마는
> 　　품어가 반기 리 업슬식 글노 설워ᄒ노라

① (가): 同病相憐
② (나): 物我一體
③ (다): 望洋之嘆
④ (라): 風樹之嘆

16 다음 중 밑줄 친 외래어의 표기가 옳지 않은 것은?

① 대표님의 <u>비전</u>을 존중한다.
② 너는 <u>패션</u>에 정말 문외한이구나.
③ 길이 어두우니 <u>플래시</u>를 비춰 줘요.
④ 나는 <u>쓰릴</u>을 즐기기 위해 놀이기구를 타지.

17 밑줄 친 부분의 표기가 어문 규정에 맞게 쓰인 것은?

① <u>웬지</u> 기분이 좋았다.
② 우리의 형편은 <u>넉넉지</u> 않았다.
③ 우리의 <u>바램</u>은 시험에 합격하는 것이다.
④ 우리 아버지는 <u>멋장이</u>다.

18 다음 글을 읽고 알 수 없는 내용은?

> 　감자칩은 세계적으로 인기 있는 과자다. 감자칩의 인기 요인을 생각해 보면 이 물질이 어떻게 만들어져 있는지에 대해 깊이 있게 이해하게 된다. 감자칩이 인기 있는 까닭 중 가장 중요한 것은 그것이 바삭한 음식이라는 점이다. 음식의 식감에 대해 과학적으로 그리고 예술적으로 연구하는 사람들은, 진정 바삭한 음식이 가져야 할 몇 가지 필수 조건들을 정리했다. 시끄러운 소리를 내야 한다는 것은 그중 제일 중요한 조건이다. 하지만 그냥 시끄럽기만 해서는 충분치 않다. 알다시피 뜨거운 수프를 먹는 사람들이나 버터에 적신 축축한 아티초크를 음미하는 사람들도 굉장히 큰 소리를 내게 마련이지만, 그들이 몰두하고 있는 음식들을 바삭하다고 말할 사람은 없다. 바삭한 음식이라면 훨씬 높은 음역의 소리를 내야 한다. 고주파의 파열음을 발생시켜야 하는 것이다. 저주파의 낮은 음을 발생시키는 음식은 으드득거리거나 후루룩거리게 할 뿐 파삭거리게 하지는 못한다.

① 감자칩은 시끄러운 소리를 내야 하는 것이 중요하다.
② 감자칩의 바삭한 소리는 고주파의 파열음을 발생시킨다.
③ 감자칩의 식감에는 소리의 음역대가 영향을 미친다.
④ 뜨거운 수프나 아티초크를 좋아하는 사람들은 바삭한 음식을 좋아한다.

19 다음 중 발표의 전략으로 적절하지 않은 것은?

① 다양한 자료와 매체를 효과적으로 활용한다.

② 반언어적 · 비언어적 표현은 사용하지 않는다.

③ 핵심 내용을 중심으로 정해진 시간에 맞게 발표한다.

④ 청중의 반응을 고려하여 성실한 태도로 발표한다.

20 어휘의 의미 관계가 나머지와 다른 하나는?

① 수사(修辭) – 은유(隱喻)

② 친숙(親熟) – 생경(生梗)

③ 비옥(肥沃) – 척박(瘠薄)

④ 달변(達辯) – 눌변(訥辯)

01 다음 중 로마자 표기가 옳지 않은 것은?

① 광희문 Gwanghuimun
② 영동 Yungdong
③ 옥천 Okcheon
④ 백암 Baegam

03 다음 중 ㉠에 대한 설명으로 적절하지 않은 것은?

> (아니리) 이러고 건너가다 놀보 하인 마당쇠를 만났겄다.
> "아이고, 작은 서방님 그동안 안녕하셨습니까?"
> "오냐, 그동안 마당쇠 너도 잘 있었으며 요새 큰 서방님 성미는 좀 어찌되었느냐?"
> ㉠ "아이고 말씀 마십시오. 작은 서방님이 계실 적에는 제향을 모셔도 음식을 많이 장만하여 포군(飽群)을 시키드니마는 서방님이 떠나신 후로는 그냥 대전(代錢)으로 바칩니다. 접시에다 이것은 편육이라 이것은 제육이라 패지(牌紙)를 써 붙이니 이 통에 들어가셨다가는 매만 실컷 맞고 갈 것이니 그냥 도로 건너가시지요."
> "그러나 내가 여기까지 왔다가 형님을 아니 보고 간대서야 인사 도리가 아니지 않겠느냐."
> 흥보가 성큼성큼 놀보 사랑 앞을 들어서니 어찌 겁이 났던지
> …(하략)…

① 흥보에 대한 놀보의 태도를 예측하게 한다.
② 놀보의 인물됨이 간접적으로 드러나고 있다.
③ 흥보를 염려하는 마당쇠의 마음이 담겨 있다.
④ 놀보를 비난하려는 것이 발화의 궁극적인 의도이다.

02 다음 중 표준 발음으로 옳지 않은 것은?

① 해돋이[해도지]를 보러 명소를 찾아 갔다.
② 옆집 앞마당[암마당]에는 무서운 개가 산다.
③ 나는 한 달 전부터 탈무드를 읽고[일꼬] 있다.
④ 친구는 조용히 앞에 똥을 밟지[발찌] 말라고 경고했다.

04 밑줄 친 부분과 의미가 다른 한자성어는?

> 누고셔 삼공(三公)도곤 낫다 ᄒ더니 만승(萬乘)이 이만 ᄒ랴
> 이제로 헤어든 소부(巢父) 허유(許由) ㅣ 냑돗더라
> 아마도 임천한흥(林泉閑興)을 비길 곳이 업세라

① 麥秀之嘆
② 煙霞痼疾
③ 泉石膏肓
④ 江湖閑情

05 다음 중 ⊙~ⓔ에 대한 설명으로 적절하지 않은 것은?

> 첩첩한 돌 사이에 미친 듯이 내뿜어 겹겹 봉우리에
> ⊙ 울리니
> 사람 ⓛ 말소리 지척에서 분간하기 어렵네.
> 항상 시비(是非)하는 소리 귀에 ⓒ 들림을 두려워하기에
> ⓔ 짐짓 흐르는 물을 시켜 온 산을 둘러싸네.
>
> – 최치원, 「제가야산독서당(題伽倻山讀書堂)」 –

① ⊙: 주체는 산속을 세차게 흐르는 물소리이다.
② ⓛ: 화자가 비판하는 세태의 모습으로 볼 수 있다.
③ ⓒ: 자연의 소리마저 듣지 못할 것을 염려하고 있다.
④ ⓔ: 객관적인 자연물을 주관적으로 변용하고 있다.

06 다음 중 주체 높임법이 나타나지 않는 것은?

① 형이 할머니를 모시고 간다.
② 아버지께서 약주를 드신다.
③ 할아버지는 내일 약속이 있으시다.
④ 할머니는 오늘 댁에서 주무신다.

07 다음 밑줄 친 표기가 어문 규정에 맞게 쓰인 것은?

① 내로라하는 사람들이 모두 모였다.
② 오늘 북어국을 먹었더니 속이 편하다.
③ 사장님이 나에게 어음을 결재하라고 하셨다.
④ 걷잡아서 말하지 말고 예산을 구체적으로 뽑아 보세요.

08 다음 글에 대한 설명으로 가장 적절한 것은?

> 광문(廣文)이란 사람은 거지였다. 일찍이 종루(鐘樓) 거리 시전(市廛)을 돌아다니며 밥을 빌어먹었는데, 나중에 여러 거지 아이들이 그를 패두(牌頭)로 추대하여 그들의 소굴을 지키게 했다.
>
> 하루는 날씨가 춥고 진눈깨비가 내리는데 모든 거지들이 구걸을 나가고 한 아이만이 병이 나서 따라 나가지 못했다. 잠시 후 거지 아이는 추위로 아픔이 심해지니, 그 신음 소리가 매우 비참했다. 광문은 그것을 불쌍히 여기고 구걸을 나가 음식을 얻어 왔다. 그가 병든 아이에게 음식을 먹이려 했으나 아이는 이미 죽어 있었다. 이윽고 여러 거지 아이들이 돌아왔다. 그들은 광문이 그 아이를 죽이지 않았나 의심해서 광문을 뭇매질하고 내쫓았다.
>
> 광문은 밤에 엉금엉금 기어서 마을 안의 어떤 집으로 들어갔다. 그 집의 개가 놀라서 짖는 바람에 집주인이 광문을 잡아서 묶었다. 광문이 큰 소리로 말했다.
>
> "나는 나를 해치려는 자들을 피해서 온 것이지, 감히 도둑질을 하기 위해 온 것이 아닙니다. 만약 영감님께서 믿지 않으신다면 내일 아침에 시전에 나가 밝혀 드리겠습니다."
>
> 그 말이 매우 순박해서 집주인은 마음속으로 광문이 도적이 아님을 깨닫고 새벽녘에 풀어 주었다. 광문은 고맙다는 말을 하고 거적때기를 하나 얻어서 집을 떠났다. 하지만 집주인은 끝내 이상히 여겨 그 뒤를 따라갔다. 그는 여러 거지들이 시체 하나를 끌고 가 수표교(水標橋) 다리 아래로 버리는 것을 볼 수 있었다. 광문은 다리 아래 숨어 있다가 시체를 거적때기에 싸 짊어지고 몰래 떠나더니 서쪽 교외의 무덤 사이에 그것을 묻고 울면서 무어라고 중얼거렸다. 이때 주인이 광문을 붙들어 사연을 물으니, 광문은 전의 일부터 어젯밤의 상황까지 모두 이야기했다. 주인은 광문이 의로운 자라고 여겨 그를 데리고 집으로 가서 옷을 갈아입히고 그를 후하게 대우해 주었다. 그리고 그를 약방을 하는 부자에게 추천해서 고용살이를 하게끔 해주었다.
>
> – 박지원, 「광문자전」 –

① 실존 인물을 바탕으로 지은 국문 소설이다.
② 천한 신분을 주인공으로 설정함으로써 새 인간상을 보여 주고 있다.
③ 입신양명의 유교적 이념을 실현하고 있다.
④ 간접적 방법을 통하여 인물의 성격을 제시하고 있다.

09 다음 중 〈보기〉의 밑줄 친 ㉠~㉢에 대한 설명으로 옳지 않은 것은?

> ─〈보 기〉─
>
> ㉠ 나랏말ㅆ미 ㉡ 中듕國귁에 ㉢ 달아, 文문字쫑와로 서르 ㉣ ㅅ못디 아니홀씨, 이런 젼ㅊ로 어린 百빅姓셩이 니르고져 홇 배 이셔도, ㅁㅊ내 제 ㅤㄸㅡ들 시러 펴디 몯홇 노미 하니라. 내 이를 爲윙ㅎㆍ야 어엿비 너겨, 새로 스믈여듧字쫑를 ㅤㅁㆎ노니, 사름마다 ㅎㆎ여 수ㅸㅣ 니겨 날로 뿌메 便뼌安한킈 ㅎㆍ고져 홇 ㅼㆍ른미니라.

① ㉠: 중세국어에서 '말씀'은 높임의 의미였으나, 현대국어에서는 낮춤의 의미로 쓰이고 있다.

② ㉡: '中듕國귁에'에서 조사 '에'는 현대국어에서 비교 부사격 조사 '과'로 바뀌었다.

③ ㉢: 중세국어에서 '달아'는 규칙 활용이었으나, 현대국어에서는 불규칙 활용에 포함된다.

④ ㉣: '통하다'의 의미를 지닌 'ㅅ못디'가 현대국어에서 사라졌다.

10 다음 시에 대한 설명으로 가장 적절한 것은?

> 낙엽은 폴란드 망명정부의 지폐
> 포화(砲火)에 이지러진
> 도룬 시의 가을 하늘을 생각케 한다.
> 길은 한 줄기 구겨진 넥타이처럼 풀어져
> 일광(日光)의 폭포 속으로 사라지고
> 조그만 담배 연기를 내뿜으며
> 새로 두 시의 급행열차가 들을 달린다.
> 포플러 나무의 근골(筋骨) 사이로
> 공장의 지붕은 흰 이빨을 드러내인 채
> 한 가닥 구부러진 철책(鐵柵)이 바람에 나부끼고
> 그 위에 셀로판지로 만든 구름이 하나.
> 자욱한 풀벌레 소리 발길로 차며
> 호올로 황량(荒凉)한 생각 버릴 것 없어
> 허공에 띄우는 돌팔매 하나.
> 기울어진 풍경의 장막(帳幕) 저 쪽에
> 고독한 반원(半圓)을 긋고 잠기어 간다.
>
> ─ 김광균, 「추일서정(秋日抒情)」 ─

① 과거와 현재를 오가며 시상을 전개하고 있다.

② 선경후정의 시상 전개와 더불어 다채로운 심상을 사용하고 있다.

③ 화자를 표면에 드러내어 주제를 강조하고 있다.

④ 이국적, 도시적 이미지를 통해 시상을 전개하고 있다.

11 다음 중 ㉠~㉣에 대한 설명으로 적절한 것은?

> (가) 비로봉(毗盧峰) 샹샹두(上上頭)의 올라 보니 긔 뉘
> 신고
> 동산(東山) 태산(泰山)이 어ᄂᆞ야 놉돗던고
> 노국(魯國) 조븐 줄도 우리ᄂᆞᆫ 모ᄅᆞ거든
> 넙거나 넙은 텬하(天下) 엇찌ᄒᆞ야 젹닷 말고
> 어와 뎌 ㉠ 디위ᄅᆞᆯ 어이ᄒᆞ면 알 거이고
> 오ᄅᆞ디 못ᄒᆞ거니 ᄂᆞ려가미 고이홀가
>
> (나) 원통(圓通)골 ᄀᆞᄂᆞᆫ 길로 ᄉᆞᄌᆞ봉(獅子峰)을 ᄎᆞ자가니
> 그 알픠 너러바회 화룡(化龍)쇠 되여셰라
> 천년(千年) 노룡(老龍)이 구비구비 서려 이셔
> 듀야(晝夜)의 흘녀 내여 창ᄒᆡ(滄海)예 니어시니
> 풍운(風雲)을 언제 어더 삼일우(三日雨)를 디련ᄂᆞᆫ다
> ㉡ 음애(陰崖)예 이온 플을 다 살와 내여ᄉᆞ라
>
> (다) 마하연(磨訶衍) 묘길샹(妙吉祥) 안문(雁門)재 너머
> 디여
> 외나모 써근 ᄃᆞ리 블명ᄃᆡ(佛頂臺) 올라ᄒᆞ니
> 천심졀벽(千尋絶壁)을 반공(半空)애 셰여 두고
> ㉢ 은하슈(銀河水) 한 구비ᄅᆞᆯ 촌촌이 버혀 내여
> 실ᄀᆞ티 플텨이셔 뵈ᄀᆞ티 거러시니
> 도경(圖經) 열두 구비 내 보매ᄂᆞᆫ 여러히라
> 니덕션(李謫仙) 이제 이셔 고텨 의논ᄒᆞ게 되면
> ㉣ 녀산(廬山)이 여긔도곤 낫단 말 못ᄒᆞ려니
> — 정철, 「관동별곡(關東別曲)」에서 —

① ㉠은 화자 자신의 정신적인 경지를 뜻한다.
② ㉡은 작품의 계절감을 선명하게 드러낸다.
③ ㉢은 아름다운 자연의 모습을 비유한 것이다.
④ ㉣은 화자가 항상 그리워하는 곳을 가리킨다.

12 다음 중 〈보기〉 단어의 발음 과정에 나타난 음운 변동 규칙을 바르게 짝 지은 것은?

> ──〈보 기〉──
> ㉠ 신라[실라]   ㉡ 해돋이[해도지]

	㉠	㉡
①	유음화	구개음화
②	구개음화	유음화
③	'ㄴ' 첨가	구개음화
④	'ㄴ' 첨가	'ㄹ' 탈락

13 다음 중 밑줄 친 단어 중 품사가 다른 하나는?

① 구름 한 점 <u>없는</u> 하늘
② 온 사람이 만 명이나 <u>되어</u> 보인다.
③ 광장에 사람들이 <u>모였다</u>.
④ 가뭄에 나무가 잘 <u>크지</u> 않는다.

[14~15] 다음 글을 읽고 물음에 답하시오.

이런 통계 수치 본 적 있니? 현재 지구촌의 65억 인류 중 약 1/4이 하루 1달러 미만으로 살고 있고, 그중 70%가 여성과 아이들이래. 또 약 20억 명의 전 세계 어린이 가운데 1억 2천만 명의 어린이가 학교에 가지 못하며, 비슷한 수의 어린이들이 거의 노예 노동을 하고 있어. 또한 매일 3만 명의 어린이들이 굶어 죽어 가고 있지.

그런데 이상한 점은 후진국 사람들이 게으르거나 나쁜 사람들이어서 평생 빈곤에 시달리는 것이 아니라는 거야. 그런데도 해가 갈수록 나아지기는커녕 빈익빈 부익부 현상이 깊어지지. 왜 그럴까?

그것은 대부분의 제3세계 나라들이 선진국의 식민지였거나 독립 이후 자유 무역에서도 여전히 종속적 위치여서 진정한 자치와 자율을 실현하고, 자립할 수 있는 기회가 없었기 때문이지. 또 그런 구조 속에 이뤄진 경제 발전조차 내실 없이 외형만 커졌던 탓이기도 하고. 그 결과 오늘날 선진국은 1인당 GDP가 3~4만 달러이고, 한국은 2만 달러 수준이지만, 제3세계 나라들은 아직도 100~200달러 수준이 많아.

바로 이런 상황 속에서 선진국의 양심적 사람들 사이에서 나온 것이 공정 무역 운동이야. 한마디로 선진국 사람들이 누리는 풍요가 후진국 사람들의 희생에 기초하고 있다는 반성, 그래서 선진국 사람들이 먼저 나서서 후진국 사람들이 빈곤의 고통에서 벗어나게 도와야 한다는 성찰이 공정 무역을 탄생시킨 것이지.

공정 무역은 1950년대 말 영국의 국제 구호 단체 '옥스팜'에서 중국 난민들이 만든 수공예품을 판매하면서 시작되었고, 1980년대 후반에는 '옥스팜'과 '텐 사우전드 빌리지' 같은 시민 단체들이 제3세계의 정치적 민주화를 지원하기 위해 이 운동에 뛰어들면서 그 흐름이 대중화되었어. 특히 1989년, 전 세계 270개 공정 무역 단체가 가입한 국제 공정 무역 협회의 출범 이후 지금은 세계적으로 그 운동이 활발하지.

… (중략) …

한 통계에 따르면, 2006년 전 세계 공정 무역 제품 판매는 16억 유로(약 2조 1,500억 원)어치로, 2005년에 비해 42% 늘었다. 공정 무역 인증 제품만 2,000여 개 품목이 유통되고, 700만 이상의 생산자들이 혜택을 보고 있어.

스위스에서는 판매되는 바나나 중 47%가 공정 무역으로 들여온 것이고, 영국에서는 공정 무역 원두커피의 점유율이 20%나 된다고 해. 독일에서는 노동계, 환경 단체, 기업이 위원회를 구성해 공정 무역을 인증하는 제도가 있어. 이 제도를 통해 농산물이 유기 농법으로 생산되도록, 또 농산물이 제값에 소비자에게 전달되도록 잘 감시하지.

이렇게 윤리적 소비 운동이 활발한 유럽에서는 공정 무역이 50여 년의 오랜 역사를 지녔지만, 우리나라에서는 공정 무역이 아직 생소한 개념이야. 그러나 2000년대에 들어와 공정 무역에 대한 관심이 부쩍 늘었어.

2004년에 우리나라의 한 소비자 단체에서 필리핀 네그로스섬의 마스코바도 설탕을 팔기 시작하였고, 그 이후 점점 관심이 늘어나 몇몇 시민 단체에서도 커피, 의류 등의 공정 무역 제품을 내놓고 있지. '착한 커피'나 '아름다운 커피' 같은 것도 이런 운동에서 나온 거야.

2007년에는 한 은행의 노동조합과 소비자 단체가 연대하여 '윤리적 소비' 실천을 위한 물품 공급 협약을 맺었어. 이 협약은 노동조합이 윤리적 소비 실천을 통해 친환경 유기농 운동을 펴는 농민이 생산한 농산물과 식품, 그리고 제3세계의 농민 공동체에서 생산해 공정 무역으로 수입되는 제품을 소비하겠다고 다짐한 첫 사례라 큰 의미가 있다고 봐. 최근 강조되는 '1사 1촌 운동'을 통한 농촌 살리기가 공정 무역을 매개로 국경을 넘어 세계화할 수 있는 좋은 사례지.

14 윗글을 어떤 질문에 대한 답변이라 할 때, 다음 중 그 질문으로 가장 적절한 것은?

① 공정 무역의 뜻은 무엇일까?
② 공정 무역의 문제나 한계는 없을까?
③ 공정 무역을 하면 우리에게 무엇이 좋을까?
④ 공정 무역은 언제 시작하였으며 현재의 실태는 어떠할까?

15 다음 중 윗글의 내용과 일치하는 것은?

① 공정 무역은 선진국의 대기업에서 시작되었다.
② 후진국의 빈익빈 부익부 현상이 나아지고 있다.
③ 우리나라에서는 공정 무역이 50여 년의 역사를 지니고 있다.
④ '착한 커피'나 '아름다운 커피'도 공정 무역 운동의 하나이다.

16 다음 글의 내용과 부합하지 않는 것은?

우리는 도구를 사용하고, 다양한 종류의 음식을 먹는 본능과 소화력을 갖췄다. 어떤 동물은 한 가지 음식만 먹는다. 이렇게 음식 하나에 모든 것을 거는 '단일 식품 식생활'은 도박이다. 그 음식의 공급이 끊기면 그 동물도 끝이기 때문이다.

400만 년 전, 우리 인류의 전 주자였던 오스트랄로피테쿠스는 고기를 먹었다. 한때 오스트랄로피테쿠스가 과일만 먹었을 것이라고 믿은 적도 있었다. 따라서 오스트랄로피테쿠스 속과 사람 속을 가르는 선을 고기를 먹는지 여부로 정했었다. 그러나 남아프리카공화국의 한 동굴에서 발견된 200만 년 된 유골 4구의 치아에서는 이와 다른 증거가 발견됐다. 인류학자 맷 스폰하이머와 줄리아 리소프는 이 유골의 치아 사기질의 탄소 동위 원소 구성 중 13C의 비율이 과일만 먹은 치아보다 열대 목초를 먹은 치아와 훨씬 더 가깝다는 것을 발견했다. 식생활 동위 원소는 체내 조직에 기록되기 때문에 이 발견은 오스트랄로피테쿠스가 상당히 많은 양의 풀을 먹었거나 이 풀을 먹은 동물을 먹었다는 추측을 가능케 한다. 그런데 같은 치아에서 풀을 씹어 먹을 때 생기는 마모는 전혀 보이지 않았기 때문에 오스트랄로피테쿠스 식단에서 풀을 먹는 동물이 큰 부분을 차지했다는 결론을 내릴 수 있다.

오래전에 멸종되어 260만 년이라는 긴 시간을 땅속에 묻혀 있던 동물의 뼈 옆에서는 석기들이 함께 발견되기도 한다. 이 뼈와 석기가 들려주는 이야기는 곧 우리의 이야기다. 어떤 뼈에는 이로 씹은 흔적 위에 도구로 자른 흔적이 겹쳐 있다. 그 반대의 흔적이 남은 뼈들도 있다. 도구로 자른 흔적 다음에 날카로운 이빨 자국이 남은 경우다. 이런 것은 무기를 가진 인간이 먼저 먹고 동물이 이빨로 뜯어 먹은 것이다. 우리의 사냥 역사는 정말 먼 옛날까지 거슬러 올라간다. 15만 세대 정도다.

① 발굴된 유골의 치아 상태 조사를 통해 오스트랄로피테쿠스가 초식 동물을 먹었을 것이라 추측할 수 있다.
② 석기와 함께 발굴된 동물 뼈의 흔적을 통해 인간이 오래전부터 사냥을 했음을 알 수 있다.
③ 육식 여부는 현재도 오스트랄로피테쿠스 속과 사람 속을 구분하는 중요한 기준이다.
④ 한 가지 음식만 먹고 사는 동물은 멸종될 위험이 있다.

17 다음 〈보기〉의 밑줄 친 ㉠~㉣에서 단어의 형성 방법이 다른 하나는?

— 〈보 기〉 —

할머니께서 젊으셨을 때에는 ㉠ 한겨울에도 ㉡ 맨손으로 차가운 물에 빨래를 하셨다고 한다. ㉢ 시퍼렇게 멍든 손과 가슴을 자식들의 재롱을 보며 달래셨을 것을 생각하면 지금도 ㉣ 눈시울이 뜨거워진다.

① ㉠ 한겨울
② ㉡ 맨손
③ ㉢ 시퍼렇게
④ ㉣ 눈시울

18 다음 중 띄어쓰기가 옳지 않은 문장은?

① 내가 믿을 것은 오직 성실함뿐이다.
② 그녀는 사실을 아는 대로 설명했다.
③ 이 약초는 감기를 낫게 하는데 쓰인다.
④ 사람들은 그를 자기밖에 모른다고 놀렸다.

19 다음 글을 읽고 추론한 것으로 가장 적절하지 않은 것은?

'공유지의 비극'은 생물학자인 개릿 하딘(Garrett Hardin)이 만들어 낸 개념으로, 1968년 과학 전문지 『사이언스(Science)』에 게재한 그의 논문 제목이기도 하다.

어떤 마을에 모두가 함께 사용할 수 있는 목초지가 있었다. 마을 주민들은 각자 자신의 땅을 갖고 있었지만, 이 공동의 땅에 자신의 가축을 가능한 한 많이 풀어 놓으려 했다. 자신에게는 비용의 부담이 없이 넓은 목초지에서 신선한 풀을 마음껏 먹일 수 있기 때문이다. 각 농가에서는 공유지의 신선한 풀이 자신과 다른 농가의 모든 가축을 기르기에 충분한가를 걱정하기보다는 공유지에 방목하는 자신의 가축 수를 늘리는 일에만 골몰했다. 그로 인해 공유지는 가축들로 붐비게 됐고, 그 결과 마을의 공유지는 가축들이 먹을 만한 풀이 하나도 없는 황량한 땅으로 변하고 말았다.

앞에서 살펴본 '공유지의 비극'은 개인의 사적 이익 추구, 혹은 합리적인 행동이 전체의 이익을 가져온다는 주류 경제학의 기본 전제를 무너뜨리는 내용이다. 개인의 합리성과 사회적 공공성이 충돌하는 영역에서는 이러한 공유지의 비극이 발생하기 쉽다. 그렇다면 이를 해결하기 위해서는 어떻게 해야 할까?

지금까지 해결 방안으로 제시된 것은 크게 두 가지이다. 먼저 공유 자원을 명확하게 사유화해 개인에게 소유권을 주는 방법이 있다. 이는 내 것이라고 생각하는 순간부터 아끼고 보호하는 사람들의 심리를 반영한 것이다. 하지만 이러한 방안은 공공 자원에 대한 재산권을 특정 이익 집단이 가질 경우 엄청난 비극이 발생할 수 있다는 점을 간과했다.

'공유지의 비극'을 해결하기 위해 제시된 두 번째 방안은 공유 자원을 국유화하여 국가가 직접 관리, 통제에 나서는 것이다. 국가가 거대한 감시자가 되어 공공재를 과도하게 사용하거나 더럽히는 사람들을 적발해 벌금을 부과하면 무분별한 행동이 줄어들 것이라는 예상이다. 하지만 이 역시 국가가 늘 합리적, 효과적으로 상황을 통제하고 보장할 수 없다는 점을 간과하였다.

① 주류 경제학은 개인과 사회의 이익이 상충한다는 점을 전제하고 있다.
② 공유지에는 개인의 소유권이 설정되어 있지 않다.
③ 공유 자원을 사유화하면 특정 집단이 독점할 수 있다.
④ 공유 자원을 국유화할 경우 충분한 감시 인력을 고용하지 못하면 문제가 생길 수 있다.

20 다음 중 밑줄 친 단어가 옳지 않은 것은?

① 그는 나에게도 손을 벌렸다.
② 자동차가 가로수에 부딪쳤다.
③ 이따가 3시에 집 앞에서 만나자.
④ 과녁을 맞춘 화살이 하나도 없다.

배움은 우연히 얻어지는 것이 아니라
열성을 다해 갈구하고 부지런히 집중해야
얻을 수 있는 것이다.

애비게일 애덤스

부록

최신기출문제

01 '해양 오염'을 주제로 연설을 한다고 할 때, 다음에 제시된 조건을 모두 충족한 것은?

> • 해양 오염을 줄일 수 있는 생활 속 실천 방법을 포함할 것
> • 설의적 표현과 비유적 표현을 활용할 것

① 바다는 쓰레기 없는 푸른 날을 꿈꾸고 있습니다. 미세 플라스틱은 바다를 서서히 죽이는 보이지 않는 독입니다. 우리의 관심만이 다시 바다를 살릴 수 있을 것입니다.

② 우리가 버린 쓰레기는 바다로 흘러갔다가 해양 생물의 몸에 축적이 되어 해산물을 섭취하면 결국 다시 우리에게 돌아오게 됩니다. 분리수거를 철저히 하고 일회용품을 줄이는 것이 바다도 살리고 우리 자신도 살리는 길입니다.

③ 여름만 되면 피서객들이 마구 버린 쓰레기로 바다가 몸살을 앓는다고 합니다. 자기 집이라면 이렇게 함부로 쓰레기를 버렸을까요? 피서객들의 양심이 모래밭 위를 뒹굴고 있습니다. 자기 쓰레기는 자기가 집으로 되가져가도록 합시다.

④ 산업 폐기물이 바다로 흘러가 고래가 죽어 가는 장면을 다큐멘터리에서 본 적이 있습니다. 이대로 가다간 인간도 고통받게 되지 않을까요? 정부에서 산업 폐기물 관리 지침을 만들고 감독을 강화하지 않는다면 바다는 쓰레기 무덤이 되고 말 것입니다.

02 다음 대화에 나타난 말하기 방식을 설명한 것으로 적절하지 않은 것은?

> 백 팀장: 이번 워크숍 장면을 사내 게시판에 올리는 게 좋겠어요. 워크숍 내용을 공유하면 좋을 것 같아서요.
>
> 고 대리: 전 반대합니다. 사내 게시판에 영상을 공개하는 것은 부담스러워요. 타 부서와 비교될 것 같기도 하고요.
>
> 임 대리: 저도 팀장님 말씀대로 정보를 공유한다는 취지는 좋다고 생각해요. 다만 다른 팀원들의 동의도 구해야 할 것 같고, 여러 면에서 우려되긴 하네요. 팀원들 의견을 먼저 들어 보고, 잘된 것만 시범적으로 한두 개 올리는 것이 어떨까요?

① 백 팀장은 팀원들에 대한 유대감을 드러내는 표현을 사용하며 자신의 바람을 전달하고 있다.

② 고 대리는 백 팀장의 제안에 반대하는 이유를 명시적으로 밝히며 백 팀장의 요청을 거절하고 있다.

③ 임 대리는 발언 초반에 백 팀장 발언의 취지에 공감하여 백 팀장의 체면을 세워 주고 있다.

④ 임 대리는 대화 참여자의 의견을 묻는 의문문을 사용하여 자신의 의견을 간접적으로 드러내고 있다.

03 관용 표현 ㉠~㉣의 의미를 풀이한 것으로 적절하지 않은 것은?

• 그의 회사는 작년에 노사 갈등으로 ㉠ 홍역을 치렀다.

• 우리 교장 선생님은 교육계에서 ㉡ 잔뼈가 굵은 분이십니다.

• 유원지로 이어지는 국도에는 차가 밀려 ㉢ 입추의 여지가 없었다.

• 그분은 세계 유수의 연구자들과 ㉣ 어깨를 나란히 하는 물리학자이다.

---

① ㉠: 심한 어려움을 겪었다

② ㉡: 오랫동안 일을 하여 그 일에 익숙한

③ ㉢: 돌아서 갈 수 있는 방법이 없었다

④ ㉣: 비슷한 지위나 힘을 가지는

---

04 다음 글에서 (가)~(다)의 순서를 자연스럽게 배열한 것은?

빅데이터가 부각된다는 것은 기업들이 빅데이터의 가치를 받아들이기 시작했다는 뜻이다. 여기에는 기업들이 데이터를 바라보는 시각이 변한 측면도 있다.

(가) 기업들은 고객이 판촉 활동에 어떻게 반응하고 평소에 어떻게 행동하며 사물에 대해 어떤 태도를 보이는지 알기 위해 많은 돈을 투자해 마케팅 조사를 해 왔다.

(나) 그런 상황에서 기업들은 SNS나 스마트폰 등 새로운 데이터 소스로부터 그러한 궁금증과 답답함을 해결할 수 있다는 것을 알게 되었다. 페이스북에 올리는 광고에 친구가 '좋아요'를 한 것에서 기업들은 궁금증과 답답함을 해결할 수 있다.

(다) 그런데 기업들의 그런 노력이 효과가 있는 경우도 있었으나 아쉬운 점도 많았다. 쉬운 예로, 기업들은 많은 광고비를 쓰지만 그 돈이 구체적으로 어느 부분에서 효과를 내는지는 알지 못했다.

결국 데이터가 있는 곳에서 기업들은 점점 더 고객의 취향에 집중할 수 있게 되었으며, 이에 따라 기업들은 소셜 미디어의 빅데이터를 중요한 경영 수단으로 수용하기 시작한 것이다.

---

① (가) - (나) - (다)

② (가) - (다) - (나)

③ (나) - (가) - (다)

④ (다) - (나) - (가)

---

05 ㉠을 이해한 내용으로 적절하지 않은 것은?

"㉠ 무진(霧津)엔 명산물이 …… 뭐 별로 없지요?" 그들은 대화를 계속하고 있었다. "별게 없지요. 그러면서도 그렇게 많은 사람들이 살고 있다는 건 좀 이상스럽거든요." "바다가 가까이 있으니 항구로 발전할 수도 있었을 텐데요?" "가 보시면 아시겠지만 그럴 조건이 되어 있는 것도 아닙니다. 수심(水深)이 얕은 데다가 그런 얕은 바다를 몇백 리나 밖으로 나가야만 비로소 수평선이 보이는 진짜 바다다운 바다가 나오는 곳이니까요." "그럼 역시 농촌이군요?" "그렇지만 이렇다 할 평야가 있는 것도 아닙니다." "그럼 그 오륙만이 되는 인구가 어떻게들 살아가나요?" "그러니까 그럭저럭이란 말이 있는 게 아닙니까!" 그들은 점잖게 소리 내어 웃었다. "원, 아무리 그렇지만 한 고장에 명산물 하나쯤은 있어야지." 웃음 끝에 한 사람이 말하고 있었다.

무진에 명산물이 없는 게 아니다. 나는 그것이 무엇인지 알고 있다. 그것은 안개다. 아침에 잠자리에서 일어나서 밖으로 나오면, 밤사이에 진주해 온 적군들처럼 안개가 무진을 뺑 둘러싸고 있는 것이었다. 무진을 둘러싸고 있는 산들도 안개에 의하여 보이지 않는 먼 곳으로 유배당해 버리고 없었다.

— 김승옥, 「무진기행」에서 —

---

① 수심이 얕아서 항구로 개발하기 어려운 공간이다.

② 산으로 둘러싸여 있고 평야가 발달하지 않은 공간이다.

③ 지역의 경제적 여건에 비해 인구가 적지 않은 공간이다.

④ 누구나 인정할 만한 지역의 명산물로 안개가 유명한 공간이다.

06 다음 글의 빈칸에 들어갈 사자성어로 적절한 것은?

> 세상에는 어려운 일들이 많지만 외국 여행 다녀온 사람의 입을 막는 것도 그중 하나이다. 특히 그것이 그 사람의 첫 외국 여행이었다면, 입 막기는 포기하고 미주알고주알 늘어놓는 여행 경험을 들어 주는 편이 정신 건강에 좋다. 그 사람이 별것 아닌 사실을 [   ]하거나 특수한 경험을 지나치게 일반화한들, 그런 수다로 큰 피해를 입는 것도 아니지 않은가?

① 刻舟求劍　　　　② 捲土重來
③ 臥薪嘗膽　　　　④ 針小棒大

07 다음 글을 감상한 내용으로 가장 적절한 것은?

> 어이 못 오던가 무슴 일로 못 오던가
> 너 오는 길 위에 무쇠로 성(城)을 쌓고 성안에 담 쌓고 담 안에란 집을 짓고 집 안에란 뒤주 노코 뒤주 안에 궤를 노코 궤 안에 너를 결박(結縛)ㅎ여 너코 쌍(雙)비목 외걸쇠로 용(龍)거북 즈믈쇠로 수기수기 줌갓더냐 네 어이 그리 아니 오던가
> 흔 둘이 서른 날이여니 날 보라 올 하루 업스랴
> 　　　　　　　　　　　　　　－ 작자 미상, 「어이 못 오던가」 －

① 동일 구절을 반복하여 '너'에 대한 섭섭한 감정을 표출하고 있다.
② 날짜 수를 대조하여 헤어진 기간이 길다는 것을 강조하고 있다.
③ 동일한 어휘를 연쇄적으로 나열하여 감정의 기복을 표현하고 있다.
④ 단계적으로 공간을 축소하여 '너'를 만날 수 있다는 희망을 표현하고 있다.

08 (가)와 (나)에 들어갈 말로 가장 적절한 것은?

> 특정한 작업을 수행하기 위해 신체 근육의 특정 움직임을 조작하는 능력을 운동 능력이라고 한다. 언어에 관한 운동 능력은 '발음 능력'과 '필기 능력' 두 가지인데 모두 표현을 위한 능력이다.
> 말로 표현하기 위해서는 발음 능력이 필요한데, 이는 음성 기관을 움직여 원하는 음성을 만들어 내는 능력이다. 이 능력은 영·유아기에 수많은 시행착오와 꾸준한 훈련을 통해 습득된다. 이렇게 발음 능력을 습득하면 음성 기관의 움직임은 자동화되어 음성 기관의 어느 부분을 언제 어떻게 움직일지를 화자가 거의 의식하지 않는다. 우리가 모어에 없는 외국어 음성을 발음하기 어려운 이유는 [(가)] 있기 때문이다.
> 글로 표현하기 위해서는 필기 능력이 필요하다. 필기에서는 글자의 모양을 서로 구별되게 쓰는 것은 기본이고 그 수준을 넘어서서 쉽게 알아볼 수 있는 모양으로 잘 쓰는 것도 필요하다. 글씨를 쓰기 위해 손을 놀리는 것은 발음을 하기 위해 음성 기관을 움직이는 것에 비해 상당히 의식적이라 할 수 있다. 그렇지만 개인의 의지와 관계없이 필체가 꽤 일정하다는 사실은 손을 놀리는 데에 [(나)] 의미한다.

① (가): 음성 기관의 움직임이 모어의 음성에 맞게 자동화되어
　(나): 무의식적이고 자동적인 면이 있음을
② (가): 낯선 음성은 무의식적으로 발음하도록 훈련되어
　(나): 유아기에 수행한 훈련이 효과적이지 않음을
③ (가): 음성 기관의 움직임이 모어의 음성에 맞게 자동화되어
　(나): 유아기에 수행한 훈련이 효과적이지 않음을
④ (가): 낯선 음성은 무의식적으로 발음하도록 훈련되어
　(나): 무의식적이고 자동적인 면이 있음을

09 ㉠~㉣ 중 한글 맞춤법에 맞게 쓰인 것만을 모두 고르면?

- 혜인 씨에게 ㉠ 무정타 말하지 마세요.
- 재아에게는 ㉡ 섭섭치 않게 사례해 주자.
- 규정에 따라 딱 세 명만 ㉢ 선발토록 했다.
- ㉣ 생각컨대 그의 보고서는 공정하지 못했다.

① ㉠, ㉡
② ㉠, ㉢
③ ㉡, ㉣
④ ㉢, ㉣

10 ㉠~㉣의 한자로 적절하지 않은 것은?

예정보다 지연되긴 했으나 열 시쯤에는 마애불에 ㉠ 도착할 수가 있었다. 맑은 날씨에 빛나는 햇살이 환히 비춰 ㉡ 불상들은 불그레 물들어 있었다. 만일 신비로운 ㉢ 경지라는 말을 할 수 있다면 바로 이런 경우가 아닐지 모르겠다. 꼭 보고 싶다는 숙원이 이루어진 기쁨에 가슴이 벅차 왔다. 아마 잊을 수 없는 ㉣ 추억의 한 토막으로 남을 것 같다.

① ㉠: 到着
② ㉡: 佛像
③ ㉢: 境地
④ ㉣: 記憶

11 다음 글을 이해한 내용으로 적절하지 않은 것은?

사람의 '지각과 생각'은 항상 어떤 맥락, 관점 혹은 어떤 평가 기준이나 가정하에서 일어난다. 이러한 맥락, 관점, 평가 기준, 가정을 프레임이라고 한다. 지각과 생각은 인간의 모든 정신 활동을 뜻한다. 따라서 우리의 모든 정신 활동은 진공 상태에서 일어나는 것이 아니라, 어떤 맥락이나 가정하에서 일어난다. 한마디로 우리가 프레임이라는 안경을 쓰고 세상을 보고 있음을 의미한다. 간혹 어떤 사람이 자신은 어떤 프레임의 지배도 받지 않고 세상을 있는 그대로, 객관적으로 본다고 주장한다면, 그 주장은 진실이 아닐 것이다.

① 인간의 정신 활동은 프레임 없이 일어나지 않는다.
② 프레임은 인간이 세상을 바라볼 때 어떤 편향성을 가지게 한다.
③ 인간의 지각과 사고를 확장하는 과정에서 프레임은 극복해야 할 대상이다.
④ 프레임은 인간의 정신 활동에 영향을 미치는 어떤 맥락이나 평가 기준이다.

12 다음 글을 이해한 내용으로 가장 적절한 것은?

전 세계를 대표하는 항공기인 보잉과 에어버스의 중요한 차이점은 자동조종시스템의 활용 정도에 있다. 보잉의 경우, 조종사가 대개 항공기를 조종간으로 직접 통제한다. 조종간은 비행기의 날개와 물리적으로 연결되어 있어서 어떤 상황에서도 조종사가 조작한 대로 반응한다. 이와 다르게 에어버스는 조종간 대신 사이드스틱을 설치하여 컴퓨터가 조종사의 행동을 제한하거나 조종에 개입할 수 있게 설계되었다. 보잉에서는 조종사가 항공기를 통제할 수 있는 전권을 가지지만 에어버스에서는 컴퓨터가 조종사의 조작을 감시하고 제한한다.

보잉과 에어버스의 이러한 차이는 기계를 다루는 인간을 바라보는 관점이 서로 다른 데서 비롯된다. 보잉사를 창립한 윌리엄 보잉의 철학은 "비행기를 통제하는 최종 권한은 언제나 조종사에게 있다."이다. 시스템은 불안정하고 완벽하지 않기 때문에 컴퓨터가 조종사의 판단보다 우선시될 수 없다는 것이다. 반면 에어버스의 아버지라고 불리는 베테유는 "인간은 실수할 수 있는 존재"라고 전제한다. 베테유는 이런 자신의 신념을 토대로 에어버스를 설계함으로써 조종사의 모든 조작을 컴퓨터가 모니터링하고 제한하게 만든 것이다.

① 보잉은 시스템의 불완전성을, 에어버스는 인간의 실수 가능성을 고려하여 설계되었다.
② 베테유는 인간이 실수할 수 있는 존재라고 보지만 윌리엄 보잉은 그렇지 않다고 본다.
③ 에어버스의 조종사는 항공기 운항에서 자동조종시스템을 통제하고 조작한다.
④ 보잉의 조종사는 자동조종시스템을 사용하지 않고 항공기를 조종한다.

13 다음 글에서 추론한 내용으로 가장 적절한 것은?

공포의 상태와 불안의 상태를 구분하는 것은 쉽지 않다. 왜냐하면 두 감정을 함께 느끼거나 한 감정이 다른 감정을 유발할 때가 많기 때문이다. 가령, 무시무시한 전염병을 목도하고 공포에 빠진 사람은 자신도 언젠가 그 병에 걸릴지 모른다는 불안 상태에 빠지게 된다. 이처럼 두 감정은 서로 밀접하게 얽혀 있다는 점에서 혼동하기 쉽다. 하지만 두 감정을 야기한 원인을 따져 보면 두 감정을 명확하게 구분할 수 있다. 공포는 실재하는 객관적 위협에 의해 야기된 상태를 의미하고, 불안은 현재 발생하지 않았으며 미래에 일어날지 모르는 불명확한 위협에 의해 야기된 상태를 의미한다. 공포와 불안의 감정은 둘 다 자아와 관련되어 있지만 여기에서도 차이를 찾을 수 있다. 공포를 느끼는 것은 '나 자신'이 위험한 상황에 놓여 있다는 사실을 아는 것이고, 불안의 경험은 '나 자신'이 위해를 입을까 봐 걱정하는 것이다.

① 자신이 처한 위험한 상황을 정확히 인식하는 경우에는 공포감에 비해 불안감이 더 크다.
② 전기·가스 사고가 날까 두려워 외출하지 못하는 사람은 불안한 상태에 있는 것이다.
③ 시험에 불합격할 수 있다는 생각에 사로잡힌 사람은 공포감에 빠져 있는 것이다.
④ 과거에 큰 교통사고를 경험한 사람은 공포감은 크지만 불안감은 작다.

14 다음 글의 내용과 부합하지 않는 것은?

> 과학 혁명 이전 아리스토텔레스 철학은 로마 가톨릭 교의 정통 교리와 결합되어 있었기 때문에 오랜 시간 동안 지배적인 영향력을 발휘하였다. 천문 분야 또한 예외는 아니었다. 아리스토텔레스의 세계관을 따라 우주의 중심은 지구이며, 모든 천체는 원운동을 하면서 지구의 주위를 공전한다는 천동설이 정설로 자리 잡고 있었다. 프톨레마이오스가 천체들의 공전 궤도를 관찰하던 도중, 행성들이 주기적으로 종전의 운동과는 반대 방향으로 움직인다는 관찰 결과를 얻었을 때도 그는 이를 행성의 역행 운동을 허용하지 않는 천동설로 설명하고자 하였다. 그래서 지구를 중심으로 공전하는 원 궤도에 중심을 두고 있는 원, 즉 주전원(周轉圓)을 따라 공전 궤도를 그리면서 행성들이 운동한다고 주장하였다.
>
> 과학과 아리스토텔레스 철학의 결별은 서서히 일어났다. 그 과정에서 일어난 가장 중요한 사건은 1543년 코페르니쿠스가 행성들의 운동 이론에 관한 책을 발간한 일이다. 코페르니쿠스는 천체의 중심에 지구 대신 태양을 놓고 지구가 태양의 주위를 공전한다고 주장하였다. 태양을 우주의 중심에 둔 코페르니쿠스의 지동설은 행성들의 운동에 대해 프톨레마이오스보다 수학적으로 단순하게 설명하였다.

① 과학 혁명 이전 시기에는 천동설이 정설로 받아들여졌다.
② 프톨레마이오스의 주전원은 지동설을 지지하고자 만든 개념이다.
③ 천동설과 지동설은 우주의 중심을 어디에 두느냐에 따라 구분된다.
④ 행성의 공전에 대한 프톨레마이오스의 설명은 코페르니쿠스의 설명보다 수학적으로 복잡하였다.

15 밑줄 친 단어가 표준어 규정에 맞게 쓰인 것은?

① 저기 보이는 게 암염소인가, <u>수염소</u>인가?
② 오늘 <u>윗층</u>에 사시는 분이 이사를 가신대요.
③ 봄에는 여기저기에서 <u>아지랭이</u>가 피어오른다.
④ 그는 수업을 마치면 <u>으레</u> 친구들과 운동을 한다.

16 ㉠~㉣을 문맥에 맞게 수정하는 방안으로 적절한 것은?

> 난독(難讀)을 해결하려면 정독을 해야 한다. 여기서 말하는 정독은 '뜻을 새겨 가며 자세히 읽음', 즉 '정교한 독서'라는 뜻으로 한자로는 '精讀'이다. '精讀'은 '바른 독서'를 의미하는 '正讀'과 ㉠ <u>소리는 같지만 뜻이 다르다</u>. 무엇이 정교한 것일까? 모든 단어에 눈을 마주치면서 제대로 인식하는 것이다. 이와 같은 ㉡ <u>정독(精讀)</u>의 결과로 생기는 어문 실력이 문해력이다. 문해력이 발달하면 결국 독서 속도가 빨라져, '빨리 읽기'인 속독(速讀)이 가능해진다. 빨리 읽기는 정독을 전제로 할 때 빛을 발한다. 짧은 시간에 같은 책을 제대로 여러 번 읽을 수 있기 때문이다. 그래서 문해력의 증가는 '정교하고 빠르게 읽기', 즉 ㉢ <u>정속독(正速讀)</u>에서 일어나게 되어 있다. 정독이 생활화되면 자기도 모르게 정속독의 경지에 오르게 된다. 그런 경지에 오른 사람들은 뭐든지 확실히 읽고 빨리 이해한다. 자연스레 집중하고 여러 번 읽어도 빠르게 읽으므로 시간이 여유롭다. ㉣ <u>정독이 빠진 속독</u>은 곧 빼먹고 읽는 습관, 즉 난독의 일종임을 잊지 말아야 한다.

① ㉠을 '다르게 읽지만 뜻이 같다'로 수정한다.
② ㉡을 '정독(正讀)'으로 수정한다.
③ ㉢을 '정속독(精速讀)'으로 수정한다.
④ ㉣을 '속독이 빠진 정독'으로 수정한다.

17 다음 글을 감상한 내용으로 적절하지 않은 것은?

> 막바지 뙤약볕 속
> 한창 매미 울음은
> 한여름 무더위를 그 절정까지 올려놓고는
> 이렇게 다시 조용할 수 있는가.
> 지금은 아무 기척도 없이
> 정적의 소리인 듯 쟁쟁쟁
> 천지(天地)가 하는 별의별
> 희한한 그늘의 소리에
> 멍청히 빨려 들게 하구나.
>
> 사랑도 어쩌면
> 그와 같은 것인가.
> 소나기처럼 숨이 차게
> 정수리부터 목물로 들이붓더니
> 얼마 후에는
> 그것이 아무 일도 없었던 양
> 맑은 구름만 눈이 부시게
> 하늘 위에 펼치기만 하노니.
>
> — 박재삼, 「매미 울음 끝에」 —

① 갑작스럽게 변화한 자연 현상을 감각적으로 제시하고 있다.
② 청각적 이미지와 시각적 이미지를 활용하여 시상을 전개하고 있다.
③ 소나기가 그치고 맑은 구름이 펼쳐진 것을 통해 사랑의 속성을 드러내고 있다.
④ 매미 울음소리가 절정에 이르렀다가 사라진 직후의 상황을 반어법으로 표현하고 있다.

18 다음 글을 이해한 내용으로 가장 적절한 것은?

> 루카치는 그리스 세계를 신과 인간의 결합 정도를 가리키는 '총체성' 개념을 기준으로 세 시대로 구분하였다. 첫 번째 시대에서 후대로 갈수록 총체성의 정도는 낮아진다. 첫째는 총체성이 완전히 구현되어 있는 '서사시의 시대'이다. 호메로스의 『일리아드』와 『오디세이아』에서는 신과 인간의 세계가 하나로 얽혀 있다. 인간들이 그리스와 트로이 두 패로 나뉘어 전쟁을 벌일 때 신들도 인간의 모습을 하고 두 패로 나뉘어 전쟁에 참여했다. 둘째는 '비극의 시대'이다. 소포클레스나 에우리피데스의 비극에서는 총체성이 흔들려 신과 인간의 세계가 분리된다. 하지만 두 세계가 완전히 분리되지는 않고 신탁이라는 약한 통로로 이어져 있다. 비극에서 신은 인간의 행위에 직접 개입하지 않고 신탁을 통해서 자신의 뜻을 그저 전달하는 존재로 바뀐다. 셋째는 플라톤으로 대표되는 '철학의 시대'이다. 이 시대는 이미 계몽된 세계여서 신탁 같은 것은 신뢰할 수 없게 되었다. 신과 인간의 세계가 완전히 분리됨으로써 신의 세계는 인격적 성격을 상실하여 '이데아'라는 추상성의 세계로 바뀐다. 신의 세계와 인간의 세계는 그 사이에 어떤 통로도 존재할 수 없는, 절대적으로 분리된 세계가 되었다.

① 계몽사상은 서사시의 시대에서 철학의 시대로의 전환을 이끌었다.
② 플라톤의 이데아는 신탁이 사라진 시대의 비극적 세계를 표현한다.
③ 루카치는 각기 다른 기준에 따라 그리스 세계를 세 시대로 구분하였다.
④ 에우리피데스의 비극에 비해 『오디세이아』에서는 신과 인간의 결합 정도가 높다.

19 다음 글의 내용과 부합하지 않는 것은?

> 몽유록(夢遊錄)은 '꿈에서 놀다 온 기록'이라는 뜻으로, 어떤 인물이 꿈에서 과거의 역사적 인물을 만나 특정 사건에 대한 견해를 듣고 현실로 돌아온다는 특징이 있다. 이때 꿈을 꾼 인물인 몽유자의 역할에 따라 몽유록을 참여자형과 방관자형으로 구분할 수 있다. 참여자형에서는 몽유자가 꿈에서 만난 인물들의 모임에 초대를 받고 토론과 시연에 직접 참여한다. 방관자형에서는 몽유자가 인물들의 모임을 엿볼 뿐 직접 그 모임에 참여하지는 않는다. 16~17세기에 창작되었던 몽유록에는 참여자형이 많다. 참여자형에서는 몽유자와 꿈속 인물들이 동질적인 이념을 공유하고 현실의 고통스러운 문제에 대해 의견을 나누며 비판적 목소리를 낸다. 그러나 주로 17세기 이후에 창작된 방관자형에서는 몽유자가 꿈속 인물들과 함께 현실을 비판하는 것이 아니라 구경꾼의 위치에 서 있다. 이 시기의 몽유록이 통속적이고 허구적인 성격으로 변모하는 것은 몽유자의 역할 변화와 무관하지 않다.

① 몽유자가 꿈속 인물들의 모임에 직접 참여하는지, 참여하지 않는지에 따라 몽유록의 유형을 나눌 수 있다.

② 17세기보다 나중 시기의 몽유록에서는 몽유자가 현실을 비판하는 경향이 강하게 나타난다.

③ 몽유자가 모임의 구경꾼 역할을 하는 몽유록은 통속적이고 허구적인 성격이 강하다.

④ 몽유자가 꿈속 인물들과 함께 현실을 비판하는 몽유록은 참여자형에 해당한다.

20 다음 글을 이해한 내용으로 적절한 것은?

> 디지털 트윈은 현실 세계와 똑같은 가상의 세계이다. 최근 주목받고 있는 메타버스와 개념은 유사하지만 활용 목적의 측면에서 구별된다. 메타버스는 가상 세계와 현실 세계가 융합된 플랫폼으로 이용자들에게 새로운 경제·사회·문화적 경험을 제공하는 데 목적을 둔다. 반면 디지털 트윈은 현실 세계에 존재하는 사물, 공간, 환경, 공정 등을 컴퓨터상에 디지털 데이터 모델로 표현하여 똑같이 복제하고 실시간으로 서로 반응할 수 있도록 한다. 그래서 디지털 트윈의 이용자는 가상 세계에서의 시뮬레이션을 통해 미래 상황을 예측할 수 있게 된다. 디지털 트윈에 대한 수요가 증가하면서 관련 시장도 확대되고 있으며, 국내외의 글로벌 기업들은 여러 산업 분야에서 디지털 트윈을 도입하여 사전에 위험 요소를 제거하고 수익 모델의 효율성을 높이고 있다. 디지털 트윈이 이렇게 주목받는 이유는 안정성과 경제성 때문인데 현실 세계를 그대로 옮겨 놓은 가상 세계에 데이터를 전송, 취합, 분석, 이해, 실행하는 과정은 실제 실험보다 매우 빠르고 정밀하며 안전할 뿐 아니라 비용도 적게 든다.

① 디지털 트윈을 활용함에 따라 글로벌 기업들의 고용률이 향상되었다.

② 디지털 트윈의 데이터 모델은 현실 세계의 각종 실험 모델보다 경제성이 낮다.

③ 디지털 트윈에서의 시뮬레이션으로 현실 세계의 위험 요소를 찾아내고 방지할 수 있다.

④ 디지털 트윈은 현실 세계의 이용자에게 새로운 문화적 경험을 제공하는 데 목적이 있다.

01 ㉠~㉣의 말하기 방식을 설명한 내용으로 가장 적절한 것은?

> 김 주무관: AI에 대한 국민 이해도를 높이기 위해 설명
> 회를 개최할 필요가 있다고 생각해요.
> 최 주무관: ㉠ 저도 요즘 그 필요성을 절감하고 있어요.
> 김 주무관: ㉡ 그런데 어떻게 준비해야 효과적으로 전
> 달할 수 있을지 고민이에요.
> 최 주무관: 설명회에 참여할 청중 분석이 먼저 되어야
> 겠지요.
> 김 주무관: 청중이 주로 어떤 분야에 관심이 있는지 알
> 면 준비할 때 유용하겠네요.
> 최 주무관: ㉢ 그럼 청중의 관심 분야를 파악하려면 청
> 중의 특성 중에서 어떤 것들을 조사하면 좋
> 을까요?
> 김 주무관: ㉣ 나이, 성별, 직업 등을 조사할까요?

① ㉠: 상대의 의견에 대해 공감을 표현하고 있다.
② ㉡: 정중한 표현을 사용하여 직접 질문하고 있다.
③ ㉢: 자신의 반대 의사를 우회적으로 드러내고 있다.
④ ㉣: 의문문을 통해 상대의 의견을 반박하고 있다.

02 (가)~(다)를 맥락에 따라 가장 자연스럽게 배열한 것은?

> 독서는 아이들의 전반적인 뇌 발달에 큰 영향을 미
> 친다.
> (가) 그에 따르면 뇌의 전두엽은 상상력을 관장하는데,
> 책을 읽으면 상상력이 자극되어 전두엽을 많이 사
> 용하게 된다.
> (나) A 교수는 책을 읽을 때와 읽지 않을 때의 뇌 변화
> 를 연구해서 세계적인 명성을 얻었다.
> (다) 이처럼 책을 많이 읽으면 전두엽이 훈련되어 전반
> 적인 뇌 발달의 가능성이 높아지는데, 그 결과는
> 교육 현장에서 실증된 바 있다.
> 독서를 많이 한 아이는 학교에서 더 좋은 성적을 낼
> 뿐 아니라 언어 능력도 발달한다는 사실이 밝혀진 것
> 이다.

① (나) – (가) – (다)
② (나) – (다) – (가)
③ (다) – (가) – (나)
④ (다) – (나) – (가)

03 ㉠~㉣을 설명한 내용으로 적절하지 않은 것은?

> • ㉠ 지원은 자는 동생을 깨웠다.
> • 유선은 도자기를 ㉡ 만들었다.
> • 물이 ㉢ 얼음이 되었다.
> • ㉣ 어머나, 현지가 언제 이렇게 컸지?

① ㉠: 동작의 주체를 나타내는 주어이다.
② ㉡: 주어와 목적어를 요구하는 서술어이다.
③ ㉢: 서술어를 꾸며주는 부사어이다.
④ ㉣: 문장의 다른 성분과 직접적으로 관련을 맺지 않는
독립어이다.

04 ⊙~ⓔ과 바꿔 쓸 수 있는 유사한 표현으로 적절하지 않은 것은?

> • 서구의 문화를 ⊙ 맹종하는 이들이 많다.
> • 안일한 생활에서 ⓛ 탈피하여 어려운 일에 도전하고 싶다.
> • 회사의 생산성을 ⓒ 제고하기 위해 노력하자.
> • 연못 위를 ⓔ 부유하는 연잎을 바라보며 여유를 즐겼다.

① ⊙: 무분별하게 따르는
② ⓛ: 벗어나
③ ⓒ: 끌어올리기
④ ⓔ: 헤엄치는

05 (가)와 (나)를 이해한 내용으로 적절하지 않은 것은?

> (가) 청산(靑山)은 내 뜻이오 녹수(綠水)는 님의 정(情)이
> 　　 녹수(綠水) l 흘너간들 청산(靑山)이야 변(變)홀손가
> 　　 녹수(綠水)도 청산(靑山)을 못 니저 우러 녜여 가는고.
> (나) 청산(靑山)는 엇뎨ᄒ야 만고(萬古)애 프르르며
> 　　 유수(流水)는 엇뎨ᄒ야 주야(晝夜)애 긋디 아니는고
> 　　 우리도 그치디 마라 만고상청(萬古常靑)호리라.

① (가)는 '청산'과 '녹수'의 대조를 활용하여 화자가 처한 상황을 제시하고 있다.
② (나)는 시각적 심상과 청각적 심상을 활용하여 주제를 강조하고 있다.
③ (가)와 (나) 모두 대구를 활용하여 시상을 전개하고 있다.
④ (가)와 (나) 모두 설의적 표현을 활용하여 화자의 정서를 드러내고 있다.

06 다음 글의 중심 내용으로 가장 적절한 것은?

> 교환가치는 거래를 통해 발생하는 가치이며, 사용가치는 어떤 상품을 사용할 때 느끼는 가치이다. 전자가 시장에서 결정된다는 점에서 객관적이라면, 후자는 개인에 따라 다르다는 점에서 주관적이다. 상품에는 사용가치와 교환가치가 섞여 있는데, 교환가치가 아무리 높아도 '나'에게 사용가치가 없다면 해당 상품을 구매하지 않을 것이다.
> 　하지만 이 같은 상식이 통하지 않는 경우를 종종 볼 수 있다. 예를 들어 보자. 인터넷 커뮤니티에서 백만 원짜리 공연 티켓을 판매하는데, 어떤 사람이 "이 공연의 가치는 돈으로 환산할 수 없어요." 등의 댓글들을 보고서 애초에 관심도 없던 이 공연의 티켓을 샀다. 그에게 그 공연의 사용가치는 처음에는 없었으나 많은 댓글로 인해 사용가치가 있을 것으로 잘못 판단한 것이다. 안타깝게도, 그는 그 공연에서 조금도 만족하지 못했다.
> 　이 사례에서 볼 때 건강한 소비를 위해서는 구매하려는 상품의 사용가치가 어떤 과정을 거쳐 결정된 것인지 곰곰이 생각해봐야 한다. '나'에게 얼마나 필요한가에 대한 고민 없이 다른 사람들의 말에 휩쓸려 어떤 상품의 사용가치가 결정될 때, 그 상품은 '나'에게 쓸모없는 골칫덩이가 될 수 있다.

① 사용가치보다 교환가치가 큰 상품을 구매해야 한다.
② 상품을 구매할 때 사용가치와 교환가치를 두루 고려해야 한다.
③ 상품에 대한 다른 사람들의 평가를 반영해서 상품을 구매해야 한다.
④ 상품을 구매할 때 사용가치가 자신의 필요에 의해 결정된 것인지 신중하게 따져야 한다.

07 ㉠~㉢ 중 어색한 곳을 찾아 수정하는 방안으로 가장 적절한 것은?

조선 후기에 서학으로 불린 천주학은 '학(學)'이라는 말에서도 짐작할 수 있듯이 ㉠ 종교적인 관점에서보다 학문적인 관점에서 받아들여졌다. 당시의 유학자 중 서학 수용에 적극적인 이들까지도 서학을 무조건 따르자고 ㉡ 주장하지는 않았는데, 서학은 신봉의 대상이 아니라 분석의 대상이었기 때문이다. 그들은 조선 사회를 바로잡고 발전시키기 위해 새로운 학문과 지식이 필요하다고 생각했지만, 외부에서 유입된 사유 체계에는 양명학이나 고증학 등도 있어서 서학이 ㉢ 유일한 대안은 아니었다. 그들은 서학을 검토하며 어떤 부분은 수용했지만, 반대로 어떤 부분은 ㉣ 지향했다.

① ㉠: '학문적인 관점에서보다 종교적인 관점에서'로 수정한다.
② ㉡: '주장하였는데'로 수정한다.
③ ㉢: '유일한 대안이었다'로 수정한다.
④ ㉣: '지양했다'로 수정한다.

08 다음 글의 맥락을 고려할 때 빈칸에 들어갈 말로 가장 적절한 것은?

능숙한 필자와 미숙한 필자는 글쓰기 과정 중 '계획하기'에서 뚜렷한 차이를 보인다. 전자는 이 과정에 오랜 시간 공을 들이는 반면, 후자는 그렇지 않다. 글쓰기에서 계획하기는 글쓰기의 목적 수립, 주제 선정, 예상 독자 분석 등을 포함한다. 이 중 예상 독자 분석이 중요한 이유는 [   ] 때문이다. 글을 쓸 때 독자의 수준에 비해 너무 어려운 개념과 전문용어를 사용한다면 독자가 글을 이해하기 어렵게 된다. 글쓰기는 필자가 글을 통해 자신의 메시지를 독자에게 전달하는 행위라는 점을 고려하면 계획하기 단계에서 반드시 예상 독자를 분석해야 한다.

① 계획하기 과정이 글쓰기 전체 과정의 첫 단계이기
② 글에 어려운 개념이나 전문용어를 어느 정도 포함해야 하기
③ 필자의 메시지를 독자에게 효과적으로 전달하는 데 도움이 되기
④ 독자의 배경지식 수준을 고려해야 글의 목적과 주제가 결정되기

09 다음 시를 이해한 내용으로 적절하지 않은 것은?

사랑을 잃고 나는 쓰네

잘 있거라, 짧았던 밤들아
창밖을 떠돌던 겨울 안개들아
아무것도 모르던 촛불들아, 잘 있거라
공포를 기다리던 흰 종이들아
망설임을 대신하던 눈물들아
잘 있거라, 더 이상 내 것이 아닌 열망들아

장님처럼 나 이제 더듬거리며 문을 잠그네
가엾은 내 사랑 빈집에 갇혔네

— 기형도, 「빈집」 —

① 대상들을 호명하며 안타까운 심정을 표현하고 있다.
② '빈집'은 상실감으로 공허해진 내면을 상징하고 있다.
③ 영탄형 어조를 활용해 이별에 따른 정서를 부각하고 있다.
④ 글 쓰는 행위를 통해 잃어버린 사랑의 회복을 열망하고 있다.

10 다음 글을 이해한 내용으로 가장 적절한 것은?

> 반드시 갚는 조건임을 강조하면서 그는 마치 성경책 위에다 오른손을 얹고 말하듯이 엄숙한 표정을 했다. 하마터면 나는 잊을 뻔했다. 그가 적시에 일깨워 주었기 망정이지 안 그랬더라면 빌려주는 어려움에만 골똘한 나머지 빌려줬다 나중에 돌려받는 어려움이 더 클 거라는 사실은 생각도 못 할 뻔했다. 그렇다. 끼니조차 감당 못 하는 주제에 막벌이 아니면 어쩌다 간간이 얻어걸리는 출판사 싸구려 번역 일 가지고 어느 해가*에 빚을 갚을 것인가. 책임이 따르는 동정은 피하는 게 상책이었다. 그리고 기왕 피할 바엔 저쪽에서 감히 두말을 못하도록 야멸치게 굴 필요가 있었다.
> "병원 이름이 뭐죠?" "원 산부인곱니다." "지금 내 형편에 현금은 어렵군요. 원장한테 바로 전화 걸어서 내가 보증을 서고 약속할 테니까 권 선생도 다시 한번 매달려 보세요. 의사도 사람인데 설마 사람을 생으로 죽게야 하겠습니까. 달리 변통할 구멍이 없으시다면 그렇게 해 보세요."
> 내 대답이 지나치게 더디 나올 때 이미 눈치를 챈 모양이었다. 도전적이던 기색이 슬그머니 죽으면서 그의 착하디착한 눈에 다시 수줍음이 돌아왔다. 그는 고개를 좌우로 흔들어 보였다.
> "원장이 어리석은 사람이길 바라고 거기다 희망을 걸기엔 너무 늦었습니다. 그 사람은 나한테서 수술 비용을 받아 내기가 수월치 않다는 걸 입원시키는 그 순간에 벌써 알아차렸어요."
>
> — 윤흥길, 「아홉 켤레의 구두로 남은 사내」에서 —
> * 해가(奚暇): 어느 겨를

① 서술자가 등장인물의 심리를 전지적 위치에서 전달하고 있다.

② 서술자가 등장인물이 되어 다른 등장인물의 행동을 진술하고 있다.

③ 서술자가 주인공으로서 유년 시절을 회상하며 갈등 원인을 해명하고 있다.

④ 서술자가 주관을 배제하고 외부 관찰자의 시선으로 사건을 이야기하고 있다.

11 다음 대화를 분석한 내용으로 적절하지 않은 것은?

> 은지: 최근 국민 건강 문제와 관련해 '설탕세' 부과 여부가 논란인데, 나는 설탕세를 부과해야 한다고 생각해. 그러면 당 함유 식품의 소비가 감소하게 되고, 비만이나 당뇨병 등의 질병이 예방되니까 국민 건강 증진에 도움이 되기 때문이야.
> 운용: 설탕세를 부과하면 당 소비가 감소한다고 믿을 만한 근거가 있니?
> 은지: 세계보건기구 보고서를 보면 당이 포함된 음료에 설탕세를 부과하면 이에 비례해 소비가 감소한다고 나와 있어.
> 재윤: 그건 나도 알아. 그런데 설탕세 부과가 질병을 예방한다는 것은 타당하지 않아. 여러 연구 결과를 보면 당 섭취와 질병 발생은 유의미한 상관관계가 없어.

① 은지는 첫 번째 발언에서 화제를 제시하고 있다.

② 운용은 은지의 주장에 반대하고 있다.

③ 은지는 두 번째 발언에서 자신의 주장에 대한 근거를 제시하고 있다.

④ 재윤은 은지가 제시한 주장의 근거를 부정하고 있다.

12 ㉠~㉣에 들어갈 단어로 적절하지 않은 것은?

> • 우리 회사는 올해 최고 수익을 창출해서 전성기를 ㉠ 하고 있다.
> • 그는 오래 살아온 자기 명의의 집을 ㉡ 하려 했는데 사려는 사람이 없다.
> • 그들 사이에 ㉢ 이 심해서 중재자가 필요하다.
> • 제가 부족하니 앞으로 많은 ㉣ 을 부탁드립니다.

① ㉠: 구가(謳歌)

② ㉡: 매수(買受)

③ ㉢: 알력(軋轢)

④ ㉣: 편달(鞭撻)

13 밑줄 친 단어의 쓰임이 올바르지 않은 것은?

① 이 일은 정말 힘에 <u>부치는</u> 일이다.
② 그와 나는 전부터 <u>알음</u>이 있던 사이였다.
③ 대문 앞에 서 있는데 대문이 저절로 <u>닫혔다</u>.
④ 경기장에는 <u>걷잡아서</u> 천 명이 넘게 온 듯하다.

15 다음 글에서 추론한 내용으로 적절하지 않은 것은?

우리는 개별적으로 고립된 채 살아가는 존재일 수 없다. 사회 속에서 여럿이 모여 '복수(複數)'의 상태로 살아갈 수밖에 없는 존재라는 것이다. 복수의 상태로 살아가는 우리는 종(種)적인 차원에서 보면 보편적이고 동등한 존재이다. 그러나 우리는 각각 유일무이성을 지닌 '단수(單數)'이기도 하다. 즉 모든 인간은 개인으로서 고유한 인격체라는 특수성을 지닌다. 사회 속에서 우리는 보편적 복수성과 특수한 단수성을 겸비한 채 살아가고 있는 셈이다. 바로 이러한 이유로 우리는 다원적 존재이다. 이러한 존재들로 구성된 다원적 사회에서는 어떠한 획일화도 시도되어서는 안 된다. 우리가 이 같은 사회에서 살아가기 위해서는 타인을 포용하는 공존의 태도가 필요하다. 공동체 정화 등을 목적으로 개별적 유일무이성을 제거하는 것은 우리가 살아가는 사회의 다원성을 파괴하는 일이다.

① 우리는 고립된 상태에서 '단수'로 살아가는 존재가 아니다.
② 우리는 다원성을 지닌 존재로서 포용적으로 공존해야 한다.
③ 개인의 유일무이성을 보존하려는 제도는 개인의 보편적 복수성을 침해한다.
④ 개인의 특수한 단수성을 제거하려는 시도는 사회의 다원성을 파괴하는 결과로 이어질 수 있다.

14 ㉠~㉢의 한자 표기로 올바른 것은?

• 복지부 ㉠ 장관은 의료시설이 대도시에 편중된 문제에 대해 대책을 마련하라고 지시하였다.
• 박 주무관은 사유지의 국유지 편입으로 발생한 주민들의 피해를 ㉡ 보상하는 업무를 맡고 있다.
• 김 주무관은 이 팀장에게 부서 운영비와 관련된 ㉢ 결재를 올렸다.

	㉠	㉡	㉢
①	長官	補償	決裁
②	將官	報償	決裁
③	長官	報償	決濟
④	將官	補償	決濟

16 다음 글을 이해한 내용으로 적절하지 않은 것은?

　매우 치라 소리 맞춰, 넓은 골에 벼락치듯 후리쳐 딱 붙이니, 춘향이 정신이 아득하여, "애고 이것이 웬일인가?" 일자(一字)로 운을 달아 우는 말이, "일편단심 춘향이 일정지심 먹은 마음 일부종사 하겠더니 일신난처 이 몸인들 일각인들 변하리까? 일월 같은 맑은 절개 이리 힘들게 말으시오."

　"매우 치라." "꽤 때리오." 또 하나 딱 부치니, "애고." 이자(二字)로 우는구나. "이부불경 이내 마음 이군불사와 무엇이 다르리까? 이 몸이 죽더라도 이도령은 못 잊겠소. 이 몸이 이러한들 이 소식을 누가 전할까? 이왕 이리 되었으니 이 자리에서 죽여 주오."

　"매우 치라." "꽤 때리오." 또 하나 딱 부치니, "애고." 삼자(三字)로 우는구나. "삼청동 도련님과 삼생연분 맺었는데 삼강을 버리라 하소? 삼척동자 아는 일을 이내 몸이 조각조각 찢겨져도 삼종지도 중한 법을 삼생에 버리리까? 삼월삼일 제비같이 훨훨 날아 삼십삼천 올라가서 삼태성께 하소연할까? 애고애고 서러운지고."

— 「춘향전」에서 —

① 동일한 글자를 반복함으로써 리듬감을 조성하고 있다.
② 숫자를 활용하여 주인공이 처한 상황을 제시하고 있다.
③ 등장인물 간의 대화를 통해 주인공의 내적 갈등이 해결되고 있다.
④ 유교적 가치를 담고 있는 말을 활용하여 주인공의 의지를 드러내고 있다.

17 다음 글을 이해한 내용으로 적절하지 않은 것은?

　고소설의 유통 방식은 '구연에 의한 유통'과 '문헌에 의한 유통'으로 나눌 수 있다. 구연에 의한 유통은 구연자가 소설을 사람들에게 읽어 주는 방식으로, 글을 모르는 사람들과 글을 읽을 수 있지만 남이 읽어 주는 것을 선호하는 이들을 대상으로 이루어졌다. 구연자는 '전기수'로 불렸으며, 소설 구연을 통해 돈을 벌던 전문적 직업인이었다. 하지만 이 방식은 문헌에 의한 유통에 비해 시간과 공간의 제약이 많아서 유통 범위를 넓히는 데 뚜렷한 한계가 있었다.

　문헌에 의한 유통은 차람, 구매, 상업적 대여로 나눌 수 있다. 차람은 소설을 소유하고 있는 사람에게 직접 빌려서 보는 것으로, 알고 지내던 개인들 사이에서 이루어졌다. 구매는 서적 중개인에게 돈을 지불하고 책을 사는 것인데, 책값이 상당히 비쌌기 때문에 소설을 구매할 수 있는 사람은 그리 많지 않았다. 상업적 대여는 세책가에 돈을 지불하고 일정 기간 동안 소설을 빌려 보는 것이다. 세책가에서는 소설을 구매하는 것보다 훨씬 적은 비용으로 빌려 볼 수 있었기 때문에 경제적으로 넉넉하지 않은 사람도 소설을 쉽게 접할 수 있었다. 이로 인해 조선 후기 사회에서 세책가가 성행하게 되었다.

① 전기수는 글을 모르는 사람들에게 소설을 구연하였다.
② 차람은 알고 지내던 사람에게 대가를 지불하고 책을 빌려 보는 방식이다.
③ 문헌에 의한 유통은 구연에 의한 유통에 비해 시간과 공간의 제약이 적었다.
④ 조선 후기에 세책가가 성행한 원인은 소설을 구매하는 비용보다 세책가에서 빌리는 비용이 적다는 데 있다.

『삼국사기』는 본기 28권, 지 9권, 표 3권, 열전 10권의 체제로 되어 있다. 이 중 열전은 전체 분량의 5분의 1을 차지하며, 수록된 인물은 86명으로, 신라인이 가장 많고, 백제인이 가장 적다. 수록 인물의 배치에는 원칙이 있는데, 앞부분에는 명장, 명신, 학자 등을 수록했고, 다음으로 관직에 있지는 않았으나 기릴 만한 사람을 실었다.

반신(叛臣)의 경우 열전의 끝부분에 배치되어 있다. 이들을 수록한 까닭은 왕을 죽인 부정적 행적을 드러내어 반면교사로 삼는 데에 있었으나, 그 목적에 부합하지 않는 내용이 있어 흥미롭다. 가령 고구려의 연개소문은 반신이지만, 당나라에 당당히 대적한 민족적 영웅의 모습도 포함되어 있다. 흔히 『삼국사기』에 대해, 신라 정통론에 기반해 있으며, 유교적 사관에 따라 당시의 지배 질서를 공고히 하고자 했다고 평가한다. 하지만 연개소문의 사례에서 볼 수 있듯 『삼국사기』는 기존 평가와 달리 다면적이고 중층적인 역사 텍스트라고 할 수 있다.

① 『삼국사기』 열전에 고구려인과 백제인도 수록되었다는 점은 이 책이 신라 정통론을 계승하지 않았다는 것을 보여준다.
② 『삼국사기』 열전에 수록된 반신 중에는 이 책에 대한 기존 평가를 다르게 할 수 있는 사례가 있다.
③ 『삼국사기』 열전에는 기릴 만한 업적이 있더라도 관직에 오르지 못한 사람은 수록되지 않았다.
④ 『삼국사기』의 체제 중에서 열전이 가장 많은 권수를 차지한다.

프랑스에서 의무교육 제도를 실시하면서 정규학교에 입학하기 어려운 지적장애아, 학습부진아를 가려내고자 하였다. 이에 기초 학습 능력 평가를 목적으로, 1905년 최초의 IQ 검사가 이루어졌다. 이 검사를 통해 비로소 인간의 지능을 구체적으로 수치화하고 객관적으로 비교할 수 있게 되었다.

이후 오랫동안 IQ가 높으면 똑똑한 사람, 그렇지 않으면 머리가 좋지 않고 학습에도 부진한 사람으로 판단했다. 물론 IQ가 높은 아이는 그렇지 않은 아이에 비해 읽기나 계산 등 사고 기능과 관련된 과목에서 높은 성취도를 보이는 경우가 많다. 이는 IQ 검사가 기초 학습에 필요한 최소 능력인 언어이해력, 어휘력, 수리력 등을 측정하기 때문이다. 학습의 기초 능력을 측정하는 IQ 검사에서 높은 점수를 받은 아이는 동일한 능력을 측정하는 학업 평가에서도 높은 점수를 받을 가능성이 크다. 하지만 문제는 IQ 검사가 인간의 지능 중 일부만을 측정한다는 점이다.

① 최초의 IQ 검사는 학습 능력이 우수한 아이를 고르기 위해 시행되었다.
② IQ 검사가 만들어지기 전에는 인간의 지능을 수치로 비교할 수 없었다.
③ IQ가 높은 아이라도 전체 지능은 높지 않을 수 있다.
④ IQ가 높은 아이가 읽기 능력이 좋을 확률이 높다.

20 다음 글에서 추론한 내용으로 적절하지 않은 것은?

한글은 소리를 나타내는 표음문자여서 한국어 문장을 읽는 데 학습해야 할 글자가 적지만, 한자는 음과 상관없이 일정한 뜻을 나타내는 표의문자여서 한문을 읽는 데 익혀야 할 글자 수가 훨씬 많다. 이러한 번거로움에도 한글과 달리 한자가 갖는 장점이 있다. 한글에서는 동음이의어, 즉 형태와 음이 같은데 뜻이 다른 단어가 많아 글자만으로 의미를 파악하지 못하는 경우가 많다. 하지만 한자는 그렇지 않다. 예컨대, 한글로 '사고'라고만 쓰면 '뜻밖에 발생한 사건'인지 '생각하고 궁리함'인지 구별할 수 없다. 한자로 전자는 '事故', 후자는 '思考'로 표기한다. 그런데 한자는 문맥에 따라 같은 글자가 다른 뜻으로 쓰이지는 않지만 다른 문장성분으로 사용되기도 해 혼란을 야기한다. 가령 '愛人'은 문맥에 따라 '愛'가 '人'을 수식하는 관형어일 때도, '人'을 목적어로 삼는 서술어일 때도 있는 것이다.

① 한문은 한국어 문장보다 문장성분이 복잡하다.
② '淨水'가 문맥상 '깨끗하게 한 물'일 때 '淨'은 '水'를 수식한다.
③ '愛人'에서 '愛'의 문장성분이 바뀌더라도 '愛'는 동음이의어가 아니다.
④ '의사'만으로는 '병을 고치는 사람'인지 '의로운 지사'인지 구별할 수 없다.

01 다음 중 밑줄 친 부분의 표기가 옳은 것은?

① 출산 후 <u>붓기</u>가 안 빠진다고 해서 제가 먹었던 건강식품을 권했어요.

② 유명 할리우드 스타들이 마신다고 해서 <u>유명세를 타기</u> 시작한 건강음료랍니다.

③ 어리버리해 보이는 친구가 한 명 있었는데 사실은 감기 때문에 몸이 안 좋았다더군요.

④ 사실 이번 일의 책임을 누구에게 묻기란 참 어렵지만 <u>아무튼지</u> 그는 책임을 면할 수 없게 되었다.

02 다음 중 '쓰다'의 품사가 나머지 셋과 다른 하나는?

① 양지바른 곳을 묏자리로 <u>썼다.</u>

② 그는 취직 기념으로 친구들에게 한턱을 <u>썼다.</u>

③ 여러 번 실패를 경험했지만 언제나 그 맛은 <u>썼다.</u>

④ 그 사람은 억울하게 누명을 <u>썼다.</u>

03 다음 중 (㉠)에 들어갈 사자성어로 가장 적절한 것은?

> 이탈리아 볼로냐 대학에서 개발한 휴대용 암 진단기는 암이 의심되는 환자의 몸을 간편하게 스캔해 종양을 진단한다. 원리는 간단하다. 인체의 서로 다른 조직들이 진단기에서 발산되는 마이크로파에 서로 다르게 반향을 보인다. 즉 종양 조직은 건강한 조직과는 다른 주파수 대역에서 반향하기 때문에 암 조직과 정상 조직을 구별할 수 있다. 물론 이 진단기가 (㉠)의 능력을 가진 것은 아니다. 종양의 크기 또는 종양의 정확한 위치를 판별할 수는 없다.

① 變化無雙　　　　② 無所不爲

③ 先見之明　　　　④ 刮目相對

04 다음 중 밑줄 친 표기가 국어의 〈로마자 표기법〉 규정에 어긋난 것은?

① 경기도 <u>의정부시</u> – Uijeongbu-si

② 홍빛나 <u>주무관님</u> – Hong Binna

③ 서울시 종로구 <u>종로 2가</u> – Jongno 2(i)-ga

④ 부석사 <u>무량수전</u> 앞에 서서 – Muryangsujeon

05 밑줄 친 어휘의 쓰임이 의미상 적절하지 않은 것은?

① 자네 덕에 생일을 잘 쇠어서 고맙네.
② 그동안의 노고에 심심한 경의를 표하는 바입니다.
③ 나는 식탁 위에 밥을 차릴 겨를도 없이 닥치는 대로 게걸스럽게 식사를 해치웠다.
④ 아이가 밖에서 제 물건을 잃어버리고 들어온 날이면 어머니는 애가 칠칠맞다고 타박을 주었다.

06 다음 〈한글 맞춤법〉의 규정에 근거할 때 본말과 준말의 짝이 옳지 않은 것은?

〈제32항〉
단어의 끝모음이 줄어지고 자음만 남은 것은 그 앞의 음절에 받침으로 적는다.

〈제39항〉
어미 '–지' 뒤에 '않 –'이 어울려 '–잖–'이 될 적과 '–하지' 뒤에 '않–'이 어울려 '–찮–'이 될 적에는 준 대로 적는다.

〈제40항〉
어간의 끝음절 '하'의 'ㅏ'가 줄고 'ㅎ'이 다음 음절의 첫소리와 어울려 거센소리로 될 적에는 거센소리로 적는다.

① 어제그저께 – 엊그저께
② 그렇지 않은 – 그렇잖은
③ 만만하지 않다 – 만만잖다
④ 연구하도록 – 연구토록

07 다음 중 밑줄 친 부분의 띄어쓰기가 적절하지 않은 것은?

① 가진 게 없으면 몸이나마 건강해야지.
② 그 책을 다 읽는데 삼 일이 걸렸다.
③ 그는 그런 비싼 차를 살 만한 형편이 못 된다.
④ 그 고통에 비하면 내 괴로움 따위는 아무것도 아니었다.

08 다음 중 밑줄 친 단어의 한자로 틀린 것은?

기업이 현장에서 ㉠ 체감할 때까지 규제 ㉡ 혁파를 지속적으로, 또 신속하게 추진해야 한다. 그러려면 기업이 덜어주기를 바라는 모래 주머니 얘기를 지금의 몇 배 이상으로 ㉢ 경청하고 즉각 혁파에 나서야 한다. 공무원들이 책상머리에서 이것저것 따지는 만큼 기업의 고통은 크다는 점을 명심하길 바란다. 규제 총량제, ㉣ 일몰제 등의 해법을 쏟아내고도 성과를 내지 못했던 과거의 실패에서 교훈을 얻어야 할 것이다.

① ㉠ : 體感
② ㉡ : 革罷
③ ㉢ : 敬聽
④ ㉣ : 日沒

09 "그렇게 하면 무릎에 무리가 갈텐데 괜찮을까요?"에서의 '–ㄹ텐데'를 국어사전에서 찾으니 표제어가 존재하지 않는다고 나왔다. 이에 대해 가장 적절하게 설명한 것은?

① '–ㄹ텐데'가 방언이기 때문에 표준어인 표제어가 실려 있지 않은 것이다.
② '–ㄹ텐데'를 '–ㄹ테'와 '–ㄴ데'로 분석해서 각각 찾으면 된다.
③ 기본형 '–ㄹ테다'를 찾아야 한다.
④ 의존명사 '터'를 찾아야 한다.

10 다음 중 아래 글에 나타난 저자의 의도를 가장 적절하게 설명한 것은?

> 인공지능은 컴퓨터 프로그램을 활용해 인간과 비슷한 인지적 능력을 구현한 기술을 말한다. 인공지능은 기본적으로 보고 듣고 읽고 말하는 능력을 갖춤으로써 인간과 대화할 수 있을 뿐만 아니라 지적 판단이 필요한 상황에서 합리적 결정을 내릴 수 있다. 인공지능이 인간의 말을 알아듣고 명령을 실행하는 똑똑한 기계가 되는 것은 반길 일인가, 아니면 주인과 노예의 관계를 역전시키는 재앙이라고 경계해야 할 일인가?

① 쟁점 제기
② 정서적 공감
③ 논리적 설득
④ 배경 설명

11 다음 중 (㉠)에 들어가기에 가장 적절한 속담은?

> 춘향이가 마지막으로 유언을 허는디,
> "서방님!"
> "왜야?"
> "내일 본관 사또 생신 잔치 끝에 나를 올려 죽인다니, 날 올리라고 영이 내리거든 칼머리나 들어주고, 나를 죽여 내어놓거든, 다른 사람 손 대기 전에 서방님이 삯꾼인 체 달려들어, 나를 업고 물러나와 우리 둘이 인연 맺든 부용당에 나를 뉘고, 옥중에서 서방님을 그려 간장 썩은 역류수 땀내 묻은 속적삼 벗겨, 세 번 불러 초혼허고, 서방님 속적삼 벗어 나의 가슴을 덮어 주오. 수의 입관도 내사 싫소. 서방님이 나를 안고 정결한 곳 찾어가서 은근히 묻어 주고, 묘 앞에다 표석을 세워, '수절원사춘향지묘'라 크게 새겨주옵시면, 아무 여한이 없겠네다."
> 어사또 이 말 듣고,
> "오, 춘향아! 오냐, 춘향아, 우지 마라. 내일 날이 밝거드면 상여를 탈지, 가마를 탈지 그 속이야 누가 알랴마는, 천붕우출이라, (㉠) 법이요, 극성이면 필패라니, 본관이 네게 너무 극성을 뵈었으니, 무슨 변을 볼지 알겠느냐?"

① 도둑이 제 발 저리는
② 웃는 낯에 침 못 뱉는
③ 모로 가도 서울만 가면 되는
④ 하늘이 무너져도 솟아날 구멍이 있는

12 다음 작품의 언어에 대한 설명으로 옳은 것은?

> 녀님희 밥 싸 두고 반찬으란 쟝만 마라
> 닫 드러라 닫 드러라
> 靑청蒻약笠립은 써잇노라 綠녹蓑사衣의 가져오냐
> 至지匊국悤총 至지匊국悤총 於어思ㅅ臥와
> 無무心심한 白백駒구는 내 좃ᄂᆞᆫ가 제 좃ᄂᆞᆫ가

① '녀님희'의 '님'은 ㄴ첨가 현상이 표기에 반영된 것이다.
② '써 잇노라'는 현대국어에서 '-고 있다'를 이용해 표현하는 것으로 바뀌었다.
③ '닫'과 '좃ᄂᆞᆫ가'의 받침은 당시의 실제 발음대로 적은 것이다.
④ '반찬으란'의 '으란'은 현대국어 조사 '이랑'에 해당한다.

※ 다음 글을 읽고 물음에 답하시오.

> (가) 공감은 상대방의 생각과 느낌을 자신의 생각과 느낌처럼 받아들이고 이해하는 것이다. (나) 상대방이 나를 분석하거나 판단하지 않고, 있는 그대로 나의 감정을 이해하고 있다고 느끼게 될 때 사람들은 그 상대방을 나를 이해하는 사람, 나를 알아주는 사람으로 여기게 된다.
> 판단 기준과 가치관이 다른 사람의 생각과 느낌을 공감을 하면서 이해하는 것은 여간 어려운 일이 아니다. (다) 사람은 누구나 자신의 느낌과 생각을 바탕으로 말하고 판단하고 일을 결정하게 되므로, 상대방의 입장을 헤아리고 그의 느낌과 생각을 내가 그렇게 생각하고 느끼는 것처럼 이해하기가 어렵다. (라) 상대방의 말투, 표정, 자세를 관찰하면서 그와 같은 관점, 심정, 분위기 또는 태도로 맞추는 것도 공감에 도움이 된다.

13 아래 내용을 위 글의 (가)~(라)에 넣을 때 가장 적절한 위치는?

> 공감의 출발은 상대방의 이야기를 경청하면서 상대방의 감정과 느낌이 어떠했을까를 헤아리며 그것을 이해하도록 노력하는 것이다. 그리고 상대방의 입장을 이해한다는 것을 언어적, 비언어적으로 표현하는 것이 중요하다.

① (가)   ② (나)
③ (다)   ④ (라)

[14~15] 다음 글을 읽고 물음에 답하시오.

> 가시리 가시리잇고 ㉠ 나는
> ᄇ리고 가시리잇고 나는
> 위 증즐가 大平盛代
>
> 날러는 엇디 살라 ᄒ고
> ᄇ리고 가시리잇고 나는
> 위 증즐가 大平盛代
>
> ㉡ 잡ᄉ아 두어리마ᄂᆞᆫ
> ㉢ 선ᄒ면 아니 올셰라
> 위 증즐가 大平盛代
>
> ㉣ 셜온 님 보내ᅌᅩ노니 나는
> 가시ᄂᆞᆫ 듯 도셔 오쇼셔 나는
> 위 증즐가 大平盛代

14 위 글에 대한 설명으로 가장 적절하지 않은 것은?

① 고려시대에 불리던 노래이다.
② 제목은 「가시리」이다.
③ 고려시대에 누군가 기록해 놓은 것을 찾아내어 다시 한글로 기록하였다.
④ 후렴구는 궁중악으로 불리면서 발생한 것으로 추정된다.

15 밑줄 친 ㉠~㉣에 대한 설명으로 가장 적절한 것은?

① ㉠: '나는'은 '나는'의 예전 표기이다.
② ㉡: '잡ᄉ아 두어리마ᄂᆞᆫ'의 뜻은 '(음식을) 잡수시고 가게 하고 싶다'는 의미이다.
③ ㉢: '선ᄒ면 아니 올셰라'의 뜻은 '선하게 살면 올 것이다'라는 믿음을 표현한 말이다.
④ ㉣: '셜온 님 보내ᅌᅩ노니'의 뜻은 '서러운 님을 보내 드린다'는 의미이다.

16 다음은 〈한글 맞춤법〉의 문장부호 사용법에 대한 설명이다. 이 설명에 어긋나는 예문은?

> 〈물음표(?)〉
>
> (1) 의문문이나 의문을 나타내는 어구의 끝에 쓴다.
> [붙임1] 한 문장 안에 몇 개의 선택적인 물음이 이어질 때는 맨 끝의 물음에만 쓰고, 각 물음이 독립적일 때는 각 물음의 뒤에 쓴다.
>
> (2) 특정한 어구의 내용에 대하여 의심, 빈정거림 등을 표시할 때, 또는 적절한 말을 쓰기 어려울 때 소괄호 안에 쓴다.
>
> (3) 모르거나 불확실한 내용임을 나타낼 때 쓴다.

① 너는 중학생이냐? 고등학생이냐?
② 이번에 가시면 언제 돌아오세요?
③ 주말 내내 누워서 텔레비전만 보고 있는 당신도 참 대단(?)하네요.
④ 노자(?~?)는 중국 춘추 시대의 사상가로 도를 좇아서 살 것을 역설하였다.

창밖에 밤비가 속살거려
㉠ 육첩방(六疊房)은 남의 나라,

시인이란 슬픈 천명인 줄 알면서도
㉡ 한 줄 시를 적어 볼까,

땀내와 사랑내 포근히 품긴
보내주신 학비 봉투를 받아

대학 노트를 끼고
늙은 교수의 강의 들으러 간다.

생각해 보면 어린 때 동무를
하나, 둘, 죄다 잃어버리고

ⓐ 나는 무얼 바라
ⓑ 나는 다만, 홀로 침전하는 것일까?

인생은 살기 어렵다는데
시가 이렇게 쉽게 씌어지는 것은
㉢ 부끄러운 일이다.

육첩방은 남의 나라
창밖에 밤비가 속살거리는데,

등불을 밝혀 어둠을 조금 내몰고,
시대처럼 올 아침을 기다리는 최후의 ⓒ 나.

ⓓ 나는 ⓔ 나에게 작은 손을 내밀어
눈물과 위안으로 잡는 ㉣ 최초의 악수.

– 윤동주, 「쉽게 씌어진 시」 –

17 ㉠~㉣에 대한 설명으로 가장 적절하지 않은 것은?

① ㉠은 조선인으로서의 정체성에 대한 인식을 드러낸다.
② ㉡은 식민지 지식인으로서의 소명 의식을 드러낸다.
③ ㉢은 친일파 지식인에 대한 비판 정신을 보여준다.
④ ㉣은 어두운 현실을 극복하려는 화자의 의지이다.

18 ⓐ~ⓔ에 대한 설명으로 가장 적절한 것은?

① ⓐ, ⓑ, ⓔ는 현실적 자아이고, ⓒ, ⓓ는 성찰적 자아이다.
② ⓐ, ⓑ는 현실적 자아이고, ⓒ, ⓓ, ⓔ는 성찰적 자아이다.
③ ⓐ, ⓑ, ⓔ는 이상적 자아이고, ⓒ, ⓓ는 현실적 자아이다.
④ ⓐ, ⓑ는 이상적 자아이고, ⓒ, ⓓ, ⓔ는 현실적 자아이다.

19 위 시의 제목에 대한 이해로 가장 적절한 것은?

① 시인의 평소 생각을 특별한 표현 기법 없이 소박하게 나타낸 작품이기에 쉽게 쓰인 시라고 하였다.
② 독립지사로서의 저항 정신을 시인의 시적 표현으로 여과 없이 옮긴 작품이기에 쉽게 쓰인 시라고 하였다.
③ 조선의 독립이 갑자기 쉽게 이루어질 것이라는 확고한 신념을 표현하려는 작품이기에 쉽게 쓰인 시라고 하였다.
④ 시인으로의 인간적 갈등과 자아 성찰을 담아 어렵게 쓴 작품이기에 반어적으로 표현하여 쉽게 쓰인 시라고 하였다.

20 다음 글의 문맥상 (   ) 안에 들어갈 말로 가장 적절한 것은?

행루오리(幸漏誤罹)는 운 좋게 누락되거나 잘못 걸려드는 것을 말한다. (   ) 걸려든 사람만 억울하다. 아무 잘못 없이 집행자의 착오나 악의로 법망에 걸려들어도 마찬가지다. 여기에 부정이나 청탁이 개입되기라도 하면 바로 국가의 법질서에 대한 불신으로 이어진다. 결국 행루오리는 법집행의 일관성을 강조한 말이다.

① 똑같이 죄를 지었는데 당국자의 태만이나 부주의로 법망을 빠져나가는 사람이 있으면
② 가벼운 죄를 짓고도 엄혹한 심판관 때문에 무거운 벌을 받으면
③ 가족이나 이웃의 범죄에 연루되어 죄 없이 벌을 받게 되면
④ 현실과 맞지 않는 법 때문에 성실한 사람이 범죄자로 몰리게 되면

[21~22] 다음 글을 읽고 물음에 답하시오.

2016년 3월을 생생히 기억한다. 알파고가 사람을 이겼다. 알파고가 뭔가 세상에 파란을 불러일으키지 않을까, 라고 상상하고 있던 시기였다. 이른바 '알파고 모멘텀' 이후 에이아이(AI) 산업은 발전했지만, 기대만큼 성장했다고 보긴 어렵다. 킬러 애플리케이션(Killer Application)이 나오지 않았기 때문이다. 에이아이(AI) 챗봇이 상용화됐지만, 알파고가 줬던 놀라움만큼은 아니다.

2022년 11월 또 다른 모멘텀이 등장했다. 오픈 에이아이(OpenAI)의 챗지피티(ChatGPT)다. 지금은 1억 명 이상이 챗지피티를 사용하고 있다. '챗지피티 모멘텀'이라고 불릴 만하다. 챗지피티가 알파고와 다른 점은 대중성이다. TV를 통해 알파고를 접했다면, 챗지피티는 내가 직접 체험할 수 있다.

많은 사람이 챗지피티는 모든 산업에 지각변동을 불러일으킬 것으로 기대한다. 챗지피티는 그 자체로 킬러 애플리케이션이다. 챗지피티는 알려진 바와 같이 2021년 9월까지 데이터만으로 학습했다. 그 이후 정보는 반영이 안 됐다. 챗지피티만으로는 우리가 원하는 답변을 얻기 힘들 수 있다. 오픈 에이아이는 챗지피티를 왜 이렇게 만들었을까?

챗지피티는 '언어 모델'이다. '지식 모델'은 아니다. 챗지피티는 정보를 종합하고 추론하는 능력은 매우 우수하지만, 최신 지식은 부족하다. 세상물정은 모르지만, 매우 똑똑한 친구다. 이 친구에게 나도 이해하기 어려운 최신 논문을 주고, 해석을 부탁해 볼 수 있지 않을까? 챗지피티에 최신 정보를 전달하고, 챗지피티가 제대로 답변하도록 지시하는 일은 중요하다. 다양한 산업에 챗지피티를 적용하기 위해서도 그렇다. 챗지피티가 추론할 정보를 찾아 오는 시맨틱 검색(Semantic Search), 정확한 지시를 하는 프롬프트 엔지니어링(Prompt Engineering), 모든 과정을 조율하는 오케스트레이터(Orchestrator), 챗지피티와 같은 대형 언어 모델(Large Language Model)을 필요에 맞게 튜닝하는 일 등 서비스 영역에서 새로운 사업 기회를 찾을 수 있다.

챗지피티와 같은 대형 언어 모델 기반의 에이아이 산업 생태계는 크게 세 개다. 첫째, 오픈에이아이, 마이크로소프트, 구글과 같이 대형 언어 모델 자체를 제공하는 원천기술 기업, 둘째, 대형 언어 모델이 고객 요청에 맞게 작동하도록 개선하는 서비스기업, 셋째, 특정 도메인에서 애플리케이션을 제공하는 기업이다. 현재 대형 언어 모델을 만드는 빅테크 기업들이 주목받고 있지만, 실리콘밸리에서는 스케일에이아이(ScaleAI), 디스틸에이아이(Distyl AI), 퀀티파이(Quantiphi) 등 서비스기업들이 부상 중이다. 실제 업무에 활용하기엔 원천기술만으로는 부족하기 때문이다. 엘지씨엔에스(LG CNS)도 서비스 기업이다. 우리나라에서도 많은 서비스 기업이 나와서 함께 국가 경쟁력을 높여 나가기를 기대해 본다.

21 다음 중 위 글의 제목으로 가장 적절한 것은?

① 챗지피티, 이제 서비스다
② 알파고 모멘텀, 그 끝은 어디인가?
③ 챗지피티야말로 킬러 애플리케이션이다
④ 대형 언어 모델 자체를 제공하는 빅테크 기업에 주목하라

22 다음 중 위 글의 내용에 대한 이해로 가장 적절하지 않은 것은?

① 챗지피티는 알파고보다 훨씬 더 대중적인 놀라움을 주고 있다.
② 많은 사람들은 챗지피티가 모든 산업에 지각변동을 불러일으킬 것으로 기대한다.
③ 챗지피티는 정보를 종합하여 추론하는 언어모델이 아니라 최신 정보를 축적하는 지식모델이다.
④ 현재 대형 언어 모델이 고객 요청에 맞게 작동하도록 개선하는 여러 서비스 기업이 부상 중이다.

23 다음 글에 대한 이해로 가장 적절한 것은?

> 우리 부부는 숙명적으로 발이 맞지 않는 절름발이인 것이다. 내가 아내나 제 거동에 로직(논리)을 붙일 필요는 없다. 변해(辯解)할 필요도 없다. 사실은 사실대로 오해는 오해대로 그저 끝없이 발을 절뚝거리면서 세상을 걸어가면 되는 것이다. 그렇지 않을까?
>
> 그러나 나는 이 발길이 아내에게로 돌아가야 옳은가 이것만은 분간하기가 좀 어려웠다. 가야 하나? 그럼 어디로 가나?
>
> 이때 뚜— 하고 정오 사이렌이 울렸다. 사람들은 모두 네활개를 펴고 닭처럼 푸드덕거리는 것 같고 온갖 유리와 강철과 대리석과 지폐와 잉크가 부글부글 끓고 수선을 떨고 하는 것 같은 찰나, 그야말로 현란을 극한 정오다.
>
> 나는 불현듯이 겨드랑이가 가렵다. 아하 그것은 내 인공의 날개가 돋았던 자국이다. 오늘은 없는 이 날개, 머릿속에서는 희망과 야심의 말소된 페이지가 딕셔너리(사전) 넘어가듯 번뜩였다.
>
> 나는 걷던 걸음을 멈추고 그리고 어디 한번 이렇게 외쳐 보고 싶었다.
>
> 날개야 다시 돋아라.
> 날자. 날자. 날자. 한 번만 더 날자꾸나.
> 한 번만 더 날아 보자꾸나.
>
> — 이상, 「날개」 —

① 가난한 무명작가 부부의 생활고와 부부애를 다루고 있다.
② 농촌 계몽을 위한 두 남녀의 헌신적 노력과 사랑을 보여준다.
③ 식민지 농촌 사회에서 농민들이 겪는 가혹한 현실을 보여주려 한다.
④ 자아 상실의 무기력한 삶에서 벗어나 본래의 자아를 회복하려는 의지를 보여준다.

24 다음 글을 읽고 필자의 서술태도와 가장 거리가 먼 것을 고르시오.

> 겨울철에 빙판이 만들어지면 노인들의 낙상 사고가 잦아진다. 대부분의 노인들은 근육 감소로 인한 순발력 저하로 방어기제가 제대로 작동하지 않는다. 그런 사고를 당하면 운동이 부족해져 그나마 남아 있던 근육이 퇴화하고 노화가 빨라진다. 건강수명은 대부분 거기서 끝이다. 참으로 무서운 일이다. 그런데도 불구하고 노년층에게 적극적으로 근력운동을 처방하지 않는다. 우리의 주변을 둘러보라. 요양병원이 상당히 많이 늘어났다. 앞으로도 부가가치가 매우 높은 산업이라고 한다. 안타까운 일이다.

① 논리적
② 회고적
③ 비판적
④ 동정적

25 다음 글의 (가)와 (나)에 들어갈 적절한 말을 순서대로 바르게 짝 지은 것은?

> 비즈니스 화법에서는 상사에게 보고할 때 결론부터 말하라고 한다. 이것도 맞는 말이다. 그렇지 않아도 바쁜데 주저리주저리 이야기를 길게 늘어놓으면 짜증이 난다. (가) 현실은 인간관계의 미묘한 심리가 복잡하게 얽혀 있는 비즈니스 사회다. 때로는 일부러 결론을 뒤로 미뤄 상대의 관심을 끌게 만들어야 할 때도 있다. 예를 들어, 회사에서의 라이벌 동료와의 관계처럼 자기와 상대의 힘의 균형이 미묘할 때이다.
>
> 당신과 상사, 당신과 부하라는 상하관계가 분명한 경우는 대응이 항상 사무적이 된다. 사무적인 관계에서는 쓸데없는 시간과 노력을 들이지 않아도 된다. (나) 같은 사내의 인간관계라도 라이벌 동료가 되면 일을 원활하게 해나가는 것만이 능사는 아니다. 권력관계에서의 차이가 없는 만큼 미묘한 줄다리기가 필요하다. 이렇게 권력관계가 미묘한 상대와의 대화에서 탁월한 최면 효과를 발휘하는 것이 '클라이맥스 법'이다. 비즈니스 현장에서 뿐만 아니라 미묘한 줄다리기를 요하는 연애 관계에서도 초기에는 클라이맥스 법이 그 위력을 발휘한다.

① 그러므로 – 그러므로
② 하지만 – 하지만
③ 하지만 – 그러므로
④ 그러므로 – 하지만

01	02	03	04	05	06	07	08	09	10
③	①	③	②	④	④	①	①	②	④
11	12	13	14	15	16	17	18	19	20
③	①	②	②	④	③	④	④	②	③

01 난도 ★★☆

③

출제 영역 화법과 작문 > 작문

정답 분석 ③ '자기 집이라면 이렇게 함부로 쓰레기를 버렸을까요?'에서 설의적 표현이 쓰였고, '바다가 몸살을 앓는다고 합니다.'와 '양심이 모래밭 위를 뒹굴고 있습니다.'에서 비유적 표현이 쓰였다. 또한 마지막에 '자기 쓰레기는 자기가 집으로 되가져가도록 합시다.'라며 생활 속 실천 방법을 포함하였다.

오답 분석 ① '바다는 쓰레기 없는 푸른 날을 꿈꾸고 있습니다.', '미세 플라스틱은 바다를 서서히 죽이는 보이지 않는 독입니다.' 등 비유적 표현을 쓰긴 했지만, 설의적 표현이 쓰이지 않았으며 생활 속 실천 방법도 포함하지 않았다.

② '분리수거를 철저히 하고 일회용품을 줄이는 것'이라는 생활 속 실천 방법을 포함하긴 했지만 설의적 표현과 비유적 표현이 쓰이지 않았다.

④ '인간도 고통받게 되지 않을까요?'에서 설의적 표현이, '바다는 쓰레기 무덤'에서 비유적 표현이 쓰였지만, 해양 오염을 줄일 수 있는 생활 속 실천 방법을 포함하지 않았다.

02 난도 ★☆☆

①

출제 영역 화법과 작문 > 화법

정답 분석 ① 백 팀장은 '워크숍 장면을 사내 게시판에 올리면 좋겠다'는 바람을 전달하고 있다. 하지만 팀원들에 대한 유대감을 드러내는 표현은 사용하지 않았다.

오답 분석 ② 고 대리는 '사내 게시판에 영상을 공개하는 것은 부담스럽고, 타 부서와 비교될 것 같기도 하고요.'라며 백 팀장의 제안에 반대하는 이유를 명시적으로 밝히며 백 팀장의 요청을 거절하고 있다.

③ 임 대리는 '팀장님 말씀대로 정보를 공유한다는 취지는 좋다고 생각해요.'라며 백 팀장의 발언 취지에 공감하여 백 팀장의 체면을 세워 주고 있다.

④ 임 대리는 '팀원들 의견을 먼저 들어보고, 잘된 것만 시범적으로 한두 개 올리는 것이 어떨까요?'라며 의견을 묻는 의문문을 사용해 자신의 의견을 간접적으로 드러내고 있다.

03 난도 ★★☆

③

출제 영역 어휘 > 관용 표현

정답 분석 ③ '입추의 여지가 없다'는 송곳 끝도 세울 수 없을 정도라는 뜻으로, 발 들여놓을 데가 없을 정도로 많은 사람이 꽉 들어찬 경우를 비유적으로 이르는 속담이다.

오답 분석 ① 홍역을 치르다[앓다]: 몹시 애를 먹거나 어려움을 겪다.

② 잔뼈가 굵다: 오랜 기간 일정한 곳이나 직장에서 일을 하여 그 일에 익숙하다.

④ 어깨를 나란히 하다: 서로 비슷한 지위나 힘을 가지다.

04 난도 ★★☆

②

출제 영역 비문학 > 글의 순서 파악

정답 분석 제시된 글은 기업들이 데이터를 바라보는 시각이 변하면서 빅데이터를 중요한 경영 수단으로 수용하기 시작했다는 내용을 담고 있다.

• (가)에서는 기업들이 많은 돈을 투자해 마케팅 조사를 해 왔다는 화제를 제시하고 있으므로 처음에 오는 것이 적절하다.

• (다)의 '기업들의 그런 노력'은 (가)에 나오는 '많은 돈을 투자해 마케팅 조사를 해 왔다.'이므로 (가) 뒤에 오는 것이 적절하다.

• (나)의 '그런 상황'은 (다)에 나오는 '기업들은 많은 광고비를 쓰지만 그 돈이 구체적으로 어느 부분에서 효과를 내는지는 알지 못했다.'를 가리키므로 (다) 뒤에 오는 것이 적절하다.

따라서 글의 순서를 자연스럽게 배열한 것은 ② (가) - (다) - (나)이다.

05 난도 ★☆☆

④

출제 영역 현대문학 > 현대소설

정답 분석 ④ "무진(霧津)엔 명산물이 …… 뭐 별로 없지요?", "원, 아무리 그렇지만 한 고장에 명산물 하나쯤은 있어야지."라는 대화를 통해 무진에는 누구나 인정할 만한 명산물이 없음을 알 수 있다. 무진에 명산물이 있고 그것이 안개라고 여기는 사람은 서술자뿐이다.

오답 분석 ① "바다가 가까이 있으니 항구로 발전할 수도 있었을 텐데요?"와 "가 보시면 아시겠지만 ~ 수심(水深)이 얕은 데다가 얕은 바다를 몇백 리나 밖으로 나가야만 비로소 수평선이 보이는 진짜 바다가 나오는 곳이니까요."를 통해 무진은 수심이 얕아서 항구로 개발하기 어려운 공간임을 알 수 있다.

② "그렇지만 이렇다 할 평야가 있는 것도 아닙니다."와 '무진을 둘러싸고 있는 산들도'를 통해 무진은 산으로 둘러싸여 있고 평야가 발달하지 않은 공간임을 알 수 있다.

③ "그럼 그 오륙만이 되는 인구가 어떻게들 살아가나요?"를 통해 무진은 지역 여건에 비하여 인구가 적지 않은 공간임을 알 수 있다.

작품해설 김승옥, 「무진기행」

- 갈래: 단편 소설
- 성격: 회고적, 독백적
- 주제: 이상과 현실 사이에서 갈등하는 현대인의 허무 의식
- 특징
  - 서정적이고 몽환적인 분위기가 강함
  - 배경(안개)을 통해 서술자의 의식을 표출함

06 난도 ★★☆   ④

출제 영역 어휘 > 한자성어

정답 분석 ④ 내용상 빈칸에는 별것 아닌 사실을 부풀려 말한다는 뜻의 사자성어가 들어가야 한다. 따라서 '작은 일을 크게 불리어 떠벌린다.'라는 뜻의 針小棒大(침소봉대)가 들어가는 것이 적절하다.

- 針小棒大: 바늘 침, 작을 소, 막대 봉, 큰 대

오답 분석 ① 刻舟求劍(각주구검): 융통성 없이 현실에 맞지 않는 낡은 생각을 고집하는 어리석음을 이르는 말

- 刻舟求劍: 새길 각, 배 주, 구할 구, 칼 검

② 捲土重來(권토중래): 땅을 말아 일으킬 것 같은 기세로 다시 온다는 뜻으로, 한 번 실패하였으나 힘을 회복하여 다시 쳐들어옴을 이르는 말

- 捲土重來: 말 권, 흙 토, 무거울 중, 올 래

③ 臥薪嘗膽(와신상담): 불편한 섶에 몸을 눕히고 쓸개를 맛본다는 뜻으로, 원수를 갚거나 마음먹은 일을 이루기 위하여 온갖 괴로움과 외로움을 참고 견딤을 이르는 말

- 臥薪嘗膽: 누울 와, 땔나무 신, 맛볼 상, 쓸개 담

07 난도 ★★☆   ①

출제 영역 고전문학 > 고전운문

정답 분석 ① 제시된 작품은 초장에서 '못 오던가'라는 구절을 반복하여 오지 않는 임에 대한 섭섭한 감정을 표출하고 있다.

오답 분석 ② 종장의 '흔 둘이 서른 날이어니 날 보라 올 하루 업스랴'는 한 달이 삼십 일인데 날 보러 올 하루가 없겠냐며 오지 않는 임에 대한 섭섭한 마음을 드러내는 구절이다. 날짜 수의 대조나 헤어진 기간이 길다는 내용은 나타나지 않는다.

③ 중장에서 '성', '담', '뒤주', '궤' 등을 연쇄적으로 나열하고 있으나 감정의 기복이 나타나지는 않는다.

④ 중장에서 '성-담-집-뒤주-궤'로 공간을 단계적으로 축소하여 오지 않는 임에 대한 섭섭한 마음을 나타내고 있다.

작품해설 작자 미상, 「어이 못 오던가 ~」

- 갈래: 사설시조
- 성격: 해학적, 과장적
- 주제: 임을 기다리는 안타까운 마음
- 특징
  - 사물을 연쇄적으로 나열하여 오지 않는 임에 대한 간절한 마음을 드러냄
  - 임을 기다리는 안타까운 마음을 해학과 과장을 통해 나타냄

08 난도 ★★★   ①

출제 영역 비문학 > 추론적 독해

정답 분석 (가) 2문단에서 '발음 능력을 습득하면 음성 기관의 움직임은 자동화되어 음성 기관의 어느 부분을 언제 어떻게 움직일지를 화자가 거의 의식하지 않는다.'라고 하였으므로 모어에 없는 외국어 음성을 발음하기 어려운 이유는 음성 기관의 움직임이 영·유아기에 습득된 모어를 기준으로 자동화되었기 때문임을 추론할 수 있다. 따라서 (가)에 들어갈 말로는 '음성 기관의 움직임이 모어의 음성에 맞게 자동화되어'가 적절하다.

(나) 3문단에서 '글씨를 쓰기 위해 손을 놀리는 것은 ~ 상당히 의식적이라 할 수 있다.'라며 필기가 의식적이라고 하였지만 다음 문장의 '그렇지만 개인의 의지와 관계없이 필체가 꽤 일정하다'는 내용을 볼 때 (나)에는 필기에도 어느 정도 무의식적인 면이 개입된다는 내용이 나와야 함을 알 수 있다. 따라서 (나)에 들어갈 말로는 '무의식적이고 자동적인 면이 있음을'이 적절하다.

09 난도 ★☆☆   ②

출제 영역 국어 규범 > 한글 맞춤법

정답 분석 ㉠·㉢ 무정타(○)/선발토록(○): 한글 맞춤법 제40항에 따르면 어간의 끝음절 '하'의 'ㅏ'가 줄고 'ㅎ'이 다음 음절의 첫소리와 어울려 거센소리로 될 적에는 거센소리로 적는다. 이때 어간의 끝음절이 울림소리 [ㄴ, ㅁ, ㅇ, ㄹ]로 끝나면 'ㅏ'는 줄고 'ㅎ'만 남아 뒷말과 결합하여 거센소리로 표기된다. '무정하다'와 '선발하도록'은 어간 '무정'과 '선발'의 끝음절이 울림소리인 'ㅇ, ㄹ'이므로 '무정타', '선발토록'으로 줄여 쓰는 것이 적절하다.

오답 분석 ㉡·㉣ 섭섭치(×) → 섭섭지(○)/생각컨대(×) → 생각건대(○): 한글 맞춤법 제40항 [붙임 2]에 따르면 어간의 끝음절 '하'가 아주 줄 적에는 준 대로 적는다. 이때 어간의 끝음절이 안울림소리 [ㄱ, ㅂ, ㅅ(ㄷ)]으로 끝나면 '하'가 아주 준다. '섭섭하다'와 '생각하건대'는 어간 '섭섭'과 '생각'의 끝음절이 안울림소리인 'ㅂ, ㄱ'이므로 '섭섭지'와 '생각건대'로 쓰는 것이 적절하다.

PLUS+ 한글 맞춤법 제40항

어간의 끝음절 '하'의 'ㅏ'가 줄고 'ㅎ'이 다음 음절의 첫소리와 어울려 거센소리로 될 적에는 거센소리로 적는다.

본말	준말	본말	준말
간편하게	간편케	다정하다	다정타
연구하도록	연구토록	정결하다	정결타
가하다	가타	흔하다	흔타

[붙임 1] 'ㅎ'이 어간의 끝소리로 굳어진 것은 받침으로 적는다.

않다	않고	않지	않든지
그렇다	그렇고	그렇지	그렇든지
아무렇다	아무렇고	아무렇지	아무렇든지
어떻다	어떻고	어떻지	어떻든지
이렇다	이렇고	이렇지	이렇든지
저렇다	저렇고	저렇지	저렇든지

[붙임 2] 어간의 끝음절 '하'가 아주 줄 적에는 준 대로 적는다.

본말	준말	본말	준말
거북하지	거북지	넉넉하지 않다	넉넉지 않다
생각하건대	생각건대	못하지 않다	못지않다
생각하다 못해	생각다 못해	섭섭하지 않다	섭섭지 않다
깨끗하지 않다	깨끗지 않다	익숙하지 않다	익숙지 않다

[붙임 3] 다음과 같은 부사는 소리대로 적는다.

결단코	결코	기필코	무심코
아무튼	요컨대	정녕코	필연코
하마터면	하여튼	한사코	

---

10 난도 ★★☆　　　　　　　　　　　　　　　④

출제 영역　어휘 > 한자어

정답 분석　④ 記憶(기록할 기, 생각할 억)(×) → 追憶(쫓을 추, 생각할 억)(○)

• 기억(記憶): 이전의 인상이나 경험을 의식 속에 간직하거나 도로 생각해 냄
• 추억(追憶): 지나간 일을 돌이켜 생각함. 또는 그런 생각이나 일

오답 분석　① 도착(到着: 이를 도, 붙을 착)(○): 목적한 곳에 다다름
② 불상(佛像: 부처 불, 모양 상)(○): 부처의 형상을 표현한 상
③ 경지(境地: 지경 경, 땅 지)(○): 몸이나 마음, 기술 따위가 어떤 단계에 도달해 있는 상태

---

11 난도 ★★☆　　　　　　　　　　　　　　　③

출제 영역　비문학 > 사실적 독해

정답 분석　③ 제시된 글에 따르면 인간의 지각과 생각은 프레임을 바탕으로 이루어진다. 따라서 지각과 사고를 확장하는 과정에서 프레임을 극복해야 하는 부정적 대상으로 보고 있다는 설명은 적절하지 않다.

오답 분석　① 제시된 글에서 '인간의 모든 정신 활동은 진공 상태에서 일어나는 것이 아니라, 어떤 맥락이나 가정하에서 일어난다.'라고 하였다. 여기서 맥락이나 가정은 프레임을 의미하므로 인간의 정신 활동은 프레임 없이 일어나지 않는다고 이해한 것은 적절하다.
② 제시된 글에서 '어떤 사람이 자신은 어떤 프레임의 지배도 받지 않고 세상을 있는 그대로 객관적으로 본다고 주장한다면, 그 주장은 진실이 아닐 것이다.'라고 하였으므로 프레임이 어떤 편향성을 가지게 하는 개념이라고 이해한 것은 적절하다.
④ 제시된 글에서 '사람의 지각과 생각은 인간의 모든 정신 활동을 뜻하고 항상 어떤 맥락, 관점 혹은 어떤 평가 기준이나 가정에서 일어난다.', '이러한 맥락, 관점, 평가 기준, 가정을 프레임이라고 한다.'라고 하였으므로 프레임이 인간의 정신 활동에 영향을 미치는 어떤 맥락이나 평가 기준이라고 이해한 것은 적절하다.

---

12 난도 ★★☆　　　　　　　　　　　　　　　①

출제 영역　비문학 > 사실적 독해

정답 분석　① 2문단에서 '시스템은 불안정하고 완벽하지 않기 때문에 컴퓨터가 조종사의 판단보다 우선시될 수 없다는 것이다.'라고 하였으며, "인간은 실수할 수 있는 존재"라는 에어버스의 아버지 베테유의 전제를 언급하였다. 이를 통해 보잉은 시스템의 불안정성을, 에어버스는 인간의 실수 가능성을 고려하여 설계되었음을 알 수 있다.

오답 분석　② 2문단에서 베테유는 인간은 실수할 수 있는 존재라고 전제하였다. 하지만 윌리엄 보잉은 시스템이 불안정하고 완벽하지 않아 조종사의 판단보다 우선시될 수 없다고 여겼을 뿐, 이것이 인간이 실수하지 않는 존재라고 본 것은 아니다.
③ 1문단에서 에어버스는 컴퓨터가 조종사의 조작을 감시하고 제한한다고 하였다. 이를 통해 에어버스의 조종사는 자동조종시스템의 통제를 받음을 알 수 있다.
④ 1문단에서 보잉과 에어버스의 중요한 차이점이 자동조종시스템의 활용 정도에 있으며 보잉의 경우 대개 항공기를 조종간으로 직접 통제한다고 하였으므로 보잉의 조종사가 자동조종시스템을 아예 사용하지 않는다고 볼 수 없다.

출제 영역 ｜ 비문학 > 추론적 독해

정답 분석 ② 제시된 글에서 '불안은 현재 발생하지 않았으며 미래에 일어날지 모르는 불명확한 위협에 의해 야기된 상태를 의미한다.'라고 하였다. 따라서 전기·가스 사고가 날까 두려워 외출하지 못하는 사람은 불안한 상태에 있다고 추론할 수 있다.

오답 분석 ① 제시된 글에서 '공포를 느끼는 것은 나 자신이 위험한 상황에 놓여 있다는 사실을 아는 것'이라고 하였다. 따라서 자신이 처한 위험한 상황을 정확히 인식하는 경우는 불안감에 비해 공포감이 더 클 것이다.

③ 제시된 글에서 '공포는 실재하는 객관적 위협에 의해 야기된 상태를 의미하고, 불안은 현재 발생하지 않았으며 미래에 일어날지 모르는 불명확한 위협에 의해 야기된 상태'라고 하였다. 따라서 시험에 불합격할 수 있다는 생각에 사로잡힌 사람은 공포감이 아닌 불안감에 빠져 있을 것이다.

④ 제시된 글에서 '공포의 상태와 불안의 상태를 구분하는 것은 쉽지 않다. 왜냐하면 두 감정을 함께 느끼거나 한 감정이 다른 감정을 유발할 때가 많기 때문이다.'라고 하였다. 따라서 과거에 큰 교통사고를 경험한 사람은 미래에 일어날지 모르는 교통사고를 걱정하게 되기 때문에 공포감과 불안감 모두 크다.

14 난도 ★★★　　　　　　　　　　　　②

출제 영역 ｜ 비문학 > 사실적 독해

정답 분석 ② 1문단의 '프톨레마이오스가 천체들의 공전 궤도를 관찰하던 도중, ~ 즉 주전원(周轉圓)을 따라 공전 궤도를 그리면서 행성들이 운동한다고 주장하였다.'를 통해 주전원은 지동설을 지지하고자 만든 개념이 아니라 프톨레마이오스가 자신의 관찰 결과를 천동설로 설명하기 위해 도입한 것임을 알 수 있다.

오답 분석 ① 1문단의 '과학 혁명 이전 아리스토텔레스 철학은 ~ 지구의 주위를 공전한다는 천동설이 정설로 자리 잡고 있었다.'를 통해 과학 혁명 이전 시기에는 천동설이 정설로 받아들여졌음을 알 수 있다.

③ 1문단의 '아리스토텔레스의 세계관을 따라 ~ 천동설이 정설로 자리 잡고 있었다.'와 2문단의 '코페르니쿠스는 천체의 중심에 지구 대신 태양을 놓고 지구가 태양의 주위를 공전한다고 주장하였다.'를 통해 천동설은 우주의 중심을 지구라 여기고 지동설은 우주의 중심을 태양이라 여김을 알 수 있다. 따라서 천동설과 지동설은 우주의 중심을 어디에 두느냐에 따라 구분된다.

④ 2문단의 '태양을 우주의 중심에 둔 코페르니쿠스의 ~ 수학적으로 단순하게 설명하였다.'를 통해 행성의 공전에 대한 프톨레마이오스의 설명은 코페르니쿠스의 설명보다 수학적으로 복잡하였음을 알 수 있다.

출제 영역 ｜ 국어 규범 > 표준어 규정

정답 분석 ④ 으레(○): 표준어 규정 제1부 제10항에 따라 '으레'를 표준어로 삼는다.

오답 분석 ① 수염소(×) → 숫염소(○): 표준어 규정 제1부 제7항에서 '수'와 뒤의 말이 결합할 때, 발음상 [ㄴ(ㄴ)] 첨가가 일어나거나 뒤의 예사소리가 된소리가 되는 경우 사이시옷과 유사한 효과를 보이는 것이라 판단하여 '수'에 'ㅅ'을 붙인 '숫'을 표준어형으로 규정하고 있다. 이러한 경우는 '숫양[순냥], 숫염소[순념소], 숫쥐[순쥐]'만 해당하므로 '숫염소'로 표기하는 것이 적절하다.

② 윗층(×) → 위층(○): 표준어 규정 제1부 제12항 '다만 1.'에 따르면 '웃-' 및 '윗-'은 명사 '위'에 맞추어 '윗-'으로 통일하지만 된소리나 거센소리 앞에서는 '위-'로 한다고 하였으므로 '위층'으로 표기하는 것이 적절하다.

③ 아지랭이(×) → 아지랑이(○): 표준어 규정 제1부 제9항 [붙임 1]에 따르면 '아지랑이'는 'ㅣ' 역행 동화가 일어나지 아니한 형태를 표준어로 삼는다고 하였으므로 '아지랑이'로 표기하는 것이 적절하다.

16 난도 ★☆☆　　　　　　　　　　　　③

출제 영역 ｜ 화법과 작문 > 작문

정답 분석 ③ 제시된 글에서 '정교한 독서'라는 뜻의 '정독'은 한자로 '精讀'이라 하였고, '빨리 읽기'라는 뜻의 '속독'은 한자로 '速讀'이라 하였다. 따라서 '정교하고 빠르게 읽기'를 뜻하는 '정속독'은 '精速讀'으로 표기하는 것이 적절하다.

오답 분석 ① '정교한 독서'라는 뜻의 '정독(精讀)'과 '바른 독서'라는 뜻의 '정독(正讀)'은 소리는 같지만 뜻이 다르다. 따라서 '다르게 읽지만 뜻이 같다'로 수정하는 것은 적절하지 않다.

② ⓛ 앞부분에서 '무엇이 정교한 것일까? 모든 단어에 눈을 마주치면서 제대로 인식하는 것이다.'라고 하였으므로 ⓛ은 '정교한 독서'를 뜻하는 '정독(精讀)'임을 알 수 있다. 따라서 '정독(正讀)'으로 수정하는 것은 적절하지 않다.

④ ㉣ 뒷부분의 '빼먹고 있는 습관, 즉 난독의 일종임을 잊지 말아야 한다.'라고 하였으며 제시된 글의 첫 문장에서 '난독을 해결하려면 정독을 해야 한다.'라고 하였으므로 ㉣에는 '정독이 빠진 속독'이 들어가야 한다. 따라서 '속독이 빠진 정독'으로 수정하는 것은 적절하지 않다.

17 난도 ★★☆　　　　　　　　　　　　④

출제 영역 ｜ 현대문학 > 현대시

정답 분석 ④ 1연에서 매미 울음소리가 절정에 이르렀다가 사라진 직후의 상황을 '정적의 소리'라고 표현하였다. 이는 원래 표현하려는 의미와 반대로 표현하는 반어법이 사용된 것이 아니라, 울음이 사라지고 고요한 상태인 '정적'을 '쟁쟁쟁'이라는 시끄러운 소리로 표현한 역설법이 사용된 것이다.

② '매미 울음', '정적의 소리인 듯 쟁쟁쟁' 등의 청각적 이미지, '맑은 구름만 눈이 부시게', '하늘 위에 펼쳐지기만 하노니' 등 시각적 이미지를 활용하여 시상을 전개하고 있다.

③ 2연에서 사랑의 속성을 세차게 들이붓다가 어느 순간 아무 일 없었던 양 멈추는 '소나기'에 비유하여 표현하였다.

작품해설 박재삼, 「매미 울음 끝에」

- 갈래: 자유시, 서정시
- 성격: 관찰적, 감각적, 낭만적, 유추적
- 주제: 매미의 울음을 통해 본 사랑의 본질적 속성
- 특징
  - 다양한 감각적 심상을 활용하여 대상을 표현함
  - 역설법을 통해 매미 울음소리가 잦아든 상황을 제시함
  - 자연 현상(매미 울음소리)과 인생(사랑)의 공통된 속성에서 주제를 이끌어 냄

18 난도 ★★★ ④

출제 영역 비문학 > 사실적 독해

정답 분석 ④ '호메로스의 『일리아드』와 『오디세이아』에서는 신과 인간의 세계가 하나로 얽혀 있다.'와 '소포클레스나 에우리피데스의 비극에서는 총체성이 흔들려 신과 인간의 세계가 분리된다.'를 통해 『오디세이아』가 에우리피데스의 비극에 비해 신과 인간의 결합 정도가 높음을 알 수 있다.

오답 분석 ① '철학의 시대'가 '이미 계몽된 세계'라는 내용은 있으나 계몽사상이 서사시의 시대에서 철학의 시대로의 전환을 이끌었다는 내용은 제시되지 않았다.

② '비극의 시대'는 신과 인간이 분리되나 신탁이라는 약한 통로로 이어져 있고, 플라톤으로 대표되는 '철학의 시대'는 신탁을 신뢰할 수 없는 신과 인간이 완전히 분리된 세계이다. 따라서 플라톤의 이데아가 표현하는 것은 '철학의 세계'이지 '비극적 세계'가 아니다.

③ "루카치는 그리스 세계를 신과 인간의 결합 정도를 가리키는 '총체성' 개념을 기준으로 세 시대로 구분하였다."를 통해 그리스 세계를 '총체성'이라는 단일한 개념을 기준으로 시대를 구분하였음을 알 수 있다.

19 난도 ★★☆ ②

출제 영역 비문학 > 사실적 독해

정답 분석 ② '16~17세기에 창작되었던 몽유록에는 참여자형이 많다. 참여자형에서는 몽유자와 꿈속 인물들이 동질적인 이념을 공유하고 현실의 고통스러운 문제에 대해 의견을 나누며 비판적 목소리를 낸다.'라고 하였으므로 몽유자가 현실을 비판하는 경향이 강하게 나타나는 시기는 16~17세기이다.

오답 분석 ① 제시된 글에 따르면, 몽유록은 몽유자의 역할에 따라 참여자형과 방관자형으로 구분할 수 있다. 참여자형에서는 몽유자가 꿈에서 만난 인물들의 모임에 직접 참여하지만, 방관자형에서는 모임을 엿볼 뿐 직접 참여하지는 않는다. 이를 통해 몽유자가 꿈속 인물들의 모임에 직접 참여하는지, 참여하지 않는지에 따라 몽유록의 유형을 나눌 수 있음을 알 수 있다.

③ '그러나 주로 17세기 이후에 창작된 방관자형에서는 ~ 이 시기의 몽유록이 통속적이고 허구적인 성격으로 변모하는 것은 몽유자의 역할 변화와 무관하지 않다.'를 통해 몽유자가 구경꾼 역할을 하는 몽유록은 통속적이고 허구적인 성격이 강하다는 것을 알 수 있다.

④ '참여자형에서는 몽유자와 꿈속 인물들이 동질적인 이념을 공유하고 현실의 고통스러운 문제에 대해 의견을 나누며 비판적 목소리를 낸다.'를 통해 몽유자가 꿈속 인물들과 함께 현실을 비판하는 몽유록은 참여자형에 해당함을 알 수 있다.

20 난도 ★★☆ ③

출제 영역 비문학 > 사실적 독해

정답 분석 ③ '국내외의 글로벌 기업들은 여러 산업 분야에서 디지털 트윈을 도입하여 사전에 위험 요소를 제거하고 수익 모델의 효율성을 높이고 있다.'를 통해 디지털 트윈에서의 시뮬레이션으로 현실 세계의 위험 요소를 찾아내고 방지할 수 있음을 알 수 있다.

오답 분석 ① 디지털 트윈을 활용함에 따라 글로벌 기업들의 고용률이 향상되었다는 내용은 제시되지 않았다.

② 디지털 트윈이 주목받는 이유는 안정성과 경제성 때문이며, 가상 세계에 데이터를 전송, 취합, 분석, 이해, 실행하는 과정은 실제 실험보다 비용이 적게 든다고 하였다. 따라서 디지털 트윈의 데이터 모델은 현실 세계의 각종 실험 모델보다 경제성이 높음을 알 수 있다.

④ 이용자들에게 새로운 경제·사회·문화적 경험을 제공하는 데 목적을 둔 것은 메타버스이다. 디지털 트윈은 현실 세계에 존재하는 것을 컴퓨터상에 똑같이 복제하고 실시간으로 반응할 수 있도록 하는 데 목적이 있다.

01	02	03	04	05	06	07	08	09	10
①	①	③	④	②	④	④	③	④	②
11	12	13	14	15	16	17	18	19	20
②	②	④	①	③	③	②	②	①	①

01 난도 ★☆☆   ①

출제 영역 화법과 작문 > 화법

정답 분석 ① 최 주무관은 AI에 대한 국민 이해도를 높이기 위해 설명회를 개최할 필요가 있다는 김 주무관의 의견에 대하여 '저도 요즘 그 필요성을 절감하고 있어요.'라고 말하며 공감을 표현하고 있다.

오답 분석 ② 김 주무관은 어떻게 준비해야 효과적으로 전달할 수 있을지 고민이라고 말하며 최 주무관의 의견을 듣고 싶다는 것을 간접적으로 표현하고 있다.

③ 최 주무관은 '그럼 청중의 관심 분야를 파악하려면 청중의 특성 중에서 어떤 것들을 조사하면 좋을까요?'라며 청중 분석에 대한 구체적인 방안을 묻고 있으므로 자신의 반대 의사를 우회적으로 드러내고 있다고 볼 수 없다.

④ 김 주무관은 '나이, 성별, 직업 등을 조사할까요?'라는 의문문을 통해 자신의 답변에 확신을 얻고자 하는 것이지 상대의 의견을 반박하고 있는 것은 아니다.

02 난도 ★★☆   ①

출제 영역 비문학 > 글의 순서 파악

정답 분석 • (나)에서는 독서가 뇌 발달에 끼치는 영향에 대한 A 교수의 연구를 소개하고 있으므로 화제를 제시하는 첫 문장 '독서는 아이들의 전반적인 뇌 발달에 큰 영향을 미친다.'의 뒤에 오는 것이 적절하다.

• (가)의 '그'는 (나)의 A 교수를 가리키므로 (나) 뒤에 오는 것이 적절하다.

• (다)의 '이처럼'은 앞에 나오는 내용을 받아 뒷문장과 이어주는 기능을 하는 접속어이다. '이처럼' 뒤에 책을 많이 읽으면 전두엽이 훈련되어 뇌 발달의 가능성이 높아진다는 내용을 제시하고 있으므로 (다) 앞에도 독서와 전두엽의 관계에 대한 내용이 나와야 한다. 그러므로 책을 읽으면 상상력이 자극되어 전두엽을 많이 사용하게 된다는 내용의 (가) 뒤에 오는 것이 적절하다.

따라서 맥락에 따라 가장 자연스럽게 배열한 것은 ① (나) - (가) - (다)이다.

03 난도 ★★☆   ③

출제 영역 국어 문법 > 통사론

정답 분석 ③ ⓒ '얼음이'는 부사어가 아니고, 서술어 '되다' 앞에서 말을 보충해 주는 역할을 하는 보어이다.

오답 분석 ① ㉠ '지원은'은 서술어 '깨우다'의 주체인 주어이다.

② ㉡ '만들었다'는 문맥상 '노력이나 기술 따위를 들여 목적하는 사물을 이루다.'라는 뜻이며, 이 경우 '~이/가 …을/를 만들다'와 같이 쓰이므로 주어와 목적어를 요구하는 두 자리 서술어임을 알 수 있다.

④ ㉣ '어머나'는 문장에서 다른 성분과 직접적으로 관련을 맺지 않는 독립어로, 생략되어도 문장이 성립한다.

04 난도 ★★☆   ④

출제 영역 어휘 > 한자어

정답 분석 ④ '부유(浮遊)하다'는 '물 위나 물속, 또는 공기 중에 떠다니다.'라는 뜻이고, '헤엄치다'는 '사람이나 물고기 따위가 물속에서 나아가기 위하여 팔다리를 젓거나 지느러미를 움직이다.'라는 뜻이므로 '헤엄치는'은 ㉣과 바꿔 쓸 수 없다.

오답 분석 ① '맹종(盲從)하다'는 '옳고 그름을 가리지 않고 남이 시키는 대로 덮어놓고 따르다.'라는 뜻이므로 '무분별하게 따르는'과 바꿔 쓸 수 있다.

② '탈피(脫皮)하다'는 일정한 상태나 처지에서 완전히 벗어나다.'라는 뜻이므로 '벗어나'와 바꿔 쓸 수 있다.

③ '제고(提高)하다'는 '수준이나 정도 따위를 끌어올리다.'라는 뜻이므로 '끌어올리기'와 바꿔 쓸 수 있다.

05 난도 ★★☆   ②

출제 영역 고전문학 > 고전운문

정답 분석 ② (나)에서는 '청산(靑山)', '유수(流水)' 등과 같은 시각적 심상을 활용하여 항상 푸른 청산과 밤낮으로 흐르는 유수처럼 학문 수양에 끊임없이 정진하겠다는 의지를 강조하고 있다. (나)에서 청각적 심상은 나타나지 않는다.

오답 분석 ① (가)는 변하지 않는 '청산(靑山)'과 변하는 '녹수(綠水)'를 대조하여 임에 대한 '나'의 변함없는 사랑을 나타내고 있다.

③ (가)는 '청산(靑山)은 내 뜻이오 녹수(綠水)는 님의 정(情)이'에서

대구를 활용하여 시상을 전개하였고, (나)는 '청산(靑山)는 엇뎨 만고(萬古)애 프르르며 / 유수(流水)는 엇뎨ᄒᆞ야 주야(晝夜)애 긋디 아니ᄂᆞᆫ고'에서 대구를 활용하여 시상을 전개하였다.

④ (가)는 '청산(靑山)이야 변(變)ᄒᆞᆯ손가'에서 설의적 표현을 활용하여 '임'에 대한 변함없는 사랑을 나타내고 있다. (나)는 '유수(流水)는 엇뎨ᄒᆞ야 주야(晝夜)애 긋디 아니ᄂᆞᆫ고'에서 설의적 표현을 활용하여 유수가 그치지 않고 밤낮으로 흐르는 것처럼 학문 수양에 정진하겠다는 의지를 나타내고 있다.

작품해설

(가) 황진이, 「청산은 내 뜻이오 ~」
- 갈래: 평시조, 단시조
- 성격: 감상적, 상징적, 은유적
- 주제: 임을 향한 변함없는 사랑
- 특징
  - 시어의 대비를 통하여 주제를 강조함
  - 임에 대한 마음을 자연물에 대입함

(나) 이황, 「청산는 엇뎨ᄒᆞ야 ~」
- 갈래: 평시조, 연시조
- 성격: 관조적, 교훈적, 한정가
- 주제: 끊임없는 학문 수양에 대한 의지
- 특징
  - 총 12수로 이루어진 연시조 「도산십이곡」 중 제11곡
  - 생경한 한자어를 많이 사용한 강호가도의 대표적 작품
  - 설의법, 대구법 등을 사용하여 주제를 강조함

06 난도 ★☆☆ ④

출제 영역 비문학 > 사실적 독해

정답 분석 ④ 1문단에서는 교환가치가 아무리 높아도 '나'에게 사용가치가 없다면 상품을 구매하지 않는다고 설명하였으며, 2문단에서는 댓글로 인해 공연 티켓의 사용가치를 잘못 판단한 사례를 제시하였다. 그리고 3문단에서는 건강한 소비를 위해 상품이 '나'에게 얼마나 필요한가에 대한 고민이 필요하다고 하였으므로 제시된 글의 중심 내용으로는 '상품을 구매할 때 사용가치가 자신의 필요에 의해 결정된 것인지 신중하게 따져야 한다.'가 가장 적절하다.

오답 분석 ① 사용가치보다 교환가치가 큰 상품을 구매해야 한다는 내용은 나타나지 않는다.

② 상품에는 사용가치와 교환가치가 섞여 있다고 하였으나 3문단에서 '건강한 소비를 위해서는 구매하려는 상품의 사용가치가 어떤 과정을 거쳐 결정된 것인지 곰곰이 생각해 봐야 한다.'라고 하였으므로 상품을 구매할 때 고려해야 하는 것은 상품의 사용가치임을 알 수 있다. 따라서 '상품을 구매할 때 사용가치와 교환가치를 두루 고려해야 한다.'는 중심 내용으로 적절하지 않다.

③ 3문단에서 '다른 사람들의 말에 휩쓸려 어떤 상품의 사용가치가 결정될 때, 그 상품은 '나'에게 쓸모없는 골칫덩이가 될 수 있다.'라고 하였으므로 '상품에 대한 다른 사람들의 평가를 반영해서 상품을 구매해야 한다.'는 중심 내용으로 적절하지 않다.

07 난도 ★★☆ ④

출제 영역 화법과 작문 > 작문

정답 분석 ④ '그들은 서학을 검토하며 어떤 부분은 수용했지만' 뒤에 '반대로'를 덧붙였으므로 ㉣에는 '수용하다'와 상반되는 단어가 와야 한다. ㉣의 '지향하다'는 '어떤 목표로 뜻이 쏠리어 향하다.'라는 뜻이며, 이는 '수용하다'와 상반되는 단어가 아니므로 '더 높은 단계로 오르기 위하여 어떠한 것을 하지 아니하다.'라는 뜻의 '지양하다'로 수정하는 것이 적절하다.

오답 분석 ① 천주학의 '학(學)'은 '학문'을 의미하므로 ㉠을 '학문적 관점에서보다 종교적인 관점에서'로 수정하는 것은 적절하지 않다.

② 조선 후기에 서학은 신봉의 대상이 아니라 분석의 대상이었다. 따라서 서학 수용에 적극적인 이들도 무조건 따르자고 주장하지는 않았을 것이므로 ㉡을 '주장하였는데'로 수정하는 것은 적절하지 않다.

③ 외부에서 유입된 사유 체계에는 '양명학'이나 '고증학' 등도 있다고 하였으므로 ㉢을 '유일한 대안이었다'로 수정하는 것은 적절하지 않다.

08 난도 ★☆☆ ③

출제 영역 비문학 > 추론적 독해

정답 분석 ③ 빈칸 뒤의 내용을 살펴보면, 글을 쓸 때 독자의 수준을 고려하지 않고 너무 어려운 개념과 전문용어를 사용하면 독자가 글을 이해하기 어렵다고 하였다. 또한 글쓰기는 필자가 글을 통해 자신의 메시지를 독자에게 전달하는 행위이기 때문에 계획하기 단계에서 반드시 예상 독자를 분석해야 한다고 하였다. 따라서 빈칸에 들어갈 말로 가장 적절한 것은 '필자의 메시지를 독자에게 효과적으로 전달하는 데 도움이 되기'이다.

오답 분석 ① 계획하기 과정이 글쓰기 과정 중 첫 단계라는 내용은 제시되지 않았다.

② '글을 쓸 때 독자의 수준에 비해 너무 어려운 개념과 전문용어를 사용한다면 독자가 글을 이해하기 어렵게 된다.'라고 하였으므로 예상 독자의 수준에 따라 어려운 개념과 전문용어를 적절히 사용해야 한다.

④ 독자의 배경지식에 따라 글의 목적과 주제가 결정된다는 내용은 제시되지 않았다.

09 난도 ★★☆ ④

출제 영역 현대문학 > 현대시

정답 분석 ④ 화자는 글을 쓰는 행위를 통해 사랑을 잃은 후의 절망과 공허한 마음을 나타내고 있다. 잃어버린 사랑의 회복을 열망하는 마음은 드러나지 않는다.

오답 분석 ① '짧았던 밤', '겨울 안개', '촛불', '흰 종이', '눈물', '열망' 등을 호명하며 이별에 대한 안타까운 심정을 드러내고 있다.

② 화자는 사랑을 잃은 뒤 '가엾은 내 사랑'을 '빈집'에 가두었다. 이를 통해 '빈집'은 사랑을 잃은 절망적인 공간이자, 사랑을 잃은 화자의 공허한 내면을 상징한다는 것을 알 수 있다.

③ '밤들아', '안개들아', '촛불들아' 등 대상을 부르는 돈호법과 '나는 쓰네', '빈집에 갇혔네' 등 감탄형 어미 '-네'의 반복적 사용을 통해 영탄적 어조로 이별에 따른 공허함과 절망감을 부각하고 있다.

10 난도 ★☆☆   ②

출제 영역 현대문학 > 현대소설

정답 분석 ② 제시된 작품의 서술자는 등장인물인 '나'이다. '나'는 주인공인 '그'의 행동을 관찰하고 심리를 추측한다. 즉, 제시된 작품은 주인공이 아닌 '나'가 작품 속 서술자가 되어 주인공을 관찰하여 서술하는 1인칭 관찰자 시점을 취하고 있다.

오답 분석 ① 서술자인 '나'는 대화나 행동, 표정 등을 통하여 '그'의 심리를 추측할 뿐 전지적 위치에서 심리를 전달하고 있지 않다.
③ 서술자인 '나'는 작품의 주인공이 아니라 관찰자이며, 유년 시절을 회상하며 갈등 원인을 해명하고 있지 않다.
④ 서술자인 '나'는 관찰자로 '그'의 행동을 진술하고 있으며, '끼니조차 감당 못 하는 주제에 막벌이 아니면 어쩌다 간간이 얻어걸리는 출판사 싸구려 번역 일 가지고 어느 해가에 빚을 갚을 것인가.'를 통해 '그'에 대해 주관적인 판단을 내리고 있음을 확인할 수 있다.

11 난도 ★☆☆   ②

출제 영역 화법과 작문 > 화법

정답 분석 ② 운용은 설탕세를 부과하면 당 소비가 감소한다는 은지의 발언에 대하여 믿을 만한 근거가 있냐고 질문하고 있을 뿐 은지의 주장에 반대하고 있지는 않다.

오답 분석 ① 은지는 첫 번째 발언에서 '설탕세 부과 여부'라는 화제를 제시하고 있다.

③ 은지는 두 번째 발언에서 '세계보건기구 보고서'를 자신의 주장에 대한 근거로 제시하고 있다.
④ 재윤은 '그런데 설탕세 부과가 질병을 예방한다는 것은 타당하지 않아. 여러 연구 결과를 보면 당 섭취와 질병 발생은 유의미한 상관관계가 없어.'라며 은지가 제시한 주장의 근거를 부정하고 있다.

12 난도 ★★☆   ②

출제 영역 어휘 > 한자어

정답 분석 ② 매수(買受: 살 매, 받을 수)(×) → 매수(買售: 살 매, 팔 수)(○)
- 買受(매수): 물건을 사서 넘겨받음
- 買售(매수): 물건을 팔고 사는 일

오답 분석 ① 구가(謳歌: 노래할 구, 노래 가)(○): 여러 사람이 입을 모아 칭송하여 노래함 / 행복한 처지나 기쁜 마음 따위를 거리낌 없이 나타냄. 또는 그런 소리
③ 알력(軋轢: 삐걱거릴 알, 수레에 칠 력)(○): 수레바퀴가 삐걱거린다는 뜻으로, 서로 의견이 맞지 아니하여 사이가 안 좋거나 충돌하는 것을 이르는 말
④ 편달(鞭撻: 채찍 편, 매질할 달)(○): 경계하고 격려함

13 난도 ★☆☆   ④

출제 영역 국어 규범 > 한글 맞춤법

정답 분석 ④ 걷잡아서(×) → 겉잡아서(○): '걷잡다'는 '한 방향으로 치우쳐 흘러가는 형세 따위를 붙들어 잡다. / 마음을 진정하거나 억제하다.'라는 의미이다. 제시된 문장에서는 '겉으로 보고 대강 짐작하여 헤아리다.'라는 의미로 사용되었으므로 '겉잡다'가 적절하다.

오답 분석 ① 부치는(○): 모자라거나 미치지 못하다.
② 알음(○): 사람끼리 서로 아는 일
③ 닫혔다(○): 열린 문짝, 뚜껑, 서랍 따위가 도로 제자리로 가 막히다.

14 난도 ★★☆   ①

출제 영역 어휘 > 한자어

정답 분석 ㉠ 長官(길 장, 벼슬 관): 국무를 나누어 맡아 처리하는 행정 각부의 우두머리
㉡ 補償(기울 보, 갚을 상): 남에게 끼친 손해를 갚음 / 국가 또는 단체가 적법한 행위에 의하여 국민이나 주민에게 가한 재산상의 손실을 갚아 주기 위하여 제공하는 대상
㉢ 決裁(결정할 결, 마를 재): 결정할 권한이 있는 상관이 부하가 제출한 안건을 검토하여 허가하거나 승인함

오답 분석 ㉠ 將官(장수 장, 벼슬 관): 군사를 거느리는 우두머리
㉡ 報償(갚을 보, 갚을 상): 남에게 진 빚 또는 받은 물건을 갚음
㉢ 決濟(결정할 결, 건널 제): 증권 또는 대금을 주고받아 매매 당사자 사이의 거래 관계를 끝맺는 일

15 난도 ★★☆ ③

출제 영역 | 비문학 > 추론적 독해

정답 분석 | ③ 제시된 글에서 우리는 '사회 속에서 여럿이 모여 복수의 상태로 살아갈 수밖에 없는 존재'이며 동시에 '각각 유일무이성을 지닌 단수'라고 하였다. 또한 '개별적 유일무이성을 제거하는 것은 우리가 살아가는 사회의 다원성을 파괴하는 일'이라고 하였다. 하지만 개인의 유일무이성을 보존하려는 제도가 개인의 보편적 복수성을 침해하는지의 여부는 제시된 글에 나타나 있지 않다.

오답 분석 | ① 제시된 글에서 '우리는 개별적으로 고립된 채 살아가는 존재일 수 없다. 사회 속에서 여럿이 모여 '복수(複數)'의 상태로 살아갈 수밖에 없는 존재라는 것이다.'라고 하였으므로 우리는 고립된 상태에서 '단수'로 살아가는 존재가 아니라는 내용은 적절하다.

② 제시된 글에서 '바로 이러한 이유로 우리는 다원적 존재이다.', '우리가 이 같은 사회에서 살아가기 위해서는 타인을 포용하는 공존의 태도가 필요하다.'라고 하였으므로 우리는 다원성을 지닌 존재로서 포용적으로 공존해야 한다는 내용은 적절하다.

④ 제시된 글에서 '공동체 정화 등을 목적으로 개별적 유일무이성을 제거하는 것은 우리가 살아가는 사회의 다원성을 파괴하는 일이다.'라고 하였으므로 개인의 특수한 단수성을 제거하려는 시도는 사회의 다원성을 파괴하는 결과로 이어질 수 있다는 내용은 적절하다.

16 난도 ★★☆ ③

출제 영역 | 고전문학 > 고전산문

정답 분석 | ③ 제시된 작품에서 주인공 춘향은 이도령에 대한 굳은 절개를 드러내고 매를 맞는 자신의 상황에 대해 한탄하고 있을 뿐, 대화를 통하여 주인공의 내적 갈등이 해결되고 있지는 않다.

오답 분석 | ① '일편단심, 일정지심, 일부종사, 일신난처, 일각인들, 일월 같은'과 '이부불경, 이군불사, 이 몸이, 이왕 이리 되었으니, 이 자리에서', '삼청동, 삼생연분, 삼강을, 삼척동자, 삼종지도, 삼생에, 삼월삼일, 삼십삼천, 삼태성께'에서 동일한 글자를 반복하여 리듬감을 조성하고 있다.

② '일자(一字)', '이자(二字)', '삼자(三字)' 등 숫자를 활용하여 춘향이 매를 맞는 상황과 매를 맞으면서도 이도령에 대한 절개를 지키려는 모습을 제시하고 있다.

④ '일부종사(한 남편만을 섬김)', '이부불경(두 남편을 공경할 수 없음)', '이군불사(두 임금을 섬기지 않음)', '삼종지도(여자가 따라야 할 세 가지 도리)' 등 유교적 가치를 담고 있는 말을 활용하여 이도령에 대한 절개를 지키려는 춘향의 의지를 드러내고 있다.

17 난도 ★★☆ ②

출제 영역 | 비문학 > 사실적 독해

정답 분석 | ② 2문단의 '차람은 소설을 소유하고 있는 사람에게 직접 빌려서 보는 것으로, 알고 지내던 개인들 사이에서 이루어졌다.'를 통해 차람은 알고 지내던 사람에게 책을 빌려 보는 방식임을 알 수 있다. 하지만 대가를 지불했는지의 여부는 제시된 글에서 확인할 수 없다.

오답 분석 | ① 1문단의 '구연에 의한 유통은 구연자가 소설을 사람들에게 읽어 주는 방식으로, 글을 모르는 사람들과 글을 읽을 수 있지만 남이 읽어 주는 것을 선호하는 이들을 대상으로 이루어졌다.'를 통해 전기수가 글을 모르는 사람들에게 소설을 구연하였다고 이해한 것은 적절하다.

③ 1문단의 '하지만 이 방식은 문헌에 의한 유통에 비해 시간과 공간의 제약이 많아서 유통 범위를 넓히는 데 뚜렷한 한계가 있었다.'를 통해 문헌에 의한 유통은 구연에 의한 유통에 비해 시간과 공간의 제약이 적었다고 이해한 것은 적절하다.

④ 2문단의 '세책가에서는 소설을 구매하는 것보다 훨씬 적은 비용으로 빌려 볼 수 있었기 때문에 경제적으로 넉넉하지 않은 사람도 소설을 쉽게 접할 수 있었다. 이로 인해 조선 후기 사회에서 세책가가 성행하게 되었다.'를 통해 조선 후기에 세책가가 성행한 원인은 소설을 구매하는 비용보다 세책가에서 빌리는 비용이 적다는 데 있다고 이해한 것은 적절하다.

18 난도 ★★★ ②

출제 영역 | 비문학 > 사실적 독해

정답 분석 | ② 반신이지만 민족적 영웅의 모습으로 기록된 연개소문의 사례는 『삼국사기』가 신라 정통론에 기반에 있다는 기존의 평가와는 다르게 다면적이고 중층적인 역사 텍스트임을 보여주는 근거이다. 따라서 열전에 수록된 반신 중 『삼국사기』에 대한 기존 평가를 다르게 할 수 있는 사례가 있다고 이해한 것은 적절하다.

오답 분석 | ① 1문단의 '이 중 열전은 전체 분량의 5분의 1을 차지하며, 수록된 인물은 86명으로, 신라인이 가장 많고, 백제인이 가장 적다.'와 2문단의 '가령 고구려의 연개소문은 반신이지만, 당나라에 당당히 대적한 민족적 영웅의 모습도 포함되어 있다.'에서 『삼국사기』에는 신라인뿐만 아니라 백제인과 고구려인도 포함되어 있음을 확인할 수 있다. 그러나 2문단에 따르면, 『삼국사기』는 신라 정통론에 기반해 당시 지배 질서를 공고히 하고자 했다고 평가받으므로 『삼국사기』가 신라 정통론을 계승하지 않았다고 단정할 수 없다.

③ 1문단에서 '수록 인물의 배치에는 원칙이 있는데, 앞부분에는 명장, 명신, 학자 등을 수록했고, 다음으로 관직에 있지는 않았으나 기릴 만한 사람을 실었다.'라고 하였으므로 『삼국사기』 열전에는 관직에 오르지 못한 사람이더라도 기릴 만한 업적이 있으면 수록되었다는 것을 알 수 있다.

④ 1문단의 '『삼국사기』는 본기 28권, 지 9권, 표 3권, 열전 10권의 체제로 되어 있다. 이 중 열전은 전체 분량의 5분의 1을 차지하며, 수록된 인물은 86명으로, 신라인이 가장 많고, 백제인이 가장 적다.'를 통해 『삼국사기』의 체제 중 가장 많은 권수를 차지하는 것은 '본기'임을 알 수 있다.

출제 영역 비문학 > 추론적 독해

정답 분석 ① 1문단의 '프랑스에서 의무교육 제도를 실시하면서 정규학교에 입학하기 어려운 지적장애아, 학습부진아를 가려내고자 하였다. 이에 기초 학습 능력 평가를 목적으로, 1905년 최초의 IQ 검사가 이루어졌다.'를 통해 IQ 검사가 정규학교에 입학하기 어려운 지적장애아, 학습부진아를 가려내고자 시행되었음을 알 수 있다.

오답 분석 ② 1문단의 '이 검사를 통해 비로소 인간의 지능을 구체적으로 수치화하고 객관적으로 비교할 수 있게 되었다.'를 통해 IQ 검사가 만들어진 이후에야 인간의 지능을 구체적으로 수치화할 수 있었음을 파악할 수 있다. 따라서 IQ 검사가 만들어지기 전에는 인간의 지능을 수치로 비교할 수 없었음을 추론할 수 있다.

③ 2문단의 '하지만 문제는 IQ 검사가 인간의 지능 중 일부만을 측정한다는 점이다.'를 통해 IQ 검사가 인간의 지능 중 일부만 측정한다는 것을 알 수 있다. 따라서 IQ가 높은 아이라도 전체 지능은 높지 않을 수 있음을 추론할 수 있다.

④ 2문단의 '이는 IQ 검사가 기초 학습에 필요한 최소 능력인 언어이해력, 어휘력, 수리력 등을 측정하기 때문이다.'를 통해 IQ 검사가 읽기 능력과 관련된 언어이해력, 어휘력 등을 측정한다는 것을 알 수 있다. 따라서 IQ가 높은 아이가 읽기 능력이 좋을 확률이 높다는 것을 추론할 수 있다.

출제 영역 비문학 > 추론적 독해

정답 분석 ① '그런데 한자는 문맥에 따라 같은 글자가 다른 뜻으로 쓰이지는 않지만 다른 문장성분으로 사용되기도 해 혼란을 야기한다.'에서 한자는 문맥에 따라 같은 글자가 다른 문장성분으로 사용되기도 한다는 것을 알 수 있지만 한국어 문장보다 문장성분이 복잡하다는 내용은 나타나지 않는다.

오답 분석 ② 제시된 글에서 '愛人'은 문맥에 따라 '愛'가 '人'을 수식하는 관형어일 때도, '人'을 목적어로 삼는 서술어일 때도 있다고 하였다. 따라서 '淨水'가 문맥상 '깨끗하게 한 물'일 때 '淨'은 '水'를 수식하는 관형어로 사용되었음을 추론할 수 있다. 만일 '淨水'가 '물을 깨끗하게 하다.'라는 의미로 사용되었다면, '淨'은 '水'를 목적어로 삼는 서술어일 것이다.

③ '한글에서는 동음이의어, 즉 형태와 음이 같은데 뜻이 다른 단어가 많아 글자만으로 의미를 파악하지 못하는 경우가 많다.'라고 하였으므로 한글에서 동음이의어는 형태와 음은 같지만 뜻이 다른 단어이다. 하지만 한자는 '문맥에 따라 같은 글자가 다른 뜻으로 쓰이지는 않지만 다른 문장성분으로 사용되기도 해 혼란을 야기한다.'를 통해 문장성분이 달라져도 뜻이 달라지지 않기 때문에 동음이의어가 아님을 확인할 수 있다. 따라서 '愛人'에서 '愛'의 문장성분이 바뀌더라도 '愛'의 뜻은 바뀌지 않기 때문에 동음이의어가 아님을 추론할 수 있다.

④ '한글에서는 동음이의어, 즉 형태와 음이 같은데 뜻이 다른 단어가 많아 글자만으로 의미를 파악하지 못하는 경우가 많다.'를 통해 한글은 글자만으로 의미를 파악하는 못하는 경우가 많음을 알 수 있다. 또한, 한글로 '사고'라고만 쓰면 '뜻밖에 발생한 사건'인지 '생각하고 궁리함'인지 알 수 없다고 예시를 제시하고 있으므로 한글로 적힌 '의사'만으로는 '병을 고치는 사람'인지 '의로운 지사'인지 구별할 수 없다고 추론할 수 있다.

01	02	03	04	05	06	07	08	09	10
④	③	②	②	④	③	②	③	④	①
11	12	13	14	15	16	17	18	19	20
④	②	④	③	④	①	③	①	④	①
21	22	23	24	25					
①	③	④	②	②					

부록

최신기출문제

01 난도 ★★☆ ④

출제 영역 국어 규범 > 한글 맞춤법

정답 분석 ④ '의견이나 일의 성질, 형편, 상태 따위가 어떻게 되어 있든지'를 뜻하는 단어는 한글 맞춤법 제40항 [붙임 3]에 따라 '아무튼지'라고 표기한다.

오답 분석 ① 붓기(×) → 부기(○): '부종(浮腫)'으로 인하여 부은 상태'를 뜻하는 단어는 '부기'이다.

② 유명세를 타기(×) → 유행을 타기(○): '유명세'는 '세상에 이름이 널리 알려져 있는 탓으로 당하는 불편이나 곤욕을 속되게 이르는 말'로 문맥상 쓰임이 적절하지 않다. 제시된 문장은 '유명 할리우드 스타들이 마신다고 해서 인기 있는 음료가 되었다.'라는 뜻이므로 '특정한 행동 양식이나 사상 따위가 일시적으로 많은 사람의 추종을 받아서 널리 퍼짐. 또는 그런 사회적 동조 현상이나 경향'이라는 뜻의 '유행'을 쓰는 것이 적절하다.

③ 어리버리해 보이는(×) → 어리바리해 보이는(○): '정신이 또렷하지 못하거나 기운이 없어 몸을 제대로 놀리지 못하고 있는 상태'를 뜻하는 단어는 '어리바리하다'이다.

PLUS+ 한글 맞춤법 제40항 [붙임 3]

다음과 같은 부사는 소리대로 적는다.

결단코	결코	기필코
무심코	아무튼	요컨대
정녕코	필연코	하마터면
하여튼	한사코	

---

02 난도 ★★☆ ③

출제 영역 국어 문법 > 형태론

정답 분석 ③ '여러 번 실패를 경험했지만 언제나 그 맛은 썼다.'의 '쓰다'는 '달갑지 않고 싫거나 괴롭다.'라는 뜻의 형용사이다.

오답 분석 ① '묏자리로 썼다'의 '쓰다'는 '시체를 묻고 무덤을 만들다.'라는 뜻의 동사이다.

② '친구들에게 한턱을 썼다'의 '쓰다'는 '다른 사람에게 베풀거나 내다.'라는 뜻의 동사이다.

④ '누명을 썼다'의 '쓰다'는 '사람이 죄나 누명 따위를 가지거나 입게 되다.'라는 뜻의 동사이다.

03 난도 ★★☆ ②

출제 영역 어휘 > 한자성어

정답 분석 ② ㉠의 앞부분에는 휴대용 암 진단기가 암 조직과 정상 조직을 구별하는 방법이 제시되고 ㉠의 뒷부분에는 휴대용 암 진단기가 종양의 크기 또는 정확한 위치를 판별할 수는 없다는 한계가 제시된다. 이에 따라 ㉠에는 휴대용 암 진단기가 모든 능력을 가진 것은 아니라는 뜻의 사자성어가 와야 한다. 따라서 ㉠에 들어갈 사자성어로 적절한 것은 '하지 못하는 일이 없음'이라는 뜻의 '無所不爲(없을 무, 바 소, 아닐 불, 할 위)'이다.

오답 분석 ① 變化無雙(변할 변, 될 화, 없을 무, 쌍 쌍): 변하는 정도가 비할 데 없이 심함

③ 先見之明(먼저 선, 볼 견, 갈 지, 밝을 명): 어떤 일이 일어나기 전에 미리 앞을 내다보고 아는 지혜

④ 刮目相對(비빌 괄, 눈 목, 서로 상, 대답할 대): 눈을 비비고 상대편을 본다는 뜻으로, 남의 학식이나 재주가 놀랄 만큼 부쩍 늚을 이르는 말

04 난도 ★★☆ ②

출제 영역 국어 규범 > 로마자 표기법

정답 분석 ② Hong Binna(×) → Hong Bitna/Hong Bit-na(○): 국어의 로마자 표기법 제3장 제4항에서 이름에서 일어나는 음운 변화는 표기에 반영하지 않는다고 하였으므로 '홍빛나'는 자음동화가 일어나 [홍빈나]로 발음되더라도 'Hong Bitna' 또는 'Hong Bit-na'로 적어야 한다.

오답 분석 ① 국어의 로마자 표기법 제2장 제1항 [붙임 1]에 따르면 'ㅢ'는 'ㅣ'로 소리 나더라도 'ui'로 적는다. 또한 제3장 제5항에서 '도, 시, 군, 구, 읍, 면, 리, 동'의 행정 구역 단위와 '가'는 각각

'do, si, gun, gu, eup, myeon, ri, dong, ga'로 적고, 그 앞에는 붙임표(-)를 넣는다고 하였으므로 '의정부시'는 'Uijeongbu-si'로 적는 것이 적절하다.

③ 국어의 로마자 표기법 제3장 제1항에 따르면 자음 사이에서 동화 작용이 일어나는 경우 변화의 결과에 따라 적는다. 따라서 '종로'는 자음동화가 일어나 [종노]로 발음되므로 '종로 2가'는 'Jongno 2(i)-ga'로 적는 것이 적절하다.

④ 국어의 로마자 표기법 제3장 제6항에서 자연 지물명, 문화재명, 인공 축조물명은 붙임표(-) 없이 붙여 쓴다고 하였으므로 '무량수전'은 'Muryangsujeon'으로 적는 것이 적절하다.

05 난도 ★★☆ ④

출제 영역 어휘 > 관용 표현

정답 분석 ④ 칠칠맞다(×) → 칠칠맞지 못하다(○): '칠칠맞다'는 '성질이나 일 처리가 반듯하고 야무지다.'라는 뜻의 '칠칠하다'를 속되게 이르는 말이다. 제시된 문장은 아이가 물건을 잃어버려 어머니께 타박을 맞는 상황이므로 문맥상 '칠칠맞지 못하다'로 표기하는 것이 적절하다.

오답 분석 ① '쇠다'는 '명절, 생일, 기념일 같은 날을 맞이하여 지내다.'라는 의미이므로 문맥상 적절하게 쓰였다.

② '심심(甚深)하다'는 '마음의 표현 정도가 매우 깊고 간절하다.'라는 의미이므로 문맥상 적절하게 쓰였다.

③ '게걸스럽다'는 '몹시 먹고 싶거나 하고 싶은 욕심에 사로잡힌 듯하다.'라는 의미이므로 문맥상 적절하게 쓰였다.

06 난도 ★★☆ ③

출제 영역 국어 규범 > 한글 맞춤법

정답 분석 ③ 만만잖다(×) → 만만찮다(○): 한글 맞춤법 제39항에 따르면 어미 '-지' 뒤에 '않-'이 어울려 '-잖-'이 될 적과 '-하지' 뒤에 '않-'이 어울려 '-찮-'이 될 적에는 준 대로 적는다. '만만하지 않다'는 '-하지' 뒤에 '않-'이 어울려 '-찮-'이 되므로 '만만잖다'가 아닌 '만만찮다'로 적는 것이 적절하다.

오답 분석 ① '어제그저께'는 단어의 끝모음이 줄어지고 자음만 남은 것은 그 앞의 음절에 받침으로 적는다는 한글 맞춤법 제32항에 따라 '엊그저께'로 적는 것이 적절하다.

② '그렇지 않은'은 '-지' 뒤에 '않-'이 어울려 '-잖-'이 되므로 한글 맞춤법 제39항에 따라 '그렇잖은'으로 적는 것이 적절하다.

④ '연구하도록'은 '연구하-'의 'ㅏ'가 줄고 'ㅎ'이 다음 음절의 첫소리인 'ㄷ'과 어울려 'ㅌ'이 되므로, 어간의 끝음절 '하'의 'ㅏ'가 줄고 'ㅎ'이 다음 음절의 첫소리와 어울려 거센소리로 될 적에는 거센소리로 적는다는 한글 맞춤법 제40항에 따라 '연구토록'으로 적는 것이 적절하다.

07 난도 ★★☆ ②

출제 영역 국어 규범 > 한글 맞춤법

정답 분석 ② 읽는데(×) → 읽는∨데(○): '데'는 '일'이나 '것'의 뜻을 나타내는 의존 명사이므로 앞말과 띄어 쓰는 것이 적절하다.

오답 분석 ① '이나마'는 '어떤 상황이 이루어지거나 어떻다고 말해지기에는 부족한 조건이지만 아쉬운 대로 인정됨'을 나타내는 보조사이므로 앞말에 붙여 쓰는 것이 적절하다.

③ '만하다'는 '앞말이 뜻하는 행동을 하는 것이 가능함'을 나타내는 보조 형용사이므로 본용언과 띄어 쓰는 것이 적절하다(다만 보조 용언은 본용언과 띄어 쓰는 것이 원칙이지만, 붙여 쓰는 것도 허용한다).

④ '따위'는 '앞에 나온 대상을 낮잡거나 부정적으로 이르는 말'을 나타내는 의존 명사이므로 앞말과 띄어 쓰는 것이 적절하다.

08 난도 ★★☆ ③

출제 영역 어휘 > 한자어

정답 분석 ③ 敬聽(×) → 傾聽(○): '귀를 기울여 들음'을 의미하는 '경청'은 傾聽(기울 경, 들을 청)'이라고 표기하는 것이 적절하다.

오답 분석 ① 體感(몸 체, 느낄 감): 몸으로 어떤 감각을 느낌

② 革罷(가죽 혁, 파할 파): 묵은 기구, 제도, 법령 따위를 없앰

④ 日沒(날 일, 잠길 몰): 해가 짐

09 난도 ★★★ ④

출제 영역 국어 문법 > 형태론

정답 분석 ④ '갈텐데'는 '가-(어간)+-(으)ㄹ(관형사형 어미)+터(의존 명사)+이-(서술격 조사)+-ㄴ데(연결 어미)'가 결합한 형태이다. 따라서 국어사전에서 찾으려면 의존 명사 '터'를 찾는 것이 적절하다. 참고로 '터'는 '예정'이나 '추측', '의지'의 뜻을 나타내는 의존 명사이므로 '갈 텐데'로 띄어 써야 한다.

10 난도 ★☆☆ ①

출제 영역 비문학 > 글의 전개 방식

정답 분석 ① 제시문에서 저자는 인공지능이 지적 판단이 필요한 상황에서 합리적인 결정을 내릴 수 있다고 하며 인공지능이 똑똑한 기계가 되는 것을 두고 반길 일인지 재앙이라고 경계해야 할 것인지 물음을 던지고 있다. 이를 통해 저자의 의도는 쟁점 제기임을 파악할 수 있다.

오답 분석 ② 제시문에서 정서적 공감이 나타난 부분은 찾아볼 수 없다.

③ 인공지능의 발전에 대한 저자의 입장은 나타나지 않으므로 저자의 의도가 논리적 설득이라는 설명은 적절하지 않다.

④ 저자는 인공지능을 어떻게 받아들여야 할지에 대한 쟁점을 제기하고 있는 것이지 배경 설명 자체가 저자의 의도는 아니다.

11 난도 ★★☆　　　　　　　　　　　　　④

출제 영역 **고전문학 > 고전산문**

[정답 분석] ④ 제시문은 춘향이 본관 사또의 생신 잔치가 끝나면 자신이 죽을 것이라 여겨 어사또에게 마지막으로 유언을 남기고 있는 부분이다. 이에 대해 어사또는 '천붕우출(하늘이 무너져도 솟아날 구멍이 있다)'이라며 '극성이면 필패라니, 본관이 네게 너무 극성을 뵈었으니, 무슨 변을 볼지 알겠느냐?'라고 춘향을 위로하고 있다. 이를 통해 ㉠에 들어갈 가장 적절한 속담은 '하늘이 무너져도 솟아날 구멍은 있다'임을 알 수 있다.

[오답 분석] ① 도둑이 제 발 저리다: 지은 죄가 있으면 자연히 마음이 조마조마하여짐을 비유적으로 이르는 말

② 웃는 낯에 침 못 뱉는다: 웃는 얼굴로 대하는 사람에게 침을 뱉을 수 없다는 뜻으로, 좋게 대하는 사람에게는 화를 내거나 나쁘게 대할 수 없음을 이르는 말

③ 모로 가도 서울만 가면 된다: 수단을 가리지 않고 목적만 이루면 됨을 이르는 말

작품해설　**작자 미상, 「춘향전」**

- 갈래: 판소리계 소설, 염정 소설
- 성격: 서사적, 풍자적, 해학적
- 주제: 신분을 초월한 남녀 간의 사랑과 정절, 부도덕하고 부패한 지배층 비판
- 특징
  - 당대의 현실 고발적인 내용이 포함됨
  - 언어유희, 반어법, 과장법, 직유법 등의 표현 방법이 사용됨
  - 실학사상, 평등사상, 사회개혁, 자유연애, 지조·정절 등의 사상적 특징이 드러남

---

12 난도 ★★★　　　　　　　　　　　　　②

출제 영역 **국어 문법 > 중세 국어**

[정답 분석] ② '靑청蒻약笠립은 써잇노라'는 '푸른 갈대로 만든 삿갓은 쓰고 있다.'라는 뜻이므로 '써잇노라'가 현대 국어에서 '-고 있다'를 이용해 표현하는 것으로 바뀌었음을 확인할 수 있다.

[오답 분석] ① '년닙희'는 '연잎에'라는 뜻이다. 중세 국어에서는 현대 국어의 '잎'을 '닙'으로 썼으며 이는 'ㄴ첨가' 현상과 관련이 없다.

③ 『훈몽자회』에서는 '8종성가족용법'이라고 하여 종성에 쓰는 글자를 'ㄱ, ㄴ, ㄷ, ㄹ, ㅁ, ㅂ, ㅅ, ㆁ'의 8개로 규정하였다. 그러나 이를 통해 '닫'과 '좇ᄂᆞ가'의 받침 'ㄷ', 'ㅅ', 'ㄴ'이 당시의 실제 발음을 반영한 것인지는 알 수 없다.

④ '반찬으란'은 '반찬일랑' 또는 '반찬은'이라는 뜻이다. 현대 국어에서 '이랑'은 '오늘 동생이랑 싸웠다.'처럼 어떤 행동을 함께 하거나 상대로 하는 대상임을 나타내는 격 조사로 쓰이거나, '형이랑 많이 닮았구나.'처럼 비교의 기준이 되는 대상임을 나타내는 격 조사, '떡이랑 과일이랑 많이 먹었다.'처럼 둘 이상의 사물을 같은 자격으로 이어 주는 접속 조사로 쓰인다. 따라서 '반찬으란'의 '으란'이 현대 국어의 조사 '이랑'에 해당한다는 설명은 적

절하지 않다. '으란'은 현대 국어에서 어떤 대상을 특별히 정하여 가리킴의 뜻을 나타내는 보조사 '일랑' 또는 강조의 뜻을 나타내는 보조사 '은'에 해당한다.

작품해설　**윤선도, 「어부사시사」**

- 갈래: 연시조, 정형시
- 성격: 강호 한정가, 어부가, 풍류적
- 주제: 자연 속에서 사계절의 경치를 즐기며 한가롭게 살아가는 여유와 흥취
- 특징
  - 사계절을 배경으로 각각 10수씩 읊은 40수의 연시조
  - 대구법, 반복법, 은유법, 의성법 등 사용
  - '지국총(至匊悤) 지국총(至匊悤) 어사와(於思臥)'라는 여음을 전편에 공통으로 배치함으로써 시조를 변형함과 동시에 작품의 흥을 돋우고, 내용에 사실감을 더하였으며, 청각적 이미지를 활용함

---

13 난도 ★★☆　　　　　　　　　　　　　④

출제 영역 **비문학 > 글의 순서 파악**　　　　　　난도 하

[정답 분석] ④ 제시된 글에서는 '공감의 출발'을 언급하며 공감하는 방법에 대하여 '상대방의 입장을 이해하는 것을 언어적, 비언어적으로 표현하는 것이 중요하다.'라고 하였다. (라)의 앞에서는 상대방을 공감하는 것이 어려운 이유에 대하여 설명하고 있고, 뒤에서는 말투, 표정, 자세를 관찰하며 관점, 심정, 분위기 또는 태도로 맞추는 것이 공감에 도움이 된다며 언어적·비언어적 표현 방법을 제시하고 있다. 따라서 제시된 글은 (라)에 들어가는 것이 가장 적절하다.

---

14 난도 ★★☆　　　　　　　　　　　　　③

출제 영역 **고전문학 > 고전시가**

[정답 분석] ③ 제시된 작품은 「가시리」라는 고려 가요이다. 고려 가요는 '장가(長歌), 속요(俗謠), 여요(麗謠)'라고도 하며, 평민들이 부르던 민요적 시가를 가리킨다. 원래 고려 가요는 민간에서 구전되던 노래였으나 그 일부가 고려 말기에 궁중으로 유입되기도 하였다. 고려 가요는 구전으로 전해지던 것을 나중에 한글로 기록한 것이기 때문에 고려시대에 누군가 기록해 놓은 것을 찾아내어 다시 한글로 기록하였다는 설명은 적절하지 않다.

[오답 분석] ①·② 「가시리」는 고려 가요, 즉 고려시대에 창작된 가요이다.

④ 작품에서는 사랑하는 임을 떠나보내는 화자의 슬픔이 나타나지만, 후렴구에는 작품의 분위기와 관련 없는 '위 증즐가 大平盛代'가 삽입되어 있다. 이는 이 작품이 궁중으로 유입되어 불리면서 들어간 것이라고 추측된다.

2023 군무원 9급 기출문제 정답 및 해설　**189**

15 난도 ★★☆ ④

출제 영역 고전문학 > 고전시가

정답 분석 ④ '셜온 님 보내ᄋᆞ노니'는 '서러운 임을 보내오니'라는 뜻이다. 여기에서 '서러운'의 주체를 '임'으로 볼 수도 있고 작품 속 화자로 볼 수도 있다. '서러운'의 주체가 화자일 경우 '셜온 님 보내ᄋᆞ노니'는 '서러워하며 임을 보내 드리니'가 된다. 만일 '서러운'의 주체를 '임'으로 본다면 '이별을 서러워하는 임'으로 해석할 수 있다. 따라서 '셜온 님 보내ᄋᆞ노니'의 뜻이 '서러운 임을 보내 드린다'는 의미라는 설명은 적절하다.

오답 분석 ① '나ᄂᆞᆫ'은 시가나 노래에서 일정한 간격을 두고 반복되는 여음이다. '나ᄂᆞᆫ'의 예전 표기라는 설명은 적절하지 않다.
② '잡ᄉᆞ와 두어리마ᄂᆞᄂᆞᆫ'은 '(임을) 붙잡아 두고 싶지마는'이라는 의미이다.
③ '선ᄒᆞ면 아니 올셰라'는 '서운하면 아니 올까 두렵다'라는 의미이다.

작품해설 작자 미상, 「가시리」

- **갈래**: 고려 가요
- **성격**: 애상적, 서정적, 여성적, 소극적, 자기희생적
- **주제**: 이별의 정한
- **특징**
  - 민족 전통 정서인 '한'이 잘 드러남
  - 반복법 사용, 간결하고 함축적인 시어 사용
  - 이별의 정한을 계승한 작품(「황조가」 → 「가시리」, 「서경별곡」 → 황진이 시조, 민요 「아리랑」 → 「진달래꽃」)

---

16 난도 ★☆☆ ①

출제 영역 국어 규범 > 한글 맞춤법

정답 분석 ① '너는 중학생이냐? 고등학생이냐?'는 한 문장 안에 있는 물음이 각각 독립적인 것이 아니라 중학생인지 고등학생인지 선택적인 물음이 이어진 것이다. 따라서 (1)의 [붙임1]에 어긋나는 예문이며, '너는 중학생이냐, 고등학생이냐?'처럼 맨 끝의 물음 뒤에만 물음표를 쓰는 것이 적절하다.

오답 분석 ② '이번에 가시면 언제 돌아오세요?'는 의문을 나타내는 어구의 끝에 물음표를 쓴 문장이므로 (1)의 예문에 해당한다.
③ '주말 내내 누워서 텔레비전만 보고 있는 당신도 참 대단(?)하네요.'는 누워서 텔레비전만 보고 있는 상대에 대한 빈정거림을 표시하기 위하여 물음표를 쓴 문장이므로 (2)의 예문에 해당한다.
④ '노자(?~?)는 중국 춘추 시대의 사상가로 도를 좇아서 살 것을 역설하였다.'는 노자의 생년과 몰년을 알 수 없어 물음표를 쓴 문장이므로 (3)의 예문에 해당한다.

17 난도 ★★☆ ③

출제 영역 현대문학 > 현대시

정답 분석 ③ ⓒ은 암울하고 부정적인 현실에 적극적으로 대처하지 못하고 시를 쓰며 안일하게 살아가는 자신에 대한 반성과 성찰을 나타낸 것이다.

오답 분석 ① ⓐ의 '육첩방'은 일본식 다다미가 깔린 방이다. 화자는 이를 '남의 나라'라고 표현하며 조선인으로서의 정체성과 현실에 대한 인식을 드러내고 있다.
② ⓑ에서 화자는 '슬픈 천명인 줄 알면서도 한 줄 시를 적어 볼까'라고 말하고 있다. 이는 암울한 현실에 대항하여 실천적으로 행동하지 못하고 시를 통해 말할 수밖에 없는 식민지 지식인으로서의 소명 의식이 나타난 것이다.
④ ⓓ은 현실적 자아와 성찰적 자아의 화해와 화합을 나타낸 것이다. 화자는 두 자아의 화해를 통하여 적극적인 삶에 대한 의지를 다지고 어두운 현실을 극복하고자 한다.

18 난도 ★★☆ ①

출제 영역 현대문학 > 현대시

정답 분석 ① 제시된 작품의 6연에서는 '나는 무얼 바라 / 나는 다만, 홀로 침전하는 것일까?'라고 하였다. '침전하다'는 하강적 이미지로 화자의 무기력한 모습을 의미하므로 ⓐ, ⓑ의 '나'는 어두운 현실 앞에 무기력한 현실적 자아임을 알 수 있다. 또한 ⓒ의 '나'는 '등불을 밝혀 어둠을 조금 내몰고 시대처럼 올 아침'을 기다리고 있다. 이는 반성을 통하여 성숙해진 성찰적 자아이자, 화자의 이상적 자아에 해당한다. ⓓ의 '나'는 ⓔ의 '나'에게 작은 손을 내밀어 악수하고 화해와 화합으로 나아가고 있다. 반성과 성찰을 통하여 성숙해진 ⓓ의 '나'가 현실적 자아인 ⓔ의 '나'에게 먼저 작은 손을 내민 것이라 볼 수 있다. 따라서 ⓐ, ⓑ, ⓔ는 현실적 자아이고, ⓒ, ⓓ는 성찰적 자아라는 설명이 가장 적절하다.

19 난도 ★★☆ ④

출제 영역 현대문학 > 현대시

정답 분석 ④ 제시된 작품의 화자는 암울하고 부정적인 현실에 적극적으로 대처하지 못하고 시를 쓰는 자신에 대하여 부끄러워하고 반성하고 있다. 이 시는 그러한 갈등과 성찰을 담아 쓴 작품이기에 실제로는 어렵게 쓴 것이지만, '쉽게 씌어진 시'라고 제목을 붙였으며 이는 반어적인 표현이라고 볼 수 있다.

오답 분석 ① 제시된 작품은 감각적 이미지의 사용과 비유와 상징 등을 통하여 시상을 구체화하고 있다.
② 제시된 작품은 식민지 현실을 부정적으로 인식하고 있지만 그에 따른 자기 고뇌와 성찰을 표현한 것으로, 독립지사로서의 저항 정신이 여과 없이 드러나지는 않는다.
③ 제시된 작품에는 독립이 갑자기 쉽게 이루어질 것이라는 내용이 나타나지 않는다.

작품해설 윤동주, 「쉽게 씌어진 시」

- 갈래: 자유시, 서정시
- 성격: 고백적, 성찰적, 반성적, 의지적, 미래 지향적
- 주제: 암담한 현실 속에서의 자기 성찰과 현실 극복 의지
- 특징
  - 자기 성찰적 태도에서 미래 지향적 태도로의 시상의 전환이 나타남
  - 이미지의 명암 대비를 통해 화자의 내면을 드러냄
  - 감각적 이미지의 사용과 비유·상징 등을 통해 시상을 구체화함

---

20 난도 ★★☆ ①

출제 영역 비문학 > 추론적 독해

정답 분석 ① 빈칸 앞에서는 '행루오리'를 정의하며 '운 좋게 누락되거나 잘못 걸려드는 것을 말한다.'라고 하였고, 뒤에는 '걸려든 사람만 억울하다.'는 내용이 제시되었다. '걸려든 사람만 억울한' 것은 행루오리에 대한 설명 중 '잘못 걸려드는 것'과 관련이 있으므로 빈칸에는 '운 좋게 누락'된 상황이 나타나야 한다. 똑같이 죄를 지었는데도 '당국자의 태만이나 부주의로 법망을 빠져나가는 사람'은 '운 좋게 누락'된 경우에 해당하므로, 빈칸에 들어갈 말로 '똑같이 죄를 지었는데 당국자의 태만이나 부주의로 법망을 빠져나가는 사람이 있으면'이 가장 적절하다.

오답 분석 ② 가벼운 죄를 짓고도 엄혹한 심판관 때문에 무거운 벌을 받는 것은 운 좋게 누락된 경우가 아닌, 잘못 걸려든 경우에 해당한다.

③ 가족이나 이웃의 범죄에 연루되어 죄 없이 벌을 받는 것은 운 좋게 누락된 경우가 아닌, 아무 잘못 없이 법망에 걸려든 경우, 즉 잘못 걸려든 경우에 해당한다.

④ 현실과 맞지 않는 법 때문에 성실한 사람이 범죄자로 몰린 것은 운 좋게 누락된 경우가 아닌 아무 잘못 없이 법망에 걸려든 경우, 즉 잘못 걸려든 경우에 해당한다.

---

21 난도 ★★☆ ①

출제 영역 비문학 > 추론적 독해

정답 분석 ① 제시글은 중심 화제인 '챗지피티'를 설명한 뒤 대형 언어 모델 기반의 에이아이 산업 생태계의 유형을 소개하면서 '우리나라에서도 많은 서비스 기업이 나와서 함께 국가 경쟁력을 높여 나가기를 기대해 본다.'라는 내용으로 글을 마무리하고 있다. 이를 통해 제시문의 제목으로 가장 적절한 것은 '챗지피티, 이제 서비스다.'임을 알 수 있다.

오답 분석 ② 1문단에서 알파고 모멘텀을 언급하고 있기는 하지만 글 전체를 포괄하는 내용은 아니므로 '알파고 모멘텀, 그 끝은 어디인가?'는 제목으로 적절하지 않다.

---

③ 3문단에서 '챗지피티는 그 자체로 킬러 애플리케이션이다.'라고 언급하고 있기는 하지만 '킬러 애플리케이션'이 글 전체를 포괄하는 내용은 아니므로 '챗지피티야말로 킬러 애플리케이션이다.'는 제목으로 적절하지 않다.

④ 5문단의 '현재 대형 언어 모델을 만드는 빅테크 기업들이 주목받고 있지만, ~ 서비스 기업들이 부상 중이다.'라는 문장을 볼 때 제시문에서 강조하고 있는 것은 '서비스 기업'임을 알 수 있다. 따라서 '대형 언어 모델 자체를 제공하는 빅테크 기업에 주목하라.'는 제목으로 적절하지 않다.

---

22 난도 ★★☆ ③

출제 영역 비문학 > 사실적 독해

정답 분석 ③ 4문단에서 "챗지피티는 '언어 모델'이다."라고 하였으므로 챗지피티를 지식 모델이라고 이해한 것은 적절하지 않다.

오답 분석 ① 2문단의 '챗지피티가 알파고와 다른 점은 대중성이다.'를 통해 알파고는 TV를 통해 접해야 할 만큼 대중적이지 않았다면, 챗지피티는 내가 직접 체험할 수 있을 만큼 대중적임을 알 수 있다.

② 3문단의 '많은 사람이 챗지피티는 모든 산업에 지각변동을 불러일으킬 것으로 기대한다.'를 통해 확인할 수 있다.

④ 5문단의 '현재 대형 언어 모델을 만드는 ~ 서비스 기업들이 부상 중이다.'를 통해 확인할 수 있다.

---

23 난도 ★★☆ ④

출제 영역 현대문학 > 현대소설

정답 분석 ④ 제시된 작품의 '나'는 '사실은 사실대로 오해는 오해대로 그저 끝없이 발을 절뚝거리면서 세상을 걸어가면 되는 것'이라고 생각할 만큼 삶에 대하여 무기력한 인물이다. 하지만 정오의 사이렌이 울리자 '나'는 겨드랑이가 가렵고 '날개'가 다시 돋기를 소망한다. '나'는 '한 번만 더 날아보자꾸나'라고 말하며 본래의 자아를 회복하려는 의지를 보인다. 따라서 제시된 작품에서는 자아 상실의 무기력한 삶에서 벗어나 본래의 자아를 회복하려는 의지를 보여주고 있음을 확인할 수 있다.

오답 분석 ① 제시된 내용을 통하여 '나'가 가난한 무명작가인지는 알 수 없다. 또한 '우리 부부는 숙명적으로 발이 맞지 않는 절름발이인 것이다.'라는 내용을 볼 때 '나'와 '아내'의 사이는 잘 맞지 않아 '부부애'와는 거리가 멀다는 것을 알 수 있다.

② 제시된 작품에서 농촌 계몽과 관련된 부분은 찾을 수 없다. 또한 작품 속 '나'와 '아내'는 '절름발이'처럼 잘 맞지 않는 사이이므로 '사랑'과는 거리가 멀다.

③ 제시된 작품을 통하여 배경이 식민지 농촌 사회임을 알 수 없고, 작품에서 농민들이 겪는 가혹한 현실이 나타나지 않는다.

- 갈래: 단편 소설, 심리 소설
- 성격: 자기 고백적, 상징적
- 주제: 식민지 지식인의 무기력한 삶과 분열된 의식 그리고 자아 극복 의지
- 특징
  - 주인공 '나'의 내면세계를 '방'이라는 밀폐된 구조로 나타냄
  - 의식의 흐름 기법을 사용함

24 난도 ★★☆ ②

출제 영역 비문학 > 사실적 독해

정답 분석 ② 제시문은 노인들에게 근력 운동 처방이 필요한 이유를 제시하고, 그에 맞지 않는 사회 모습을 비판하고 있다. 지나간 일을 돌이켜 생각하는 '회고적'인 태도는 나타나지 않는다.

오답 분석 ① 제시문은 노인들의 낙상사고 이유와 근육 감소로 인한 결과를 제시하며 노년층에게 근력운동 처방이 왜 필요한지를 논리적으로 서술하고 있다.

③ 제시문은 노년층에게 적극적으로 근력운동을 처방하지 않는 것과 노인을 대상으로 한 요양병원을 부가가치가 높은 산업이라고 여기는 것에 대하여 비판적으로 서술하고 있다.

④ 제시문은 노인들이 적절한 처방을 받지 못하고, 노인의 건강과 관련한 문제를 부가가치가 매우 높은 산업이라고 여기는 상황에 대하여 '안타까운 일이다.'라고 하며 동정적 태도를 드러내고 있다.

25 난도 ★★☆ ②

출제 영역 비문학 > 추론적 독해

정답 분석 (가) 앞부분에는 비즈니스 화법에서는 상사에게 보고할 때 결론부터 말하라는 내용이 나타나고, 뒷부분에는 때로는 일부러 결론을 뒤로 미뤄야 할 때도 있다는 내용이 나타난다. 즉, (가)의 앞과 뒤는 이론과 현실이 서로 맞지 않는 내용이 제시되어 있으므로 (가)에는 역접·전환의 상황에 쓰이는 '하지만'이 들어가야 한다.

(나) 앞부분에는 사무적인 관계에는 쓸데없는 시간과 노력을 들이지 않아도 된다는 내용이 나타나고, 뒷부분에는 사내의 인간관계, 즉 사무적인 관계라도 라이벌 동료 사이에서는 일을 원활하게 해나가는 것만이 능사가 아니라는 내용이 나타난다. (나) 역시 앞에서는 시간과 노력을 들이지 않아도 된다고 하였지만 뒤에서는 일을 원활하게 하는 것만이 능사는 아니라는, 대조적인 내용을 제시하고 있으므로 (나)에도 역접·전환의 상황에 쓰이는 '하지만'이 들어가야 한다.

SD에듀의
지텔프 최강 라인업

1주일 만에 끝내는 **지텔프 문법**

10회 만에 끝내는 **지텔프 문법 모의고사**

답이 보이는 **지텔프 독해**

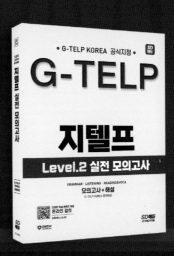

스피드 **지텔프 레벨2**

지텔프 Level.2 실전 모의고사

2024
최신개정판

SD에듀

공무원·군무원 채용시험 대비

단원별 기출
문제집

편저 | SD 공무원시험연구소

2023 최신기출문제 수록 (국가직, 지방직, 군무원 9급) 안권으로 끝내기

공무원 · 군무원

국어

정답 및 해설

안심도서
항균99.9%

SD에듀
㈜시대고시기획

PART 1

국어 문법
정답 및 해설

1 문법 체계

문제편 p. 004

01	02	03	04	05	06	07	08	09	10
②	①	③	①	①	④	④	②	②	①
11	12	13	14	15	16	17	18	19	20
③	③	③	④	②	②	①	①	③	④
21	22	23	24	25	26	27	28	29	30
②	③	④	③	①	③	②	④	③	④
31	32	33	34	35	36	37	38	39	40
③	④	④	③	④	④	③	④	②	④
41	42	43	44	45					
③	①	①	②	③					

01 난도 ★☆☆ ②

한자음 '랴, 럐, 료, 례, 류, 리'가 단어의 첫머리에 올 적에는, '야, 얘, 요, 예, 유, 이'로 적는다는 한글 맞춤법 제12항에 따라 '래일 (來日)'의 'ㄹ'이 [ㄴ]으로 바뀌어 [내일]로 발음된다. 이는 음운 동화가 아닌 두음 법칙과 관련된 현상이다.

오답 분석 ① '권력(權力)'은 비음인 'ㄴ'이 유음인 'ㄹ'을 만나 유음인 'ㄹ'로 바뀌어 [궐력]으로 발음된다. 이는 'ㄴ'이 'ㄹ'에 동화되어 [ㄹ]로 바뀌는 유음화 현상이 적용된 것으로 동화의 예로 적절하다.
③ '돕는다'는 파열음인 'ㅂ'이 비음인 'ㄴ'을 만나 비음인 'ㅁ'으로 바뀌어 [돔는다]로 발음된다. 이는 'ㅂ'이 'ㄴ'에 동화되어 [ㅁ]으로 바뀌는 비음화 현상이 적용된 것으로 동화의 예로 적절하다.
④ '미닫이'는 받침 'ㄷ'이 접미사의 모음 'ㅣ'와 결합하면서 구개음인 'ㅈ'으로 바뀌어 [미다지]로 발음된다. 이는 치조음인 'ㄷ, ㅌ'이 모음 'ㅣ'의 조음 위치에 가까워져 경구개음 'ㅈ, ㅊ'으로 바뀌는 구개음화 현상이 적용된 것으로 동화의 예로 적절하다.

PLUS+ 음운 변동

교체	자음 동화	자음과 자음이 만났을 때, 어느 한쪽이 다른 쪽의 영향을 받아 그와 같거나 비슷한 다른 자음으로 바뀌는 현상 • 유음화: 비음 'ㄴ'이 주변 유음의 영향으로 'ㄹ'로 변하는 현상 • 비음화: 'ㅂ, ㄷ, ㄱ'이 비음 앞에서 'ㅁ, ㄴ, ㅇ'으로 변하는 현상

	구개음화	끝소리가 'ㄷ', 'ㅌ'인 형태소가 모음 'ㅣ'나 반모음 'ㅣ[j]'로 시작되는 형식 형태소와 만나면 구개음 'ㅈ', 'ㅊ'이 되거나, 'ㄷ' 뒤에 형식 형태소 '히'가 올 때 'ㅎ'과 결합하여 이루어진 'ㅌ'이 'ㅊ'이 되는 현상
교체	두음 법칙	단어의 첫머리에 올 수 있는 자음이 제약되는 현상
	음절의 끝소리 규칙	받침의 자음에는 7개의 자음(ㄱ, ㄴ, ㄷ, ㄹ, ㅁ, ㅂ, ㅇ)만이 올 수 있다는 규칙
	경음화 현상	예사소리였던 것이 된소리로 바뀌는 현상 • 받침 'ㄱ, ㄷ, ㅂ' 뒤에 연결되는 'ㄱ, ㄷ, ㅂ, ㅅ, ㅈ'은 된소리로 발음함 • 어간 받침 'ㄴ, ㅁ' 뒤에 결합되는 어미의 첫소리 'ㄱ, ㄷ, ㅅ, ㅈ'은 된소리로 발음함 • 어간 받침 'ㄼ, ㄾ' 뒤에 결합되는 어미의 첫소리 'ㄱ, ㄷ, ㅅ, ㅈ'은 된소리로 발음함 • 한자어에서, 'ㄹ' 받침 뒤에 연결되는 'ㄷ, ㅅ, ㅈ'은 된소리로 발음함 • 관형사형 '-(으)ㄹ' 뒤에 연결되는 'ㄱ, ㄷ, ㅂ, ㅅ, ㅈ'은 된소리로 발음함
첨가	'ㄴ' 첨가	합성어 및 파생어에서, 앞 단어나 접두사의 끝이 자음이고 뒤 단어나 접미사의 첫음절이 '이, 야, 여, 요, 유'인 경우에는, 'ㄴ' 음을 첨가하여 [니, 냐, 녀, 뇨, 뉴]로 발음함
축약	자음 축약 (거센소리 되기)	평음 'ㄱ, ㄷ, ㅂ, ㅈ'이 'ㅎ'과 인접할 경우 두 자음이 합쳐져서 격음 'ㅋ, ㅌ, ㅍ, ㅊ'으로 축약되는 현상
	모음 축약	두 개의 모음이 만나 하나의 모음으로 축약되는 현상
탈락	자음군 단순화	음절 끝에 겹받침이 올 경우, 둘 중 하나의 자음이 탈락하는 현상
	'ㄹ' 탈락	• 어간 끝 받침 'ㄹ'이 'ㄴ, ㅂ, ㅅ'으로 시작하는 어미 또는 어미 '-오' 앞에서 탈락함 • 합성어나 파생어를 형성할 때, 주로 'ㄴ, ㄷ, ㅅ, ㅈ' 앞에서 탈락함
	'ㅎ' 탈락	어간 끝 받침 'ㅎ'이 모음으로 시작하는 어미 앞에서 탈락함
	'ㅡ' 탈락	어간 말 모음 'ㅡ'가 모음으로 시작하는 어미 앞에서 탈락함

02 난도 ★★☆ ①

부엌일 → [부억일]: 음절의 끝소리 규칙(교체) … ㉠
　　　 → [부억닐]: 'ㄴ' 첨가(첨가) … ㉡
　　　 → [부엉닐]: 비음화(교체) … ㉠

PLUS+ 　'ㄴ' 첨가(표준어 규정 제2부 제29항)

합성어 및 파생어에서, 앞 단어나 접두사의 끝이 자음이고 뒤 단어나 접미사의 첫음절이 '이, 야, 여, 요, 유'인 경우에는, 'ㄴ' 음을 첨가하여 [니, 냐, 녀, 뇨, 뉴]로 발음한다.

솜이불[솜:니불]	홑이불[혼니불]	내복약[내:봉냑]
한여름[한녀름]	색연필[생년필]	막일[망닐]
영업용[영엄뇽]	식용유[시굥뉴]	백분율[백뿐뉼]
눈요기[눈뇨기]	맨입[맨닙]	늑막염[능망념]

다만, 다음과 같은 말들은 'ㄴ' 음을 첨가하여 발음하되, 표기대로 발음할 수 있다.

이죽이죽[이중니죽/이주기죽]	야금야금[야금냐금/야그먀금]
검열[검:녈/거:멸]	욜랑욜랑[욜랑뇰랑/욜랑욜랑]
금융[금늉/그늉]	

[붙임 1] 'ㄹ' 받침 뒤에 첨가되는 'ㄴ' 음은 [ㄹ]로 발음한다.

들일[들:릴]	솔잎[솔립]	설익다[설릭따]
물약[물략]	불여우[불려우]	서울역[서울력]
물엿[물렫]	휘발유[휘발류]	유들유들[유들류들]

[붙임 2] 두 단어를 이어서 한 마디로 발음하는 경우에도 이에 준한다.

한 일[한닐]	옷 입다[온닙따]
서른여섯[서른녀섣]	3 연대[삼년대]
먹은 엿[머근녇]	할 일[할릴]
잘 입다[잘립따]	스물여섯[스물려섣]
1 연대[일련대]	먹을 엿[머글렫]

다만, 다음과 같은 단어에서는 'ㄴ(ㄹ)' 음을 첨가하여 발음하지 않는다.

| 6·25[유기오] | 3·1절[사밀쩔] |
| 송별연[송벼련] | 등용문[등용문] |

03 난도 ★★★ ③

입학생 → [이팍생]: 자음 축약 → [이팍쌩]: 된소리되기
'입학생'에서는 '입'의 끝소리 'ㅂ'과 '학'의 첫소리 'ㅎ'이 만나 [ㅍ]으로 발음되는 '자음 축약'이 일어나는데, 축약이 일어날 때는 음운의 개수가 줄어든다. '입학생'의 경우에도 음운 변동 전에는 음운이 8개였는데, 음운 변동 후에 7개로 줄어든 것을 확인할 수 있다.
• 음운 변동 전의 음운 개수: ㅣ, ㅂ, ㅎ, ㅏ, ㄱ, ㅅ, ㅐ, ㅇ(8개)
• 음운 변동 후의 음운 개수: ㅣ, ㅍ, ㅏ, ㄱ, ㅆ, ㅐ, ㅇ(7개)
[오답 분석] ① 가을일 → [가을닐]: 'ㄴ' 첨가 → [가을릴]: 유음화
'가을일'은 '가을'과 '일'이 결합한 합성어로, 뒤에 오는 말이 'ㅣ'로 시작했으므로 'ㄴ' 첨가가 일어난다. 따라서 [가을닐]과 같이 발음

되어야 하는데, 여기에서 [을]의 끝소리 [ㄹ]과 [닐]의 첫소리 [ㄴ]이 만나 '유음화'가 일어나는 환경이 조성되어 [가을릴]과 같이 발음이 된다. 따라서 '첨가'와 '교체' 두 가지 유형의 음운 변동이 나타난 것을 볼 수 있다.
② 텃마당 → [턷마당]: 음절의 끝소리 규칙 → [턴마당]: 비음화
'텃마당'은 순우리말 '터'와 '마당'이 결합하면서 모음 뒤에서 'ㅅ'이 덧나는 '사잇소리 현상'이 일어난 것이다. 그런데 이를 발음할 때는, 우선 '텃'이 '음절의 끝소리 규칙'에 따라 [ㄷ]으로 발음되고, 이것이 이어지는 'ㅁ'의 영향으로 [ㄴ]으로 바뀌어 발음되는 '비음화' 현상이 일어난다. 그런데 [ㄷ]이 [ㄴ]으로 바뀌어도 '치조음'이라는 조음 위치는 바뀌지 않고, 조음 방법만 'ㅁ'과 동일한 '비음'으로 달라진 것이므로 순음 'ㅁ'과 조음 위치가 같아졌다고 볼 수는 없다.
④ 흙먼지 → [흑먼지]: 자음군 단순화 → [흥먼지]: 비음화
음절 끝에 'ㄱ, ㄴ, ㄷ, ㄹ, ㅁ, ㅂ, ㅇ' 이외의 자음이 올 때 이 7개의 자음 중 하나로 바뀌는 규칙은 '음절의 끝소리 규칙'이다. 그러나 '흙먼지'에서 '흙[흑]'은 음절의 끝에 두 개의 자음이 올 때 둘 중 하나가 탈락하는 '자음군 단순화'가 적용된 것이지 '음절 끝소리 규칙'이 적용된 것은 아니다. '흙먼지'는 먼저 '자음군 단순화'에 의해 'ㄺ'의 'ㄹ'이 탈락하여 [흑먼지]가 되고 [흑]의 끝소리 [ㄱ]과 [먼지]의 첫소리 [ㅁ]이 결합하면서 '비음화'가 일어나 [ㄱ]이 [ㅇ]으로 바뀐 것이다.

PLUS+ 　음운의 축약

	평음 'ㄱ, ㄷ, ㅂ, ㅈ'이 'ㅎ'과 인접할 경우 두 자음이 합쳐져서 격음 'ㅋ, ㅌ, ㅍ, ㅊ'으로 축약되는 현상	
자음 축약 (거센 소리 되기)	ㄱ+ㅎ → ㅋ	낙하[나카], 먹히다[머키다], 국화[구콰]
	ㄷ+ㅎ → ㅌ	쌓다[싸타], 파랗다[파라타], 좋다[조타]
	ㅂ+ㅎ → ㅍ	입히다[이피다], 잡히다[자피다], 씹히다[씨피다]
	ㅈ+ㅎ → ㅊ	젖히다[저치다], 꽂히다[꼬치다], 맞히다[마치다]
	두 개의 모음이 만나 하나의 모음으로 축약되는 현상	
모음 축약	ㅏ+ㅣ → ㅐ	싸이다 → 쌔다, 파이다 → 패다, 사이 → 새
	ㅗ+ㅣ → ㅚ	보이다 → 뵈다, 쏘이다 → 쐬다
	ㅜ+ㅣ → ㅟ	누이다 → 뉘다, 꾸이다 → 뀌다
	ㅡ+ㅣ → ㅢ	뜨이다 → 띄다, 쓰이다 → 씌다
	ㅗ+ㅏ → ㅘ	보아 → 봐, 고아 → 과
	ㅜ+ㅓ → ㅝ	두어 → 둬, 주어 → 줘
	ㅚ+ㅓ → ㅙ	되어 → 돼
	ㅣ+ㅓ → ㅕ	녹이어 → 녹여, 먹이어서 → 먹여서

04 난도 ★★☆

깎는 → [깍는]: 음절의 끝소리 규칙(교체) → [깡는]: 비음화(교체)

'깎는'은 음절의 끝소리 규칙(교체)에 의해 [깍는]으로 바뀌고, 다시 비음화(교체) 현상에 의해 [깡는]으로 바뀐다.

[오답 분석] ② 깎아 → [까까]: 연음

'깎아'는 연음되어 [까까]로 발음되며, 음운 변동의 탈락과 관계가 없다.

③ 깎고 → [깍고]: 음절의 끝소리 규칙(교체) → [깍꼬]: 된소리되기(교체)

'깎고'는 음절의 끝소리 규칙(교체)에 의해 [깍고]로 바뀌고, 된소리되기(교체)가 일어나 [깍꼬]로 바뀌므로, 도치가 아닌 교체 현상에 의해 발음되는 예이다.

④ 깎지 → [깍지]: 음절의 끝소리 규칙(교체) → [깍찌]: 된소리되기(교체)

'깎지'는 음절의 끝소리 규칙(교체)에 의해 [깍지]로 바뀌고, 된소리되기(교체)가 일어나 [깍찌]로 바뀌므로, 축약과 첨가가 아닌 교체 현상에 의해 발음되는 예이다.

05 난도 ★☆☆

①

'ㄴ, ㅁ, ㅇ'은 입안의 통로를 막고 코로 공기를 내보내면서 내는 소리인 '비음'이다. 혀끝을 잇몸에 가볍게 댔다가 떼거나, 혀끝을 잇몸에 댄 채 공기를 양옆으로 흘려보내며 내는 소리인 '유음'에 해당하는 자음은 'ㄹ'이다.

[오답 분석] ② 'ㅅ, ㅆ, ㅎ'은 입 안이나 목청 사이의 통로를 좁히고 공기를 그 좁은 틈 사이로 내보내어 마찰을 일으키며 내는 소리인 '마찰음'이다.

③ 'ㅡ, ㅓ, ㅏ'는 발음할 때 혀의 최고점이 뒤에 있는 상태로 소리 내는 '후설 모음'이다.

④ 'ㅟ, ㅚ, ㅗ, ㅜ'는 발음할 때 입술을 둥글게 오므려 소리 내는 '원순 모음'이다.

PLUS+ 국어의 음운 체계

• 자음

조음 방법		조음 위치	입술소리 (양순음)	허끝소리 (치조음)	센입천장 소리 (경구개음)	여린입천 장소리 (연구개음)	목청소리 (후음)
안울림 소리	파열음	예사소리 (평음)	ㅂ	ㄷ		ㄱ	
		된소리 (경음)	ㅃ	ㄸ		ㄲ	
		거센소리 (격음)	ㅍ	ㅌ		ㅋ	
	마찰음	예사소리 (평음)		ㅅ			ㅎ
		된소리 (경음)		ㅆ			
	파찰음	예사소리 (평음)			ㅈ		
		된소리 (경음)			ㅉ		
		거센소리 (격음)			ㅊ		

울림 소리	비음	ㅁ	ㄴ		ㅇ
	유음		ㄹ		

• 모음

혀의 높이 \ 혀의 앞뒤 입술 모양	전설 모음		후설 모음	
	평순 모음	원순 모음	평순 모음	원순 모음
고모음	ㅣ	ㅟ	ㅡ	ㅜ
중모음	ㅔ	ㅚ	ㅓ	ㅗ
저모음	ㅐ		ㅏ	

06 난도 ★★☆

④

'돌아왔나 보다'에서 '보다'는 '앞말이 뜻하는 행동이나 상태를 추측하거나 어렴풋이 인식하고 있음을 나타내는 말'을 의미하는 보조 형용사이다.

[오답 분석] ① '들어 보다'에서 '보다'는 '어떤 행동을 시험 삼아 함을 나타내는 말'을 의미하는 보조 동사이다.

② '하다가 보면'에서 '보다'는 '앞말이 뜻하는 행동을 하는 과정에서 뒷말이 뜻하는 사실을 새로 깨닫게 되거나, 뒷말이 뜻하는 상태로 됨을 나타내는 말'을 의미하는 보조 동사이다.

③ '당해 보지'에서 '보다'는 '어떤 일을 시험 삼아 함을 나타내는 말'을 의미하는 보조 동사이다.

PLUS+ 보조 용언

• 본용언과 연결되어 그것의 뜻을 보충하는 역할을 하는 용언이다.
• 혼자서 독립적으로 쓰이지 못하고, 보조적 의미를 지닌다.
  예 나는 사과를 먹어 버렸다. / 그는 잠을 자고 싶다.
• 보조 용언에는 보조 동사, 보조 형용사가 있다.

보조 동사	본동사와 연결되어 그 풀이를 보조하는 동사 예 감상을 적어 두다. / 그는 학교에 가 보았다.
보조 형용사	본용언과 연결되어 의미를 보충하는 역할을 하는 형용사 예 먹고 싶다. / 예쁘지 아니하다.

• 보조 동사와 보조 형용사의 구별

않다	보조 동사	책을 보지 않는다. / 그는 이유도 묻지 않고 돈을 빌려주었다.
	보조 형용사	옳지 않다. / 일이 생각만큼 쉽지 않다.
못하다	보조 동사	눈물 때문에 말을 잇지 못했다. / 배가 아파 밥을 먹지 못한다.
	보조 형용사	음식 맛이 좋지 못하다. / 먹다 못해 음식을 남겼다.
하다	보조 동사	노래를 부르게 한다. / 주방은 늘 청결해야 한다.
	보조 형용사	생선이 참 싱싱하기도 하다. / 길도 멀고 하니 일찍 출발해라.

| 보다 | 보조 동사 | 그런 책은 읽어 본 적이 없다. / 말을 들어 보자. |
| | 보조 형용사 | 열차가 도착했나 보다. / 한 대 때릴까 보다. |

07 난도 ★★☆ ④

'둘째'는 체언 '며느리'를 수식하며, 순서나 차례를 말하고 있으므로 수 관형사이다.

오답 분석 ① 용언 '먹고 있었다'를 수식하고 있으므로 '혼자'는 부사이다.

② 용언 '가시겠다면'을 수식하고 있으므로 '정녕'은 부사이다.

③ 용언 '좋아한다'를 수식하고 있으므로 '제일'은 부사이다.

PLUS+ 품사 통용

형태가 같고 의미도 유사한 하나의 단어가 여러 가지 품사로 쓰이는 경우를 말한다.

- 부사와 명사의 구별: 뒤에 용언이 오면 부사, 조사가 오면 명사이다.
  - 예 • 어머니께서 시골에서 오늘 오셨다. (부사)
    • 오늘은 왠지 기분이 울적하다. (명사)
- 수사와 명사의 구별: 차례를 나타내면 수사이고, 차례를 나타낸 말이 사람을 지칭하거나 '첫째로' 꼴로 쓰여 무엇보다도 앞서는 것을 뜻하면 명사이다.
  - 예 • 그의 성적은 첫째이고, 그녀의 성적은 둘째이다. (수사)
    • 우리 동네 목욕탕은 매월 첫째 주 화요일에 쉰다. (수 관형사)
    • 첫째는 공무원이고, 둘째는 회사원이다. (명사)
    • 신발은 첫째로 발이 편안해야 한다. (명사)

08 난도 ★★☆ ②

ⓒ '나무가 잘 크지'에서 '크다'는 '동식물이 몸의 길이가 자라다.'라는 의미의 동사이다.

ⓒ '홍수가 나서'에서 '나다'는 '홍수, 장마 따위의 자연재해가 일어나다.'라는 의미의 동사이다.

오답 분석 ㉠ '성격이 다른'에서 '다르다'는 '비교가 되는 두 대상이 서로 같지 아니하다.'라는 의미의 형용사이다.

ⓔ '허튼 말'에서 '허튼'은 '쓸데없이 헤프거나 막된'이라는 의미의 관형사이다.

ⓜ '진정한 사랑이 아닐까'에서 '아니다'는 '의문형으로 쓰여 물음이나 짐작의 뜻을 나타내는 말(사실을 긍정적으로 강조하는 효과)'로 형용사이다.

09 난도 ★★☆ ②

동사와 형용사를 구분하는 문제이다. 형용사는 동사와 달리 현재 시제 선어말 어미 '-는-/-ㄴ-' 또는 관형사형 어미 '-는'과 결합할 수 없으며 명령형·청유형을 만들 수 없다.

㉠ '흐드러지다'는 '매우 탐스럽거나 한창 성하다.'의 의미인 형용사이다.

ⓔ '충만하다'는 '한껏 차서 가득하다.'의 의미인 형용사이다.

ⓜ '없다'는 '어떤 일이나 현상이나 증상 따위가 생겨 나타나지 않은 상태이다.'의 의미인 형용사이다.

오답 분석 ⓒ '찍다'는 '어떤 대상을 촬영기로 비추어 그 모양을 옮기다.'라는 의미인 동사이다.

ⓒ '설레다'는 '마음이 가라앉지 아니하고 들떠서 두근거리다.'의 의미인 동사이다.

PLUS+ 동사와 형용사의 구분

구분	동사	형용사
명령형 어미 '-어라/아라'	먹어라(○), 잡아라(○)	젊어라(×), 순해라(×)
청유형 어미 '-자'	먹자(○), 잡자(○)	젊자(×), 순하자(×)
현재 시제 어미 '-는/ㄴ'	먹는다(○), 잡는다(○)	젊는다(×), 순한다(×)
관형사형 어미 '-는'	먹는(○), 잡는(○)	젊는(×), 순하는(×)
의도 표시 어미 '-(으)려'	먹으려(○), 잡으려(○)	젊으려(×), 순하려(×)
목적 표시 어미 '-(으)러'	먹으러(○), 잡으러(○)	젊으러(×), 순하러(×)

10 난도 ★★☆ ①

'당신'은 앞에서 이미 말하였거나 나온 바 있는 사람을 도로 가리키는 3인칭 대명사인 '자기'를 아주 높여 이르는 말이다. 따라서 제시된 문장에서는 주어인 '할아버지'를 가리킨다.

오답 분석 ② 제시된 문장에서 쓰인 '당신'은 부부 사이에서, 상대편을 높여 이르는 2인칭 대명사이다.

③ 제시된 문장에서 쓰인 '당신'은 문어체에서, 상대편을 높여 이르는 2인칭 대명사이다.

④ 제시된 문장에서 쓰인 '당신'은 듣는 이를 가리키는 2인칭 대명사이다.

PLUS+ 　특정 대상의 지시 여부에 따른 대명사의 종류

미지칭 대명사	• 누군지는 알지 못하지만 특정 대상을 가리키는 대명사 • 누구 예 (초인종 소리를 듣고) 누구세요?
부정칭 대명사	• 특정 대상을 지칭하지 않는 대명사 • 누구, 아무 예 그 일은 누구나 할 수 있는 일이다.
재귀 대명사	• 앞에 나온 3인칭 주어를 다시 반복할 때 사용하는 대명사 • 자기, 저, 당신 예 할머니께서는 생전에 당신의 장서를 아끼셨다.

11　난도 ★★☆　③

'당신'은 2인칭과 3인칭에 모두 쓰이는데 제시된 글의 Ⓐ '당신'은 자기를 아주 높여 이르는 말로, 앞에서 이미 말했거나 나온 바 있는 사람을 다시 가리키는 3인칭 대명사로 사용되고 있다. 여기서는 앞 문장에 주어로 나온 ⓔ '할머니'를 가리킨다. 그러므로 ⓔ과 Ⓐ은 모두 '할머니'를 가리킨다.

오답 분석 ① ⓒ '저'는 자기를 낮추어 가리키는 1인칭 대명사이다. 하지만 ㉠ '그쪽'은 청자를 가리키는 2인칭 대명사이다.

② ⓛ '우리'는 1인칭 대명사로 ⓒ만 가리키는 말이다.

④ ⓜ '본인'은 공식적인 자리에서 '나'를 문어적으로 이르는 대명사로 쓰이나 제시된 문장에서는 '어떤 일에 직접 관계가 있거나 해당되는 사람'을 지칭하는 명사로 '할머니'를 가리킨다. 반면 ⓗ '당신'은 청자를 가리키는 2인칭 대명사이다.

PLUS+ 　인칭 대명사와 지시 대명사

• 인칭 대명사: 사람을 가리키는 대명사

1인칭	• 말하는 사람이 자기를 이르는 인칭 • 나, 우리, 저, 저희, 소인, 짐
2인칭	• 듣는 사람을 이르는 인칭 • 너, 너희, 자네, 당신, 그대
3인칭	• 화자와 청자 이외의 사람을 가리키는 말 • 이분, 이자, 그이, 그분, 저이, 저분

• 지시 대명사: 사물이나 처소 등을 이르는 대명사

사물 대명사	• 사물을 대신 나타내는 말 • 이것, 그것, 저것, 무엇, 아무것
처소 대명사	• 처소를 대신 나타내는 말 • 여기, 거기, 저기, 이곳, 그곳, 저곳, 어디

12　난도 ★★★　③

'이런'은 '상태, 모양, 성질 따위가 이와 같다.'라는 뜻을 가진 형용사 '이렇다'의 어간 '이렇-'에 관형사형 어미 '-ㄴ'이 결합한 형태이므로 관형사가 아닌 형용사이다. '이런'은 '상태, 모양, 성질 따위가 이러한'이라는 뜻을 가진 관형사도 있는데, 문장에서 주어를 서술

하는 서술어의 역할을 할 때는 형용사로 볼 수 있다.

오답 분석 ① '새'는 '사용하거나 구입한 지 얼마 되지 아니한'이라는 뜻을 가진 관형사이다.

② '갖은'은 '골고루 다 갖춘. 또는 여러 가지의'라는 뜻을 가진 관형사이다.

④ '외딴'은 '외따로 떨어져 있는'이라는 뜻을 가진 관형사이다.

13　난도 ★★★　③

'기쁨의 열매'에서 '의'는 앞 체언이 뒤 체언에 대하여 비유의 대상임을 나타내는 관형격 조사이며, '기쁨'을 '열매'에 비유하고 있다. '인도(人道)의 간과(干戈)'에서도 '의'는 앞 체언이 뒤 체언에 대하여 비유의 대상임을 나타내는 관형격 조사이며, '인도(人道)'를 '간과(干戈)'에 비유하고 있다.

오답 분석 ① · ② · ④ '의'는 앞 체언과 뒤 체언이 의미적으로 동격임을 나타내는 관형격 조사이다.

14　난도 ★★★　④

• '품'의 기본형 '푸다'는 '퍼, 푸니'로 활용되는 용언으로, '우' 불규칙 활용에 해당한다. 어간 '푸-'의 'ㅜ'가 모음으로 시작하는 어미 '-어' 앞에서 탈락하므로 어간만 불규칙하게 바뀌는 예로 적절하다.

• '이름'의 기본형 '이르다'는 '이르러, 이르니'로 활용되는 용언으로, '러' 불규칙 활용에 해당한다. 어간 '이르-'에 모음으로 시작하는 어미 '-어'가 결합할 때 어미 '-어'가 '-러'로 바뀌므로 어미만 불규칙하게 바뀌는 예로 적절하다.

오답 분석

① • '빠름'의 기본형 '빠르다'는 '빨라, 빠르니'로 활용되는 용언으로, '르' 불규칙 활용에 해당한다. 어간 '빠르-'의 '르'가 모음 어미 앞에서 'ㄹㄹ'로 바뀌기 때문에 어간만 불규칙하게 바뀌는 예로 적절하다.

• '노람'의 기본형 '노랗다'는 '노래, 노라니'로 활용되는 용언으로, 'ㅎ' 불규칙 활용에 해당한다. 어간 '노랗-'의 'ㅎ'이 탈락하고 어미 '-아/어'가 '-애/에'로 바뀌기 때문에 어간과 어미 모두 불규칙하게 바뀌는 예에 해당한다.

② • '치름'의 기본형 '치르다'는 '치러, 치르니'로 활용되는 용언으로, 용언의 어간 '치르-'의 'ㅡ'가 어미 '-아/어' 앞에서 탈락하는 규칙 활용을 한다.

• '함'의 기본형 '하다'는 '하여, 하니'로 활용되는 용언으로, '여' 불규칙 활용에 해당한다. 이 경우 어미의 '-아'가 '-여'로 바뀌므로 어미만 불규칙하게 바뀌는 예로 적절하다.

③ • '불음'의 기본형 '붇다'는 '불어, 불으니'로 활용되는 용언으로, 'ㄷ' 불규칙 활용에 해당한다. 용언의 어간 '붇-'의 'ㄷ'이 모음 어미 앞에서 'ㄹ'로 바뀌므로 어간만 불규칙하게 바뀌는 예로 적절하다.

• '바람'의 기본형 '바라다'는 '바라, 바라니'로 활용되는 용언으로, 규칙 활용을 한다.

| PLUS+ | 용언의 불규칙 활용 |

• 어간이 바뀌는 경우

'ㅅ' 불규칙	어간 끝 받침 'ㅅ'이 모음 어미 앞에서 탈락하는 경우 예 짓다: 짓고, 짓지, 지어, 지으니
'ㅂ' 불규칙	어간 끝 받침 'ㅂ'이 모음 어미 앞에서 '오/우'로 바뀌는 경우 예 덥다: 덥고, 덥지, 더워, 더우니
'ㄷ' 불규칙	어간 끝 받침 'ㄷ'이 모음 어미 앞에서 'ㄹ'로 바뀌는 경우 예 깨닫다: 깨닫고, 깨닫지, 깨달아, 깨달으니
'ㄹ' 불규칙	'ㄹ'로 끝나는 어간 뒤에 어미 '-아/어'가 결합하여 'ㄹ'가 'ㄹㄹ'로 바뀌는 경우 예 흐르다: 흐르고, 흐르지, 흘러, 흘러서
'우' 불규칙	어간이 모음 'ㅜ'로 끝날 때 '-아/어'와 결합하면 'ㅜ'가 탈락하는 경우 예 푸다: 푸고, 푸지, 퍼(푸+어), 퍼서(푸+어서)

• 어미가 바뀌는 경우

'여' 불규칙	어간 '하-' 뒤에 어미 '-아'가 결합하여 '하여'로 바뀌어 나타나는 경우 예 하다: 하고, 하지, 하러, 하여(해)
'러' 불규칙	'르'로 끝나는 어간 뒤에 어미 '-어'가 결합하여 '-러'로 바뀌어 나타나는 경우 예 푸르다: 푸르고, 푸르지, 푸르니, 푸르러, 푸르렀다

• 어간과 어미 둘 다 바뀌는 경우

'ㅎ' 불규칙	어간이 'ㅎ'으로 끝날 때, 'ㅎ'이 탈락하고 어미의 형태도 바뀌는 경우 예 하얗다: 하얗고, 하얗지, 하야니, 하얘(하얗+아)

15 난도 ★★☆ ②

'불은'의 기본형은 '붇다'이다. '물에 젖어서 부피가 커지다.'의 의미인 '붇다'는 어간의 끝소리 'ㄷ'이 모음 어미 앞에서 'ㄹ'로 바뀌는 'ㄷ' 불규칙 용언이며, '불어, 불으니, 붇는'과 같이 활용한다. '바람이 일어나서 어느 방향으로 움직이다.'의 의미로 사용되는 '불다'는 'ㄹ' 탈락 용언으로 '불어, 부니, 부는' 등으로 활용한다.

[오답 분석] ① '갈다'는 어간의 'ㄹ' 받침이 어미의 첫소리 'ㄴ, ㅂ, ㅅ' 및 '-(으)오, -(으)ㄹ' 앞에서 탈락하는 규칙 용언으로, '갈아, 가니, 가는, 가오'와 같이 활용한다.

③ '이르다'는 어간의 '르'가 모음으로 시작하는 어미 앞에서 'ㄹㄹ'로 변하는 '르' 불규칙 용언으로, '이르고, 일러, 이르니'로 활용한다.

④ '들르다'는 어간의 끝소리 'ㅡ'가 모음으로 시작하는 어미 앞에서 탈락하는 규칙 용언으로, '들르고, 들러, 들르니'로 활용한다.

16 난도 ★☆☆ ②

'살펴보다'는 동사 '살피다'의 어간 '살피-'에 연결 어미 '-어'와 동사 '보다'가 결합한 것이다. 따라서 실질 형태소끼리 결합하였으므로, 파생법이 아닌 합성법으로 만들어진 단어이다.

[오답 분석] ① '교육자답다'는 어근 '교육자'에 '특성이나 자격이 있음'의 뜻을 더하는 접미사 '-답다'가 결합하였으므로 파생법으로 만들어진 단어이다.

③ '탐스럽다'는 어근 '탐'에 '그러한 성질이 있음'의 뜻을 더하고 형용사를 만드는 접미사 '-스럽다'가 결합하였으므로 파생법으로 만들어진 단어이다.

④ '순수하다'는 어근 '순수'에 형용사를 만드는 접미사 '-하다'가 결합하였으므로 파생법으로 만들어진 단어이다.

| PLUS+ | 단어 형성법 |

• 합성법: 실질 형태소끼리 결합하여 합성어를 만드는 단어 형성 방법으로, 어근과 어근의 결합으로 이루어진다.
예 들어가다(용언의 어간+연결 어미+용언), 밤낮(명사+명사)
• 파생법: 실질 형태소에 접사를 붙여 파생어를 만드는 단어 형성 방법으로, 접사와 어근의 결합으로 이루어진다.
예 새빨갛다(접두사+어근), 낚시꾼(어근+접미사)

17 난도 ★★☆ ①

'도시락'은 하나의 실질 형태소로 이루어진 단일어이다.

[오답 분석] ② · ③ · ④ 복합어이다.

② 어근 '선생'에 접미사 '-님'이 결합한 파생어이다.

③ 접두사 '날-'에 어근 '고기'가 결합한 파생어이다.

④ 어근 '밤'과 '나무'가 결합한 합성어이다.

18 난도 ★☆☆ ①

'말은'은 서술어 '해라'의 대상이 되는 목적어이며, '체언+보조사'의 형식이다. 따라서 목적격 조사를 사용하여 '말을'로 대체할 수 있다.

[오답 분석] ② '호랑이도'는 서술어 '온다'의 주체인 주어이며, '체언+보조사'의 형식이다. 따라서 주격 조사를 사용하여 '호랑이가'로 대체할 수 있다.

③ '연기'는 서술어 '날까'의 주체인 주어이며, 체언 뒤에 주격 조사 '가'가 생략된 형식이다.

④ '꿀도'는 서술어 '쓰다'의 주체인 주어이며, '체언+보조사'의 형식이다. 따라서 주격 조사를 사용하여 '꿀이'로 대체할 수 있다.

주성분	주어	• 서술어가 나타내는 동작이나 상태의 주체가 되는 말 • 주격 조사 '이, 가, 에서, 께서'나 보조사 '은, 는'과 결합
	서술어	• 주어의 움직임, 상태, 성질 따위를 서술하는 말 • 문장의 구조를 결정
	목적어	• 서술어의 동작이나 행위의 대상 • 목적격 조사 '을, 를'은 생략될 수 있으며 보조사와 결합 가능
	보어	• 서술어 '되다/아니다' 앞에서 말을 보충해 주는 역할 • 보격 조사 '이, 가'와 결합하며, '되다/아니다' 바로 앞에 위치하는 경우가 많음
부속 성분	관형어	• '대상을 나타내는 말(체언)' 앞에서 꾸며 주는 역할 • '-ㄴ, -는, -ㄹ'로 끝을 맺거나 관형격 조사 '의'가 활용되기도 함
	부사어	• 주로 '서술어, 관형어, 다른 부사어, 문장 전체'를 꾸며 주는 역할 • 부사어는 기본적으로 부속 성분이지만 '필수 부사어'의 경우 주성분에 해당
독립 성분	독립어	'부름, 감탄, 놀람, 응답' 등 문장 내에서 독립적으로 쓰이는 말

19 난도 ★☆☆　　　　　　　　　　　　　　　③

제시된 문장에서 '친구가'는 주어, '나에게'는 부사어, '선물을'은 목적어, '주었다'는 서술어이므로 밑줄 친 '나에게'는 부사어에 해당한다.

오답분석　① '새'는 관형사이므로 관형어에 속한다.
② '군인인'은 명사 '군인', 서술격 조사 '이다'의 어간 '이-', 관형사형 어미 '-ㄴ'이 결합한 형태로 관형어에 속한다.
④ '시골의'는 체언 '시골'에 관형격 조사 '의'가 결합한 형태로 관형어에 속한다.

20 난도 ★★☆　　　　　　　　　　　　　　　④

'정부에서'에 쓰인 '에서'는 단체를 나타내는 명사 뒤에 붙어 앞말이 주어임을 나타내는 격 조사이다. 따라서 '정부에서'의 문장 성분은 주어이다.

오답분석　① '시장에서'에 쓰인 '에서'는 앞말이 행동이 이루어지고 있는 처소의 부사어임을 나타내는 격 조사이다. 따라서 '시장에서'의 문장 성분은 부사어이다.
② '마음에서'에 쓰인 '에서'는 앞말이 근거의 뜻을 갖는 부사어임을 나타내는 격 조사이다. 따라서 '마음에서'의 문장 성분은 부사어이다.

③ '이에서'에서 쓰인 '에서'는 앞말이 비교의 기준이 되는 점의 뜻을 갖는 부사어임을 나타내는 격 조사이다. 따라서 '이에서'의 문장 성분은 부사어이다.

21 난도 ★★☆　　　　　　　　　　　　　　　②

'좁히다'는 '좁다'의 어간 '좁-'에 사동 접미사 '-히-'가 결합하여 만들어진 사동사이다.

오답분석　① '우기다'는 주어 '회사는'이 스스로 행하는 동작을 나타내는 주동사이다. 따라서 문장의 주체가 자기 스스로 행하지 않고 남에게 그 행동이나 동작을 하게 함을 나타내는 사동사가 아니다.
③ '버리다'는 주어 '공장에서'가 스스로 행하는 동작을 나타내는 주동사이다. 따라서 문장의 주체가 자기 스스로 행하지 않고 남에게 그 행동이나 동작을 하게 함을 나타내는 사동사가 아니다.
④ '모이다'는 '모으다'에 피동 접미사 '-이-'가 결합하여 만들어진 피동사이다. 피동사는 남의 행동을 입어서 행하여지는 동작을 나타내는 동사이므로, 문장의 주체가 자기 스스로 행하지 않고 남에게 그 행동이나 동작을 하게 함을 나타내는 사동사가 아니다.

22 난도 ★★☆　　　　　　　　　　　　　　　③

'밀다'에 피동 접미사 '-리-'를 결합하면 피동사 '밀리다'는 만들 수 있으나, '밀리다'는 사동사로 쓰이지 않는다. '밀다'의 사동사는 '밀게 하다'로 쓴다.

오답분석　①·②·④는 사동사와 피동사를 만드는 접미사 중 공통으로 쓰이는 '-이-, -히-, -리-, -기-' 중 하나와 결합하여 같은 형태와 방식의 사동사와 피동사를 만든다.
① '보다'에 접미사 '-이-'가 결합한 '보이다'는 사동사와 피동사 모두로 쓰인다.
　예　• 피동: 마을이 보이다.
　　　• 사동: 부모님께 친구들을 보이다.
② '잡다'에 접미사 '-히-'가 결합한 '잡히다'는 사동사와 피동사 모두로 쓰인다.
　예　• 피동: 도둑이 경찰에게 잡히다.
　　　• 사동: 술집에 학생증을 술값으로 잡히다.
④ '안다'에 접미사 '-기-'가 결합한 '안기다'는 사동사와 피동사 모두로 쓰인다.
　예　• 피동: 동생은 아버지에게 안기다.
　　　• 사동: 엄마가 아빠에게 아이를 안기다.

주체인 '할아버지'를 높이기 위해 사용된 용언은 '주무시다'와 '가다'이다. 이 중 마지막 용언인 '가다'에 높임의 선어말 어미 '-시-'가 결합하였으며 '자다'에 대한 높임의 특수 어휘인 '주무시다'가 사용되었으므로 제시된 글의 내용을 모두 포괄하여 설명하기에 적절하다.

오답 분석 ① 주체인 '할머니'를 높이기 위해 '아프다'에 대한 높임의 특수 어휘인 '편찮다'를 사용하였고 '편찮으세요'에서 높임의 선어말 어미 '-시-'가 사용되었음을 확인할 수 있으나 문장에서 하나의 용언만 나타나고 있으므로 제시된 글을 모두 포괄하여 설명하기에 적절하지 않다.

② 주체인 '어머님'을 높이기 위해 '돌아보시고'와 '부탁하셨다'에 높임의 선어말 어미 '-시-'를 사용하였으나 높임의 특수 어휘는 사용되지 않았으므로 제시된 글을 모두 포괄하여 설명하기에 적절하지 않다.

③ 주체인 '선생님'을 높이기 위해 사용된 용언은 '펴다'와 '웃다'이다. 이 중 마지막 용언인 '웃다'에 높임의 선어말 어미 '-시-'가 사용되었다. 그러나 높임의 특수 어휘는 사용되지 않았으므로 제시된 글을 모두 포괄하여 설명하기에 적절하지 않다.

PLUS+	높임 표현

상대 높임법	• 개념: 주로 일정한 종결 어미를 사용하여, 청자를 높이거나 낮추는 표현 방법이다. • 종류	
	격식체	• 의례적으로 쓰며, 직접적·단정적·객관적인 표현이다. • 하십시오체, 하오체, 하게체, 해라체 등이 있다.
	비격식체	• 표현이 부드럽고 주관적이며 친근한 느낌을 준다. • 해요체, 해체 등이 있다.
주체 높임법	• 개념: 문장의 주체를 높여 표현하는 방법이다. • 실현 방법 　- 선어말 어미 '-시-'를 사용한다. 　- 주격 조사 '께서'를 사용한다. 　- '높임'의 뜻을 더하는 접미사 '-님'을 사용한다. 　- '계시다, 잡수시다, 편찮으시다, 주무시다, 진지, 돌아가시다' 등 특수 어휘를 사용한다.	
객체 높임법	• 개념: 주어의 행위가 미치는 대상을 높이는 표현 방법으로, 문장의 객체(목적어, 부사어)를 높인다. • 실현 방법 　- 부사격 조사 '에게' 대신 '께'를 사용한다. 　- '드리다, 뵈다(뵙다), 모시다, 여쭈다(여쭙다)' 등 특수 어휘를 사용한다.	

주체인 '어머니'를 높이기 위해 조사 '께서'와 서술어 '하셨습니다'에서 높임의 선어말 어미 '-시-'를 사용하였다. 또한 객체인 '아주머니'를 높이기 위해 조사 '께'와 객체를 높이는 특수 어휘인 '드리다'를 사용하였으며, '하셨습니다'에서 상대를 높이는 표현인 '하십시오체'가 나타난다. 따라서 제시된 문장은 대화의 상대, 서술어의 주체, 서술어의 객체를 모두 높이고 있음을 알 수 있다.

오답 분석 ① 주체인 '아버지'를 높이기 위해 조사 '께서'와 서술어 '들어가셨다'에서 높임의 선어말 어미 '-시-'를 사용하였다. 또한 객체인 '할머니'를 높이기 위해 객체를 높이는 특수 어휘인 '모시다'를 사용하였다. 서술어 '들어가셨다'는 '해라체'로 높임의 의도가 없다고 보기 때문에 제시된 문장은 서술어의 주체와 서술어의 객체를 높이고는 있으나 대화의 상대를 높이는 표현은 없음을 알 수 있다.

② 객체인 '어머니'를 높이기 위해 조사 '께'와 객체를 높이는 특수 어휘인 '드리다'를 사용하였으며, '될까요'에서 상대를 높이는 표현인 '해요체'가 나타난다. 따라서 제시된 문장은 대화의 상대와 서술어의 객체를 높이고 있으나 서술어의 주체인 '나'를 높이는 표현은 없음을 알 수 있다.

④ 주체인 '주민 여러분'을 높이기 위해 조사 '께서'와 서술어 '기울여 주시기'에서 높임의 선어말 어미 '-시-'를 사용하였으며, '바랍니다'에서 상대를 높이는 표현인 '하십시오체'가 나타난다. 따라서 제시된 문장은 대화의 상대와 서술어의 주체를 높이고 있으나 서술어의 객체를 높이는 표현은 없음을 알 수 있다.

PLUS+	상대 높임법

일정한 종결 어미를 사용하여, 청자를 높이거나 낮추는 표현 방법						
구분	**격식체**				**비격식체**	
	하십시오체	하오체	하게체	해라체	해요체	해체
평서문	합니다 하십니다	하오 하시오	하네 함세	한다	해요	해 하지
의문문	합니까? 하십니까?	하오? 하시오?	하나? 하는가?	하냐? 하니?	해요?	해? 하지?
청유문	하십시다	합시다	하세	하자	해요	해 하지
명령문	하십시오	하오 하구려	하게	해라 하려무나	해요	해 하지
감탄문	–	하는구려	하는구먼	하는구나	해요	해 하지

• 주체는 '나(내가)'로, 높임의 대상이 아니므로 [주체 -]로 표시한다.

• 객체는 '선생님'으로, '선생님께'에서 대상(객체)을 높이는 조사 '께'와 '드렸다'에서 '드리다'와 같이 객체를 높이는 특수 어휘가 사용되었으므로 [객체 +]로 표시한다.

• 청자인 숙희를 상대로 '드렸다'라는 '해라체'를 사용하고 있으므로 [상대 -]로 표시한다.

26 난도 ★★☆ ③

'늙었어'에 쓰인 '-었-'은 이야기하는 시점에서 볼 때 사건이나 행위가 이미 일어났음을 나타내는 어미로, 과거 시제를 나타낸다.

오답분석 ① · ② · ④ '늙었다, 닮았어, 말랐네'에 쓰인 '-었/았-'은 이야기하는 시점에서 볼 때 완료되어 현재까지 지속되거나 현재에도 영향을 미치는 상황을 나타내는 어미로, 현재 시제를 나타낸다.

27 난도 ★★☆ ②

'예쁜'은 '꽃이 예쁘다'라는 절에서 주어 '꽃이'를 생략하고 어간 '예쁘-'에 관형사형 어미 '-ㄴ'을 결합한 관형사절이므로, 제시된 문장은 관형사절을 포함하고 있는 문장이다.

오답분석 ① '갖은'은 '골고루 다 갖춘' 또는 '여러 가지의'라는 뜻을 가진 관형사이므로, 제시된 문장은 홑문장이다.

③ '오랜'은 '이미 지난 동안이 긴'이라는 뜻을 가진 관형사이므로, 제시된 문장은 홑문장이다.

④ '여남은'은 '열이 조금 넘는 수의'라는 뜻을 가진 관형사이므로, 제시된 문장은 홑문장이다.

PLUS+ 관형절을 안은문장

- 문장에서 관형어의 기능을 하는 절을 안은문장이다.
- 관형사형 어미 '-(으)ㄴ, -는, -(으)ㄹ, -던' 등이 사용된다.
  예 이 옷은 어제 내가 입은 옷이다. / 어려서부터 내가 먹던 맛이 아니다.
- 관형절에는 관계 관형절과 동격 관형절이 있다.

관계 관형절	• 안긴문장의 문장 성분이 생략되어 있는 문장을 말한다. • 안긴문장과 안은문장의 문장 성분이 같은 경우 생략된다. 예 영희가 그린 그림이 전시되었다. → 영희가 (그림을) 그렸다. 예 좁은 골목을 뛰어 다녔다. → (골목이) 좁다.
동격 관형절	• 안긴문장의 문장 성분이 생략되지 않은 문장을 말한다. • 안긴문장, 즉 관형절은 그 자체로 완전한 문장이 된다. 예 나는 철수가 착한 사람이라는 사실을 알고 있다. → 철수는 착한 사람이다. 예 철수는 영희가 많이 아프다는 소식을 들었다. → 영희가 많이 아프다.

28 난도 ★★☆ ④

문장에서 주어와 서술어가 한 번만 쓰이면 홑문장, 두 번 이상 쓰이면 겹문장이다. ④에 나타나는 서술어는 '피었다' 하나이므로 홑문장이다.

오답분석 ① '어제 모자를 샀다.'가 관형절 '모자가 빨갛다.'를 안고 있는 겹문장이다.

② '봄이 오니'와 '꽃이 피었다.'가 종속적으로 이어진 겹문장이다.

③ '남긴 만큼 버려지고'와 '버린 만큼 오염된다.'가 대등하게 이어진 겹문장이다.

PLUS+ 문장의 종류

홑문장	• 주어와 서술어가 하나씩 있어서 둘 사이의 관계가 한 번만 이루어지는 문장이다. • 간결하고 명쾌하게 의미를 전달할 수 있다. • 본용언과 보조 용언이 결합하여 서술어로 쓰인 문장은 홑문장이다. • 대칭 서술어(마주치다, 다르다, 같다, 비슷하다, 악수하다)가 사용된 문장은 홑문장이다.		
겹문장	• 주어와 서술어의 관계가 두 번 이상 이루어지는 문장이다. • 복잡한 내용을 전달할 수 있지만, 너무 복잡해지면 오히려 의미 전달이 어려워질 수 있다. • 종류		
	이어진 문장	개념	둘 이상의 절이 연결 어미에 의하여 결합된 문장
		종류	• 대등하게 이어진문장 • 종속적으로 이어진문장
	안은 문장	개념	한 개의 홑문장이 다른 문장 속에 한 성분으로 들어가 있는 문장
		종류	• 명사절을 안은문장 • 서술절을 안은문장 • 관형절을 안은문장 • 부사절을 안은문장 • 인용절을 안은문장

29 난도 ★★☆ ③

제시된 문장은 '해진이는 울산에 산다.'라는 문장과 '초희는 광주에 산다.'라는 문장을 대등적 연결 어미 '-고'를 사용하여 연결한 것으로, 대등적으로 이어진 문장이다.

오답분석 ① '동생이 시험에 합격하기'는 명사절로 안긴문장으로, 제시된 문장에서 목적어의 역할을 한다.

② '착한'이 뒤에 오는 체언 '영호'를 수식하고 있으므로, 관형절로 안긴문장이다. 제시된 문장은 '영호는 착하다.'라는 문장과 '영호는 언제나 친구들을 잘 도와준다.'라는 문장으로 구분할 수 있다.

④ '내일 가족 여행을 가자.'라는 문장을 인용 조사 '고'를 활용해 연결한 것으로, 인용절로 안긴문장이다.

PART 1

국어 문법

30 난도 ★★☆ ④

서술어의 자릿수는 문장에서 서술어가 필요로 하는 문장 성분의 개수를 의미한다. '길이 매우 넓다.'에서 '길이'는 주어이고, '매우'는 부사어이다. 그러나 '매우'는 필수적 부사어가 아니므로 '넓다'는 주어만 필요한 한 자리 서술어이다.

오답 분석 ① '그림이 실물과 같다.'에서 '그림이'는 주어이고, '실물과'는 필수적 부사어이다. 따라서 '같다'는 두 자리 서술어이다.

② '나는 학생이 아니다.'에서 '나는'은 주어이고, '학생이'는 보어이다. 따라서 '아니다'는 두 자리 서술어이다.

③ '지호가 종을 울렸다.'에서 '지호가'는 주어이고, '종을'은 목적어이다. 따라서 '울리다'는 두 자리 서술어이다.

PLUS+ 서술어의 자릿수

문장에서 필요한 문장 성분의 수가 달라지는데, 서술어에 따른 필수 성분의 수를 '서술어의 자릿수'라고 한다.

구분	필요 성분	서술어의 종류	
한 자리 서술어	주어	자동사	꽃이 핀다.
		형용사	꽃이 예쁘다.
		체언+ 서술격 조사	철수는 학생이다.
두 자리 서술어	주어, 목적어	타동사	철수가 책을 읽는다.
	주어, 보어	되다, 아니다	철수는 선생님이 되었다.
	주어, (필수) 부사어	대칭 서술어	철수는 영희와 싸웠다.
세 자리 서술어	주어, 목적어, 부사어	주다, 받다, 삼다, 여기다, 넣다	철수는 선생님께 선물을 드렸다.

31 난도 ★★☆ ③

'포장지에 싼다'의 '싸다'는 '물건을 안에 넣고 보이지 않게 씌워 가리거나 둘러 말다.'라는 의미이다. 이와 같은 의미로 사용된 것은 '책을 싼 보퉁이'의 '싸다'이다.

오답 분석 ① '안채를 겹겹이 싸고'의 '싸다'는 '어떤 물체의 주위를 가리거나 막다.'라는 의미이다.

② '봇짐을 싸고'의 '싸다'는 '어떤 물건을 다른 곳으로 옮기기 좋게 상자나 가방 따위에 넣거나 종이나 천, 끈 따위를 이용해서 꾸리다.'라는 의미이다.

④ '책가방을 미리 싸'의 '싸다'는 '어떤 물건을 다른 곳으로 옮기기 좋게 상자나 가방 따위에 넣거나 종이나 천, 끈 따위를 이용해서 꾸리다.'라는 의미이다.

32 난도 ★☆☆ ④

'소질을 타고'에 쓰인 '타다'는 '복이나 재주, 운명 따위를 선천적으로 지니다.'라는 의미이다. 따라서 이는 ①·②·③에 쓰인 '타다'와 동음이의어이므로 의미가 다르다.

오답 분석 ①·②·③의 '타다'는 다의어이다.

① '연이 바람을 타고'에 쓰인 '타다'는 '바람이나 물결, 전파 따위에 실려 퍼지다.'라는 의미로 사용되었다.

② '부동산 경기를 타고'에 쓰인 '타다'는 '어떤 조건이나 시간, 기회 등을 이용하다.'라는 의미로 사용되었다.

③ '방송을 타게'에 쓰인 '타다'는 '바람이나 물결, 전파 따위에 실려 퍼지다.'라는 의미로 사용되었다.

33 난도 ★☆☆ ②

〈보기〉의 밑줄 친 부분의 '좋다'는 '신체적 조건이나 건강 상태가 보통 이상의 수준이다.'라는 의미이므로 '혈색이 좋으셨는데?'의 '좋다'와 문맥적 의미가 가장 가깝다.

오답 분석 ① '성격은 좋다.'의 '좋다'는 '성품이나 인격 따위가 원만하거나 선하다.'라는 의미이다.

③ '매우 좋은 날이다.'의 '좋다'는 '날짜나 기회 따위가 상서롭다.'라는 의미이다.

④ '말투는 기분이 상쾌할 정도로 좋았다.'의 '좋다'는 '말씨나 태도 따위가 상대의 기분을 언짢게 하지 아니할 만큼 부드럽다.'라는 의미이다.

34 난도 ★☆☆ ④

'손가락을 짚어'에서 '짚다'는 '여럿 중에 하나를 꼭 집어 가리키다.'의 의미로 쓰였다. 이와 같은 의미로 사용된 것은 '문제를 짚어'의 '짚다'이다.

오답 분석 ① '이마를 짚어'의 '짚다'는 '손으로 이마나 머리 따위를 가볍게 눌러 대다.'의 의미이다.

② '땅을 짚어야'의 '짚다'는 '바닥이나 벽, 지팡이 따위에 몸을 의지하다.'의 의미이다.

③ '속을 짚어'의 '짚다'는 '상황을 헤아려 어떠할 것으로 짐작하다.'의 의미이다.

35 난도 ★☆☆ ③

'시계를 고치다'의 '고치다'는 '고장이 나거나 못 쓰게 된 물건을 손질하여 제대로 되게 하다.'라는 의미이다. 이와 문맥적 의미가 같은 것은 '자동차를 고치다.'의 '고치다'이다.

오답 분석 ① '입식으로 고치다'의 '고치다'는 '본디의 것을 손질하여 다른 것이 되게 하다.'라는 의미이다.

② '순 우리말로 고치다'의 '고치다'는 '이름, 제도 따위를 바꾸다.'라는 의미이다.

④ '법을 고치다'의 '고치다'는 '이름, 제도 따위를 바꾸다.'라는 의미이다.

36 난도 ★☆☆ ③

ⓒ에서 풀기가 살아 있다는 것은 풀의 접착력이 남아 있다는 의미이므로, '본래 가지고 있던 색깔이나 특징 따위가 그대로 있거나 뚜렷이 나타나다.'의 의미를 지닌 '살다'가 사용되었다.

37 난도 ★★☆ ④

현재진행형이란 현재 움직임이 계속되고 있음을 나타내는 동사 시제의 형태이다. '고르다 3'은 동사가 아닌 형용사이므로 현재진행형으로 나타낼 수 없다.

PLUS+	동음이의어와 다의어의 비교
동음이의어	• 소리는 같으나 다른 의미를 갖는 경우를 말한다. • 우연히 소리만 같을 뿐, 단어들 사이에 의미적 연관성은 없다. • 사전에서 별개의 항목으로 분류한다.
다의어	• 소리가 같고 의미적으로도 밀접한 관련을 갖는 경우를 말한다. • 사전에서 같은 항목으로 묶는다.

38 난도 ★★☆ ③

오답분석 ① 고르다2의 「1」에 해당한다.
② 고르다3의 「2」에 해당한다.
④ 고르다1에 해당한다.

39 난도 ★★☆ ②

ⓛ '아름다운'이 '하늘'을 수식한다고 볼 때 '하늘이 아름답다.'로 해석될 수 있고, '아름다운'이 '하늘의 구름'을 수식한다고 볼 때 '하늘의 구름이 아름답다.'로 해석될 수도 있다. 이는 수식 범위의 중의성에 해당한다.

ⓔ '잘생긴'이 '영수'를 수식한다고 볼 때 '영수가 잘생겼다.'로 해석될 수 있고, '잘생긴'이 '영수의 동생'을 수식한다고 볼 때 '영수의 동생이 잘생겼다.'로 해석될 수도 있다. 이는 수식 범위의 중의성에 해당한다.

오답분석 ⓐ '차'가 '식물의 잎이나 뿌리, 과실 따위를 달이거나 우리거나 하여 만든 마실 것을 통틀어 이르는 말'을 뜻하는 것인지, '바퀴가 굴러서 나아가게 되어 있는, 사람이나 짐을 실어 옮기는 기관'을 뜻하는 것인지 파악하기 어렵다. 따라서 하나의 단어가 두 가지 이상의 의미로 해석되므로 어휘적 중의성에 해당한다.

ⓒ 아내가 딸을 사랑하는 정도보다 철수가 딸을 사랑하는 정도가 더 크다는 의미와 철수가 아내를 사랑하는 정도보다 철수가 딸을 사랑하는 정도가 더 크다는 의미로 해석될 수 있다. 이는 비교 대상의 중의성에 해당한다.

ⓜ '사과'가 '사과나무의 열매'를 뜻하는 '사과'인지, '잘못을 용서함'을 뜻하는 '사과'인지 파악하기 어렵다. 따라서 하나의 단어가 두 가지 이상의 의미로 해석되므로 어휘적 중의성에 해당한다.

ⓗ 영희가 어제 '학교'에 가지 않고 '다른 곳'에 간 것인지, '빨간 모자'가 아닌 '다른 모자'를 쓰고 간 것인지 파악하기 어렵다. 두 가지 이상의 의미로 해석될 여지가 있으므로 부정의 중의성에 해당한다.

40 난도 ★☆☆ ④

④는 의미의 중복 사례에 해당하지 않는다. 참고로 '바를 뿐더러'는 '-ㄹ뿐더러'가 하나의 어미이므로 '바를뿐더러'로 붙여 써야 한다.
• -ㄹ뿐더러: 어떤 일이 그것만으로 그치지 않고 나아가 다른 일이 더 있음을 나타내는 연결 어미
• 무척: 다른 것과 견줄 수 없이

오답분석 ① '부터'와 '먼저' 모두 '시작' 또는 '순서상 앞섬'의 의미를 가지고 있으므로 의미의 중복에 해당한다.
• 부터: 어떤 일이나 상태 따위에 관련된 범위의 시작임을 나타내는 보조사
• 먼저: 시간적으로나 순서상으로 앞서서
② '오로지'와 '만' 모두 '한정'의 의미를 가지고 있으므로 의미의 중복에 해당한다.
   • 오로지: 오직 한 곳으로
   • 만: 다른 것으로부터 제한하여 어느 것을 한정함을 나타내는 보조사
③ '마다'와 '각각' 모두 '하나하나'의 혹은 '낱낱'의 의미를 가지고 있으므로 의미의 중복에 해당한다.
   • 마다: '낱낱이 모두'의 뜻을 나타내는 보조사
   • 각각: 사람이나 물건의 하나하나마다

41 난도 ★☆☆ ③

'성김'과 '빽빽함'은 반의 관계이다. 그런데 '넉넉하다'와 '푼푼하다'는 둘 다 '여유가 있다'는 의미로서 유의 관계를 이룬다.
• 넉넉하다: 크기나 수량 따위가 기준에 차고도 남아 여유가 있다.
• 푼푼하다: 모자람이 없이 넉넉하다.

오답분석 ① · ② · ④ 모두 반의 관계를 이루고 있다.

PLUS+	어휘의 반의 관계

• 서로 정반대되는 의미를 갖는 경우를 말한다.
• 한 쌍의 말 사이에 서로 공통되는 의미 요소가 있으면서, 한 개의 요소만 반대의 의미를 갖고 있어야 한다.
• 종류

상보 반의어	• 의미 영역이 배타적으로 양분되는 것으로, 중간항이 없다. • 한쪽 단어를 부정하면 다른 쪽 단어를 긍정하게 되는 것이다. • 두 단어를 동시에 부정하거나 긍정하면 모순이 발생하게 된다. 예 남자 : 여자, 살다 : 죽다, 있다 : 없다, 알다 : 모르다

정도 반의어 (등급 반의어)	• 정도를 표현하는 것으로, 중간항이 있다. • 두 단어를 동시에 부정하거나 긍정할 수 있다. 예 높다 : 낮다, 밝다 : 어둡다, 덥다 : 춥다, 뜨겁다 : 차갑다
방향 반의어	• 마주 선 방향에 따라 상대적으로 관계를 형성한다. • 관계 또는 이동의 측면에서 의미의 대립을 갖는다. 예 위 : 아래, 부모 : 자식, 형 : 동생, 가다 : 오다

42 난도 ★★★   ①

제시된 글에서 설명하는 것은 '방향 반의어'이다. '대립쌍을 이루는 단어'가 가리키는 것은 '반의어'이며, 반의어 중 '일정한 방향성을 이루고 있는 단어'는 '방향 반의어'이다. 방향 반의어는 두 단어가 상대적 관계를 형성하고 있으면서 의미상 대립 및 대칭을 이루는 관계이다. ①에서 '성공'은 목적하는 바를 이루는 것을 의미하고, '실패'는 일을 잘못하여 뜻한 대로 되지 아니하거나 그르치는 것을 의미한다. 따라서 '성공'과 '실패'는 일정한 방향성을 이루는 단어의 사례로 볼 수 없다.

오답 분석 ② · ③ · ④ 두 단어가 일정한 기준점을 중심으로 하여 맞선 방향으로 대칭을 이루고 있으며, '상을 주고받는', '물건을 사고파는', '적을 공격하고 막는' 등 방향성이 나타나므로 '방향 반의어'에 해당한다.

43 난도 ★★☆   ①

두 단어 사이를 상호 배타적인 두 구역으로 나누어 중간항이 없는 반의어를 '상보 반의어'라 하고, 두 단어 사이에 중간항이 존재하는 경우를 '정도 반의어'라 한다. '크다/작다'는 중간항이 존재하는 '정도 반의어'로, '크지도 작지도 않은'과 같이 나타낼 수 있다. 따라서 두 단어를 동시에 부정해도 모순이 발생하지 않으므로 이는 적절하지 않은 설명이다.

오답 분석 ② '출발/도착'은 마주 선 방향에 따라 상대적으로 관계를 형성하는 '방향 반의어'로, 한 단어의 부정인 '출발하지 않았다'는 다른 쪽 단어의 부정인 '도착하지 않았다'와 모순되지 않으므로 이는 적절한 설명이다.
③ '참/거짓'은 중간항이 없는 '상보 반의어'로, 한 단어의 부정인 '참이 아니다'는 다른 쪽 단어의 긍정인 '거짓이다'를 함의하고 있으므로 이는 적절한 설명이다.
④ '넓다/좁다'는 중간항이 존재하는 '정도 반의어'로, 한 단어의 의미인 '좁다'가 다른 쪽 단어의 부정인 '넓지 않다'를 함의하므로 이는 적절한 설명이다.

44 난도 ★★☆   ②

ⓒ에서 '저'는 말하는 이와 듣는 이로부터 멀리 있는 대상을 가리키는 지시 관형사이다. 따라서 ⓒ이 화자보다 청자에게 멀리 있는 대

상을 가리킨다는 설명은 적절하지 않다.

오답 분석 ① ㉠에서 '이'는 말하는 이에게 가까이 있는 대상을 가리키는 지시 관형사이고 ⓛ에서 '그'는 듣는 이에게 가까이 있는 대상을 가리키는 지시 관형사이므로, ㉠이 청자보다 화자에게, ⓛ이 화자보다 청자에게 가까이 있는 대상을 가리킨다는 설명은 적절하다.
③ 이진이가 ⓒ을 추천한 후에 태민이가 ㉣을 읽어 보겠다고 하였으므로, ⓒ과 ㉣은 모두 한국 대중문화를 다양한 시각에서 다룬 재미있는 책을 가리킨다.
④ 이진이가 두 책을 들고 계산대로 가는 상황에서 '이 책' 두 권을 사 주겠다고 하였으므로, ㉤은 앞에서 언급한 ⓛ과 ⓒ을 모두 가리킨다.

PLUS+ '이', '그', '저'

• 의미
– 이: 말하는 이에게 가까이 있거나 말하는 이가 생각하고 있는 대상을 가리킬 때 쓰는 말
– 그: 듣는 이에게 가까이 있거나 듣는 이가 생각하고 있는 대상을 가리킬 때 쓰는 말
– 저: 말하는 이와 듣는 이로부터 멀리 있는 대상을 가리킬 때 쓰는 말

• 품사

구분	특징	예문
관형사	후행하는 체언을 수식	• <u>이</u> 사과가 맛있게 생겼다. • <u>그</u> 책을 좀 줘 봐. • <u>저</u> 거리에는 항상 사람이 많다.
대명사	조사와 결합할 수 있음	• <u>이</u>보다 더 좋을 수는 없다. • <u>그</u>는 참으로 좋은 사람이다. • <u>이</u>도 저도 다 싫다.

45 난도 ★★☆   ③

대화의 맥락을 고려해야 하는 것은 간접 발화이다. 즉, 간접 발화의 의미는 언어 사용 맥락에 의존하여 파악된다. 이와 반대로 직접 발화는 화자의 의도가 직접적으로 표현된 발화를 말하며 발화의 기능과 표현이 일치한다. ③의 '공항의 방향을 묻고 싶다.'는 발화의 기능(의문)과 실제로 공항의 방향을 묻는 발화의 표현(의문)이 일치하는 직접 발화가 쓰였으므로, 맥락을 고려하지 않아도 화자의 의도를 파악할 수 있다.

오답 분석 ① '상대방의 돈을 빌리고 싶다.'는 화자의 의도가 '돈 가진 것 좀 있니?'라며 간접적으로 표현된 간접 발화가 쓰였다.
② '방이 너무 더워서 창문을 열고 싶다.'는 화자의 의도가 '얘야, 방이 너무 더운 것 같구나.'라고 간접적으로 표현된 간접 발화가 쓰였다.
④ '과제를 열심히 해오길 바란다.'라는 화자(선생님)의 의도가 '우리 반 학생들은 선생님의 말씀을 아주 잘 듣습니다.'라고 간접적으로 표현된 간접 발화가 쓰였다.

2 고전 문법

문제편 p. 012

01	02	03	04	05	06	07		
①	②	④	①	④	④	③		

01 난도 ★★☆   ①

한글의 창제 원리에서 모음 기본자 'ㆍ, ㅡ, ㅣ'는 각각 '하늘, 땅, 사람'의 모양을 본떠 만들어졌으며 기본자를 합하여 초출자와 재출자가 만들어졌다. 발음 기관의 상형을 통해 만들어진 글자는 자음 기본자이므로 이는 적절하지 않은 설명이다.

오답 분석 ② 한글은 'ㄴ, ㄷ, ㅌ'과 같이 기본자에 획을 더해 만들어졌기 때문에 같은 위치에서 소리 나는 글자들의 모양이 비슷하므로 이는 적절한 설명이다.

③ 모음 기본자인 'ㅡ, ㅣ'에 'ㆍ'를 한 번 합하여 초출자 'ㅗ, ㅜ, ㅏ, ㅓ'를 만들었고, 'ㅗ, ㅜ, ㅏ, ㅓ'에 'ㆍ'를 한 번 더 합하여 재출자 'ㅛ, ㅠ, ㅑ, ㅕ'를 만들었으므로 이는 적절한 설명이다.

④ 종성자를 따로 만들지 않고, 종성 표기에는 초성자를 다시 쓰도록 하였으므로 이는 적절한 설명이다.

PLUS+ 훈민정음 제자 원리

• 초성 17자

자음 체계	상형 원리	기본자	가획자	이체자
어금닛소리 [牙音(아음)]	혀뿌리가 목구멍을 막는 모양을 상형	ㄱ	ㅋ	ㆁ
혓소리 [舌音(설음)]	혀가 윗잇몸에 붙는 모양을 상형	ㄴ	ㄷ, ㅌ	ㄹ
입술소리 [脣音(순음)]	입의 모양을 상형	ㅁ	ㅂ, ㅍ	
잇소리 [齒音(치음)]	이의 모양을 상형	ㅅ	ㅈ, ㅊ	ㅿ
목구멍소리 [喉音(후음)]	목구멍의 모양을 상형	ㅇ	ㆆ, ㅎ	

• 중성 11자

상형 원리	기본자	초출자	재출자
하늘[天]의 모양을 상형	ㆍ	ㅗ, ㅏ	ㅛ, ㅑ
땅[地]의 모양을 상형	ㅡ	ㅜ, ㅓ	ㅠ, ㅕ
사람[人]의 모양을 상형	ㅣ		

02 난도 ★★★   ②

훈민정음의 자음은 발음 기관의 모양을 본뜬 상형의 원리로 'ㄱ, ㄴ, ㅁ, ㅅ, ㅇ'이라는 기본자를 만든 다음 이를 중심으로 각각 획을 더해 가획자를 만들었다. 이체자는 기본자에서 획을 더하여 만든 것이 아니라 새로운 모양으로 만들었다.

〈훈민정음 자음 체계〉

조음 위치＼제자 원리	기본자	가획자	이체자
어금닛소리(아음, 牙音)	ㄱ	ㅋ	ㆁ
혓소리(설음, 舌音)	ㄴ	ㄷ, ㅌ	ㄹ
입술소리(순음, 脣音)	ㅁ	ㅂ, ㅍ	
잇소리(치음, 齒音)	ㅅ	ㅈ, ㅊ	ㅿ
목구멍소리(후음, 喉音)	ㅇ	ㆆ, ㅎ	

조음 위치상 'ㅁ'은 순음이고 'ㅅ'은 치음이므로 같지 않으며, 조음 방식으로 봤을 때도 'ㅁ'은 비음, 'ㅅ'은 마찰음이므로 같지 않다. 따라서 'ㅁ, ㅅ' 칸은 조음 위치와 조음 방식의 양면을 모두 고려하여 같은 성질의 소리로 묶은 것이라는 내용은 잘못된 것이다.

오답 분석 ① 훈민정음에서 기본자 'ㅅ'에 획을 더해, 'ㅈ', 'ㅊ'이 만들어졌으므로 함께 배치될 수 있다.

③ 'ㄴ'을 기본자로 하여 'ㄷ, ㅌ'은 가획의 원리가 적용되지만, 'ㄹ'은 이체자이므로 가획의 원리가 적용되지 않는다. 따라서 '혓소리(설음)'라는 소리의 유사성을 중시하여 배치된 것이라고 볼 수 있다.

④ 훈민정음의 자음 체계에서 'ㅇ'은 후음의 기본자, 'ㆁ'은 아음 'ㄱ'의 이체자로 구별되었다. 따라서 훈민정음의 자음 체계에 따른다면, 'ㆁ'은 아음 'ㄱㅋ' 칸에 함께 배치할 수 있다.

PLUS+ 자음의 종류

• 조음 위치에 따른 분류

양순음(입술소리)	ㅂ, ㅃ, ㅍ, ㅁ
치조음(허끝소리)	ㄷ, ㄸ, ㅌ, ㅅ, ㅆ, ㄴ, ㄹ
경구개음(센입천장소리)	ㅈ, ㅉ, ㅊ
연구개음(여린입천장소리)	ㄱ, ㄲ, ㅋ, ㅇ
후음(목청소리)	ㅎ

• 조음 방법에 따른 분류

파열음	ㅂ, ㅃ, ㅍ, ㄷ, ㄸ, ㅌ, ㄱ, ㄲ, ㅋ
파찰음	ㅈ, ㅉ, ㅊ
마찰음	ㅅ, ㅆ, ㅎ
비음	ㄴ, ㅁ, ㅇ
유음	ㄹ

03 난도 ★★☆ ④

'ㅸ'은 순음 'ㅂ' 아래에 'ㅇ'을 이어 쓰는 연서(連書)로 만든 순경음으로, 훈민정음의 28자모에 해당되지 않는다.

오답 분석 ① 'ㅎ'은 후음의 가획자이다.
② 'ㅿ'은 치음의 이체자이다.
③ 'ㅠ'는 합용의 원리로 만든 재출자이다.

04 난도 ★★☆ ①

'기픈'은 어간 '깊-'과 어미 '-은'이 결합한 형태로, 조사를 포함하고 있지 않다.

오답 분석 ② '므른'은 명사 '믈(물)'과 보조사 '은'이 결합한 형태로, 조사를 포함하고 있다.
③ 'ㄱ모래'는 명사 'ㄱ물(가뭄)'과 부사격 조사 '애'가 결합한 형태로, 조사를 포함하고 있다.
④ '내히'는 명사 '내ㅎ(냇물)'과 주격 조사 '이'가 결합한 형태로, 조사를 포함하고 있다.

05 난도 ★★★ ④

ㄹ의 '알외시니'는 '알리시니'로 해석할 수 있는데, '알리시니'는 어간 '알-'에 사동 접미사 '-리-'와 높임 선어말 어미 '-시-'와 어미 '-니'가 결합하여 만들어진 말이다. 그러므로 ㄹ에서 '-외-'는 사동을 나타내는 접미사로 기능한다고 판단할 수 있다.

오답 분석 ① ㄱ의 '술ㅸ리'는 '아뢸 사람이'로 해석할 수 있으며, '술ㅸ+이'로 분석된다. 여기에서 '이'는 사람을 나타내는 명사이며, 이때 주격 조사는 생략된 것이므로 주격 조사로 기능한다는 설명은 적절하지 않다. '숣다'는 '웃어른에게 말씀을 올리다.'라는 뜻을 가진 '사뢰다'의 옛말이다.
② ㄴ의 '뵈아시니'는 '재촉하시니'로 해석할 수 있으며, '뵈아-+-시-+-니'로 분석된다. 여기에서 '-시-'는 높임을 나타내는 선어말 어미이므로, '-아시-'가 높임을 나타내는 선어말 어미로 기능한다는 설명은 적절하지 않다.
③ ㄷ의 '하디'는 '많지만'으로 해석할 수 있으며, '하-+-디'로 분석된다. 이때 '-디'는 대립적인 사실을 잇는 데 쓰는 연결 어미 '-되'의 옛말이다. 따라서 이유를 나타내는 연결 어미로 기능한다는 설명은 적절하지 않다.

06 난도 ★★☆ ④

'언행이나 태도가 의젓하고 신중하다.'를 의미하는 '점잖다'는 '어리다, 젊다'를 의미하는 '점다'에 '-지 아니하다'가 결합하여 '점지 아니하다'가 되었고, 이를 축약하여 오늘날의 '점잖다'가 된 것으로 볼 수 있다.

오답 분석 ① '살림살이가 넉넉하지 못함. 또는 그런 상태'를 의미하는 '가난'은 한자어인 '간난(艱難)'에서 'ㄴ'이 탈락하여 만들어진 단어이다.
② '어리다'는 중세국어에서 '어리석다'라는 뜻으로 쓰이다가 현대국어에서 '나이가 적다.'라는 뜻으로 의미가 이동하였다.
③ '닭의 수컷'을 의미하는 '수탉'의 '수'는 역사적으로 '숳'과 같이 'ㅎ'을 맨 마지막 음으로 가지고 있는 말이었으나 현대에 와서는 'ㅎ'이 모두 떨어진 형태를 기본적인 표준어로 규정하였다. 이러한 흔적으로 인해 'ㅎ'이 뒤의 예사소리와 만나면 거센소리로 나는 것을 인정하여 '숳'에 '둙(닭)'이 결합할 때 '수탉'이라고 하였다.

07 난도 ★★☆ ③

'어리다'는 중세국어에서 '어리석다'라는 뜻이었다가 오늘날에는 '나이가 적다.'라는 뜻으로 의미가 이동하였다. 따라서 의미가 상승하였다는 설명은 적절하지 않다.

오답 분석 ① '겨레'는 근대국어에서 '친척, 인척'이라는 뜻이었다가 오늘날에는 '민족'이라는 뜻으로 의미가 확대되었으므로 적절한 설명이다.
② '얼굴'은 중세국어에서 '모습, 형체'라는 뜻이었다가 오늘날에는 '안면'이라는 뜻으로 의미가 축소되었으므로 적절한 설명이다.
④ '계집'은 중세국어에서 평칭의 용법으로 '여자'라는 뜻이었다가 오늘날에는 '여자를 낮잡아 이르는 말'이라는 뜻으로 의미가 하락하였으므로 적절한 설명이다.

우리 인생의 가장 큰 영광은
결코 넘어지지 않는 데 있는 것이 아니라
넘어질 때마다 일어서는 데 있다.

넬슨 만델라

PART 2

국어 규범
정답 및 해설

어문 규정

문제편 p. 016

01	02	03	04	05	06	07	08	09	10
③	③	④	①	④	②	④	②	②	④
11	12	13	14	15	16	17	18	19	20
①	④	②	④	③	①	③	④	①	③
21	22	23	24	25	26	27	28	29	30
②	②	②	④	①	②	②	②	②	①
31	32	33	34	35	36	37	38	39	40
③	③	①	③	③	②	①	③	②	②
41	42	43	44	45					
①	④	④	④	②					

01 난도 ★★☆　　　　③

'전세방'은 한자어인 '전세(傳貰)'와 '방(房)'이 결합한 합성어로서, 제시된 규정에 해당하지 않는다. 따라서 '전세방'으로 적는 것이 적절하다.

오답분석 ① '아랫집'은 순우리말인 '아래'와 '집'으로 이루어진 합성어로서, 앞말이 모음으로 끝나면서 뒷말의 첫소리가 된소리로 나는 것이다. 따라서 (가)에 따라 사이시옷을 받치어 적는 것이 적절하다.
② '쇳조각'은 순우리말인 '쇠'와 '조각'으로 이루어진 합성어로서, 앞말이 모음으로 끝나면서 뒷말의 첫소리가 된소리로 나는 것이다. 따라서 (가)에 따라 사이시옷을 받치어 적는 것이 적절하다.
④ '자릿세'는 순우리말인 '자리'와 한자어인 '세(貰)'가 결합한 합성어로서, 앞말이 모음으로 끝나면서 뒷말의 첫소리가 된소리로 나는 것이다. 따라서 (나)에 따라 사이시옷을 받치어 적는 것이 적절하다.

PLUS+ 사이시옷 표기

· 순우리말로 된 합성어

된소리로 나는 것	바닷가, 선짓국, 모깃불, 냇가, 찻집, 아랫집
'ㄴ, ㅁ' 앞에서 'ㄴ' 소리가 덧나는 것	잇몸, 아랫마을, 아랫니, 빗물, 냇물, 뒷머리
모음 앞에서 'ㄴㄴ' 소리가 덧나는 것	베갯잇, 나뭇잎, 뒷일, 뒷입맛, 댓잎, 깻잎

· 순우리말과 한자어로 된 합성어

된소리로 나는 것	찻잔(차+盞), 전셋집(傳貰+집), 머릿방(머리+房)
'ㄴ, ㅁ' 앞에서 'ㄴ' 소리가 덧나는 것	제삿날(祭祀+날), 훗날(後+날), 툇마루(退+마루)
모음 앞에서 'ㄴㄴ' 소리가 덧나는 것	예삿일(例事+일), 훗일(後+일), 가욋일(加外+일)

· 한자어: 곳간(庫間), 셋방(貰房), 숫자(數字), 찻간(車間), 툇간(退間), 횟수(回數)

02 난도 ★★☆　　　　③

표준어를 '소리나는 대로 적는다'는 것은 표준어를 적을 때 발음에 따라 적는다는 뜻으로, 이를테면 [나무]라고 소리 나는 표준어는 '나무'로 적는 것이다. '어법에 맞도록 한다'는 것은 뜻을 파악하기 쉽도록 각 형태소의 본모양을 밝혀 적는다는 말이므로, 이를테면 '꽃'은 '꽃이[꼬치], 꽃만[꼰만], 꽃과[꼳꽈]' 등으로 소리 나지만 그 본모양에 따라 '꽃' 한 가지로 적는 것이다. 따라서 '빛깔'은 [빋깔]로 소리 나지만 형태소의 본모양을 밝혀 '빛깔'로 적었으므로 이는 ㉠이 아닌 ㉡의 사례에 해당하고 '여덟에'는 [여덜베]로 소리 나지만 형태소의 본모양을 밝혀 '여덟에'로 적었으므로 ㉡의 사례에 해당한다.

오답분석 ① '마감(막-+-암)'은 한글 맞춤법 제19항 [붙임]에 따라 어간의 원형을 밝히어 적지 않은 사례에 해당하므로 ㉠의 사례이고, '무릎이'는 [무르피]로 소리 나지만 형태소의 본모양을 밝혀 '무릎이'로 적었으므로 ㉡의 사례이다.
② '며칠'은 한글 맞춤법 제27항 [붙임 2]에 따라 어원이 분명하지 아니한 것은 원형을 밝히어 적지 않은 사례에 해당하므로 ㉠의 사례이고, '없었고'는 [업썯꼬]로 소리 나지만 형태소의 본모양을 밝혀 '없었고'로 적었으므로 ㉡의 사례이다.
④ '꼬락서니'는 한글 맞춤법 제20항 [붙임]에 따라 '-이' 이외의 모음으로 시작된 접미사가 붙어서 된 말은 그 명사의 원형을 밝히어 적지 않은 사례에 해당하므로 ㉠의 사례이고, '젊은이'는 [절므니]로 소리 나지만 형태소의 본모양을 밝혀 '젊은이'로 적었으므로 ㉡의 사례에 해당한다.

03 난도 ★★★ ④

한글 맞춤법 제51항에 따르면 '정확히'는 부사의 끝음절이 '히'로만 나는 단어이므로, 밑줄 친 부분의 사례로 적절하지 않다.

오답 분석 ① · ② · ③ '꼼꼼히, 당당히, 섭섭히'는 부사의 끝음절이 '이'나 '히'로 나는 사례이므로 적절하다.

04 난도 ★★★ ①

한글 맞춤법 제30항에 따르면, 순우리말과 한자어로 된 합성어로서 앞말이 모음으로 끝나고 뒷말의 첫소리가 된소리로 나는 경우 사이시옷을 받치어 적는다고 하였다. '공깃밥'은 한자어 '공기(空器)'와 고유어 '밥'이 결합한 합성어이며, 뒷말의 첫소리가 된소리로 나기 때문에 사이시옷을 밝혀 적는다. 따라서 '공깃밥'으로 표기하는 것이 적절하다.

오답 분석 ② · ③ · ④ 사이시옷은 뒷말의 첫소리가 된소리로 나거나, 'ㄴ' 또는 'ㄴㄴ' 소리가 덧날 때 받치어 적을 수 있다.
② 한자어 '인사(人事)'와 고유어 '말'이 결합한 합성어이나, [인사말]로 발음되기 때문에 사이시옷을 받치어 적지 않는다.
③ 고유어 '뒤'와 한자어 '처리(處理)'가 결합한 합성어이나, [뒤처리]로 발음되기 때문에 사이시옷을 받치어 적지 않는다.
④ 한자어 '편지(便紙)'와 고유어 '글'이 결합한 합성어이나, [편지글]로 발음되기 때문에 사이시옷을 받치어 적지 않는다.

05 난도 ★★☆ ④

한글 맞춤법 제30항에 따르면 순우리말로 된 합성어, 순우리말과 한자어로 된 합성어 그리고 두 음절로 된 일부 한자어에서 사이시옷을 받치어 적는다고 하였다. '북엇국'은 한자어인 '북어(北魚)'와 순우리말인 '국'이 결합한 합성어로서, 앞말이 모음으로 끝나고 뒷말의 첫소리가 된소리로 나는 경우이므로 사이시옷을 받치어 적는 것이 적절하다.

오답 분석 ① '머리말'은 순우리말인 '머리'와 '말'이 결합한 합성어이나, [머리말]로 발음되기 때문에 사이시옷을 받치어 적지 않는다. 사이시옷은 뒷말의 첫소리가 된소리로 나거나, 'ㄴ' 또는 'ㄴㄴ' 소리가 덧날 때 받치어 적을 수 있다.
② '위층'은 순우리말인 '위'와 한자어 '층(層)'이 결합한 합성어로서, 거센소리 앞에서는 사이시옷을 받치어 적지 않고 '위'로 적는다.
③ '해님'은 순우리말인 '해'와 '님'이 결합한 합성어이나, [해님]으로 발음되기 때문에 사이시옷을 받치어 적지 않는다.

06 난도 ★★☆ ②

'흡입량(吸入+量)'과 '정답란(正答+欄)'은 한자어와 한자어가 결합한 것으로 '량'과 '란'을 단어의 첫머리에 온 것으로 보지 않기 때문에 두음 법칙을 적용하지 않는다. 그러나 '구름양(구름+量)'은 고유어와 한자어가 결합한 것이고, '칼럼난(column+欄)'은 외래어와 한자어가 결합한 것이므로 두음 법칙을 적용하여 표기한다.

- 한글 맞춤법 제11항에 의하면, 한자음 '랴, 려, 례, 료, 류, 리'가 단어의 첫머리에 올 적에는 두음 법칙에 따라 '야, 여, 예, 요, 유, 이'로 적고, 단어의 첫머리 이외의 경우에는 본음대로 적는다. 다만, 고유어나 외래어 뒤에 결합한 한자어는 독립적인 한 단어로 인식이 되기 때문에 두음 법칙이 적용된다.
- 한글 맞춤법 제12항에 의하면, 한자음 '라, 래, 로, 뢰, 루, 르'가 단어의 첫머리에 올 적에는 두음 법칙에 따라 '나, 내, 노, 뇌, 누, 느'로 적고, 단어 첫머리 이외의 경우는 두음 법칙이 적용되지 않으므로 본음대로 적는다. 다만, 고유어나 외래어 뒤에 결합하는 경우에는 한자어 형태소가 하나의 단어로 인식되므로 두음 법칙이 적용된 형태로 적는다.

오답 분석 ① 한글 맞춤법 제30항에 따르면, 순우리말과 한자어로 된 합성어로서 앞말이 모음으로 끝나고 뒷말의 첫소리가 된소리로 나는 경우 사이시옷을 받치어 적는다. '꼭짓점'은 고유어 '꼭지'와 한자어 '점(點)'이 결합한 합성어이며, 뒷말의 첫소리가 된소리로 나기 때문에 사이시옷을 밝혀 적는다. 따라서 '꼭짓점'으로 표기하는 것이 적절하다.
③ 한글 맞춤법 제23항에 따르면, '-하다'나 '-거리다'가 붙는 어근에 '-이'가 붙어서 명사가 된 것은 그 원형을 밝히어 적고, '-하다'나 '-거리다'가 붙을 수 없는 어근에 '-이'나 다른 모음으로 시작하는 접미사가 붙어서 명사가 된 것은 그 원형을 밝히어 적지 아니한다. 따라서 '딱따구리'로 표기하는 것이 적절하다.
④ 한글 맞춤법 제30항에 따르면, 두 음절로 된 한자어 중 '곳간(庫間)', '셋방(貰房)', '숫자(數字)', '찻간(車間)', '툇간(退間)', '횟수(回數)'에만 사이시옷이 들어간다. 따라서 '화병(火病)'에는 사이시옷을 표기하지 않는다.

07 난도 ★★★ ④

두음 법칙에 따르면, 모음이나 'ㄴ' 받침 뒤에 이어지는 '렬, 률'은 '열, 율'로 적도록 규정하고 있다(한글 맞춤법 제3장 제5절 제11항). '백분율'은 '백분-'의 'ㄴ' 받침 뒤에 '률'이 이어지는 것이므로 '율'로 쓰는 것이 적절하다.

오답 분석 ① '빼앗다'가 기본형이고, 여기에 피동 접미사 '-기-'가 결합한 것이므로 '빼앗기다'로 써야 한다. 즉, '빼앗겼냐'는 '빼앗-+-기(피동 접미사)-+-었(과거시제 선어말 어미)-+-냐(의문형 종결 어미)'로 구성된 것이다.
② '하루동안'은 한 단어가 아니므로 '하루∨동안'으로 써야 한다.
③ 부사의 끝음절이 분명히 '이'로만 소리 나는 것은 '-이'로 적는다(한글 맞춤법 제6장 제1절 제51항). '번번이'는 끝소리가 분명히 '이'로 나는 경우이므로 '번번이'로 적는다.

ⓛ 한글 맞춤법 제41항에 따르면 조사는 그 앞말에 붙여 쓴다고 하였다. '만'은 '하다, 못하다'와 함께 쓰여 앞말이 나타내는 대상이나 내용 정도에 달함을 나타내는 보조사이고, '한'은 동사 '하다'의 활용형이다. 따라서 '책만∨한'과 같이 '만'은 앞말과 붙여 쓰고, '한'은 앞말과 띄어 써야 한다.

ⓑ '지혜를 늘리다.'와 같은 표현에서는 '재주나 능력 따위를 나아지게 하다.'라는 뜻을 가진 '늘리다'를 쓰는 것이 적절하다.

[오답 분석] ㉠ 한글 맞춤법 제42항에 따르면 의존 명사는 띄어 쓴다고 하였다. '데'는 '경우'의 뜻을 나타내는 의존 명사이므로 '보내는∨데에는'과 같이 앞말과 띄어 써야 한다.

ⓒ 한글 맞춤법 제48항에 따르면 성과 이름, 성과 호 등은 붙여 쓰고, 이에 덧붙는 호칭어, 관직명 등은 띄어 쓴다고 하였다. 따라서 관직명인 '박사'는 '김∨박사님의'와 같이 앞말과 띄어 써야 한다.

ⓔ 한글 맞춤법 제51항에 따르면 부사의 끝음절이 분명히 '이'로만 나는 것은 '-이'로 적고, '히'로만 나거나 '이'나 '히'로 나는 것은 '-히'로 적는다고 하였다. 또한 '-하다'가 붙는 어근 뒤에는 '-히'로 적는다고 하였으므로 '솔직이'가 아닌 '솔직히'로 쓰는 것이 적절하다.

ⓜ '둘 이상의 일정한 대상들을 나란히 놓고 비교하여 살피다.'라는 뜻을 가진 '맞추다'는 '답안지를 정답과 맞추다.'와 같은 경우에 쓸 수 있다. '문제에 대한 답을 틀리지 않게 하다.'라는 뜻을 가진 '맞히다'는 '답을 맞히다.'로 쓰는 것이 옳은 표현이므로 '맞추기'가 아닌 '맞히기'로 쓰는 것이 적절하다.

ⓝ '으로써'는 주로 '-ㅁ/-음' 뒤에 붙어 어떤 일의 이유를 나타내는 격 조사이다. 따라서 '읽음으로써'로 쓰는 것이 적절하다.

ⓞ '-겠-'은 주체의 의지를 나타내는 어미로 쓰였으므로 '해야겠다'와 같이 앞말과 붙여 쓰는 것이 적절하다.

한글 맞춤법 제27항 [붙임 2]에 따르면 '어원이 분명하지 아니한 것은 원형을 밝히어 적지 아니한다.'라고 하였으므로 이에 따라 '며칠'로 적는 것이 옳다. '몇+일'로 분석하여 '몇 일'로 적는 경우는 잘못된 표현이며 '며칠'로 적어야 한다.

[오답 분석] ① '어찌 된 일, 의외의 뜻'을 나타낼 때는 '왠일'이 아닌 '웬일'을 쓴다.

③ '손바닥, 발바닥 따위에 굳은살이 생기다.'의 의미로 쓰일 때는 '박이다'가 맞다.

④ '틀림없이 언제나'를 뜻하는 '으레'는 '모음이 단순화한 형태를 표준어로 삼는다.'라는 표준어 규정 제1부 제10항에 따라 '으례'를 버리고 '으레'를 표준어로 삼는다.

둘 이상의 단어가 어울리거나 접두사가 붙어서 이루어진 말은 각각 그 원형을 밝히어 적는다.

꺾꽂이	꽃잎	부엌일	웃옷
첫아들	칼날	헛웃음	홀몸
겉늙다	굶주리다	낮잡다	맞먹다
새파랗다	엇나가다	엿듣다	헛되다

[붙임 1] 어원은 분명하나 소리만 특이하게 변한 것은 변한 대로 적는다.

할아버지	할아범

[붙임 2] 어원이 분명하지 아니한 것은 원형을 밝히어 적지 아니한다.

골병	골탕	끌탕	며칠
아재비	오라비	업신여기다	부리나케

→ '며칠'은 '몇 년 몇 월 몇 일'처럼 '몇'이 공통되는 것으로 인식하여 '몇 일'로 쓰는 일이 많다. 그러나 '몇 일'이라고 하면 [며딜]로 소리가 나야 한다. 이러한 점은 '몇 월'이 [며둴]로 발음되는 것에서 알 수 있다. 그러나 실제 발음은 [며칠]이라서 '몇일'로 적으면 표준어 [며칠]을 나타낼 수 없다. 따라서 '몇'과 '일'의 결합으로 보지 않고 소리 나는 대로 '며칠'로 적는다.

[붙임 3] '이[齒, 虱]'가 합성어나 이에 준하는 말에서 '니' 또는'리'로 소리 날 때에는 '니'로 적는다.

덧니	사랑니	송곳니	앞니
어금니	윗니	젖니	틀니

[오답 분석] ㉠ '담그다'가 기본형이므로 '담가'로 활용한다. 따라서 '물에 담가 두고'로 쓰는 것이 적절하다.

ⓔ '졸이다'는 찌개나 국의 국물을 줄게 하는 것을 이르는 말인 반면, '조리다'는 양념의 맛이 재료에 푹 스며들도록 국물이 거의 없을 정도로 바짝 끓여내는 것을 이르는 말이다. 따라서 '미역국이 끓는 동안 생선도 조렸다.'로 쓰는 것이 적절하다.

ⓑ '하느라고'는 앞말이 뒷말의 목적이나 원인이 됨을 나타내는 반면, '하노라고'는 자기 나름대로 꽤 노력했음을 표현하는 말이다. 따라서 문맥상 '하노라고'로 쓰는 것이 적절하다.

한글 맞춤법 제35항 [붙임 2]에 따르면 어간 모음 'ㅚ' 뒤에 '-어'가 결합하여 'ㅙ'로 줄어드는 경우, 'ㅙ'로 적는다고 하였다. 그러나 간접 인용절에 쓰여 명령의 뜻을 나타내는 종결 어미 '-라'가 어간 '되-' 뒤에 결합할 때는 '되어라(돼라)'가 아닌 '되라'로 적어야 하므로 '되라는'이 맞는 표기이다.

[오답 분석] ② '되었다'는 어간 '되-'에 과거 시제 선어말 어미 '-었-'과 어말 어미 '-다'가 결합한 형태이므로 올바른 표기이다.

③ '돼라'는 어간 '되-'에 명령의 뜻을 나타내는 종결 어미 '-어라'가 결합한 '되어라'의 축약형이므로 올바른 표기이다.

④ '되고'는 어간 '되-'에 어미 '-고'가 결합한 형태이므로 올바른 표기이다.

12 난도 ★★★ ④

한글 맞춤법 제30항에 따르면, 순우리말과 한자어로 된 합성어로서 앞말이 모음으로 끝난 경우 뒷말의 첫소리 'ㄴ, ㅁ' 앞에서 'ㄴ' 소리가 덧날 때 사이시옷을 받치어 적는다. '인사말'은 '인사(人事)+말'과 같이 한자어와 순우리말로 구성된 합성어이며, 앞말이 모음으로 끝났지만 [인산말]과 같이 'ㄴ' 소리가 덧나지 않고 [인사말]로 발음되므로 사이시옷을 받치어 적지 않는다.

오답 분석 ① 한글 맞춤법 제30항에 따르면, 순우리말로 된 합성어로서 앞말이 모음으로 끝나고 뒷말의 첫소리 'ㅁ' 앞에서 'ㄴ' 소리가 덧나는 것은 사이시옷을 받치어 적는다고 하였으므로 [노랜말]은 '노랫말'로 표기한다.

② '순댓국'은 순우리말로 된 합성어로, 뒷말의 첫소리가 된소리로 발음되어 [순대꾹/순댇꾹]으로 발음한다. 그러므로 한글 맞춤법 제30항에 따라 사이시옷을 받치어 적는다.

③ '하굣길'은 한자어 '하교'와 순우리말 '길'이 결합한 합성어로, 뒷말의 첫소리가 된소리로 발음되어 [하교낄/하굗낄]로 발음한다. 그러므로 한글 맞춤법 제30항에 따라 사이시옷을 받치어 적는다.

13 난도 ★★★ ②

'마개(막-+-애)'와 '마감(막-+-암)'은 (나)에 제시된 '어간에 '-이'나 '-음' 이외의 모음으로 시작된 접미사가 붙어서 다른 품사로 바뀐 것은 그 어간의 원형을 밝히어 적지 아니한다.'는 규정의 예이다. 하지만 '지붕(집+-웅)'은 (라)에 제시된 '명사 뒤에 '-이' 이외의 모음으로 시작된 접미사가 붙어서 된 말은 그 명사의 원형을 밝히어 적지 아니한다.'는 규정의 예에 해당한다.

오답 분석 ① '미닫이(미닫-+-이)'는 어간에 '-이'가 붙어서 명사로 된 것, '졸음(졸-+-음)'은 어간에 '-음'이 붙어서 명사로 된 것, '익히(익-+-히)'는 어간에 '-히'가 붙어서 부사로 된 것이므로, (가)에 제시된 규정의 예에 해당한다.

③ '집집이(집집+-이)'는 명사 뒤에 '-이'가 붙어서 부사로 된 것, '육손이(육손+-이)'와 '곰배팔이(곰배팔+-이)는 명사 뒤에 '-이'가 붙어 명사로 된 것이므로, (다)에 제시된 규정의 예에 해당한다.

④ '끄트머리(끝+-으머리)', '바가지(박+-아지)', '이파리(잎+-아리)'는 명사 뒤에 '-이' 이외의 모음으로 시작된 접미사가 붙어 명사의 원형을 밝히어 적지 아니하였으므로, (라)에 제시된 규정의 예에 해당한다.

PLUS+ 한글 맞춤법 제19항

어간에 '-이'나 '-음/-ㅁ'이 붙어서 명사로 된 것과 '-이'나 '-히'가 붙어서 부사로 된 것은 그 어간의 원형을 밝히어 적는다.

• '-이'가 붙어서 명사로 된 것

길이	다듬이	달맞이
미닫이	살림살이	쇠붙이

• '-음/-ㅁ'이 붙어서 명사로 된 것

걸음	묶음	얼음
울음	죽음	앎

• '-이'가 붙어서 부사로 된 것

같이	굳이	높이
많이	실없이	짓궂이

• '-히'가 붙어서 부사로 된 것

밝히	익히	작히

다만, 어간에 '-이'나 '-음'이 붙어서 명사로 바뀐 것이라도 그 어간의 뜻과 멀어진 것은 원형을 밝히어 적지 아니한다.

굽도리	다리[髢]	목거리(목병)
코끼리	거름(비료)	고름[膿]

[붙임] 어간에 '-이'나 '-음' 이외의 모음으로 시작된 접미사가 붙어서 명사로 바뀐 것은 그 어간의 원형을 밝히어 적지 아니한다.

• 명사로 바뀐 것

귀머거리	까마귀	너머
마감	마개	마중
무덤	쓰레기	올가미

• 부사로 바뀐 것

거뭇거뭇	너무	도로
바투	불긋불긋	비로소

• 조사로 바뀌어 뜻이 달라진 것

나마	부터	조차

14 난도 ★★★ ④

'아니신데'에 쓰인 '-ㄴ데'는 뒤 절에서 어떤 일을 설명하거나 묻거나 시키거나 제안하기 위하여 그 대상과 상관되는 상황을 미리 말할 때에 쓰는 연결 어미이다. 어미는 앞말과 붙여 써야 하므로 '아니신데'와 같이 붙여 쓰는 것이 적절하다.

오답 분석 ① '본 데가'에 쓰인 '데'는 '곳'이나 '장소'의 뜻을 나타내는 의존 명사이므로 '본ㅇ데가'와 같이 앞말과 띄어 써야 한다.

② '돕는 데에'에 쓰인 '데'는 '일'이나 '것'의 뜻을 나타내는 의존 명사이므로 '돕는ㅇ데에'와 같이 앞말과 띄어 써야 한다.

③ '대접하는 데나'에 쓰인 '데'는 '경우'의 뜻을 나타내는 의존 명사이므로 '대접하는ㅇ데나'와 같이 앞말과 띄어 써야 한다.

PLUS+ '데'의 띄어쓰기

- '데'가 '곳, 장소, 일, 것, 경우' 등과 같이 쓰일 때는 의존 명사이므로 앞말과 띄어 써야 한다.
  예 의지할 데가 없는 사람
- '-ㄴ데'는 뒤 절에서 어떤 일을 설명하거나 묻거나 시키거나 제안하기 위하여 그 대상과 상관되는 상황을 미리 말할 때에 쓰는 연결 어미이므로 앞말과 붙여 써야 한다.
  예 그 사람이 정직하기는 한데 이번 일에는 적합지 않다.

15 난도 ★★☆ ③

- '사과들'에서 '-들'은 '복수(複數)'의 뜻을 더하는 접미사이므로 앞말에 붙여 써야 한다.
- 한글 맞춤법 제46항에서 단음절로 된 단어가 연이어 나타날 때는 붙여 쓸 수 있다고 하였기 때문에 '좀더 큰것'은 '좀ㅇ더ㅇ큰ㅇ것'으로 쓰는 것이 원칙이나, '좀더ㅇ큰것'으로 붙여 쓰는 것도 허용한다.

오답 분석

① • '지난달'은 '이달의 바로 앞의 달'이라는 뜻을 가진 하나의 단어이므로 붙여 써야 한다.
  • '겸'은 '두 가지 이상의 동작이나 행위를 아울러 함을 나타내는 말'이라는 뜻을 가진 의존 명사이므로 '만날ㅇ겸', '할ㅇ겸'과 같이 앞말과 띄어 써야 한다.

② '물샐틈없이'는 '(비유적으로) 조금도 빈틈이 없이'라는 뜻을 가진 하나의 단어이므로 붙여 써야 한다.

④ '는커녕'은 앞말을 지정하여 어떤 사실을 부정하는 뜻을 강조하는 보조사이므로 '감사하기는커녕'으로 붙여 써야 한다.

16 난도 ★★☆ ①

'번'은 '일의 횟수를 세는 단위'라는 뜻을 가진 의존 명사이므로 '한ㅇ번'과 같이 앞말과 띄어 써야 한다.

오답 분석 ② 제시된 문장의 '한번'은 '지난 어느 때나 기회'라는 뜻을 가진 명사이므로 붙여 써야 한다.

③ 제시된 문장의 '한번'은 '어떤 행동이나 상태를 강조하는 뜻을 나타내는 말'이라는 뜻을 가진 부사이므로 붙여 써야 한다.

④ 제시된 문장의 '한번'은 '어떤 일을 시험 삼아 시도함을 나타내는 말'이라는 뜻을 가진 부사이므로 붙여 써야 한다.

17 난도 ★★☆ ③

'듯싶다'는 '앞말이 뜻하는 사건이나 상태 따위를 짐작하거나 추측함을 나타내는 말'을 의미하는 보조 형용사이므로 붙여 써야 한다.

오답 분석 ① '할ㅇ만하다'의 '만하다'는 '앞말이 뜻하는 행동을 하는 것이 가능함을 나타내는 말'을 의미하는 보조 형용사이다. 한글 맞춤법 제47항 '보조 용언은 띄어 씀을 원칙으로 하되, 경우에 따라 붙여 씀도 허용한다.'라는 규정에 따라 '할ㅇ만하다'와 '할만하다' 둘 다 옳은 표현이다.

② • '대로'는 '어떤 모양이나 상태와 같이'라는 뜻을 가진 의존 명사이므로 '싶은ㅇ대로'와 같이 앞말과 띄어 써야 한다.
  • '테야'는 의존 명사 '터'에 서술격 조사 '이다'의 활용형인 '이야'가 결합하여 만들어진 '터이야'가 줄어든 말이다. 따라서 의존 명사 '터'는 '할ㅇ테야'와 같이 앞말과 띄어 써야 한다.

④ '체'는 '그럴듯하게 꾸미는 거짓 태도나 모양'이라는 뜻을 가진 의존 명사이므로 '아는ㅇ체를'과 같이 앞말과 띄어 써야 한다.

18 난도 ★★☆ ④

'는커녕'은 '앞말을 지정하여 어떤 사실을 부정하는 뜻을 강조하는 보조사'로서 한 단어이므로 '돕기는커녕'과 같이 붙여 쓴다.

오답 분석 ① '척'은 '그럴듯하게 꾸미는 거짓 태도나 모양'을 뜻하는 의존 명사이므로 '모르는ㅇ척'과 같이 앞말과 띄어 쓴다.

② '몇'은 '그리 많지 않은 얼마만큼의 수를 막연하게 이르는 말'을 뜻한다. 뒤에 나오는 의존 명사 '등'을 수식하는 관형사로 쓰였으므로 '몇ㅇ등'과 같이 뒷말과 띄어 쓴다.

③ '데'는 책을 다 읽는 '일'이나 '것'의 뜻을 나타내는 말로 쓰인 의존 명사이므로 '읽는ㅇ데'와 같이 앞말과 띄어 쓴다.

19 난도 ★☆☆ ①

- '야말로'는 강조하여 확인하는 뜻을 나타내는 보조사이므로 '너야말로'와 같이 앞말에 붙여 쓴다.
- '만하다'는 앞말이 뜻하는 행동을 하는 것이 가능함을 나타내는 보조 형용사이므로 '칭찬받을ㅇ만하다'와 같이 앞말과 띄어 씀을 원칙으로 하되, 경우에 따라 붙여 씀도 허용한다.

오답 분석

② • '수'는 '어떤 일을 할 만한 능력이나 어떤 일이 일어날 가능성'이라는 뜻을 가진 의존 명사이므로 '말할ㅇ수밖에'와 같이 앞말과 띄어 쓴다.
  • '밖에'는 '피할 수 없는'의 뜻을 나타내는 보조사이므로 '수밖에'와 같이 앞말에 붙여 쓴다.

③ • '께나'는 어느 정도 이상의 뜻을 나타내는 보조사이므로 '힘께나'와 같이 앞말과 붙여 쓴다.
  • 보조 동사 '말다'가 명령형으로 쓰일 때 '-지 마라'의 구성으로 쓰이므로 '자랑하지ㅇ마라'와 같이 본용언과 띄어 써야 한다.

④ '은커녕'은 보조사 '은'에 보조사 '커녕'이 결합한 말로, 앞말을 지정하여 어떤 사실을 부정하는 뜻을 강조하는 보조사이므로 '밥은커녕'과 같이 앞말에 붙여 써야 한다.

20 난도 ★☆☆ ③

'만에'가 '세 번'과 같은 횟수 뒤에 나타날 경우 의존 명사로서 '세∨번∨만에'와 같이 앞말과 띄어 쓴다.

[오답 분석] ① '-차'는 목적의 뜻을 더하는 접미사로, 명사 뒤에서 '~하려고, ~하기 위해'의 의미로 쓰이는 경우 '사업차'와 같이 앞의 명사와 붙여 쓴다.

② '만큼'은 앞의 내용에 상당한 수량이나 정도임을 나타내는 의존 명사로, '있을'과 같이 어간과 관형사형 전성 어미가 결합한 용언 뒤에서 띄어 쓴다.

④ '들'이 '쌀, 보리, 콩, 조, 기장'과 같이 단어의 나열 뒤에 나타날 경우 의존 명사로서 앞말과 띄어 쓴다.

21 난도 ★☆☆ ②

'시일 내'에서 '내(內)'는 '(일부 시간적, 공간적 범위를 나타내는 명사와 함께 쓰여) 일정한 범위의 안'이라는 의미를 갖는 의존 명사이다. 한글 맞춤법 제42항에 따르면 '의존 명사는 띄어 쓴다.'라고 했으므로 '시일∨내'로 띄어 쓰는 것이 옳다.

[오답 분석] ① '해도해도'는 '하다'의 어간 '하-'에 어미 '-아도'가 결합한 것으로 강조를 위해 반복한 표현이다. '해도해도'가 표준국어대사전에 합성어로 등재되지 않았으므로 '해도∨해도'로 띄어 쓰는 것이 옳다.

③ '대접하는데나'에서 '데'는 '경우'의 뜻을 나타내는 의존 명사이다. 한글 맞춤법 제42항에 따르면 '의존 명사는 띄어 쓴다.'라고 했으므로 '대접하는∨데나'로 띄어 쓰는 것이 옳다.

④ '정공법밖에'에서 '밖에'는 '그것 말고는', '그것 이외에는'의 뜻을 나타내는 보조사이다. 따라서 '정공법밖에'로 붙여 쓰는 것이 옳다.

22 난도 ★★☆ ②

'옛'은 '지나간 때의'를 뜻하는 관형사이고, '책'은 '옛'의 수식을 받는 명사이므로 '옛∨책을'과 같이 띄어 써야 한다.

[오답 분석] ① '그중'은 '범위가 정해진 여럿 가운데'의 뜻을 지닌 하나의 명사이므로 붙여 써야 한다.

③ '기회 있는 어떤 때에'를 뜻하는 '한번'은 하나의 부사이므로 붙여 써야 한다. 그러나 횟수를 나타내는 '한 번'의 경우는 의존 명사 '번'을 수 관형사 '한'이 수식하는 것이므로 띄어 써야 한다.

④ '굴속'은 '굴의 안'을 뜻하는 한 단어이므로 붙여 써야 한다.

23 난도 ★★★ ②

'제-'는 '그 숫자에 해당되는 차례'의 뜻을 더하는 접두사이므로 뒤의 말에 붙여 써야 한다. 또한 한글 맞춤법 제43항에 의하면 단위 명사는 띄어 쓰는 것이 원칙이나 수 관형사 뒤에 단위 명사가 붙어서 차례를 나타내는 경우에는 앞말과 붙여 쓸 수 있기 때문에, '제3∨장의(원칙)'와 '제3장의(허용)' 둘 다 어법에 맞는 표현이다.

[오답 분석] ① '걸'은 의존 명사 '것'을 활용한 '것을'의 구어적 표현으로, '좋은∨걸'과 같이 의존 명사는 앞말과 띄어 쓴다.

③ '지'는 어떤 일이 있었던 때로부터 지금까지의 동안을 나타내는 말인 의존 명사이므로, '진행한∨지'와 같이 앞말과 띄어 쓴다.

④ '차'는 주기나 경과의 해당 시기를 나타내는 말인 의존 명사이므로, '10년∨차'와 같이 앞말과 띄어 쓴다.

24 난도 ★★☆ ③

· '부부 사이'를 뜻하는 '부부간'은 한 단어이므로 붙여 쓴다.

· '얼마간'은 '그리 많지 아니한 수량이나 정도'라는 뜻의 한 단어이므로 붙여 쓴다.

[오답 분석]

① · '안되다'는 '섭섭하거나 가엾어 마음이 언짢다.'라는 뜻의 한 단어이므로 붙여 쓴다.

· '안'은 '아니'의 준말로 부사이므로 '안∨돼'와 같이 띄어 쓴다.

② · '아무것'은 '대단하거나 특별한 어떤 것'이라는 뜻의 한 단어이므로 붙여 쓴다.

· 관형사형 어미 뒤에 오는 '것'은 의존 명사로, '본∨것'과 같이 앞말과 띄어 쓴다.

④ · '만하다'는 용언 뒤에서 '~을 만하다'의 구성으로 쓰이는 보조 용언으로, 한글 맞춤법 제47항에 따르면 보조 용언은 띄어 씀을 원칙으로 하되, 경우에 따라 붙여 씀도 허용한다('믿을∨만하다'를 원칙으로 하되, '믿을만하다'도 허용함).

· '지난번'은 '말하는 때 이전의 지나간 차례나 때'라는 뜻의 한 단어이므로 붙여 쓴다.

· '만'은 앞말이 나타내는 대상이나 내용 정도에 달함을 나타내는 보조사로 앞의 체언 '집채'와 붙여 쓴다. 뒤의 '한'은 동사 '하다'의 활용형이므로 '집채만(큼)∨한'과 같이 띄어 쓴다.

25 난도 ★★☆　　　　　　　　　　　　　　① ①

'한밤중에'는 명사 '한밤중'과 부사격 조사 '에'가 결합한 형태이므로 붙여 써야 한다. '한밤중'은 '깊은 밤'을 의미하는 하나의 단어이다. '중'이 의존 명사로 쓰이는 경우에는 '근무 중, 재학 중' 등과 같이 띄어 써야 한다.

오답분석 ② 'ㄹ뿐더러'는 어떤 일이 그것만으로 그치지 않고 나아가 다른 일이 더 있음을 나타내는 연결 어미이다. 따라서 어간에 붙여 써야 하므로 '잘할뿐더러'로 쓴다.

③ '만'은 '앞말이 가리키는 동안이나 거리'를 나타내는 의존 명사이므로, '시간∨만에'와 같이 띄어 써야 한다.

④ '안되다'가 '일, 현상, 물건 따위가 좋게 이루어지지 않다.'의 의미로 쓰일 때에는 하나의 단어이므로 붙여 쓴다. 부정이나 반대의 뜻을 나타내는 말인 부사 '안'이 동사 '되다' 앞에 쓰여 부정 표현을 나타낼 때는 '안∨되다'와 같이 띄어 써야 한다.

26 난도 ★★☆　　　　　　　　　　　　　　② ②

열거된 항목 중 어느 하나가 자유롭게 선택될 수 있음을 보일 때는 대괄호([ ])가 아니라 중괄호( )를 사용하여 '건물 에, 로, 까지'로 써야 한다.

오답분석 ① 고유어에 대응하는 한자어를 함께 보일 때 대괄호를 쓴다.

③ 괄호 안에 또 괄호를 쓸 필요가 있을 때 바깥쪽의 괄호로 대괄호를 쓴다.

④ 원문에 대한 이해를 돕기 위해 설명이나 논평 등을 덧붙일 때 대괄호를 쓴다.

27 난도 ★☆☆　　　　　　　　　　　　　　② ②

한글 맞춤법 제4항의 규정에 따른 사전 등재 순서를 고려하면, ㉠ → ㉢ → ㉣ → ㉡이 적절하다.

PLUS+	한글 자모의 사전 등재 순서(한글 맞춤법 제4항)
자음	ㄱ ㄲ ㄴ ㄷ ㄸ ㄹ ㅁ ㅂ ㅃ ㅅ ㅆ ㅇ ㅈ ㅉ ㅊ ㅋ ㅌ ㅍ ㅎ
모음	ㅏ ㅐ ㅑ ㅒ ㅓ ㅔ ㅕ ㅖ ㅗ ㅘ ㅙ ㅚ ㅛ ㅜ ㅝ ㅞ ㅟ ㅠ ㅡ ㅢ ㅣ
받침 글자	ㄱ ㄲ ㄳ ㄴ ㄵ ㄶ ㄷ ㄹ ㄺ ㄻ ㄼ ㄽ ㄾ ㄿ ㅀ ㅁ ㅂ ㅄ ㅅ ㅆ ㅇ ㅈ ㅊ ㅋ ㅌ ㅍ ㅎ

28 난도 ★☆☆　　　　　　　　　　　　　　② ②

표준어 규정 제1부 제8항에 따르면 양성 모음이 음성 모음으로 바뀌어 굳어진 다음 단어는 음성 모음 형태를 표준어로 삼는다고 하였으므로, '깡충깡충'을 표준어로 인정한다.

오답분석 ① '발가숭이'는 '옷을 모두 벗은 알몸뚱이 / 흙이 드러나 보일 정도로 나무나 풀이 거의 없는 산을 비유적으로 이르는 말'을 의미하는 명사이다. 참고로 '발가송이'는 표준어 규정 제1부 제8

항에 따라 표준어로 인정하지 않는다.

③ '뻗정다리'는 '구부렸다 폈다 하지 못하고 늘 벋어 있는 다리 또는 그런 다리를 가진 사람 / 뻣뻣해져서 자유롭게 굽힐 수가 없게 된 물건'을 의미하는 '벋정다리'의 센말이다. 참고로 '뻗장다리'는 표준어 규정 제1부 제8항에 따라 표준어로 인정하지 않는다.

④ '오뚝이'는 '밑을 무겁게 하여 아무렇게나 굴려도 오뚝오뚝 일어서는 어린아이들의 장난감'을 의미하는 명사와 '작은 물건이 도드라지게 높이 솟아 있는 모양 / 갑자기 발딱 일어서는 모양'이라는 뜻을 가진 부사로 사용된다. 참고로 '오똑이'는 표준어 규정 제1부 제8항에 따라 표준어로 인정하지 않는다.

PLUS+	표준어 규정 제1부 제8항	

양성 모음이 음성 모음으로 바뀌어 굳어진 다음 단어는 음성 모음 형태를 표준어로 삼는다. (ㄱ을 표준어로 삼고, ㄴ을 버림)

ㄱ	ㄴ	비고
깡충-깡충	깡총-깡총	큰말은 '껑충껑충'임
-둥이	-동이	← 童-이. 귀-, 막-, 선-, 쌍-, 검-, 바람-, 흰-
발가-숭이	발가-송이	센말은 '빨가숭이', 큰말은 '벌거숭이, 뻘거숭이'임
보퉁이	보통이	
봉죽	봉족	← 奉足. ~꾼, ~들다
뻗정-다리	뻗장-다리	
아서, 아서라	앗아, 앗아라	하지 말라고 금지하는 말
오뚝-이	오똑-이	부사도 '오뚝-이'임
주추	주초	← 柱礎. 주춧-돌

29 난도 ★★★　　　　　　　　　　　　　　② ②

표준어 규정 제1부 제7항에 따르면 '수'는 역사적으로 '숳'과 같이 'ㅎ'을 맨 마지막 음으로 가지고 있는 말이었으나 현대에 와서는 이러한 'ㅎ'이 모두 떨어졌으므로 떨어진 형태를 기본적인 표준어로 규정하였다. 다만 'ㅎ'의 흔적이 남아 있는 현대의 단어들은 '수ㅎ'이 뒤의 예사소리와 결합하였을 때 거센소리로 축약되는 일이 흔하여 그 언어 현실을 존중한다고 하였다. '수평아리, 수탕나귀'는 '수ㅎ'의 흔적이 남아 있는 단어 중 하나로, '병아리'와 '당나귀'에 접두사 '수ㅎ'이 결합하여 만들어졌다. 따라서 '숫병아리, 숫당나귀'는 표준어 규정에 맞지 않는 단어이다.

오답분석

① • 표준어 규정에 따르면 '수'와 뒤의 말이 결합할 때, 발음상 [ㄴ(ㄴ)] 첨가가 일어나거나 뒤의 예사소리가 된소리가 되는 경우 사이시옷과 유사한 효과를 보이는 것이라 판단하여 '수'에 'ㅅ'을 붙인 '숫'을 표준어형으로 규정하였다. 이러한 경우는 '숫양[순냥], 숫염소[순념소], 숫쥐[숟쮜]'만 해당하므로 '숫양'은 표준어 규정에 맞는 단어이다.

- '수ㅎ'이 뒤의 예사소리와 결합하면 거센소리로 축약되는 언어 현실을 존중한다고 하였으므로 접두사 '수ㅎ'에 '기와'가 결합하면 '수키와'가 된다. 따라서 '수키와'는 표준어 규정에 맞는 단어이다.
③ • '수ㅎ'이 뒤의 예사소리와 결합하면 거센소리로 축약되는 언어 현실을 존중한다고 하였으므로 접두사 '수ㅎ'에 '돼지'가 결합하면 '수퇘지'가 된다. 따라서 '수퇘지'는 표준어 규정에 맞는 단어이다.
  • 수컷을 이르는 접두사는 '수-'로 통일한다는 표준어 규정에 따라 '수은행나무'가 표준어에 해당한다. '숫-'을 접두사로 하는 단어는 '숫양, 숫염소, 숫쥐'만 해당한다.
④ '수ㅎ'이 뒤의 예사소리와 결합하면 거센소리로 축약되는 언어 현실을 존중한다고 하였으므로 접두사 '수ㅎ'에 '강아지, 닭'이 결합하면 '수캉아지, 수탉'이 된다. 따라서 '수캉아지'와 '수탉'은 표준어 규정에 맞는 단어이다.

PLUS+ 표준어 규정 제1부 제7항

수컷을 이르는 접두사는 '수-'로 통일한다. (ㄱ을 표준어로 삼고, ㄴ을 버림)

ㄱ	ㄴ	ㄱ	ㄴ
수꿩	수퀑/숫꿩	수사돈	숫사돈
수나사	숫나사	수소	숫소
수놈	숫놈	수은행나무	숫은행나무

다만 1. 다음 단어에서는 접두사 다음에서 나는 거센소리를 인정한다. 접두사 '암-'이 결합되는 경우에도 이에 준한다. (ㄱ을 표준어로 삼고, ㄴ을 버림)

ㄱ	ㄴ	ㄱ	ㄴ
수캉아지	숫강아지	수탕나귀	숫당나귀
수캐	숫개	수톨쩌귀	숫돌쩌귀
수컷	숫것	수퇘지	숫돼지
수키와	숫기와	수평아리	숫병아리
수탉	숫닭		

다만 2. 다음 단어의 접두사는 '숫-'으로 한다. (ㄱ을 표준어로 삼고, ㄴ을 버림)

ㄱ	ㄴ	ㄱ	ㄴ
숫양	수양	숫쥐	수쥐
숫염소	수염소		

30 난도 ★★★　　　　　　　　　　　①

표준어 규정 제1부 제5항에 따르면 '강낭콩, 고삿, 사글세, 울력성당'과 같이 어원에서 멀어진 형태로 굳어져서 널리 쓰이는 것은 그것을 표준어로 삼는다고 하였다.

오답 분석 ② 표준어 규정 제1부 제5항 '다만, 어원적으로 원형에 더 가까운 형태가 아직 쓰이고 있는 경우에는 그것을 표준어로 삼는다.'의 예로는 '갈비, 갓모, 굴젓, 말곁, 물수란, 밀뜨리다, 적이, 휴지'가 있다.
③ 표준어 규정 제1부 제11항 '모음의 발음 변화를 인정하여, 발음이 바뀌어 굳어진 형태를 표준어로 삼는다.'의 예로는 '-구려, 깍쟁이, 나무라다, 미수, 바라다, 상추' 등이 있다.
④ 표준어 규정 제1부 제17항 '비슷한 발음의 몇 형태가 쓰일 경우, 그 의미에 아무런 차이가 없고 그중 하나가 더 널리 쓰이면, 그 한 형태만을 표준어로 삼는다.'의 예로는 '거든그리다, 구어박다, 귀고리, 귀띔, 귀지, 까딱하면' 등이 있다.

31 난도 ★★☆　　　　　　　　　　　③

'깨단하게'는 '오랫동안 생각해 내지 못하던 일 따위를 어떠한 실마리로 말미암아 깨닫거나 분명히 알다.'를 의미하는 표준어이다.

오답 분석 ① '뉘연히'는 비표준어이며, '남의 시선을 의식하여 조심하거나 굽히는 데가 없이'를 의미하는 '버젓이'가 표준어이다.
② '뒤어내다'는 비표준어이며, '샅샅이 뒤져서 들춰내거나 찾아내다.'를 의미하는 '뒤져내다'가 표준어이다.
④ '허구헌'은 비표준어이며, '날, 세월 따위가 매우 오래다.'를 의미하는 '허구한'이 표준어이다.

32 난도 ★★☆　　　　　　　　　　　③

표준어 규정 제2부 제30항에 따르면 사이시옷 뒤에 '이' 음이 결합되는 경우에는 [ㄴㄴ]으로 발음한다고 하였다. 따라서 '나뭇잎'은 [나문닙]으로만 발음할 수 있다.

오답 분석 ① 표준어 규정 제2부 제29항에 따르면 합성어 및 파생어에서, 앞 단어나 접두사의 끝이 자음이고 뒤 단어나 접미사의 첫 음절이 '이, 야, 여, 요, 유'인 경우에는 'ㄴ' 음을 첨가하여 [니, 냐, 녀, 뇨, 뉴]로 발음한다고 하였다. 다만, '금융'의 경우 'ㄴ' 음을 첨가하여 발음하되, 표기대로 발음할 수 있다고 하였으므로 [금늉/그뮹] 모두 허용된다.
② 표준어 규정 제2부 제30항에 따르면 'ㄱ, ㄷ, ㅂ, ㅅ, ㅈ'으로 시작하는 단어 앞에 사이시옷이 올 때는 이들 자음만을 된소리로 발음하는 것을 원칙으로 하되, 사이시옷을 [ㄷ]으로 발음하는 것도 허용한다고 하였다. 따라서 '샛길'은 [새ː낄/샏ː낄] 모두 허용된다.
④ 표준어 규정 제2부 제29항에 따르면 합성어 및 파생어에서 앞 단어나 접두사의 끝이 자음이고 뒤 단어나 접미사의 첫음절이 '이, 야, 여, 요, 유'인 경우에는 'ㄴ' 음을 첨가하여 [니, 냐, 녀, 뇨, 뉴]로 발음한다고 하였다. 다만, '이죽이죽'의 경우 'ㄴ' 음을 첨가하여 발음하되, 표기대로 발음할 수 있다고 하였으므로 [이중니죽/이주기죽] 모두 허용된다.

33 난도 ★★☆   ①

'ㄴ'은 'ㄹ'의 앞이나 뒤에서 [ㄹ]로 발음한다(표준 발음법 제20항). 따라서 '마천루'는 [마철루]로 발음한다.

34 난도 ★★☆   ②

'젊지'에서 어간 '젊-'과 어미 '-지'가 만나면 어미의 첫소리 'ㅈ'은 된소리로 바뀌어 [점찌]로 발음하므로 (가)에 해당하는 예로 적절하다. 또한 '핥다'의 어간 '핥-'과 어미 '-다'가 만나면 어미의 첫소리 'ㄷ'은 된소리로 바뀌어 [할따]로 발음하므로 (나)에 해당하는 예로 적절하다.

오답분석 • '신기다'는 '신다'의 어간 '신-'에 사동 접미사 '-기-'가 붙어서 만들어진 단어이다. 이때 피동, 사동의 접미사 '-기-'는 된소리로 발음하지 않는다고 하였으므로 [신기다]로 발음한다. 따라서 (가)에 해당하는 예가 될 수 없다.

• '여덟도'는 명사 '여덟'과 조사 '도'가 결합한 형태이다. 이때 자음군 단순화가 일어나 겹받침의 'ㅂ'이 탈락하고 [여덜도]로 발음하므로 (나)에 해당하는 예가 될 수 없다.

PLUS+   어간 받침에 따른 어미의 된소리 발음

표준어 규정 제2부 제6장 제24항
어간 받침 'ㄴ(ㄵ), ㅁ(ㄻ)' 뒤에 결합되는 어미의 첫소리 'ㄱ, ㄷ, ㅅ, ㅈ'은 된소리로 발음한다.

신고[신ː꼬]	껴안다[껴안따]
앉고[안꼬]	얹다[언따]
삼고[삼ː꼬]	더듬지[더듬찌]
닮고[담ː꼬]	젊지[점ː찌]

다만, 피동, 사동의 접미사 '-기-'는 된소리로 발음하지 않는다.

안기다	감기다	굶기다	옮기다

• '용언 어간 뒤'와 '어미'라는 문법적 조건이 충족되어야 한다.
• 체언의 경우 같은 음운 조건이라도 된소리로 발음하지 않는다.
• 비음 중에서 'ㄴ, ㅁ'만 제시된 것은 'ㅇ'으로 끝나는 용언 어간이 없기 때문이다.

표준어 규정 제2부 제6장 제25항
어간 받침 'ㄼ, ㅌ' 뒤에 결합되는 어미의 첫소리 'ㄱ, ㄷ, ㅅ, ㅈ'은 된소리로 발음한다.

넓게[널께]	핥다[할따]	훑소[훌쏘]	떫지[떨ː찌]

• 어간이 'ㄼ, ㅌ'으로 끝나는 용언의 활용형에서만 일어난다.
• '여덟'과 같이 'ㄼ'으로 끝나는 체언 뒤에서는 경음화가 일어나지 않는다.

35 난도 ★★☆   ②

'끊기다'에서 어간의 겹받침 'ㄶ'의 'ㅎ'이 'ㄱ'으로 시작하는 어미와 만나면 'ㅋ'으로 축약되어 [끈키다]로 발음된다.

오답분석 ① 어간의 겹받침 'ㄺ'이 'ㄱ'으로 시작하는 어미를 만나면 'ㄹ'로 발음된다.

③ 앞말의 종성 'ㄷ'과 뒷말의 초성 'ㅎ'이 만나면 'ㅌ'으로 축약된다.

④ 어간의 겹받침 'ㄼ'은 주로 'ㄹ'이 발음되나 예외적으로 'ㄱ'으로 시작하는 어미 앞에서는 'ㅂ'이 발음된다. 다만, '밟'은 자음 앞에서 [밥]으로 발음한다.

36 난도 ★★☆   ①

표준어 규정 제2부 제13항에 따르면 홑받침이나 쌍받침이 모음으로 시작된 조사나 어미, 접미사와 결합되는 경우에는 제 음가대로 뒤 음절 첫소리로 옮겨 발음한다고 하였다. 따라서 '풀꽃아'는 명사 '풀꽃'과 조사 '아'가 결합된 것이므로 받침을 뒤 음절 첫소리로 옮겨 [풀꼬차]로 발음해야 한다.

오답분석 ② 표준어 규정 제2부 제12항 [붙임 2]에 따르면 받침 'ㅎ(ㄶ, ㅀ)' 뒤에 'ㄱ, ㄷ, ㅈ'이 결합되는 경우에는 뒤 음절 첫소리와 합쳐서 [ㅋ, ㅌ, ㅊ]으로 발음하고, 'ㄷ'으로 발음되는 'ㅅ, ㅈ, ㅊ, ㅌ'의 경우에도 이에 준한다고 하였다. 따라서 '옷 한 벌'은 [오탄벌]로 발음해야 한다.

③ 표준어 규정 제2부 제10항에 따르면 겹받침 'ㄳ', 'ㄵ', 'ㄼ, ㄽ, ㄾ', 'ㅄ'은 어말 또는 자음 앞에서 각각 [ㄱ, ㄴ, ㄹ, ㅂ]으로 발음한다고 하였다. 다만 '넓-'은 '넓죽하다[넙쭈카다]'와 '넓둥글다[넙뚱글다]'의 경우 [넙]으로 발음한다고 하였으므로 '넓둥글다'는 [넙뚱글다]로 발음해야 한다.

④ 표준어 규정 제2부 제11항에 따르면 겹받침 'ㄺ, ㄻ, ㄿ'은 어말 또는 자음 앞에서 각각 [ㄱ, ㅁ, ㅂ]으로 발음한다고 하였으므로 '늙습니다'는 [늑씀니다]로 발음해야 한다.

37 난도 ★☆☆   ③

외래어 표기법 제1장 제3항에 따르면 받침에는 'ㄱ, ㄴ, ㄹ, ㅁ, ㅂ, ㅅ, ㅇ'만을 쓴다고 하였으므로 이는 적절하지 않다.

오답분석 ① 외래어 표기법 제1장 제1항에 따르면 외래어는 국어의 현용 24자모만으로 적는다.

② 외래어 표기법 제1장 제2항에 따르면 외래어의 1 음운은 원칙적으로 1 기호로 적는다.

④ 외래어 표기법 제1장 제4항에 따르면 파열음 표기에는 된소리를 쓰지 않는 것을 원칙으로 한다.

국어의 받침은 'ㄱ, ㄴ, ㄷ, ㄹ, ㅁ, ㅂ, ㅇ'을 쓴다. 이와 비슷하게 외래어의 받침도 'ㄱ, ㄴ, ㄹ, ㅁ, ㅂ, ㅅ, ㅇ'을 이용해서 적는다. 'ㄷ' 대신 'ㅅ'을 쓰는 이유는 외래어와 조사를 연결했을 때 [로케드로]가 아닌 [로케스로], [로보들]이 아닌 [로보슬]과 같이 발음하기 때문이다.

굳모닝 → 굿모닝	디스켙 → 디스켓	슈퍼마켙 → 슈퍼마켓
커피숖 → 커피숍	핟라인 → 핫라인	라켙 → 라켓

38 난도 ★☆☆ ③

오답 분석

① • '플래카드'로 표기하는 것이 적절하다. '플랭카드'는 잘못된 표기이다.
　• '케이크'로 표기하는 것이 적절하다. '케익'은 잘못된 표기이다.

② '초콜릿'으로 표기하는 것이 적절하다. '쵸콜릿'은 잘못된 표기이다.

④ '캐비닛'으로 표기하는 것이 적절하다. '캐비넷'은 잘못된 표기이다.

39 난도 ★★★ ②

오답 분석 ① '리모컨', '버튼'으로 표기하는 것이 적절하다. '리모콘', '버턴'은 잘못된 표기이다.

③ '콘센트'로 표기하는 것이 적절하다. '컨센트'는 잘못된 표기이다.

④ '선루프', '스펀지'로 표기하는 것이 적절하다. '썬루프', '스폰지'는 잘못된 표기이다.

40 난도 ★★☆ ②

오답 분석 ㉠ '어젠다'로 표기하는 것이 적절하다. '아젠다'는 잘못된 표기이다.

㉢ '레크리에이션'으로 표기하는 것이 적절하다. '레크레이션'은 잘못된 표기이다.

㉣ '사이트'로 표기하는 것이 적절하다. '싸이트'는 잘못된 표기이다.

41 난도 ★★☆ ①

'플루트'로 표기하는 것이 적절하며, '플룻'은 잘못된 표기이다. 따라서 〈보기〉 중 외래어 표기법에 맞지 않은 단어의 개수는 1개이다.

42 난도 ★☆☆ ④

국어의 로마자 표기법 제3장 제6항에 따르면 자연 지물명, 문화재명, 인공 축조물명은 붙임표(-) 없이 붙여 쓴다고 하였다. 또한 국어의 로마자 표기법 제3장 제1항에 따르면 체언에서 'ㄱ, ㄷ, ㅂ' 뒤에 'ㅎ'이 따를 때에는 'ㅎ'을 밝혀 적는다고 하였으므로, '북한산[부칸산]'은 'Bukhansan'으로 표기하는 것이 적절하다.

오답 분석 ① 국어의 로마자 표기법 제3장 제4항 '1.'에 따르면 이름에서 일어나는 음운 변화는 표기에 반영하지 않는다고 하였다. 따라서 '복연필[봉년필]'은 'Bok Yeonphil'로 표기하는 것이 적절하다.

② 국어의 로마자 표기법 제2장 제1항에 따르면 'ㅓ'는 'eo'로 적는다. 따라서 '청와대[청와대]'는 'Cheongwadae'로 표기하는 것이 적절하다.

③ 국어의 로마자 표기법 제2장 제2항 [붙임 2]에 따르면 'ㄹㄹ'은 'll'로 적는다고 하였다. 따라서 '한라산[할라산]'은 'Hallasan'으로 표기하는 것이 적절하다.

43 난도 ★★☆ ④

정릉은 [정능]으로 소리 나므로 'Jeongneung'으로 표기한다.

오답 분석 ① 순대[순대]의 'ㅐ'는 'ae'이므로 'sundae'로 표기한다(로마자 표기법 제2장 제1항).

② 'ㅢ'는 'ㅣ'로 소리 나더라도 'ui'로 적는다(로마자 표기법 제2장 제1항 [붙임 1]). 따라서 '광희문'은 [광히문]으로 소리 나더라도 'Gwanghuimun'으로 표기한다.

③ 국어의 로마자 표기는 표준 발음법에 따라 적는 것을 원칙으로 한다(로마자 표기법 제1장 제1항). '왕십리'는 자음동화로 인해 [왕심니]로 소리 나므로 'Wangsimni'로 적는다.

44 난도 ★☆☆ ④

금강은 [금강]으로 발음되는데 로마자 표기법 제2장 제2항의 [붙임 1]에서 'ㄱ, ㄷ, ㅂ'은 모음 앞에서 'g, d, b'로, 자음 앞이나 어말에서 'k, t, p'로 적는다고 밝히고 있으므로 모음 'ㅡ' 앞에 쓰인 초성의 'ㄱ'은 'G'로 써서 'Geumgang'으로 표기해야 한다.

오답 분석 ① 'Jongno 2(i)-ga'의 'Jongno'는 도로명(Jong-ro)이 아닌 행정 구역명으로서 발음 [종노]를 반영하여 'Jongno'로 적절하게 쓰였다.

② '신라'는 [실라]로 발음되는데, 이처럼 'ㄹㄹ'로 발음되는 경우 'll'을 써야 하므로 'Silla'는 적절한 표기이다.

③ '속리산'은 [송니산]으로 발음되므로 'Songnisan'은 적절한 표기이다.

국어의 로마자 표기법 제3장 제2항에 의하면 발음상 혼동의 우려가 있을 때에는 음절 사이에 붙임표(-)를 쓸 수 있다. '반구대'를 붙임표(-) 없이 'Bangudae'로 표기하면 [Bang-udae]와 같이 발음상 혼동의 우려가 있기 때문에 음절 사이에 붙임표(-)를 써서 'Ban-gudae'로 표기한다.

[오답 분석] ① 국어의 로마자 표기법 제3장 제6항에 따라 자연 지물명인 섬[島]으로서의 '도'는 붙임표(-) 없이 표기해야 하므로 'Dokdo'가 바른 표기이다.

③ 국어의 로마자 표기법 제3장 제6항에 따르면 자연 지물명, 문화재명, 인공 축조물명은 붙임표(-) 없이 붙여 쓴다. 또한 국어의 로마자 표기법 제3장 제1항에 따라 자음 사이에서 동화 작용이 일어나는 경우 음운 변화 결과에 따라 적는다. 따라서 '독립문'은 붙임표(-) 없이 음운의 변동을 적용하여 소리 나는 대로 표기해야 한다. '독립문'의 발음은 [동님문]이므로 'Dongnimmun'으로 표기한다.

④ 국어의 로마자 표기법 제3장 제5항에 따르면 '도, 시, 군, 구, 읍, 면, 리, 동'의 행정 구역 단위와 '가'는 각각 'do, si, gun, gu, eup, myeon, ri, dong, ga'로 적고 그 앞에는 붙임표(-)를 넣고, 붙임표(-) 앞뒤의 음운 변화는 표기에 반영하지 않는다. 따라서 '인왕리'는 'Inwang-ri'로 표기한다.

PLUS+   **국어의 로마자 표기법 제3장 표기상의 유의점**

- 제1항: 음운 변화가 일어날 때에는 변화의 결과에 따라 적는다.
  - 자음 사이에서 동화 작용이 일어나는 경우: 백마[뱅마] Baengma
  - 'ㄴ, ㄹ'이 덧나는 경우: 알약[알략] allyak
  - 구개음화가 되는 경우: 해돋이[해도지] haedoji
  - 'ㄱ, ㄷ, ㅂ, ㅈ'이 'ㅎ'과 합하여 거센소리로 소리 나는 경우: 같이[가치] gachi
- 제2항: 발음상 혼동의 우려가 있을 때에는 음절 사이에 붙임표(-)를 쓸 수 있다.
  <예> 중앙 Jung-ang, 반구대 Ban-gudae, 세운 Se-un, 해운대 Hae-undae
- 제3항: 고유 명사는 첫 글자를 대문자로 적는다.
  <예> 부산 Busan
- 제4항: 인명은 성과 이름의 순서로 띄어 쓴다. 이름은 붙여 쓰는 것을 원칙으로 하되 음절 사이에 붙임표(-)를 쓰는 것을 허용한다.
  <예> 민용하 Min Yongha(Min Yong-ha)
- 제5항: '도, 시, 군, 구, 읍, 면, 리, 동'의 행정 구역 단위와 '가'는 각각 'do, si, gun, gu, eup, myeon, ri, dong, ga'로 적고, 그 앞에는 붙임표(-)를 넣는다. 붙임표(-) 앞뒤에서 일어나는 음운 변화는 표기에 반영하지 않는다.
  <예> 충청북도 Chungcheongbuk-do, 제주도 Jeju-do
- 제6항: 자연 지물명, 문화재명, 인공 축조물명은 붙임표(-) 없이 붙여 쓴다.
  <예> 남산 Namsan, 금강 Geumgang

- 제7항: 인명, 회사명, 단체명 등은 그동안 써 온 표기를 쓸 수 있다.
- 제8항: 학술 연구 논문 등 특수 분야에서 한글 복원을 전제로 표기할 경우에는 한글 표기를 대상으로 적는다.

2 올바른 국어 생활

문제편 p. 023

01	02	03	04	05	06	07	08	09	10
②	②	④	①	③	②	④	②	④	③
11	12	13	14	15	16	17	18	19	20
④	①	④	③	④	①	②	①	①	①
21	22
----	----
③	②

01 난도 ★★☆ ②

'보이다'는 '보다'의 어간 '보-'에 피동 접미사 '-이-'가 결합한 것이며, '눈으로 대상의 존재나 형태적 특징을 알게 되다.'를 의미하는 피동사로, 문장에서 적절하게 사용되었다.

오답 분석 ① 주체인 '회장님'을 직접 높이지 않고 주어와 관련된 '말씀'을 높이는 간접 높임의 경우에는 특수 어휘 '계시다'를 쓰지 않고 '있다'의 어간에 높임의 선어말 어미 '-(으)시-'를 붙여 '있으시겠습니다'로 쓰는 것이 적절하다.

③ 주어와 서술어의 호응이 맞지 않으므로 주어인 '푸른 산'의 서술어를 추가하여 '푸른 산이 있고 맑은 물이 흐르는'으로 쓰는 것이 적절하다.

④ '믿겨지다'는 피동사 '믿기다'에 통사적 피동 표현인 '-어지다'가 결합된 이중 피동이다. 이중 피동은 국어 문법에 어긋나므로 '믿기지'나 '믿어지지'로 쓰는 것이 적절하다.

02 난도 ★☆☆ ②

'시간상으로 썩 긴 동안'이라는 뜻을 가진 명사는 '오랫동안'이다. '오랜동안'으로 잘못 표기하는 경우가 있으므로 주의해야 한다.

오답 분석 ① '지난해의 바로 전 해'라는 뜻을 가진 명사는 '재작년'이다. 따라서 '재작년까지만 해도 겨울이 그렇게 춥지 않았지요.'로 쓰는 것이 적절하다.

③ '감정이나 기운 따위를 나타내다.'라는 뜻을 가진 동사는 '띠다'이다. 따라서 '욕구가 억눌린 사람들이 공격성을 띠는 경우가 있습니다.'로 쓰는 것이 적절하다.

④ '다른 사람의 의견이나 비판 따위를 찬성하여 따르다. 또는 옳다고 인정하다.'라는 뜻을 가진 동사는 '받아들이다'이다. 따라서 '다른 사람의 진심 어린 충고를 겸허히 받아들이는 자세가 필요합니다.'로 쓰는 것이 적절하다.

03 난도 ★★☆ ④

'욜로'는 '요리'를 강조하여 이르는 말인 '요리로'의 준말이다. 따라서 '욜로 가면 지름길이 나온다.'는 어문 규범에 맞는 표기로 이루어진 문장이다.

오답 분석 ① '크게 화를 냄'이라는 뜻을 가진 단어는 '대노'가 아닌 '대로(大怒)'이다. 따라서 '아버님께서는 동생의 철없는 행동을 들으시고는 대로(大怒)하셨다.'로 쓰는 것이 적절하다.

② '쪼개거나 나누어 따로따로 되게 하는 일'이라는 뜻을 가진 단어는 '가름'이며, '갈음'은 '다른 것으로 바꾸어 대신함'이라는 뜻이다. 따라서 '차림새만 봐서는 여자인지 남자인지 가름이 되지 않는다.'로 쓰는 것이 적절하다.

③ '귀금속이나 보석 따위로 된 목에 거는 장신구'라는 뜻을 가진 단어는 '목걸이'이며, '목거리'는 '목이 붓고 아픈 병'이라는 뜻이다. 따라서 '새로 산 목걸이가 옷과 잘 어울린다.'로 쓰는 것이 적절하다.

04 난도 ★★☆ ①

연결 어미 '-니'는 앞말이 뒷말의 원인이나 근거, 전제 따위가 됨을 나타내는 것으로, '날씨가 선선해지다.'와 '책이 잘 읽힌다.'가 자연스럽게 연결되었다. 또한 문장의 주어가 '책'이므로 피동 표현인 '읽히다'가 적절하게 사용되었다.

오답 분석 ② '속독(速讀)'은 '책 따위를 빠른 속도로 읽음'이라는 뜻으로 '읽다'라는 의미를 포함하고 있다. 따라서 '속독(速讀)'은 뒤에 오는 '읽는'과 의미가 중복되므로, '책을 속독으로 읽는 것은'을 '책을 속독하는 것은'이나 '책을 빠른 속도로 읽는 것은'으로 쓰는 것이 적절하다.

③ '직접 찾기로'에서 '찾다'의 목적어가 생략되어 있으므로, 목적어인 '책임자를'을 넣어 '책임자를 직접 찾기로'라고 쓰는 것이 적절하다.

④ '시화전을 홍보하는 일'과 '시화전의 진행'의 문법 구조가 다르므로 병렬 구조로 배치하기에 어색하다. 따라서 '그는 시화전을 홍보하는 일과 시화전을 진행하는 일에 아주 열성적이다.' 혹은 '그는 시화전의 홍보와 진행에 아주 열성적이다.'로 쓰는 것이 적절하다.

05 난도 ★★☆ ③

'인명 사고'와 '차량 파손' 모두 서술어 '일으킬 수 있다'와 호응하며, '가벼운 물건이라도'의 보조사 '이라도'의 쓰임도 문맥상 적절하다.

오답 분석 ① 필수적 부사어 '남에게'가 생략되어 있어 적절하지 않은 문장이다. '인생을 살다 보면 남을 도와주기도 하고 남에게 도움을 받기도 한다.'로 쓰는 것이 적절하다.

② '환담'이란 '정답고 즐겁게 서로 나누는 이야기'를 의미한다. 따라서 상을 당한 형의 상황에는 어울리지 않는 단어이다.

④ '여간한'은 '아니다', '않다' 따위의 부정어와 호응한다. 따라서 '여간한 우대가 아니었다.'와 같이 쓰는 것이 적절하다.

06 난도 ★★☆ ②

오답 분석 ① '하루 일과를'과 이어지는 '일어나자마자'가 서로 호응하지 않는다. 따라서 '하루 일과는 일어나자마자 ~'와 같이 쓰는 것이 자연스럽다.

③ '하물며'는 앞의 사실이 그러하다면 뒤의 사실은 말할 것도 없다는 뜻의 접속 부사로서, 주로 물음의 뜻을 나타내는 종결 어미 '-느냐, -랴' 등과 호응한다. 따라서 '~ 하물며 네가 풀겠다고 덤비느냐.'와 같이 쓰는 것이 자연스럽다.

④ '것'은 서술어 '것이다'와 호응한다. 따라서 '~ 당부하고 싶은 것은 주변 환경을 탓하지 마시기 바란다는 것입니다.'와 같이 쓰는 것이 자연스럽다.

07 난도 ★★☆ ④

인용절 '내 생각이 옳지 않다.'를 안은문장으로, 간접 인용을 나타내는 격 조사 '고'의 쓰임이 적절하며 문맥상으로도 자연스럽다.

오답 분석 ① 주어 '내가 강조하고 싶은 점은'과 서술어 '가졌다'의 호응이 적절하지 않으므로, '내가 강조하고 싶은 점은 우리가 고유 언어를 가졌다는 것이다.'라고 쓰는 것이 자연스럽다.

② 주어 '좋은 사람과 대화하며 함께한 일은'과 서술어 '시간이었다'의 호응이 적절하지 않으므로, '좋은 사람과 대화하며 함께한 일은 즐거운 경험(일)이었다.'라고 쓰는 것이 자연스럽다.

③ 주어 '내 생각은'과 서술어 '결정했다'의 호응이 적절하지 않으므로, '내 생각은 집을 사서 이사하는 것이 좋겠다는 것이었다.' 또는 '나는 집을 사서 이사하는 것이 좋겠다고 생각했다.'라고 쓰는 것이 자연스럽다.

08 난도 ★★☆ ②

우리말에는 피동보다 능동 표현을 쓰는 것이 자연스러우므로 '맺어졌으면'을 '맺었으면'으로 고쳐 쓴 것은 적절하다. 하지만 '어떤 일이 이루어지기를 기다리는 간절한 마음'의 뜻으로는 '바람'이 적절한 표현이며, '바램'은 비표준어이다.

오답 분석 ① '틀리다'는 '셈이나 사실 따위가 그르게 되거나 어긋나다.'의 뜻으로 쓰인다. 따라서 '비교가 되는 두 대상이 서로 같지 아니하다.'의 뜻을 가진 '다르다'로 고쳐 쓴 것은 적절하다.

③ '내가 오직 바라는 것은 ~ 좋겠어.'에서는 주어와 서술어의 호응이 맞지 않으므로 서술어를 '좋겠다는 거야.'로 고쳐 쓴 것은 적절하다.

④ '주다'는 주어, 목적어, 부사어를 필수로 요구하는 세 자리 서술어이므로 '인간에게'라는 필수적 부사어를 추가하여 고쳐 쓴 것은 적절하다.

> **PLUS+** 표준어 규정 제1부 제11항
>
> 다음 단어에서는 모음의 발음 변화를 인정하여, 발음이 바뀌어 굳어진 형태를 표준어로 삼는다. (ㄱ을 표준어로 삼고, ㄴ을 버림)
>
> | ㄱ | ㄴ |
> | --- | --- |
> | 나무라다 | 나무래다 |
> | 바라다 | 바래다 |
>
> → '나무래다, 바래다'는 방언으로 해석하여 '나무라다, 바라다'를 표준어로 삼았다. 그런데 근래 '바라다'에서 파생된 명사 '바람'을 '바램'으로 잘못 쓰는 경향이 있다. '바람[風]'과의 혼동을 피하려는 심리 때문인 듯하다. 그러나 동사가 '바라다'인 이상 그로부터 파생된 명사가 '바램'이 될 수는 없다. '바라다'의 활용형으로, '바랬다, 바래요'는 비표준형이고 '바랐다, 바라요'가 표준형이 된다. '나무랐다, 나무라요'도 '나무랬다, 나무래요'를 취하지 않는다.

09 난도 ★★☆ ④

'수납(收納)'은 '돈이나 물품 따위를 받아 거두어들임'을 의미하는 말로, 기관에서 고객에게 돈을 받을 때 쓰이는 단어이다. (라)와 같이 내가 공과금을 기관에 내는 경우에는 '세금이나 공과금 따위를 관계 기관에 냄'을 의미하는 말인 '납부(納付)'를 쓰는 것이 적절하다.

오답 분석 ① '현재'라는 문장 전체를 수식하는 부사가 있으므로 과거 시제 선어말 어미 '-었-'이 결합한 서술어 '있었다'와 시제 호응이 맞지 않는다. 따라서 '있다'로 고쳐 쓰는 것은 적절하다.

② '지양(止揚)'은 '더 높은 단계로 오르기 위하여 어떠한 것을 하지 아니함'을 의미한다. 그러나 제시된 문장에서는 '실현하기 위한 추진 방안'에 대해 논의하므로 '어떤 목표로 뜻이 쏠리어 향함'을 뜻하는 '지향(志向)'으로 고쳐 쓰는 것은 적절하다.

③ 준비 기간이 짧았던 원인이 '지난달 수해' 때문이므로, 까닭이나 근거 따위를 나타내는 연결 어미 '-여'를 사용하여 '지난달 수해로 인하여'로 고쳐 쓰는 것은 적절하다.

10 난도 ★☆☆ ③

'-면서'는 두 가지 이상의 움직임이나 사태 따위가 동시에 겸하여 있음을 나타내는 연결 어미로, 동작의 동시성을 나타낸다. 하지만 '멈추다'와 '달려오다'는 동시에 나타날 수 없는 표현이므로 앞뒤 절의 두 사실 간에 계기적인 관계가 있음을 나타내는 연결 어미 '-고'로 수정한 것이다.

오답 분석 ① '은'은 어떤 대상이 다른 것과 대조됨을 나타내는 보조사로, '수학 성적은 참 좋은 데 반해 국어 성적은 좋지 않다.'와 같이 표현할 때 사용된다. 그러나 (가)에서는 국어 성적과 수학 성적이 모두 좋다는 의미를 나타내야 하므로 주격 조사 '은'을 '이'로 바꿔 쓰는 것이 적절하다.

② 인용절은 직접 인용절과 간접 인용절을 구분해야 한다. 직접 인용절에는 앞말이 직접 인용되는 말임을 나타내는 격 조사인 '라고'를, 간접 인용절에는 앞말이 간접 인용되는 말임을 나타내는 격 조사인 '고'를 사용한다. (나)에서는 큰따옴표를 사용하여 직접 인용하고 있으므로 '라고'를 사용하는 것이 적절하다.

④ '로서'는 지위나 신분 또는 자격을 나타내는 격 조사이고, '로써'는 어떤 물건의 재료나 원료 또는 수단이나 도구를 나타내는 격 조사이다. (라)에서는 '연설'이라는 수단을 통해 국민을 설득하는 것이므로 수단을 나타내는 격 조사인 '로써'를 사용하는 것이 적절하다.

PLUS+	**어미 '-면서'와 '-고'**
-면서	두 가지 이상의 움직임이나 사태 따위가 동시에 겸하여 있음을 나타내는 연결 어미 예 신문을 보면서 밥을 먹는다.
	두 가지 이상의 움직임이나 사태가 서로 맞서는 관계에 있음을 나타내는 연결 어미 예 모르면서 아는 척한다.
-고	두 가지 이상의 사실을 대등하게 벌여 놓는 연결 어미 예 여름에는 비가 내리고 겨울에는 눈이 내린다.
	앞뒤 절의 두 사실 간에 계기적인 관계가 있음을 나타내는 연결 어미 예 할머니께서는 상한 음식을 드시고 탈이 나셨다.
	앞 절의 동작이 이루어진 그대로 지속되는 가운데 뒤 절의 동작이 일어남을 나타내는 연결 어미 예 어머니는 나를 업고 병원까지 달려가셨다.
	서로 뜻이 대립되는 말을 벌여 놓는 연결 어미 예 실성한 사람처럼 울고 웃고 하더라.

11 난도 ★★★ ④

'구속하다'는 '법원이나 판사가 피의자나 피고인을 강제로 일정한 장소에 잡아 가두다.'라는 뜻으로, 이미 동작의 대상에게 행위의 효력이 미치는 의미를 가지고 있는 '구속하다'를 그대로 써도 의미가 통한다. 따라서 사동의 접미사 '-시키다'를 활용하여 '구속시키다'로 고쳐 쓰는 것은 적절하지 않다.

[오답 분석] ① '기간'은 '어느 때부터 다른 어느 때까지의 동안'을, '동안'은 '어느 한때에서 다른 한때까지 시간의 길이'를 의미하므로 의미가 중복된다. 따라서 '공사하는 동안'으로 고쳐 쓰는 것은 적절하다.

② '회의를 갖다'는 영어를 직역한 번역 투 표현이므로, '여럿이 모여 의논하다.'라는 의미의 '회의하다'로 고쳐쓰는 것이 적절하다. 따라서 '회의를 갖겠습니다'를 '회의하겠습니다'로 고쳐 쓰는 것은 적절하다.

③ '열려져'는 동사 어간 '열-'에 피동 접사 '-리-'와 통사적 피동 표현인 '-어지다'가 붙은 이중 피동 표현이다. 따라서 피동 접사만을 이용한 '열려'로 고쳐 쓰는 것이 적절하다.

PLUS+	**잘못된 사동 표현**

- 접사 '시키다'의 과도한 사용: '-시키다'를 '-하다'로 바꿀 수 있는 경우에는 '-시키다' 대신 '-하다'를 사용한다.
  예 • 내가 사람을 소개시켜 줄게. (×)
  → 내가 사람을 소개해 줄게. (○)
  • 방과 거실을 분리시킬 벽을 만들었다. (×)
  → 방과 거실을 분리할 벽을 만들었다. (○)
- 사동 접사의 과도한 사용
  예 • 그를 만날 생각에 마음이 설레인다. (×)
  → 그를 만날 생각에 마음이 설렌다. (○)
  • 사람들 사이를 비집고 끼여들었다. (×)
  → 사람들 사이를 비집고 끼어들었다. (○)

12 난도 ★★★ ①

이어진 문장에서 '접수된'의 '-ㄴ'은 '사건이나 행위가 완료되어 그 상태가 유지되고 있음을 나타내는 어미'로서 과거 시제를 나타낸다. 선행하는 문장은 문맥상 사건이 완료된 상황이므로 '접수될'과 같이 미래 시제를 나타내는 어미 '-ㄹ'을 사용하는 것은 어색하다. 따라서 고치지 않아야 문맥상 자연스럽다.

[오답 분석] ② 주어의 '안내서 및 과업 지시서 교부'가 서술어에서 '교부하다'와 의미상 중복되므로 둘 중 하나는 삭제해야 한다. 따라서 주어의 단어를 삭제하여 '안내서 및 과업 지시서는 참가 신청자에게만 교부한다.'라고 수정하는 것은 적절하다.

③ '제외되다'는 '~가(이) ~에서 제외되다'의 형태로 쓰이므로 앞에 목적어가 오면 어색하다. 따라서 목적어 '수역을'과 호응하려면 '제외된'을 '제외한'으로 바꾸어서 '수역을 제외한'으로 수정하는 것은 적절하다.

④ '열람하다'는 '~가 ~를(을) 열람하다'의 형태로 쓰인다. 따라서 '관련 도서는 ~ 관계자에게는'는 동사 '열람하다'와 서로 호응하지 않으므로 '관련 도서는 ~에게 열람하게 한다.'로 수정하는 것은 적절하다.

13 난도 ★★☆ ④

'-되'는 어떤 사실을 서술하면서 그와 관련된 조건이나 세부 사항을 뒤에 덧붙이는 뜻을 나타내는 연결 어미이다. 문장에서 '-되'라는 연결 어미를 사용하여, 도량형은 미터법 사용을 원칙으로 한다는 문장과 그 원칙에 대한 예외 상황에 대한 문장을 연결하고 있으므로 '하되'를 그대로 사용하여야 한다. '-며'는 두 가지 이상의 동작이나 상태 따위를 나열할 때 쓰는 연결 어미이므로 제시된 문장에 적용하기에 적절하지 않다.

14 난도 ★★☆ ③

'썩이다'는 '걱정이나 근심 따위로 마음이 몹시 괴로운 상태가 되게 만들다.'라는 뜻이다. 따라서 '나는 이제까지 부모님 속을 썩여 본 적이 없다.'라고 쓰는 것이 적절하다.

오답 분석 ① 제시된 문장에서는 '물건이나 사람 또는 재능 따위가 쓰여야 할 곳에 제대로 쓰이지 못하고 내버려진 상태로 있게 하다.'라는 뜻의 '썩히다'가 쓰였으므로 적절하다.

② 제시된 문장에서는 '유기물이 부패 세균에 의하여 분해됨으로써 원래의 성질을 잃어 나쁜 냄새가 나고 형체가 뭉개지는 상태가 되게 하다.'라는 뜻의 '썩히다'가 쓰였으므로 적절하다.

④ 제시된 문장에서는 '물건이나 사람 또는 재능 따위가 쓰여야 할 곳에 제대로 쓰이지 못하고 내버려진 상태로 있게 하다.'라는 뜻의 '썩히다'가 쓰였으므로 적절하다.

15 난도 ★★★ ④

'벌어진 사이에 들어가 죄이고 빠지지 않게 되다.'를 뜻하는 '끼이다'는 '끼다'의 피동사이므로 '끼이는'은 문장에서 적절하게 쓰였다.

오답 분석 ① '같은 말을 되풀이하여 말하다.'를 뜻하는 단어는 '되뇌다'이므로, '되뇌는'으로 고쳐 써야 한다.

② '갈 바를 몰라 이리저리 돌아다니다.'를 뜻하는 단어는 '헤매다'이므로, '헤매고'로 고쳐 써야 한다.

③ '뚫려 있거나 비어 있는 곳이 막히거나 채워지다.'를 뜻하는 단어는 '메다'이므로, '메기'로 고쳐 써야 한다.

16 난도 ★☆☆ ①

㉠ '승부나 등수 따위를 정하는 일'이라는 뜻을 가진 '가름'을 쓰는 것이 적절하다.

㉡ '일정한 기준에 따라 분류하거나 나누어 놓은 낱낱의 범위나 부분'이라는 뜻을 가진 '부문(部門)'을 쓰는 것이 적절하다.

㉢ '성질이나 종류에 따라 갈라놓음'이라는 뜻을 가진 '구별(區別)'을 쓰는 것이 적절하다.

오답 분석 • 갈음: 다른 것으로 바꾸어 대신함

• 부분(部分): 전체를 이루는 작은 범위. 또는 전체를 몇 개로 나눈 것의 하나

• 구분(區分): 일정한 기준에 따라 전체를 몇 개로 갈라 나눔

17 난도 ★★☆ ②

문맥상 '어떤 분야를 대표할 만하다.'라는 의미인 경우 '내로라하다'를 사용하는 것이 적절하다.

오답 분석 ① '갈음'은 '다른 것으로 바꾸어 대신함'을 의미하는 것으로 적절하게 사용되었다.

③ '겉잡다'는 '겉으로 보고 대강 짐작하여 헤아리다.'라는 의미로 적절하게 사용되었다.

④ '부딪치다'는 '무엇과 무엇이 힘 있게 마주 닿거나 마주 대다. 또는 닿거나 대게 하다.'를 의미하는 '부딪다'를 강조하여 이르는 말로 적절하게 사용되었다.

18 난도 ★★☆ ①

'겉으로 보고 대강 짐작하여 헤아리다.'라는 뜻으로 사용될 때는 '겉잡다'를 쓴다. '걷잡다'는 '한 방향으로 치우쳐 흘러가는 형세 따위를 붙들어 잡다 / 마음을 진정하거나 억제하다.'의 뜻이다.

오답 분석 ② '방불하다'는 '흐릿하거나 어렴풋하다.'라는 뜻으로 문장에서 적절하게 사용되었다.

③ '서둘다'는 '어떤 일을 예정보다 빠르게 혹은 급하게 처리하려고 한다.'를 뜻하는 '서두르다'의 준말로 문장에서 적절하게 사용되었다.

④ '갈음하다'는 '다른 것으로 바꾸어 대신하다.'라는 뜻으로 문장에서 적절하게 사용되었다.

19 난도 ★★☆ ①

'몹시 곤하거나 술에 취하여 정신을 잃고 자다.'라는 의미의 단어는 '곯아떨어지다'이다. '골아떨어지다'는 잘못된 표기이다.

오답 분석 ② '깨나'는 어느 정도 이상의 뜻을 나타내는 보조사로, 적절하게 사용되었다.

③ '곤욕(困辱)'은 심한 모욕 또는 참기 힘든 일을 의미하는 말로, 적절하게 사용되었다.

④ '그러고'는 '그리하고'가 줄어든 말이고, '나다'는 동사 뒤에서 '-고 나다' 구성으로 쓰여 앞말이 뜻하는 행동이 끝났음을 나타내는 보조 동사이다. 문맥상 어떤 행동을 마친 후에 서류를 보완해 달라는 의미이므로, '그러고 나서'는 적절하게 사용되었다.

20 난도 ★★☆ ①

'-노라고'는 동사 어간 뒤에 붙어 '자기 나름대로 꽤 노력했음을 나타내는 연결 어미'이다. 따라서 '하노라고'로 표기하는 것이 적절하다.

오답 분석 ② '결재(決裁)'는 '결정할 권한이 있는 상관이 부하가 제출한 안건을 검토하여 허가하거나 승인하다.'라는 의미이다. 제시된 문장에서는 '증권 또는 대금을 주고받아 매매 당사자 사이의 거래 관계가 끝나다.'라는 의미로 사용되었으므로 '결제(決濟)되다'를 쓰는 것이 적절하다.

③ '걷잡다'는 '한 방향으로 치우쳐 흘러가는 형세 따위를 붙들어 잡다. / 마음을 진정하거나 억제하다.'라는 의미이다. 제시된 문장에서는 '겉으로 보고 대강 짐작하여 헤아리다.'라는 의미로 사용되었으므로 '겉잡다'를 쓰는 것이 적절하다.

④ '가름하다'는 '쪼개거나 나누어 따로따로 되게 하다. / 승부나 등수 따위를 정하다.'라는 의미이다. 제시된 문장에서는 '다른 것으로 바꾸어 대신하다.'라는 의미로 사용되었으므로 '갈음하다'를 쓰는 것이 적절하다.

PLUS+ 연결 어미 '-노라고'와 '-느라고'

- -노라고: (동사 어간 뒤에 붙어) 자기 나름대로 꽤 노력했음을 나타내는 연결 어미

  예 • <u>하노라고</u> 했는데 마음에 드실지 모르겠습니다.
  - 제 딴에는 열심히 <u>쓰노라고</u> 쓴 게 이 모양이다.

- -느라고: (동사 어간이나 어미 '-으시-' 뒤에 붙어) 앞 절의 사태가 뒤 절의 사태에 목적이나 원인이 됨을 나타내는 연결 어미

  예 • 영희는 웃음을 <u>참느라고</u> 딴 데를 보았다.
  - 철수는 어제 책을 <u>읽느라고</u> 밤을 새웠다.
  - 먼 길을 <u>오느라고</u> 힘드셨겠습니다.

21 난도 ★★☆   ③

국립국어원 '표준 언어 예절'에 따르면, 처음 자기 자신을 직접 소개할 때에는 '처음 뵙겠습니다.'로 인사한 다음 '저는 ○○○입니다.'라고 자신의 이름을 밝힌다고 하였다. 따라서 제시된 문장은 언어 예절을 지킨 문장이다.

[오답 분석] ① 높이려는 대상의 신체 부분, 소유물, 생각 등을 높임으로써 주체를 간접적으로 높이는 간접 높임에서는 '계시다'와 같은 특수 어휘를 사용하지 않고, 서술어에 높임 선어말 어미 '-(으)시-'를 사용하여 높임의 뜻을 실현한다. 따라서 '회장님의 말씀이 있으시겠습니다.'라고 쓰는 것이 적절하다.

② '시누이'는 '남편의 누나나 여동생'을 이르는 말로, 남편의 누나를 지칭할 때는 '형님'을 쓰고, 남편의 여동생을 지칭할 때는 '아가씨/아기씨'를 쓴다. 시누이에게 '고모'라는 말을 쓰는 경우 자녀의 이름을 활용해 '○○ 고모'라고 부를 수 있다.

④ 다른 사람에게 자기 아내를 가리킬 때는 '아내, 집사람, 안사람, 처'라고 표현하는 것이 적절하다. '부인'은 '남의 아내를 높여 이르는 말'로 자신의 아내를 소개할 때는 쓰지 않는다.

22 난도 ★★★   ②

집에서 손님을 보낼 때 하는 인사말은 '안녕히 가십시오.'인데, 특별한 경우 손윗사람에게는 '살펴 가십시오.'도 가능하다. 간혹 '안녕히 돌아가십시오.'라고 쓰는 경우가 있는데 '돌아가다'라는 말이 '죽는다'는 의미나 '빙 돌아서 간다'는 뜻을 나타내는 경우가 있어 되도록 쓰지 않는 것이 좋다.

[오답 분석] ① '좋은 아침!'은 외국어를 직역한 말이므로 이에 대한 전통적인 인사말인 '안녕하십니까?'를 쓰는 것이 좋다.

③ 윗사람의 생일을 축하하는 말로는 '내내 건강하시기 바랍니다.'나 '더욱 강녕하시기 바랍니다.'가 적절하다. 이 밖에 '건강하십시오.'는 바람직하지 않다. '건강하다'는 형용사이므로 명령문을 만들 수 없을뿐더러 어른에게 하는 인사말로 명령형 문장은 될 수 있으면 피해야 하기 때문이다.

④ 손님이 들어오면 우선 인사를 하고 나서 무엇을 도와 드릴지 여쭈어보는 것이 적절하다.

행운이란 100%의 노력 뒤에 남는 것이다.

랭스턴 콜먼

PART 3

어휘
정답 및 해설

1 고유어·속담·관용 표현

문제편 p. 030

01	02	03	04	05	06	07	08	09	10
①	①	①	③	①	①	②	②	②	④

01 난도 ★★☆ ①

'동냥'은 '거지나 동냥아치가 돌아다니며 돈이나 물건 따위를 거저 달라고 비는 일 또는 그렇게 얻은 돈이나 물건 / 승려가 시주(施主)를 얻으려고 돌아다니는 일 또는 그렇게 얻은 곡식'이라는 뜻을 가진 명사로, 고유어에 해당한다.

오답 분석 ② · ③ · ④는 모두 한자어이다.
② 구걸(求乞: 구할 구, 빌 걸): 돈이나 곡식, 물건 따위를 거저 달라고 빎
③ 중생(衆生: 무리 중, 날 생): 모든 살아 있는 무리
④ 자비(慈悲: 사랑할 자, 슬플 비): 남을 깊이 사랑하고 가엾게 여김 또는 그렇게 여겨서 베푸는 혜택 / 중생에게 즐거움을 주고 괴로움을 없게 함

02 난도 ★★★ ①

'비지땀'은 '두부를 만들고 남은 찌꺼기'를 의미하는 고유어 '비지'와 '사람의 피부나 동물의 살가죽에서 나오는 찝찔한 액체'를 의미하는 고유어 '땀'이 결합하여 만들어진 합성어이다.

오답 분석 ② '사랑채'는 '집의 안채와 떨어져 있는, 바깥주인이 거처하며 손님을 접대하는 곳'을 의미하는 한자어 '사랑(舍廊: 집 사, 사랑채 랑)'과 '구문된 건물 단위'의 뜻을 더하는 접미사 '-채'가 결합하여 만들어진 파생어이다.
③ '쌍둥밤'은 '한 어머니에게서 한꺼번에 태어난 두 아이'를 의미하는 한자어 '쌍둥(雙童: 두 쌍, 아이 동)'과 '밤나무의 열매'를 의미하는 고유어 '밤'이 결합하여 만들어진 합성어이다.
④ '장작불'은 '통나무를 길쭉하게 잘라서 쪼갠 땔나무'를 의미하는 한자어 '장작(長斫: 길 장, 벨 작)'과 '물질이 산소와 화합하여 높은 온도로 빛과 열을 내면서 타는 것'을 의미하는 고유어 '불'이 결합하여 만들어진 합성어이다.

03 난도 ★★☆ ①

'시망스럽다'는 '몹시 짓궂은 데가 있다.'라는 뜻을 가진 형용사이다.

오답 분석
② '생기 있고 힘차며 시원스럽다.'를 뜻하는 말은 '활발하다'이다.
③ '어수선하여 질서나 통일성이 없다.'를 뜻하는 말은 '산만하다'이다.
④ '보기에 태도나 행동이 가벼운 데가 있다.'를 뜻하는 말은 '잔망스럽다'이다.

04 난도 ★★★ ③

〈보기〉의 설명에 어울리는 속담은 '금강산 그늘이 관동 팔십 리'이다. '금강산 그늘이 관동 팔십 리'라는 속담은 금강산의 아름다움이 관동 팔십 리, 곧 강원도 지방에 널리 미친다는 뜻으로 훌륭한 사람 밑에서 지내면 그의 덕이 미치고 도움을 받게 됨을 비유적으로 이르는 말이다.

오답 분석 ① 서발 막대 거칠 것 없다: 서 발이나 되는 긴 막대를 휘둘러도 아무것도 거치거나 걸릴 것이 없다는 뜻으로, 가난한 집안이라 세간이 아무것도 없음을 비유적으로 이르는 말 / 주위에 조심스러운 사람도 없고 아무것도 거리낄 것이 없음을 비유적으로 이르는 말
② 무른 땅에 말뚝 박기: 몹시 하기 쉬운 일을 비유적으로 이르는 말 / 세도 있는 사람이 힘없고 연약한 사람을 업신여기고 학대함을 비유적으로 이르는 말
④ 우물에 가 숭늉 찾는다: 모든 일에는 질서와 차례가 있는 법인데 일의 순서도 모르고 성급하게 덤빔을 비유적으로 이르는 말

05 난도 ★★☆ ①

혼수를 간소하게 하라는 요청이 화자의 부담감을 줄여주었다고 하였으므로, '감히 청하지는 못하였으나 본래 바라고 있던 바라는 말'을 뜻하는 '불감청이언정 고소원이어서'가 ㉠에 들어갈 말로 적절하다.

06 난도 ★★★ ①

㉠ '나그네'의 "이리저리 얻어먹고 단계유"라는 말을 통해 나그네가 남의 집에서 하룻밤을 전전하며 밥을 얻어먹고 다니고 있음을 알 수 있다. 따라서 '아주 가난하여 떠돌아다니며 얻어먹을 정도'를 비유하는 속담인 '패랭이에 숟가락 꽂고 산다'가 나그네의 처지와 관련된다.

[오답 분석] ② 태산 명동에 서일필이라: 태산이 쩡쩡 울리도록 야단법석을 떨었는데 결과는 생쥐 한 마리가 튀어나왔을 뿐이라는 뜻으로, 아주 야단스러운 소문에 비하여 결과는 별것 아님
③ 터진 방앗공이에 보리알 끼듯 하였다: 버리자니 아깝고 파내자니 품이 들어 할 수 없이 내버려 둘 수밖에 없음 / 성가신 어떤 방해물이 끼어든 경우
④ 보리누름까지 세배한다: 보리가 누렇게 익을 무렵, 즉 사오월까지도 세배를 한다는 뜻으로 형식적인 인사 차림이 너무 과함

07 난도 ★★☆ ②

'호흡을 맞추다'는 '일을 할 때 서로의 행동이나 의향을 잘 알고 처리하여 나가다.'를 뜻하므로 '연결해 주어'와 바꿔 쓸 수 있는 표현이 아니다. '일이 잘되게 하기 위하여 둘 또는 여럿을 연결하다.'를 뜻하는 '다리(를) 놓다'라는 관용 표현이 바꿔 쓰기에 적절하다.

[오답 분석] ① '가랑이가 찢어지다'는 '몹시 가난한 살림살이를 비유적으로 이르는 말'이므로 '몹시 가난한'과 '가랑이가 찢어질'은 바꿔 쓰기에 적절하다.
③ '코웃음을 치다'는 '남을 깔보고 비웃다.'라는 뜻이므로 '깔보며 비웃었다.'와 '코웃음을 쳤다.'는 바꿔 쓰기에 적절하다.
④ '바가지를 쓰다'는 '요금이나 물건 값을 실제보다 비싸게 지불하여 억울한 손해를 보다.'라는 뜻이므로, '실제보다 비싸게'와 '바가지를 쓰고'는 바꿔 쓰기에 적절하다.

08 난도 ★★☆ ②

밑줄 친 말 다음에 '겨우 상대방을 만나 보았다.'라는 말이 이어지므로 이를 통해 관용어 '말길이 되다'의 의미를 파악할 수 있다. '말길이 되다'는 '남에게 소개하는 의논의 길이 트이다.'라는 뜻이다.

[오답 분석] ① '남의 말이 끝나자마자 이어 말하다.'라는 의미의 관용어는 '말꼬리를 물다'이다.
③ '어떤 말이 상정되거나 토론이 되다.'라는 의미의 관용어는 '말이 있다'이다.
④ '마음에 당겨 재미를 붙이다.'라는 의미의 관용어는 '맛(을) 붙이다'이다.

09 난도 ★★★ ②

'고등어 한 손'은 고등어 2마리를 의미하고, '양말 한 타'는 양말 12개를 의미하며, '북어 한 쾌'는 북어 20마리를 의미하고, '바늘 한 쌈'은 바늘 24개를 의미한다.

PLUS+	수량을 나타내는 어휘
가리	• 곡식이나 장작 따위를 세는 단위 • 한 가리: 20단
강다리	• 쪼갠 장작을 묶어 세는 단위 • 한 강다리: 쪼갠 장작 100개비
두름	• 물고기를 짚으로 10마리씩 2줄로 엮은 것 • 산나물을 10모숨씩 엮은 것
제	• 한약의 분량을 나타내는 단위 • 한 제: 탕약 20첩
축	• 오징어를 묶어 세는 단위 • 한 축: 오징어 20마리
갓	• 굴비, 비웃 따위나 고비, 고사리 따위를 묶어 세는 단위 • 한 갓: 굴비 · 비웃 따위 10마리, 고비 · 고사리 따위 10모숨
거리	• 오이나 가지 따위를 묶어 세는 단위 • 한 거리: 오이나 가지 50개
담불	• 곡식이나 나무를 높이 쌓아 놓은 무더기 • 한 담불: 벼 100섬
우리	• 기와를 세는 단위 • 한 우리: 기와 2,000장
접	• 채소나 과일 따위를 묶어 세는 단위 • 한 접: 채소나 과일 100개
톳	• 김을 묶어 세는 단위 • 한 톳: 김 100장

10 난도 ★☆☆ ④

• 쌈: 바늘을 묶어 세는 단위. 한 쌈은 바늘 스물네 개를 이른다.
• 제(劑): 한약의 분량을 나타내는 단위. 한 제는 탕약(湯藥) 스무 첩 또는 그만한 분량으로 지은 환약(丸藥) 따위를 이른다.
• 거리: 오이나 가지 따위를 묶어 세는 단위. 한 거리는 오이나 가지 오십 개를 이른다.
따라서 괄호에 들어갈 숫자의 합은 24+20+50=94이다.

2 한자

문제편 p. 032

01	02	03	04	05	06	07	08	09	10
④	③	①	②	①	③	③	①	③	③
11	**12**	**13**	**14**	**15**	**16**	**17**	**18**	**19**	**20**
②	④	②	②	③	④	①	①	④	①
21	**22**	**23**	**24**	**25**	**26**	**27**	**28**	**29**	**30**
①	④	①	②	①	④	④	④	②	④
31	**32**	**33**	**34**	**35**	**36**	**37**			
①	④	①	②	②	④	②			

01 난도 ★★★   ④

'마비(痲痹: 저릴 마, 저릴 비)'는 '신경이나 근육이 형태의 변화 없이 기능을 잃어버리는 일'을 의미하며 '痲(저릴 마)'가 쓰였다.

오답 분석 ① · ② · ③ 밑줄 친 부분의 한자는 모두 '磨(갈 마)'가 쓰였다.

① 마모(磨耗: 갈 마, 빌 모): 마찰 부분이 닳아서 없어짐
② 절차탁마(切磋琢磨: 끊을 절, 갈 차, 쪼을 탁, 갈 마): 옥이나 돌 따위를 갈고 닦아서 빛을 낸다는 뜻으로, 부지런히 학문과 덕행을 닦음을 이르는 말
③ 연마(練磨: 익힐 연, 갈 마): 학문이나 기술 따위를 힘써 배우고 닦음

02 난도 ★★☆   ③

'각축(角逐: 뿔 각, 쫓을 축)'은 '서로 이기려고 다투며 덤벼듦'이라는 뜻으로, 이 단어에는 사람의 몸을 지시하는 말이 포함되지 않았다.

오답 분석 ① 슬하(膝下: 무릎 슬, 아래 하): 어버이나 조부모의 보살핌 아래, 주로 부모의 보호를 받는 테두리 안
② 수완(手腕: 손 수, 팔 완): 일을 꾸미거나 처리 나가는 재간 / 손목의 잘록하게 들어간 부분
④ 발족(發足: 필 발, 발 족): 어떤 조직체가 새로 만들어져서 일이 시작됨 또는 그렇게 일을 시작함

03 난도 ★★★   ①

• 견마지로(犬馬之勞: 개 견, 말 마, 갈 지, 수고로울 로): 개나 말 정도의 하찮은 힘이라는 뜻으로, 윗사람에게 충성을 다하는 자신의 노력을 낮추어 이르는 말
• 견토지쟁(犬免之爭: 개 견, 토끼 토, 갈 지, 다툴 쟁): 개와 토끼의 다툼이라는 뜻으로, 두 사람의 싸움에 제삼자가 이익을 봄을 이르는 말

오답 분석

② • 견문발검(見蚊拔劍: 볼 견, 모기 문, 뺄 발, 칼 검): 모기를 보고 칼을 뺀다는 뜻으로, 사소한 일에 크게 성내어 덤빔을 이르는 말
• 견마지성(犬馬之誠: 개 견, 말 마, 갈 지, 정성 성): 임금이나 나라에 바치는 충성을 낮추어 이르는 말
③ • 견강부회(牽強附會: 끌 견, 강할 강, 붙을 부, 모일 회): 이치에 맞지 않는 말을 억지로 끌어 붙여 자기에게 유리하게 함
• 견물생심(見物生心: 볼 견, 만물 물, 날 생, 마음 심): 어떠한 실물을 보게 되면 그것을 가지고 싶은 욕심이 생김
④ • 견원지간(犬猿之間: 개 견, 원숭이 원, 갈 지, 사이 간): 개와 원숭이의 사이라는 뜻으로, 사이가 매우 나쁜 두 관계를 비유적으로 이르는 말
• 견리사의(見利思義: 볼 견, 이로울 리, 생각 사, 옳을 의): 눈앞의 이익을 보면 의리를 먼저 생각함

04 난도 ★★☆   ②

'시건장치'는 '문 따위를 잠그는 장치'를 뜻하는 말로, '잠금장치'로 바꾸어 쓸 수 있다. '멈춤장치'는 잘못된 표현이다.

오답 분석 ① '일부인'은 '서류 따위에 그날그날의 날짜를 찍게 만든 도장'을 뜻하는 말로, '날짜 도장'으로 바꾸어 쓸 수 있다.
③ '불하'는 '국가 또는 공공 단체의 재산을 개인에게 팔아넘기는 일'을 뜻하는 말로, '물건을 팔아버림'을 뜻하는 '매각'과 바꾸어 쓸 수 있다.
④ '지득하다'는 '깨달아 알다.'를 뜻하는 말로, '알게 된'으로 바꾸어 쓸 수 있다.

05 난도 ★★☆ ①

'오지랖(이) 넓다'는 '쓸데없이 지나치게 아무 일에나 참견하는 면이 있다.'를 뜻하고, '謁見(아뢸 알, 나타날 현)'은 '지체가 높고 귀한 사람을 찾아가 뵘'을 뜻하는 말이므로, 서로 의미가 통하지 않는다.

오답 분석 ② 干涉(간섭할 간, 건널 섭): 직접 관계가 없는 남의 일에 부당하게 참견함

③ 參見(참여할 참, 볼 견): 자기와 별로 관계없는 일이나 말 따위에 끼어들어 쓸데없이 아는 체하거나 이래라저래라 함

④ 干與(간섭할 간, 더불 여): 어떤 일에 간섭하여 참여함

06 난도 ★★☆ ③

'쓰레기를 버리다'에서 '버리다'는 '가지거나 지니고 있을 필요가 없는 물건을 내던지거나 쏟거나 하다.'라는 의미로 쓰였고, '投棄(투기)하다'는 '내던져 버리다.'라는 의미를 지니므로 바꿔 쓸 수 있다.

오답 분석 ① '꿈을 버리다'에서 '버리다'는 '품었던 생각을 스스로 잊다.'라는 의미로 쓰였고, '遺棄(유기)하다'는 '내다 버리다.'라는 의미를 지니므로 바꿔 쓰기에 적절하지 않다.

② '반려견을 버리다'에서 '버리다'는 '가지거나 지니고 있을 필요가 없는 물건을 내던지거나 쏟거나 하다.'라는 의미로 쓰였고, '根絕(근절)되다'는 '다시 살아날 수 없도록 아주 뿌리째 없애 버려지다.'라는 의미를 지니므로 바꿔 쓰기에 적절하지 않다.

④ '습관을 버리다'에서 '버리다'는 '못된 성격이나 버릇 따위를 떼어 없애다.'라는 의미로 쓰였고, '抛棄(포기)하다'는 '자기의 권리나 자격, 물건 따위를 내던져 버리다.'라는 의미를 지니므로 바꿔 쓰기에 적절하지 않다.

07 난도 ★★★ ③

㉠ 나무가 분명히 굽어 보이지만 실제로 굽지 않았다고 하였으므로 ㉠에 들어갈 한자어는 '어떤 사실의 앞뒤, 또는 두 사실이 이치상 어긋나서 서로 맞지 않음'을 뜻하는 말인 '矛盾(창 모, 방패 순)'이 적절하다.

㉡ 사물이나 사태의 보임새를 의미하는 한자어가 들어가야 하므로 '인간이 지각할 수 있는, 사물의 모양과 상태'를 뜻하는 말인 '現象(나타날 현, 코끼리 상)'이 적절하다.

㉢ 사물이나 사태의 참모습을 의미하는 한자어가 들어가야 하므로 '본디부터 가지고 있는 사물 자체의 성질이나 모습'을 뜻하는 말인 '本質(근본 본, 바탕 질)'이 적절하다.

따라서 ㉠~㉢에 들어갈 낱말은 차례로 矛盾 - 現象 - 本質 이다.

오답 분석 ㉠ 葛藤(칡 갈, 등나무 등): 칡과 등나무가 서로 얽히는 것과 같이, 개인이나 집단 사이에 목표나 이해관계가 달라 서로 적대시하거나 충돌함 또는 그런 상태

㉡ 假象(거짓 가, 코끼리 상): 주관적으로는 실제 있는 것처럼 보이나 객관적으로는 존재하지 않는 거짓 현상

㉢ 根本(뿌리 근, 근본 본): 사물의 본질이나 본바탕

08 난도 ★★★ ①

'校訂(학교 교, 평론할 정)'은 '남의 문장 또는 출판물의 잘못된 글자나 글귀 따위를 바르게 고침'을 의미하며 문맥상 적절하게 사용되었다.

오답 분석 ② 문맥상 '서로 엇갈리거나 마주침'을 의미하는 단어가 사용되어야 하므로 '交差(사귈 교, 어그러질 차)'가 아니 '交叉(사귈 교, 깍지낄 차)'를 쓰는 것이 적절하다. 참고로 '交差(교차)'는 '벼슬 아치를 번갈아 임명함'을 의미한다.

③ 문맥상 '결정할 권한이 있는 상관이 부하가 제출한 안건을 검토하여 허가하거나 승인함'을 의미하는 단어가 사용되어야 하므로 '決濟(결정할 결, 건널 제)'가 아니 '決裁(결정할 결, 마를 재)'를 쓰는 것이 적절하다. 참고로 '決濟(결제)'는 '증권 또는 대금을 주고받아 매매 당사자 사이의 거래 관계를 끝맺는 일'을 의미한다.

④ 문맥상 '어떤 일이나 문제 따위에 대하여 다시 생각함'을 의미하는 단어가 사용되어야 하므로 '提高(끌 제, 높을 고)'가 아닌 '再考(다시 재, 상고할 고)'를 쓰는 것이 적절하다. 참고로 '提高(제고)'는 '수준이나 정도 따위를 끌어올림'을 의미한다.

09 난도 ★★☆ ③

'강기침'의 '강-'은 '마른' 또는 '물기가 없는'의 뜻을 더하는 접두사로, 한자어가 아닌 고유어이다.

오답 분석 ① · ② · ④ 모두 '매우 센' 또는 '호된'의 뜻을 더하는 한자어 접두사 '강(强)-'이 결합한 단어이다.

① 강염기(强鹽基): 수용액에서 수산화 이온과 양이온으로 완전히 해리되는 염기

② 강타자(强打者): 야구에서 타격이 강한 타자

④ 강행군(强行軍): 어떤 일을 짧은 시간 안에 끝내려고 무리하게 함

10 난도 ★★☆ ③

'해결'은 '제기된 문제를 해명하거나 얽힌 일을 잘 처리함'을 뜻하며 '解結(풀 해, 맺을 결)'이 아닌 '解決(풀 해, 결정할 결)'로 표기하는 것이 적절하다.

오답 분석 ① 만족(滿足: 찰 만, 발 족): 마음에 흡족함

② 재청(再請: 다시 재, 청할 청): 회의할 때에 다른 사람의 동의에 찬성하여 자기도 그와 같이 청함을 이르는 말

④ 재론(再論: 다시 재, 논의할 론): 이미 논의한 것을 다시 논의함

11 난도 ★★★ ②

'보고'는 '일에 관한 내용이나 결과를 말이나 글로 알림'을 뜻하며 '報誥(갚을 보, 고할 고)'가 아닌 '보고(報告: 갚을 보, 아뢸 고)'로 표기하는 것이 적절하다.

오답 분석 ① 체계적(體系的: 몸 체, 이을 계, 과녁 적): 일정한 원리에 따라서 낱낱의 부분이 짜임새 있게 조직되어 통일된 전체를 이루는 것

③ 제고(提高: 끌 제, 높을 고): 수준이나 정도 따위를 끌어올림

④ 유명세(有名稅: 있을 유, 이름 명, 세금 세): 세상에 이름이 널리 알려져 있는 탓으로 당하는 불편이나 곤욕을 속되게 이르는 말

12 난도 ★★☆ ④

'변호사'는 '법률에 규정된 자격을 가지고 소송 당사자나 관계인의 의뢰 또는 법원의 명령에 따라 피고나 원고를 변론하며 그 밖의 법률에 관한 업무에 종사하는 사람'을 뜻하며 '辯護事(말 잘할 변, 보호할 호, 일 사)'가 아닌 '辯護士(말 잘할 변, 보호할 호, 선비 사)'로 표기하는 것이 적절하다.

오답 분석 ① 소방관(消防官: 꺼질 소, 막을 방, 벼슬 관): 소방 공무원을 일상적으로 이르는 말

② 과학자(科學者: 품등 과, 배울 학, 놈 자): 과학을 전문적으로 연구하는 사람

③ 연구원(研究員: 갈 연, 궁구할 구, 관원 원): 연구에 종사하는 사람

13 난도 ★★☆ ②

'야박'은 '야멸차고 인정이 없다.'를 뜻하며 '野薄(들 야, 얇을 박)'으로 표기하는 것이 적절하다.

오답 분석 ① '현실'은 '현재 실제로 존재하는 사실이나 상태'를 뜻하며 '現室(나타날 현, 집 실)'이 아닌 '現實(나타날 현, 열매 실)'로 표기하는 것이 적절하다.

③ '근성'은 '뿌리가 깊게 박힌 성질'을 뜻하며 '謹性(삼갈 근, 성품 성)'이 아닌 '根性(뿌리 근, 성품 성)'으로 표기하는 것이 적절하다.

④ '채용'은 '사람을 골라서 씀'을 뜻하며 '債用(빚 채, 쓸 용)'이 아닌 '採用(캘 채, 쓸 용)'으로 표기하는 것이 적절하다.

14 난도 ★★★ ②

ⓛ에 쓰인 '보판'은 판목을 보관[保]한다는 의미가 아니라, 훼손된 부분을 보수[補]한다는 의미이다. 따라서 '保版(지킬 보, 판목 판)'이 아닌 '補版(기우다 보, 판목 판)'으로 표기하는 것이 적절하다.

• 보판(保版: 지킬 보, 판목 판): 인쇄판을 해체하지 아니하고 보관하여 둠

• 보판(補版: 기우다 보, 판목 판): 마루 앞에 임시로 잇대어 만든 자리에 쓰이는 널조각

오답 분석 ① 훼손(毀損: 헐 훼, 덜 손): 체면이나 명예를 손상함 / 헐거나 깨뜨려 못 쓰게 만듦

③ 매목(埋木: 묻을 매, 나무 목): 나무를 깎아서 만든 쐐기. 재목 따위의 갈라진 틈이나 구멍을 메우는 데 쓴다.

④ 상감(象嵌: 형상 상, 돌이 중첩한 모양 감): 수정할 곳을 도려내고 옳은 활자를 끼워 판을 고치는 일

15 난도 ★★★ ③

ⓒ의 '방역'은 '전염병이 발생하거나 유행하는 것을 미리 막는 일'을 뜻하며, '紡疫(길쌈 방, 전염병 역)'이 아닌 '防疫(막을 방, 전염병 역)'으로 표기하는 것이 적절하다.

오답 분석 ① 침체(沈滯: 잠길 침, 막힐 체): 어떤 현상이나 사물이 진전하지 못하고 제자리에 머무름

② 위축(萎縮: 시들 위, 줄일 축): 마르거나 시들어서 우그러지고 쭈그러듦 / 어떤 힘에 눌려 졸아들고 기를 펴지 못함

④ 차치(且置: 또 차, 둘 치): 내버려 두고 문제 삼지 않음

16 난도 ★★☆ ④

'맹세'는 '일정한 약속이나 목표를 꼭 실천하겠다고 다짐함'을 뜻하며 '盟誓(맹세할 맹, 맹세할 세)'로 표기한다.

오답 분석 ① ⓐ의 '도전'은 '어려운 사업이나 기록 경신 따위에 맞섬을 비유적으로 이르는 말'을 뜻하며 '逃戰(도망할 도, 싸울 전)'이 아닌 '挑戰(돋울 도, 싸울 전)'으로 표기하는 것이 적절하다.

② ⓑ의 '지지'는 '어떤 사람이나 단체 따위의 주의ㆍ정책ㆍ의견 따위에 찬동하여 이를 위하여 힘을 씀 또는 그 원조'를 뜻하며 '持地(가질 지, 땅 지)'가 아닌 '支持(지탱할 지, 가질 지)'로 표기하는 것이 적절하다.

③ ⓒ의 '침묵'은 '어떤 일에 대하여 그 내용을 밝히지 아니하거나 비밀을 지킴 또는 그런 상태'를 뜻하며 '浸默(적실 침, 잠잠할 묵)'이 아닌 '沈默(잠길 침, 잠잠할 묵)'으로 표기하는 것이 적절하다.

17 난도 ★★☆ ①

'유명세'는 '세상에 이름이 널리 알려져 있는 탓으로 당하는 불편이나 곤욕을 속되게 이르는 말'로, 유명해진 데 대한 '대가'를 치른다는 의미가 담겨 있다. 따라서 '有名勢(있을 유, 이름 명, 기세 세)'가 아닌 '有名稅(있을 유, 이름 명, 세금 세)'로 표기하는 것이 적절하다.

오답 분석 ② 복불복(福不福: 복 복, 아닐 불, 복 복): 복분(福分)의 좋고 좋지 않음이라는 뜻으로, 사람의 운수를 이르는 말

③ 대증요법(對症療法: 대답할 대, 증세 증, 병 고칠 요, 법도 법): 병의 원인을 찾아 없애기 곤란한 상황에서, 겉으로 나타난 병의 증상에 대응하여 처치를 하는 치료법

④ 경위(經緯: 경서 경, 씨 위): 일이 진행되어 온 과정

18 난도 ★★☆ ①

㉠ 改善(고칠 개, 착할 선): 잘못된 것이나 부족한 것, 나쁜 것 따위를 고쳐 더 좋게 만듦

㉡ 通貨(통할 통, 재화 화): 유통 수단이나 지불 수단으로서 기능하는 화폐

19 난도 ★★☆ ④

이익과 관련된 갈등을 인식한 주체들의 합의를 위한 공동 의사 결정 과정을 의미하는 한자어로는 '協商(도울 협, 장사 상)'이 가장 적절하다. 협상(協商)은 어떤 목적에 부합되는 결정을 하기 위하여 여럿이 서로 의논하는 것을 의미하는 말이다.

오답 분석 ① 協贊(도울 협, 도울 찬): 어떤 일 따위에 재정적으로 도움을 줌

② 協奏(도울 협, 아뢸 주): 독주 악기와 관현악이 합주하면서 독주 악기의 기교가 돋보이게 연주함 또는 그런 연주

③ 協助(도울 협, 도울 조): 힘을 보태어 도움

20 난도 ★★★ ①

㉠ 說明(말씀 설, 밝을 명): 어떤 일이나 대상의 내용을 상대편이 잘 알 수 있도록 밝혀 말함

㉡ 描寫(그릴 묘, 베낄 사): 어떤 대상이나 사물, 현상 따위를 언어로 서술하거나 그림을 그려서 표현함

㉢ 敍事(줄 서, 일 사): 사실을 있는 그대로 적음

㉣ 論證(논의할 논, 증거 증): 옳고 그름을 이유를 들어 밝힘

21 난도 ★★★ ①

㉠ 장광설(長廣舌: 길 장, 넓을 광, 혀 설): 쓸데없이 장황하게 늘어 놓는 말

㉡ 유언비어(流言蜚語: 흐를 유, 말씀 언, 바퀴 비, 말씀 어): 아무 근거 없이 널리 퍼진 소문

㉢ 변명(辨明: 분별할 변, 밝을 명): 어떤 잘못이나 실수에 대하여 구실을 대며 그 까닭을 말함

22 난도 ★★☆ ④

㉣의 '일조'는 '갑작스러울 정도의 짧은 시간'을 의미하며, '日照(날 일, 비출 조)'가 아닌 '一朝(하나 일, 아침 조)'로 표기하는 것이 적절하다.

오답 분석 ① 확집(確執: 굳을 확, 잡을 집): 자기의 의견을 굳이 고집하여 양보하지 아니함

② 위의(威儀: 위엄 위, 거동 의): 위엄이 있고 엄숙한 태도나 차림새

③ 강도(強度: 강할 강, 법도 도): 센 정도

23 난도 ★★★ ①

• 探險(찾을 탐, 험할 험): 위험을 무릅쓰고 어떤 곳을 찾아가서 살펴보고 조사함

• 矛盾(창 모, 방패 순): 어떤 사실의 앞뒤, 또는 두 사실이 이치상 어긋나서 서로 맞지 않음을 이르는 말

• 貨幣(재화 화, 비단 폐): 상품 교환 가치의 척도가 되며 그것의 교환을 매개하는 일반화된 수단

오답 분석

② • 詐欺(속일 사, 속일 기): 나쁜 꾀로 남을 속임

• 惹起(이끌 야, 일어날 기): 일이나 사건 따위를 끌어 일으킴

• 灼熱(사를 작, 더울 열): 불 따위가 이글이글 뜨겁게 타오름

③ • 荊棘(광대싸리 형, 가시나무 극): '고난'을 비유적으로 이르는 말

• 破綻(깨뜨릴 파, 솔기 터질 탄): 일이나 계획 따위가 원만하게 진행되지 못하고 중도에서 어긋나 깨짐

• 洞察(꿰뚫을 통, 살필 찰): 예리한 관찰력으로 사물을 꿰뚫어 봄

④ • 箴言(바늘 잠, 말씀 언): 가르쳐서 훈계하는 말

• 惡寒(미워할 오, 찰 한): 몸이 오슬오슬 춥고 떨리는 증상

• 奢侈(사치할 사, 사치할 치): 필요 이상의 돈이나 물건을 쓰거나 분수에 지나친 생활을 함

24 난도 ★★☆ ②

밑줄 친 부분은 '간단한 말로도 남을 감동하게 하거나 남의 약점을 찌를 수 있음'을 의미하는 촌철살인(寸鐵殺人: 마디 촌, 쇠 철, 죽일 살, 사람 인)과 어울린다.

오답 분석 ① 교언영색(巧言令色: 교묘할 교, 말씀 언, 명령할 영, 빛 색): 아첨하는 말과 알랑거리는 태도

③ 언행일치(言行一致: 말씀 언, 다닐 행, 하나 일, 이를 치): 말과 행동이 하나로 들어맞음 또는 말한 대로 실행함

④ 가담항설(街談巷說: 거리 가, 말씀 담, 거리 항, 말씀 설): 거리나 항간에 떠도는 소문

25 난도 ★★☆ ①

㉠에는 '제각기 살아나갈 방법을 꾀함'이라는 뜻을 가진 각자도생(各自圖生: 각각 각, 스스로 자, 그림 도, 날 생)이 들어가야 한다. 따라서 '같은 사람의 말이나 행동이 앞뒤가 서로 맞지 아니하고 모순됨'이라는 뜻을 가진 자가당착(自家撞着: 스스로 자, 집 가, 칠 당, 붙을 착)은 ㉠에 들어가기에 적절하지 않다.

오답 분석 ② 상전벽해(桑田碧海: 뽕나무 상, 밭 전, 푸를 벽, 바다 해): 뽕나무밭이 변하여 푸른 바다가 된다는 뜻으로, 세상일의 변천이 심함을 비유적으로 이르는 말

③ 만시지탄(晚時之歎: 늦을 만, 때 시, 갈 지, 탄식할 탄): 시기에 늦어 기회를 놓쳤음을 안타까워하는 탄식

④ 오리무중(五里霧中: 다섯 오, 마을 리, 안개 무, 가운데 중): 오리나 되는 짙은 안개 속에 있다는 뜻으로, 무슨 일에 대하여 방향이나 갈피를 잡을 수 없음을 이르는 말

26 난도 ★☆☆ ④

당랑거철(螳螂拒轍: 사마귀 당, 사마귀 랑, 막을 거, 바퀴자국 철)은 '제 역량을 생각하지 않고, 강한 상대나 되지 않을 일에 덤벼드는 무모한 행동거지를 비유적으로 이르는 말'이다. 제시된 문장에서는 신중한 태도와 관련된 사자성어를 사용해야 하므로 무모한 행동을 비유하는 말인 당랑거철(螳螂拒轍)은 적절하지 않다.

오답 분석 ① 구곡간장(九曲肝腸: 아홉 구, 굽을 곡, 간 간, 창자 장): 굽이굽이 서린 창자라는 뜻으로, 깊은 마음속 또는 시름이 쌓인 마음속을 비유적으로 이르는 말

② 곡학아세(曲學阿世: 굽을 곡, 배울 학, 언덕 아, 세대 세): 바른 길에서 벗어난 학문으로 세상 사람에게 아첨함

③ 구밀복검(口蜜腹劍: 입 구, 꿀 밀, 배 복, 칼 검): 입에는 꿀이 있고 배 속에는 칼이 있다는 뜻으로, 말로는 친한 듯하나 속으로는 해칠 생각이 있음을 이르는 말

27 난도 ★★☆ ④

전화위복(轉禍爲福: 구를 전, 재앙 화, 할 위, 복 복)은 '재앙과 근심, 걱정이 바뀌어 오히려 복이 됨'을 의미한다. 따라서 우리 팀이 크게 이긴 긍정적인 상황에 사용하기에는 적절하지 않다.

오답 분석 ① 견강부회(牽强附會: 끌 견, 강할 강, 붙을 부, 모일 회): 이치에 맞지 않는 말을 억지로 끌어 붙여 자기에게 유리하게 함

② 호시우보(虎視牛步: 범 호, 볼 시, 소 우, 걸음 보): 범처럼 노려보고 소처럼 걷는다는 뜻으로, 예리한 통찰력으로 꿰뚫어 보며 성실하고 신중하게 행동함을 이르는 말

③ 도청도설(道聽塗說: 길 도, 들을 청, 진흙 도, 말씀 설): 길에서 듣고 길에서 말한다는 뜻으로, 길거리에 퍼져 돌아다니는 뜬소문을 이르는 말

28 난도 ★★☆ ④

고장난명(孤掌難鳴: 외로울 고, 손바닥 장, 어려울 난, 울 명)은 '외손뼉만으로는 소리가 울리지 아니한다는 뜻으로, 혼자의 힘만으로 어떤 일을 이루기 어려움을 이르는 말'이다. 따라서 좋지 않은 일이 연달아 일어나는 ㉠의 상황과 어울리지 않는다.

오답 분석 ① 설상가상(雪上加霜: 눈 설, 위 상, 더할 가, 서리 상): 눈 위에 서리가 덮인다는 뜻으로, 난처한 일이나 불행한 일이 잇따라 일어남을 이르는 말

② 전호후랑(前虎後狼: 앞 전, 범 호, 뒤 후, 이리 랑): 앞문에서 호랑이를 막고 있으려니까 뒷문으로 이리가 들어온다는 뜻으로, 재앙이 끊일 사이 없이 닥침을 비유적으로 이르는 말

③ 화불단행(禍不單行: 재앙 화, 아닐 불, 홑 단, 다닐 행): 재앙은 번번이 겹쳐 옴

29 난도 ★★☆ ②

제시된 글에서 황거칠은 식수권을 지키기 위해 저항했지만, 결국 경찰에 연행되고 가족들의 걱정에 석방을 조건으로 타협안에 도장을 찍게 된다. 이러한 황거칠의 상황에 어울리는 한자성어는 '손을 묶은 것처럼 어찌할 도리가 없어 꼼짝 못 함'을 의미하는 속수무책(束手無策: 묶을 속, 손 수, 없을 무, 꾀 책)이다.

오답 분석 ① 동병상련(同病相憐: 같을 동, 병들 병, 서로 상, 불쌍히 여길 련): 같은 병을 앓는 사람끼리 서로 가엾게 여긴다는 뜻으로, 어려운 처지에 있는 사람끼리 서로 가엾게 여김을 이르는 말

③ 자가당착(自家撞着: 스스로 자, 집 가, 칠 당, 붙을 착): 같은 사람의 말이나 행동이 앞뒤가 서로 맞지 아니하고 모순됨

④ 전전반측(輾轉反側: 구를 전, 구를 전, 돌이킬 반, 곁 측): 누워서 몸을 이리저리 뒤척이며 잠을 이루지 못함

30 난도 ★★★ ④

부부의 연을 맺는다는 문장에 어울리는 고사성어는 '부부가 되어 한평생을 사이좋게 지내고 즐겁게 함께 늙음'이라는 뜻을 가진 백년해로(百年偕老: 일백 백, 해 년, 함께 해, 늙을 로)이다. 백년하청(百年河淸: 일백 백, 해 년, 강물 하, 맑을 청)은 '중국의 황허강(黃河江)이 늘 흐려 맑을 때가 없다는 뜻으로, 아무리 오랜 시일이 지나도 어떤 일이 이루어지기 어려움을 이르는 말'로 제시된 문장의 상황과 어울리지 않는다.

오답 분석 ① 간담상조(肝膽相照: 간 간, 쓸개 담, 서로 상, 비출 조): 서로 속마음을 털어놓고 친하게 사귐

② 당랑거철(螳螂拒轍: 사마귀 당, 사마귀 랑, 막을 거, 바퀴자국 철): 제 역량을 생각하지 않고, 강한 상대나 되지 않을 일에 덤벼드는 무모한 행동거지를 비유적으로 이르는 말

③ 기호지세(騎虎之勢: 말탈 기, 범 호, 갈 지, 기세 세): 호랑이를 타고 달리는 형세라는 뜻으로, 이미 시작한 일을 중도에서 그만둘 수 없는 경우를 비유적으로 이르는 말

31 난도 ★★☆ ①

(가) 바로 뒤에 나오는 '손주 때문에 눈물로 세월을 보내더니, 이자는 성환이도 대학생이 되었으니 할매가 원풀이 한풀이를 다 했을 긴데.'를 보면 할매가 손주인 성환을 걱정하며 눈물로 세월을 보냈음을 알 수 있으므로 '자나 깨나 잊지 못함'을 뜻하는 오매불망(寤寐不忘: 깰 오, 잠잘 매, 아닐 불, 잊을 망)이 적절하다.

오답 분석 ② 망운지정(望雲之情: 바랄 망, 구름 운, 갈 지, 뜻 정): 자식이 객지에서 고향에 계신 어버이를 생각하는 마음

③ 염화미소(拈華微笑: 집을 염, 빛날 화, 작을 미, 웃음 소): 말로 통하지 아니하고 마음에서 마음으로 전하는 일

④ 백아절현(伯牙絶絃: 맏 백, 어금니 아, 끊을 절, 악기 줄 현): 자기를 알아주는 참다운 벗의 죽음을 슬퍼함

제시된 글은 선비의 긍정적인 면에 대해 설명하고 있다. 그런데 양상군자(梁上君子: 들보 양, 윗 상, 임군 군, 아들 자)란 '들보 위의 군자'라는 뜻으로, 도둑을 완곡하게 이르는 말을 의미하므로 제시된 글에서 설명하고 있는 선비와는 어울리지 않는다.

[오답 분석] ① 견리사의(見利思義: 볼 견, 이로울 리, 생각 사, 옳을 의): 눈앞의 이익을 보면 의리를 먼저 생각함

② 노겸군자(勞謙君子: 일할 노, 겸손할 겸, 임군 군, 아들 자): 큰 일을 해냈으면서도 겸손한 사람

③ 수기안인(修己安人: 닦을 수, 몸 기, 편안 안, 사람 인): 자신의 마음을 다해 노력하며 그 노력으로 인해 모두가 평안해짐

폐의파관(敝衣破冠: 해질 폐, 옷 의, 깨뜨릴 파, 갓 관)은 '해어진 옷과 부서진 갓'이란 뜻으로, 초라한 차림새를 비유적으로 이르는 말이다. 폐포파립(敝袍破笠: 해질 폐, 두루마기 포, 깨뜨릴 파, 삿갓 립) 또한 '해어진 옷과 부서진 갓'이란 뜻으로, 초라한 차림새를 비유적으로 이르는 말이므로 폐의파관(敝衣破冠)과 같은 의미이다.

[오답 분석]
① • 경국지색(傾國之色: 기울 경, 나라 국, 갈 지, 빛 색): 임금이 혹하여 나라가 기울어져도 모를 정도의 미인이라는 뜻으로, 뛰어나게 아름다운 미인을 이르는 말
 • 경중미인(鏡中美人: 거울 경, 가운데 중, 아름다울 미, 사람 인): 거울에 비친 미인이라는 뜻으로, 실속 없는 일을 비유적으로 이르는 말
② • 지록위마(指鹿爲馬: 가리킬 지, 사슴 록, 할 위, 말 마): 윗사람을 농락하여 권세를 마음대로 함을 이르는 말 / 모순된 것을 끝까지 우겨서 남을 속이려는 짓을 비유적으로 이르는 말
 • 지란지화(芝蘭之化: 지초 지, 난초 란, 갈 지, 될 화): 지초와 난초의 감화라는 뜻으로, 좋은 친구와 사귀면 자연히 그 아름다운 덕에 감화됨을 이르는 말
③ • 목불식정(目不識丁: 눈 목, 아닐 불, 알 식, 고무래 정): 아주 간단한 글자인 '丁'자를 보고도 그것이 '고무래'인 줄을 알지 못한다는 뜻으로, 아주 까막눈임을 이르는 말
 • 목불인견(目不忍見: 눈 목, 아닐 불, 참을 인, 볼 견): 눈앞에 벌어진 상황 따위를 눈 뜨고는 차마 볼 수 없음

'이번 신제품의 성공으로 A사는 B사에게 내주었던 업계 1위 자리를 탈환했다.'라는 부분을 통해 '땅을 말아 일으킬 것 같은 기세로 다시 온다는 뜻으로, 한 번 실패하였으나 힘을 회복하여 다시 쳐들어옴'을 이르는 말인 권토중래(捲土重來: 말 권, 흙 토, 무거울 중, 올 래)가 A사의 상황을 가장 적절하게 표현하였다는 것을 알 수 있다.

[오답 분석] ① 토사구팽(兎死狗烹: 토끼 토, 죽을 사, 개 구, 삶을 팽): 토끼가 죽으면 토끼를 잡던 사냥개도 필요 없게 되어 주인에게 삶아 먹힌다는 뜻으로, 필요할 때는 쓰고 필요 없을 때는 야박하게 버리는 경우를 이르는 말

③ 수불석권(手不釋卷: 손 수, 아닐 불, 풀 석, 책 권): 손에서 책을 놓지 아니하고 늘 글을 읽음

④ 아전인수(我田引水: 나 아, 밭 전, 끌 인, 물 수): 자기 논에 물 대기라는 뜻으로, 자기에게만 이롭게 되도록 생각하거나 행동함을 이르는 말

'시름겨운 이는 외로운 밤에 잠 못 이루는데'를 볼 때, 화자의 상황을 적절하게 표현한 한자성어는 '누워서 몸을 이리저리 뒤척이며 잠을 이루지 못함'을 뜻하는 전전불매(輾轉不寐: 구를 전, 구를 전, 아닐 불, 잠잘 매)이다.

[오답 분석] ① 금슬지락(琴瑟之樂: 거문고 금, 큰 거문고 슬, 갈 지, 즐길 락): 부부간의 사랑, '금실지락'의 원말

③ 금의야행(錦衣夜行: 비단 금, 옷 의, 밤 야, 다닐 행): 비단옷을 입고 밤길을 다닌다는 뜻으로, 아무 보람이 없는 일을 함을 이르는 말

④ 맥수지탄(麥秀之嘆: 보리 맥, 빼어날 수, 갈 지, 탄식할 탄): 고국의 멸망을 한탄함을 이르는 말

천의무봉(天衣無縫: 하늘 천, 옷 의, 없을 무, 꿰맬 봉)은 '천사의 옷은 꿰맨 흔적이 없다'는 뜻으로, 일부러 꾸민 데 없이 자연스럽고 아름다우면서 완전함을 이르는 말이다. 따라서 '일부러 꾸미지 않았는데도 자연스럽고 아름답다.'라는 말과 일맥상통한다.

[오답 분석] ① 花朝月夕(꽃 화, 아침 조, 달 월, 저녁 석): 꽃이 핀 아침과 달 밝은 밤이란 뜻으로, 경치(景致)가 좋은 시절을 이르는 말

② 韋編三絶(가죽 위, 엮을 편, 석 삼, 끊을 절): 공자가 주역을 즐겨 읽어 책의 가죽끈이 세 번이나 끊어졌다는 뜻으로, 책을 열심히 읽음을 이르는 말

④ 莫無可奈(없을 막, 없을 무, 옳을 가, 어찌 내): 달리 어찌할 수 없음

제시된 글의 밑줄 친 부분은 낭중지추(囊中之錐: 주머니 낭, 가운데
중, 갈 지, 송곳 추)와 관련이 있는 내용으로, '주머니 속의 송곳'이
라는 뜻으로 재능이 뛰어난 사람은 숨어 있어도 저절로 사람들에게
알려짐을 이르는 말이다.

[오답 분석] ① 오월동주(吳越同舟: 나라 이름 오, 넘을 월, 같을 동,
배 주): 서로 적의를 품은 사람들이 한자리에 있게 된 경우나 서로
협력하여야 하는 상황을 비유적으로 이르는 말

③ 마이동풍(馬耳東風: 말 마, 귀 이, 동녘 동, 바람 풍): 동풍이 말
   의 귀를 스쳐 간다는 뜻으로, 남의 말을 귀담아듣지 아니하고
   지나쳐 흘려버림을 이르는 말

④ 근묵자흑(近墨者黑: 가까울 근, 먹 묵, 놈 자, 검을 흑): 먹을 가
   까이하는 사람은 검어진다는 뜻으로, 나쁜 사람과 가까이 지내
   면 나쁜 버릇에 물들기 쉬움을 비유적으로 이르는 말

PART 4

고전문학
정답 및 해설

1 고전시가

문제편 p. 042

01	02	03	04	05	06	07	08	09	10
④	②	①	③	④	④	③	④	③	②
11	12	13	14	15	16	17	18	19	20
②	④	①	④	④	④	④	④	①	②
21	22	23	24						
③	①	③	①						

01 난도 ★☆☆ ④

고조선 곽리자고의 아내 여옥이 지었다고 전해지는 순수 서정 시가는 남편을 잃은 슬픔을 애절하게 표현한 고대가요인 「공무도하가」이므로 이는 적절하지 않은 설명이다.

오답 분석 ① 향가는 신라 시대부터 고려 전기까지 창작된 시가 양식이다. 「구지가」는 가야의 시조인 수로왕의 탄생을 기원하는 고대가요이므로 향가 발생 이전의 고대시가에 해당한다.

② 「구지가」의 1구에서는 거북이를 부르며 주의를 '환기'하고, 2구에서는 머리를 내어 놓으라고 '명령'하며, 3구에서는 내어놓지 않을 경우에 대한 '가정'을, 4구에서는 구워 먹겠다는 '위협'을 하고 있다. 따라서 환기, 명령, 가정의 어법을 사용한 주술적 노래라는 설명은 적절하다.

③ 고대 가요는 음악, 시가, 무용이 각각 분화되기 전의 양식으로서 하나로 어우러진 종합 예술의 성격을 띠고 있다.

작품해설 구간 등, 「구지가」

- 갈래: 고대가요
- 성격: 주술적, 집단적
- 주제: 수로왕의 강림 기원 및 풍요로운 생활의 염원
- 특징
  - 4구체의 한역 시가
  - 여러 사람이 함께 노동을 하며 불렀던 노래로 주술적 성격을 지님
  - 요구와 위협의 구조를 통해 소원 성취를 강하게 희망함

02 난도 ★☆☆ ②

고대가요 「구지가」는 4구체 한역 시가로 전한다. 1구에서 거북이를 부르며 '환기'하고 있고, 2구에서 머리를 내놓을 것을 '요구'하고 있다. 3구에서 '머리를 내어놓지 않으면'이라는 가정을 통해 '조건'을

제시하고 있으며, 4구에서 구워 먹겠다고 '위협'하고 있다. 따라서 시가의 전개 방식으로 '환기(1구) – 요구(2구) – 조건(3구) – 위협(4구)'이 적절하다.

03 난도 ★★☆ ①

화자는 '초가 정자'가 있고 오솔길이 나 있는 곳에서 술을 마시며 시를 읊조리고 있다. 따라서 '초가 정자'는 화자가 묘사한 풍경 속의 일부일 뿐, 시간적 흐름에 따른 시상 전개를 매개하고 있는 것은 아니다.

오답 분석 ② 자연 속에서 '높다랗게' 앉아서 술을 마시며 시를 읊조리고 있는 모습을 통해 시적 화자의 초연한 태도를 파악할 수 있다.

③ '산과 계곡'인 자연은 언제나 변함없이 그대로지만, 인간이 만든 '누대'는 비어 있다고 하였으므로, '누대'는 자연과 대비되는 쇠락한 인간사를 암시한다고 볼 수 있다.

④ '봄바람'은 꽃잎을 흔드는 주체이며, 화자는 '붉은 꽃잎 하나라도 흔들지 마라'고 하였다. 따라서 '봄바람'은 꽃잎을 흔드는 부정적 이미지로 기능하고 있음을 알 수 있다.

04 난도 ★★★ ③

제시된 작품은 을지문덕의 「여수장우중문」이다. '여수장우중문'이란 '수나라 장군 우중문에게 보낸다'는 뜻이다. 수나라 양제가 우중문, 우문술 두 장군을 필두로 30만 대군을 이끌고 612년(고구려 영양왕 23년) 고구려를 침범했을 때, 을지문덕 장군이 살수(지금의 청천강)에서 적군을 대파한 역사적 사건과 관련된다. 이때 을지문덕이 우중문에게 보낸 한시로서, 적장에 대한 거짓 찬양을 통해 적장을 우롱하는 을지문덕의 기개가 드러난다. 따라서 이 시의 주된 정조를 가장 잘 나타내는 것은 '일이 뜻대로 이루어져 기쁜 표정이 얼굴에 가득하다.'라는 뜻의 득의만면(得意滿面: 얻을 득, 뜻 의, 찰 만, 낯 면)이다.

오답 분석 ① 유유자적(悠悠自適: 멀 유, 멀 유, 스스로 자, 맞을 적): 속세를 떠나 아무 속박 없이 조용하고 편안하게 삶

② 연연불망(戀戀不忘: 그리워할 연, 그리워할 연, 아니 불, 잊을 망): 그리워서 잊지 못함

④ 산자수명(山紫水明: 산 산, 자줏빛 자, 물 수, 밝을 명): 산은 자줏빛이고 물은 맑다는 뜻으로, 경치가 아름다움을 이르는 말

05 난도 ★★☆　　　　　　　　　　　　　④

제시된 작품은 직접적으로 정서가 표출되지 않고 장면 묘사가 주를 이루고 있다. 따라서 후반부에 정서를 표출하는 선경후정의 형식을 취하고 있다는 설명은 적절하지 않다.

[오답 분석] ① 3구의 '늙은이가 제사를 끝내고'와 4구의 '해 저물어 취해 돌아오는 길을 아이가 부축하네'를 통해 '늙은이'와 '아이' 두 사람이 제사를 지낸 뒤 집으로 돌아오는 상황임을 알 수 있다.

② 시인이 살았던 시기를 고려할 때 시인은 임진왜란을 겪었을 것으로 추정하고 있기 때문에, 2구의 '들밭머리 풀섶에는 무덤이 늘어서 있네'가 전란으로 인해 많은 이들이 갑작스럽게 죽었음을 의미한다는 설명은 적절하다.

③ 제사를 지내고 취해 돌아오는 시적 상황을 고려할 때, 할아버지는 먼저 죽은 이(자식)에 대한 안타까움과 속상함 때문에 술을 마셨으리라는 것을 짐작할 수 있다.

작품해설	이달, 「제총요(祭塚謠)」

- 갈래: 한시(7언 절구)
- 성격: 묘사적, 서정적
- 주제: 전쟁의 참혹함과 남겨진 이들의 슬픔
- 특징
  - 기승전결의 구성
  - 직접적인 정서가 나타나지 않고 장면 묘사가 주를 이룸
  - 서정적인 장면 묘사(흰둥이, 누렁이, 들밭머리 풀섶, 밭, 해 저물어 취해 돌아오는 길)와 현실의 참혹함(임진왜란으로 인한 무덤, 제사)이 공존함

06 난도 ★★☆　　　　　　　　　　　　　④

화자는 담장 위에 떨어진 ㉢ '杏花(행화: 살구꽃)'를 통해 젊은 시절을 허망하게 흘려보낸 자신의 모습을 표현하고 있다. 따라서 ㉢ '杏花'는 객관적 상관물이면서 화자 자신과 동일시되는 소재라 할 수 있다.

[오답 분석] ① ㉠ '春雨(봄비)'는 시적 자아의 외롭고 쓸쓸한 정서를 드러내는 객관적 상관물이라 할 수 있으나 화자와 동일시되는 대상은 아니다.

②·③ ㉡ '羅幕(비단 장막)'과 ㉢ '屛風(병풍)'은 화자의 고독한 처지를 드러낸다고 볼 수 있으나, 화자 자신과 동일시되는 소재는 아니다.

작품해설	허난설헌, 「봄비[春雨]」

- 갈래: 한시(5언 절구)
- 성격: 독백적, 서정적, 애상적
- 주제: 젊은 규중 처자의 외로운 심사
- 특징
  - 정경의 묘사를 통해 화자의 정서를 간접적으로 표현함(봄비: 쓸쓸함, 찬바람: 외로움, 살구꽃: 아쉬움)
  - 선경후정의 시상 전개
  - 자신의 감정과 처지를 절제된 어조를 통해 표현함

07 난도 ★☆☆　　　　　　　　　　　　　③

'아아'는 낙구의 첫머리에 쓰인 감탄사로, 10구체 향가의 특징이다. 따라서 다른 향가 작품에서 찾아보기 어렵다는 설명은 적절하지 않다.

[오답 분석] ① '이른 바람'은 누이의 요절을 암시하는 표현이므로, 예상보다 빠르게 닥쳐온 불행을 의미한다는 설명은 적절하다.

② '한 가지에 나고'는 화자와 누이가 같은 부모에게서 태어났다는 표현이므로, 친동기 관계라는 것을 의미한다는 설명은 적절하다.

④ '미타찰'은 누이와 재회하고자 하는 불교의 극락세계로, 불교적 세계관을 보여준다는 설명은 적절하다.

작품해설	월명사, 「제망매가」

- 갈래: 10구체 향가
- 성격: 애상적, 추모적, 불교적
- 주제: 누이에 대한 추모와 슬픔의 종교적 승화
- 특징
  - 월명사가 죽은 누이를 추모하며 지은 노래
  - 누이의 죽음을 나뭇잎이 떨어지는 것에 비유함
  - 표현의 기교와 서정성이 뛰어난 향가 작품
  - 슬픔을 종교적으로 승화하고자 함

08 난도 ★★☆　　　　　　　　　　　　　④

㉣ '므슴다'는 '무심하구나'가 아니라, '무엇 때문에'라는 뜻으로 쓰였다.

[오답 분석] ① ㉠ '현'의 기본형인 '혀다'는 '켜다'의 옛말이다.

② ㉡ '즈슬'은 '즛'에 목적격 조사 '을'이 결합한 것이며, '즛'은 '모습'의 옛말이다.

③ ㉢의 '니저'는 '닛다'의 어간 '닛-'에 어미 '-어'가 결합한 것이며, '닛다'는 '잊다'의 옛말이다.

작품해설	작자 미상, 「동동(動動)」

- 갈래: 고려가요
- 성격: 서정적, 민요적, 송축적, 비유적
- 주제: 임에 대한 송축(頌祝)과 임에 대한 연모
- 특징
  - 전 13장의 분연체 구성
  - 임을 향한 여인의 정서를 노래한 월령체 고려 가요
  - 각 월별로 세시 풍속 또는 계절적 특성을 소재로 시상을 전개함
  - 송축과 찬양, 떠나 버린 임에 대한 원망과 한스러움, 그리움 등을 표현함

09 난도 ★★☆ ③

정철의 「사미인곡」은 임금을 향한 충정을 임과 이별한 여인의 마음에 빗대어 우의적으로 표현한 작품이다. 이와 내용 및 주제가 비슷한 작품은 홍랑의 시조로, '묏버들(산버들)'을 통해 임에 대한 화자의 마음을 전달하고자 하며, 임에 대한 사랑과 그리움을 드러내고 있다.

오답 분석 ① 이황의 「도산십이곡」으로, 자연과 더불어 사는 삶의 가치와 학문 수양에의 정진을 드러내고 있다.
② 조식의 시조로, 임금의 승하에 대한 애도를 드러내고 있다.
④ 박인로의 시조로, 잘 익은 감을 보며 부모님이 계시지 않음을 슬퍼하고 안타까워하는 마음을 드러내고 있다.

작품해설 정철, 「사미인곡」

- 갈래: 양반가사, 서정가사
- 성격: 서정적, 연모적
- 주제: 임을 향한 일편단심, 연군지정
- 특징
  - 여성의 목소리로 임에 대한 애절한 그리움을 노래함
  - 다양한 비유와 상징적 기법을 통해 정서를 효과적으로 드러냄

10 난도 ★★★ ②

화자인 '나'는 시냇물[벽계수(碧溪水)] 앞의 초가집[모옥(茅屋)]에서 사립문[시비(柴扉)] 주변과 정자(亭子)로 공간을 이동하면서 점층적으로 자연에 몰입하고 있다.

오답 분석 ① '홍진(紅塵)에 묻힌 분'은 속세에 사는 사람들로서, 화자가 이들을 부르면서 자신의 이야기를 시작하지만, 이들의 대답은 나타나 있지 않다.
③ 화자는 봄의 아름다움을 주관적으로 예찬하고 있다. 또한 '이웃'에게 산수 구경을 함께하자고 권유하고 있을 뿐 이웃을 통해 봄의 아름다움을 표현하고 있지는 않다.
④ 작품에는 여음이 나타나지 않는다.

작품해설 정극인, 「상춘곡」

- 갈래: 서정가사, 양반가사, 정격가사
- 성격: 묘사적, 예찬적, 서정적
- 주제: 봄의 완상과 안빈낙도
- 특징
  - 설의법, 대구법, 직유법, 의인법, 고사 인용 등 다양한 수사법을 사용함
  - 화자의 공간이동에 따라 시상이 전개됨

11 난도 ★★☆ ②

(가)를 현대어로 '수풀에서 우는 새는 봄기운[춘기(春氣)]을 이기지 못하여 소리마다 아양[교태(嬌態)]을 떠는 모습이다.'라고 해석할 수 있다. 이는 화자의 마음을 자연물인 '새'에게 감정 이입하여 나타낸 것으로, 이를 통해 자연 속의 화자와 자연물(새)이 모두 봄의 경치를 만끽하고 있다는 화자의 만족감을 알 수 있다.

12 난도 ★★★ ④

제시된 부분은 화자가 농사를 짓기 위해 이웃집의 소를 빌리러 갔다가 거절당하고 낙심하는 내용이다. '개'는 소를 빌리지 못해 위축된 화자(풍채 적은 형용)를 향해 짖으며, 화자의 초라한 처지를 드러내는 대상이다. 그리고 '대승(오디새)'은 농사 걱정으로 잠 못 이루는 화자의 '한을 돋우는', 걱정을 심화시키는 대상이다.

오답 분석 ① '개'와 '대승(戴勝)'은 모두 실재하는 존재물이다.
② '개'는 화자의 초라함을 드러내는 대상으로 '절망'을 나타낸다고 볼 수 있지만, '대승(戴勝)'은 화자의 한을 돋우는 대상이므로 '희망'과는 거리가 멀다.
③ '대승(戴勝)'은 화자의 내면적 정서를 고조시키는 소재이나, '개'와 '대승(戴勝)'이 화자의 내면과 외면을 상징하는 것은 아니므로 적절하지 않다.

작품해설 박인로, 「누항사(陋巷詞)」

- 갈래: 양반가사, 은일가사, 정격가사
- 성격: 사색적, 전원적
- 주제
  - 자연을 벗 삼은 빈이무원(貧而無怨)의 삶을 추구
  - 곤궁한 현실에도 안빈낙도(安貧樂道)와 충효 · 우애 · 신의를 지키는 삶을 추구
- 특징
  - 4음보 3(4) · 4조의 운율
  - 과장법, 대구법, 열거법, 설의법 등 다양한 표현 방법을 사용함

(나)는 4음보(한 달에/아홉 끼를/얻거나/못 얻거나)로 구성되어 있으므로 리듬이 규칙적이지만, (가)는 산문 문학으로 리듬이 규칙적이지 않다.

[오답 분석] ② (나)는 자신의 궁핍한 상황에 대해 사실적으로 표현하고 있으나 (가)는 '문밖에 가랑비 오면 방 안은 큰비 오고 부엌에 불을 때면 천장은 굴뚝이요'와 같이 시작부터 흥부 가족의 가난한 처지를 과장하거나 비유적인 표현들을 쓰고 있다.

③ · ④ (가)의 '철모르는 자식들은 음식 노래로 조르는데', '용미봉탕에 잣죽 좀 먹었으면 좋겠소'와 (나)의 '많고 많은 식구 이리하여 어이 살리'를 통해 (가), (나) 모두 현재의 상황을 운명으로 수용하고 있지 않으며, 상황을 부정적으로 인식하고 있음을 알 수 있다.

> ### 작품해설
>
> **(가) 작자 미상, 「흥부전」**
> - 갈래: 판소리계 소설
> - 성격: 풍자적, 해학적, 교훈적
> - 주제: 형제간의 우애와 권선징악
> - 특징
>   - 풍자와 해학을 통해 인물의 성격을 제시하고 사건을 진행함
>   - 현재형 시제를 활용하여 사실적으로 표현함
>   - 운문체와 산문체가 혼용됨
>   - 서민의 일상 언어와 양반의 한문투가 부분적으로 혼용됨
>   - 조선 후기 몰락한 양반과 서민들의 생활상을 사실적으로 제시함
>
> **(나) 정훈, 「탄궁가」**
> - 갈래: 가사
> - 성격: 사실적, 체념적
> - 주제: 가난한 생활에 대한 탄식과 안빈낙도 추구
> - 특징
>   - 열거법을 사용하여 궁핍한 처지를 표현함
>   - 고사를 인용하여 화자가 처한 상황을 두드러지게 함

(라)는 임금의 승하를 애도하는 마음을 노래한 시조이다. '서산의 히디다 ᄒᆞ니 그롤 셜워 ᄒᆞ노라.'에서 해가 진다는 표현은 임금의 승하를 비유적으로 나타낸 것으로 '히'는 '임금'을 의미한다.

[오답 분석] ① (가)는 수양 대군의 횡포를 비판하는 시조이다. '눈서리'는 '시련' 또는 '수양 대군의 횡포'를 의미하는데, 눈서리로 인해 낙락장송이 다 기울어 간다고 하였으므로 '낙락장송'은 수양 대군에 의해 억울하게 희생된 '충신'들을 의미한다.

② (나)는 임금에게 버림받고 괴로운 마음을 나타낸 시조이다. 화자는 구름에게 님이 계신 곳에 비를 뿌려 달라고 하며 자신의 억울함을 호소하고자 하므로 '님'은 '궁궐에 계신 임금'을 의미한다.

③ (다)는 이별한 임을 그리워하는 마음을 드러낸 시조이다. 화자는 지는 낙엽을 보며 이별한 임이 자신을 생각하는지 궁금해하고 있으므로 '저'는 '이별한 임'을 의미한다.

> ### 작품해설
>
> **(가) 유응부, 「간밤의 부던 ᄇᆞ람에 ~」**
> - 갈래: 평시조, 절의가
> - 성격: 우국적, 풍자적
> - 주제: 수양 대군의 횡포에 대한 비판과 인재 희생에 대한 걱정
> - 특징
>   - 시간의 흐름에 따라 시상을 전개함
>   - 자연물에 함축적 의미를 부여함(눈서리: 세조의 횡포, 낙락장송: 충신)
>   - 주제를 우회적으로 표현함
>
> **(나) 이항복, 「철령 노픈 봉에 ~」**
> - 갈래: 평시조, 연군가
> - 성격: 풍유적, 비탄적, 우의적
> - 주제: 억울한 심정 호소와 귀양길에서의 정한
> - 특징
>   - '님'은 궁궐(구중심처)에 계신 임금, 즉 광해군을 가리킴
>   - 임금을 떠나는 자신의 억울한 마음을 자연물에 빗대어 표현함
>
> **(다) 계랑, 「이화우(梨花雨) 훗ᄲᅮ릴 제 ~」**
> - 갈래: 평시조, 서정시
> - 성격: 애상적, 감상적, 여성적
> - 주제: 이별의 슬픔과 임에 대한 그리움
> - 특징
>   - 임과 헤어진 뒤의 시간적 거리감과 임과 떨어져 있는 공간적 거리감이 조화를 이룸
>   - 시간의 흐름과 하강적 이미지를 통해 시적 화자의 정서를 심화함
>
> **(라) 조식, 「삼동(三冬)의 뵈옷 닙고 ~」**
> - 갈래: 평시조, 연군가
> - 성격: 애도적, 유교적
> - 주제: 임금의 승하를 애도함
> - 특징
>   - 군신유의(君臣有義)의 유교 정신을 잘 보여줌
>   - 중종 임금이 승하했다는 소식을 듣고 애도함

15 난도 ★★☆ ④

(가)의 '이 몸이 소일(消日)하옴도 역군은(亦君恩)이샷다'에서 임금의 은혜에 감사하는 태도를 확인할 수 있다. 그러나 (나)에서는 자연 속에서 한가롭게 지내는 삶만 나타날 뿐, 임금에 은혜에 감사하는 태도는 확인할 수 없다.

오답 분석 ① (가)의 '강호(江湖)에 ᄀ을이 드니 고기마다 슬져 잇다'와 (나)의 '낙시 드리치니 고기 아니 무노미라 / 무심(無心)ᄒᆫ 달빗만 싯고 뷘빈저어 오노라'에서 자연 속에서 한가롭게 지내는 화자의 삶을 확인할 수 있다.

② (가)의 '소정(小艇)에 그물 시러 흘니 씌여 더져 두고'와 (나)의 '낙시 드리치니 고기 아니 무노미라'에서 화자가 배를 타고 낚시를 즐기고 있음을 확인할 수 있다.

③ (가)와 (나)는 모두 고려 말기부터 발달한 3장 6구 45자 내외, 3·4조(4·4조)의 4음보 정형시인 평시조이다.

작품해설

(가) 맹사성, 「강호사시가」
- 갈래: 평시조, 연시조(전 4수)
- 성격: 풍류적, 전원적, 낭만적
- 주제: 강호에서의 한가로운 삶과 임금의 은혜에 대한 감사
- 특징
  - 자연에 대한 예찬과 유교적 충의가 함께 드러남
  - 각 연마다 형식을 통일하여 안정감을 드러내고 주제를 부각함

(나) 월산 대군, 「추강(秋江)에 밤이 드니 ～」
- 갈래: 평시조, 단시조
- 성격: 풍류적, 낭만적, 탈속적
- 주제: 쓸쓸한 가을 달밤의 풍류와 정취 및 세속에 대한 초월과 무욕
- 특징
  - 가을밤을 배경으로 무욕의 경지를 감각적으로 그려냄
  - 대표적인 강호 한정가로 옛 선비의 탈속적 정서가 잘 드러남

---

16 난도 ★★★ ④

제시된 작품은 며느리의 한을 이야기한 시조로, 남편에 대한 아내의 원망이 드러날 뿐 아랫사람으로 인한 인물들의 갈등은 제시되지 않았다.

오답 분석 ① '어이려뇨 어이려뇨 싀어마님아 어이려뇨 / 쇼대남진의 밥을 담다 놋쥬걱 잘를 부르쳐시니 이를 어이ᄒ려뇨 싀어마님아'에서 며느리가 남편에 대한 원망으로 인해 주걱을 부러뜨린 행위를 시어머니께 이야기하며 걱정하고 있고, '져 아기 하 걱정 마스라'에서 시어머니는 며느리를 위로하고 있다. 따라서 시어머니와 며느리의 대화로 작품이 전개되고 있음을 확인할 수 있다.

② '어이려뇨'라는 시어를 반복함으로써 리듬감을 형성하고 있다.

③ 남편의 밥을 담다가 놋주걱을 부러뜨렸다는 행동은 인간의 범상한 욕구로 볼 수 있는 남편에 대한 아내의 원망이 투영된 것으로 볼 수 있다. 이를 통해 남성 중심의 가부장적 사회 제도가 지닌 부조리를 해학적으로 그리면서 며느리의 한을 표현하고 있다.

작품해설 작자 미상, 「어이려뇨 어이려뇨 ～」

- 갈래: 사설시조
- 성격: 풍자적, 해학적
- 주제: 남편의 못된 행실에 대한 비판과 시집살이의 한
- 특징
  - 남편에 대한 원망을 주걱을 부러뜨리는 행위로 나타냄
  - 남성 중심의 가부장적인 사회 제도를 풍자함

---

17 난도 ★★☆ ④

〈보기〉의 밑줄 친 부분은 추상적인 시간(밤)을 베어낸다고 표현하여 추상적 관념을 구체화하는 표현 방식이 사용되었다. '내 마음 속 우리 님의 고운 눈썹을 / 즈믄 밤의 꿈으로 맑게 씻어서'에서도 추상적 관념인 '밤의 꿈'으로 눈썹을 맑게 씻는다고 표현하였으므로 추상적 관념을 구체화하는 표현 방식이 사용되었다.

오답 분석 ① '아아 님은 갔지마는 나는 님을 보내지 아니하였습니다.'에는 '아아'라는 감탄사를 사용하여 감정을 강하게 표현하는 영탄법이 사용되었고, 님은 갔지만 나는 님을 보내지 아니하였다고 함으로써 모순된 표현으로 진리를 나타내는 역설법이 사용되었다.

② '무사(無事)한세상이병원이고꼭치료를기다리는무병(無病)이곳곳에있다'에는 띄어쓰기를 하지 않음으로써 무의식의 내면 심리를 표현하는 자동기술법이 사용되었다.

③ '노란 해바라기는 늘 태양같이 태양같이 하던 화려한 나의 사랑이라고 생각하라.'에는 '~같이'의 연결어를 사용하여 비유하는 직유법과, '태양같이'라는 시어를 되풀이한 반복법이 사용되었다.

---

18 난도 ★★☆ ④

(라)는 불변하는 '자연'과 변하는 '인사(人事)'의 대조를 통해 변함없는 자연을 예찬하고 있다.

오답 분석 ① (가)는 돌아가신 부모님을 생각하고 서러워하는 마음을 노래한 박인로의 시조로, 중국 회귤 고사를 인용하여 주제를 효과적으로 드러내고 있다.

② (나)는 임을 기다리는 애틋한 마음이 잘 드러나는 황진이의 시조로, '서리서리', '구뷔구뷔' 등의 의태어를 사용하여 임에 대한 그리움과 애틋한 마음을 잘 표현하고 있다.

③ (다)는 자연을 벗 삼는 즐거움을 노래한 성혼의 시조로, '-이오, -로다'의 대구 표현을 사용하고 '업슨'을 반복함으로써 자연에 귀의하려는 의지를 드러내고 있다.

(가) 박인로, 「반중(盤中) 조홍(早紅)감이 ～」
- 갈래: 평시조, 연시조(전 4수)
- 성격: 사친가(思親歌)
- 주제: 효심(孝心), 풍수지탄(風樹之嘆)
- 특징
  - '조홍시가(早紅柿歌)'라고도 알려짐
  - 육적의 '회귤 고사'와 관련 있음

> **회귤 고사**
> 중국 삼국 시대 오나라에 육적이라는 자가 있었다. 여섯 살 때, 원술이라는 사람을 찾아갔다가 그가 내놓은 귤 중에서 세 개를 몰래 품속에 넣었는데, 하직 인사를 할 때 그 귤이 굴러 나와 발각이 되었다. 그때 원술이 사연을 물으니, 육적은 집에 가지고 가서 어머니께 드리려 하였다고 하므로, 모두 그의 효심에 감격하였다고 한다. 이 일을 '회귤 고사' 또는 '육적 회귤'이라고 하며 '부모에 대한 효성의 뜻'으로 쓰인다.

(나) 황진이, 「동짓돌 기나긴 밤을 ～」
- 갈래: 평시조, 단시조
- 성격: 감상적, 낭만적, 연정적
- 주제: 임을 기다리는 애틋한 마음
- 특징
  - 추상적인 시간을 구체적인 사물로 형상화함
  - 참신한 비유와 의태어로 순우리말의 묘미를 잘 살림
  - 여성의 내면 심리를 섬세하게 보여줌

(다) 성혼, 「말 업슨 청산(靑山)이오 ～」
- 갈래: 평시조, 단시조
- 성격: 풍류적, 한정가
- 주제: 자연을 벗 삼는 즐거움
- 특징
  - 학문에 뜻을 두고 살아가는 옛 선비의 생활상을 그림
  - 대구법, 반복법, 의인법 등을 사용함
  - '업슨'이라는 말의 반복으로 운율감이 느껴짐

(라) 이현보, 「농암(籠巖)에 올라보니 ～」
- 갈래: 평시조, 단시조
- 성격: 자연 귀의적, 한정가
- 주제: 고향에서의 한정과 자연 귀의
- 특징
  - 작가가 만년에 고향에 돌아와 지은 농암가(籠巖歌)
  - 전원생활의 즐거움을 노래한 귀거래사(歸去來辭)

---

19 난도 ★☆☆   ①

〈보기〉에 제시된 작품은 윤선도의 「어부사시사」로, 연시조(전 40수)에 해당한다. 어촌에서 자연을 즐기며 한가롭게 살아가는 여유와 흥취를 노래하였다. 반면 「면앙정가」는 송순이 지은 가사로, 자연을 즐기는 풍류와 임금의 은혜에 대한 감사를 노래한 고전 시가이다.

오답 분석 ② 「오우가」는 윤선도가 지은 연시조로, 다섯 가지 자연물의 덕에 대해 예찬한 고전 시가이다.

③ 「훈민가」는 정철이 지은 연시조로, 백성을 교화하기 위해 유교적 윤리의 실천을 노래한 고전 시가이다.

④ 「도산십이곡」은 이황이 지은 연시조로, 자연에 묻혀 살고 싶은 소망과 학문 수양에 대한 변함없는 의지를 노래한 고전 시가이다.

PLUS+   연시조와 가사

연시조	• 한 제목 밑에 내용상으로 여러 수의 평시조를 엮어 나간 시조이다. • 맹사성의 「강호사시가」, 주세붕의 「오륜가」, 이황의 「도산십이곡」, 이이의 「고산구곡가」, 정철의 「훈민가」, 이현보의 「어부사」 등이 여기에 해당한다.
가사	• 조선 초기 사대부 계층에 의해 자리 잡은 문학 양식이다. • 3 · 4조, 4 · 4조의 음수율과 4음보 연속체의 형식을 가진 교술 문학이다. • 대체로 정극인의 「상춘곡」을 가사의 효시로 본다. • 송순의 「면앙정가」, 백광홍의 「관서별곡」, 정철의 「사미인곡」, 「속미인곡」, 「성산별곡」, 「관동별곡」 등이 여기에 해당한다.

---

20 난도 ★★★   ②

(나)는 초장과 중장에서 문답법을 활용하고는 있으나, '술'과 '국'은 같은 맥락에서 제시한 대상이며 서로 대조를 이루는 것이 아니므로 '대조법'을 활용했다고 볼 수 없다. 그리고 종장에서 '임'의 만수무강을 기원하고 있는 것은 아니다.

오답 분석 ① (가)는 초장에서 고인을 못 뵈었다는 표현이 중장에서 반복되면서 '녀던 길'이 앞에 있다는 내용이 이어지고, 이 내용을 다시 종장에서 반복하면서 '아니 녀고 엇멸고'라는 시구를 연결하였으므로 연쇄법을 활용한 것이라고 할 수 있다. 그리고 '아니 녀고 엇멸고'란 설의적 표현을 통해 고인의 길을 따를 수밖에 없음을 강조하고 있다.

③ (다)는 '우레궃치', '번기궃치', '비궃치'. '구름궃치'와 같이 '궃치'를 반복적으로 표현하여 운율감을 살리고 있다.

④ (라)의 하도 어처구니가 없어서 웃는다는 표현에서 냉소적 어조를 느낄 수 있으며, 웃고 있는 사람들에게 아귀가 찢어질 수 있다고 경고하면서 상대에 대한 불편한 심기를 표출하고 있다.

(가) 이황,「도산십이곡」
- 갈래: 평시조, 연시조
- 성격: 교훈적, 관조적, 예찬적, 회고적
- 주제: 자연에 동화된 삶과 학문 수양에 정진하는 마음
- 특징
  - 현실을 도피하여 자연을 벗 삼아 지내면서 쓴 강호가도의 대표적인 작품
  - 총 12수의 연시조로 내용상 '언지(言志)' 전 6곡과 '언학(言學)' 후 6곡으로 나뉨
  - 자연과 학문에 대한 진지한 성찰이 드러남

(나) 윤선도,「초연곡」
- 갈래: 평시조, 연시조
- 성격: 교훈적, 설득적, 비유적
- 주제: 임금과 신하의 도리
- 특징
  - 총 2수의 연시조
  - 우의적 기법을 활용하여 바른 정치를 지향하도록 유도함
  - 대구법을 활용하여 만수무강을 기원함

(다) 작자 미상,「우레ᄀᆞ치 소ᄅᆞ나ᄂᆞᆫ 님을 ~」
- 갈래: 평시조, 단시조
- 성격: 서정적, 연정가
- 주제: 임을 그리워하는 마음
- 특징
  - 임과의 만남과 이별을 날씨에 빗대어 표현함
  - 반복법을 활용하여 운율을 형성함

(라) 권섭,「하하 허허 ᄒᆞᆫ들 ~」
- 갈래: 평시조, 연시조
- 성격: 냉소적, 해학적, 풍자적
- 주제: 진정한 웃음을 지을 수 없는 세상에 대한 환멸
- 특징
  - 공허하게 거짓 웃음을 지을 수밖에 없는 심정을 노래함
  - 냉소적 어조를 활용하여 자신의 마음을 모르는 사람들에 대해 불편한 심기를 드러냄

21 난도 ★★☆   ③

(가)의 화자는 자신의 마음을 달로 만들어 임에게 사랑을 전하고 싶다는 적극적인 태도를 드러내고 있고, (나)의 화자는 부끄러워서 이별의 말도 못하고 돌아오는 소극적 태도를 드러내고 있다.

오답 분석 ① (가)의 '달'은 임에게 사랑의 마음을 전달하는 매개체이다. 하지만 (나)의 '달'은 이별한 화자(아가씨)의 슬픈 마음을 드러내며 슬픈 분위기를 형성하는 역할을 할 뿐, 사랑하는 마음을 임에게 전달하는 매개체로 볼 수는 없다.

② (가)의 '고운 님'은 화자가 사랑하는 대상이다. 하지만 (나)의 '아가씨'는 시 속에 등장하는 사람으로 시적 화자의 관찰 대상일 뿐, 화자가 사랑하는 대상이라고 말할 수는 없다.

④ (가)의 '장천'은 '넓은 하늘'을 뜻하는 말로, 사랑하는 임이 머무르는 공간이 아니라 화자의 마음을 형상화한 '달'이 걸려 있는 공간이다. (가)에서 사랑하는 임이 머무르는 공간은 '고운 님 계신 곳'이다. (나)의 '문'은 사랑하는 임에 대한 마음을 숨기는 공간으로 볼 수 있다.

(가) 정철,「내 마음 베어 내어 ~」
- 갈래: 평시조
- 성격: 애상적, 감상적
- 주제: 임금에 대한 변함없는 충정
- 특징
  - 추상적인 것(마음)을 구체적인 대상(달)으로 형상화함
  - 비유법과 상징법을 사용하여 임에 대한 사랑을 드러냄

(나) 임제,「무어별」
- 갈래: 한시(5언 절구)
- 성격: 애상적, 서정적
- 주제
  - 이별의 슬픔
  - 임과 이별한 여인의 애틋한 마음
- 특징
  - 시적 상황을 관찰자적 입장에서 객관적으로 전달함
  - 간결하고 담백한 표현을 사용함
  - 절제된 언어의 아름다움을 구사함

22 난도 ★★★   ①

제시된 시조는 정철의「훈민가」로, 유교적 교훈을 나타낸 시조이다. 제시된 부분은 제8수이며, 올바른 행동을 하자고 권유하고 있다. 따라서 시조의 내용으로 가장 적절한 것은 '마을에는 예의가 있어야 함'을 의미하는 鄕閭有禮(시골 향, 마을 려, 있을 유, 예도 례)이다.

오답 분석 ② 相扶相助(서로 상, 도울 부, 서로 상, 도울 조): 서로서로 도움

③ 兄友弟恭(형 형, 벗 우, 아우 제, 공손할 공): 형은 아우를 사랑하고 동생은 형을 공경한다는 뜻으로, 형제간에 서로 우애 깊게 지냄을 이르는 말

④ 子弟有學(아들 자, 아우 제, 있을 유, 배울 학): 자식들에게 학문을 권장함

정철,「훈민가」

- 갈래: 평시조, 연시조
- 성격: 설득적, 계몽적, 교훈적, 유교적
- 주제: 유교 윤리를 권장
- 특징
  - 백성을 교화하기 위한 계몽적·교훈적 노래
  - 유교적 도덕관을 실천할 것을 강조함
  - 청유형 어법을 활용하여 설득력을 높임

23 난도 ★★☆   ③

제시된 작품은 전원생활의 흥취를 노래한 정철의 시조로, '언치 노하 지즐투고'는 '언치를 놓아 눌러 타고'라는 뜻이다. 여기서 '언치'는 '말이나 소의 안장이나 길마 밑에 깔아 그 등을 덮어 주는 방석이나 담요'를 말하며, 안장도 얹지 않고 언치만 놓고 소에 올라탄 것으로 보아 엄격한 격식을 갖추려는 태도를 드러낸다고 할 수 없다.

[오답 분석] ① '성권농(成勸農)'의 집에서 함께 술을 나누려는 삶의 모습에서 소박한 풍류를 즐기며 사는 화자의 모습을 알 수 있다.
② '박차'는 '발로 차서'라는 의미이므로 빨리 가고 싶은 마음을 행동으로 나타내고 있다는 점에서 역동성과 생동감을 찾을 수 있다.
④ '아희야'는 누군가에게 말을 건네는 영탄적 어구로, 화자인 '뎡좌슈(鄭座首)'의 말을 '성권농(成勸農)'에게 전달하는 존재이기도 하다.

> **작품해설**   정철, 「재 너머 성권농(成勸農) 집의 ～」
>
> • 갈래: 평시조, 단시조
> • 성격: 풍류적, 해학적
> • 주제: 전원생활의 흥취
> • 특징
>   – 전원생활의 멋과 풍류가 토속적인 농촌의 정취와 조화를 이룸
>   – 시상의 과감한 생략으로 인한 비약적 표현이 드러남
>   – 시적 화자의 익살과 해학을 엿볼 수 있음

24 난도 ★★☆   ①

제시된 시조의 주제는 '의(義)를 지키며 천성(天性)대로 살고자 하는 의지'이므로 주제와 부합하는 단어는 '천성을 좇음'을 뜻하는 '率性(거느릴 솔, 성품 성)'이다.

[오답 분석] ② 善交(착할 선, 사귈 교): 잘 사귐
③ 遵法(좇을 준, 법도 법): 법률이나 규칙을 좇아 지킴
④ 篤學(도타울 독, 배울 학): 학문에 충실함

> **작품해설**   변계량, 「내히 죠타 ᄒ고 ～」
>
> • 갈래: 평시조, 단시조
> • 성격: 교훈적
> • 주제: 의(義)를 지키며 천성(天性)대로 살고자 하는 의지
> • 특징
>   – 유교적 덕목을 지키며 살아야 한다는 교훈적인 작품
>   – 대구적 표현을 사용하여 운율감을 형성함

01	02	03	04	05	06	07	08	09	10
③	③	④	③	②	③	①	③	④	③
11	12	13	14						
③	④	②	③						

01 난도 ★☆☆　　　　　　　　　　　　　　③

제시된 글에서 '그 나무가 근래에 땅에 쓰러지자 어떤 이가 빗장 막대기로 만들어 선법당(善法堂)과 식당에 두었다.'의 '근래에'라는 표현을 통해 벼락 맞은 배나무로 만든 막대기가 글쓴이의 당대까지 전해졌음을 짐작할 수 있다.

오답 분석 ① '천사가 배나무에 벼락을 내리고 하늘로 올라갔다. 그 바람에 배나무가 꺾어졌는데 용이 쓰다듬자 곧 소생하였다(일설에는 보양 스님이 주문을 외워 살아났다고 한다).'를 통해 벼락을 맞은 배나무가 저절로 소생했다는 설명이 적절하지 않음을 알 수 있다.

② '옥황상제가 보낸 천사(天使)가 뜰에 이르러 이목을 내놓으라고 하였다. 보양 스님이 뜰 앞의 배나무[梨木]를 가리키자 천사가 배나무에 벼락을 내리고 하늘로 올라갔다.'를 통해 천사는 보양 스님이 가리킨 배나무[梨木]를 이목으로 착각하여 벼락을 내린 것이지 이목을 죽이려다 실수로 배나무에 벼락을 내린 것이 아님을 알 수 있다.

④ '보양 스님이 이목을 시켜 비를 내리게 하니'를 통해 보양 스님이 비를 내렸다는 설명이 적절하지 않음을 알 수 있다. 그리고 '하늘의 옥황상제가 장차 하늘의 뜻을 모르고 비를 내렸다 하여 이목을 죽이려 하였다.'를 통해 옥황상제가 천사를 보낸 것은 보양 스님이 아니라 이목을 죽이기 위해서였음을 짐작할 수 있다.

작품해설　일연,「보양이목설화(寶壤梨木說話)」

- 갈래: 설화
- 성격: 상징적, 신이적(神異的), 종교적
- 주제: 승려 보양(寶壤)의 행적
- 특징
  - 불교적 색채와 함께 도교적 색채가 나타남
  - 수신신앙(水神信仰)과 불교가 시간의 흐름에 따라 섞인 것으로 추정됨
  - 일종의 언어유희가 나타남

이목(璃目)	이목(梨木)
이무기, 서해 용왕의 아들	배나무

  - 『삼국유사』에 수록됨

> 고려 충렬왕 때 승려 일연이 쓴 역사책으로, 단군 · 기자 · 대방 · 부여의 사적(史跡)과 신라 · 고구려 · 백제의 역사를 기록하고, 불교에 관한 기사 · 신화 · 전설 · 시가 등을 풍부하게 수록하였다.

02 난도 ★★☆　　　　　　　　　　　　　　③

ⓒ 껍질을 깨고 나온 주체는 '주몽'이다.

ⓗ 둔한 말을 잘 먹여서 살찌게 한 사람은 '주몽'이다.

오답 분석 ⊙ 몸을 피하는 주체는 방 안을 비추는 햇빛을 피하는 '유화'이다.

ⓛ 알을 내다 버리게 한 것은 '금와왕'이다.

ⓔ '활을 잘 쏘는'의 주체는 '사람'으로, 특정인을 지칭할 수 없다.

ⓜ 주몽을 없애려는 대상으로, 금와왕의 맏아들 '대소' 또는 그 외 주몽을 해하고자 하는 세력을 의미한다.

작품해설　「주몽 신화」

- 갈래: 건국신화
- 성격: 영웅적, 서사적
- 주제: '주몽'의 탄생과 고구려 건국의 내력
- 특징
  - 사람이 알에서 태어나는 '난생(卵生) 설화'
  - 고구려의 건국 과정이 나타남
  - 영웅의 일대기를 서술함

03 난도 ★★★ ④

성이 '楮(닥나무 저)'라는 것은 종이의 원료인 닥나무를 설명한 것이며, 이름이 '白(흰 백)', 자가 '無玷(없을 무, 이지러질 점)'이라는 것은 하얗고 깨끗한 종이의 특성을 설명한 것이다. '회계'는 종이가 최초로 생산된 곳을 말하며, '채륜의 후손'이라는 것은 종이를 발명한 채륜에게서 비롯되었음을 말한다. 또한 붓을 의인화한 '毛學士(털 모, 배울 학, 선비 사)'가 '그 얼굴에 점을 찍어 더럽혀도 씻지 않았다.'라고 한 데서도 종이라는 것을 유추할 수 있다.

> **작품해설** 이첨, 「저생전」
>
> • 갈래: 가전체
> • 성격: 풍자적, 우의적, 교훈적
> • 주제: 선비로서의 올바른 삶을 권유함
> • 특징
> – 종이를 의인화해서 지은 가전체 작품
> – 작가의 자전적인 삶의 내용이 반영되어 있음
> – 구체적인 예를 들어 인물의 행적과 인물을 평가함

04 난도 ★★☆ ③

© '왕자'는 © '관상을 보는 사람'이 ② '폐하(황제)'를 설득하기 위해 예시로 든 대상이다. 따라서 © '관상을 보는 사람'에게 자신의 견해를 펼칠 기회를 제공한 사람은 ② '폐하(황제)'이다.

오답 분석 ① © '관상을 보는 사람'이 ② '폐하(황제)'에게 '산야의 성질이어서 ~ 원컨대 폐하께서는 저 완고한 구리[銅]와 함께 내버리지 마옵소서.'라고 말한 후 '이로 말미암아 그가 세상에 이름을 드러냈다.'라고 하였으므로, ② '폐하(황제)'의 결정에 의해 ⊙ '공방'의 이름이 세상에 드러나게 된 것이다.

② © '관상을 보는 사람'은 ⊙ '공방'을 보고는 '산야(山野)'의 성질이어서 비록 쓸 만하지 못하오나', '때를 긁고 빛을 갈면 그 자질이 마땅히 점점 드러날 것입니다.'라고 하며, 단점보다는 앞으로의 발전 가능성에 주목하였다.

④ © '관상을 보는 사람'이 '왕자(王者)는 사람을 그릇[器]으로 만듭니다. 원컨대 폐하께서는 저 완고한 구리[銅]와 함께 내버리지 마옵소서.'라며 © '왕자'의 좋은 예를 들어 ② '폐하'에게 ⊙ '공방'을 등용할 것을 권유하자, ② '폐하'가 그것을 받아들인 것으로 보아, ② '폐하(황제)'는 © '왕자'의 이상적인 모습을 본받고자 했음을 알 수 있다.

> **작품해설** 임춘, 「공방전」
>
> • 갈래: 가전체
> • 성격: 풍자적, 교훈적, 우의적, 전기적
> • 주제: 돈을 먼저 생각하는 세태에 대한 비판
> • 특징
> – 엽전을 의인화하여 전기 형식으로 구성함
> – 돈의 유통에 대한 부정적 시각이 드러남

05 난도 ★★☆ ②

3문단의 '이는 필시 사부가 ~ 허무한 일임을 알게 하신 것이로다.'에서 성진의 사부인 육관 대사가 성진에게 가르침을 주기 위해 꿈을 꾸게 하였음을 확인할 수 있다. 또한 1문단의 '승상이 말을 마치기도 전에 구름이 걷히더니 노승은 간 곳이 없고 좌우를 돌아보니 팔낭자도 간 곳이 없었다.'에서 육관 대사가 꿈속에서 노승으로 나타나 성진이 꿈에서 깰 수 있도록 하였음을 추론할 수 있다. 따라서 양소유가 인간 세상에 환멸을 느껴 스스로 성진의 모습으로 되돌아왔다는 설명은 적절하지 않다.

오답 분석 ① 3문단의 '그리고 장원급제를 하여 한림학사가 된 후 출장입상하고 ~'에서 꿈속의 양소유가 장원급제를 하여 한림학사가 되었음을 확인할 수 있다.

③ 2문단의 '이에 제 몸이 인간 세상의 승상 양소유가 아니라 연화도량의 행자 성진임을 비로소 깨달았다.'에서 성진은 인간 세상이 아닌 연화도량에 있음을 확인할 수 있다.

④ 2문단의 '자신의 몸을 보니 ~ 완연한 소화상의 몸이요, 전혀 대승상의 위의가 아니었으니, ~'에서 성진은 자신의 외양을 보고 꿈에서 돌아왔음을 인식했다는 것을 확인할 수 있다.

> **작품해설** 김만중, 「구운몽」
>
> • 갈래: 고전소설, 국문소설, 몽자류 소설
> • 성격: 불교적, 유교적, 도교적, 우연적, 전기적, 비현실적
> • 주제
> – 인생무상의 깨달음을 통한 허무의 극복
> – 불교적 인생관에 대한 각성
> • 특징
> – '현실 – 꿈 – 현실'의 이원적 환몽 구조를 취하는 몽자류 소설의 효시
> – 천상계가 현실적 공간, 인간계가 비현실적 공간으로 설정됨
> – 꿈속 양소유의 삶은 영웅 소설의 구조를 지님
> – 유교적, 불교적, 도교적 사상이 작품에 반영되어 있음

06 난도 ★★☆ ③

• ⊙ '갑자기 석양에 막대기 던지는 소리가 나거늘'은 지상 세계에서의 일이다.
• © '꿈속에서 잠깐 만나본 일'은 양소유가 지난 날 토번을 정벌할 때의 일을 회상하는 내용이다.
• © '십 년을 같이 살던 일'은 지상 이전의 천상 세계에서의 일을 말한다.
• ② '열대여섯 살 전에는 부모 슬하를 떠나지 않았고'는 지상에서의 생활 중에서 토번을 정벌하기 전의 일을 말한다.

사건의 시간 순서에 따라 배열할 때 ©은 입몽하기 전에 성진이 겪은 일이므로 첫 번째이고 양소유가 어렸을 때를 말하는 ②이 두 번째이다. 토번을 정벌할 때에 해당하는 ©이 세 번째이고, 마지막으로 ⊙은 현재 시점에 해당하므로 네 번째이다. 따라서 사건의 시간 순서에 따라 가장 적절하게 배열한 것은 © → ② → © → ⊙이다.

'소유가 전에 토번을 정벌할 때 꿈에 동정 용궁에 가서 잔치하고 돌아오는 길에 남악에 가서 놀았는데 한 화상이 법좌에 앉아서 불경을 강론하더니 노부께서 바로 그 노화상이냐?'라는 내용을 통해 승상이 꿈에 남악에서 중을 보았던 기억을 떠올리며 낯이 익은 듯하다고 여겼음을 확인할 수 있으므로 이는 적절한 이해이다.

[오답 분석] ② 중이 돌 지팡이로 난간을 쳐 승상을 꿈에서 깨게 하지만, '사부는 어찌 소유를 정도로 인도하지 않고 환술(幻術)로 희롱하나뇨?'라고 승상이 반응하는 것을 볼 때, 승상은 꿈에서 깨기 전까지 자신이 본래 불도를 닦던 승려였음을 깨닫지 못하고 있음을 확인할 수 있으므로 승려였음을 인정한 뒤 꿈에서 깨게 된다는 진술은 적절하지 않다.

③ '대답을 듣기도 전에 구름이 날아가니 중은 간 곳이 없고 좌우를 돌아보니 여덟 낭자 또한 간 곳이 없는지라.'라는 내용을 통해 여덟 낭자가 사라진 후의 승상의 심리가 제시되지 않았음을 확인할 수 있으므로 승상이 중의 진의를 의심한다는 진술은 적절하지 않다.

④ '소유가 ~ 언제 사부와 십 년을 함께 살았으리오?'라는 내용을 통해 승상이 꿈속에서 중으로 나타난 사부와의 관계를 인정하지 못하고 있음을 확인할 수 있다. 그러나 이는 승상이 천상에서의 일을 기억하지 못했기 때문이지, 중이 능파 낭자와 어울렸던 죄를 징벌했기 때문은 아니다.

(가)에서는 계월의 명령에 화가 머리끝까지 난 보국이 억지로 갑옷과 투구를 갖추고 군문에 대령하자 계월이 보국에게 예를 갖추라고 명령하면서 보국과의 갈등 상황을 타개하고자 하는 적극적인 태도를 보인다. 그러나 (나)에서는 까투리가 장끼의 고집에 경황없이 물러서며 갈등 상황을 해결하는 데에 소극적인 태도를 보인다.

[오답 분석] ① (가)에서는 계월이 보국에게 명령하는 것을 통해 계월이 보국에 비해 우월한 지위를 가지고 있음을 확인할 수 있다. 그러나 (나)에서는 장끼의 고집을 꺾지 못하는 까투리의 모습을 통해 까투리가 장끼에 비해 우월한 지위를 가지고 있지 않음을 확인할 수 있다.

② (가)에서는 계월이 보국의 행동을 거만하다고 비판하고 있으며, (나)에서도 까투리가 장끼의 행동을 보고 '저런 광경 당할 줄 몰랐던가. ~ 계집의 말 안 들어도 망신하네.'라고 하며 장끼의 행동을 비판하고 있음을 확인할 수 있다.

④ (가)에서는 계월의 호령에 '군졸의 대답 소리로 장안이 울릴 정도였다.'고 묘사한 것을 통해 계월이 주변으로부터 두려움의 반응을 얻었음을 확인할 수 있다. (나)에서는 까투리의 주변인 '아홉 아들 열두 딸과 친구 벗님네들도 불쌍타 의논하며' 장끼의 죽음에 대해 까투리를 위로하고 있으므로 까투리는 주변으로부터 호의적인 반응을 얻었음을 확인할 수 있다.

(가) 작자 미상, 「홍계월전」
- 갈래: 고전소설, 군담소설, 영웅소설
- 성격: 전기적, 영웅적
- 주제: 홍계월의 영웅적 면모와 고난 극복
- 특징
  - 주인공의 고행담과 이를 극복하는 과정을 서술함(전형적인 영웅 일대기적 구조)
  - 중국 명나라를 배경으로 한 소설로, 여성을 우월하게 그림
  - 봉건적 사회 질서에서 벗어나고자 하는 여성들의 욕구를 반영함
  - 남장 모티프를 확인할 수 있음

(나) 작자 미상, 「장끼전」
- 갈래: 고전소설, 우화소설
- 성격: 우화적, 교훈적, 풍자적
- 주제: 남존여비와 개가 금지에 대한 비판
- 특징
  - 동물을 의인화하여 풍자의 효과를 높임
  - 남존여비, 여성의 재가 금지 등 당시의 유교 윤리를 비판함
  - 판소리 사설의 문체가 작품 곳곳에 드러남

편집자적 논평은 고전 소설에서 흔히 찾을 수 있는 것으로, 서술자가 글이나, 말, 사건 등에 대해 직접 개입하여 자신의 사상이나 지식 등을 적당히 배합시켜 논하거나 비평하는 것을 말한다. ㉣에서 '그 형용은 세상 인물이 아니로다.'라는 것은 서술자가 직접 평가한 것이므로 편집자적 논평은 맞으나, 춘향이의 내면적 아름다움을 서술한 것은 아니다. ㉣ 앞에 제시된 내용으로 볼 때 그네를 타는 춘향이의 외면적 아름다움에 대한 논평으로 보는 것이 맞다.

[오답 분석] ① 설의적 표현이란 누구나 쉽게 판단할 수 있는 사실에 대해 의문문의 형식으로 표현하여 필자가 의도하는 생각을 강조하는 표현이다. ㉠에서는 'ㅡㄹ쏘냐'와 같이 설의적 표현을 사용하여 춘향이도 천중절을 당연히 알 것이라는 점을 강조하고 있다.

② ㉡에서는 '황금 같은 꾀꼬리'와 같이 비유법(직유법)을 사용하였으며, '꾀꼬리는 쌍쌍이 날아든다.'라고 하여 음양이 조화를 이루고, '녹음방초 우거져 금잔디 좌르르 깔린'을 통해 아름다운 봄날의 풍경을 서술하였다.

③ 음성상징어란 소리와 의미의 관계가 필연적인 것으로 여겨지는 단어로, 의성어와 의태어를 아우르는 말이다. ㉢에서는 '펄펄', '흔들흔들'과 같은 의태어(음성상징어)를 사용하여 춘향의 그네 타는 모습을 시각적으로 서술하고 있다.

- 갈래: 고전소설, 판소리계 소설
- 성격: 풍자적, 해학적
- 주제
  - 신분을 초월한 남녀 간의 사랑
  - 신분적 갈등의 극복을 통한 인간 해방
  - 불의한 지배 계층에 대한 서민의 항거
- 특징
  - 편집자의 논평이 자주 드러남
  - 판소리의 영향으로 운문체와 산문체가 혼합됨
  - 언어유희, 반어법, 과장법, 직유법 등의 표현 방법이 사용됨
  - 해학과 풍자로 골계미가 나타남
  - 근원 설화(열녀설화, 신원설화) → 판소리(춘향가) → 고전 소설(춘향전) → 신소설(옥중화)

10 난도 ★★☆   ③

ⓒ은 춘향이 도련님을 그리워하며 서러운 심정을 노래하는 부분으로 서술자의 개입은 드러나지 않는다.

오답 분석 ① ㉠의 '소리가 화평할 수 있겠는가.'에서 서술자의 개입을 확인할 수 있다.

② ㉡의 '심장인들 아니 상할 것인가.'에서 서술자의 개입을 확인할 수 있다.

④ ㉣의 '어찌 감동을 받지 않겠는가?'에서 서술자의 개입을 확인할 수 있다.

11 난도 ★★☆   ③

제시된 글에서 유 소사의 '남편의 뜻을 어기오지 말면 장부(丈夫) 비록 그른 일이 있을지라도 순종(順從)하랴?'라는 질문에 사씨가 '어찌 부부라고 간쟁(諫諍)치 않으리이까?'라고 대답하는 것을 볼 때, 사씨는 남편이 잘못하면 이를 지적해야 한다고 생각하는 것을 알 수 있다.

오답 분석 ① 사씨의 어머니가 딸에게 남편을 공경하며 어기지 말라고 한 것은 미리 가르침을 준 것이지, 딸의 행동을 비판한 것이 아니다.

② 사씨가 '일찍 아비를 여의고 자모(慈母)의 사랑을 입사와 본래 배운 것이 없으니 ~'라고 대답한 것은 제대로 배우지 못한 것에 대한 안타까운 마음을 표현한 것이 아니라 겸손한 태도에서 한 말이다.

④ 유 소사가 사씨를 '조대가'에 비한 것을 볼 때, 사씨가 지혜롭고 덕망이 높은 것을 칭찬하고 있음을 알 수 있다. 따라서 효성이 지극한 사씨의 모습에 흡족해 한다는 설명은 적절하지 않다.

- 갈래: 고전소설
- 성격: 풍간적, 교훈적
- 주제
  - 처첩 간의 갈등과 사필귀정(事必歸正)
  - 권선징악(勸善懲惡)
- 특징
  - 중국을 배경으로 당대의 부정적 현실을 우회적으로 비판함
  - 처첩 간의 갈등을 통해 당대 사회적 분위기와 풍속을 알 수 있음
  - 선악의 성격이 분명한 인물형을 대립시키고 사건이 사실적으로 전개됨
  - 속담이나 격언 등을 적절히 활용함
  - 서술자가 직접 사건에 개입함
  - 후대 가정 소설의 모범이 됨

12 난도 ★★★   ④

ⓔ은 부인의 꿈속에 나타난 '선관'이 '청룡'을 구름 중에 풀어 주며 한 말로, '선관'이 인간 세상에 내려와서 겪게 될 일을 암시하는 말이다. '남악산 신령들이 부인댁으로 지시하기로 왔사오니'라는 선관의 말을 통해 '남악산 신령'은 선관에게 부인댁으로 가라고 지시한 존재로, 인간 세계에 내려왔다가 천상 세계로 복귀하는 존재가 아님을 알 수 있다. 따라서 ⓔ이 '남악산 신령'이 청룡을 타고 천상 세계로 복귀하는 것을 암시한다는 설명은 적절하지 않다.

오답 분석 ① ㉠은 부인이 소원을 다 빌자 신령이 하강하여 제물을 모두 받아서 먹었음을 의미하는 말이다. 또한 뒤에 이어지는 '길조(吉兆)가 여차(如此)하니'의 내용을 통해 ㉠은 길조가 일어날 것임을 암시한다는 설명이 적절함을 알 수 있다.

② '일일은 한 꿈을 얻으니, ~ 부인 품에 달려들거늘 놀래 깨달으니 일장춘몽이 황홀하다.'를 통해 ㉡은 '선관'이 '부인'을 만나러 온 상황을 묘사한 내용으로 '부인'이 꾼 꿈의 상황임을 알 수 있다.

③ '백옥루 잔치 시에 익성과 대전(對戰)한 후로 상제전에 득죄하여 인간에 내치심에 갈 바를 모르더니 남악산 신령들이 부인 댁으로 지시하기로 왔사오니 부인은 애휼(愛恤)하옵소서.'라는 말을 통해 ㉢은 '선관'이 인간 세상에 귀양을 오게 되는 계기가 되었음을 알 수 있다.

- 갈래: 고전소설, 국문소설, 영웅소설, 군담소설
- 성격: 전기적, 비현실적, 영웅적
- 주제: 유충렬의 고난과 영웅적 행적
- 특징
  - 영웅 소설의 전형적 요소를 갖춤
  - 천상계와 지상계로 이원적 공간이 설정됨
  - 유교 사상, 불교 사상, 도교 사상을 바탕으로 함

'단지 마음속에 품은 뜻이 귀로 소리를 받아들여 만들어 낸 것일 따름이다.'를 통해 사물의 본질은 내 마음에 달려 있음을 나타내고 있다. 따라서 제시된 작품에서는 세심한 관찰을 통해 사물의 본질을 이해할 수 있음을 역설한 것이 아니라, 사물의 본질은 마음에 달려 있다는 것을 역설하고 있다.

오답분석 ① '솔바람 같은 소리, 언덕이 무너지는 듯한 소리, 개구리들이 다투어 우는 듯한 소리' 등에서 '~ 듯한, ~ 같은'이라는 연결어를 활용해 냇물 소리를 빗대어 표현하고 있으므로 직유법을 활용하였음을 알 수 있다. 또한 불어난 냇물 소리를 '수레와 말, 대포와 북의 소리'라고 표현하고 있으므로 은유법을 활용하였음을 알 수 있다.

③ 작가 자신의 집 앞에서 냇물 소리를 들은 일상의 경험을 활용해 물소리에 대한 자신의 생각을 뒷받침하고 있다.

④ '어떤 사람은 이곳이 옛 전쟁터였기 때문에 물소리가 그렇다고 말하나 그래서가 아니라 물소리는 듣기 여하에 달린 것이다.'를 통해 다른 이의 생각을 반박하기 위하여 이 글을 서술하였음을 확인할 수 있다.

작품해설 박지원, 「일야구도하기」

- 갈래: 고전수필, 한문수필, 기행수필
- 성격: 체험적, 분석적, 교훈적, 설득적
- 주제: 외물에 현혹되지 않는 삶의 자세
- 특징
  – 자신의 체험을 바탕으로 주장하는 바를 뒷받침함
  – 치밀한 관찰력으로 사물의 본질을 꿰뚫어 보는 태도를 보임

말뚝이는 굿거리장단에 맞추어 양반 삼 형제를 인도하면서 등장하였으나 말뚝이가 '양반 나오신다아!'라고 하며 양반을 풍자하는 사설을 늘어놓기 전 음악과 춤은 멈추었다. 따라서 말뚝이가 굿거리장단에 맞춰 양반을 풍자하는 사설을 늘어놓은 것은 아니다.

오답분석 ① 말뚝이의 "개잘량이라는 '양' 자에 개다리소반이라는 '반' 자 쓰는 양반이 나오신단 말이오."라는 말 뒤에 양반들은 "야아, 이놈, 뭐야아!"라며 자신들을 조롱하는 말뚝이를 야단치고 있다.

② 양반 삼 형제가 '말뚝이 뒤를 따라 굿거리장단에 맞추어 점잔을 피우나, 어색하게 춤을 추며 등장'한다고 한 부분과 '샌님과 서방님은 언청이이며(샌님은 언청이 두 줄, 서방님은 한 줄이다.) 부채와 장죽을 가지고 있고, ~'에서 샌님과 서방님이 부채와 장죽을 들고 춤을 추며 등장했음을 알 수 있다.

④ '도련님은 대사는 일절 없으며, 형들과 동작을 같이하면서 형들의 면상을 부채로 때리며 방정맞게 군다.'에서 도련님이 방정맞게 굴면서 샌님과 서방님의 얼굴을 부채로 때렸음을 알 수 있다.

작품해설 작자 미상, 「봉산탈춤」

- 갈래: 가면극
- 성격: 평민적, 해학적, 풍자적
- 주제: 양반의 허세와 위선에 대한 풍자와 조롱
- 특징
  – 등장인물의 재담 구조가 반복되면서 관중의 흥미를 북돋움
  – 언어적 유희, 열거, 과장, 희화화 등을 통해 양반을 조롱하고 해학과 풍자로 웃음을 유발함
  – 비속어와 한자어가 함께 사용되는 언어의 양면성을 보임

PART 5

현대문학
정답 및 해설

문제편 p. 058

01	02	03	04	05	06	07	08	09	10
③	③	①	①	④	④	②	②	②	④
11	12	13	14	15	16	17	18	19	20
①	④	①	①	④	③	④	②	②	③
21									
④									

01 난도 ★☆☆ ③

제시된 작품에서는 자연 속에서 해바라기가 피어나는 모습을 통해 해바라기 씨를 '생의 근원을 향한 아폴로의 호탕한 눈동자', '의욕의 씨'에 비유하고 있다. 따라서 이 시의 주제는 '생명에 대한 강렬한 의욕'이 적절하다.

[오답 분석] ① 자연의 모습을 시각적 이미지로 표현하고 있으나, 자연과 인간의 교감을 나타낸 내용은 확인할 수 없다.

② 해바라기가 피어나는 가을의 풍경을 나타내고 있으나, 가을의 정경과 정취를 전체적인 중심 내용으로 볼 수 없다.

④ 해바라기의 모습을 통해 생명에 대한 의욕을 드러내고 있으나, 환희가 넘치는 삶을 주제로 나타낸 것은 아니다.

> **작품해설** 김광섭, 「해바라기」
>
> • 갈래: 자유시, 서정시
> • 성격: 비유적, 시각적
> • 주제: 해바라기를 통해 보는 생명에 대한 강한 의욕
> • 특징
>   – 순수 자연의 감각을 시각적 이미지로 표현함
>   – 해바라기의 화사하고 정열적인 모습을 표현함

02 난도 ★★☆ ③

제시된 작품은 사물의 생태적 속성에서 삶의 참된 가치를 발견하고 있는 김지하의 「무화과」라는 시이다. 속으로 꽃이 핀다는 것은 밖으로 꽃을 피우는 삶보다도 더 아름답고 의미 있는 화자의 내면화된 가치를 의미하므로 이는 적절한 이해이다.

[오답 분석] ① '잿빛 하늘'은 화자가 처한 부정적 현실을 나타내고 있다. 따라서 화자가 처한 현실을 반어적으로 형상화한 것이 아니므로 이는 적절하지 않다.

② 화자가 현실에 저항하고 있는 모습은 드러나지 않았으므로 이는 적절하지 않다.

④ '검은 도둑괭이'는 부정적 현실 속에서 영악하게 살아가는 존재이자 자본가, 정치인을 상징하고 있다. 따라서 현실의 부정에 적극 맞서야 함을 일깨우는 존재가 아니므로 이는 적절하지 않다.

> **작품해설** 김지하, 「무화과」
>
> • 갈래: 자유시, 서정시
> • 성격: 상징적, 대화적
> • 주제: 암울한 현실 상황 속에서 삶의 참된 가치를 추구하는 삶
> • 특징
>   – 사물의 생태적 속성에서 삶의 의미와 가치를 발견하고 있음
>   – 대화 형식을 통해 절망과 위로의 구조를 보임

03 난도 ★★☆ ①

'구름'과 '물길'을 통해 유랑하는 나그네의 모습을 형상화하고 있다. '구름 흘러가는'은 정처 없이 유랑하는 나그네를, '물길은 칠백 리'는 긴 방랑의 여정을 의미한다.

[오답 분석] ② 저녁노을을 배경으로 하는 '강마을'은 술이 익는 곳으로 나그네의 고단한 삶을 위로하는 공간이지만 나그네가 정착하고자 하는 곳으로 보기는 어렵다.

③ 나그네가 고향을 떠남으로써 현실의 질곡을 벗어나려는 의지는 이 작품에서 드러나지 않는다. '다정하고 한 많음도 / 병인 양하여 / 달빛 아래 고요히 / 흔들리며 가노니……'를 통해 다정(多情)과 다한(多恨)을 숙명으로 받아들이며 자연에 어우러지며 계속해서 방랑하는 나그네의 삶을 형상화하고 있다.

④ '다정하고 한 많음도 / 병인 양하여'에서 '한 많음'은 나그네에게 있어 괴로움이며 이를 숙명으로 받아들이고 있는 나그네의 모습이 나타나고 있지만 이것이 전통적 미학의 정서인 '한(恨)'의 내적 승화'와 직접적으로 관련이 있다고 보기는 어렵다.

> **작품해설** 조지훈, 「완화삼」
>
> • 갈래: 자유시, 서정시
> • 성격: 애상적, 낭만적
> • 주제: 나그네의 삶과 한
> • 특징
>   – 7 · 5조 3음보의 운율
>   – 시각, 청각 등 다양한 감각적 이미지를 사용함

04 난도 ★★☆　　　　　　　　　　　　　　　　　　①

제시된 작품에서는 '슬픔'을 이타적인 존재로, '기쁨'을 이기적인 존재로 표현하여, '이기적인 삶에 대한 반성과 더불어 사는 삶의 추구'라는 주제를 전달하고 있다. 따라서 기쁨으로 슬픔을 이겨내자는 주제를 전달한다는 것은 적절하지 않다.

[오답 분석] ② 소외되고 가난한 이들에 대한 연민과 애정을 갖고 더불어 사는 삶을 추구하고 있으므로 적절한 이해이다.

③ '사랑보다 소중한 슬픔을 주겠다.'에서 슬픔에 대한 일반적인 통념을 뒤집은 역설적 표현을 사용하여 슬픔의 이타적인 힘을 강조하고 있으므로 적절한 이해이다.

④ 타인의 고통에 개의치 않고 타인에게 무관심한 현실을 비판하고, 더불어 사는 삶을 추구해야 한다는 교훈을 전달하고 있으므로 적절한 이해이다.

작품해설　정호승, 「슬픔이 기쁨에게」

- 갈래: 자유시, 서정시
- 성격: 교훈적, 비판적, 의지적
- 주제: 이기적인 삶에 대한 반성과 더불어 사는 삶 추구
- 특징
  - 역설적 표현을 활용하여 주제를 효과적으로 드러내고 있음
  - '슬픔'과 '기쁨'이라는 추상적 개념을 의인화하여 말을 건네는 방식으로 시상을 전개함

---

05 난도 ★★☆　　　　　　　　　　　　　　　　　　④

처음에는 멀리 떨어져 있는 청운사의 낡은 기와집과 봄눈이 녹는 자하산(원경)을 바라보다가, 골짜기마다 느릅나무에 속잎이 피어나는 모습, 청노루, 그 청노루의 맑은 눈에 비친 구름(근경)으로 시선을 이동하며 이상적 세계에 대해 묘사하고 있다. 즉, 원경에서 근경으로 화자의 시선이 이동하며 제재가 배열된 것이므로 사건 발생의 시간적 순서에 따라 제재가 배열되고 있다는 설명은 적절하지 않다.

[오답 분석] ① '청운사, 자하산, 청노루' 등은 상상적·허구적 공간 또는 사물로, 고통스럽고 어두운 현실(식민지의 현실)로부터 벗어나 시인이 꿈꾸는 평화적이고 이상적인 공간을 표현한 것이다.

② 실제 현실에는 존재하지 않는 공간과 사물을 통해 이상향의 자연을 표현함으로써 이상적 세계에 대한 그리움을 노래하고 있다.

③ 시적 공간이 원경(청운사 → 기와집)에서 근경(느릅나무 → 청노루 → 청노루 눈에 비친 구름)으로 이동하고 있다.

작품해설　박목월, 「청노루」

- 갈래: 자유시, 서정시
- 성격: 서경적, 묘사적, 관조적
- 주제: 봄의 아름다운 정취
- 특징
  - 동적 이미지와 정적 이미지가 조화를 이룸
  - 원경에서 근경으로 시선이 이동함
  - 동양화와 같은 묘사 위주의 작품

---

06 난도 ★☆☆　　　　　　　　　　　　　　　　　　④

'거기 슬픔도 퍼다 버린다'에서 화자의 슬픈 감정이 표출되고 있고, '삽자루에 맡긴 한 생애가 / 이렇게 저물고, 저물어서'에서 노동자로서의 화자의 삶이 희망 없이 어둡다는 것을 표현하고 있다. 해지는 강가의 풍경을 통해 화자의 어두운 삶과 비애를 나타내고 있으므로, 화자가 주관적인 감정을 배제하고 객관적으로 전달하려 했다는 설명은 적절하지 않다.

[오답 분석] ① '강변에 나가 삽을 씻으며'와 '일이 끝나 저물어 / 스스로 깊어 가는 강을 보며'에서 노동을 끝낸 화자가 강물에 삽을 씻고 있음을 확인할 수 있다.

② '거기 슬픔도 퍼다 버린다'에서 강물에다 노동자의 슬픔을 퍼다 버리고 있음을 확인할 수 있고, '먹을 것 없는 사람들의 마을로 / 다시 어두워 돌아가야 한다'에서 결국 다시 먹을 것 없는 사람들의 마을로 돌아가야 함을 확인할 수 있다.

③ '삽자루에 맡긴 한 생애가'에서 화자가 고달픈 삶을 사는 노동자임을 확인할 수 있다.

작품해설　정희성, 「저문 강에 삽을 씻고」

- 갈래: 자유시, 서정시
- 성격: 성찰적, 현실 참여적
- 주제: 가난한 노동자의 삶의 비애
- 특징
  - 구체적 삶의 모습을 자연물에 빗대어 형상화함
  - 차분한 어조로 노동자의 삶의 비애를 표현함

---

07 난도 ★★☆　　　　　　　　　　　　　　　　　　②

㉠의 다음 구절에서 '아니라 아니라고 온몸을 흔든다 스스로 범람한다'라고 하였으므로, ㉠에 들어갈 구절은 숲의 역동성이 느껴지는 '숲은 출렁거린다'가 적절하다.

[오답 분석] ① 숲의 동적인 모습을 제시하였을 뿐, 숲이 푸르다는 이미지를 제시한 것이 아니므로 적절하지 않다.

③ 바다의 동적인 이미지를 활용해 숲을 역동적으로 묘사하였을 뿐, 바다의 조용한 이미지를 제시한 것이 아니므로 적절하지 않다.

④ 바다의 동적인 이미지를 활용해 숲을 역동적으로 묘사하였을 뿐, 바다의 깊은 이미지를 제시한 것이 아니므로 적절하지 않다.

08 난도 ★★☆ ②

'칠팔십 리(七八十里)'는 화자에게 주어진 고통스러운 유랑의 길을
의미한다.

오답 분석 ① '산(山)새'는 시메산골 영(嶺)을 넘어가지 못해서 울고,
화자는 삼수갑산에 돌아가지 못해서 슬퍼한다. 따라서 '산(山)새'는
화자와 같은 처지에 놓여 있는 화자의 감정이 이입된 자연물이므로,
화자와 상반되는 처지에 놓여 있다는 설명은 적절하지 않다.
③ '불귀(不歸), 불귀, 다시 불귀'는 다시 돌아가지 못한다는 뜻으
로, 고향에 돌아갈 수 없는 안타까움을 반복을 통해 강조하고
있다. 따라서 화자의 이국 지향 의식을 강조한다는 설명은 적절
하지 않다.
④ '위에서 운다'는 울고 있는 산새의 모습을 의미하며 화자가 지닌
애상의 정서를 대변하고 있으므로, 화자가 지닌 분노의 정서를
대변한다는 설명은 적절하지 않다.

작품해설 김소월, 「산」

- 갈래: 자유시, 서정시
- 성격: 민요적, 향토적, 애상적
- 주제: 이별의 정한과 그리움
- 특징
  – 대체로 7 · 5조 3음보의 민요조 율격
  – 반복법을 통해 운율을 형성함
  – 감정 이입을 활용해 화자의 비애를 노래함

09 난도 ★☆☆ ②

'골짜기'는 부정적 현실을 나타낸 시어로 이상적 세계와 대조된다.

오답 분석 ① · ③ · ④ '해, 청산, 양지'는 모두 이상적 세계를 상징
한다.
① '해'는 민족이 꿈꾸는 이상적 세계를 상징하는 시어이다.
③ '청산'은 갈등과 대립이 제거된 이상적 세계를 상징하는 시어이다.
④ '양지'는 볕이 바로 드는 곳으로 밝은 세상을 상징하는 시어이다.

작품해설 박두진, 「해」

- 갈래: 서정시
- 성격: 상징적, 예언적, 미래 지향적
- 주제: 화합과 공존의 세계에 대한 소망
- 특징
  – 상징적이고 대립적인 시어를 사용하여 이상 세계를 드러냄
  – 어휘와 구절의 반복적 사용으로 주제를 강조함

10 난도 ★★☆ ④

시적 화자는 '그리웠던 순간들을 호명하며' 따뜻하고 행복했던 지
난 때를 그리워하고 있으며, 톱밥 난로에 톱밥을 던지는 행위를 '한
줌의 눈물을 불빛 속에 던져 주었다'라고 표현하여 현재의 고단한
삶에 대한 정서를 화자의 행위에 투영하고 있다.

오답 분석 ① '유리창마다 / 톱밥난로가 지펴지고'는 대합실 유리
창에 난로의 불빛이 비치는 것을 묘사한 것으로, 여러 개의 난로가
지펴진 대합실의 상황을 비유적으로 표현했다는 설명은 적절하지
않다.
② '청색'과 '불빛'의 대조적 색채 이미지가 나타나지만, 이를 통해
막차를 기다리는 사람들의 고단한 삶을 드러낼 뿐 겨울 풍경의
서정적 정취를 강조한 것은 아니다.
③ '오래 앓은 기침 소리'와 '쓴 약 같은 입술담배 연기'를 통해 힘겨
운 삶의 모습을 드러내고는 있으나, 이것이 비관적 심리를 드러
낸다고 할 수 없다. 또한 담배를 피우는 행위를 무례하다고 보
는 것은 작자의 의도와 거리가 멀다.

작품해설 곽재구, 「사평역에서」

- 갈래: 자유시, 서정시
- 성격: 회고적, 애상적, 묘사적
- 주제: 가난하고 소외된 사람들의 삶의 애환
- 특징
  – 간이역 대합실을 장면화하여 묘사적으로 제시함
  – 감각적 이미지로 서정적이고 쓸쓸한 분위기를 연출함
  – 반복적 변주로 시상을 전개함

11 난도 ★★☆ ①

제시된 작품은 '봄'과 '겨울'의 대립적인 이미지를 통해 통일에 대한
염원을 나타낸 현실 참여적인 시이다. 따라서 현실을 초월한 순수
자연의 세계를 노래한 것이라는 설명은 적절하지 않다.

오답 분석 ② '오지 않는다', '움튼다', '움트리라' 등의 단정적 어조
를 사용해 자주적인 통일에 대한 희망과 신념을 드러내고 있다.
③ '봄'은 통일을, '겨울'은 분단의 현실을, '남해', '북녘', '바다와 대
륙 밖'은 한반도의 외부 세력을, '눈보라'는 분단의 아픔과 고통
을, '쇠붙이'는 군사적 대립과 긴장을 상징한다. 이처럼 시어들
의 상징적인 의미를 통해 '자주적이고 평화적인 통일에 대한 염
원'이라는 주제를 형성하고 있다.
④ '봄'은 통일을 의미하는 긍정적인 시어이고, '겨울'은 분단을 의
미하는 부정적인 시어이다. 이러한 시어들의 이원적 대립을 통
해 시상을 전개하고 있다.

작품해설 신동엽, 「봄은」

- 갈래: 자유시, 참여시
- 성격: 저항적, 의지적, 현실 참여적
- 주제: 자주적이고 평화적인 통일에 대한 염원
- 특징
  – 단정적 어조로 통일에 대한 화자의 확고한 의지를 표현함
  – 상징법, 대유법, 대조법 등 다양한 표현 방법을 사용함

12 난도 ★☆☆ ④

'흰 수건, 흰 고무신, 흰 저고리 치마, 흰 띠'는 모두 흰색으로, 우리 민족이 백의 민족이라는 점을 활용하여 흰색을 통해 우리 민족을 형상화하고 있다. 따라서 어떤 사물을 그것의 속성과 밀접한 관계가 있는 다른 낱말을 빌려서 표현하는 수사법인 환유법이 사용되었다. '의(義) 있는 사람은 옳은 잃을 위하여는 칼날을 밟습니다.'에서도 '칼날'의 날카로운 속성을 통해 '고통, 위험'이라는 의미를 나타내고 있으므로, 환유법이 사용되었다.

[오답 분석] ① 연결어 '~같이'를 사용하여 누님을 꽃에 비유하고 있다. 여기서는 비슷한 성질이나 모양을 가진 두 사물을 '같이', '처럼', '듯이' 등과 같은 연결어로 결합하여 직접 비유하는 수사법인 직유법이 사용되었다.

② 원관념 '나의 마음'을 보조 관념 '고요한 물결'에 비유하고 있다. 여기서는 사물의 상태나 움직임을 암시적으로 나타내는 수사법인 은유법이 사용되었다.

③ 무생물인 '파도'를 살아 있는 것처럼 표현하고 있다. 여기서는 무생물을 생물인 것처럼, 감정이 없는 것을 감정이 있는 것처럼 표현하는 수사법인 활유법이 사용되었다.

13 난도 ★☆☆ ①

〈보기〉의 '달은 나의 뜰에 고요히 앉아 있다'에서 '달'이 '앉아 있다'라는 표현을 통해 '달'에 사람의 인격을 부여한 의인법이 사용되었음을 알 수 있다. 또한 '풀은 눕고 / 드디어 울었다'에서도 '풀'이 '울었다'라는 표현을 통해 의인법이 사용되었음을 알 수 있다.

[오답 분석] ② '가난하다고 해서 외로움을 모르겠는가'에서는 분명한 결론을 의문형으로 만들어 변화를 주는 설의법이 사용되었다.

③ '구름은 / 보랏빛 색지 위에 / 마구 칠한 한 다발 장미'에는 'A는 B이다'와 같은 형태로 원관념과 보조관념을 동일시하여 비유하는 은유법이 사용되었다.

④ '아! 강낭콩꽃보다도 더 푸른 / 그 물결 위에 / 양귀비꽃보다도 더 붉은 / 그 마음 흘러라'에는 감탄하는 말로 감정을 강하게 표현하는 영탄법과 두 사물을 견주어서 어느 한 사물을 선명히 표현하는 비교법이 사용되었다.

[작품해설] 장만영, 「달·포도·잎사귀」

- 갈래: 자유시, 서정시
- 성격: 서정적, 회화적, 관조적
- 주제: 달밤의 그윽한 정취, 가을 달밤의 아름다운 서정
- 특징
  - 선명한 이미지를 통한 감각적 표현으로 서정적 분위기를 조성함
  - 고요하고 담담한 어조를 통해 시상을 전개함

PLUS+ 수사법

의인법	사람이 아닌 대상에 인격을 부여해 사람인 것처럼 표현하는 수사법으로, 화자의 감정이 이입되기도 한다. 의인법을 사용하면 독자에게 생생한 느낌을 전달할 수 있다. 예 방안에 켜 있는 촛불, 누구와 이별하였관대 겉으로 눈물지고 속타는 줄 모르는고
활유법	살아 있지 않은 무생물을 살아 있는 것처럼 표현하는 수사법으로, 의인법이 사람이 아닌 것을 사람인 것처럼 표현하는 방법이라면 활유법은 생명이 없는 무생물을 생명이 있는 것처럼 표현하는 방법이다. 예 저녁 해를 집어삼킨 바다
설의법	누구나 다 아는 사실을 의문 형식으로 표현하여 필자가 의도하는 방향으로 독자가 결론을 내리도록 하는 수사법이다. 예 • 가난하다고 해서 사랑을 모르겠는가? • 그곳이 차마 꿈엔들 잊힐 리야
은유법	원관념과 보조관념의 관계를 직접적으로 드러내지 않는 수사법으로, 'A는 B이다' 또는 'A의 B'의 형태를 사용한다. 원관념이 생략된 채 보조관념만 제시되는 경우도 있다. 예 • 내 마음은 호수요, 그대 노 저어 오오 • 고독은 나의 광장
비교법	속성이 비슷한 두 대상을 놓고, 어느 한쪽을 강조하는 수사법이다. 예 강낭콩 꽃보다 더 푸른 그 물결
환유법	어떤 사물을 그것의 속성과 밀접한 관계가 있는 다른 말을 빌려서 표현하는 수사법이다. 예 백의의 천사 → 간호사
직유법	표현하고자 하는 대상을 유사성이 있는 다른 대상에 빗대어 표현하는 수사법이다. 원관념과 보조 관념을 '~같이', '~처럼', '~양', '~듯' 등을 사용하여 직접적으로 연결하는 방법이다. 예 내 누님같이 생긴 꽃이여

14 난도 ★★☆ ①

제시된 작품에서는 명령적 어조를 사용함으로써 부정적인 현실 상황을 거부하는 화자의 의지를 표현하고 있으나, 반어적 어조는 드러나지 않았으므로 이는 적절하지 않다.

[오답 분석] ② '가라'라는 명령형 종결 어미를 반복적으로 사용함으로써 부정적인 현실 상황을 거부하고, 순수한 민족 통일의 삶을 추구하자는 주제를 분명하게 드러내고 있다.

③ '껍데기는 가라', '쇠붙이는 가라'와 같이 직설적인 명령적 어조를 통해 우리 민족이 처한 부정적인 현실을 극복하려는 의지가 드러나고 있음을 확인할 수 있다.

④ '중립(中立)의 초례청 앞에 서서 / 부끄럼 빛내며 / 맞절할지니'에서 이념과 대립을 뛰어넘은 화합의 장소에서 우리 민족이 혼인하는 모습을 통해 민족의 통일에 대한 염원을 노래하고 있음을 확인할 수 있다.

- 갈래: 자유시, 참여시
- 성격: 현실 참여적, 저항적
- 주제: 순수한 민족 통일의 삶 추구
- 특징
  - 반복적인 표현과 대조적인 시어의 사용으로 주제 의식을 강조함
  - 직설적 표현으로 부정적인 인식을 드러냄

15 난도 ★★☆ ④

제시된 시는 '살아가노라면 / 가슴 아픈 일 한두 가지겠는가', '사노라면 / 가슴 상하는 일 한두 가지겠는가'와 같은 설의적 표현을 사용함으로써 아픔이 있더라도 인내하며 소임을 다해 살아가야 한다는 깨달음을 강조하고 있다.

오답 분석 ① '살아가노라면 / 가슴 아픈 일 한두 가지겠는가', '사노라면 / 가슴 상하는 일 한두 가지겠는가'와 같은 의문형 문장을 사용하고 있지만, 이는 쉽게 판단할 수 있는 사실을 의문의 형식으로 표현하여 상대편이 스스로 판단하게 하는 설의적 표현일 뿐이다. 따라서 질문과 답을 제시하는 문답법이 사용되었다는 표현은 적절하지 않다.

② 참뜻과는 반대되는 말을 하여 문장의 의미를 강화하는 반어적 표현은 사용되지 않았다.

③ 나무를 의인화하고는 있지만, 현실을 목가적으로 보여준다는 설명은 적절하지 않다. '목가적'이라는 표현은 농촌처럼 소박하고 평화로우며 서정적인 것을 의미한다.

- 갈래: 자유시, 서정시
- 성격: 사색적
- 주제: 바람직한 삶의 자세에 대한 성찰
- 특징
  - 설의적 표현을 반복적으로 사용함
  - 한결같은 모습으로 서 있는 나무를 의인화하여 표현함

16 난도 ★★☆ ③

'서로 짠 일도 아닌데 ~ 네 집이 돌아가며 길어 먹었지요.'와 '집안에 일이 있으면 그 순번이 자연스럽게 양보되기도 했었구요.'를 통해 이웃 간의 배려에 대한 표현을 찾아볼 수는 있다. 그러나 '미나리가 푸르고(시각적 이미지)', '잘도 썩어 구린내 훅 풍겼지요(후각적 이미지).'에서 감각적 이미지가 사용된 것은 확인할 수 있으나, 하나의 감각에서 다른 감각으로 전이되는 공감각적 이미지는 찾을 수 없다.

오답 분석 ① '네 집이 돌아가며 길어 먹었지요.'와 '집안에 일이 있으면 그 순번이 자연스럽게 양보되기도 했었구요.'를 통해 '샘'은 이웃 간의 정과 배려를 느끼게 하는 소재임을 알 수 있다. 따라서 '샘'을 매개로 공동체의 삶을 표현하였다는 설명은 적절하다.

② '길이었습니다', '있었지요', '먹었지요', '했었구요', '풍겼지요' 등의 과거 시제를 사용하고 있으며 이를 통해 과거를 회상하는 분위기를 표현하였다.

④ '-었지요', '-었구요' 등은 구어체 표현으로서 이웃 간의 정감 어린 분위기를 표현하기 위해 사용되었다.

- 갈래: 산문시, 서정시
- 성격: 향토적, 회상적
- 주제: 바람직한 공동체의 삶과 이웃 간의 배려와 정
- 특징
  - 과거 시제를 사용하여 회상적 분위기를 조성함
  - 구어체 종결 어미를 사용하여 정감 어린 분위기를 형성함
  - 다양한 이미지(시각적 이미지, 후각적 이미지)를 사용함

17 난도 ★★☆ ④

〈보기〉에서 설명한 시의 표현 방법은 본래의 의도를 숨기고 반대되는 말로 표현하는 방법인 반어법이다. 제시된 김소월의 「진달래꽃」에서는 임이 떠나가는 슬픈 상황에서 죽어도 눈물을 흘리지 않을 것이라는 반어법을 활용하여 임과의 이별로 인한 슬픔을 효과적으로 강조하고 있다.

오답 분석 ① 제시된 김영랑의 「돌담에 속삭이는 햇발같이」에서는 '같이'를 활용해 원관념을 보조 관념에 빗대어 표현하는 직유법을 사용하고 있다.

② 제시된 김춘수의 「꽃」에서는 의미 있는 존재를 '꽃'으로 표현해 상징법을 사용하고 있고, 움직일 수 없는 '꽃'이 나에게로 왔다고 표현하여 의인법을 사용하고 있다.

③ 제시된 김광섭의 「산」에서는 '법으로'를 반복해 반복법을 사용하고 있고, 무정물인 산이 '사람을 다스린다'라고 표현하여 의인법을 사용하고 있다.

본래 말하고자 하는 뜻과는 반대되는 말이나 상황으로 의미를 강조하는 수사법이다.

- 언어적 반어법: 일반적인 반어법이다. 겉으로 드러나는 의미와 대립되는 의미를 강조하기 위하여 사용한다.
- 상황적 반어법: 주로 서사 작품에서 많이 사용된다. 등장 인물이 작중 상황과 어울리지 않는 행동을 하거나 사건의 진행과는 정반대의 결과가 나타난다. 이러한 과정에서 독자는 부조리나 모순 등을 더욱 강하게 느끼게 된다.

18 난도 ★★☆ ②

박목월의 「나그네」는 일제 강점기 말에 창작된 시로, 태평양 전쟁으로 인해 일제의 인적·물적 수탈이 최고조에 달했던 당시의 시대적 상황을 배경으로 한다. 따라서 (나)의 시가 현실을 외면한 채 유유자적한 삶을 다루었다며 비판한 것은 (가)에서 말한 '문학 작품은

사회를 반영하여 현실을 비판적으로 성찰하게 해주는 매개체'라는 반영론적 관점에서 감상한 것이라고 할 수 있다.

오답 분석 ① · ③ · ④ 박목월의 「나그네」를 절대론적 관점(=내재적 관점)에서 해석한 것이다. 절대론적 관점은 작품의 구조나 표현 기법 등 작품 내적 요소에 초점을 맞추어 작품을 감상하는 관점으로, 운율은 시의 구조를 통해, 시적 분위기는 시어의 특성 및 화자의 정서 등을 통해 드러난다. 그리고 이미지는 시의 표현 기법과 관련이 있으므로 ① · ③ · ④ 모두 작품의 내적 요소를 중심으로 감상한 것이다.

작품해설 박목월, 「나그네」

- 갈래: 자유시, 서정시
- 성격: 회화적, 향토적, 낭만적, 관조적
- 주제: 자연과 조화를 이룬 달관의 경지
- 특징
  - 7 · 5조 3음보의 민요적 율격
  - 향토적인 소재를 통해 한국적인 정서를 표현함
  - 수미상관의 구성을 통해 이미지를 강조함
  - 명사형으로 종결하여 간결한 형식미를 느끼게 함

PLUS+ 문학을 해석하는 관점

구분	내재적 관점	외재적 관점		
	절대론적 관점	반영론적 관점	표현론적 관점	효용론적 관점
초점	작품	시대	작가	독자
전제	작품은 그 자체로 완전한 세계이다.	문학은 현실의 모방이다.	작품은 작가의 표현 욕구와 의도로 창작된 것이다.	문학은 독자에게 미적 쾌감, 교훈, 감동 등을 주기 위해 창작된 것이다.
연구 대상	작품의 구조, 표현 기법 등	작품에 반영된 시대 현실	작가의 전기, 심리, 의도 등	독자의 감상, 교훈 등

19 난도 ★★☆ ②

5연의 '전통은 궁궐안의 상전이 되고 / 조작된 권위는 주위를 침식한다.'를 통해 시적 화자는 고전적인 질서를 부정적으로 인식한다는 사실을 알 수 있다. 따라서 제시된 작품이 고전적인 질서를 통해 새로운 희망을 추구한다는 설명은 적절하지 않다.

오답 분석 ① '걷게 하라', '흐르게 하라'와 같이 명령형 어미를 반복적으로 사용하여, 단호하고 직설적인 어조로 메시지를 전달하고 있다.

③ 1연을 통해 국경, 탑, 울타리와 같은 인위적인 것을 바다로 몰아넣어야 하는 부정적인 존재로 인식하고 있음을 파악할 수 있다. 반면 2연을 통해 날새, 세상, 바람, 햇빛과 같은 자연적인 것을 긍정적으로 인식하고 있음을 알 수 있다. 따라서 인위적인 것과

자연적인 것을 대조적으로 제시하고 있다는 설명은 적절하다.

④ 6연의 '죽가래'는 곡식이나 눈 따위를 한곳으로 밀어 모으는 데 쓰는 기구이다. '국경이며 탑이며 일만년 울타리며 / 죽 가래 밀어 바다로 몰아 넣라.'에서 농기구의 상징을 통해 체제를 개혁하고자 하는 의지를 엿볼 수 있다.

작품해설 신동엽, 「이야기하는 쟁기꾼의 대지」

- 갈래: 자유시, 서정시
- 성격: 현실 참여적, 단정적
- 주제: 고전적 질서의 타파와 체제 개혁에 대한 염원
- 특징
  - 인위적인 것과 자연적인 것을 대조적으로 제시함
  - 단정적이고 직설적인 어조로 메시지를 전달함
  - 큰 집단, 큰 체계를 부정적으로 인식함

20 난도 ★★☆ ③

'공주처럼 지쳐서 돌아온다.'에서 순진하고 나약한 나비가 냉혹한 현실인 바다를 만나 좌절하고 상처받은 모습을 나타내고 있다. 이처럼 화자는 서구 문명에 적응하지 못하고 방황하는 지식인의 모습을 '나비'에 투영하여 그 처지를 강조하고 있으므로, '나비'의 의지부족과 방관적 태도를 비판한다는 감상은 적절하지 않다.

오답 분석 ① '청(靑)무우밭'은 나비가 원하는 이상적 세계로 생명의 공간이고, '바다'는 나비에게 상처를 주는 냉혹한 현실로 비생명의 공간을 상징한다. 따라서 '청(靑)무우밭'이 '바다'와 대립되는 이미지로 쓰였다는 설명은 적절하다.

② '아무도 그에게 수심을 일러준 일이 없기에'에서 '흰나비'는 바다의 실체에 대해 정확하게 모르고 있음을 확인할 수 있다.

④ '삼월(三月)달 바다'는 꽃이 피지 않은 춥고 차가운 시기이다. 또한 '나비 허리에 새파란 초생달이 시리다.'는 가혹한 현실에 좌절된 나비의 소망을 의미하는 구절로, '새파란 초생달'은 '시리다'라는 차가운 이미지를 나타내고 있다. 따라서 '삼월(三月)달 바다'와 '새파란 초생달'은 모두 차가운 이미지로 사용되었음을 확인할 수 있다.

작품해설 김기림, 「바다와 나비」

- 갈래: 자유시, 서정시
- 성격: 주지적, 감각적, 상징적
- 주제
  - 새로운 세계에 대한 동경과 좌절감
  - 낭만적 꿈의 좌절과 냉혹한 현실 인식
- 특징
  - 시각적 이미지 위주의 색채 대비가 두드러짐
  - 구체적 소재를 통해 추상적 관념을 표현함
  - 감정을 절제한 객관적인 태도로 대상을 제시함

'잠착(潛着)하다'는 '참척하다'의 원말로 '한 가지 일에만 정신을 골똘하게 쓰다.'라는 의미를 가진 단어이다.

[오답 분석] ① 마지막 연의 '山中에 冊曆도 없이'를 통해 배경이 산중의 고적한 공간이라는 것을 알 수 있다. '冊曆(책력)'은 달력을 말하며, 산중에 '冊曆(책력)'도 없다는 것은 속세와 단절되어 시간을 초월한 공간이라는 것을 의미한다.

② 2연의 '붉고'와 3연의 '파릇하고'를 통해 시각적 대조의 표현을 확인할 수 있다.

③ 깊은 산 속, 눈 내리는 겨울의 풍경 속에서 인동차를 마시는 노주인의 모습을 한폭의 동양화와 같이 표현하고 있다.

작품해설   정지용, 「인동차(忍冬茶)」

- 갈래: 자유시, 서정시
- 성격: 동양적, 회화적, 감각적, 관조적
- 주제: 혹독한 시련을 묵묵히 인내하는 삶의 자세
- 특징
  - 대상을 관조적·객관적으로 바라보고, 감정을 절제함
  - 시각적 이미지를 활용하여 회화적으로 묘사함
  - '인동차'는 겨울(일제 강점기)을 견디는 힘이 되어줌

2 현대소설·희곡·수필

문제편 p. 067

01	02	03	04	05	06	07	08	09	10
③	①	④	③	③	③	②	④	④	④
11	12	13	14	15	16	17	18	19	20
③	③	④	③	③	②	②	①	③	③
21									
①									

01 난도 ★★☆ ③

제시된 작품에서 소희는 짬뽕 한 그릇을 주문하려고 하다가 결국 금액적인 문제로 인해 사먹는 것을 포기하고 자리에서 일어난다. 그리고 가게 직원인 여자는 '젊은 사람이 어째 매가리가 없이'라고 언급하면서 계산지를 구겨 쓰레기통에 넣는 행동을 한다. 이를 통해 가난한 청년 세대의 모습을 여자의 말과 행동을 통해 간접적으로 드러내려 했음을 알 수 있다.

02 난도 ★☆☆ ①

'정거장에 나온 박은 수염도 깎은 지 오래어 터부룩한 데다 버릇처럼 자주 찡그려지는 비웃는 웃음은 전에 못 보던 표정이었다.'에서 '현'이 '박'의 외양을 보고 '박'이 예전과 달라졌음을 인식하고 있다는 것을 확인할 수 있다. 그러나 '현은 박의 그런 지싯지싯함에서 선뜻 자기를 느끼고 또 자기의 작품들을 느끼고 그만 더 울고 싶게 괴로워졌다.'에서 박의 모습을 통해 자신의 작품들을 떠올리고는 있으나, '박'의 달라진 태도가 자신의 작품 때문이라고 생각하는 내용은 확인할 수 없으므로 적절하지 않은 이해이다.

[오답 분석] ② '현은 박의 그런 지싯지싯함에서 선뜻 자기를 느끼고 또 자기의 작품들을 느끼고 그만 더 울고 싶게 괴로워졌다.'에서 '현'이 시대 상황에 적응하지 못하는 자신과 비슷한 처지에 있는 '박'을 통해 자신을 연민하고 있음을 확인할 수 있다.

③ '오면서 자동차에서 시가도 가끔 내다보았다. 전에 본 기억이 없는 새 빌딩들이 꽤 많이 늘어섰다.'에서 '현'이 자동차에서 새 빌딩들을 보면서 도시가 많이 변화하고 있음을 인지하고 있다는 것을 확인할 수 있다.

④ '그중에 한 가지 인상이 깊은 것은 ~ 시뻘건 벽돌만으로, 무슨 큰 분묘와 같이 된 건축이 웅크리고 있는 것이다. 현은 운전사에게 물어보니, 경찰서라고 했다.'에서 시뻘건 벽돌로 만든 경찰서를 '분묘'로 표현한 것을 통해 '현'이 경찰서를 보고 암울한 분위기를 느끼고 있음을 확인할 수 있다.

작품해설 이태준, 「패강랭」

- 갈래: 단편소설
- 성격: 현실 비판적
- 주제
  - 일본의 식민지 지배 정책에 대한 비판
  - 식민지 지식인의 비감(悲感)
- 특징
  - 일제 강점기 말의 시대 상황을 사실적으로 반영함
  - 일제의 식민지 지배 정책에 대한 시대적 고뇌를 펼쳐 보임
  - '패강랭'은 대동강 물이 찬 것을 의미함(계절적으로 겨울을 의미하고, 시대적으로 일제 치하의 암흑과 같은 현실을 상징함)

03 난도 ★☆☆ ④

작품의 주인공인 '나'는 생활 능력이 없어 모든 것을 아내에게 의지하고 살아가는 인물이다. 따라서 결혼을 앞둔 남녀관계가 아니므로 이는 적절하지 않은 설명이다.

[오답 분석] ① 제시된 작품은 1936년에 발표한 소설로, 1930년대 일제 강점기 지식인의 무기력한 삶을 보여주고 있다.

② 작품의 주인공인 '나'는 날개가 돋는 것을 느끼고, '날자. 날자. 날자. 한번만 더 날자꾸나.'라고 생각하며 내면적 자아의 회복과 이상을 추구하게 된다. 따라서 괄호 안에 들어갈 공통 단어는 자유와 이상을 뜻하는 '날개'이다.

③ 모더니즘 계열의 소설이란 기성 문학의 형식과 관습에 대해 반발하는 실험적이고 전위적인 경향의 소설을 말한다. 이 작품은 의식의 흐름 기법을 통해 무기력한 당대 지식인의 내면세계를 다룬 모더니즘 계열의 대표적인 소설이다.

작품해설 이상, 「날개」

- 갈래: 단편소설, 모더니즘 소설
- 성격: 고백적, 상징적
- 주제: 무기력한 삶에서 벗어나 본래의 자아를 회복하려는 의지
- 특징
  - 의식의 흐름 기법을 사용해 인물의 내면세계를 드러냄
  - 근대 지식인들의 모순된 자의식을 보여 준 작품임

백화와 함께 떠날 것을 권유하는 정 씨에게 '어디 능력이 있어야죠.'라고 말하는 부분을 통해 영달이 자신의 경제적인 능력 때문에 고민하다 결국 백화와 함께 떠나지 않았음을 알 수 있다.

오답 분석 ① 정 씨의 '같이 가시지. 내 보기엔 좋은 여자 같군.', '또 알우? 인연이 닿아서 말뚝 박구 살게 될지. 이런 때 아주 뜨내기 신셀 청산해야지.'라는 말을 통해 정 씨가 영달에게 백화와 함께 떠날 것을 권유하고 있음을 알 수 있다.

② '백화는 뭔가 쑤군대고 있는 두 사내를 불안한 듯이 지켜보고 있었다.'를 통해 백화는 정 씨와 영달을 바라보면서 영달의 선택이 어떤 것일지 몰라 불안해하고 있음을 알 수 있다.

④ '영달이 내민 것들을 받아 쥔 백화의 눈이 붉게 충혈되었다.'를 통해 백화는 정 씨와 영달의 배려에 대한 고마움과 헤어짐에 대한 아쉬움을 느끼고 있음을 알 수 있다. 그 이후에 백화가 '내 이름 백화가 아니에요. 본명은요…… 이점례예요.'라고 하는 부분을 통해 자신의 진짜 모습을 뜻하는 본명을 밝힘으로써 영달에 대한 고마움을 표현하고 있음을 알 수 있다.

作品해설　황석영,「삼포 가는 길」

- 갈래: 단편소설
- 성격: 사실적, 현실 비판적
- 주제: 산업화 과정에서 소외된 하층민들의 애환과 연대 의식
- 특징
  - 고향을 잃어버리게 된 사람들의 모습을 '길'을 중심으로 전개한 여로 소설
  - 대화를 중심으로 내용을 압축하여 이야기를 전개함
  - 여운을 남기는 형식으로 결말을 마무리함

'내가 그를 아버지라고 부르기 어려운 것은 거의 그런 말을 발음해 본 적이 없는 습관의 탓이 크다.'라고 하였으므로 무슈 리를 아버지라 부르기 어려운 것은 '현규'와 관계가 없다.

오답 분석 ① '나는 또 물론 그도 나와 마찬가지로 같은 일을 생각하고 있기를 바란다.'라고 하였으므로 '나'는 현규도 나와 같은 감정을 갖고 있기를 기대하고 있다는 것을 추측할 수 있다.

② '무슈 리와 엄마는 재혼한 부부다.', '그러나 나는 그의 혈족은 아니다. 무슈 리의 아들인 현규와도 마찬가지다. 그와 나는 그런 의미에서는 순전한 타인이다.'라고 하였으므로 '나'와 '현규'가 혈연적으로 아무 관계도 없는 타인이며 법률상의 '오누이'일 뿐이라는 것을 알 수 있다.

④ "우리를 비끄러매는 형식이 결코 '오누이'라는 것이어서는 안 될 것을 알고 있다."와 '아아, 나는 행복해질 수는 없는 걸까? 행복이란, 사람이 그것을 위하여 태어나는 그 일을 말함이 아닌가?'라고 하였으므로 '나'는 사회적 인습이나 도덕률보다 '현규'에 대한 '나'의 감정에 더 충실해지고 싶어 한다는 것을 알 수 있다.

作品해설　강신재,「젊은 느티나무」

- 갈래: 단편소설
- 성격: 서정적, 낭만적
- 주제: 현실의 굴레를 극복한 남녀의 순수한 사랑
- 특징
  - 감각적 이미지를 사용함
  - '나'의 내적인 독백 형식으로 서술함

5문단의 '철도 건너 저탄장에서 밀차를 밀며 나오는 인부들이 시꺼멓게 모습을 나타낼 즈음이면 우리는 대개 신발주머니에, 보다 크고 몸놀림이 잽싼 아이들은 시멘트 부대에 가득 든 석탄을 팔에 안고 낮은 철조망을 깨금발로 뛰어넘었다.'를 통해 아이들이 철조망을 쉽게 넘을 수 있었음을 알 수 있다.

오답 분석 ① 1문단의 '시(市)를 남북으로 나누며 달리는 철도는 항만의 끝에 이르러서야 잘려졌다.'를 통해 철길 때문에 도시가 남북으로 나뉘어 있음을 알 수 있다.

② 2문단의 '항만의 북쪽 끝에 있는 제분 공장'과 5문단의 '철도 건너 저탄장에서'를 통해 항만 북쪽에는 제분 공장이 있고 철도 건너에는 저탄장이 있음을 알 수 있다.

④ 6문단의 '선창의 간이음식점 문을 밀고 들어가 구석 자리의 테이블을 와글와글 점거하고 앉으면 그날의 노획량에 따라 가락국수, 만두, 찐빵 등이 날라져 왔다.'와 7문단의 '석탄은 때로 군고구마, 딱지, 사탕 따위가 되기도 했다. 어쨌든 석탄이 선창 주변에서는 무엇과도 바꿀 수 있는 현금과 마찬가지라는 것을 우리는 알고 있었고 ~'를 통해 석탄을 먹을거리와 바꿀 수 있는 간이음식점이 있음을 알 수 있다.

作品해설　오정희,「중국인 거리」

- 갈래: 단편소설
- 성격: 회상적, 서정적
- 주제: 유년 시절의 체험과 정신적 · 육체적 성장
- 특성
  - 여성의 시각으로 바라본 전쟁 직후의 상황을 묘사함
  - 대화나 독백이 서술과 구분되지 않는 간접 화법을 사용함
  - 한국 전쟁 직후, 항구 근처에 위치한 중국인 거리를 배경으로 함

2문단의 '이 일들만 해 온 아버지가 갑자기 다른 일을 하겠다고 했다. 서커스단의 일이었다.'와 '그러자 어머니가 아버지에게 대들었다. ~ 아버지의 꿈은 깨어졌다. 아버지는 무거운 부대를 메고 다시 일을 찾아 나갔다.'를 통해 아버지는 가족들의 바람을 수용하여 그동안 해 온 일과 전혀 다른 새로운 일인 서커스단의 일을 포기했음을 확인할 수 있다. 따라서 아버지가 평생 해 온 일을 그만두고 새로운 일을 시작하기로 결심했다는 설명은 적절하지 않다.

① 1문단의 '우리의 생활은 전쟁과 같았다. 우리는 그 전쟁에서 날마다 지기만 했다.'와 3문단에서 등장 인물(어머니, 나, 영호, 영희)들이 열악한 환경에서 일하는 모습을 볼 때, '우리 다섯 식구'는 생존을 위해 노력하고 있지만 윤택한 삶을 영위하기 어려운 처지에 있다는 것을 확인할 수 있다.

③ 3문단의 '우리는 보이지 않는 보호를 받고 있었다. ~ 나는 우리가 이 구역 안에서 한 걸음도 밖으로 나갈 수 없다는 것을 깨달았다.'에서 '보호'라는 명칭을 확인할 수 있다. 하지만 4문단의 '공부를 하지 않고는 우리 구역에서 벗어날 수가 없다고 생각했다.'라는 표현을 통해 '보호'의 의미가 부정적 의미로 사용되고 있음을 알 수 있다. 또한 '구역'에서 벗어난다는 것은 문맥상 생존을 위해 전쟁과 같은 삶을 살아가는 하층민의 처지에서 벗어나는 것을 의미하므로, 여기서의 '보호'는 벗어날 수 없는 계층적 한계를 의미한다고 할 수 있다.

④ 4문단의 '공부를 하지 않고는 우리 구역에서 벗어날 수가 없다고 생각했다. 세상은 공부를 한 자와 못 한 자로 너무나 엄격하게 나누어져 있었다.'를 통해 '우리'는 '구역'에서 벗어날 방법을 '공부를 한 자'가 됨으로써 찾을 수 있다고 여김을 확인할 수 있다.

조세희, 「난장이가 쏘아 올린 작은 공」

• 갈래: 중편소설, 연작소설
• 성격: 현실 비판적, 사회 고발적
• 주제: 산업화 과정의 모순, 도시 빈민들의 궁핍한 삶과 고통
• 특징
  – 1970년대 산업화 시기, 무허가 판자촌을 배경으로 함
  – 각 부마다 서술자가 전환됨(주인공의 전환)
  – 현실의 모순을 동화적이고 상징적으로 표현함
  – 객관적이면서 짧은 문체를 활용하여 사태를 충격적으로 전달함
  – 소외된 삶을 살아가던 사회 소시민 계층을 '난장이'로 형상화함

08 난도 ★★☆ ④

제시된 부분은 신둥이개를 놓친 마을 사람들이 그 원인을 제공한 사람을 질책하며 색출하려는 상황이다. 동장네 절가는 틈을 줘서 신둥이개를 도망치게 한 대상으로 간난이 할아버지를 지목하고 있다. 따라서 동장네 절가가 간난이 할아버지의 행동에 동조하고 있다는 설명은 적절하지 않다.

① '때레라!', '아즈반이웨다레'와 같은 사투리를 사용하고, 몽둥이를 들고 개를 때려잡으려는 모습에서 토속적이며 억센 삶의 현장을 엿볼 수 있다.

② '새파란 불'은 뱃속의 새끼를 보호하려는 어미 개로서의 모성 본능이자 생명의 위협을 느끼는 상황에서 살고자 하는 생의 욕구를 암시한다.

③ '짐승이라도 새끼 밴 것을 차마?'에서 간난이 할아버지는 신둥이개가 새끼를 배고 있음을 눈치채고 죽이는 것을 망설인다는 사실을 알 수 있다. 따라서 간난이 할아버지에게서 생명에 대한 외경을 느낄 수 있다는 설명은 적절하다.

황순원, 「목넘이 마을의 개」

• 갈래: 단편소설
• 성격: 설화적, 우화적, 암시적
• 주제: 생명의 강인함과 생명에 대한 외경심
• 특징
  – 내부 이야기는 전지적 작가 시점으로, 외부 이야기는 1인칭 관찰자 시점으로 서술한 액자식 구성의 소설
  – '신둥이'는 우리 민족의 강인한 생명력을 상징함

09 난도 ★★★ ④

'소리의 여운'에서 '소리'는 '쇠붙이 소리'를 가리킨다. 제시된 작품에서 끊임없이 이어지는 정체를 알 수 없는 '쇠붙이 소리'는 인물들의 초조함과 불안감을 증폭시키는 역할을 한다. 따라서 '소리의 여운'이 남아 있는 것은 갈등이 해소되는 것이 아니라 끝나지 않는다는 것을 나타낸다. 또한 서술자는 '소리의 여운'에 나무들이 흔들리고 있다고 했는데, '흔들린다'는 것은 갈등이 지속된다는 것을 암시한다고 볼 수 있다. 그리고 '단선적 구성'은 하나의 사건만을 집중적으로 전개하는 방식인데, 이 작품에서 '소리의 여운'으로 인해 새로운 사건이 발생하는 것은 아니므로 단선적 구성에 변화를 주었다는 내용은 적절하지 않다.

① '늙은 나무들은 바람에 불려 서늘한 소리를 내었다.'라고 하였는데, 이를 통해 쇠붙이 두드리는 소리가 이어지며 불안감이 증폭되기 전, 소설의 전반적 분위기가 조성되기 시작한다고 보는 것은 적절하다.

② '꽝 당 꽝 당' 소리는 '단조로운 소리이면서 송곳처럼 쑤시는 구석이 있는', '이상하게 신경을 자극했다.'라고 하였으므로 등장인물의 심리적 상태를 자극하고 변화를 촉발한다고 보는 것은 적절하다.

③ '단조로운 소리'는 '여전히 간헐적으로 이어지고 있었'고, '밤내 이어질 모양이었다.'라는 내용에서 소리가 반복적으로 드러나고 있음을 알 수 있고, 이 소리가 '방안의 벽 틈서리를 쪼개'고 '형광등 바로 위 천장에 비수가 잠겨 있을 것'이라고 생각하는 데서 모종의 의미가 부여되고 있다고 생각할 수 있다.

이호철, 「닳아지는 살들」

• 갈래: 단편소설
• 성격: 현실 고발적, 상징적
• 주제
  – 전쟁으로 인한 분단의 아픔과 상처
  – 전후 현실에 적응하지 못하는 한 가족의 비극
• 특징
  – 맏딸을 기다리는 가족의 상황을 연극적 구조로 그림
  – '쇠붙이 소리'는 가족의 상처, 정신적 고통을 상징함

10 난도 ★☆☆　　　　　　　　　④

서술자는 '닭 마리나 좀 보내지 않는다든가 애벌논 때 품을 좀 안 준다든가 하면 그해 가을에는 영락없이 땅이 뚝뚝 떨어진다. 그러면 미리부터 돈도 먹이고 술도 먹이고 안달재신으로 돌아치던 놈이 그 땅을 슬쩍 돌아앉는다.'라며 소작인들이 마름인 장인에게 뇌물을 주어 소작권을 유지하고자 하는 모습을 제시하고 있다. 하지만 장인과 소작인들 사이의 뒷거래 장면을 생생하게 묘사했다는 설명은 적절하지 않다.

오답 분석 ① '번이 마름이란 욕 잘 하고 사람 잘 치고 그리고 생김생기길 호박개 같아야 쓰는 거지만'을 통해 마름의 특성을 동물의 외양에 빗대어 낮잡아 표현했음을 알 수 있다.

② '이놈의 장인님'은 비속어인 '이놈'과 존칭어 '장인님'을 혼용한 해학적 표현이다.

③ 손버릇이 좋지 않은 점, '욕필이'라는 별명이 있을 정도로 욕을 잘 하는 점, 마름이라는 신분을 이용하여 개인적 이익을 취하려는 점 등을 통해 장인의 됨됨이가 마땅치 않음을 드러내고 있다.

작품해설 김유정, 「봄봄」
• 갈래: 단편소설 • 성격: 해학적, 토속적, 향토적 • 주제 　– 젊은 남녀 간의 순수한 사랑 　– 우직하고 순박한 데릴사위와 그를 이용하는 교활한 장인 간의 갈등 • 특징 　– 1인칭 주인공 시점을 통해 '나'의 인물됨과 성격을 독자에게 직접적으로 전달함 　– 토속어와 구어체를 사용함으로써 해학적 분위기를 조성함

---

11 난도 ★☆☆　　　　　　　　　③

'백화가 어린애처럼 가벼웠다. ～ 아마 쇠약해진 탓이리라 생각하니, 영달이는 어쩐지 대전에서의 옥자가 생각나서 눈시울이 화끈했다.'를 통해 영달이는 '대전에서의 옥자'를 쇠약해져 가벼운 존재로 인식함을 유추할 수 있다. 따라서 '대전에서의 옥자'를 생각이 깊지 않은 존재로 인식하고 있다는 설명은 적절하지 않다.

오답 분석 ① '뒤에 처졌던 백화가 눈 덮인 길의 고랑에 빠져 버렸다. 발이라도 삐었는지 백화는 꼼짝 못하고 주저앉아 신음을 했다.'를 통해 백화가 눈 덮인 길의 고랑에 빠져 발을 다친 후에 신음을 하였음을 확인할 수 있다.

② '백화가 어린애처럼 가벼웠다. ～ 영달이는 어쩐지 대전에서의 옥자가 생각나서 눈시울이 화끈했다.'를 통해 영달이가 백화를 업고 난 후 옥자를 떠올리게 되었음을 확인할 수 있다.

④ '영달이가 달려들어 싫다고 뿌리치는 백화를 업었다.'를 통해 백화는 처음에는 영달이의 등에 업히기를 싫어했음을 확인할 수 있고, 업힌 후에는 '어깨가 참 넓으시네요. 한 세 사람쯤 업겠어.'라는 백화의 말을 통해 싫어하는 내색이 없음을 확인할 수 있다.

---

12 난도 ★★☆　　　　　　　　　③

제시된 글에서 시간적 배경은 제시되지 않았고, '푸줏간'이라는 공간적 배경이 드러나 있으나 '푸줏간'의 역할은 드러나지 않았다.

오답 분석 ① '애라고 조금 주세요?' 또는 '고기로 달래요.'에서 '나'는 어머니의 주의를 잊지 않고 중국인에게 전달하였으므로, 어머니의 주의를 수용하고 있음이 드러난다.

② '어머니는 돈을 들려 보내며 매양 같은 주의를 잊지 않았다.'에서 '나'에게 심부름을 시키는 어머니의 태도가 드러난다.

④ '중국인은 꾸룩꾸룩 웃으며 그때야 비로소 고기를 덥석 베어 내었다. 왜 고기만 주니, 털도 주고 가죽도 주지.'에서 '나'의 말에 대해 푸줏간의 '중국인'이 보여주는 정서가 드러난다.

---

13 난도 ★☆☆　　　　　　　　　④

ⓔ '신작로'는 최근의 삼포를 나타낸다.

오답 분석 ㉠ · ㉡ · ㉢은 모두 삼포의 10년 전을 나타낸다.

---

14 난도 ★★☆　　　　　　　　　③

정 씨는 달라진 삼포의 소식을 노인으로부터 듣고는 고향 삼포로 가는 발걸음이 내키질 않는다. 마음의 정처를 방금 잃어버렸다고 생각하기 때문이다. 따라서 ③과 같이 정 씨가 그리워했던 마음의 정처, 고향의 모습이 모두 사라지고 '폐허'가 되었다고 느끼는 것이다.

---

15 난도 ★★☆　　　　　　　　　③

㉠에는 노력에 비해 대가가 크지 않은 상황에 대한 안타까움의 정서가 드러난다. ③에서도 '남편'이 아침에 소를 끌고 산에 올라 산밭을 일구며 고생하지만 저물도록 돌아오지 못하는 상황에 대한 안타까운 마음을 드러내고 있다.

오답 분석 ① 제시된 작품은 박남수의 「아침 이미지」로, 아침의 활기와 생동감을 드러낸 작품이다.

② 제시된 작품은 김소월의 「산유화」로, 존재의 고독감을 순수한 존재인 '꽃'과 '새'를 통해 드러내고 있다.

④ 제시된 작품은 김상옥의 「사향(思鄕)」으로, 눈앞에 그려질 듯이 그리운 고향을 표현하고 있다.

작품해설 양귀자, 「비 오는 날이면 가리봉동에 가야 한다」
• 갈래: 단편소설, 연작소설 • 성격: 비판적, 사실적, 현실적 • 주제 　– 일상적인 인물들의 갈등과 화해 　– 탐욕에 대한 반성과 이해와 존중의 중요성 • 특징 　– 전지적 작가 시점 　– 1980년대 도시 변두리에 사는 서민의 삶을 사실적으로 그려냄 　– 계층의 차이가 '두터운 벽'으로 구분됨 　– 전개에 따라 타인에 대한 불신이 이해로 변화함

16 난도 ★☆☆ ②

'금광 브로커'는 구보가 비판적으로 바라보는 대상으로, 서술자는 평범한 사람들은 물론 문인들까지 사행심을 조장하는 황금광 열풍에 휩쓸리는 세태를 비판하고 있다. 따라서 '금광 브로커'는 서술자의 예찬 대상이 아니라, 오히려 서술자의 비판 대상으로 볼 수 있다.

오답 분석 ① '개찰구'는 구보가 금광 중개인으로 보이는 인물을 발견하는 곳으로, 황금에 미쳐 있는 시대의 모습이 드러나는 공간적 배경이다.

③ '황금광 시대'는 황금에 미쳐 있는 시대인 1930년대의 현실을 나타내는 말로, 서술자가 비판하고자 하는 대상이다.

④ '고도의 금광열은, 오히려, 총독부 청사, 동측 최고층, 광무과 열람실에서 볼 수 있었다'를 통해 '총독부 청사, 동측 최고층, 광무과 열람실'은 서술자가 금광열이 고조되어 있는 것으로 설정한 대상이나 공간임을 파악할 수 있다.

> **작품해설** 박태원, 「소설가 구보 씨의 일일」
>
> - 갈래: 중편소설
> - 성격: 관찰적, 묘사적, 심리적
> - 주제: 1930년대 무기력한 소설가의 눈에 비친 도시의 일상과 내면 의식
> - 특징
>   - 의식의 흐름 기법을 사용함
>   - 1930년대 서울의 모습과 세태를 구체적으로 묘사함

17 난도 ★★☆ ②

〈보기〉에서 설명한 소설의 시점은 '1인칭 관찰자 시점'이다. 1인칭 관찰자 시점이란 주인공이 아닌 '나'가 작품 속 서술자가 되어 주인공을 관찰하여 서술하는 것이다. 이 시점은 인물의 심리나 내면에 개입할 수 없어 서술자가 관찰한 그대로 제시되며 긴장감을 조성할 수 있다. 대표적인 작품으로는 주요섭의 「사랑 손님과 어머니」가 있다.

오답 분석 ① 1인칭 주인공 시점이란 '나'가 자신의 이야기를 서술하는 것이며, '나'는 이야기의 주인공이자 서술자이다. 이 시점은 주인공의 내면 심리를 제시하는 데 효과적이며, 독자에게 신뢰감과 친근감을 줄 수 있다. 대표적인 작품으로는 이상의 「날개」가 있다.

③ 전지적 작가 시점이란 서술자가 전지전능한 신과 같은 위치에서 모든 것을 다 아는 상태로 서술하는 것을 말한다. 이 시점은 서술자가 각 등장인물의 내면과 심리까지 묘사·설명·제시할 수 있다. 대표적인 작품으로는 염상섭의 「삼대」가 있다.

④ 작가 관찰자 시점이란 서술자가 외부 관찰자의 위치에서 사건을 관찰하여 전달하는 것이다. 이 시점은 객관적으로 사건과 대상을 전달하므로 인물의 내면 심리 묘사와 명확한 해설이 어렵다. 대표적인 작품으로는 황순원의 「소나기」가 있다.

18 난도 ★★☆ ①

'덕기는 분명히 조부의 이런 목소리를 들은 법하다.', '이것은 부친의 소리다.', '부친은 가냘프고 신경질적인 체격 보아서는 목소리라든지' 등의 내용으로 보아 서술자가 덕기의 관점에서 이야기를 전개하고 있는 3인칭 전지적 작가 시점임을 알 수 있다.

오답 분석 ② 「삼대」의 시대적 배경은 일제 강점기로, 제시된 부분에서는 이를 알 수 있는 어휘가 나타나 있지 않다. '수달피 깃을 댄 검정 외투를 입은 홀쭉한 뒷모양이 뜰을 격하여 툇마루 앞에 보이고' 등의 표현이 나오지만 이것만으로는 시대적 배경을 알기 어렵다.

③ 덕기의 시선과 태도를 통해 서술자의 태도를 간접적으로 알 수 있을 뿐, 편집자적 논평은 나타나 있지 않다.

④ 한 장소에서 덕기를 중심으로 상황을 나타내고 있다.

> **작품해설** 염상섭, 「삼대」
>
> - 갈래: 장편소설
> - 성격: 사실적, 현실 비판적
> - 주제: 세대 간·계층 간 갈등을 통해 본 식민지 조선의 사회상
> - 특징
>   - 개화기에서 일제 강점기를 거치는 시대적 변화를 가족 간의 갈등을 통해 표현함
>   - 조의관, 조상훈, 조덕기 삼대에 걸친 세대 간 갈등이 잘 드러남
>   - 당대의 시대상이 매우 치밀하게 묘사됨

19 난도 ★★☆ ③

서연의 '자네가 본뜨려는 부처님 형상은 누가 언제 그렸는지 몰라도 흔히 있는 것을 베껴 놓은 걸세. 그런데 자네는 그 형상을 또다시 베껴 만들 작정이군.'이라는 말과 동연의 '공부를 하게, 괜히 의심 말고!', '자네처럼 게으른 자들은 공부는 안 하고, 아무 의미 없이 의심만 하지!'라는 말을 보면 동연은 부처의 형상을 연구하는 인물이므로 동연이 부처님 형상을 독창적으로 제작하는 인물이 아님을 알 수 있다.

오답 분석 ①·④ 동연은 불상의 완벽한 형태 속에 부처의 마음이 있다고 믿으며 서연은 부처의 마음을 깨달아야 진정한 불상을 만들 수 있다고 믿는다. 따라서 불상 제작에 대한 동연과 서연의 입장은 다르다. 또한 완벽한 형태 속에 부처의 마음이 있다고 믿는 형식론자인 동연과 부처의 마음을 깨달아야 진정한 불상을 만들 수 있다는 내용론자인 서연의 대화는 예술에 있어서 형식과 내용의 논쟁을 연상시킨다.

② 서연은 '자네가 본뜨려는 부처님 형상은 누가 언제 그렸는지 몰라도 흔히 있는 것을 베껴 놓은 걸세.', '그런 형상이 진짜 부처님은 아닐세.'라고 얘기하며 전해지는 부처님 형상을 의심하고 있다.

<table>
<tr><td colspan="2">작품해설   이강백, 「느낌, 극락 같은」</td></tr>
</table>

- 갈래: 희곡
- 성격: 비현실적, 환상적
- 주제: 예술의 본질적 가치에 대한 깨달음
- 특징
  - 역순행적 구성
  - 불상을 제작하는 과정에서 드러나는 인물 사이의 갈등을 통해 주제를 드러냄

---

20   난도 ★☆☆   ③

해설자는 파수꾼이 아주 오래 전부터 존재했음을 강조하기 위해 '나의 늙으신 아버지께서도 어린 시절에 저 유명한 파수꾼의 이야기를 들으셨다 합니다.'라고 언급하고 있다. 그러나 제시된 글에서 해설자가 아버지를 소개하는 부분은 찾아볼 수 없다.

[오답 분석] ① '이곳은 황야입니다. 이리 떼의 내습을 알리는 망루가 세워져 있죠.'에서 '망루가 세워져 있는 황야'라는 공간적 배경을 파악할 수 있다.

② '하늘은 연극의 진행에 따라 황혼, 초승달이 뜬 밤, 그리고 아침으로 변할 겁니다.'에서 연극의 시간적 배경이 '저녁 – 밤 – 아침'으로 변할 것임을 알 수 있다.

④ '높은 곳에서 하늘을 등지고 있기 때문에 그는 언제나 시커먼 그림자로만 보입니다.'라는 파수꾼에 대한 묘사에서 파수꾼의 얼굴을 분명하게 알 수 없음을 짐작할 수 있다.

<table>
<tr><td colspan="2">작품해설   이강백, 「파수꾼」</td></tr>
</table>

- 갈래: 희곡, 단막극
- 성격: 현실 풍자적, 상징적, 우의적
- 주제
  - 진실을 향한 열망
  - 진실이 통하지 않는 비극적 사회
- 특징
  - 우의적 방식으로 1970년대 정치 현실을 풍자함
  - 상징적 의미의 소재를 사용함

이리 떼	사람들에게 공포심을 주기 위해 만들어진 가공의 적, 권력 유지를 위해 불안감을 조성하는 수단
흰 구름	진실, 아름답고 평화로운 대상
망루	마을 사람들 사이의 소통을 차단하고, 그들을 감시하며 통제하는 제도
양철북	공포와 불안을 조성하는 도구
딸기	부정한 권력으로 얻은 대가, 권력에 영합할 때 누릴 수 있는 특권
팻말	거짓된 명분으로 숨겨진 실리를 독점하기 위한 수단

---

21   난도 ★★☆   ①

글쓴이는 반추하는 소의 행위에 대해 '식욕의 즐거움조차 냉대할 수 있는 지상 최대의 권태자다.'라고 하였으며, 자신도 사색의 반추가 가능할지에 대해 생각하고 있다. 따라서 '소'라는 대상의 행위를 통해 글쓴이의 심리가 투사되고 있다고 이해할 수 있다.

[오답 분석] ② 제시된 글에 과거의 삶을 회상하거나 처지를 후회하는 내용은 나타나지 않았다.

③ 제시된 글의 공간적 배경은 풀밭이며, 공간의 이동은 나타나지 않았다.

④ 제시된 글에서 현실에 대한 불만을 반성적 어조로 드러내는 부분을 찾아볼 수 없다.

<table>
<tr><td colspan="2">작품해설   이상, 「권태」</td></tr>
</table>

- 갈래: 수필
- 성격: 사색적, 초현실주의적
- 주제: 환경의 단조로움과 일상적인 생활의 연속 속에서 느끼는 권태로움
- 특징
  - 대상을 주관적이고 개성적으로 인식함
  - 대상을 바라보는 글쓴이의 심리가 만연체의 문장으로 드러남
  - 일상적인 생활과 단조로운 주변 환경 속에서 느끼는 심리를 묘사함

PART 6

비문학
정답 및 해설

세부 내용 파악하기

문제편 p. 080

01	02	03	04	05	06	07	08	09	10
③	④	③	④	②	④	①	④	③	②
11	12	13	14	15	16	17	18	19	20
④	①	④	②	③	①	②	③	①	③
21	22	23	24	25	26	27	28	29	30
④	③	①	②	③	③	②	②	②	③
31	32	33	34	35	36	37			
①	④	①	②	④	③	②			

01 난도 ★☆☆　　　　　　　　　　　　　　　③

2문단의 '중세의 지적 전통에 대한 의구심은 고대의 학문과 예술, 언어에 대한 재평가로 이어졌으며, 이에 따라 ~ 인간에 대한 새로운 관심과 사유가 활발해졌다.'를 통해 중세의 지적 전통에 대한 의구심이 고대의 학문과 언어에 대한 재평가로 이어졌고 이에 따라 인간에 대한 관심이 많아졌음을 확인할 수 있다. 또한 3문단의 '인간에 대한 관심의 증대에 따라 인체의 아름다움이 재발견되었고'를 통해 인간에 대한 관심의 증대로 인해 인체의 아름다움이 재발견되었음을 확인할 수 있다. 따라서 예술가들이 인체의 아름다움을 재발견함으로써 고대의 학문과 언어에 대한 재평가가 이루어졌다는 것은 적절하지 않다.

[오답 분석] ① 1문단의 '르네상스가 일어나게 된 요인으로 많은 것들이 거론되어 왔지만, 의학사의 관점에서 볼 때 흥미롭고 논쟁적인 원인은 페스트이다.'를 통해 페스트라는 전염병이 르네상스가 일어나게 된 요인 중 하나임을 확인할 수 있다.

② 1문단의 "페스트로 인해 '사악한 자'들만이 아니라 '선량한 자'들까지 무차별적으로 죽는 것을 보고 이전까지 의심하지 않았던 신과 교회의 막강한 권위에 대해서도 회의하게 되었다."를 통해 페스트로 인한 선인과 악인의 무차별적인 죽음은 교회의 권위를 약화시켰음을 확인할 수 있다.

④ 3문단의 '기존의 의학적 전통을 여전히 신봉하던 의사들에게 해부학적 지식은 불필요한 것으로 인식되었던 반면, 당시의 미술가들은 예술가이면서 동시에 해부학자이기도 할 만큼 인체의 내부 구조를 탐색하는 데 골몰했다.'를 통해 르네상스 시기의 해부학은 의사들이 아닌 미술가들의 관심을 끌었음을 확인할 수 있다.

02 난도 ★★☆　　　　　　　　　　　　　　　④

'참석 학생들은 1일 시의원이 되어 의원 선서를 한 후 주제에 관한 자유 발언 시간을 가졌다. 이어서 관련 조례안을 상정한 후 찬반 토론을 거쳐 전자 투표로 표결 처리하였다.'에서 의원 선서, 자유 발언, 조례안 상정, 찬반 토론, 전자 투표의 순서로 회의가 진행되었음을 확인할 수 있다.

[오답 분석] ① '여기에 참여할 수 있는 대상은 A시에 있는 학교에 재학 중인 만 19세 미만의 청소년이다.'에서 A시에 있는 학교의 만 19세 미만 재학생이 청소년 의회 교실에 참여할 수 있는 대상임을 확인할 수 있다.

② '이 조례에 따르면 시의회 의장은 의회 교실의 참가자 선정 및 운영 방안을 결정할 수 있다. 운영 방안에는 지방자치 및 의회의 기능과 역할, 민주 시민의 소양과 자질 등에 관한 교육 내용이 포함된다.'에서 시의회 의장이 민주 시민의 소양과 관련된 교육 내용을 결정할 수 있음을 확인할 수 있다.

③ '또한 시의회 의장은 고유 권한으로 본회의장 시설 사용이 가능하도록 지원할 수 있다.'와 '최근 ~ 본회의장에서 첫 번째 의회 교실을 운영하였다.'에서 시의회 의장이 본회의장 시설을 사용하도록 지원하였음을 확인할 수 있다.

03 난도 ★★☆　　　　　　　　　　　　　　　③

'무대연출 작업 중에서 독보적인 창작을 걸러내서 배타적인 권한인 저작권을 부여하는 것은 매우 흔치 않은 경우이고, 후발 창작을 방해하는 요소로 작용할 수도 있다.'에서 독보적인 무대연출 작업에 저작권을 부여한다면 후발 창작에 방해가 될 수 있다는 것을 확인할 수 있다.

[오답 분석] ① '창작적인 표현을 도용당했는지 밝혀야 하는데, 이것이 쉽지 않다.'에서 무대연출의 창작적인 표현의 도용 여부를 밝히기 쉽지 않다는 것을 확인할 수 있다.

② '연출자가 자신의 저작권을 침해당했다고 주장하기 위해서는 우선 그가 유효한 저작권을 소유하고 있어야 한다.'에서 저작권 침해를 당했다고 주장하려면 유효한 저작권을 소유하고 있어야 함을 확인할 수 있다.

④ '저작권법은 창작자에게 개인적인 인센티브를 제공하여 창작을 장려함과 동시에 일반 공중이 저작물을 원활하게 이용할 수 있도록 해야 하는 두 가지 가치의 균형을 이루는 것이 목표다.'에서 저작권법의 목표는 창작을 장려하고 저작물 이용을 원활하게 하는 것임을 확인할 수 있다.

2문단에서 복지 공감 지도로 수급자 현황을 한눈에 확인함으로써 복지 기관의 맞춤형 대응이 가능하고, 최적의 복지 기관 설립 위치를 선정할 수 있음을 확인할 수 있다. 그러나 복지 공감 지도로 복지 혜택에 대한 수급자들의 개별 만족도를 파악할 수 있는 것은 아니다.

[오답 분석] ① 1문단의 '국가정보자원관리원과 ○○시는 빅데이터 기반의 맞춤형 복지 서비스 분석 사업을 수행했다.'에서 빅데이터 기반의 맞춤형 복지 서비스 분석 사업을 활용하고 있음을 확인할 수 있다. 또한 1문단의 '국가정보자원관리원은 ~ 취약 지역 지원 방안을 제시했다.'에서 이 사업을 통해 복지 사각지대를 줄이는 방안이 제시되었음을 확인할 수 있다.

② 3문단의 '이 사업을 통해 ○○시는 그동안 복지 기관으로부터 도보로 약 15분 내 위치한 수급자에게 복지 혜택이 집중되고 있는 것도 확인했다.'에서 복지 기관과 수급자 거주지 사이의 거리가 복지 혜택의 정도에 영향을 주고 있음을 확인할 수 있다.

③ 3문단의 '이에 ~ 복지 셔틀버스 노선을 4개 증설할 계획을 수립했다.'에서 복지 기관 접근성 분석 결과를 통해 복지 셔틀버스 노선을 증설하기로 하였음을 확인할 수 있다.

지나친 야간 조명이 식물의 성장에 부정적 영향을 끼쳐 작물 수확량을 감소시킬 수 있음이 여러 연구를 통해 입증된 바 있다는 내용을 근거로 들어 건의에 대한 신뢰성을 높이고 있다. 하지만 인용한 자료의 출처를 밝히고 있지 않다.

[오답 분석] ① '하지만 지나친 야간 조명이 식물의 성장에 부정적인 영향을 끼쳐 작물 수확량을 감소시킬 수 있음은 이미 여러 연구를 통해 입증된 바 있습니다.'와 '실제로 골프장이 야간 운영을 시작했을 때를 기점으로 우리 농장의 수확률이 현저히 낮아졌음을 제가 확인했습니다.'에서 글쓴이는 △△시 시장에게 빛 공해로 농장이 겪는 어려움에 대해 관심을 촉구하고 있음을 확인할 수 있다.

③ '또한 ○○군에서도 빛 공해 문제를 해결하기 위해 야간 조명의 조도를 조정하는 프로젝트를 진행한 바 있으니 참고해 보시기 바랍니다.'에서 다른 지역의 사례를 언급하고 있음을 확인할 수 있다.

④ '물론, 이윤을 추구하는 골프장의 야간 운영을 무조건 막는다면 골프장 측에서 반발할 것입니다.'에서 예상되는 문제점을 제시하고 있으며, '그래서 계절에 따라 야간 운영 시간을 조정하거나 운영 제한에 따른 손실금을 보전해 주는 등의 보완책도 필요합니다.'에서 그에 따른 해결 방안에 대해 제시하고 있음을 확인할 수 있다.

3문단의 '그러나 여기에서도 아동은 ~ 적극적인 권리의 주체로 인식되지는 않았다.'를 통해 「아동권리에 관한 제네바 선언」에서 아동을 적극적인 권리의 주체로 인식하지 않았음을 확인할 수 있다. 아동이 자신의 권리를 주장할 수 있는 능동적인 존재로 자리매김할 수 있게 된 것은 1989년 유엔총회에서 채택된 「아동권리협약」에서이다.

[오답 분석] ① 1문단의 '산업혁명으로 봉건제도가 붕괴되고 자본주의가 탄생한 근대사회에 이르러 ~ 아동보호가 시작되었다.'에서 아동의 권리에 대한 인식이 근대사회 이후에 형성되었음을 확인할 수 있다.

② 3문단의 '1989년 유엔총회에서 채택된 「아동권리협약」이 그것이다.'와 4문단의 '우리나라는 이를 토대로 2016년 「아동권리헌장」 9개 항을 만들었다.'에서 「아동권리헌장」은 「아동권리협약」을 토대로 만들어졌음을 확인할 수 있다.

③ 2문단에서는 「아동권리에 관한 제네바 선언」에 '아동은 물질적으로나 정신적으로 정상적인 발달을 위해 필요한 조건이 충족되어야 한다.'라는 내용이 포함되었다고 제시하고 있다. 또한 4문단에서는 「아동권리협약」을 토대로 만들어진 「아동권리헌장」에 '생존과 발달의 권리'라는 원칙을 포함하였다고 제시하고 있다. 따라서 「아동권리에 관한 제네바 선언」, 「아동권리협약」, 「아동권리헌장」에는 모두 아동의 발달에 대한 내용이 들어가 있음을 확인할 수 있다.

3문단의 '그러나 문화 전파의 기제를 설명하는 이론으로는 밈 이론보다 의사소통 이론이 더 적절해 보인다.'에서 문화의 전파 기제를 의사소통 이론으로 설명하는 것이 적절함을 확인할 수 있다.

[오답 분석] ② 4문단의 '이에 따르면 사람들은 자신이 들은 이야기를 남에게 전달할 때 들은 이야기에다 자신의 생각을 더해서 그 이야기를 전달하기 때문이다.'를 통해 의사소통 이론에 따르면 문화의 수용 과정에서 수용 주체의 주관이 개입한다는 것을 확인할 수 있다.

③ 2문단의 '밈 역시 유전자와 마찬가지로 공동체 내에서 복제를 통해 확산된다.'에서 복제를 통해 문화가 전파될 수 있다는 이론은 의사소통 이론이 아닌 밈 이론임을 확인할 수 있다.

④ 4문단의 '복제의 관점에서 문화의 전파를 설명하는 이론으로는 이와 같은 현상을 설명하기 어렵다.'에서 복제의 관점에서 문화의 전파를 설명하는 이론인 밈 이론에 의해 요크셔 푸딩 요리법의 전파 현상을 설명하기 어렵다는 것을 확인할 수 있다.

08 난도 ★☆☆　　　　　　　　　　　④

적자생존이란 '환경에 적응하는 생물만이 살아남고, 그렇지 못한 것은 도태되어 멸망하는 현상'이라는 뜻으로, 〈보기〉에서는 확인할 수 없다.

오답 분석 ① '첫째, 생물진화의 돌연변이처럼 그 문화체계 안에서 새로운 문화요소의 발명 또는 발견이 있어 존재하는 문화에 추가됨으로써 일어난다.'에서 확인할 수 있다.

② '넷째, 유전자 유실처럼 어떤 문화요소가 한 세대에서 다음 세대로 전달될 때 잘못되어 그 문화요소가 후세에 전해지지 못하고 단절되거나 소멸될 때 문화변동이 일어난다.'에서 확인할 수 있다.

③ '셋째, 유전자 제거처럼 어떤 문화요소가 그 사회의 환경에 부적합할 때 그 문화요소를 버리고 더 적합한 다른 문화요소로 대치시킬 때 문화변동을 일으킨다.'에서 확인할 수 있다.

09 난도 ★★☆　　　　　　　　　　　③

1문단에서 독일어식이나 일본어식으로 사용해 오던 화학 용어를 국제기준에 맞는 표기법으로 바꾼다고 하였으며, 3문단에서 예외적으로 '나트륨'과 '칼륨'은 갑작스러운 표기 변경에 따른 혼란을 줄이기 위해서 지금까지 사용한 대로 표기를 허용하되 새 이름인 '소듐'과 '포타슘'도 병행 표기한다고 하였다. 이를 통해 '나트륨'보다는 '소듐'이 국제기준에 맞는 표기법임을 알 수 있다.

오답 분석 ① 2문단의 "새 표기법은 세계적으로 통용되는 발음에 가깝게 정해진 것으로, '요오드'는 '아이오딘', '게르마늄'은 '저마늄' 등으로 바꾼다."에서 새 발음인 '아이오딘'이 '요오드'보다 세계적으로 통용되는 발음에 가깝다는 것을 확인할 수 있다.

② '저마늄'은 '게르마늄'을 국제기준에 맞는 표기법으로 바꾼 것으로, 산업자원부 기술표준원에서 새 표기법을 KS규격으로 제정한 주요 원소 중 하나이다. 화합물의 구성 원소 이름을 드러낸 표기의 예로는 '다이크로뮴산칼륨'이 있다.

④ 3문단의 "또 '비타민'도 당분간 '바이타민'을 병행 표기한다."에서 '비타민'도 당분간 병행해 사용하기로 했음을 확인할 수 있다.

10 난도 ★★☆　　　　　　　　　　　②

'명제 P와 Q가 IF …THEN으로 연결되는 P → Q는 P가 참이고 Q가 거짓이면 거짓이고 나머지 경우에는 모두 참이 된다.'의 명제 논리를 적용할 때, '파리가 새라면'(P)은 거짓이고 '지구는 둥글다'(Q)는 참이므로 이 명제는 참이 된다.

오답 분석 ① '명제 P와 Q가 AND로 연결되는 P∧Q는 P와 Q가 모두 참일 때에만 참이다.'의 명제 논리를 적용할 때, '모기는 생물이면서'(P)는 참이고 '(모기는) 무생물이다'(Q)는 거짓이므로 이 명제는 성립하지 않는다.

③ '명제 P와 Q가 OR로 연결되는 P∨Q는 P와 Q 둘 중 적어도 하나가 참이기만 하면 참이 된다.'의 명제 논리를 적용할 때, '개가 동물이거나'(P)는 참이고 '컴퓨터가 동물이다'(Q)는 거짓이므로 이 명제는 참이 된다.

④ '명제 P와 Q가 AND로 연결되는 P∧Q는 P와 Q가 모두 참일 때에만 참이다.'의 명제 논리를 적용할 때, '늑대는 새가 아니고'(P)는 참이고 '파리는 곤충이다'(Q)도 참이므로, 이 명제는 참이 된다.

11 난도 ★★★　　　　　　　　　　　④

(가), (나), (다)는 주관적 인식의 모순을 밝힌 것이 아니라, 대상을 인식하는 주관적인 관점에 대해 이야기하고 있다.

오답 분석 ① (가)에서 임제가 '길 오른쪽을 가는 이는 내가 가죽신을 신었다고 할 테고 길 왼쪽을 가는 이는 내가 짚신을 신었다고 할 게다. 내가 염려할 게 뭐냐.'라고 말한 것을 통해 임제는 사람들이 주관적 관점에서 대상을 인식한다고 여김을 확인할 수 있다.

② (나)에서 서술자가 '이 작은 방에서 몸을 돌려 앉으면 방위가 바뀌고 명암이 달라지지. 구도란 생각을 바꾸는 데 달린 법, 생각이 바뀌면 그 뒤를 따르지 않을 것이 없지.'라고 말한 것을 통해 집주인은 자신만의 방식으로 집을 수용하고 있음을 확인할 수 있다.

③ (다)에서 금붕어는 자기 나름의 왜곡된 기준 틀(Frame of Reference)을 토대로 삼아 과학 법칙들을 정식화할 수 있을 것이라고 언급한 부분을 통해 금붕어는 왜곡된 기준 틀로 과학 법칙을 수립할 수 있음을 확인할 수 있다.

12 난도 ★★☆　　　　　　　　　　　①

1문단의 '알파벳 언어는 표기 체계에 따라 철자 읽기의 명료성 수준이 달라진다.'를 통해 철자 읽기의 명료성을 판단하는 기준이 각 소리가 지닌 특성이라는 설명이 적절하지 않음을 확인할 수 있다.

오답 분석 ② 2문단의 '영어와 이탈리아어를 읽는 사람은 동일하게 좌반구의 읽기 네트워크를 사용한다. 하지만 무의미한 단어를 읽을 때 영어를 읽는 사람은 암기된 단어의 인출과 연관된 뇌 부위에 더 의존하는 반면 이탈리아어를 읽는 사람은 음운 처리에 연관된 뇌 부위에 더 의존한다.'를 통해 적절한 내용임을 확인할 수 있다.

③ 1문단의 '철자 읽기가 명료하다는 것은 한 글자에 대응되는 소리가 규칙적이어서 글자와 소리의 대응이 거의 일대일이라는 것을 의미한다. 그 예로 이탈리아어와 스페인어가 있다.'와 '이에 비해 영어는 철자 읽기의 명료성이 낮은 언어이다.'를 통해 적절한 내용임을 확인할 수 있다.

④ 1문단의 '영어는 철자 읽기의 명료성이 낮은 언어이다. 영어는 발음이 아예 나지 않는 묵음과 같은 예외도 많은 편이고 글자에 대응하는 소리도 매우 다양하다.'를 통해 적절한 내용임을 확인할 수 있다.

13 난도 ★☆☆　　　　　　　　　　　④

1문단에 따르면 미국의 아이들은 '스스로 독립적인 행동을 하도록 교육받는다.'라고 하였고, 2문단에 따르면 일본의 아이들은 '자신의 생각을 드러내기보다는 행동에 영향을 받는 다른 사람들의 감정을 미리 예측하도록 교육받는다.'라고 하였으므로 글의 내용과 부합한다.

[오답 분석] ① 1문단의 '자신의 생각을 분명하게 표현하고 말하는 사람의 입장에서 대화에 임해야'를 통해 미국의 어머니는 말하는 사람의 입장을 강조한다는 것을 알 수 있으며, 2문단의 '일본에서는 아이들에게 듣는 사람의 입장에서 말할 것을 강조한다.'라는 내용을 통해 일본의 어머니는 듣는 사람의 입장에서 말할 것을 강조한다는 것을 알 수 있다.

② 1문단에서 미국의 어머니는 '특정 사물에 초점을 맞추고 그 사물의 속성을 아이들에게 가르친다.'라고 하였고, 2문단에서 일본의 어머니는 아이들에게 '다른 사람과의 관계에 초점을 맞춘 훈련'을 한다고 하였다. 따라서 사물의 속성에 초점을 맞추는 것은 미국 어머니의 교육법이다.

③ 미국 어머니가 이면에 있는 감정을 읽어야 한다고 생각하는 것은 지문의 내용과는 거리가 멀다. 오히려 행동 이면에 있는 다른 사람들의 감정을 예측하는 것은 일본 어머니의 교육법과 부합한다.

14 난도 ★★☆ ②

1문단에서 '유럽연합에서의 공용어 개념도 ~ 열 개가 넘는 공용어를 다 배워야 하는 것은 아니다.'라고 하며 여러 공용어 중 하나만 알아도 공식 업무상 불편이 없게끔 한다고 하였다. 따라서 '유럽연합이 복수의 공용어를 지정하여 공무상 편의를 도모하였다.'라고 이해한 것은 적절하다.

[오답 분석] ① 1문단에 따르면, '그곳에 근무하는 모든 외교관들이 이 공용어들을 전부 다 잘해야 하는 것은 아니다.'라고 하였으므로, '유엔에서 근무하는 외교관들은 유엔의 공용어를 다 구사하지 않으면 안 된다.'라는 내용은 적절하지 않다.

③ 2문단에 따르면, '우리가 만일 한국어와 영어를 공용어로 지정한다면 이는 한국에서는 한국어와 영어 중 어느 하나를 알기만 하면 공식 업무상 불편이 없게끔 국가에서 보장한다는 것이지 모든 한국인들이 영어를 할 줄 알아야 된다는 뜻은 아니다.'라고 하였으므로 '한국에서 영어를 공용어로 지정하면 한국인들은 영어를 다 잘할 수 있을 것이다.'라는 내용은 적절하지 않다.

④ 2문단에서는 '우리가 만일 한국어와 영어를 공용어로 지정한다면'이라며 가상의 상황을 가정하였을 뿐, 실제로 머지않아 영어가 공용어로 지정될 것이라는 내용은 확인할 수 없다.

15 난도 ★★☆ ③

1문단을 보면 '자신의 삶과 환경을 잘 통제하지도 못하면서 무력감에 시달리는 사람일수록 공격적인 발설로 자기 효능감을 느끼려 한다.'라고 하였으나, '자신의 삶을 잘 통제하는 악플러일수록 타인을 더욱 엄격한 잣대로 비판한다.'라는 내용은 드러나지 않았다.

[오답 분석] ① 1문단을 보면 악플러는 '자신이 올린 글 한 줄에 다른 사람들이 동요하는 모습을 보면서 자기 효능감을 맛볼 수 있다.'라고 하였으므로 글의 내용과 부합한다.

② 2문단을 보면 '마구 욕을 퍼부었는데 상대방이 별로 개의치 않는다면 계속할 마음이 사라질 것이다. 무시당했다는 생각에 오히려 자괴감에 빠질 수도 있다.'라고 하였고, '개인주의가 안착된 사회에서는 자신을 향한 비판에 대해 그건 너의 생각이라면서 넘겨버리는 사람이 많다.'라고 하였다. 이를 종합하여 볼 때 '개인주의자는 악플에 무반응함으로써 악플러를 자괴감에 빠지게 할 수 있다.'는 글의 내용과 부합한다.

④ 3문단에서는 '한국에서는 ~ 개인주의가 뿌리내리지 못했다. 남에 대해 신경을 너무 곤두세운다. 그것은 두 가지 차원으로 나뉘는데, ~ 이 두 가지 특성이 인터넷 공간에서 맞물려 악플을 양산한다.'라고 하였으므로 '한국에서 악플이 양산되는 것은 한국인들이 타인에 대해 신경을 많이 쓰는 것과 관계가 있다.'는 글의 내용과 부합한다.

16 난도 ★☆☆ ①

제시된 글에 따르면, 페르소나는 사회와 관련된 자아의 한 측면이고 그림자는 인간의 본능 성향과 관련된 자아의 한 측면이다. 따라서 페르소나는 현실적인 속성, 그림자는 근원적인 속성을 지닌다고 할 수 있다.

[오답 분석] ② 자아는 페르소나와 그림자로 이루어져 있으며, 페르소나만 추구한다면 그림자가 위축되어 결국 자기 자신으로부터 소외를 당해 무기력해진다고 설명하고 있다. 따라서 자아가 무기력하게 되는 것은 페르소나를 멀리할 때가 아니라 페르소나만 추구할 때이다.

③ 그림자는 원시적인 본능 성향을 의미하므로 도덕성을 추구하지 않는다. 도덕성을 추구하는 것은 사회적 요구와 관련된 페르소나이다.

④ 제시문을 통해 그림자를 억압하게 되면 충동적인 면이 줄어드는 대신 자발성, 창의성, 통찰력, 깊은 정서 등의 긍정적인 면 역시 억압된다는 것을 알 수 있다. 그러나 그림자를 억압한다고 해서 페르소나를 더욱 추구하게 되는지에 대해서는 나타나지 않는다.

17 난도 ★☆☆ ②

항생제의 내성에 대한 언급은 찾아볼 수 없다.

[오답 분석] ① 1문단의 '항생제는 세균에 대한 항균 효가가 있는 물질을 말한다.'를 통해 항생제의 정의를 제시하고 있음을 알 수 있다.

③ 2문단에서 페니실린, 세파로스포린, 테트라사이크린 등 항생제의 종류에 따른 항균 작용 기제를 설명하고 있다.

④ 1문단에서 자연적으로 존재하는 항생제를 자연 요법제로, 화학적으로 합성된 항생제를 화학 요법제로 분류하고 있다.

18 난도 ★☆☆   ③

2문단의 '혹자는 사람이 개입되는 것은 사물 인터넷이 아니라고 이
야기하면서'와 '혹자는 사물 인터넷이 실현되려면 사람만큼 사물이
판단할 수 있어야 한다고 주장하면서 사물의 지능성을 중요시하는
경우도 있는데, 두 가지 모두 그릇된 것이다.'를 통해 사물 인터넷
은 사람 수준의 지능을 가진 사물들이 네트워크상에서 인간의 개입
없이 서로 소통하는 것을 의미한다는 설명은 글쓴이의 견해에 부합
하지 않음을 알 수 있다.

오답 분석 ① 2문단의 '사물 인터넷을 제대로 이해하려면 기존 인
터넷과의 차이점에 주목하기보다는 오히려 공통점을 인식하는 것
이 더 중요하다.'를 통해 사물 인터넷의 개념을 파악하기 위해서는
기존 인터넷과의 공통점을 이해하는 것이 필요함을 알 수 있다.

② 1문단의 '사물 인터넷은 이제 전 세계의 사물들을 컴퓨터로 만
들어 서로 소통하도록 만든다는 생각을 실현하는 것이다.'와 '전
원이 있었던 전자 기기나 기계 등은 그 자체로, 전원이 없었던
일반 사물들은 새롭게 센서와 배터리, 통신 모듈이 부착되면서
컴퓨터가 되고 이렇게 컴퓨터가 된 사물들이 그들 간에 또는 인
간의 스마트 기기와 네트워크로 연결되는 것이다.'를 통해 센서
와 배터리 등을 갖춘 사물들이 네트워크로 연결되어 사물 인터
넷으로 기능한다는 사실을 알 수 있다.

④ 1문단의 '인터넷이 전 세계의 컴퓨터를 서로 소통하도록 만든다
는 생각이 실현된 것이라면, 사물 인터넷은 이제 전 세계의 사
물들을 컴퓨터로 만들어 서로 소통하도록 만든다는 생각을 실현
하는 것이다.'와 '전원이 없었던 일반 사물들은 새롭게 센서와
배터리, 통신 모듈이 부착되면서 ～ 그들 간에 또는 인간의 스마
트 기기와 네트워크로 연결되는 것이다.'를 통해 사물 인터넷은
컴퓨터가 아니었던 사물도 네트워크로 연결될 수 있다는 점에서
기존의 인터넷과 다르다는 사실을 알 수 있다.

19 난도 ★★☆   ①

'집단으로 모인 사람들이 자신들의 감성을 침묵하게 하고 지성만을
행사하는 가운데 그들 중 한 개인에게 그들의 모든 주의가 집중되
도록 할 때 희극이 발생한다고 보았다.'를 통해 희극이 관객의 감성
이 집단적으로 표출된 결과라는 설명이 적절하지 않음을 알 수 있
다. '관객은 이러한 결함을 지닌 인물을 통하여 스스로 자기 우월성
을 인식하고 즐거워질 수 있게 된다.'에서 희극은 관객 개개인이 결
함을 지닌 인물에 비하여 자기 우월성을 인식함으로써 발생한다는
사실을 확인할 수 있다.

오답 분석 ② '희극의 발생 조건에 대하여 베르그송은 집단, 지성,
한 개인의 존재 등을 꼽았다.'를 통해 적절한 내용임을 확인할 수
있다.

③ '웃음을 유발하는 단순한 형태의 직접적인 장치는 대상의 신체
적인 결함이나 성격적인 결함을 들 수 있다.'를 통해 적절한 내
용임을 확인할 수 있다.

④ '한 인물이 우리에게 희극적으로 보이는 것은 우리 자신과 비교
해서 그 인물이 육체의 활동에는 많은 힘을 소비하면서 정신의

활동에는 힘을 쓰지 않는 경우이다.'라는 프로이트의 말을 통해
적절한 내용임을 확인할 수 있다.

20 난도 ★★☆   ③

1문단에서 '자원자'는 아우슈비츠를 소재로 한 드라마 대본을 세련
되지도 능숙하지도 않게 낭독했지만, 관객들의 열렬한 공감을 이끌
어 냈다. 2문단에서 '전문 배우'는 셰익스피어의 희곡 「헨리 5세」에
서 발췌한 대사를 품위 있고 고풍스럽게 큰 목소리로 낭독했지만,
공감을 얻지 못했다. 따라서 훌륭한 고전이라고 해서 항상 청중의
공감을 불러일으키는 것은 아니라는 설명은 적절하다.

오답 분석 ② 2문단에서 '전문 배우'가 품위 있고 고풍스럽게 큰 목
소리로 유려한 어조로 낭독했지만 청중의 공감을 얻지 못했다는 사
실을 통해 배우의 연기력이 관객의 공감을 좌우하지 않을 수 있다
는 사실을 짐작할 수 있다.

② 1문단의 아우슈비츠를 소재로 한 드라마 대본과 2문단의 아쟁
쿠르 전투를 소재로 한 셰익스피어의 희곡 모두 비참한 죽음을
다룬 비극적인 소재의 이야기이다. 하지만 셰익스피어의 희곡은
관객의 공감을 얻지 못했으므로, 비참한 죽음을 다룬 비극적인
소재는 관객의 공감을 일으킨다는 설명은 적절하지 않다.

④ 1문단에서 역사적 사건인 아우슈비츠의 이야기를 소재로 한 드
라마가 관객들의 열렬한 공감을 이끌어냈다는 사실을 통해 현재
와 가까운 역사적 사실을 극화했다고 해서 관객의 공감 가능성
이 커지지는 않는다는 설명은 적절하지 않음을 알 수 있다.

21 난도 ★★☆   ④

3문단의 '피자보다 자장면을 좋아하는 아이들을 찾아보기가 힘들
어졌다.'에서 자장면이 특별한 날에 여전히 가장 사랑받는 음식이
라는 설명이 적절하지 않음을 알 수 있다.

오답 분석 ① 1문단의 '젊은 청년들이 오토바이를 타고 배달한다'
와 '피자는 참으로 편리한 음식이다.'에서 피자는 쉽게 배달시켜 먹
을 수 있는 편리한 음식임을 확인할 수 있다.

② 3문단의 '싸게 먹을 수 있는 이국 음식이란 점에서 자장면과 피
자는 특별한 의미를 갖는다.'에서 자장면과 피자는 이국적인 음
식임을 확인할 수 있다.

③ 3문단의 '외식을 하기엔 부담되고 한번쯤 식단을 바꾸어 보고
싶을 즈음이면 중국식 자장면이나 이탈리아식 피자는 한국이나
미국의 서민에겐 안성맞춤이다.'에서 자장면과 피자는 값이 싸
면서도 기분 전환이 되는 음식임을 확인할 수 있다.

22 난도 ★★☆   ③

(다)에서는 디디티(DDT)의 생물 농축과 잔존성을 사례로 들어 설
명하고, 디디티의 생산 중단과 사용이 금지된 현황을 진술하고 있
다. 그러나 디디티의 사용 금지를 주장하고 있지는 않다.

오답 분석 ① (가)에서는 중심 화제인 '지속성 농약이 자연 생태계
에 미치는 악영향'에 대해 소개하고, 핵심어인 '디디티'를 제시하여
앞으로 전개될 내용을 암시하고 있다.

② (나)에서는 디디티가 '물에 잘 녹지 않고 자연에서 햇빛에 의한 광분해나 미생물에 의한 생물학적 분해가 거의 이루어지지 않는' 물질이므로, 토양이나 물속의 퇴적물에 축적된다고 설명하고 있다. 또한 디디티가 지방에 잘 녹아서 지방 함량이 높은 동물 체내에서는 그 농도가 높아져 물질대사에 장애를 일으키고, 결국 멸종이라는 결과를 초래한다고 설명하고 있다. 따라서 디디티가 생태계에 미치는 영향을 인과 분석의 방법으로 설명한다고 볼 수 있다.

④ (라)에서는 '최근 우리나라에서도 사소한 환경오염 행위가 장차 어떠한 재앙을 몰고 올 수 있는지에 대한 연구가 활발히 이루어지고 있다.'라고 하여 환경오염에 대한 경각심을 간접적으로 드러내고 있다.

23 난도 ★★☆ ①

3문단에서 독서는 글을 읽고, 필자를 읽고, 최종적으로 독자 자신을 읽는 삼독(三讀)의 과정이라고 하였다. 즉, 필자가 생각하는 시대와 사회상에 대해 파악하고, 그것을 토대로 독자 자신이 처한 상황과 우리 시대의 문맥을 깨달아야 한다는 것이다. 따라서 글쓴이가 생각하는 독서는 글을 읽으면서 '타인의 경험이나 생각 등을 자기화(自己化)하는 과정'이라고 보는 것이 적절하다.

[오답 분석] ② 1문단에서 책을 벗에 빗대어 설명한 것은 책을 대하는 태도를 보여주기 위한 것이다. 제시된 글에서 반가운 벗과의 독서를 통해 진정한 독자로 거듭날 수 있다는 내용은 찾아볼 수 없다.

③ 3문단에서 독자는 독서를 통해 '자신의 처지와 우리 시대의 문맥을 깨달아야 합니다.'라고 한 것으로 보아, 시대와 불화(不和)한 독자일수록 독서를 통해 자신의 위치를 발견하기 쉽다는 설명이 적절하지 않음을 알 수 있다.

④ 1문단에 책을 반가운 벗에 빗대어 설명한 부분이 있지만, 친밀한 교우(交友) 관계의 중요성에 대한 언급은 찾아볼 수 없다.

24 난도 ★☆☆ ②

제시된 글은 〈일 포스티노〉에서 인물들이 하는 행동이나 장면을 시의 은유와 연결지어 설명하고 있지만, 영화에 등장하는 인물들이 은유의 본질과 의미를 잘 알고 있다는 내용은 없다.

[오답 분석] ① 1문단의 '시란 무엇인가에 대한 해답을 이처럼 쉽고도 절실하게 설명해 놓은 문학 교과서를 나는 아직까지 보지 못했다.'를 통해 영화 〈일 포스티노〉는 시를 이해하는 데 도움이 되는 교과서와 같다는 설명이 적절함을 알 수 있다.

③ 1문단의 '수백 마디의 말보다 〈일 포스티노〉를 함께 보고 토론하는 것이 시의 본질에 훨씬 깊숙이, 훨씬 빨리 가 닿을 수 있다.'를 통해 시의 본질에 대해 질문하고 답을 얻기 위해 영화 〈일 포스티노〉를 참고할 만하다는 설명이 적절함을 알 수 있다.

④ 1문단의 '시란 무엇인가에 대한 해답을 이처럼 쉽고도 절실하게 설명해 놓은 문학 교과서를 나는 아직까지 보지 못했다.'와 '그래서 학생들에게 시를 가르칠 때 나는 종종 영화 〈일 포스티노〉를 활용한다.'를 통해 문학의 미적 자질과 영화 〈일 포스티노〉의 미적 자질 사이에서 공통점을 찾을 수 있다는 설명이 적절함을 유추할 수 있다.

25 난도 ★★☆ ③

3문단의 '유교의 기본 입장은 설사 부모의 명령이라 하더라도 옳고 그름을 가리지 않는 맹목적인 복종은 그 자체가 불효라고 보았기 때문이다.'를 통해 윗사람에 대한 복종을 절대시하지 않는 것이 유교적 윤리의 한 바탕임을 확인할 수 있다.

[오답 분석] ① 1문단의 '효(孝)가 개인과 가족, 곧 일차적인 인간관계에서 일어나는 행위를 규정한 것이라면'을 통해 효는 일차적 인간관계임을 알 수 있다. 하지만 1문단의 '우리는 효를 순응적 가치관을 주입하는 봉건 가부장제 사회의 유습이라고 오해하는가 하면'을 통해 효는 봉건 가부장제 사회에서 비롯한 인간관계라는 설명이 적절하지 않음을 알 수 있다.

② 3문단의 '유교의 기본 입장은 설사 부모의 명령이라 하더라도 옳고 그름을 가리지 않는 맹목적인 복종은 그 자체가 불효라고 보았기 때문이다.'를 통해 효는 조건 없는 신뢰에 기초한 덕목이라는 설명이 적절하지 않음을 알 수 있다.

④ 3문단에 '원래부터 효란 가족 윤리 또는 종족 윤리로서 사회 윤리였던 충보다 우선시되었을 뿐만 아니라'는 내용은 제시되어 있으나, 충의 도리를 다함으로써 효의 도리에 도달할 수 있다는 것이 인의 이치라는 설명은 제시되어 있지 않다.

26 난도 ★☆☆ ③

'고갱은 그가 본 인생과 예술 전부에 대해 철저하게 불만을 느꼈다. 그는 더 단순하고 더 솔직한 어떤 것을 열망했고 그것을 원시인들 속에서 발견할 수 있으리라고 기대했다.'에서 고갱은 인상주의가 충분히 솔직하고 단순했다고 생각하지 않았음을 확인할 수 있으므로 글의 내용과 부합하지 않는다.

[오답 분석] ① '세잔이, 사라졌다고 느낀 것은 균형과 질서의 감각이다. 인상주의자들은 순간순간의 감각에만 너무 사로잡힌 나머지 자연의 굳건하고 지속적인 형태는 소홀히 했다고 느꼈던 것이다.'에서 확인할 수 있다.

② '반 고흐는 인상주의가 시각적 인상에만 집착하여 빛과 색의 광학적 성질만을 탐구한 나머지 미술의 강렬한 정열을 상실하게 될 위험에 처했다고 느꼈다.'에서 확인할 수 있다.

④ '이 세 사람의 화가가 모색했던 제각각의 해법은 세 가지 현대 미술 운동의 이념적 바탕이 되었다.'에서 확인할 수 있다.

비문학

27 난도 ★★☆ ②

1문단의 '이때부터 반달은 더 나은 미래를 기원하는 뜻으로 쓰이며, 그러한 뜻을 담아 송편도 반달 모양의 떡으로 빚었다고 한다.'에서, 신라인들이 더 나은 미래를 기원하는 마음을 담아 송편을 빚었다는 내용을 확인할 수 있다.

오답 분석 ① 2문단의 '옛날에 월병은 송편과 마찬가지로 제수 용품이었다. 점차 제례 음식으로서 위상을 잃었지만'에서 월병이 제례 음식으로서 위상을 잃었음을 확인할 수 있다. 따라서 월병이 제수 음식으로서의 명맥을 유지하고 있다는 내용은 적절하지 않다.
③ 2문단의 '한국에서 지역의 단합을 위해 수천 명 분의 비빔밥을 만들듯이 중국에서는 수천 명이 먹을 수 있는 월병을 만들 정도로'에서 비빔밥과 월병이 의미 있는 음식으로 대접받고 있다는 내용은 확인할 수 있지만, 중국의 월병이 한국의 비빔밥을 본떠 만든 음식이라는 내용은 적절하지 않다.
④ 1문단의 『삼국사기』에 따르면 ~ 결과적으로 점술가의 예언이 적중했다.'에서 신라가 발전할 것이라고 점술가가 예언한 내용은 확인할 수 있지만, 점술가의 예언 덕분에 신라가 크게 발전할 수 있었다는 내용은 적절하지 않다.

28 난도 ★☆☆ ②

제시된 글의 '자신이 꺼리는 사람이 같이 죄를 범하였는데도 서로 버티면서 죄를 밝히지 않으면 간악하게 되며'를 통해 같이 죄를 지었을 때 서로 묵인한다면 간악하게 된다는 내용은 확인할 수 있지만, 자신이 범한 과오를 감추고 남의 잘못을 드러내면 간악하게 된다는 내용은 확인할 수 없다.

오답 분석 ① '노력을 조금 들였는데도 효과가 신속하면 간악하게 되며'를 통해 확인할 수 있다.
③ '자신은 그 자리에 오랫동안 있는데 자신을 감독하는 사람이 자주 교체되면 간악하게 되며'를 통해 확인할 수 있다.
④ '아래에 자신의 무리는 많은데 윗사람이 외롭고 어리석으면 간악하게 되며'를 통해 확인할 수 있다.

29 난도 ★☆☆ ②

'되새김 동물인 무스(moose)의 경우, 위에서 음식물이 잘 소화되게 하려면 움직여서는 안 된다.'를 통해 무스는 소화를 잘 시키기 위해 식물을 가려먹는 것이 아니라 움직이지 않는다는 것을 확인할 수 있다. 식물을 가려먹는 습성이 있다는 내용은 제시된 글에 드러나지 않는다.

오답 분석 ① 무스는 '위에서 섬유질이 많은 음식물이 잘 소화되게 하려면 움직여서는 안 된다.'라고 하였으므로, 움직이지 않는 것은 생존을 위한 선택이라고 할 수 있다.
③ '갈퀴발도마뱀은 모래 위로 눈만 빼꼼 내놓고 몇 시간 동안 움직이지 않는다.'와 '곤충이 지나가면 도마뱀이 모래에서 나가 잡아 먹을 수 있도록 에너지를 충전해 주는 것이다.'를 통해 갈퀴도마뱀은 움직이지 않는 방식으로 먹이를 구한다는 사실을 확인할 수 있다.

④ '갈퀴발도마뱀은 모래 속에 몸을 묻고 움직이지 않기 때문에 수분의 손실을 줄이고 사막 짐승들의 끊임없는 위협에서 벗어날 수 있는 것이다.'라고 하였으므로, 모래 속에 몸을 묻는 것은 생존 확률을 높일 수 있는 행위라고 할 수 있다.

30 난도 ★★☆ ③

1문단에서 동조(同調) 현상은 '어떤 집단이 그 구성원들을 이끌어 나가는 질서나 규범 같은 힘을 가지고 있을 때, 그러한 집단의 압력 때문에' 일어나며, 집단에서 소외되지 않기 위하여 '자신이 믿지 않거나 옳지 않다고 생각하는 문제에 대해서도 동조의 입장을 취하게 된다.'고 하였다. 따라서 동조 현상에 영향을 미치는 요인이 개인의 신념이라고 볼 수 있다는 '갑순'의 말은 글의 내용을 잘못 이해한 것이다.

오답 분석 ①·② 2문단의 '집단의 구성원 수가 많거나 그 결속력이 강할 때, ~ 동조 현상은 강하게 나타난다.'에서 확인할 수 있다.
④ 2문단의 '특정 정보를 제공하는 사람의 권위와 지위, 그에 대한 신뢰도가 높을 때도 동조 현상은 강하게 나타난다.'에서 확인할 수 있다.

31 난도 ★★☆ ①

3문단의 '이러한 사적 경험으로서의 책 읽기에 대응되어 나타난 것이 사적인 글쓰기였다. 사적으로 글을 쓸 경우 작가는 이야기꾼, 음유 시인, 극작가들과 달리 청중들로부터 아무런 즉각적 반응도 얻을 수 없다.'를 통해 사적인 글쓰기의 출현으로 작가가 독자와 직접 소통할 수 있게 되었다는 내용이 적절하지 않음을 알 수 있다.

오답 분석 ② 1문단의 '자기만의 내적인 것에 대한 추구는 사람들의 이상이 되었고 점점 그 중요성이 커지면서 사람들의 존재 방식과 글쓰기 행태에 변화를 요구하였다.'를 통해 자기만의 내적인 것에 대한 추구가 새로운 형태의 글쓰기를 요구하였다는 내용이 적절함을 알 수 있다.
③ 1문단에서는 '소설 읽기와 쓰기에 있어 사적 생활은 필수적'이라고 하였으며, '사적 경험이라는 비교적 새로운 개념을 탐색해야 할 필요 탓에 소설이 생긴 것인지도 모른다.', '자기만의 내적인 것에 대한 추구는 ~ 사람들의 존재 방식과 글쓰기 행태에 변화를 요구하였다.'라고 하였다. 또 2문단에서는 '이전의 지배적 문학 형태인 서사시, 서정시, 희곡 등과는 달리 소설은 낭독하는 전통이 없었다.', '소설 장르는 여럿이 함께 모여 문학 작품을 감상하는 청중 개념의 붕괴와 밀접한 관련이 있다.'라고 하였다. 이를 통해 소설은 사적 공간에서의 책 읽기와 글쓰기가 가능해진 시기에 출현하였다는 내용이 적절함을 알 수 있다.
④ 2문단의 '이전의 지배적 문학 형태인 서사시, 서정시, 희곡 등과는 달리 소설은 낭독하는 전통이 없었다.'를 통해 희곡은 낭독하는 전통이 있었다는 것을 알 수 있다. 또한 여럿이 함께 모여 문학 작품을 감상하는 청중 개념이 붕괴한 19세기에 대해 '공통의 규범과 가치를 나누는 단일 사회가 아니었다. 따라서 청중이 한 자리에 모여 동일한 가치를 나누는 일이 점차 불가능해졌다.'를

통해 희곡작가가 과거의 '낭독'하는 전통을 통해 청중들과 교류하며 공통의 규범과 가치를 나누고자 하였다는 내용이 적절함을 알 수 있다.

32 난도 ★☆☆   ④

4문단의 '그러니 말을 통하지 않고는 생각을 전달할 수가 없는 것이다.'에서 말을 통해야만 생각을 전달할 수 있다는 필자의 견해를 확인할 수 있으므로, '말을 통하지 않고도 얼마든지 생각을 전달할 수 있다.'라는 내용은 필자의 견해로 볼 수 없다.

[오답 분석] ① 4문단의 '인간의 생각이라는 것은 매우 넓고 큰 것이며 말이란 결국 생각의 일부분을 주워 담는 작은 그릇에 지나지 않는다.'에서 말은 생각보다 범위가 좁다는 점을 확인할 수 있다.

② 1문단의 '우리는 우리가 생각한 것을 말로 나타낸다.'에서 말은 생각을 나타내는 매개체임을 확인할 수 있다.

③ 1문단의 '그러므로 생각과 말은 서로 떨어질 수 없는 깊은 관계를 가지고 있다.'에서 말과 생각은 불가분의 관계에 놓여 있음을 확인할 수 있다.

33 난도 ★★☆   ①

제시된 글에서 칸트는 미에 대한 자율적 견해를 주장하였다. 이는 시를 외적 요소와 관련 짓지 않고 시 자체로서 바라보는 내재적 관점과 관련이 있다. 내재적 관점은 절대론적 관점이라고도 하며, 언어, 문체, 운율, 표현 기법 등 작품 내부의 요소들을 기준으로 감상하는 방법이다.

[오답 분석] 작품 외적인 요소들과 작품을 연결시켜 감상하고 이해하는 방식은 외재적 관점에서 작품을 이해하는 것이다. 외재적 관점에는 작품을 작가의 의도나 사상, 체험 등을 바탕으로 감상하는 관점인 표현론적 관점, 작품이 독자에게 주는 교훈, 감동, 즐거움 등을 중심으로 감상하는 관점인 효용론적 관점, 문학을 현실의 모방으로 보는 관점에서 작품을 감상하는 관점인 반영론적 관점이 있다.

② 반영론적 · 효용론적 관점

③ 효용론적 관점

④ 반영론적 관점

34 난도 ★★☆   ②

4문단에서 '정상 과학의 시기에는 이미 이론의 핵심 부분들은 정립돼 있다.'라고 했으므로 옳은 설명이다.

[오답 분석] ① 1문단에서 '패러다임의 정착은 연구의 정밀화, 집중화 등을 통하여 자기 지식을 확장해가며 차츰 폭넓은 이론 체계를 구축한다.'고 하였으므로 여러 가지 상반된 시각의 학설이 등장한다는 설명은 적절하지 않다. 또 2문단에서 '연구는 이제 혼란으로서의 다양성이 아니라, 이론과 자연 현상을 일치시켜 가는 지식의 확장으로서의 다양성을 이루게 된다.'라고 하였으므로, 상반된 학설로 이론이 다양해지는 것이 아니라 이론과 자연 현상을 일치시켜가는 지식이 확장되는 것임을 알 수 있다.

③ 3문단에서 '패러다임이란 과학자들 사이의 세계관의 통일이지 세계에 대한 해석의 끝은 아니'라고 했으므로 세계를 완전히 해석할 수 있는 과학으로 발전된다는 것은 제시된 글과 부합하지 않는다.

④ 4문단의 '이러한 시기에 과학자들의 열정과 헌신성은 무엇으로 유지될 수 있을까?'라는 물음에 대해 5문단에서 쿤은 '예측이 달성되는 세세한 과정은 대개 의문 속에 있게 마련'이라며, 이런 의문을 해결하기 위해 '여러 복합적인 기기적, 개념적, 수학적인 방법' 등을 동원한 수수께끼 풀이라는 과정을 통하여 과학자들의 열정과 헌신성이 유지된다고 하였다.

35 난도 ★★☆   ④

제시된 글은 '무지개'라는 단어의 형태에 관해 설명한 것이지 그 표현방식에 관해 설명한 것이 아니다. 따라서 '무지개가 뜨다', '무지개가 걸리다'라는 표현과 관련된 내용은 〈보기〉에서 확인할 수 없으므로 이는 글을 읽고 가질 수 있는 의문으로 적절하지 않다.

[오답 분석] ① 제시된 글에서 '무지개'는 원래 '물'과 '지개'의 합성어인데, 'ㅈ' 앞에서 'ㄹ'이 탈락하여 '무지개'가 되었다고 하였으므로 이는 글을 읽고 가질 수 있는 의문으로 적절하다.

② · ③ 제시된 글에서 '물[水]'의 15세기 형태인 '믈'에 '지게'가 합쳐져 '무지개'로 변화했다고 하였으므로 이는 글을 읽고 가질 수 있는 의문으로 적절하다.

36 난도 ★★☆   ③

ⓒ '강도'는 도둑이 위험한 존재로 돌변한 것으로, 면역계로 인해 변이된 '치명적 바이러스'를 의미한다. 제시된 글에서 '그런데 만약 몽둥이를 들고 도둑과 싸우려 든다면 도둑은 강도로 돌변한다.'라는 문장은 단 한 번도 만나본 적이 없는 새로운 바이러스가 침입하자 면역계가 과민 반응을 일으켜 도리어 인체에 해를 끼치는 것을 비유한 말이다.

[오답 분석] ① ㉠ '좀도둑'은 적은 피해를 일으키는 존재이므로 '계절 독감'이나 '인플루엔자 바이러스'를 의미한다.

② ㉡ '몽둥이'는 도둑을 위협적인 강도로 돌변하게 만드는 것이므로 '면역계의 과민 반응'을 의미한다.

④ '숙주가 죽어 버렸기 때문에 바이러스 역시 함께 죽어야만 한다.'라는 문장에서 ㉣ '승리의 대가'가 '바이러스의 죽음'을 의미한다는 사실을 유추할 수 있다.

2문단의 '중부는 만조 때에는 물에 잠기지만 간조 때에는 공기 중에 노출되는 곳이다.'를 통해 조간대 중부의 환경적 특성을 확인할 수 있을 뿐, 조간대 중부에 어떤 생물들이 사는지에 대한 정보는 알 수 없다. 따라서 '조간대 중부에 사는 생물에는 어떠한 것이 있는가?'는 답을 찾을 수 없는 질문이다.

[오답 분석] ① 2문단의 '바다로부터 가장 높은 곳인 상부는 파도가 강해야만 물이 겨우 닿는 곳'이라는 내용과 3문단의 '조간대를 찾았을 때 총알고둥류와 따개비들을 발견했다면 그곳이 조간대에서 물이 가장 높이 올라오는 지점인 것'을 통해 총알고둥류가 있는 조간대는 조간대에서 물이 가장 높이 올라오는 지점이라는 것이 드러나므로 질문의 답을 찾을 수 있다.

③ 3문단의 '조간대에 사는 생물들은 불안정하고 척박한 바다 환경에 적응하기 위해 높이에 따라 수직으로 종이 분포한다.'를 통해 질문의 답을 찾을 수 있다.

④ 1문단의 '이곳의 생물들은 물에 잠겨 있을 때와 공기 중에 노출될 때라는 상반된 환경에 삶을 맞춰야 한다. 또한 갯바위에 부서지는 파도의 파괴력도 견뎌내야 한다. 또한 빗물이라도 고이면 민물이라는 환경에도 적응해야 하며, 강한 햇볕으로 바닷물이 증발하고 난 다음에는 염분으로 범벅된 몸을 추슬러야 한다.'를 통해 질문에 대한 답을 찾을 수 있다.

2 제목, 주제 및 중심내용 파악하기

문제편 p. 098

01	02	03	04	05	06	07	08	09	10
①	④	③	②	①	②	②	④	②	③
11	12								
④	③								

01 난도 ★★☆ ①

1문단에서는 방정식이라는 단어가 다양한 분야에서 애용된다고 하였고, 2문단에서는 방정식을 여러 조건에 따라 구분하여 표현할 필요가 있다고 하였다. 따라서 제시된 글의 제목으로는 '수학 용어의 올바른 활용'이 적절하다.

오답 분석 ② 1문단에서 '방정식'이라는 단어가 다양한 분야에서 쓰이고 있음을 언급하고 있으나, 실생활에서 수학 공식을 적용하는 내용을 언급하지는 않았으므로 이는 제목으로 적절하지 않다.

③ 1문단에서 '수학의 방정식'의 정의를 제시하고 있으나, '방정식'의 구성 요소를 언급하지는 않았으므로 이는 제목으로 적절하지 않다.

④ 2문단에서 '방정식'이라는 용어를 엄밀하게 구분하여 사용해야 한다고 언급하고 있으나, '방정식'의 추상성에 대하여 언급하지는 않았으므로 이는 제목으로 적절하지 않다.

02 난도 ★★☆ ④

제시된 글에서는 헤겔, 다윈 등 계몽주의 사상가들이 진보와 진화의 관점에서 자연과 역사를 어떻게 정의했는지를 제시하고 있다. 진보와 진화에 관한 여러 견해의 차이를 설명하고 있으므로 제목으로 가장 적절한 것은 '진보와 진화에 관한 견해들'이다.

오답 분석 ① 다윈이 자연을 진보하는 것으로 보았다는 내용만 있을 뿐, 그에 대한 근거는 제시되어 있지 않다. 그리고 자연을 진보하지 않는 것으로 본 헤겔의 입장과는 관계가 없는 내용이므로 제목으로 적절하지 않다.

② 다윈의 주장으로 인해 생물학적 유전을 사회적 획득과 혼동함으로써 훨씬 더 심각한 오해가 생길 수 있었다는 설명만 있으므로 제목으로 적절하지 않다.

③ 제시된 글에서 역사의 법칙과 자연의 법칙에 대한 견해를 다루고 있기는 하지만, 헤겔과는 달리 다윈의 주장은 진화의 원천인 생물학적 유전을 역사에서의 진보의 원천인 사회적인 획득과 혼동하여 오해에 이를 수 있는 길을 열어 놓았다고 하였으므로 역사와 자연의 법칙보다는 '진화와 진보에 대한 견해'가 제목으로 더 적절하다.

03 난도 ★★☆ ③

제시된 글에서 혐오 현상은 자체의 역사와 사회적 배경이 반드시 선행하며 사회문제의 기원이나 원인이 아니라 발현이며 결과라고 하였다. 또한 혐오 그 자체를 사회악으로 지목해 도덕적으로 지탄하는 데서 그쳐서는 안 된다고 하였다. 이를 통해 글쓴이가 혐오 현상을 바르게 이해하기 위해서는 이를 만들어 내는 사회문제를 찾는 것이 중요하다고 주장하고 있음을 알 수 있다. 따라서 '혐오 현상을 만들어 내는 근본 원인을 찾아야 한다.'가 제시된 글의 주제로 적절하다.

오답 분석 ① 1문단의 '혐오 현상은 외계에서 뚝 떨어진 괴물이 만들어 낸 것이 아니라, 거기엔 자체의 역사와 사회적 배경이 반드시 선행한다.'에서 혐오 현상에는 인과관계가 존재한다는 것을 알 수 있다. 따라서 '혐오 현상에는 인과관계가 존재하지 않는다.'는 제시된 글의 주제로 적절하지 않다.

② 2문단의 '왜 혐오가 나쁘냐고 물어보면 많은 사람들은 이렇게 답한다. ~ 이 대답들은 분명 선량한 마음에서 나온 것이다. 하지만 문제의 성격을 오인하게 만들 수 있다.'에서 혐오 현상을 선량한 마음으로 바라보면 안 된다는 것을 알 수 있다. 따라서 '혐오 현상은 선량한 마음으로 바라보아야 한다.'는 제시된 글의 주제로 적절하지 않다.

④ 2문단의 '혐오나 증오라는 특정 감정에 집착해선 안 된다는 것이다.', "혐오나 증오라는 감정에 집중할수록 우린 '달을 가리키는 손가락만 바라보는' 잘못을 범하기 쉬워진다."에서 혐오라는 감정에 집중해서는 안 된다는 것을 알 수 있다. 따라서 '혐오라는 감정에 집중할수록 사회문제는 잘 보인다.'는 제시된 글의 주제로 적절하지 않다.

04 난도 ★★☆ ②

제시된 글에서는 일제 시기 근대화 문제에 관한 두 가지 주장에서 모두 조선인들이 주체적으로 대응했던 역사가 탈락되어 있으며 억압 속에서도 자기 발전을 도모해 나간 조선인의 역사가 정당하게 평가되어야 한다고 말한다. 따라서 제시된 글의 주제는 '일제의 지배에 주체적으로 대응한 조선인의 역사도 정당하게 평가되어야 한다.'가 가장 적절하다.

05 난도 ★★☆ ①

〈보기〉에서는 앞으로 남녀평등 문제가 큰 의미가 없을 것이라는 내용을 전달하고 있다. 따라서 제시된 글의 주제문으로는 ㉠이 적절하다.

오답분석 ② ㉡은 한 부부가 아이를 하나만 낳아 기른다는 내용에 대한 근거이므로 제시된 글의 주제문으로 적절하지 않다.

③ ㉢은 앞으로 남녀평등 문제가 큰 의미가 없을 것이라는 내용에 대한 근거이므로 제시된 글의 주제문으로 적절하지 않다.

④ ㉣은 평등의식이 높아진 이유에 대한 설명이므로 제시된 글의 주제문으로 적절하지 않다.

06 난도 ★★☆ ②

1문단에서 '인공지능(AI)이 사람보다 똑똑해질 수 있을지도 모른다.'라고 하며 인공지능의 발전 가능성에 대하여 이야기하였고, 2문단에서는 '인공지능(AI)이 사람을 게으르게 만들 수도 있지 않을까?'라는 질문을 던졌다. 3문단에서는 인공지능(AI)으로 인해 인간의 두뇌가 게을러진 사례로 GPS를 제시하며, 4문단에서는 이런 삶을 편하게 해주는 도구들이 인간의 두뇌를 나태하게 만들고 기억력과 창조력, 상상력을 퇴보시켰다고 주장하였다. 따라서 결론으로 가장 적절한 것은 '인공지능(AI)으로 인해 인간의 두뇌가 게을러지는 부작용이 발생하게 될 것이다.'이다.

오답분석 ① 4문단을 보면 '이와 같이 기계에 의존해서 인간이 살아가는 사례는 오늘날 우리의 두뇌가 게을러진 것을 보여 주는 여러 사례 가운데 하나일 뿐이다.'라고 하며, 인간의 기계에 대한 종속성을 문제 삼고 있다. 따라서 인공지능에 대한 독립성이 지속적으로 증가하게 될 것이라는 내용은 잘못된 것이다.

③ 1문단에서 '인공지능(AI)이 사람보다 똑똑해질 수 있을지도 모른다.'라고 하였으나, 이는 1문단만의 부분적인 내용이고 글 전체를 아우르는 결론으로 볼 수는 없다.

④ 4문단에서 기계에 의존하는 삶이 '뇌의 가장 뛰어난 영역인 상상력을 활용하지 않도록 만드는 것'이라는 내용은 있으나, 인공지능이 궁극적으로 상상력을 가지게 될 것이라는 내용은 확인할 수 없으므로, 결론으로 적절하지 않다.

07 난도 ★☆☆ ②

제시된 글은 세계화의 흐름이 우리를 주목하고 있으므로, 이 기회를 잘 살려 세계 시장에 우리의 예술을 알려야 한다고 주장하고 있다. 따라서 다가오는 미래에 대한 희망찬 포부를 담고 있는 글이라고 할 수 있다.

08 난도 ★☆☆ ④

1문단의 논지는 기존의 의학적 연구는 '특정 연령대의 건장한 성인 남성의 몸'을 표준으로 삼아 이루어져 왔기 때문에 여성과 다양한 연령대 남성의 신체적 특성은 고려되지 않았다는 것이다. 이어지는 2문단에서 '사무실의 적정 온도'를 예시로 들어 연구와 현실 간의 차이를 나타내고 있으며, 마지막 3문단에서 이러한 차이가 발생한 이유를 설명하면서 기존의 의학적 연구의 문제점을 지적한 1문단의 내용을 뒷받침하고 있다. 그러나 ④에서 근로자의 성별과 다양한 연령대를 고려하지 않은 일률적인 대상을 표준으로 연구가 이루어지는 것에 대해 문제를 제기하고 있으므로 다양한 대상의 고려없이 설정 온도를 '일률적으로 높이는 것'은 제시된 글의 시사점으로 적절하지 않다.

오답분석 ① 기존의 의학적 연구에서 표준으로 삼았던 건장한 성인 남성의 신체는 모든 성별과 연령대를 반영할 수 없으므로 다양한 대상을 선정하여 의학적 연구를 해야 한다는 주장은 제시된 글의 시사점으로 적절하다.

② 특정 표준 대상만을 연구한 결과는 해당 대상을 살펴봐서 활용 유무를 결정해야 한다는 주장은 제시된 글의 시사점으로 적절하다.

③ 의학적 연구의 표준이었던 '건장한 성인 남성의 몸'과 달리 성별이나 연령대 등에 따라 신체 조건이 같지 않으므로, 근무 환경을 조성할 때 근무자들의 성별이나 연령대를 고려하는 것이 바람직하다는 주장은 제시된 글의 시사점으로 적절하다.

09 난도 ★☆☆ ②

6~7번째 문장의 '그러므로 운동의 강도를 결정할 때는 ~ 부담이 지나치지 않게 해야 한다.'와 마지막 문장에 제시문의 중심 내용이 모두 담겨 있으므로 이를 모두 포함하여 한 문장으로 정리한 ②가 적절한 요약문이다.

오답분석 ① 4~5번째 문장에서 '무조건 신체를 움직인다고 해서 다 운동이 되는 것은 아니며, 무리하게 움직이면 오히려 역효과를 가져온다.'고 설명하고 있으므로 '가급적 쉬어서는 안 된다.'는 요약은 적절하지 않다.

③ 전체 내용을 아우르지 못하므로 요약문으로는 적절하지 않다.

④ 운동의 긍정적인 측면과 부정적 측면에 대한 언급은 제시문에 나타나지 않는다.

10 난도 ★★☆ ③

1문단의 '생명체들이 그들의 환경 개변(改變)에 능동적으로 행동한다는 중요한 사실을 놓치고 있다.'와 2문단의 '가장 고등한 동물인 인간도 다른 생명체와 마찬가지로 생존이나 적응을 넘어서 환경에 대해 적극성을 보인다.'를 통해 제시된 글의 주장은 '생명체는 환경을 능동적으로 변형한다.'임을 알 수 있다.

오답분석 ① 2문단의 '인간도 다른 생명체와 마찬가지로 생존이나 적응을 넘어서 환경에 대해 적극성을 보인다.', '더 잘 살기 위해 환경에 순응할 수만은 없다.'를 통해 인간이 환경에 적응하는 것을 넘어 환경을 적극적으로 개조해 왔다는 것을 알 수 있다. 따라서 '인간은 환경에 적응해 왔다.'는 적절하지 않다.

② 2문단의 '인간도 다른 생명체와 마찬가지로 생존이나 적응을 넘어 환경에 대해 적극성을 보인다. 이는 인간의 세 가지 충동—사는 것, 잘 사는 것, 더 잘 사는 것—으로 인하여 가능하다.'라

는 내용을 통해 인간이 생존을 넘어서 환경에 대해 적극성을 보이는 것은 '충동'이 있었기 때문임을 알 수 있다. 따라서 '삶의 기술은 생존을 위한 것이다.'는 적절하지 않다.

④ '인간의 세 가지 충동—사는 것, 잘 사는 것, 더 잘 사는 것—으로 인하여 가능하다.'는 내용을 통해 '인간은 잘 사는 것을 삶의 목표로 한다.'는 내용은 옳다는 것을 알 수 있지만, 제시된 글에서 주장하는 '인간이 잘 살기 위해 환경에 순응하지 않고 능동적으로 행동한다.'는 내용이 포함되어 있지 않아 이를 가장 적절한 주장이라고 볼 수 없다.

11 난도 ★★☆ ④

제시된 글은 예술 작품의 특성상 원본 고유의 예술적 속성을 복제본에서는 느낄 수 없다고 생각하는 경향이 강한 사회적 통념에 대해 반박하고 있다. 빌 브란트의 사진 작품을 그 근거로 들어 '빌 브란트가 마음만 먹었다면, 런던에 전시한 인화본의 조도를 더 낮추는 방식으로 다른 곳에 전시한 것과 다른 예술적 속성을 갖게 할 수 있었을 것이다.'라고 주장한다. 따라서 '복제본도 원본과는 다른 별개의 예술적 특성을 담보할 수 있다.'를 글의 주장으로 보는 것이 가장 적절하다.

오답 분석 ① 제시된 글에서 복제본과 원본의 예술적 가치에 대해 언급한 부분은 없다.

② 1문단을 보면 예술 작품의 복제 기술이 좋아지고 있음에도 예술 작품의 특성상 원본 고유의 예술적 속성을 복제본에서는 느낄 수 없다고 생각하는 경향이 강하다고 하였으며, 2문단에서는 회화에 비해 원본인지 복제본인지 중요하지 않게 생각되는 사진 또한 작가가 재현적 특질을 선택하고 변형할 수 있는 방법이 다양하여 다른 예술적 속성을 갖게 할 수 있다고 하였으므로 복제 기술 덕분에 예술의 매체적 특성이 비슷해졌다는 내용은 적절하지 않다.

③ 2문단에서 '사진의 경우, 작가가 재현적 특질을 선택하고 변형할 수 있는 방법이 다양함을 의미한다.'고 하였으므로 복제본의 재현적 특질을 변형하는 방법은 제한적이라고 한 내용은 적절하지 않다.

12 난도 ★★☆ ③

제시된 글은 언간의 발신자나 수신자의 한쪽에는 반드시 여성이 관여 하지만 수신자는 거의 전 계층의 남성이 될 수 있어서, '언간은 특정 계층에 관계없이 남녀 모두의 공유물'이라는 것을 강조하고 있다. 따라서 중심 내용으로 '언간은 특정 계층과 성별에 관계없이 이용된 의사소통 수단이었다.'가 가장 적절하다.

오답 분석 ① 1문단의 '언문'은 실용 범위에 제약이 있었는데, 이런 현실은 '언간'에도 적용된다는 내용을 통해 '언간'이 실용 범위에 제약이 있었다는 것을 확인할 수 있으나, 이 내용을 통해 언간이 성별을 초월한 모든 사람의 공유물이었다는 중심 내용을 나타낼 수는 없다.

② 사용자가 여성이라는 점에서 '언간'이 '내간'이라 일컬어졌다는 것은 옳은 내용이나, 이 내용을 통해 언간이 성별을 초월한 모든 사람의 공유물이었다는 중심 내용을 나타낼 수는 없다.

④ 조선 시대의 언간의 소통 과정에서 반드시 여성이 관여하는 특징을 보인다는 것은 옳은 내용이나, 이는 언간이 성별을 초월한 모든 사람의 공유물이었다는 중심 내용을 나타낼 수는 없다.

3 내용 추론 및 적용하기

01	02	03	04	05	06	07	08	09	10
②	①	④	④	①	④	④	③	①	④
11	12	13	14	15	16	17	18	19	20
②	③	③	②	①	②	④	④	②	③
21	22	23	24	25					
④	③	③	①	③					

01 난도 ★★☆ ②

1문단의 '인간이 후천적, 인위적으로 그 구조를 만들었다고 생각하는 것은 잘못이다. 인간은 단지 구조되어 있는 그 질서에 참여할 뿐이다.'를 통해 주체의 의식적 사유와 행위에 의해 새로운 문화 질서가 창조될 수 없고 인간은 그 질서에 단지 참여할 뿐임을 추론할 수 있다. 따라서 주체의 의식적 사유와 행위에 의해 새로운 문화 질서가 창조된다는 것은 라캉의 생각과 거리가 멀다.

오답 분석 ① 1문단에서 인간은 구조되어 있는 상징적 질서에 참여할 뿐이라고 하였으며, 2문단에서는 이러한 상징적 질서의 구조가 무의식적으로 인간의 행위를 규정한다고 하였으므로 주체의 무의식은 구조화된 상징적 질서에 의해 형성됨을 추론할 수 있다.
③ 4문단의 '나의 진술은 타자의 진술에 의해서 구성된다는 것이다. 나의 욕망도 타자의 욕망에 의해서 구성된다.'를 통해 대중 매체의 광고라는 타자의 진술이 주체의 욕망이 형성되는 데 큰 영향을 미침을 추론할 수 있다.
④ 3문단의 "라캉에게 나의 사유와 나의 존재는 사실상 분리되어 있다. 그는 나의 사유가 나의 존재를 확인시켜 주지 못한다고 주장한다. 라캉의 경우, '나는 생각한다'라는 의식이 없는 곳에서 '나는 존재'하고, 또 '내가 존재하는 곳'에서 '나는 생각하지 않는다.' 라캉은 무의식은 타자의 진술이라고 말한다."를 통해 라캉의 입장에서는 데카르트의 '나는 생각한다. 고로 존재한다'라는 명제가 옳지 않음을 추론할 수 있다.

02 난도 ★★☆ ①

'논리실증주의자들에 따르면, 만약 어떤 것이 과학일 경우 거기에서 사용되는 문장은 유의미하다.'와 '(나)는 검증할 수 없고 과학에서 사용될 수 없는 무의미한 문장이라고 말한다.'를 통해 과학에서 사용될 수 없는 문장은 무의미한 문장임을 확인할 수 있다. 따라서 논리실증주의자들에 따르면 무의미한 문장을 사용하는 것은 과학이 아니라는 점을 추론할 수 있다.

오답 분석 ② '논리실증주의자들에 따르면, 만약 어떤 것이 과학일 경우 거기에서 사용되는 문장은 유의미하다.'를 통해 과학에서 사용되는 문장이 유의미하다는 것은 파악할 수 있다. 하지만 과학의 문장들만 유의미하다는 내용을 추론할 수는 없다.
③ '검증 원리란, 경험을 통해 참이나 거짓을 검증할 수 있는 문장은 유의미하고 그렇지 않은 문장은 유의미하지 않다는 것이다.'를 통해 경험으로 검증할 수 없는 문장은 유의미하지 않다는 사실을 파악할 수 있다. 하지만 아직까지 경험되지 않은 것을 언급한 문장이 무의미하다는 내용을 추론할 수는 없다.
④ '검증 원리란, 경험을 통해 참이나 거짓을 검증할 수 있는 문장은 유의미하고 그렇지 않은 문장은 유의미하지 않다는 것이다.'를 통해 검증할 수 없는 문장은 무의미한 문장임을 확인할 수 있다. 하지만 검증 원리에 따라 '거짓'을 검증할 수 있는 문장은 유의미하다고 할 수 있다.

03 난도 ★★☆ ④

㉠ 1문단의 '즉 컴퓨터는 결정론적 법칙의 지배를 받는 시스템이라는 것이다.'와 2문단의 '결국 결정론적 법칙의 지배를 받는 시스템은 자유의지를 가지지 않는다. 또한 자유의지를 가지지 않는 시스템에 도덕적 의무를 귀속시킬 수 없음은 당연하다.'를 통해 결정론적 법칙의 지배를 받는 시스템인 컴퓨터는 자유의지를 가지지 않으며 도덕적 의무의 귀속 대상이 아님을 추론할 수 있다.
㉡ 2문단의 '결국 결정론적 법칙의 지배를 받는 시스템은 자유의지를 가지지 않는다. 또한 자유의지를 가지지 않는 시스템에 도덕적 의무를 귀속시킬 수 없음은 당연하다.'를 통해 도덕적 의무를 귀속시킬 수 있는 시스템은 결정론적 법칙의 지배를 받지 않는다는 것을 추론할 수 있다.
㉢ 2문단의 '어떤 선택을 할 때 그것과 다른 선택을 할 수도 있다는 것은 자유의지의 필요조건이기 때문이다.'를 통해 어떤 선택을 할 때 그것과 다른 선택을 할 수 없는 시스템은 자유의지를 가지지 않는다는 것을 추론할 수 있다.

04 난도 ★★☆ ④

3문단의 '하버마스에 따르면, 현대 사회에서 민주적 토론은 문화 산업의 발달과 함께 퇴보했다.'와 4문단의 '상업화된 미디어는 광고 수입에 기대어 높은 시청률과 수익을 보장하는 콘텐츠 제작만을 선호하게 되었다. 그 결과 공적 주제에 대한 시민들의 논의와 소통의 장이 줄어들어 결과적으로 공공 영역이 축소되었다.'를 통해 수익성 위주의 미디어 플랫폼과 콘텐츠가 더 많아지면서 민주적 토론이 감소된다는 것은 하버마스의 주장에 부합하는 사례임을 알 수 있다.

오답 분석 ① 2문단의 '적어도 살롱 문화의 원칙에서 공개적 토론을 위한 공공 영역은 각각의 참석자들에게 동등한 자격을 부여했다.'를 통해 살롱 문화에서는 공개적이고 자유로운 토론이 이루어졌음을 알 수 있다. 따라서 살롱 문화에서 특정 사회 계층에 대한 비판적인 토론이 허용되지 않았다는 것은 하버마스의 주장에 부합하지 않는다.

② 3문단의 '공공 여론은 개방적이고 합리적 토론을 통해서가 아니라 광고에서처럼 조작과 통제를 통해 형성되고 있다.'와 4문단의 '상업화된 미디어는 광고 수입에 기대어 높은 시청률과 수익을 보장하는 콘텐츠 제작만을 선호하게 되었다.', '공적 주제에 대한 시민들의 논의와 소통의 장이 줄어들어 결과적으로 공공 영역이 축소되었다.'를 통해 인터넷의 발달과 보급이 상업적 광고를 증가시켰을 것이라는 점은 추론할 수 있지만 공익 광고를 증가시켰을 것이라는 점은 추론할 수 없다.

③ 3문단의 '대중매체와 대중오락의 보급은 공공 영역이 공허해지는 원인으로 작용했다.'를 통해 글로벌 미디어가 발달하더라도 국제 사회의 공공 영역은 공허해지지 않는다는 것은 하버마스의 주장에 부합하지 않음을 알 수 있다.

05 난도 ★★☆ ①

1문단의 '하위 개념으로 분류할수록 그 대상에 대한 정보가 더 많이 전달된다.'를 통해 하위 개념인 호랑나비는 상위 개념인 나비에 비해 정보량이 더 많다는 사실을 추론할 수 있다. 따라서 호랑나비는 나비에 비해 정보량이 적다는 설명은 적절하지 않다.

오답 분석 ② 1문단에서 유니콘은 현실 세계에 적용 대상이 없어도 분류 개념으로 인정된다고 하였기 때문에, 용(龍) 역시 현실 세계에 적용할 수 있는 지시물이 없더라도 분류 개념으로 인정될 수 있다는 것을 추론할 수 있다.

③ 2문단을 보면, 비교 개념은 '더 무거움'이나 '더 짧음'과 같이 논리적 관계이므로 꽃이나 고양이는 비교 개념에 포함되지 않는다.

④ 3문단의 '정량 개념은 ~ 자연의 사실로부터 파악할 수 있는 물리량을 측정함으로써 만들어진다.'와 '정량 개념은 ~ 우리가 자연현상에 수를 적용하는 과정에서 생겨나는 것이다.'를 통해 물리량을 측정하는 'cm'나 'kg'과 같은 측정 단위가 자연현상에 수를 적용할 수 있게 해 주었다는 것을 추론할 수 있다.

06 난도 ★★★ ④

4문단에서는 '시간이 흐를수록 품질이 개선되는 것은 일부 고급 적포도주를 병에 담아 코르크 마개를 끼워 보관한 경우에 한정된 이야기'라고 하였으며, '고급 백포도주'에 대한 언급은 없다. 따라서 고급 백포도주에 코르크 마개를 끼워도 보관 기간에 비례하여 품질이 개선되지 않을 것이라는 점을 추론할 수 있다.

오답 분석 ① 3문단에 따르면, '너무 더운 지역에서는 섬세한 맛이 부족해서 흐물거리는 포도주가 생산되나 이를 잘 활용하면 포르토나 셰리처럼 도수를 높인 고급 포도주를 만들 수도 있다.'라고 하였으며, 또 '달콤한 백포도주의 경우는 샤토 디켐처럼 뜨거운 여름 날씨가 지속하는 곳에서 명품이 만들어진다.'라고 하였다. 이를 볼 때 '고급 포도주는 모두 너무 덥지도 춥지도 않은 곳에서 재배된 포도로 만들어졌다.'라는 내용은 잘못된 것이다.

② 2문단에서는 '자연 상태에서는 포도가 자라는 북방 한계가 이탈리아 정도에서 멈춰야 했으나, 중세 유럽에서 수도원마다 온갖 노력을 기울인 결과 포도 재배가 가능한 북방한계선이 상당히 북쪽까지 올라갔다.'라고 하였으며, '대체로 대서양의 루아르강 하구로부터 크림반도와 조지아를 잇는 선'이 북방한계선이라고 하였다. 따라서 북방한계선인 '루아르강 하구로부터 크림반도와 조지아를 잇는 선'은 이탈리아보다 북쪽에 있을 것이므로 '이탈리아보다 남쪽에 있을 것'이라고 한 내용은 잘못된 것이다.

③ 1문단을 보면 유럽에서 '일상적으로 마시는 식사용 포도주로는 저렴한 포도주가 쓰이며, 술이 약한 사람은 여기(저렴한 포도주)에 물을 섞어 마시기도 한다.'라고 하였으므로, 식사용 포도주는 저렴한 포도주에 물을 섞어 마시는 것이지 고급 포도주에 물을 섞어 마시는 것은 아니다.

07 난도 ★★☆ ④

제시된 글에서 설명하는 '확증 편향'이란 '자신의 신념과 일치하는 정보는 받아들이고 그렇지 않은 정보는 무시하는 경향'으로, 1문단에 '자신의 믿음이나 견해와 일치하는 정보는 수용하고 그에 반대되는 정보는 무시하거나 부정하는 심리 경향이다.'라는 확증 편향에 대한 설명은 있지만, 이를 통해 새로운 정보를 접했을 때 사람들이 심리적 불안을 느낀다는 내용을 추론할 수는 없다.

오답 분석 ① 1문단의 '자신의 신념과 일치하는 정보는 받아들이고 그렇지 않은 정보는 무시하는 경향을 확증 편향(confirmation bias)이라 한다. 자신의 믿음이나 견해와 일치하는 정보는 수용하고 그에 반대되는 정보는 무시하거나 부정하는 심리 경향이다.'를 통해 사람에게는 자신의 신념이나 행동을 바꾸려 하지 않는 경향이 있음을 추론할 수 있다.

② 2문단의 '특정 정치 성향을 가진 사람들을 대상으로 조사했을 때, 사람들은 반대당 후보의 주장에서는 모순을 거의 완벽하게 찾은 반면, 지지하는 당 후보의 주장에서는 모순을 절반 정도만 찾아냈다.'를 통해 사람에게는 정보를 객관적으로 판단하지 못하는 심리적 특성이 있음을 추론할 수 있다.

③ 1문단의 '자신의 믿음이나 견해와 일치하는 정보는 수용'하고 '그러한 정보는 어떤 문제에 대해 더 이상 고민하지 않고 마음의 휴식을 취할 수 있게 해 준다.'와 2문단의 '자신이 동의하는 주장을 접했을 때는 긍정적인 반응을 보이면서 뇌 회로가 활성화되는 것'을 통해 사람에게는 지지자들의 말만을 듣고 자기 신념을 강화하는 경향이 있음을 추론할 수 있다.

08 난도 ★★☆　　　　　　　　　　　　　　　③

(나)를 통해 책을 읽어주고 돈을 받는 '전기수'라는 직업이 있었다는 것과 구경하는 사람들이 빙 둘러설 정도로 대중들이 소설에 관심이 많았다는 것은 파악할 수 있지만, 소설을 창작하는 계층에 대한 정보는 파악할 수 없다.

오답 분석 ① (가)의 '어찌 상중(喪中)에 있으면서 예의에 어긋난 책을 소리 내어 읽어서 스스로 평민과 같아지려 할 수 있는가?'라는 찬성공의 말을 통해 상층 남성들은 상중의 예법에 대해 매우 엄격했음을 알 수 있다.

② (가)의 '부윤공의 부인 이 씨가 우연히 언문 소설을 읽다가 그 소리가 밖으로 들렸다.'를 통해 혼자 소설을 보면서 소리 내어 읽기도 하였음을 추정할 수 있다.

④ (가)의 '예의에 어긋난 책을 소리 내어 읽어서 스스로 평민과 같아지려 할 수 있는가?'와 (나)의 '잘 읽었기 때문에 옆에서 구경하는 사람들이 빙 둘러섰다.'를 통해 상층이 아닌 하층에서도 소설을 즐겼음을 추정할 수 있다.

09 난도 ★★★　　　　　　　　　　　　　　　①

(나)를 통해 과학적 연구와는 달리 실용적인 기술 개발은 경험적 자료에 대한 경계심에서 어느 정도 자유롭다는 사실을 파악할 수 있으며, (가)를 통해 경험론자들이 모든 관념과 판단은 감각 경험에서 출발하고 어떤 지식도 확실할 수는 없다고 생각한다는 사실을 알 수 있다. 따라서 실용적 기술을 개발하는 것은 일차적으로 경험론적 사고에 토대를 둔다는 것을 추론할 수 있다.

오답 분석 ② (나)의 '일상생활에서 자신의 감각을 신뢰하고 이에 따라 행동하는 것은 잘못이 아니다.'를 통해 일상생활에서 감각에 대해 매우 비판적인 합리론적 사고를 우선해야 한다는 내용이 적절하지 않음을 알 수 있다.

③ (나)의 '과학적 연구는 상당한 정도의 정확성을 요구하므로 경험적 자료에 대해 어느 정도의 경계심을 유지하는 것도 당연하다.'를 통해 과학 연구는 철저히 경험론을 바탕으로 이루어져야 한다는 추론이 적절하지 않음을 알 수 있다.

④ (나)의 '실용적 기술 개발이나 평범한 일상적 행동과는 달리 과학적 연구는 상당한 정도의 정확성을 요구하므로 경험적 자료에 대해 어느 정도의 경계심을 유지하는 것도 당연하다.'를 통해 경험적 자료를 받아들이는 데 차이가 있음을 알 수 있다. 따라서 감각에 대한 신뢰가 어느 분야에나 차별 없이 요구된다는 설명이 적절하지 않음을 알 수 있다.

10 난도 ★★☆　　　　　　　　　　　　　　　④

2문단의 마지막 부분에서 과학 기술의 발전 성과를 수용하는 것을 통해 녹색 성장 산업으로서 농업의 잠재적 가치가 중시될 수 있다고 하였으므로 적절하지 않다.

오답 분석 ① 1문단의 '도시화, 산업화, 고도성장 과정에서 우리 경제의 뒷방살이 신세로 전락한 한국 농업'에서 확인할 수 있다.

② 1문단의 '농업은 경제적 효율성이 뒤처져서 사라져야 할 사양 산업이 아니다.'에서 현대의 경제 시스템이 효율성을 중요한 가치로 내세운다는 것을 알 수 있다. 그리고 2문단의 '물질적인 부의 극대화를 위해서 한 지역의 자원을 개발하여 이용한 뒤에 효용 가치가 떨어지면 다른 곳으로 이동하는 유목민적 태도가 오늘날 위기를 낳고 키워 왔는지 모른다.'를 통해 효율성을 내세우는 현재의 시스템이 미래 사회 대비에 한계가 있다고 판단하였음을 알 수 있다.

③ 2문단의 '부의 극대화를 위해서 한 지역의 자원을 개발하여 이용한 뒤에 효용 가치가 떨어지면 다른 곳으로 이동하는 유목민적 태도가 오늘날 위기를 낳고 키워 왔는지 모른다.'와 '지키고 가꾸어 후손에게 넘겨주는 정주민의 문화적 지속성을 존중하는 농업의 가치가 새롭게 조명받는 이유에 주목할 만하다.'에서 알 수 있다.

11 난도 ★★★　　　　　　　　　　　　　　　②

제시된 글에 따르면 포스트휴먼은 완전히 인위적으로 만들어진 인공지능일 수도 있고, 신체를 버리고 슈퍼컴퓨터 안의 정보 패턴으로 살기를 선택한 업로드의 형태일 수도 있다고 하였다. 따라서 포스트휴먼의 형태는 인간의 신체적 결함을 다양한 과학 기술을 이용해 보완한 것뿐만 아니라 다양한 형태로 나타날 수 있으므로, 이는 적절하지 않은 추론이다.

오답 분석 ① 3문단의 '만약 생물학적 인간이 포스트휴먼이 되고자 한다면 ~ 다양한 과학 기술을 이용해 우리의 두뇌나 신체에 근본적인 기술적 변형을 가해야만 할 것이다.'를 통해 미래의 존재가 현재의 인간보다 과학 기술의 발전에 따른 영향을 더 크게 받을 것을 추론할 수 있다.

③ 2문단의 '이러한 존재가 ~ 현재 인간의 상태로 접근할 수 없는 새로운 신체나 의식 상태에 놓여 있을 것임은 분명하다.'와 3문단의 '포스트휴먼은 완전히 인위적으로 만들어진 인공지능일 수도 있고, 신체를 버리고 슈퍼컴퓨터 안의 정보 패턴으로 살기를 선택한 업로드의 형태일 수도 있으며, 또는 생물학적 인간들에 대한 개선들이 축적된 결과일 수도 있다.'를 통하여 포스트휴먼이 인간의 현재 상태를 뛰어넘는 능력을 가진 존재일 것으로 예측되지만 형태는 다양할 것임을 추론할 수 있다.

④ 1문단의 '스웨덴 출신의 철학자 보스트롬은 건강 수명, 인지, 감정이라는 ~ 포스트휴먼으로 부르자고 제안하였다.'를 통해 포스트휴먼은 건강 수명, 인지 능력, 감정 등의 측면에서 현재의 인간보다 뛰어나 인간에 대한 새로운 개념이 구성될 수 있을 것임을 추론할 수 있다.

12 난도 ★★★　　　　　　　　　　　　　　　③

'탯줄이 떨어지면서 배의 한가운데에 생긴 자리'를 뜻하는 '배꼽'이 바둑판에서 '바둑판의 한가운데'의 뜻으로 쓰이는 것은 일반적으로 쓰이는 말이 특수한 영역에서 사용되는 경우에 해당한다. 따라서 ③은 ㉢의 사례로 적절하지 않다.

오답 분석 ① '코'는 '포유류의 얼굴 중앙에 튀어나온 부분'을 의미하지만, '아이들의 코 묻은 돈'에서의 '코'는 '콧구멍에서 흘러나오는 액체', 즉 '콧물'이라는 의미를 포함하는 방향으로 변화한 것이다.

② '수세미'는 본래 식물의 이름으로, 과거에 설거지할 때 그릇을 씻는 데 쓰는 물건을 만드는 재료였다. 그러나 이후 '수세미'는 설거지할 때 그릇을 씻는 데 쓰는 물건이라는 의미로 변하였으므로 지시 대상 자체가 바뀐 사례로 볼 수 있다.

④ 과거의 사람들은 전염병인 '천연두'에 대해 심리적인 두려움이 있었기 때문에 이를 대신하여 '손님'이라고 불렀다. 이후 '손님'은 '천연두'를 일상적으로 이르는 말이 되었다.

PLUS+ 단어 의미 변화의 원인

- **언어적 원인**
  - 전염: 특정한 단어와 어울리면서 의미가 변하는 현상이다.
    - 예 결코 우연한 일이 아니었다.
      - → '별로', '결코' 등은 긍정과 부정에 모두 쓰였던 표현이었는데, 부정적 표현과 자주 어울리면서 부정적 표현에만 쓰이게 되었다.
  - 생략: 단어의 일부분이 생략되면서 생략된 부분의 의미가 남은 부분에 감염되는 현상이다.
    - 예 아침을 먹었다.
      - → '밥'이 생략되어도 '아침'이 '아침밥'의 의미를 갖는다. '머리(머리카락)', '코(콧물)'도 같은 예이다.
  - 민간 어원: 민간에 전해오는 이야기에 의해 의미가 변하는 현상이다.
    - 예 행주치마
      - → 원래는 '행자승이 걸치는 치마'라는 뜻으로 행주산성과 전혀 관련이 없었으나, 행주산성 이야기의 영향을 받아 '행주산성의 치마'라는 의미로 쓰이게 되었다.
- **역사적 원인**
  - 지시물의 변화
    - 예 바가지
      - → 원래는 '박을 두 쪽으로 쪼개 만든 그릇'을 의미했으나, '나무, 플라스틱 등으로 만든 그릇'을 지칭하는 말로 바뀌었다.
  - 지시물에 대한 정서적 태도의 변화
    - 예 나일론
      - → 원래는 질기고 강하고 좋은 의미로 쓰였지만, 새롭고 좋은 소재들이 나오면서 나일론은 좋지 않은 부정적인 의미로 바뀌었다. 이러한 변화로 '나일론 환자'는 '가짜 환자'라는 뜻으로 사용된다.
  - 지시물에 대한 지식의 변화
    - 예 해가 뜨고 진다.
      - → 원래는 '지구를 중심으로 해가 돈다.'는 생각에서 나온 표현이었지만, 과학 지식의 발달로 지금은 '지구가 돈다.'라는 의미로 사용된다.
- **심리적 원인(금기에 의한 변화)**
  - 예 손님(홍역), 마마(천연두), 산신령(호랑이), 돌아가시다(죽다)

---

13 난도 ★★☆　　　　　　　　　　　　　　③

제시된 글은 언어와 사고가 서로 깊은 관계를 맺고 상호 작용을 한다는 점을 설명하고 있다. 하지만 어떤 사물의 개념이 머릿속에서 맴도는데도 그 명칭을 떠올리지 못하는 것은 언어와 사고가 상호작용을 하는 사례로 보기 어렵다.

오답 분석 ① 쌀을 주식으로 삼는 우리나라 문화권에서 '쌀'과 관련된 단어가 구체화되어 '모', '벼', '쌀', '밥' 등으로 다양하게 표현되고 있다는 것은 사회와 문화가 언어의 분화·발전에 영향을 준다는 것을 의미한다. 따라서 언어와 사고가 상호작용을 하는 사례로 볼 수 있다.

② '산', '물', '보행 신호의 녹색등'의 실제 색은 다르지만 모두 '파랗다'라고 표현하는 것은 색에 대해 범주화된 사고가 언어로 나타난다는 것을 의미한다. 따라서 언어와 사고가 상호작용을 하는 사례로 볼 수 있다.

④ 우리나라는 수박을 '박'의 일종으로 인식하여 '수박'이라고 부르지만, 어떤 나라는 '멜론(melon)'과 유사한 것으로 인식하여 'watermelon'이라고 부른다. 이는 인간의 사고가 언어에 반영된다는 것을 보여주는 사례이다.

---

14 난도 ★★★　　　　　　　　　　　　　　②

'말미'는 일정한 직업이나 일 따위에 매인 사람이 다른 일로 말미암아 얻는 겨를을 의미하고, '휴가(休暇)'는 직장·학교·군대 따위의 단체에서, 일정한 기간 동안 쉬는 일 또는 그런 겨를을 의미한다. '말미'와 '휴가'는 유의어로 두 단어 모두 공존하여 쓰이므로, '말미'는 쓰이지 않고 '휴가'만 쓰인다는 설명은 적절하지 않다.

오답 분석 ① '가을걷이'는 가을에 익은 곡식을 거두어들임을 뜻하는 말로, '추수(秋收)'와 동의어이다. '가을걷이'와 '추수'는 동의어로 공존하면서 경쟁하는 어휘로, 제시된 글의 내용을 뒷받침하는 예로 적절하다.

③ '얼굴'은 몸 전체 혹은 형상을 뜻하다가 '안면'의 뜻으로 의미가 축소된 말로, 제시된 글의 내용을 뒷받침하는 예로 적절하다.

④ '겨레'는 본래 성이 같은 친척들을 가리키는 말이었지만, 뜻이 확대되어 '민족'을 가리키는 말이 되었으므로, 제시된 글의 내용을 뒷받침하는 예로 적절하다.

---

15 난도 ★★☆　　　　　　　　　　　　　　①

㉠ 1문단의 '망막의 앞쪽에 초점을 맺게 되면 망막에는 초점이 맞지 않는 상이 맺힘으로써 먼 곳의 물체가 흐리게 보인다. 이것을 근시라고 한다.'를 통해 근시인 눈에서는 망막의 앞쪽에 초점이 맺힘을 확인할 수 있으므로 ㉠에 들어갈 말은 '앞쪽'이 적절하다.

㉡ 2문단의 '망막의 ㉠(앞쪽)에 맺혔던 초점이 ㉡으로 이동하여 망막에 초점이 맺혀 흐리게 보이던 물체가 선명하게 보인다.'를 통해 물체가 선명하게 보이기 위해서는 망막의 앞쪽에 맺혔던 초점이 뒤로 이동해야 함을 확인할 수 있으므로 ㉡에 들어갈 말은 '뒤쪽'이 적절하다.

© 1문단의 '망막의 앞쪽에 초점을 맺게 되면 망막에는 초점이 맞지 않는 상이 맺힘으로써 먼 곳의 물체가 흐리게 보인다. 이것을 근시라고 한다.'를 통해 근시인 눈에서는 망막의 앞쪽에 초점이 맺힘을 확인할 수 있고, 이를 통해 근시의 정도가 심하면 심할수록 초점이 망막으로부터 앞쪽으로 멀어진다고 볼 수 있으므로 ©에 들어갈 말은 '앞쪽'이 적절하다.

16 난도 ★☆☆   ②

제시된 글에 따르면 개미사회는 철저한 분업제도로 이루어진다고 하였다. '자신의 유전자를 보다 많이 후세에 남기고자 하는 것이 궁극적인 삶의 의미라는 진화학적 관점에서 볼 때'라는 부분과 '자기 스스로 자식을 낳아 키우기를 포기하고 평생토록 여왕을 보좌하는 일개미들의 행동'이라는 부분을 통해, 여왕개미가 평생 오로지 알을 낳는 일에만 전념할 수 있도록 일개미들은 번식에 필요한 모든 제반 업무를 담당한다는 것을 알 수 있다. 따라서 빈칸에 들어갈 단어로는 '붇고 늘어서 많이 퍼짐'이라는 뜻을 가진 '번식(繁殖)'이 가장 적절하다.

17 난도 ★★☆   ④

제시된 글에서는 국보 문화재를 '우리 민족의 성력(誠力)과 정혼(精魂)의 결정으로 그 우수한 질과 희귀한 양에서 무비(無比)의 보(寶)가 된 자'이자 '민족의 힘의 원천'이라고 설명하고 있으며, ㉠의 뒷부분인 '국보 문화재가 얼마나 힘 있는가를 밝힌 예증이 된다.'를 볼 때 ㉠에는 이런 존귀한 국보 문화재가 얼마나 힘이 있는지 드러내는 말이 들어가야 한다. 따라서 ㉠에는 영국에서 당대 최고의 작가였던 셰익스피어를 다른 무엇과도 바꾸지 않겠다는 것을 의미하는 '그 무엇을 내놓는다고 해도 셰익스피어와는 바꾸지 않는다'라는 문장이 들어가는 것이 가장 적절하다.

[오답분석] ① 구르는 돌에는 이끼가 끼지 않는다: 부지런하고 꾸준히 노력하는 사람은 침체되지 않고 계속 발전한다는 말
② 지식은 나눌 수 있지만 지혜는 나눌 수 없다: 쉽게 전달되는 지식과는 다르게 스스로 터득해야 하는 지혜의 중요성을 강조하는 말
③ 사람은 겪어 보아야 알고 물은 건너 보아야 안다: 사람의 마음이란 겉으로 언뜻 보아서는 알 수 없으며 함께 오랫동안 지내보아야 알 수 있음을 이르는 말

18 난도 ★★☆   ④

온돌을 통한 전통적인 난방 방식은 '방바닥에 깔려 있는 돌이 열기로 인해 뜨거워지고, 뜨거워진 돌의 열기로 방바닥이 뜨거워지면 방 전체에 복사열이 전달되는 방법'이다. 반면 벽난로를 통한 서양식 난방 방식은 '복사열을 이용하여 상체와 위쪽 공기를 데우는 방식'이다. (가)에 들어갈 말은 벽난로를 통한 서양식 난방 방식에서 바닥 바로 위 공기까지 따뜻해지지 않는 이유이므로, 상체와 위쪽의 따뜻한 공기는 대류 현상으로 차가운 바닥까지 내려오지 않는다는 내용이 들어가는 것이 가장 적절하다.

[오답분석] ① 벽난로를 통한 난방 방식은 복사열을 이용해 상체와 위쪽 공기를 데우는 방식이며, 대류 현상으로 바닥 바로 위 공기까지는 따뜻해지지 않으므로 방바닥의 따뜻한 공기가 위로 올라간다는 것은 틀린 내용이다.
② 벽난로에 의한 난방은 복사열을 이용하여 상체와 위쪽 공기만 데우는 방식이므로, 바닥쪽 공기가 열을 받아 따뜻하게 데워져서 위로 올라가고, 차가워지면 다시 바닥으로 내려와 데워지는 대류 현상은 일어나지 않는다.
③ 찬 공기와 따뜻한 공기가 순환하는 대류 현상을 이용한 난방 방식은 방 전체가 따뜻해지므로, 상체와 위쪽의 공기만 따뜻하게 한다는 내용은 잘못된 것이다.

19 난도 ★★☆   ②

1문단의 '스마트폰이 그 진화의 한계에 봉착한 듯하다.', '스마트폰 생산량의 수위를 지켜 왔던 기업들의 호시절도 끝난 분위기다.'와 2문단의 '하지만 이들이라고 영속 불멸하지는 않을 것이다.'로 미루어 ㉠에는 영원한 성공은 없다는 내용이 들어가야 한다. 따라서 '권세는 십 년을 가지 못한다는 뜻으로, 아무리 높은 권세라도 오래가지 못함을 이르는 말'인 권불십년(權不十年: 권세 권, 아닐 불, 열 십, 해 년)이 들어가는 것이 적절하다.

[오답분석] ① 절치부심(切齒腐心: 끊을 절, 이 치, 썩을 부, 마음 심): 몹시 분하여 이를 갈며 속을 썩임
③ 아전인수(我田引水: 나 아, 밭 전, 끌 인, 물 수): 자기 논에 물 대기라는 뜻으로, 자기에게만 이롭게 되도록 생각하거나 행동함을 이르는 말
④ 내우외환(內憂外患: 안 내, 근심 우, 바깥 외, 근심 환): 나라 안팎의 여러 가지 어려움

20 난도 ★☆☆   ③

제시된 글은 '경상 지역 방언을 쓰는 사람들'과 '평안도 및 전라도와 경상도 일부'에서 구별하지 못하는 특정 발음에 대하여 말하고 있다. 경상 지역에서는 'ㅓ'와 'ㅡ'를 구별하지 못하고, 평안도 및 전라도와 경상도 일부에서는 'ㅗ'와 'ㅓ'를 분별하지 못하며, 평안도 사람들의 'ㅈ' 발음은 다른 지역의 'ㄷ' 발음과 매우 비슷하다는 등 지역에 따라 특정 모음과 자음 소리가 구별되지 않는다는 것이다. 따라서 ㉠에 들어갈 주장으로는 '우리말에는 지역에 따라 구별되지 않는 소리가 있다.'가 적절하다.

[오답분석] ① 지역마다 다양한 소리가 있다는 것이 올바른 주장이 되려면 각 지역의 다양한 소리(또는 특징적인 소리)가 제시되어야 하는데, 특정 발음을 발음하지 못한다는 것 외에 다른 예시는 찾아볼 수 없으므로 ㉠에 들어갈 주장으로는 적절하지 않다.
② 제시된 글에서 말하는 내용은 특정 단어, 특정 음운을 발음하지 못하는 지역이 있다는 것이다. 이는 지역마다 다른 표준 발음법이 있다는 설명이 아니므로 ㉠에 들어갈 주장으로는 적절하지 않다.

④ 제시된 글에서 자음보다 모음을 변별하지 못하는 지역이 더 많다는 내용을 찾아볼 수 없고, 일부 지역에서 소리를 구별하여 듣지 못하는 사례를 제시했을 뿐이므로 ㉠에 들어갈 주장으로는 적절하지 않다.

21 난도 ★★☆
④

㉠ 문맥상 '풍자'와 '해학'의 성격을 포괄하는 단어인 '골계(滑稽)'가 들어가는 것이 적절하다. '골계'는 익살을 부리는 가운데 어떤 교훈을 주는 일을 의미한다.

㉡ '있어야 할 것으로 행세해 온 관념을 부정'하고, '있어야 할 것을 깨뜨리는 것에 관심을 집중'한다는 의미를 포함하는 '풍자(諷刺)'가 들어가는 것이 적절하다. '풍자'는 문학 작품에서 현실의 부정적 현상이나 모순 등을 빗대어 비웃으면서 쓰는 것을 의미한다.

㉢ '현실적인 삶인 있는 것을 그대로 긍정'하고, '있는 것이 지닌 긍정에 관심을 집중'한다는 의미를 포함하는 '해학(諧謔)'이 들어가는 것이 적절하다. '해학'은 익살스럽고도 품위가 있는 말이나 행동을 의미한다.

PLUS+ 문학의 미적 범주

• 숭고미
  – 도달할 수 없는 높은 경지, 초월적 가치를 추구할 때 느껴지는 아름다움
  – 숭고미를 담아내는 작품은 주로 경건하고 엄숙한 분위기를 나타냄
  – 종교적이거나 이상적인 삶, 현실의 극복 등의 주제 의식을 지니는 작품에서 나타남
• 우아미
  – 조화롭고 균형을 갖춘 대상에서 느껴지는 아름다움
  – 있는 것과 있어야 할 것의 융합, 즉 현실과 이상이 일치하는 상황에서 드러남
  – 물아일체의 경지나 고전적인 멋이 드러나는 작품에서 나타남
• 비장미
  – 비극적인 현실로 인해 슬픔이 극에 달한 상태 혹은 한(恨)의 정서가 표출될 때 나타나는 아름다움
  – 현실과 이상이 조화를 이루지 못하고 어긋나는 상황에서 드러남
  – 이별이나 슬픔 등의 정서를 다룬 작품에서 나타남
• 골계미
  – 풍자나 해학을 통해 우스꽝스러운 상황이나 인간상을 표현하는 미의식
  – 주로 현실의 부조리나 부정적인 대상을 비판하거나 희화화하는 과정에서 웃음을 자아냄
  – 조선 후기 평민 문학에서 많이 나타남

22 난도 ★★☆
③

㉠의 앞 문장에서는 진화가 인간에게도 영향을 끼쳤다고 하는 골턴의 주장을 제시하고 있으며, 뒤 문장에서는 골턴이 빅토리아 시대적 편견을 가지고 있었기 때문에 그의 주장에 한계가 있다는 것을

제시하고 있다. 따라서 ㉠에는 역접의 접속 부사인 '그러나' 혹은 '그런데'가 들어가는 것이 적절하다.

㉡의 뒤 문장에서는 골턴의 주장이 오늘날 설득력이 떨어진다는 점을 제시하고 있으며, ㉡의 앞 문장에서는 골턴이 빅토리아 시대적 편견을 가지고 있었다는 한계를 지적하며 그 이유를 설명하고 있으므로 ㉡에는 '따라서'가 들어가는 것이 적절하다.

23 난도 ★★☆
③

㉠에는 앞의 내용과 뒤의 내용이 상반될 때 쓰는 접속 부사인 '그러나'가 들어가는 것이 적절하다. 따라서 '역접'의 기능을 한다는 설명은 적절하다.

[오답 분석] ① ㉠에는 반대되는 내용을 나타내는 '역접'의 기능을 하는 접속 부사가 들어가야 하므로, 조건, 이유에 대한 결과를 나타내는 '순접' 기능을 한다는 설명은 적절하지 않다.

② ㉡에는 앞에서 말한 일이 뒤에서 말한 일의 근거가 됨을 나타내는 접속 부사인 '따라서'가 들어가야 하므로, 대등한 자격으로 이어지는 '요약' 기능을 한다는 설명은 적절하지 않다.

④ ㉡에는 앞에서 말한 일이 뒤에서 말한 일의 근거가 됨을 나타내는 접속 부사인 '따라서'가 들어가야 하므로, 다른 내용을 도입하는 '전환' 기능을 한다는 설명은 적절하지 않다.

24 난도 ★★☆
①

(가) 앞부분에는 양반 중의 양반인 '정철, 윤선도, 이황'이 우리말로 시조나 가사를 썼다고 하였고, 뒷부분에는 '이것을 보면 양반들도 한글 쓰는 것을 즐겨 했다는 것을 부정할 수 없다.'라고 하였다. 따라서 두 내용을 연결하는 전환의 접속어 '그런데'가 와야 한다.

(나) 앞부분에는 '양반들도 한글 쓰는 것을 즐겨 했다.'라는 내용이 오고, 뒷부분에는 '허균이나 김만중은 한글로 소설까지 쓰지 않았던가.'라고 하며 앞 내용을 보강하는 내용이 나온다. 따라서 첨가 · 보충의 접속어인 '게다가'나 '더구나'가 오는 것이 적절하다.

(다) 앞부분에서는 '허균이나 김만중은 한글로 소설까지 썼다.'라고 하였고, 뒷부분에서는 앞 내용과 반전되는 '이들이 특별한 취향을 가진 소수의 양반이었다면 이야기가 달라진다.'라는 내용이 나온다. 따라서 역접의 접속어인 '그렇지만'이나 '하지만'이 나와야 한다.

(라) 앞부분을 보면 '대다수 양반들은 한문을 썼기 때문에 한글을 모를 수도 있기 때문이다.'라고 하였으나, 뒷부분에는 '양반 대부분이 한글을 이해하지 못하는 상황이었다면 정철도 이황도 윤선도도 한글로는 작품을 쓰지 않았을 것'이라 하여 앞 내용과는 반대의 내용이 나온다. 따라서 (라)에는 역접의 접속어인 '그러나' 혹은 '하지만'이 들어가야 한다

- 개념: 앞의 체언이나 문장의 뜻을 뒤의 체언이나 문장에 이어 주면서 뒤의 말을 꾸며 주는 부사
- 종류

그러나	앞의 내용과 뒤의 내용이 상반될 때 쓰는 접속 부사 예 아내는 조용히 그러나 단호하게 말했다.
그리고	단어, 구, 절, 문장 따위를 병렬적으로 연결할 때 쓰는 접속 부사 예 초등학교, 중학교, 고등학교 그리고 대학교
그런데	화제를 앞의 내용과 관련시키면서 다른 방향으로 이끌어 나갈 때 쓰는 접속 부사 예 아 그렇군요. 그런데 왜 그때는 말씀을 안 하셨습니까?
	앞의 내용과 상반되는 내용을 이끌 때 쓰는 접속 부사 예 동생은 벌써 숙제를 하고 나갔어요. 그런데 저는 아직 숙제를 못했어요.
그래서	앞의 내용이 뒤의 내용의 원인이나 근거, 조건 따위가 될 때 쓰는 접속 부사 예 어제는 많이 아팠어요. 그래서 결석했어요.
그러므로	앞의 내용이 뒤의 내용의 이유나 원인, 근거가 될 때 쓰는 접속 부사 예 나는 생각한다. 그러므로 존재한다.
따라서	앞에서 말한 일이 뒤에서 말할 일의 원인, 이유, 근거가 됨을 나타내는 접속 부사 예 원윳값이 많이 올랐다. 따라서 국내 기름값도 조만간 오를 것이다.
하지만	서로 일치하지 아니하거나 상반되는 사실을 나타내는 두 문장을 이어 줄 때 쓰는 접속 부사 예 아버지가 무엇을 원하는지 명백했다. 하지만 나는 얼른 대답하지 못했다.

25 난도 ★★☆　　　　　　　　　　　③

※ 앞부분의 ㉠을 ㉠-1로, 뒷부분의 ㉠을 ㉠-2로 표기함
㉠-1의 앞에서 격분의 물결은 공적 논의를 위해 필수적인 안정성, 항상성, 연속성을 찾아볼 수 없다고 제시하였고, ㉠-1의 뒤에서는 격분의 물결은 안정적인 논의의 맥락 속에 통합되지 못한다고 제시하였다. ㉠-2의 앞에서 격분 속에서는 사회 전체에 대한 염려의 구조가 아닌 자신에 대한 염려일 뿐이라고 제시하였고, ㉠-2의 뒤에서는 그러한 염려는 금세 모래알처럼 흩어져 버릴 것이라고 제시하였다. 따라서 ㉠-1과 ㉠-2의 맥락을 고려할 때, ㉠에 들어갈 접속 부사로는 앞에서 말한 일이 뒤에서 말할 일의 원인, 이유, 근거가 됨을 나타내는 접속 부사인 '따라서'가 적절하다.

4 글의 흐름 파악하기

문제편 p. 114

01	02	03	04	05	06	07	08	09	10
②	②	③	③	②	③	③	②	④	④
11	12	13	14	15	16	17	18	19	20
①	③	④	③	③	③	①	④	②	④
21	22	23	24						
①	①	③	①						

01 난도 ★★☆ ②

'유추'란 생소하거나 복잡한 개념을 친숙하거나 단순한 개념과 비교하여 설명하는 방식이다. 제시된 글에서는 '유추'의 설명 방식이 쓰이지 않았다.

오답 분석 ① '정의'란 어떤 대상이나 사물의 범위를 규정짓거나 그 사물의 본질을 진술하는 방식으로, 2문단에서 '관객이나 시청자가 읽을 수 있도록 화면에 보여 주는 글자'라는 자막의 개념을 제시하였으므로 '정의'의 설명 방식이 사용되었음을 확인할 수 있다.

③ '예시'란 어떤 대상을 쉽게 이해하도록 구체적인 예를 들어 설명하는 방식으로, 1문단에서 텔레비전에서 쓰이는 여러 종류의 자막을 제시하고 있으므로 '예시'의 설명 방식이 사용되었음을 확인할 수 있다.

④ '대조'란 둘 이상의 대상 간에 상대적인 성질이나 차이점을 중심으로 설명하는 방법으로, 2문단에서 텔레비전 자막과 영화의 자막의 차이점을 제시하고 있으므로 '대조'의 설명 방식이 사용되었음을 확인할 수 있다.

PLUS+ 글의 설명 방식

서사	어떤 대상이나 사건을 시간의 흐름에 따라 설명하는 서술 방법
과정	어떤 상태나 결과를 가져오는 일련의 절차나 순서 등에 초점을 두고 서술하는 방법
인과	어떤 결과를 가져오게 한 영향이나 힘에 초점을 두고 서술하는 방법
정의	어떤 대상이나 사물의 범위를 규정짓거나 그 사물의 본질을 진술하는 방법
비교	둘 이상의 대상 간에 공통되는 성질이나 유사성을 중심으로 설명하는 방법
대조	둘 이상의 대상 간에 상대적인 성질이나 차이점을 중심으로 설명하는 방법
분류	유사한 특성을 지닌 대상들을 일정한 기준으로 묶어서 설명하는 방법
분석	대상을 구성 요소나 부분으로 나누어서 설명하는 방법
예시	어떤 대상을 쉽게 이해하도록 구체적인 예를 들어 설명하는 방법
유추	생소하거나 복잡한 개념을 친숙하거나 단순한 개념과 비교하여 설명하는 방법
묘사	대상의 형태, 감촉, 향기, 소리 등을 있는 그대로 그림을 그리듯이 서술하는 방법

02 난도 ★☆☆ ②

'빛 공해란 인공조명의 과도한 빛이나 조명 영역 밖으로 누출되는 빛이'에서 빛 공해의 주요 요인이 인공조명의 과도한 빛이라는 사실을 제시하고 있지만, 인공조명의 누출 원인을 제시하는 부분은 찾을 수 없다.

오답 분석 ① '빛 공해란 인공조명의 과도한 빛이나 조명 영역 밖으로 누출되는 빛이 인간의 건강하고 쾌적한 생활을 방해하거나 환경에 피해를 주는 상태를 말한다.'에서 빛 공해의 정의를 제시하고 있다.

③ "국제 과학 저널인 『사이언스 어드밴스』의 '전 세계 빛 공해 지도'에 따르면, 우리나라는 빛 공해가 심각한 국가이다."에서 자료를 인용하여 우리나라가 빛 공해가 심각한 국가임을 제시하고 있다.

④ '빛 공해는 멜라토닌 부족을 초래해 인간에게 수면 부족과 면역력 저하 등의 문제를 유발하고, 농작물의 생산량 저하, 생태계 교란 등의 문제를 일으킨다.'에서 사례를 들어 빛 공해의 악영향을 제시하고 있다.

03 난도 ★★☆ ③

〈보기〉의 '인간은 인간을 속이지만 동물은 인간을 속이지 않는다는 것을 알고 인간에게 실망한 사람들이 동물에게 더 많은 애정을 보인다.'에서 동일 범주에 속한 대상의 차이를 들어 설명하는 '대조'를 사용하고 있음을 알 수 있다. 선지에서도 세균은 먹이가 있는 곳이라면 어디에서라도 증식할 수 있지만, 바이러스는 생명체를 숙주로 삼아야만 번식을 한다는 차이점을 들어 설명하고 있으므로 '대조'의 방식을 사용하였다.

[오답 분석] ① 좋은 교육을 가능하게 하는 요소들과 맛있는 음식을 만들기 위한 요소들을 비교하면서 설명하고 있다. 따라서 같은 종류의 것 또는 비슷한 것에 기초하여 다른 사물을 미루어 추측하는 '유추'의 방식을 사용하였다.
② 기호의 의미를 설명하고 기호에 속하는 것들의 사례를 제시하고 있다. 따라서 어떤 말이나 사물의 뜻을 명백히 밝혀 규정하는 '정의'의 방식과 구체적인 사례를 들어 설명하는 '예시'의 방식을 사용하였다.
④ 고사리와 고비 등을 양치식물로 묶어서 설명하는, '분류'의 방식을 사용하였다.

04 난도 ★★★ ③

제시된 글에서는 '문학이 구축하는 세계는 실제 생활과는 다르다.'라는 것을 건축가가 집을 짓는 과정에 빗대어 표현하였다. 즉, '유추'의 설명 방식이 사용된 것으로, 유추는 생소한 개념이나 복잡한 주제를 친숙한 개념 또는 단순한 주제와 비교하여 설명하는 방식을 말한다. ③에 제시된 글은 '목적을 지닌 인생은 의미 있다.'라는 내용을 목적을 갖고 뛰어야 완주가 가능한 마라톤에 빗대어 설명한 것으로, 역시 '유추'의 방식을 사용하였다.

[오답 분석] ① 르네상스 시대 화가들과 인상주의 화가들의 그림을 견주어 공통점을 중심으로 설명한 '비교'의 방식을 사용하였다.
② 소설의 구성 요소를 '인물', '배경', '사건'으로 나누어 설명한 '분석'의 방식을 사용하였다.
④ 신라의 육두품 출신 중 학문적으로 출중한 사람들을 예를 들어 설명한 '예시'의 방식을 사용하였다.

05 난도 ★☆☆ ②

제시된 글의 '자연은 모든 생성의 원천이자 젖줄이다.', '자연은 생명 그 자체의 활기, 존재 자체의 아름다움의 표상이다.' 등을 통해 글쓴이는 모든 현상을 자연의 산물로 생각하고 있음을 확인할 수 있다. 따라서 글쓴이의 성격으로는 '자연주의자'가 적절하다.

[오답 분석] ① '낭만주의'란 꿈이나 공상의 세계를 동경하고 감상적인 정서를 중시하는 창작 태도를 의미한다.
③ '신비주의'란 우주를 움직이는 신비스러운 힘의 감지자인 신이나 존재의 궁극 원인과의 합일은 합리적 추론이나 정하여진 교리 및 의식의 실천을 통하여서는 이루어질 수 없고 초이성적 명상이나 비의(祕儀)를 통하여서만 가능하다고 보는 종교나 사상을 의미한다.

④ '실용주의'란 19세기 후반 이후 미국을 중심으로, 실제 결과가 진리를 판단하는 기준이라고 주장하는 철학 사상을 의미한다. 행동을 중시하며, 사고나 관념의 진리성은 실험적인 검증을 통하여 객관적으로 타당한 것이어야 한다는 주장이다.

06 난도 ★☆☆ ③

제시된 글의 중심내용은 인간이 자연을 본받고 감사와 보존의 대상으로 여겨야 한다는 것이며, 이러한 내용은 글의 마지막에 제시되었다. 따라서 제시된 글의 구성 방식은 문단이나 글의 끝부분에 중심내용이 오는 미괄식이다.

[오답 분석] ① '두괄식'이란 글의 첫머리에 중심내용이 오는 산문 구성 방식으로, 제시된 글에서는 사용되지 않았다.
② '양괄식'이란 글의 중심 내용이 앞부분과 끝부분에 반복하여 나타나는 문장 구성 방식으로, 제시된 글에서는 사용되지 않았다.
④ '중괄식'이란 글의 중간 부분에 중심 내용이 오는 산문 구성 방식으로, 제시된 글에서는 사용되지 않았다.

PLUS+	글의 구성 방식
두괄식 구성	• 글의 머리 부분에 중심 내용이 제시된 후 뒷받침 문장이 이어지는 구성이다. • 구조: 중심문장+뒷받침 문장+⋯+뒷받침 문장
미괄식 구성	• 글이나 문단의 끝부분에 중심내용이 오는 구성이다. • 앞서 제시된 내용을 근거로 하여 마지막에 핵심내용을 제시하는 경우가 많다. • 구조: 뒷받침 문장+⋯+뒷받침 문장+중심문장
양괄식 구성	• 중심내용이 글의 첫 부분과 마지막 부분에 제시되는 구성이다. • 일단 주제를 제시한 후 이에 대한 근거나 부연 설명이 이어지고, 마지막에 이러한 내용을 정리하여 다시 한 번 중심 내용을 제시한다. • 구조: 중심문장+뒷받침 문장+⋯+뒷받침 문장+중심문장
무괄식 구성	• 글의 어느 한 부분에 주제가 제시되는 것이 아니라 주제와 관련된 내용이 전체적으로 나열되어 있는 구성이다. • 병렬식 구성이라고도 부르며, 주제가 표면적으로 명확하게 드러나지 않는다. 따라서 전체적인 내용을 통해 주제를 추론해야 한다. • 구조: 뒷받침 문장+⋯+뒷받침 문장

07 난도 ★★☆ ③

제시된 글의 논증 구조는 '㉠ 도입(화제) – ㉡ 상술 – ㉢ 반론(논점 제시) – ㉣ 상술 – ㉤ 결론'이다. ㉢에서는 ㉠과 ㉡에서 제시한 '동물들도 우리가 사용하는 말 못지않은 의사소통 수단을 가지고 ~ 인간과 다를 바 없이 의사를 교환하고 있는 듯하다.'는 내용에 반론하여, '그러나 그것은 겉모습의 유사성에 지나지 않을 뿐이며 ~ 근본적인 차이가 존재한다.'라고 새로운 논점을 제시하였으므로 ③은 옳은 내용이다.

① ㉠은 논증의 결론이 아니라 화제를 제시한 도입 문장
이자, 글에서 반론하고자 하는 명제이다.
② ㉡은 ㉠의 내용을 자세하게 설명하는 상술 문장이다.
④ ㉣은 ㉢의 근거이며, ㉢과 ㉣은 결론 ㉤의 근거이다.

08 난도 ★★★ ②

1단계: (가)에서 친구가 자전거를 타다가 사고를 당해 머리를 다쳤
다는 이야기를 제시함으로써 주제에 대한 청자의 주의나
관심을 환기하고 있다.

2단계: (다)에서 청자인 '여러분'이 자전거를 타는 경우를 언급함
으로써 자전거 사고 문제를 청자와 관련지어 설명하고 있다.

3단계: (나)에서 헬멧을 착용하면 머리를 보호할 수 있다고 언급함
으로써 문제에 대한 해결 방안을 제시하고 있다.

4단계: (라)에서 헬멧을 착용한다면 신체 피해를 줄일 수 있고, 즐
거움과 편리함을 안전하게 누릴 수 있다고 언급함으로써
해결 방안이 청자에게 어떤 도움이 되는지 구체화하고 있다.

5단계: (마)에서 자전거를 탈 때 반드시 헬멧을 착용해야 한다고
언급함으로써 특정 행동을 요구하고 있다.

따라서 동기화 단계 조직에 따라 순서대로 배열하면 (가) – (다) –
(나) – (라) – (마)이다.

09 난도 ★★☆ ④

• (나)에서는 과거 한반도가 특수한 지정학적 조건으로 인해 국권
을 상실하는 아픔을 겪었다는 글의 화제를 제시하고 있으므로 글
의 도입에 오는 것이 적절하다.

• (라)에서는 '그 아픔'이라는 표현을 사용해 아픔으로 인한 결과와
극복을 논하며 과거에서 현재로 이어지는 내용을 제시하고 있으
므로 한반도의 아픔을 제시한 (나)의 다음에 오는 것이 적절하다.

• (다)에서는 '지금은'이라는 표현으로 현재를 나타내고 있고, 경제
력이 국력을 좌우하는 시대라며 우리나라는 전쟁의 폐허를 극복
하고 세계적인 경제 강국을 건설하고 있다는 내용을 제시하고 있
으므로 과거의 아픔과 새로운 희망을 제시한 (라)의 다음에 오는
것이 적절하다.

• (가)에서는 과거에는 고통을 주었던 한반도의 지정학적 조건이
이제는 희망의 조건이 될 것이라는 미래의 내용을 제시하고 있으
므로 글의 마지막에 오는 것이 적절하다.

따라서 글의 전개 순서로 가장 자연스러운 것은 (나) – (라) – (다)
– (가)이다.

10 난도 ★★☆ ④

제시된 글은 한 사회가 조직되는 근본인 '말과 글'을 잘 다스려 사
회를 유지해야 한다고 주장하는 글이다.

• (마)에서는 사회는 여러 사람의 뜻이 통해야 한다는 화제를 제시
하고 있으므로 글의 처음에 오는 것이 적절하다.

• (다)에서는 뜻이 서로 통하여 번듯한 사회의 모습을 갖추려면 '말

과 글'이 필요하다는 내용을 제시하고 있으므로 (마)의 다음에 오
는 것이 적절하다.

• (나)에서는 '이러므로'라는 접속 표현을 사용하여 사회가 조직되
는 근본이 '말과 글'임을 제시하고 있으므로 (다)의 다음에 오는
것이 적절하다.

• (가)에서는 '이 기관'을 잘 수리하여 다스려야 한다는 내용을 제
시하고 있으므로 '말과 글'을 '기관'에 빗대어 표현한 (나)의 다음
에 오는 것이 적절하다.

• (라)에서는 '기관'을 쓸 수 없는 지경에 이르면 사회가 유지될 수
없다는 내용을 제시하고 있으므로 '기관'을 수리하지 않으면 작
동이 막혀 버릴 것이라고 제시한 (가)의 다음에 오는 것이 적절
하다.

따라서 글의 전개 순서로 가장 자연스러운 것은 (마) – (다) – (나)
– (가) – (라)이다.

11 난도 ★★☆ ①

• (나)에서 '이 중 많은 조치들이 성과를 거두었다.'는 내용을 제시
하고 있으므로, 세계 각국의 정부들이 다양한 환경 보호 조치들
을 취해왔다고 언급한 첫 번째 문단의 다음에 오는 것이 적절
하다.

• (가)에서 '그러나'라는 역접의 접속 표현을 사용하여 규제 노력이
부정적인 측면을 제시하고 있으므로, 규제 노력의 긍정적인 측면
을 언급한 (나)의 다음에 오는 것이 적절하다.

• (다)에서 '예를 들어'라는 접속 표현을 사용하여 대기 오염원을
통제할 때 오히려 대기 오염을 가중시킬 수 있다는 사례를 제시
하고 있으므로, 규제 노력 중 일부는 문제를 오히려 악화시킨다
고 언급한 (가)의 다음에 오는 것이 적절하다.

따라서 (나) → (가) → (다)의 순서로 나열하는 것이 적절하다.

12 난도 ★★☆ ③

• ㉣에서는 '이때'라는 지시어를 통해 앞의 내용을 이어받아 대설
'주의보'의 기준에 대해 설명하고 있다. 제시된 글의 첫 번째 문
장에서 '대설'의 정의를 제시하고 있으므로 대설의 기준에 대해
설명하는 ㉣이 첫 번째 문장의 뒤에 오는 것이 자연스럽다.

• ㉡에서는 병렬의 접속어 '또한' 뒤에 '경보'의 상황을 제시하고 있
으므로 ㉡ 앞에는 '경보'와 유사한 다른 개념, '주의보'가 오는 것
이 자연스럽다. 따라서 ㉣ 뒤에는 ㉡이 위치하는 것이 적절하다.

• ㉢에서는 '다만' 뒤에 '산지'에서는 경보 발령 상황이 다름을 제시
하고 있으므로 ㉢은 ㉡ 뒤에 오는 것이 자연스럽다.

• ㉠에서는 전환의 접속어 '그런데'가 온 뒤, 눈이 얼마나 위험한지
에 대해 제시하고 있으므로 ㉠은 ㉢ 뒤에 오는 것이 자연스럽다.

• ㉤에서는 '이뿐만 아니라' 뒤에 폭설이 미치는 영향에 대해 추가
적으로 설명하고 있으므로 ㉤은 폭설의 위력에 대해 설명한 ㉠
뒤에 오는 것이 자연스럽다.

따라서 전개 순서로 가장 자연스러운 것은 ㉣ – ㉡ – ㉢ – ㉠ –
㉤이다.

13 난도 ★☆☆   ④

(가) 문단에 따르면, ㉠의 확산으로 인해 경성의 거리가 획일적인
풍경으로 바뀌었으며, 뉴욕과 파리와 경성에서 동시에 ㉠하였다.
이를 통해 ㉠에 들어갈 단어로 가장 적절한 것은 '유행(流行)'임을
알 수 있다.

오답분석 ① 성행(盛行): 매우 성하게 유행함
② 편승(便乘): 남이 타고 가는 차편을 얻어 탐 / 세태나 남의 세력
　　을 이용하여 자신의 이익을 거둠을 비유적으로 이르는 말
③ 기승(氣勝): 성미가 억척스럽고 굳세어 좀처럼 굽히지 않음. 또
　　는 그 성미

14 난도 ★★☆   ③

• (가)에서 유행을 주제로 논의를 시작하였고, 이를 (다)에서 이어
　받아 유행의 구체적인 사례인 '파자마'에 대해 예를 들고 있다.
• (다)에서 뉴욕과 경성의 유행 속도가 거의 동시적이었다는 논의
　를 (나)에서 이어받는다. 패션은 근대적 유행에 따라 뉴욕과 동
　일해도 당시 조선은 전근대였으므로 뉴욕과 동일하지 않았다.
• (나)에서 조선이 전근대적 배경을 갖고 있었다는 논의를 (마)에
　서 이어받는다. 조선은 미디어로 인해 근대로 이행해 '속성 세계
　인'으로 변모할 수 있었다.
• (마)에서 언급된 '속성 세계인'이 (라)로 이어지면서 논의가 마무
　리된다. 미디어를 통해 식민지 조선이 규방 밖으로 나와 자본주
　의적 근대를 알게 된 것이다.
따라서 (다) - (나) - (마) - (라)로 배열되는 것이 적절하다.

15 난도 ★☆☆   ③

'침의패션'에 대해 서술하고 있는 (다)에 따르면, 서구에서 시작한
유행이 일본을 거쳐 한국으로 전달되었다고 설명한다. 따라서 침의
패션은 일본이 아니라 서구에서 먼저 시작되었다.

16 난도 ★★☆   ③

• (라)에서는 이상 기온으로 인한 생물체의 피해 사례를 제시하고
　있으므로, 생물체가 이상 기온에 속는 경우가 많다고 언급한 첫
　번째 문단의 다음에 오는 것이 적절하다.
• (가)에서는 '하지만'이라는 접속 표현을 사용하여 이상 기온으로
　인한 생물체의 피해가 얼어 죽는 것뿐만 아니라 다른 위험도 있
　다는 내용을 제시하고 있으므로, 생물체가 이상 기온으로 인해
　얼어 죽기도 한다고 언급한 (라)의 다음에 오는 것이 적절하다.
• (다)에서는 동면에서 깨어날 때 많은 에너지를 소모하게 되면 죽
　을 수도 있다는 사례를 제시하고 있으므로, 동면에서 깨어나는
　것도 에너지 소모가 매우 많다고 언급한 (가)의 다음에 오는 것
　이 적절하다.
• (나)에서는 위험을 피하기 위해 이상 기온에 영향을 받지 않고
　조금 더 정확한 스케줄에 따라 동면에 들어가고 깨어날 필요가
　있다는 내용을 제시하고 있으므로, 이상 기온으로 인해 동면에서

깨어나다가 죽을 수도 있다는 위험을 언급한 (다)의 다음에 오는
것이 적절하다.
따라서 문맥에 맞게 순서대로 나열한 것은 (라) → (가) → (다) →
(나)이다.

17 난도 ★★☆   ①

• ㉠은 1700년대 중반 미국 이주민들의 평균 소득이 영국인들의
　평균 소득을 넘어섰음을 설명하는 문장이고, ㉢은 미국 이주민들
　의 평균 소득이 높아진 배경을 설명하는 문장이다. 따라서 ㉢은
　㉠ 뒤에 오는 것이 적절하다.
• ㉤은 초기 정착기 미국인들이 풍요로울 수 있었던 것은 비옥한
　토지, 천연자원, 노동력 때문이라고 설명하고 있는데, '이처럼'이
　라는 말을 통해 ㉤ 앞에는 '미국인들의 풍요로움'에 대한 설명이
　필요함을 알 수 있다. 따라서 ㉤은 ㉢ 뒤에 오는 것이 적절하다.
• ㉠, ㉢, ㉤의 내용은 초기 정착기인 1700년대 중반에 대해 다루
　고 있으며, ㉣은 ㉠, ㉢, ㉤에서 다룬 급속한 경제 성장기 이후의
　19세기를 설명하고 있다. 따라서 ㉣은 ㉤ 뒤에 오는 것이 적절
　하다.
• ㉣은 대부분의 미국인들은 경제 성장의 이유를 과학적 · 기술적
　대전환, 기업과 정신과 규제가 없는 시장 경제 등으로 생각하는
　데 이는 잘못된 생각이라고 설명하고 있고, ㉡은 '그러한' 분야에
　서 미국이 다른 산업 국가들에 비해 특별한 우위를 갖고 있지 않
　았음을 설명하는 문장이다. ㉡ 앞에는 미국이 특별한 우위를 갖
　고 있지 않은 '그러한 분야'가 어떠한 분야인지에 대한 설명이 필
　요하므로 ㉡은 ㉣ 뒤에 오는 것이 적절하다.
따라서 글의 전개 순서로 가장 자연스러운 것은 ㉠ - ㉢ - ㉤ -
㉣ - ㉡이다.

18 난도 ★★★   ④

• (가)에서는 생명체는 감각으로부터 기억이 생겨나지 않는 생명체
　와 감각으로부터 기억이 생겨나는 생명체로 나뉘며, 후자의 경우
　분별력과 학습력이 더 뛰어나다는 내용이 제시되어 있다. 또한
　선지를 보면 글이 (가)부터 시작하는 것을 알 수 있으므로 그 다
　음부터 글의 전개 순서를 고려해야 한다.
• (라)는 (가)에서 제시한 후자에 해당하는 사례로, 인간을 들어 설
　명하고 있기 때문에 (가) 뒤에 오는 것이 적절하다. 인간의 경우
　기억으로부터 경험이 생겨나고, 이러한 경험의 결과를 통해 학문
　적인 인식과 기술이 생긴다.
• (다)의 '발견된 다양한 기술 가운데'라는 내용을 통해 앞 부분에
　'기술'에 대한 언급이 나와야 하므로 (다)는 (라) 뒤에 오는 것이
　적절함을 알 수 있다.
• (나)의 '앞에서 말했듯'을 통해 앞 내용을 정리하는 부분임을 알
　수 있으므로 마지막에 위치하는 것이 적절하다.
따라서 글의 전개 순서로 가장 자연스러운 것은 (가) - (라) - (다)
- (나)이다.

- (가)에서는 사물을 이쪽에서 보면 모두가 저것, 저쪽에서 보면 모두가 이것이라는 내용을 통해 사물을 보는 시선은 다를 수 있다는 화제를 제시하고 있으므로 글의 도입에 오는 것이 적절하다.
- (나)에서는 '그러므로'라는 접속 표현을 사용하여 사물의 이것과 저것은 혜시(惠施)가 말하는 방생(方生)의 설임을 제시하고 있으므로 (가)의 다음에 오는 것이 적절하다.
- (라)에서는 '그러나'라는 접속 표현을 사용하여 '혜시(惠施)도 말하듯이 삶이 있으면 반드시 죽음이 있고, 죽음이 있다면 반드시 삶이 있다'라는 내용을 제시하고 있으므로 혜시(惠施)에 대해 언급한 (나)의 다음에 오는 것이 적절하다.
- (다)에서는 '성인(聖人)은 이런 상대적인 방법에 의하지 않고, 그것을 절대적인 자연의 조명(照明)에 비추어 본다.'라는 내용을 제시하여 앞에서 언급한 내용과 다른 관점을 전달하고 있으므로 마지막에 오는 것이 적절하다.

따라서 내용의 전개에 따라 바르게 배열한 것은 (가) - (나) - (라) - (다)이다.

20 난도 ★★☆   ④

제시된 문장의 앞에는 신분에 따라 문체를 고착화하는 것을 인정하지 않았다는 구체적인 사례나 진술이 언급되어야 한다. 따라서 '이 낭만주의 시기에 ~ 전통 시학을 거부했다.'라는 문장 뒤에 '신분에 따라 문체를 고착화하는 것을 인정하지 않았던 것이다.'의 문장이 이어지는 것이 자연스러우므로 ㄹ에 들어가는 것이 적절하다.

21 난도 ★☆☆   ①

(가)에서 '문(文)'의 큰 범위의 개념을 제시하고, (나)에서 시대가 변하면서 '문'의 개념 분화되고 축소되었다고 서술하고 있으므로 제시된 문장이 (가)와 (나) 사이에 들어가야 (가)에서 (나)로 변화된 양상이 매끄럽게 이어진다. 또한 (나)~(라) 모두 문학의 범위를 좁게 보는 관점에 대한 내용이므로 (나)의 앞에 제시된 문장이 들어가는 것이 알맞다.

22 난도 ★★☆   ①

(가)는 훈민정음 글자의 원리를 설명하고 있다. 따라서 훈민정음에 대해 소개하고 있는 문장 뒤와 모음의 원리인 천지인을 설명하고 있는 문장의 앞인 ①에 위치하는 것이 가장 적절하다.

23 난도 ★☆☆   ③

㉠의 앞에서는 훈민정음의 장점에 대해 설명하고 있고, 뒤에서는 훈민정음의 장점으로 인해 글을 쉽게 배울 수 있다는 결과를 설명하고 있다. 따라서 앞의 내용이 뒤의 내용의 이유나 원인, 근거가 될 때 쓰는 접속 부사인 '그러므로'가 들어가는 것이 적절하다.

24 난도 ★☆☆   ①

〈보기〉의 핵심은 '기도(신앙)'가 '뉴스'로 바뀌었다는 것이다. '아침기도 → 아침 뉴스', '저녁기도 → 저녁 종합 뉴스'에서 뉴스 타전과 교회의 시간 규범의 관계성을 파악할 수 있다. 따라서 〈보기〉는 '뉴스 타전은 소름이 돋을 정도로 정확하게 교회의 시간 규범을 따른다.'라는 문장의 뒤인 ㉠에 들어가는 것이 가장 적절하다.

인생의 실패는
성공이 얼마나 가까이 있는지도 모르고
포기했을 때 생긴다.

토마스 에디슨

PART 7

화법과 작문
정답 및 해설

문제편 p. 126

01	02	03	04	05	06	07	08	09	10
③	④	②	③	②	②	④	③	②	②
11	12	13	14						
①	④	②	①						

01 난도 ★☆☆ ③

지민이 '하긴 아이스크림 매출 증가에 관한 통계 자료를 인용해서 답변한 전략도 설득력이 있었어.'라고 말한 부분을 통해 상대방의 견해를 존중하고 있음을 확인할 수 있다. 또한 '하지만 초두 효과의 효용성도 크지 않을까 해.'라고 말한 부분을 통해 자신의 의견을 제시하고 있음을 확인할 수 있다. 이러한 지민의 발화에는 공손성의 원리 중 자신의 의견과 다른 사람의 의견 사이의 차이점을 최소화하고, 자신의 의견과 다른 사람의 의견의 일치점을 극대화하는 '동의의 격률'이 사용되었다.

오답분석 ① 지민이 면접 전략 강의에 대한 자신의 의견을 제시하고 있으나, 면접 경험을 예로 들어 정수를 설득하고 있는 것은 아니다.

② 지민이 정수의 약점을 공략하거나 정수의 이견을 반박하는 발화는 확인할 수 없다.

④ 지민이 '맞아. 그중에서도 두괄식으로 답변하라는 첫 번째 내용이 정말 인상적이더라.'라고 말한 부분을 통해 자신의 감정을 표현하고 있음을 확인할 수 있으나, 상대방과의 갈등 해소를 위한 감정 표현이라고 볼 수는 없다.

PLUS+ 공손성의 원리

대화를 할 때 공손하지 않은 표현은 최소화하고, 공손하고 정중한 표현은 최대화한다.

요령의 격률	상대방에게 부담이 되는 표현은 최소화하고, 상대방에게 이익이 되는 표현은 최대화한다.
관용의 격률	자신에게 이익이 되는 표현은 최소화하고, 자신에게 부담이 되는 표현은 최대화한다.
찬동(칭찬)의 격률	상대방을 비난하는 표현은 최소화하고, 상대방을 칭찬하는 표현은 최대화한다.
겸양의 격률	자신을 칭찬하는 표현은 최소화하고, 자신을 낮추거나 자신을 비방하는 표현은 최대화한다.
동의의 격률	상대방의 의견과 불일치하는 표현은 최소화하고, 상대방의 의견과 일치하는 표현은 최대화한다.

02 난도 ★★☆ ④

'을'은 '갑'의 질문에 대해 '그 침대가 크고 매우 우아해서 좋군요.'라고 대답함으로써 상대방의 의견에 동의하고 있음을 확인할 수 있다. 따라서 자신의 의견과 다른 사람의 의견 사이의 차이점을 최소화하고, 자신의 의견과 다른 사람의 의견의 일치점을 극대화하는 '동의의 격률'이 사용되었다.

오답분석 ① '을'이 급히 해야 할 일이 있다며 '갑'의 요청을 거절하는 것은 '동의의 격률'을 지키지 않은 대화이다.

② '을'은 자신의 귀가 어두워서 다시 크게 말씀해 주시기를 요청하고 있다. 따라서 자신에게 이익이 되는 표현은 최소화하고, 자신에게 부담이 되는 표현은 최대화하는 '관용의 격률'이 사용되었다.

③ '갑'과 '을'은 자신이 부족한 사람이라고 하며 둘 다 자신을 낮추고 있다. 따라서 자신을 칭찬하는 표현은 최소화하고, 자신을 낮추거나 자신을 비방하는 표현은 최대화하는 '겸양의 격률'이 사용되었다.

03 난도 ★☆☆ ②

A와 B는 대화 중에 고개를 끄덕이면서 상대방의 말에 공감을 나타냈으므로 이는 적절한 설명이다.

오답분석 ① A는 B에게 내용 요약 방식을 제안한 것이 아니라 '문제가 있지 않을까요?'라며 B의 요약 방식에 문제를 제기하였으므로 이는 적절하지 않다.

③ B는 회의 내용 요약 방식에 대한 A의 문제 제기에 고개를 끄덕이면서 동의하였으므로 이는 적절하지 않다.

④ A는 개조식 요약 방식이 문제가 있다고만 언급하였다. 회의 내용을 과도하게 생략하고 이해에 어려움을 줄 수 있다고 언급한 사람은 B이므로 이는 적절하지 않다.

04 난도 ★☆☆ ③

'네 목소리가 작아서 내용이 잘 안 들렸다.'라고 말하는 것은 화자가 문제를 자신의 탓으로 돌려 말하는 것이 아니라 상대방의 탓으로 돌려 말하는 것이다. 따라서 상대방이 관용을 베풀 수 있도록 문제를 자신의 탓으로 돌려 말하기가 적용되지 않았음을 알 수 있다.

오답분석 ① 상대방의 칭찬에 '아직도 여러모로 부족한 부분이 많습니다.'라고 대답함으로써 자신을 낮추어 겸손하게 말하고 있다. 이처럼 자신을 칭찬하는 표현은 최소화하고, 자신을 낮추거나 자신을 비방하는 표현은 최대화하는 것은 '겸양의 격률'과 관계가 있다.

② 약속에 늦어 미안해하는 A에게 '쇼핑하면서 기다리니 시간 가는 줄 몰랐어요.'라고 함으로써 상대방이 부담을 갖지 않도록 배려하여 말하고 있다. 상대방에게 부담이 되는 표현은 최소화하고, 상대방에게 이익이 되는 표현은 최대화하는 것은 '요령의 격률'과 관계가 있다.

④ 친구의 생일 선물로 귀걸이를 사주자고 하는 A의 제안에 '그거 좋은 생각이네.'라고 상대방의 의견에 동의한 후, '하지만 경희의 취향을 우리가 잘 모르니까 귀걸이 대신 책을 선물하는 게 어떨까?'라고 자신의 의견을 말하고 있다. 상대방의 의견과 불일치하는 표현은 최소화하고, 상대방의 의견과 일치하는 표현은 최대화하는 것은 '동의의 격률'과 관계가 있다.

05 난도 ★☆☆ ②

'이 부장'은 늦어서 죄송하다는 김 대리에게 괜찮다고 말하며, 상대방에게 부담이 되는 표현을 최소화하고 있다. 이는 공손성의 원리 중 '요령의 격률'에 해당한다. '요령의 격률'은 상대방에게 부담이 되는 표현은 최소화하고, 상대방에게 이익이 되는 표현은 최대화하는 것이다.

[오답 분석] ① 자신과 상대방의 의견 차이를 최소화하는 것은 공손성의 원리 중 '동의의 격률'에 해당한다.

③ 화자 자신에게 혜택을 주는 표현을 최소화하는 것은 공손성의 원리 중 '관용의 격률'에 해당한다.

④ 상대방에 대한 비방을 최소화하고 칭찬을 최대화하는 것은 공손성의 원리 중 '칭찬의 격률'에 해당한다.

06 난도 ★★☆ ②

상수의 이야기에 대한 정민의 반응인 '나도 그런 적이 있어.'를 보았을 때, 정민은 자신의 경험을 들어 상수가 스스로 해결점을 찾도록 도와주고 있다. 이는 공감적 듣기의 적극적인 들어주기에 해당한다.

[오답 분석] ① 정민은 상수의 짝꿍과 연관이 없는 제삼자로, 이야기를 듣는 역할을 수행하고 있다. 따라서 정민이 상대의 입장을 고려해 용서함으로써 갈등을 해결한다는 설명은 적절하지 않다.

③ 정민은 이전에 겪은 자신의 경험을 이야기하여 상수에게 도움을 주려고 할 뿐, 상수를 비판하면서 스스로의 장점을 부각하고 있지는 않다.

④ 정민은 '왜? 무슨 일이 있었어?' 등의 말을 하며 상수의 말을 경청하고 있지만, 상수의 말에 대한 타당성을 평가하고 있지는 않다.

07 난도 ★★☆ ④

'공감적 듣기'란 상대방의 입장이 되어서 상대방의 말을 들어 주는 것을 뜻한다. 수빈은 자신의 프레젠테이션 진행에 만족하지 못하는 정아의 입장을 헤아리고, 위로해 주고 있다. 그러나 수빈이 정아의 말을 자신의 처지로 바꾸어 의미를 재구성한 부분은 찾을 수 없다.

[오답 분석] ① 수빈은 '정말?'과 같은 적절한 반응과 '팀장님 질문에 대답을 못했구나.'와 같은 재진술을 통해 정아의 말에 공감을 표시하고 자신이 대화에 집중하고 있음을 표현하고 있다.

② 수빈은 '무슨 일이 있었는지 자세히 말해 봐.'라며 정아가 미처 표현하지 못한 말들을 할 수 있도록 격려하고 있다.

③ 수빈은 '팀장님 질문에 대답을 못했구나. 처음 하는 프레젠테이션이라 정아 씨가 긴장을 많이 했나 보다.'라고 정아의 말을 요약·정리하여 정아 스스로 감정을 정리할 수 있도록 도와주고 있다.

08 난도 ★★☆ ③

대화의 논점은 다정이가 동아리 보고서를 가지고 오지 못해 보고서 제출이 이루어지지 않았다는 것인데, 학생2는 동아리 회장한테 그 책임을 묻고 있다. 즉, 학생2가 대화 맥락을 고려하지 않고, 문제 원인을 제대로 짚어내지 못한 상황에서 끼어들면서 갈등이 생겨나고 있음을 확인할 수 있다.

[오답 분석] ① 교사는 '어서 빨리 다정이한테 연락이나 해 봐. 지금 누구 잘잘못을 따질 상황이 아니야.'라며, 다툼이 커지는 상황을 방지하고 문제를 해결하기 위해 앞장서고 있으므로 교사가 권위적인 태도로 상황을 무마하려 하고 있다는 설명은 적절하지 않다.

② 학생1은 자신의 책임을 면하기 위해 변명하고 있는 것이 아니라 있는 사실을 그대로 말하며 정확한 상황과 정보를 전달하고 있다.

④ 학생3은 '제가 다정이 연락처를 아니까 연락해 볼게요.'라고 말하며 문제를 해결하기 위해 노력하고 있으므로 본질과 관계없는 말을 하여 상황을 무마하려 하고 있다는 설명은 적절하지 않다.

09 난도 ★☆☆ ②

사회자가 최 교수와 정 박사 간의 이견을 조정하여 의사결정을 유도하는 부분은 나타나 있지 않다. 제시된 글에서 사회자는 토의 주제와 발표자, 발표 주제를 청중에게 소개하고, 질의응답을 진행하는 역할을 하고 있다.

[오답 분석] ① '통일 시대의 남북한 언어가 나아갈 길'이라는 학술적인 주제로 최 교수는 '남북한 언어 차이와 의사소통', 정 박사는 '남북한 언어의 동질성 회복 방안'에 대해 발표하는 형식으로 진행되고 있다.

③ 최 교수는 남북한 언어 차이에 대한 연구가 지속되어야 한다는 견해를, 정 박사는 남북한 공통 사전을 만드는 등 서로의 차이를 줄여나가기 위한 노력이 필요하다는 견해를 밝혀 청중에게 정보를 제공하고 있다.

④ 청중 A는 '남북한 언어의 차이와 이를 극복하는 방안을 말씀하셨는데요.'라며 두 발표자의 발표 내용을 확인하고 있다. 또한, '통일 시대에 대비한 언어 정책에는 무엇이 있을까요?'라며 토의 주제인 '통일 시대의 남북한 언어가 나아갈 길'과 관련된 질문을 하고 있다.

> **PLUS+** 토의 과정에서 사회자의 역할
>
> • 토의 참여자들에게 토의 문제를 명확하게 규정해 준다.
> • 토의 사항에 대해 적극적이고 진지하게 의견을 교환하도록 유도한다.
> • 중간 중간 내용을 요약하고 종합하여, 결론을 얻을 수 있도록 토의 방향을 유도한다.
> • 발언 기회를 균등하고 공정하게 배분한다.
> • 토의자들 사이의 갈등과 의견 충돌 등을 조정하고 해결한다.

10 난도 ★★☆ ②

진행자 'A'는 '의료 취약 계층을 위한 의약품 공급 정보망 구축 사업'에 대한 정보를 관계자 'B'의 말을 통해 청자에게 제공하고 있다. 진행자 'A'는 질문하기와 요약하기 등의 방식을 활용하고 있으나, 상대방 대답의 모순점을 찾아 논리적으로 대응하고 있지는 않다.

[오답 분석] ① 진행자 'A'는 관계자 'B'의 말을 듣고 '그렇군요.', '네, 간편해서 좋군요.' 등 상대방의 말을 들었다는 반응을 보인다.

③ 진행자 'A'는 대화의 화제인 '의료 취약 계층을 위한 의약품 공급 정보망 구축 사업'과 관련된 용어의 뜻, 사업 성과의 이유, 사업의 걸림돌, 사업 참여 방법 등에 대해 질문함으로써, 관계자 'B'가 홍보할 수 있는 대답을 유도한다.

④ 진행자 'A'는 관계자 'B'의 답변에 대해 '그러니까 앞으로 이런 문제를 해결하기 위한 제도 정비나 의료 전문가의 지원이 좀 더 필요하다는 말씀인 것 같군요.'라고 대화의 흐름에 맞게 해석하여 상대방의 말을 보충하고 있다.

11 난도 ★☆☆ ①

긍정 평서문인 '유지해야 한다.'로 제시하였고, '징병제도를 유지해야 한다.'라는 찬성 의견과 '징병제도를 폐지해야 한다.'라는 반대 의견의 대립이 분명하게 나타난다. 또한 '징병제도의 유지 여부'라는 하나의 쟁점만 나타나고, 찬성이나 반대 어느 한 편에 유리하게 작용하는 정서적 표현을 사용하지 않았다. 따라서 조건에 가장 잘 맞는 토론 논제는 '징병제도는 유지해야 한다.'이다.

[오답 분석] ② '정보통신망법을 개선할 수는 없다.'는 부정문이므로, '긍정 평서문으로 제시되어야 한다.'라는 조건에 부합하지 않는다.

③ '야만적'이라는 단어는 '미개하여 문화 수준이 낮은 것'을 뜻하며, 두발 제한을 부정적으로 느끼도록 할 수 있다. 따라서 '찬성이나 반대 어느 한 편에 유리하게 작용하는 정서적 표현을 사용해서는 안 된다.'라는 조건에 부합하지 않는다.

④ '내신 제도의 개혁'과 '논술 시험의 개혁'이라는 두 가지 쟁점이 제시되었으므로, '쟁점이 하나여야 한다.'라는 조건에 부합하지 않는다.

12 난도 ★★☆ ④

토론의 논제는 '학교 폭력을 방관한 학생에게도 책임을 물어야 한다.'이다. 반대 측은 '과연 누구까지를 학교 폭력의 방관자라고 규정지을 수 있을까요?'라고 논제에 의문을 제기하여 '폭력을 직접 행사해서 피해를 준 사실이 명백할 때에만 책임을 물어야 한다.'라는 주장을 강화하고 있다.

[오답 분석] ① 찬성 측의 발언에서 친숙한 상황에 빗대어 표현하는 방식은 파악할 수 없다. 오히려 반대 측에서 '집에 가는 길에 우연히 폭력을 목격했을 경우, 자신의 친구로부터 폭력에 관련된 소문을 접했을 경우' 등 친숙한 상황에 빗대어 자신의 견해를 펼치고 있다.

② 찬성 측은 '친구가 학교 폭력에 의해 희생되고 있는데도 자신에게 피해가 올까 두려워 아무런 조치를 취하지 않는 학생들이 많다.'라는 사례를 제시했을 뿐 자신의 경험을 제시한 것은 아니다.

③ 반대 측은 '사건에 대한 개입과 방관은 개인의 자율적 의지에 달린 문제'라는 입장으로, 윤리적 방법으로 해결책을 제시하고 있지 않다. 오히려 윤리적으로 접근하려는 찬성 측의 입장에 반대하여 '어떠한 행위를 처벌하려면 확고한 기준이 필요한데, 방관자의 범위부터 규정하기가 불명확'하다며 현실적 기준을 요구하고 있다.

13 난도 ★☆☆ ②

토론에서 사회자는 기본적으로 토론이 절차에 따라 원만하게 이루어질 수 있도록 진행하는 역할을 한다. 따라서 사회자는 토론자들이 논제를 정확하게 이해하고, 규칙을 잘 지키면서 의견을 제시할 수 있도록 토론의 전반적인 방향과 유의점에 대해 안내한다.

[오답 분석] ① 토론은 논제가 합의된 상황을 전제로 진행되는 것으로, 논제가 타당한지에 대해서는 토론 시작 전 검토해야 한다.

③ 사회자는 의견이나 대안을 제시하는 역할을 하지 않는다. 토론 중간에 쟁점을 명확하게 전달하여 토론자들이 논점에 알맞은 의견을 제시할 수 있도록 하는 것이 사회자의 역할이다.

④ 토론자의 주장과 논거를 비판하는 것은 토론자의 역할이다. 사회자는 토론이 원만하게 진행될 수 있도록 토론자들을 중재하는 역할은 할 수 있으나 토론자의 의견을 비판하는 것은 사회자의 역할로 적절하지 않다.

- 토론이 열리게 된 배경과 토론의 논제를 소개한다.
- 토론자에게 토론 규칙을 알려주어, 규칙을 지키면서 토론할 수 있도록 유도한다.
- 객관적인 입장에서 토론이 원만하게 이루어지도록 공정하게 토론을 진행한다.
- 중간에 토론자의 발표 내용을 요약 · 정리하고, 적절한 질문을 하여 토론의 진행을 돕는다.
- 토론자의 발언이 모호할 경우에는 질문을 하여 그 의미를 명확히 해야 한다.
- 논제의 초점이 흐려지면 논점을 다시 정리해서 토론자들에게 알려준다.
- 의견 대립이 심할 경우 중재를 한다.

14 　난도 ★★☆　　　　　　　　　　　　　①

진행자는 홍 교수의 의견에 더해 문제 해결을 위해 추가적으로 필요한 부분을 제시하며 인터뷰를 마무리하고 있다. 이는 홍 교수의 의견이 합리적이지 않음을 지적하는 것이라 볼 수 없다.

[오답 분석] ② 홍 교수가 전체 교통사고 대비 고령 운전자에 의한 교통사고 비율이 증가하고 있다는 통계를 제시한 것에 대해 진행자는 고령화 사회로 진입하여 고령 운전자의 비율이 늘어난 것이 그 원인이라고 분석하고 있다.

③ 진행자는 고령자 운전면허 자진 반납 제도의 보완책, 제도 시행상의 문제점 등에 대해 묻고 있다.

④ 진행자는 홍 교수가 소개한 '고령 운전자들의 운전면허 자진 반납 제도'에 대하여 고령 운전자에 의한 교통사고가 심각한지, 이를 뒷받침할 만한 자료가 있는지 요구하는 등 제도 시행 배경에 대한 근거를 요구하고 있다.

문제편 p. 132

01	02	03	04	05	06	07	08	09	10
①	②	④	③	④	①	③	②	②	④

11									
②									

01 난도 ★★☆   ①

'게임 업체의 고객 개인 정보 유출로 청소년들에게 성인 광고 문자가 대량으로 발송된 사건'은 '청소년의 인터넷 중독'에 대한 사례가 아닌 '개인 정보 유출로 인한 문제'의 사례에 해당한다.

오답 분석 ② '인터넷에 중독된 청소년의 비율 증가에 관한 통계 자료'는 '청소년 인터넷 중독의 현황'에 대한 근거로서 활용할 수 있으므로 글의 내용으로 포함하기에 적절하다.

③ '인터넷 중독이 야기할 수 있는 부정적 현상들을 열거'하는 것은 '청소년 인터넷 중독의 문제'에 대한 심각성을 환기하여 '청소년 인터넷 중독의 문제 해결에 대한 필요성'으로 논지를 전개할 수 있으므로 글의 내용으로 포함하기에 적절하다.

④ '청소년 대상 인터넷 중독 상담 프로그램에 대한 예산 부족'에 대해 전문가의 의견을 인용하는 것은 '청소년 인터넷 중독의 적극적인 문제 해결에 대한 필요성'으로 논지를 전개할 수 있으므로 글의 내용으로 포함하기에 적절하다.

02 난도 ★★☆   ②

'그 의미를 새삼 돌아보게 됩니다.'라는 표현은 보도 기사의 내용이 사회적으로 중요한 의미가 있어 사건으로 인한 교훈 등을 다시 한번 강조하고 환기할 때 적절한 표현이다. 어느 쪽이 옳다고 말하기 애매한 소식은 '앞으로도 양측의 의견은 팽팽히 대립될 것으로 보입니다.', '논란이 이어지고 있습니다.' 등으로 중립을 지키는 표현을 사용하는 것이 적절하다.

오답 분석 ① 소송이나 다툼에 관한 소식에서 원만히 해결되기를 바란다는 표현은 적절하다.

③ '귀추'는 '일이 되어 가는 형편'을 의미하므로 사건이 터지고 아직 결과가 드러나기 전의 소식에서 귀추가 주목되고 있다는 표현을 쓰는 것은 적절하다.

④ '호사가'는 '남의 일에 특별히 흥미를 가지고 말하기 좋아하는 사람'을 의미하므로 연예 스캔들 소식이 호사가들의 입방아에 오르내리고 있다는 표현은 적절하다.

03 난도 ★★☆   ④

제시된 조건에서 말하는 '대구의 기법'은 유사한 통사 구조의 반복을 뜻하며, '우의적 표현'은 다른 사물에 빗대어 비유적인 뜻을 나타내거나 풍자하는 것을 말한다. ④의 '높은 곳의 구름은 멀리를 바라보고, 낮은 곳의 산은 세심히 보듬는다네.'를 통해 '~은 ~하고, ~은 ~한다'의 반복 구조를 사용하고 있어 대구법이 활용되었음을 알 수 있다. 또한 새들의 대화를 통해 삶에 대한 통찰을 '구름'과 '산'에 빗대어 우의적으로 표현하고 있다.

오답 분석 ① '낙엽의 패배', '봄의 승리' 등을 통해 삶에 대한 통찰을 우의적으로 표현하고 있으나, 대구의 기법은 쓰이지 않았다.

② '비는 주룩주룩 내리고, 토끼는 깡충깡충 뛴다.'에서 대구의 기법이 사용되었으나, 삶의 통찰을 우의적으로 드러내지 않고 '우리의 삶도 자연을 닮는다면 어떨까.'와 같이 직접적으로 표현하였다.

③ 하늘과 소녀의 이야기를 통해 삶의 통찰을 우의적으로 표현하였으나, 대구의 기법은 쓰이지 않았다.

04 난도 ★☆☆   ③

노약자에게 자리를 양보하자는 공중도덕을 지킬 것을 홍보하고, 'A에게 B하는 C'라는 문장 구조가 반복되는 대구의 표현 방식을 활용하고 있다. 또한 '행복의 문'이라는 행위의 긍정적 효과를 비유적으로 표현한 부분을 찾아볼 수 있다. 따라서 제시된 조건 세 가지를 모두 만족시키는 표어는 '노약자에게 양보하는 한 자리 / 당신에게 찾아오는 행복의 문'이다.

오답 분석 ① 대구의 표현 방식과 긍정적 효과의 비유적 표현을 찾아볼 수 없다.

② 긍정적 효과의 비유적 표현을 찾아볼 수 없다.

④ 대구의 표현 방식과 긍정적 효과의 비유적 표현을 찾아볼 수 없다.

05 난도 ★☆☆   ④

서론에서 '최근 수출 실적 부진 현상'이라는 문제점을 제기하고, 본론에서는 '수출 경쟁력에 대한 문제점'을 분석한 후, 가장 마지막 결론에서는 '수출 경쟁력 향상 방안'을 제시하고 있다. '문제 제기 – 문제에 대한 분석 – 해결 방안'이라는 구조의 개요이므로 주제문으로 적절한 것은 '수출 경쟁력을 좌우하는 요인을 분석한 후 그에 맞는 방안을 마련해야 한다.'이다.

[오답분석] ① '수출 분야 산업에 대한 정부의 지원이 부족하다.'라는 내용은 본론의 분석 내용에 나타나지 않는다.

② 내수 시장의 기반 강화는 수출 경쟁력 요인 분석이나 수출 경쟁력 향상과 관련이 없다.

③ '2. 비가격 경쟁력 요인'의 특정 부분만 강조한 것으로 전체 내용을 포괄하는 주제가 될 수 없다.

06 난도 ★★☆ ①

'꼽혀지다'는 '꼽다'의 어간 '꼽-'에 피동 접미사 '-히-'와 통사적 피동 표현인 '-어지다'를 결합한 것으로 불필요한 이중 피동 표현인 것은 맞다. 그러나 '현재 리셋 증후군이 인터넷 중독의 한 유형으로 꼽혀지고 있다.'에서 문장의 주어는 '리셋 증후군'이므로, 서술어에는 피동 표현을 능동 표현으로 바꾼 '꼽고 있다'가 아니라 피동 표현을 사용하되 이중 피동을 해소한 '꼽히고 있다'로 수정하여야 한다. 따라서 '꼽혀지고'를 '꼽고'로 수정하는 것은 적절하지 않다.

[오답분석] ② ㉡은 '리셋 증후군'이라는 말이 언제부터 쓰이기 시작하였는지를 설명하고 있고, ㉡ 앞의 문장은 '리셋 증후군 환자들의 증상'에 대해 설명하고 있다. 따라서 ㉡을 첫 번째 문장 뒤로 옮겨 '리셋 증후군'이라는 말이 언제부터 쓰이기 시작하였는지를 설명한 뒤 '리셋 증후군 환자들의 증상'을 설명하는 것은 글의 흐름상 적절하다.

③ '막다른 골목'은 '더는 어떻게 할 수 없는 절박한 경우를 비유적으로 이르는 말'이고, '칼로 무를 자르듯'은 '깊은 고민 없이, 쉽게'를 의미한다. ㉢이 포함된 문장은 '마음에 들지 않는 사람이 있으면 '깊은 고민 없이, 쉽게' 관계를 끊는다는 의미이므로 '막다른 골목'을 '칼로 무를 자르듯'으로 수정하는 것은 적절하다.

④ '이와 같이'는 앞에서 설명한 내용을 다시 한 번 정리할 때 사용하고, '그러므로'는 앞에서 설명한 내용이 뒤에서 설명할 내용의 원인이나 근거가 될 때 사용한다. ㉣ 앞 문장은 '리셋 증후군의 판별과 진단의 어려움'에 대해 설명하고 있고, ㉣ 뒤 문장은 '리셋 증후군을 예방하기 위한 방법'에 대해 설명하고 있다. 따라서 '이와 같이'를 원인과 근거의 관계를 나타내는 '그러므로'로 수정하는 것은 적절하다.

PLUS+ 잘못된 이중 피동 표현

- 피동 접사 '-이-, -히-, -리-, -기-'+'-어지다'
  - 예 이 소설책은 잘 읽혀지지(읽-+-히-+-어지지) 않는다. (×)
    → 이 소설책은 잘 읽히지 않는다. (○)
- '되어지다', '-지게 되다'
  - 예 · 그가 성공할 것이라고 생각되어진다. (×)
    → 그가 성공할 것이라고 생각된다. (○)
  - · 가기 싫어도 학원에 가지게 된다. (×)
    → 가기 싫어도 학원에 가게 된다. (○)

07 난도 ★★☆ ③

제시된 글의 요지는 수학 수업을 재미있게 진행하는 수학 선생님 덕분에 수학이 재미있다는 것이다. 수학 선생님의 아들이 수학을 잘한다는 것은 주제와 아무런 연관 관계가 없기 때문에, ㉢은 통일성에 위배되는 문장이다.

[오답분석] ① ㉠은 내가 수학 시간을 재미있어 하는 이유에 대해 설명하는 문장으로, 중심 내용을 뒷받침하는 문장이다.

② ㉡은 수학 선생님이 수업 분위기를 흥미 있게 이끌어 가는 사례로, 중심 내용을 뒷받침하는 문장이다.

④ ㉣은 재미있는 수업 덕분에 수학 성적이 좋아졌다는 내용으로, 중심 내용을 뒷받침하는 문장이다.

08 난도 ★☆☆ ②

㉡은 '나와 내 이웃이 공존할 수 있는 사회를 만들기 위해서는 지역 이기주의를 타파해야 한다.'라는 주제와 밀접한 관련이 있으므로, ㉡의 문장을 삭제하는 것은 적절하지 않다.

[오답분석] ① ㉠의 앞뒤 문장이 반대되는 내용이므로, 병렬적으로 연결할 때 쓰는 접속 부사 '그리고' 대신 앞의 내용과 뒤의 내용이 상반될 때 쓰는 접속 부사 '그러나'로 바꾸는 것은 적절하다.

③ ㉢에 쓰인 '~에 다름 아니다'는 일본어 번역 투 표현이므로 '지역 이기주의이다'와 같은 우리말다운 표현으로 고쳐 쓰는 것은 자연스럽다.

④ ㉣의 서술어 '돌아온다'와 주어 '잊지 말아야 할 사실은'의 호응이 맞지 않으므로 서술어를 '돌아온다는 것이다'로 고쳐 쓰는 것은 적절하다.

09 난도 ★☆☆ ②

㉡의 앞에서는 '또 황사는 무기물을 포함하고 있어 해양 생물에게도 도움을 줬다.'와 같이 황사의 이점에 대해서 언급했지만 ㉡의 뒤에서는 '지금의 황사는 생태계에 심각한 해를 끼치는 애물단지가 되어 버렸다.'며 황사가 해를 끼친다는 내용이 나오므로 ㉡에는 역접의 접속 부사가 들어가야 한다. 따라서 '그러므로'가 아닌 '그러나' 또는 '하지만' 등의 접속 부사를 쓰는 것이 적절하다.

[오답분석] ① 제시된 글의 중심 내용은 황사가 본래 이점도 있었지만 인간이 환경을 파괴시키면서 심각하게 해를 끼치는 존재가 되었다는 것이다. ㉠의 앞에서는 황사가 꼭 나쁜 것만은 아니라고 하였으며, ㉠의 뒤에서는 앞에서 말한 황사의 이점에 대한 여러 가지 예를 제시하고 있다. 따라서 황사의 이동 경로가 다양하다는 것은 이러한 글 흐름을 방해하므로 ㉠은 삭제하는 것이 적절하다.

③ '덕분'은 '베풀어 준 은혜나 도움'을 뜻하므로 '덕분이다'라는 서술어는 어떤 상황에 긍정적인 영향을 준 경우 사용된다. 제시된 글에서는 환경 파괴로 인해 황사가 재앙의 주범이 되는 부정적인 결과가 발생했으므로 '때문이다'나 '탓이다'를 사용하는 것이 적절하다.

④ 서술어 '발생하다'는 목적어가 요구되지 않는 자동사이므로 주어는 주격 조사를 써서 '황사가'로 쓰는 것이 적절하다.

10 난도 ★★★   ④

'식이요법이 알코올 중독에 이르게 한다.'는 연쇄반응은 서로 인과
관계가 없으므로 '잘못된 인과관계의 오류'를 범하고 있다.

[오답분석] ① · ② · ③ '미끄러운 경사면의 오류'를 범하고 있다.
미끄러운 경사면의 오류란 미끄럼틀을 한 번 타기 시작하면 끝까지
미끄러져 내려갈 수밖에 없듯이 연쇄반응이 이어지면서 잘못된 결
론에 도달하게 되는 오류를 뜻한다. 그런데 그 연쇄반응 사이에는
서로 인과성이 있어서 처음의 시작과 결론만 보면 논리적으로 말이
되지 않지만 이어지는 연쇄반응끼리는 서로 관련된다.

11 난도 ★★★   ②

둘 이상의 의미로 사용될 수 있는 단어의 의미를 분리하지 않고 사
용하거나 혼동하는 데서 생기는 오류를 '애매어의 오류'라고 한다.
'부패'라는 어휘는 '단백질이나 지방 따위의 유기물이 미생물의 작
용에 의하여 분해되는 과정, 또는 그런 현상'이라는 의미와 '정치,
사상, 의식 따위가 타락함'의 의미를 지니는데, 첫 번째 문장에서는
전자의 의미로, 두 번째 문장에서는 후자의 의미로 사용되었다. 따
라서 '애매어의 오류'의 예로 적절하다.

[오답분석] ① 삼단 논법에 따른 연역적 추론으로 '우연의 오류'와는
관계가 없다.

③ 각각의 원소에서 집단의 특성에 해당하는 것을 뽑아낸 것이 아
　니라 집단에서 개별 원소의 특성을 찾아낸 것이므로 '분해의 오
　류'에 해당한다.

④ 각각의 원소들이 개별적으로 어떤 성질을 지니고 있다는 내용의
　전제로부터 그 원소들을 결합한 집합 전체도 역시 그 성질을 지
　니고 있다는 결론을 도출할 때 발생하는 오류에 해당하므로 '결
　합의 오류'에 해당한다.

최종모의고사
정답 및 해설

제 1 회 최종모의고사

01	02	03	04	05	06	07	08	09	10
④	①	③	①	②	①	③	③	④	④

11	12	13	14	15	16	17	18	19	20
①	④	④	②	③	④	②	④	②	①

01 난도 ★☆☆ ④

출제 영역 국어 문법 > 형태론

정답 분석 음절은 소리의 최소 단위이므로 먼저 발음 상황을 파악해야 한다. 〈보기〉는 [할머니가 손주에게 용또늘 주얻따]와 같이 읽을 수 있으므로 '자음+모음+자음'으로 이루어진 음절은 '할', '손', '늘'로 총 3개이다.

오답 분석 ① '어절'은 띄어쓰기 단위와 일치한다. 따라서 어절은 '할머니가', '손주에게', '용돈을', '주었다'로 총 4개이다.

② 음절은 발음의 최소 단위이다. 따라서 음절은 '할/머/니/가/손/주/에/게/용/또/늘/주/얻/따'로 총 14개이다.

③ 단어는 품사의 단위와 일치한다. 따라서 단어는 '할머니(명사)', '가(조사)', '손주(명사)', '에게(조사)', '용돈(명사)', '을(조사)', '주었다(동사)'로 총 7개이다.

02 난도 ★★☆ ①

출제 영역 국어 문법 > 의미론

정답 분석 공동격 구문의 중의성을 소거한 문장이다. '나는 철수와 영희를 만났다.'라는 문장에서는 중의적 표현이 나타나는데 이 경우 다음과 같은 방법으로 중의성을 소거할 수 있다.
- 정보 첨가: 나는 철수와 함께 영희를 만났다.
- 쉼표의 사용: 나는, 철수와 영희를 만났다. / 나는 철수와, 영희를 만났다.
- 어순의 변화: 나와 철수는 영희를 만났다.

오답 분석 ② 수량 관계 부사 '다'로 인해 '전체 부정'과 '부분 부정'의 두 가지 해석이 가능하다. 한정 보조사 '는'을 결합하면 '전체 부정'으로 해석되지 않아 중의성을 소거할 수 있다.
- 한정 보조사 '는' 사용: 학회에 사람들이 다 오지는 않았다. / 학회에 사람들이 다는 오지 않았다.

③ 관형어 '웃긴'이 '그'를 수식하는지, '그의 친구'를 수식하는지 모호하다. 이 경우 다음과 같은 방법으로 중의성을 소거할 수 있다.
- 쉼표의 사용: 나는 웃긴 그의, 친구를 만나러 갔다.
- 어순의 변화: 나는 그의 웃긴 친구를 만나러 갔다.

④ '보다'의 의미가 '정도'인지, '선택'인지 해석이 모호하다. 따라서 다음과 같이 수정하면 문장의 중의성을 소거할 수 있다.
- 정도: 그는 내가 야식을 좋아하는 것보다 더 야식을 좋아한다.
- 선택: 그는 나를 좋아하는 것보다 야식을 더 좋아한다.

03 난도 ★★☆ ③

출제 영역 국어 규범 > 로마자 표기법

정답 분석 '묵호'는 [무코]로 발음되지만 체언에서 'ㄱ, ㄷ, ㅂ' 뒤에 'ㅎ'이 따를 때에는 'ㅎ'을 밝혀 적는다는 로마자 표기법 제3장 제1항 '4.'의 '다만'에 따라 'Mukho'로 적어야 한다.

오답 분석 ① '백마'는 자음 동화에 의해 [뱅마]로 발음되므로 'Baengma'가 올바른 표기이다.

② '알약'은 'ㄹ'이 덧나 [알략]으로 발음되며, 'ㄹㄹ'은 'll'로 표기하므로 'allyak'이 올바른 표기이다.

④ '합정'은 [합쩡]으로 발음되나 로마자 표기에서 된소리되기는 표기에 반영하지 않으므로 'Hapjeong'이 올바른 표기이다.

04 난도 ★★☆ ①

출제 영역 국어 문법 > 통사론

정답 분석 문장에서 주어와 서술어가 한 번만 쓰이면 홑문장, 두 번 이상 쓰이면 겹문장이다. 따라서 제시된 문장에 나타나는 서술어는 '지었다' 하나이므로 홑문장이다.

오답 분석 ② '수진이가 밝혀졌다.'가 명사절 '수진이가 천재이다.'를 안고 있는 겹문장이다.

③ '할아버지께서는 많으시다.'가 서술절 '인정이 많으시다.'를 안고 있는 겹문장이다.

④ '그림이 특선으로 뽑혔다.'가 관형절 '철수가 그리다.'를 안고 있는 겹문장이다.

05 난도 ★☆☆ ②

출제 영역 어휘 > 한자어

정답 분석
- 결재(決裁: 결정할 결, 마를 재): 결정할 권한이 있는 상관이 부하가 제출한 안건을 검토하여 허가하거나 승인함
- 충돌(衝突: 찌를 충, 부딪칠 돌): 서로 맞부딪치거나 맞섬
- 은닉(隱匿: 숨을 은, 숨길 닉): 남의 물건이나 범죄인을 감춤 / 물건의 효용을 잃게 하는 행위

06 난도 ★★☆　　　　　　　　　　　　　　　①

출제 영역　국어 규범 > 표준어 규정

정답 분석　'어떡하든'은 '어떻게 하든'의 준말로 문장에서 적절하게 사용되었다.

오답 분석　② '-째'는 일부 명사의 뒤에 붙어 '그대로' 또는 '전부'의 뜻을 더하는 접미사이고, '채'는 주로 '-은 채(로)'의 구성으로 쓰여 '그러한 상태를 유지하면서'의 뜻을 나타내면서 관형어 뒤에 띄어 쓰는 의존 명사이다. 따라서 '송두리째'로 표기하는 것이 적절하다.

③ '로서'는 받침 없는 체언이나 'ㄹ' 받침으로 끝나는 체언 뒤에 붙어 지위나 신분 또는 자격을 나타내는 격 조사이고, '로써'는 받침 없는 체언이나 'ㄹ' 받침으로 끝나는 체언 뒤에 붙어 어떤 일의 수단이나 도구를 나타내는 부사격 조사이다. 따라서 '군무원으로서'로 표기하는 것이 적절하다.

④ '띄다'는 '뜨다'의 피동사인 '뜨이다(눈에 보이다)'의 준말이고, '띠다'는 감정이나 기운 따위를 나타낸다는 뜻이다. 따라서 '미소를 띠게'로 표기하는 것이 적절하다.

07 난도 ★★☆　　　　　　　　　　　　　　　③

출제 영역　국어 문법 > 음운론

정답 분석　된소리되기 현상은 나타나지 않았다.

- 홑이불 → [홑이불]: 음절의 끝소리 규칙 → [혼니불]: 'ㄴ' 첨가 → [혼니불]: 비음화
- 꽃잎 → [꼳입]: 음절의 끝소리 규칙 → [꼳닙]: 'ㄴ' 첨가 → [꼰닙]: 비음화
- 샀일 → [삭일]: 자음군 단순화 → [삭닐]: 'ㄴ' 첨가 → [상닐]: 비음화

08 난도 ★★☆　　　　　　　　　　　　　　　③

출제 영역　고전문학 > 고전시가

정답 분석　제시된 작품의 화자가 자연의 빼어난 경관을 보며 술을 마시고 마음껏 풍류를 즐기고 있는 부분에서 '대상에 동화된 화자의 흥취'를 확인할 수 있다.

오답 분석　① · ② · ④ '세속적 삶에 대한 미련', '자연을 통해 삶의 교훈 이끌어 내기', '현실 세계와 이상 세계의 차이 강조' 등은 제시된 작품에서 찾아볼 수 없다.

09 난도 ★★☆　　　　　　　　　　　　　　　④

출제 영역　고전문학 > 고전산문

정답 분석　김만중의 「사씨남정기」는 가부장적 사회를 배경으로 유한림과 고매한 부덕을 지닌 사씨, 간교한 여인인 교씨를 등장시켜 조선 사회의 축첩 제도의 합리성을 비판하고 있는 작품이나, 가부장적 가족 제도 자체를 비판하고 있지는 않다. 또한 제시된 부분에서 가부장적 가족 제도에 대해 비판하는 내용은 찾아볼 수 없다.

오답 분석　① '일점혈육이 없으니 불효삼천 가지 죄에 무자(無子)의 죄가 가장 크다 하여 첩의 무자한 죄가 존문에 용납하지 못할 것이냐'에서 대를 잇지 못하는 것을 가장 큰 죄로 여겼음을 확인할 수 있다.

② '첩을 개의치 마시고 어진 여인을 취하여 득남득녀하면'에서 자손이 없으면 첩을 들이는 것이 관습이었음을 확인할 수 있다.

③ '태우의 일처일첩은 옛날에도 미덕이 되었으니 첩이 비록 덕이 없으나 세속 여자의 투기는 본받지 않겠습니다.'에서 첩을 들여도 투기하지 않는 것이 미덕이었음을 확인할 수 있다.

10 난도 ★★★　　　　　　　　　　　　　　　④

출제 영역　현대문학 > 현대시

정답 분석　제시된 작품의 [A]~[D]는 화자가 '그'를 만나기 전의 상황부터 '그'와 만난 이후 이별하게 되기까지의 상황을 다양한 이미지를 활용하여 형상화하고 있다. [A]에는 '그'를 만나기 전의 순수하고 평화로웠던 화자의 내면이 '아지랑이', '애기 구름' 등으로 형상화되어 있고, [D]에는 이별 후 고통의 시간을 지나 희망의 날이 오기를 기다리는 화자의 내면이 '도라지꽃'으로 형상화되어 있다. 이를 통해 볼 때, [A]의 '애기 구름'은 아직 '그'를 만나기 전 화자의 정서를 비유적으로 드러내고 있는 것으로 '화자의 사랑'을 드러내는 것은 아니며 [D]의 '도라지꽃'도 화려한 결실을 드러낸다고 보기 어려우므로 적절하지 않다.

11 난도 ★★☆　　　　　　　　　　　　　　　①

출제 영역　현대문학 > 수필

정답 분석　'책'을 빌려 주거나 빌린 개인적 체험을 통해 책에 대한 느낌과 애정을 표현하고 있을 뿐 책에 대한 비판적 인식은 나타나 있지 않다.

오답 분석　② '책은 세수를 할 줄 모르는 미인이다.'라는 비유적 표현을 사용하고 있다.

③ '그러나'의 접속어를 반복적으로 사용하여 문답적 구성 방식을 취하면서 책에 대한 글쓴이의 생각을 드러내고 있다.

④ 글 전반에 걸쳐 글쓴이의 책에 관한 체험과 애정이 드러나 있다. 특히 '그러나 책은 물질 이상이다. 영양이나 귀부인들을 초대한 듯 결코 땀이나 때가 묻은 손을 대어서는 실례다.'의 표현을 통해 책에 대한 애정을 드러내고 있다.

12 난도 ★★☆ ④

출제 영역　비문학 > 사실적 독해

오답 분석　3문단의 '헬레니즘 시기에 들어와 미의 관념이 형식적 정의에서 실질적 정의로 바뀐 셈인데'라는 부분을 통해 헬레니즘의 미적 관념은 '형식적인 정의'에서 '실질적인 정의'로 변화하였다는 것을 확인할 수 있다.

오답 분석　① 1문단의 '그리스인들은 ~ 부분들 사이의 이상적인 비례 관계를 확정하는 것을 의미했다.'를 통해 파악할 수 있다.

② 2문단의 '플로티노스는 ~ 한마디로 미란 무엇보다 '질(質)'의 문제라는 이야기다.'를 통해 파악할 수 있다.

③ 3문단 '미의 본질을 수량화할 수 없는 어떤 질적 특성에서 찾는 견해를 미에 대한 '실질적 정의'라고 부른다.'를 통해 파악할 수 있다.

13 난도 ★★☆ ④

출제 영역　비문학 > 사실적 독해

정답 분석　대중 매체가 지닌 정보 수집의 긍정적 영향은 제시된 글에서 찾아볼 수 없다.

오답 분석　① 1문단의 '대중 매체는 ~ 사회 통합에 이바지하기도 한다.'에서 사회화 기능의 긍정적 영향을 확인할 수 있다.

② 1문단의 '그러나 ~ 사회화 역기능이 나타나기도 한다.'에서 사회화 기능의 부정적 영향을 확인할 수 있다.

③ 2문단의 '그러나 ~ 부작용이 나타날 수 있다.'에서 오락 기능의 부정적 영향을 확인할 수 있다.

14 난도 ★★☆ ②

출제 영역　국어 문법 > 의미론

정답 분석　의자의 '다리'는 '물체의 아래쪽에 붙어서 그 물체를 받치거나 직접 땅에 닿지 아니하게 하거나 높이 있도록 버티어 놓은 부분'을 의미하며 이는 표제어 '다리1'의 두 번째에 적합한 예이다. 한편, '한강 다리'의 '다리'는 '물을 건너거나 또는 한편의 높은 곳에서 다른 편의 높은 곳으로 건너다닐 수 있도록 만든 시설물'을 의미하며 표제어 '다리2'의 첫 번째에 적합한 예이다. 따라서 이 두 단어는 동음어라고 할 수 있다.

- 다리1
  「명사」「1」 사람이나 동물의 몸통 아래 붙어 있는 신체의 부분 서고 걷고 뛰는 일 따위를 맡아 한다.
  　　「2」 물체의 아래쪽에 붙어서 그 물체를 받치거나 직접 땅에 닿지 아니하게 하거나 높이 있도록 버티어 놓은 부분
- 다리2
  「명사」「1」 물을 건너거나 또는 한편의 높은 곳에서 다른 편의 높은 곳으로 건너다닐 수 있도록 만든 시설물
  　　「2」 둘 사이의 관계를 이어 주는 사람이나 사물을 비유적으로 이르는 말

오답 분석　①·③·④ '쓰다', '밝다', '뒤'는 각각 하나의 표제어에 함께 속해 있으며 의미상 연관이 있는 다의어라고 할 수 있다.

① 쓰다: 어떤 일을 하는 데에 재료나 도구, 수단을 이용하다. / 사람에게 어떤 일을 하게 하다.

③ 밝다: 불빛 따위가 환하다. / 어떤 일에 대하여 잘 알아 막히는 데가 없다.

④ 뒤: 일의 끝이나 마지막이 되는 부분 / 어떤 일을 할 수 있게 이바지하거나 도와주는 힘

15 난도 ★★☆ ③

출제 영역　고전문학 > 고전시가

정답 분석　(다) 시조와 관련된 한자성어는 나라가 망한 슬픔을 뜻하는 맥수지탄(麥秀之嘆: 보리 맥, 빼어날 수, 갈 지, 탄식할 탄)이다. ③의 망양지탄(望洋之嘆: 바랄 망, 큰 바다 양, 갈 지, 탄식할 탄)은 큰 바다를 바라보며 한탄한다는 뜻으로, 어떤 일에 자기 자신의 힘이 미치지 못할 때에 하는 탄식을 이르는 말이다.

오답 분석　① (가)의 화자는 밤새도록 홀로 소리를 내고 있는 '귓도리(귀뚜라미)'에게 님을 기다리고 있는 자신의 모습을 투영하곤 슬퍼하고 있다. 따라서 같은 병을 앓는 사람끼리 서로 가엾게 여긴다는 뜻의 동병상련(同病相憐: 같을 동, 병들 병, 서로 상, 불쌍히 여길 련)과 어울린다.

② (나)의 화자는 '백구'와 소통하며 자연물과 하나 됨을 느끼고 있으므로 물아일체(物我一體: 만물 물, 나 아, 하나 일, 몸 체)와 어울린다.

④ (다)의 화자는 홍시를 보고 부모님께 가져다 드리고 싶어 하지만 이미 돌아가셨기에 서러워하고 있다. 따라서 효도를 다하지 못한 채 어버이를 여읜 자식의 슬픔을 나타내는 풍수지탄(風樹之嘆: 바람 풍, 나무 수, 갈 지, 탄식할 탄)과 어울린다.

16 난도 ★☆☆ ④

출제 영역　국어 규범 > 외래어 표기법

정답 분석　'thrill'의 발음 [θril]에서 'θ'은 모음 앞에서는 'ㅅ'으로, 자음 앞 또는 어말에서는 '스'로 적는다. 따라서 '스릴'로 표기하는 것이 적절하다.

오답 분석　① 외래어 표기법에서 '쟈, 져, 죠, 쥬, 챠, 쳐, 쵸, 쥬' 등은 표기하지 않으므로 '비전'은 옳은 표기이다.

②·③ 어말의 [ʃ]는 '시'로 적고, 자음 앞의 [ʃ]는 '슈'로, 모음 앞의 [ʃ]는 뒤따르는 모음에 따라 '샤', '섀', '셔', '셰', '쇼', '슈', '시'로 적는다. 따라서 '패션'과 '플래시'는 옳은 표기이다.

17 난도 ★☆☆ ②

출제 영역　국어 규범 > 한글 맞춤법

정답 분석　어간 끝 '-하-' 앞의 어근의 받침이 안울림소리일 경우에는 '-하-'를 통째로 줄여 준말을 표기한다. 따라서 '넉넉치'가 아닌 '넉넉지'로 바르게 쓰였다.

오답 분석 ① '왜 그런지 모르게' 또는 '뚜렷한 이유도 없이'의 뜻일 때는 '웬지'가 아닌 '왠지'로 쓰는 것이 적절하다.

③ '어떤 일이 이루어지기를 기다리는 간절한 마음'의 뜻일 때는 '바램'이 아닌 '바람'으로 쓰는 것이 적절하다.

④ '멋있거나 멋을 잘 부리는 사람'의 뜻일 때는 '멋쟁이'가 아닌 '멋장이'로 쓰는 것이 적절하다. '-장이'는 '그것과 관련된 기술을 가진 사람'을 의미하는 접미사로 '양복장이, 옹기장이' 등과 같이 쓰이고 '-쟁이'는 '그것이 나타내는 속성을 많이 가진 사람'을 의미하는 접미사로 '멋쟁이, 고집쟁이, 겁쟁이' 등으로 쓰인다.

18 난도 ★☆☆   ④

출제 영역 비문학 > 사실적 독해

정답 분석 제시된 글에는 뜨거운 수프나 아티초크를 음미하는 사람들도 큰 소리를 낸다고 하였을 뿐 그들이 바삭한 음식을 좋아한다는 내용은 나타나지 않는다. '알다시피 뜨거운 수프를 먹는 사람들이나 버터에 적신 축축한 아티초크를 음미하는 사람들도 굉장히 큰 소리를 내게 마련이지만, 그들이 몰두하고 있는 음식들을 바삭하다고 말할 사람은 없다.'라는 부분에서 확인할 수 있다.

오답 분석 ① '감자칩이 ~ 시끄러운 소리를 내야 한다는 것은 그 중 제일 중요한 조건이다.'를 통해 확인할 수 있다.

② '고주파의 파열음을 발생시켜야 하는 것이다.'를 통해 확인할 수 있다.

③ '바삭한 음식이라면 훨씬 높은 음역의 소리를 내야 한다.'를 통해 확인할 수 있다.

19 난도 ★★☆   ②

출제 영역 화법과 작문 > 화법

정답 분석 발표의 효과를 높이기 위해서는 반언어적 · 비언어적 표현을 적절히 사용해야 한다.

오답 분석 ① · ③ · ④ 발표의 전략을 적절히 설명하고 있다.

20 난도 ★★☆   ①

출제 영역 어휘 > 의미론

정답 분석 상의어인 '수사'가 하의어인 '은유'를 포함하고 있으므로 하의 관계이다.

• 수사(修辭): 말이나 글을 다듬고 꾸며서 보다 아름답고 정연하게 하는 일

• 은유(隱喩): 사물의 상태나 움직임을 암시적으로 나타내는 수사법

오답 분석 ② · ③ · ④ 모두 반의 관계이다.

② • 친숙(親熟): 친하여 익숙하고 허물이 없음

   • 생경(生梗): 두 사람 사이에 불화가 생김

③ • 비옥(肥沃): 땅이 걸고 기름짐

   • 척박(瘠薄): 땅이 기름지지 못하고 몹시 메마름

④ • 달변(達辯): 능숙하여 막힘이 없는 말

   • 눌변(訥辯): 더듬거리는 서툰 말솜씨

문제편 p. 144

01	02	03	04	05	06	07	08	09	10
②	④	④	①	③	①	①	②	①	④
11	12	13	14	15	16	17	18	19	20
③	①	①	④	④	③	④	③	①	④

01 난도 ★★☆   ②

[출제 영역] **국어 규범 > 로마자 표기법**

[정답 분석] '영동'의 이중 모음 '여'는 'yeo'로, 자음 'ㅇ'은 'ng'로 적는다는 로마자 표기법 제2장 제1항과 제2항에 따라 'Yeongdong'으로 표기해야 하므로 'Yungdong'은 틀린 표기이다.

[오답 분석] ① 광희문은 [광히문]으로 발음되지만 'ㅢ'는 'ㅣ'로 소리 나더라도 'ui'로 적는다는 로마자 표기법 제2장 제1항 붙임 1에 따라 'Gwanghuimun'으로 올바르게 적었다.

③ · ④ 'Okcheon'과 'Baegam'은 'ㄱ, ㄷ, ㅂ'은 모음 앞에서는 'g, d, b'로, 자음 앞이나 어말에서는 'k, t, p'로 적어야 한다는 로마자 표기법 제2장 제2항 붙임 1에 따라 올바르게 적었다.

02 난도 ★★★   ④

[출제 영역] **국어 규범 > 표준발음법**

[정답 분석] 밟지 → [밥지]: 자음군 단순화 → [밥찌]: 된소리되기

겹받침 'ㄼ'은 어말이나 자음 앞에서 자음군 단순화 현상 때문에 뒤 자음이 탈락하고 앞 자음 'ㄹ'이 대표음이 되는 것이 원칙이나, '밟-'은 자음으로 시작하는 어미 앞에서 항상 앞 자음 'ㄹ'이 탈락하고, 'ㅂ'이 대표음이 되는 예외의 경우이다. 따라서 자음군 단순화에 의해 [밥지]로 발음되고, 어간 받침 'ㅂ' 뒤에 오는 자음 'ㅈ'은 된소리로 발음하므로 된소리되기에 의해 [밥찌]로 발음된다.

[오답 분석] ① 해돋이 → [해도지]: 구개음화

'해돋이'는 명사 '해'와 어간 '돋-'뒤에 종속적 관계를 갖는 명사 파생 접미사 '-이'가 결합한 것이다. 실질 형태소 '돋-'의 끝 자음 'ㄷ'이 형식 형태소 '-이' 앞에서 'ㅈ'으로 바뀌는 구개음화 현상이 일어나 [해도지]로 발음된다.

② 앞마당 → [압마당]: 음절의 끝소리 규칙 → [암마당]: 비음화

'앞'이 음절의 끝소리 규칙에 따라 'ㅂ'으로 발음되고 이것이 이어지는 'ㅁ'의 영향으로 'ㅁ'으로 바뀌어 발음되는 비음화 현상이 일어나 [암마당]으로 발음된다.

③ 읽고 → [일고]: 자음군 단순화 → [일꼬]: 된소리되기

겹받침 'ㄺ'의 경우 용언의 어간에 국한하여 'ㄱ' 앞에서는 'ㄱ'이 탈락하고, 나머지 경우에는 'ㄹ'이 탈락하도록 규정되어 있다. 따라서 용언의 어간 '읽-'에서는 'ㄱ'이 탈락하여 [일고]가 된다. 또한 '어간 받침 'ㄺ, ㄼ' 뒤에 결합되는 어미의 첫소리 'ㄱ, ㄷ, ㅅ, ㅈ'은 된소리로 발음한다.'라고 규정한 표준어 규정 제6장 제25항의 해설에 따르면 '읽고'의 겹받침이 'ㄹ'로 발음되므로 [일꼬]에서 보이는 된소리되기 현상 역시 'ㄼ, ㄾ'에서 보이는 된소리되기 현상과 같다고 보아 [일꼬]와 같이 발음한다.

03 난도 ★★☆   ④

[출제 영역] **고전문학 > 고전산문**

[정답 분석] 마당쇠는 놀보가 제물(祭物)을 차리지도 않고 글씨로 제물 이름을 써서 제사를 지낼 정도로 인색하기 때문에, 흥보가 놀보를 만나면 매만 실컷 맞을 것이라는 점을 우려하면서 그냥 돌아가는 것이 좋을 것이라고 권유하고 있다. 따라서 ㉠ 발화의 핵심 목적은 놀보에 대한 비난보다는 흥보를 염려하여 흥보를 돌아가게 하는 데 있다고 할 수 있다.

04 난도 ★★☆   ①

[출제 영역] **어휘 > 한자성어**

[정답 분석] 임천한흥(林泉閑興: 수풀 임, 샘 천, 한가할 한, 일 흥)은 자연에서 누리는 한가로운 흥취를 뜻한다. 맥수지탄(麥秀之嘆: 보리 맥, 빼어날 수, 갈 지, 탄식할 탄)은 조국이 망한 것을 한탄한다는 뜻으로, 임천한흥(林泉閑興)과 의미가 다르다.

[오답 분석] ② 연하고질(煙霞痼疾: 연기 연, 노을 하, 고질 고, 병 질): 자연의 아름다운 경치를 몹시 사랑하고 즐기는 성벽

③ 천석고황(泉石膏肓: 샘 천, 돌 석, 기름 고, 명치끝 황): 산수를 즐기고 사랑하는 것이 정도에 지나쳐 마치 고치기 어려운 깊은 병과 같음

④ 강호한정(江湖閑情: 강 강, 호수 호, 한가할 한, 뜻 정): 자연에서 누리는 한가로운 감정

05 난도 ★★☆　　　　　　　　　　　　　　　　③

출제 영역　고전문학 > 고전시가

정답 분석　ⓒ은 혹시라도 현실 세계의 속된 소리가 현재 화자가 있는 곳까지 들릴까 항상 걱정한다는 의미로, 속세의 부정적인 소리를 멀리하려는 화자의 심리가 드러난 것이다.

오답 분석　① 산속을 힘차게 흐르는 물소리의 모습을 표현한 것이다.

② '말소리'는 시비하는 인간의 소리로, 서로 다투기만 하는 속세의 세태를 의미한다.

④ 객관적으로 존재하는 자연물인 계곡의 물을 마치 자신이 인위적으로 산을 둘러싸게 만든 것처럼 주관적으로 변용하는 의도가 나타나 있다.

06 난도 ★★☆　　　　　　　　　　　　　　　　①

출제 영역　국어 문법 > 통사론

정답 분석　높임의 특수 어휘 '모시다'를 통해 객체인 '할머니'를 높이는 객체 높임이 나타난다. 주체인 '형'을 높이는 주체 높임법은 나타나지 않는다.

오답 분석　② 주체인 '아버지'를 높이기 위해 조사 '께서'와 높임 특수 어휘 '약주'와 '드시다'를 사용하였다.

③ 주체인 '할아버지'를 높이기 위해 서술어 '있으시다'에 높임의 선어말 어미 '-(으)시-'를 사용하였다.

④ 주체인 '할머니'를 높이기 위해 높임의 특수 어휘 '댁'과 '주무시다'를 사용하였다.

07 난도 ★★☆　　　　　　　　　　　　　　　　①

출제 영역　국어 규범 > 표준어 규정

정답 분석　'내로라하다'는 '어떤 분야를 대표할 만하다.'를 뜻하는 동사로 제시된 문장에서 적절하게 사용되었다. 참고로 '내노라하다'는 '내로라하다'의 잘못된 표현이다.

오답 분석　② '북엇국'은 '북어를 잘게 뜯어 파를 넣고 달걀을 풀어 끓인 장국'을 뜻하는 명사로, 사이시옷을 첨가해 '북엇국'으로 쓰는 것이 적절하다.

③ '결재'는 '결정할 권한이 있는 상관이 부하가 제출한 안건을 검토하여 허가하거나 승인하다.'라는 의미이다. 제시된 문장에서는 '증권 또는 대금을 주고받아 매매 당사자 사이의 거래 관계가 끝나다.'라는 의미로 사용되었으므로 '결제'로 쓰는 것이 적절하다.

④ '걷잡다'는 '한 방향으로 치우쳐 흘러가는 형세 따위를 붙들어 잡다. / 마음을 진정하거나 억제하다.'라는 의미이다. 제시된 문장에서는 '겉으로 보고 대강 짐작하여 헤아리다.'라는 의미로 사용되었으므로 '겉잡다'로 쓰는 것이 적절하다.

08 난도 ★★☆　　　　　　　　　　　　　　　　②

출제 영역　고전문학 > 고전산문

정답 분석　박지원의 「광문자전」은 전통적인 '재자가인(才子佳人)'적 주인공이 아니라 거지라는 천한 신분을 주인공으로 설정하여 새로운 시대의 새로운 인물형을 창조했다는 평가를 받고 있다.

오답 분석　① 주인공 '광문(廣文)'은 실존 인물이 아니라 서술자에 의해 창조된 허구적 인물이며, 국문 소설이 아니라 한문 소설이다.

③ '광문'의 신의 있는 생활 자세와 허욕을 부리지 않는 삶의 태도를 칭송함으로써 권모술수가 판을 치던 당시 양반 사회를 풍자한 작품으로 입신양명의 유교적 이념 실현과는 관련이 없다.

④ 직접적인 방법(서술)을 통해 인물의 성격을 제시하고 있다.

09 난도 ★★★　　　　　　　　　　　　　　　　①

출제 영역　국어 문법 > 중세국어

정답 분석　중세국어의 '말씀'과 '말'은 높임의 차이 없이 '평어'로 사용되었으나, 현대국어에서는 '말'은 '평어', '말씀'은 '간접 높임'과 '간접 낮춤'에 두루 사용되고 있다.

오답 분석　② '中듕國귁에'는 '중국과'로 해석되는데, 중세국어에서 쓰이던 비교 부사격 조사 '에'가 현대국어에서는 '과'로 바뀌었기 때문이다.

③ 중세국어에서는 용언의 활용에서 '다르+아 → 달아(ㄹ-ㅇ)' 형과 '모르+아 → 몰라(ㄹ-ㄹ)' 형을 모두 규칙 활용으로 인정했다. 다만 현대국어에서는 'ㄹ-ㅇ' 형은 없고, 'ㄹ-ㄹ' 형만을 인정하며, '르' 불규칙 활용으로 보고 있다.

 • 중세: 다르 + 아 → 달아(규칙 활용)
 • 현대: 다르 + 아 → 달라('르' 불규칙 활용)

④ '스뭇디'는 중세국어에서는 '통하다[通]'의 의미였으나 현대국어에 와서는 사어가 되었다.

10 난도 ★★☆　　　　　　　　　　　　　　　　④

출제 영역　현대문학 > 현대시

정답 분석　'이국적 이미지(폴란드 망명정부, 포화, 도룬 시, 셀로판지 등)'와 '도시적 이미지(급행열차, 공장의 지붕, 철책 등)'를 사용하여 '황량한 가을날의 고독감'을 표현하고 있다.

오답 분석　① '낙엽 → 길 → 열차 → 공장' 등 시선의 이동은 있으나, 시간의 교차적 사용은 없다.

② 전반부에서는 가을 풍경(추일)을, 후반부에서는 우수와 감상(서정)을 제시하여 '선경후정'의 시상 전개가 나타나지만, 대체로 시각적 심상에 의존하고 있기 때문에 '다채로운 심상'을 사용하고 있다는 설명은 적절하지 않다.

③ 객관적인 묘사를 중시하기 때문에 시에서 시적 화자가 잘 드러나지 않고, 관찰자의 시선으로 풍경을 그리는 것처럼 보인다.

11 난도 ★★☆   ③

출제 영역 현대문학 > 현대시

정답 분석 ⓒ은 폭포의 아름다운 모습을 은하수에 비유한 것이다.

오답 분석 ① ⓐ은 공자의 높은 정신적 경지를 뜻한다.

② ⓑ은 도탄에 빠져 신음하는 백성을 비유한 것이다.

④ ⓓ은 금강산의 아름다움을 중국에 있는 여산(廬山)에 빗댄 것이다.

12 난도 ★★☆   ①

출제 영역 국어 문법 > 음운론

정답 분석 ⓐ 신라[실라]에서는 'ㄴ'이 'ㄹ' 앞에서 'ㄹ'로 바뀌는 유음화 현상이 일어났다.

ⓑ 해돋이[해도지]에서는 'ㄷ'이 형식 형태소 '이' 앞에서 'ㅈ'으로 바뀌는 구개음화 현상이 일어났다.

13 난도 ★★★   ①

출제 영역 국어 문법 > 형태론

정답 분석 용언에서 동사와 형용사의 식별 기준은 어간에 현재 시제 선어말 어미 '-ㄴ/는-', 현재 시제 관형사형 전성 어미 '-는-', 명령형 종결 어미 '-아라/어라-', 청유형 종결 어미 '-자-' 등을 결합할 수 있느냐의 여부이다. 결합이 가능하면 '동사', 불가능하면 '형용사'이다.

①의 '없다'는 형용사로만 쓰인다. 다만 '없다'가 활용할 때 다른 어미와는 결합이 불가능하지만, 특이하게도 동사의 어간에만 결합하는 현재 시제 관형사형 전성 어미 '-는-'을 취하는 경우가 있다. 하지만 결합이 가능하다고 해서 이를 동사로 취급해서는 안 된다. 학교 문법에서는 이런 경우를 '형용사의 동사적 용법'이라 명명한다.

오답 분석 ② '되다'는 '된다/되는/되어라/되자'처럼 '현재 시제 선어말 어미', '현재 시제 관형사형 전성 어미', '명령형 어미', '청유형 어미'와 결합하여 활용하므로 동사이다.

③ '모이다'는 '모인다/모이는/모여라/모이자'처럼 '현재 시제 선어말 어미', '현재 시제 관형사형 전성 어미', '명령형 어미', '청유형 어미'와 결합하여 활용하므로 동사이다.

④ '크다'는 '큰다/크는/커라/크자'처럼 '현재 시제 선어말 어미', '현재 시제 관형사형 전성 어미', '명령형 어미', '청유형 어미'와 결합하여 활용하므로 동사이다. 다만, '크다'는 형용사로 쓰이기도 하고 동사로 쓰이기도 하는 용언이므로 '사람이나 사물의 외형적 길이, 넓이, 높이, 부피 따위가 보통 정도를 넘다.'의 뜻일 경우에는 형용사라는 점을 알고 있어야 한다.

14 난도 ★★☆   ④

출제 영역 비문학 > 추론적 독해

정답 분석 ④ 1~3문단은 4문단의 '공정 무역'이 시작된 배경이고, 5문단은 '공정 무역'이 시작된 시기를, 6~7문단은 '공정 무역'의 외국의 실태를, 8~10문단은 우리나라의 실태를 제시하고 있다. 질문은 제시된 글의 내용을 모두 포함해야 하므로 '공정 무역은 언제 시작하였으며 현재의 실태는 어떠할까?'가 가장 적합하다.

오답 분석 ① '공정 무역의 뜻은 무엇일까?'라는 질문에 대한 내용은 제시된 글에서 찾아볼 수 없다.

② '공정 무역의 문제나 한계는 없을까?'라는 질문은 공정 무역의 문제나 한계가 제시되어 있어야 하는데 이러한 내용은 제시된 글에 없으므로 질문으로 어울리지 않는다.

③ '공정 무역을 하면 우리에게 무엇이 좋을까?'라는 질문에 대한 대답도 제시된 글과는 어울리지 않는다. 8~10문단에 우리나라의 실태와 의의에 대해서만 제시하고 있으므로 공정 무역이 우리에게 주는 이익이나 효과는 질문으로 부적합하다.

15 난도 ★★☆   ④

출제 영역 비문학 > 사실적 독해

정답 분석 9문단의 '2004년에 우리나라의 한 소비자 단체에서 ~ '착한 커피'나 '아름다운 커피' 같은 것도 이런 운동에서 나온 거야.'의 내용으로 미루어 보아 '착한 커피'나 '아름다운 커피'도 공정 무역 운동의 하나임을 알 수 있다.

오답 분석 ① 4문단을 통해 '공정 무역'이 선진국에서 시작되었다는 부분은 맞다는 것을 알 수 있지만, 5문단 공정 무역은 1950년대 말 영국의 국제 구호 단체 '옥스팜'에서 중국 난민들이 만든 수공예품을 판매하면서 시작되었고'의 내용으로 미루어 보아 '대기업'에서 시작되었다는 부분은 내용과 일치하지 않는다.

② 2문단의 '해가 갈수록 나아지기는커녕 빈익빈 부익부 현상이 깊어지지.'를 통해 반대로 제시되어 있음을 알 수 있다.

③ 8문단의 '유럽에서는 공정 무역이 50여 년의 오랜 역사를 지녔지만 ~ 그러나 2000년대에 들어와 공정 무역에 대한 관심이 부쩍 늘었어.'의 내용으로 보아 우리나라가 아닌 유럽이 오랜 공정 무역의 역사를 가지고 있음을 알 수 있다.

16 난도 ★★☆　　　　　　　　　　　　　③

출제 영역 비문학 > 사실적 독해

정답 분석 2문단의 '한때 오스트랄로피테쿠스가 과일만 먹었을 것이라고 믿은 적도 있었다. ~ 오스트랄로피테쿠스 식단에서 풀을 먹는 동물이 큰 부분을 차지했다는 결론을 내릴 수 있다.'라는 부분을 통해 오스트랄로피테쿠스도 고기(풀을 먹는 동물)를 먹었다는 것을 알 수 있다. 따라서 육식 여부는 오스트랄로피테쿠스 속과 사람 속을 구분하는 기준이 될 수 없다.

오답 분석 ① 2문단의 '오스트랄로피테쿠스 식단에서 풀을 먹는 동물(초식 동물)이 큰 부분을 차지했다는 결론을 내릴 수 있다.'에서 확인할 수 있다.

② 3문단의 '동물의 뼈 옆에서는 석기들이 함께 발견되기도 한다. ~ 우리의 사냥 역사는 정말 먼 옛날까지 거슬러 올라간다. 15만 세대 정도다.'에서 확인할 수 있다.

④ 1문단의 '이렇게 음식 하나에 모든 것을 거는 '단일 식품 식생활'은 도박이다.. 그 음식의 공급이 끊기면 그 동물도 끝이기 때문이다.'에서 확인할 수 있다.

17 난도 ★★☆　　　　　　　　　　　　　④

출제 영역 국어 문법 > 형태론

정답 분석 눈(명사)+시울(명사): 합성어

오답 분석 ① 한-(접두사)+겨울(명사): 파생어

② 맨-(접두사)+손(명사): 파생어

③ 시-(접두사)+퍼렇-(어간)+-게(어미): 파생어

18 난도 ★★☆　　　　　　　　　　　　　③

출제 영역 국어 규범 > 한글 맞춤법

정답 분석 '낮게 하는데 쓰인다.'에서 '데'는 '경우'의 뜻을 나타내는 의존 명사이다. 한글 맞춤법 제42항에 따르면 '의존 명사는 띄어 쓴다.'라고 했으므로 '하는∨데'로 띄어 쓰는 것이 적절하다.

오답 분석

① • '믿을 것'에서 '것'은 '사물, 일 현상 따위를 추상적으로 이르는 말'을 뜻하는 의존 명사이다. 따라서 '믿을∨것'과 같이 앞말과 띄어 쓴다.

　　• '성실함뿐이다'에서 '뿐'은 '그것만이고 더는 없음'을 뜻하는 보조사이다. 따라서 앞말과 붙여 쓴다.

② '아는 대로'에서 '대로'는 '어떤 모양이나 상태와 같이'를 뜻하는 의존 명사이다. 따라서 '아는∨대로'와 같이 앞말과 띄어 쓴다.

④ '자기밖에'에서 '밖에'는 '그것 말고는'을 뜻하는 보조사이다. 따라서 앞말과 붙여 쓴다.

19 난도 ★★★　　　　　　　　　　　　　①

출제 영역 비문학 > 추론적 독해

정답 분석 3문단에서 주류 경제학의 기본 전제는 '개인의 사적 이익 추구, 혹은 합리적인 행동이 전체의 이익을 가져온다.'라고 하였으므로 적절하지 않다.

오답 분석 ② 4문단에서 '공유지의 비극'을 해결할 방안으로 '공유 자원을 명확하게 사유화해 개인에게 소유권을 주는 방법이 있다.'라고 했으므로 공유지에는 개인의 소유권이 설정되어 있지 않다는 것을 추론할 수 있다.

③ 4문단에서 첫 번째 해결 방안의 문제점으로 제시한 '이러한 방안은 공공 자원에 대한 재산권을 특정 이익 집단이 가질 경우 엄청난 비극이 발생할 수 있다는 점을 간과했다.'라는 내용을 통해 공유 자원을 사유화하면 특정 집단이 독점할 수 있다는 것을 추론할 수 있다.

④ 5문단에서 두 번째 해결 방안의 문제점으로 제시한 '하지만 이 역시 국가가 늘 합리적, 효과적으로 상황을 통제하고 보장할 수 없다는 점을 간과하였다.'라는 내용을 통해 공유 자원을 국유화할 경우 충분한 감시 인력을 고용하지 못하면 문제가 생길 수 있다는 것을 추론할 수 있다.

20 난도 ★★☆　　　　　　　　　　　　　④

출제 영역 국어 규범 > 한글 맞춤법

정답 분석 '둘 이상의 일정한 대상들을 나란히 놓고 비교하여 살피다.'라는 뜻을 가진 '맞추다'는 '답안지를 정답과 맞추다.'와 같은 경우에 쓸 수 있다. '물체를 쏘거나 던져서 어떤 물체에 닿게 하다.'라는 뜻을 가진 '맞히다'는 '화살을 맞히다.'로 쓰는 것이 옳은 표현이므로 '맞춘'이 아닌 '맞힌'로 쓰는 것이 적절하다.

오답 분석 ① '무엇을 달라고 요구하거나 구걸하다.'의 뜻일 때는 '손을 벌리다'라는 관용 표현을 사용하는 것이 적절하다.

② '무엇과 무엇이 힘 있게 마주 닿거나 마주 대다.'는 의미를 강조하여 표현할 때는 '부딪치다'를 사용하는 것이 적절하다.

③ '조금 지난 뒤에'의 뜻일 때는 '이따가'를 사용하는 것이 적절하다.

좋은 책을 만드는 길, 독자님과 함께하겠습니다.

2024 SD에듀 공무원 단원별 기출문제집 국어 한권으로 끝내기

개정1판1쇄 발행	2024년 01월 05일 (인쇄 2023년 11월 02일)
초 판 발 행	2023년 04월 05일 (인쇄 2023년 02월 24일)
발 행 인	박영일
책 임 편 집	이해욱
저 자	SD 공무원시험연구소
편 집 진 행	박종옥 · 정은진
표지디자인	김도연
편집디자인	박지은 · 윤준호
발 행 처	(주)시대고시기획
출 판 등 록	제10-1521호
주 소	서울시 마포구 큰우물로 75 [도화동 538 성지 B/D] 9F
전 화	1600-3600
팩 스	02-701-8823
홈 페 이 지	www.sdedu.co.kr
I S B N	979-11-383-6321-1 (13350)
정 가	23,000원